사람을 찾는 하느님

<개정판>

사람을 찾는 하느님 <개정판>

지은이/ 아브라함 요수아 헤셸

옮긴이/ 이현주

펴낸이/ 김준우

펴낸날/ 2007년 7월 10일

펴낸곳/ 한국기독교연구소

등록번호/ 제8-195호(1996년 9월 3일)

경기도 고양시 일산동구 무궁화로 43-50, 우인 1322호 (우 10364)

전화 031-929-5731, 5732(Fax)

E-mail: honestjesus@hanmail.net

Homepage: http://www.historicaljesus.co.kr.

표지 디자인/ 정희수

인쇄처/ 조명문화사 (전화 02-498-3015)

보급처/ 하늘유통 (전화 031-947-7777, Fax 031-947-9753)

이 책의 저작권은 Jewish Publication Society of America사와의
독점계약으로 한국기독교연구소가 소유합니다.
저작권법에 따라 국내에서 보호받는 저작물이므로
무단전재와 무단복제를 금합니다.

GOD IN SEARCH OF MAN: *A Philosophy of Judaism*

by Abraham Joshua Heschel

Copyright ⓒ 1955 by Abraham Joshua Heschel

All rights reserved. Korean Translation copyright ⓒ by Korean Institute of the Christian Studies. The Korean translation right arranged with the author c/o Jewish Publication Society of America. Printed in Seoul, Korea.

ISBN 978-89-87427-74-4 03230

값 20,000원

사람을 찾는 하느님

- 유다이즘의 철학 -

아브라함 요수아 헤셸 지음

이현주 옮김

<개정판>

한국기독교연구소

GOD IN SEARCH OF MAN

A PHILOSOPHY OF JUDAISM

by

Abraham J. Heschel

Philadelphia: Jewish Publication Society of America, 1955

Korean Translation

by

Lee Hyun Joo

이 책은 익명의 독지가의 출판비 후원으로 간행된 책입니다.

2007

Korean Institute of the Christian Studies

옮긴이의 말

삼십대 중반, 목회 초년기에 아브라함 요수아 헤셸을 만나 스승으로 모실 수 있었던 것은 돌아보면 저에게 참으로 행복한 하늘의 은총이었습니다.

그의 글들을 읽으면서, 또 부족한 실력으로 번역하면서, 아아, 사람이 하느님을 이렇게 믿을 수도 있구나 -- 홀로 감탄하던 날들이었습니다.

병든 개인주의가 온 인류를 공연한 경쟁과 다툼으로 몰아가는 오늘, 새로운 문명의 창출을 염원하는 독자라면 이 책에서 많은 격려와 희망과 용기를 얻을 것이라고 확신합니다.

절판된 지 오래되어 읽을 수 없었던 책을 이번에 한국기독교연구소에서 다시 내어 주신다니 반갑고 고마울 따름입니다. 더군다나, 김준우 박사가 친히 원문을 대조하여 잘못 번역한 부분과 미숙한 표현을 바로잡아주신 것에 대하여 감사드리며, 독자들을 위해 다행으로 생각합니다.

2007년 1월 이현주

옮긴이의 말

아브라함 헤셸 선집(選集)을 내면서

우리나라 독자들에게는 아직 낯설다고 할 아브라함 요수아 헤셸의 대표적인 저술을 아홉 권으로 묶어 [선집(選集)]으로 내놓는다. 나의 역량으로는 과중한 작업이나, 마음 깊은 곳으로부터 솟아나는 희열이 있어 조금도 피곤하지 않다. 역자로서 작업하는 가운데 스스로 흥분하고 감동하여 시간 가는 줄 모르고 저자의 깊은 사색에 동참할 수 있는 것이 무엇보다도 기쁘다. 이미 고인이 된 헤셸과의 만남은 우연한 일이었으나 나에게는 하늘의 경륜 가운데 맺어진 운명적 인연처럼 여겨진다.

얼마쯤 에누리할 것을 전제로 하여 말한다면, 오늘날 동과 서의 창조적 만남이 세계를 존속시켜 나갈 유일한 길이겠다는 이야기는 자주 듣는 바거니와 헤셸이야말로 동과 서가 만나는 자리에서 태어나 서로 동을 쪼개고 동으로 서를 합하여 동이면서 서요 동도 아니면서 서 또한 아닌, 인류 존속을 위한 통로를 내다본 이십 세기 최후의 예언자요 사상가며 행동인이다.

이 사람을 한국의 독자들에게 소개할 수 있게 된 것은 생각과 글이 모자라는 역자로서 참으로 과분한 영광이 아닐 수 없다.

오늘날 "공부한다"는 말은 흔히들 시험 준비를 한다거나 무슨 기술을 익히는 것으로 통하지만 얼마 전까지만 해도 그 말은 몸을 닦는다

(修身)거나 마음을 잡는 일 또는 사람답게 살아가는 길을 찾는 것으로 통했다. 그런 식의 공부가 아쉽기 짝이 없는 시절을 우리는 살고 있다. 먹고 입고 돈 쓰는 일에 비하여 묵상하고 반성하고 전망하는 일을 너무나도 등한시하며 판단과 결단을 컴퓨터와 여론에 맡기고 있는 형편이다. 이래도 되는 것일까? 참으로 오늘 날 심각한 문제는 신(神)의 죽음이 아니라 인간의 죽음이다. 터무니없는 전쟁과 속임수와 폭력으로 인간이 인간이기를 스스로 포기하고 나아가서 인간답게 살고자 하는 남은 자들까지 압살을 하는 마당이다.

　이러한 시절에 구원의 빛살은 어디에서 어떻게 비쳐오는 것일까? 나는 그것을 "위대한 개인"의 탄생에서 희망한다. 위대한 개인이란 중세기적 영웅을 말하는 것이 아니다. 막강한 군사력, 금력 따위를 휘두르는 무슨 영도자 따위도 물론 아니다. 천만 사람이 그르다 해도 옳은 것은 끝내 옳다고 말할 수 있는 사람, 온 세계 인구가 압도적 다수결로 신(神)이 없다 해도 신은 살아 있노라고 말할 수 있는 사람, 주위의 사람들이 모두 돈, 돈 하며 돌고 돌아 마침내 미쳐간다 해도 홀로 초연할 수 있는 사람, 말하자면 이런 사람을 가리켜 "위대한 개인"이라고 한 것이다.

　"나의 마음이 바른즉 하늘의 마음 또한 바르다(吾之心正則天之心亦正)"는 말이 있다. 한 사람의 마음이 곧음으로써 하늘의 마음 또한 곧아진다는 말일진대, 한 개인의 중요함을 이만큼 적절하게 표현한 말도 드물겠다.

　소돔과 고모라가 멸망한 것은 거기 극소수의 올곧은 의인(義人)이 없었기 때문이요 그렇다고 한다면 오늘날 아직도 이 세계가 파멸되지 않은 것은 어디엔가 극소수의 의인이 있기 때문이다. 의인은 다수(多數)일 수가 없다. 헤셸은 바로 그 소수의 남은 자들에게 관심과 희망을 모았던 사람이다.

"번역은 반역이다"는 말을 순간순간 절감하면서도 이 작업을 계속한 것은 역자 또한 이 시절의 소수 남은 자에게 최후의 기대를 걸고 있기 때문이다.

썩어 문드러진 것들을 향해 핏대를 올려 탄핵하고 비판하기에는 너무나도 절박한 위기를 우리는 살고 있다. 이제는 살아남는 일이 우선 급하다. 살아남는 일(사람으로 사람답게!)이야말로 이 시절에 마땅히 온 힘을 기울일, 우리의 신성한 사명이다.

그리스 계통의 사상과 히브리 계통의 사상이 있어서 서양 철학의 큰 줄기를 이루고 있다는 것이 보통 사람들의 투박한 상식이다. 그야말로 투박한 상식으로서 반박의 여지가 얼마든지 있긴 하지만 어쨌거나 그리스 계통의 사고방식과 히브리 계통의 사고방식을 구분해 볼 수는 있다. 나는 히브리 사상을, 서양 철학의 한 흐름이라기보다 동―서 철학의 만남을 위해 일찍이 그 가능성을 잉태하고 태어난 독특한 사상으로 보고 싶다. 우리나라에 그리스 계통의 철학은 폭넓고 깊게 소개되어 있는데 반하여 히브리 계통의 철학은 거의 소개되어 있지 않는 듯한 현실을 볼 때, 헤셸의 저술들이 이 땅에 히브리 사상을 소개하는 안내자 구실도 어느 만큼 감당할 수 있을 것이다.

이 [선집]은 다음과 같이 편집되었다.
제1권 『예언자들』(*The Prophets*), 상권
제2권 『예언자들』, 하권
제3권 『누가 사람이냐』(*Who is Man?*)
제4권 『사람은 혼자가 아니다』(*Man is not Alone*)
제5권 『사람을 찾는 하느님』(*God in Search of Man*)
제6권 『하느님을 묻는 사람』(*Man's Quest for God*)
제7권 『진리를 향한 열정』(*A Passion for Truth*)
제8권 『안식일-그 현대적 의미』(*The Sabbath*)
제9권 『명상록-부록, 아브라함 요수아 헤셸의 생애와 사상』

한 두 마디로 이들을 소개하자면,『예언자들』은 헤셸의 대표적인 신학 저술로서, 저자 자신을 상아탑으로부터 사람들이 있는 거리로 뛰쳐나오게 만들어 준 책이다.『누가 사람이냐?』는 사람이 사람 되게 사는 길을 모색한 인간론(人間論), "절망의 철학들과 비인간화를 부추기는 정책들에 대한 주도면밀한 철학적 반론에다 시적인 부르짖음을 아프게 조화시켜 내놓은 책"(바이론 셔원)이다. 이미 발행된『누가 사람이냐?』에다가 인간을 주제로 한 주요 논문들을 뽑아 덧붙였다.『사람은 혼자가 아니다』는 헤셸의 저술 가운데서도 가장 많이 인용되고 있는 종교철학, 인간이 하느님의 현재(現在)를 어떻게 지각하고 받아들이며 그 위에서 삶을 창조할 것인가를 다룬다.『사람을 찾는 하느님』은 명실상부한 유다이즘 해설로서 히브리 사상의 진수를 담고 있다. 풍부한 이야기

들과 시적인 섬세함으로 신비의 세계를 탐색한다. 『하느님을 묻는 사람』은 기도와 묵상에 대한 성서적 조명으로서 유대인의 기도 생활이 현대인에게 던지는 메시지를 담고 있다. 『진리를 향한 열정』은 저자의 생각과 생활에 가장 큰 영향을 미친 라삐 코츠커의 사상을 키르케고르와 대조시켜가며 학문적, 신앙적 진실을 추구하는 외로운 구도자의 길을 모색하고 있다. 이미 『어둠 속에 갇힌 불꽃』이라는 제목으로 번역, 출간된 바 있다. 『안식일』은 일찍이 유대인이 목숨을 걸고 지켜온 안식일의 참 뜻을 풀면서 단순히 "쉬는 날"이 아닌 "성스런 날"로서의 안식일이 현대인에게 주는 의미가 무엇인지를 밝힌다. 서양 철학이 주로 공간에 관심을 두고 동양 철학이 시간에 관심을 둔다고들 하거니와 『안식일』은 히브리 철학의 시간 이해를 시적(詩的)으로 서술하고 있다. 『명상록』은 루스 마커스 굿힐이 엮은 『헤셸의 지혜』(*The Wisdom of A. Heschel*)와 새뮤얼 드레스너가 엮은 『나는 놀람을 구했다』(*I Asked for Wonder*)를 옮긴 것. 여기에 부록으로 바이론 셔윈의 『아브라함 요수아 헤셸 – 그 생애와 사상』을 보탰다. 라삐 헤셸의 글에서 지혜로 번뜩이는 구절들을 뽑아 모은 것이다.

  이 부조리하고 난감한 시대에 사람으로 태어나 사람으로 살아가는 길을 끊임없이 탐색하고 고뇌하는 모든 "남은 자"들에게 라삐 헤셸을 기꺼이 소개한다.

                                                   1987년 2월 1일 이현주

저자에 대하여

아브라함 요수아 헤셸

"내 중심되는 관심사는 인간 상황이다."

위대한 창조적 유대인 학자이자 사상가의 한 사람인 요수아 헤셸(Abraham Joshua Heschel, 1907-1972)은 1907년 폴란드의 바르샤바에서 태어났다. 16세기까지 거슬러 올라가는 오래된 학자 가문의 한 후예로서 그는 일찍이 토라와 『탈무드』를 경건한 생활태도와 함께 몸에 익혔다. 1927년 베를린 대학교에 입학하여 1933년 철학박사학위를 받았다. 대학교 학생이면서 그는 동시에 유다 민족 연구 학술원(Hochschule für die Wissenschaft des Judentums)에서 연구 생활을 계속하였다. 1936년, 그의 학위 논문 "예언자"(Die Prophetie)가 출판되었는데 이것이 1962년에 출판된 그의 고전적인 저작 『예언자들』(The Prophets)의 뼈대를 이루었다.

1937년 마르틴 부버는 프랑크푸르트 암 마인에 있는 유대인 레르 하우스의 자기 후계자로 헤셸을 지명했다. 그러나 반유다주의의 먹구름이 짙어지면서 1938년 폴란드 시민권을 지닌 유대인은 독일에서 추방되었다. 1939년 바르샤바에 잠시 머물러 있다가 그는 런던으로 떠났다. 그것은 독일의 폴란드 점령과 대학살이 있기 두 달 전이었다. 헤셸은 나찌의 손아귀를 가까스로 벗어났다. 그는 자기 자신을 "내 동족들이 타 죽어간… 수백만의 인명이 악의 위대한 영광을 위해 사라져간…

불길에서 건짐 받은 타다 남은 나무"라고 했다.

1940년 그는 신시내티의 헤브루 유니온 대학에서 강의를 하기 위해 미국에 왔다. 그곳에서 그는 5년간 머물며 철학 및 라삐 문학을 가르쳤다. 1945년부터 죽을 때까지 그는 아메리카 유다 신학교에서 첫 번째의 해리 에머슨 포스딕 객원 강좌를 맡았다. 그는 또한 미네소타, 아이오와, 스탠퍼드 대학교들에서도 강의했다.

라삐 헤셸은 온 인류를 사랑한 경건한 유대인이었다. 언젠가 그는 "내 중심되는 관심사는 인간 상황이다"라고 말한 적이 있다. "나는 오늘날 현대인의 고뇌는 정신적으로 넋을 잃은 인간의 고뇌라고 단언한다." 그는 또 이렇게도 말했다. "유다 법의 중심 주제는 제도가 아니라 인간이다… 영성 생활의 가장 높은 봉우리는 우리가 있는 곳에 있고, 일상적인 행위로도 오를 수 있다. 종교는 특별한 기회만을 위해 만들어진 것이 아니다." 그는 다음과 같은 말로 자신의 법 이해를 요약하였다. "불의한 행동의 비난받는 것은 법이 깨어졌기 때문이 아니라 인간이 상처를 입었기 때문이다."

헤셸은 모든 인간의 관심사에서 늘 앞장서 있었다. 1965년 봄에는 앨라배마의 셀마에서 마틴 루터 킹과 함께 행진했다. 그는 미국의 베트남 정책을 반대하는 항거자들의 지도자이기도 했다. 그는 수많은 인권 행진과 평화 시위에 참여했다. 1967년의 6일 전쟁이 끝나자 그는 『이스라엘: 영원의 메아리』라는 책을 써서 그 역사적인 순간에 대한 자신의 생각을 밝혔다. 그는 세계의 유대인들에게 소련에 사는 유대인들을 돕자는 호소를 맨 처음 한 인물이었다. 그는 기독교-유다교 대화를 추진

한 강력한 에큐메니스트였다. 그는 자주 바티칸에 초대받아 이탈리아의 라디오와 텔레비전에서 연설하였다. 1969년 치명적인 심장마비를 겪었으면서도 그는 인권 옹호를 위한 정열적인 활동을 계속했다.

인간에 관한 모든 것이 그의 관심사였다. "인간이 된다는 것은 얽혀 들어가는 것, 행동하고 반응하는 것, 놀라고 응답하는 것이다. 인간에게 있어 존재한다는 것은 그가 알거나 모르거나 우주의 드라마의 한 배역을 맡는 것이다." 또, 다른 곳에서는 "우주의 하느님은 인간의 삶을 관심하는 영이시다… 우리가 하느님을 이해하려다가 흔히 실패하는 까닭은 우리의 생각을 끝없이 넓게 펼칠 줄을 몰라서가 아니라 우리의 생각을 충분히 닫을 줄을 몰라서이다. 하느님을 생각한다는 것은 그분을 우리 마음속의 어떤 대상으로 발견하는 것이 아니라 그분 안에 있는 우리 자신을 발견하는 것이다"라고 썼다.

그가 갑자기 숨을 거두자 세계 각처에서 그에게 바치는 조사(弔詞)가 날아왔다. 미국에서는 예수회에서 발행되는 『아메리카』가 1973년 3월 10일의 온 지면을 헤셸 추모로 채웠다. 편집자는 이렇게 말했다. "독자 여러분은 저마다 유다주의의 살아 있는 전통과 그 힘, 성스러움 그리고 사랑에 관하여 아브라함 요수아 헤셸이 이야기해 줄 때 배운 바가 있었을 것이다. 유대인들과 기독교인들과 마호멧 교도들이 숭배하는 하느님께서 우리 모두를 평화스럽게 서로 이해하고 존경하면서 함께 살 수 있도록 해주시기를 빈다."

같은 지면에서 존 C. 베넷 목사는 이렇게 썼다. "아브라함 헤셸은 전 미국의 종교 공동체에 속한 인물이었다. 이 일에 그보다 더 진실했던 사람을 나는 모른다…" 베넷 박사는 헤셸이 유니온 신학교에서 객원 교수로 있을 때 학장이었다.

유다 신학교의 프리츠 A. 로드차일드 교수는 『아메리카』에 이렇게 썼다. "우리는 학문적인 저술에서는 좀처럼 찾아볼 수 없는 아름답고 신선한 구절을 그의 글에서 읽는다. 그의 생각들은 번뜩이는 경귀와… 정신적인 보석… 안에서 빛나고, 쉽게 풀려 나오는 문장 뒤에는 우리가 그 껍질을 벗기고 깊숙이 파고 들어가 살펴보아야 알 수 있는 복잡하고 심오한 생각들이 감추어져 있다."

…1972년 12월 23일, 라삐 아브라함 요수아 헤셸은 잠든 채 숨을 거두었다.

루스 마커스 굿힐
(『헤셸의 슬기로운 말들』의 편저자)

차례

옮긴이의 말 · 5
저자에 대하여 · 11

제1부 하느님

제1장 유다이즘의 자기이해 · 27
　질문의 회복· 철학과 신학· 상황을 생각함· 근본적인 자기이해 ·
　심층신학· 종교의 자기이해· 비판적 재평가· 지적인 정직함 · 종
　교로서의 철학· 한 관점으로서의 철학· 타원형 사고· 철학 종교·
　사유의 한 방식· 형이상학과 초 역사· 철학에 대한 도전· 이성 숭
　배· 관념과 사건· 유다이즘 철학

제2장 그분의 현존으로 가는 길 · 52
　성경의 부재· 기억과 통찰· 인간의 하느님 추구· "나의 얼굴을 찾
　아라"· 세 길

제3장 장엄함 · 63
　대전제· 힘, 아름다움, 위엄· 신앙에 대한 불신· 성경 속의 장엄함
　에 대하여· 아름다움과 장엄함· 장엄함이 궁극은 아니다·
　공포와 찬미

제4장 놀람 · 74
　유산으로 물려받은 놀람· 작은 나사· 놀람의 두 종류· "잠깐 멈추
　고 생각해 보시오"· "계속되는 당신의 놀라운 일들로"· 그분만이
　아신다

제5장 신비감 · 85

"깊고 또 깊은 그것"· 두려움과 경탄에 묻혀· "지혜는 찾을 길 없고"· 두 종류의 무지· 인정은 하지만 이해는 안 된다· "눈에 보이는 것은 숨겨진 것"

제6장 수수께끼는 풀리지 않았다 · 92

하느님은 "캄캄한 데" 계신다· 빵 한 조각· 표현 불가능한 이름 · 신비가 하느님은 아니다· 신비 너머에 자비가· 세 가지 태도· 하느님은 영원한 침묵이 아니시다

제7장 경외 · 104

"깊은 바다처럼"· 지혜의 시작은 경외· 경외의 의미· 경외와 두려움· 경외가 신앙을 앞선다· 공경으로 돌아감

제8장 영광 · 111

하느님의 영광은 표현 불가능하다· 하느님의 영광은 사물이 아니다· 하느님의 영광은 그분의 임재하심· 살아 있는 현존· 영광을 아는 지식· 놀라움에 대해 눈이 멀음· 마음의 굳어짐

제9장 세계 · 119

자연 숭배· 환영의 파괴· 자연의 비신성화· 주어진 것은 궁극의 것이 아니다· 자연의 우연성· 소외의 오류· 하느님을 찬양하는 자연· 하느님을 통해 있는 사물· 놀람에서 나오는 질문

제10장 우리에게 던져진 질문 · 134

형이상학적 고독· 과학의 문제는 아니다· 정의를 넘어· 상반성의 원리· 표현 불가능한 것의 차원· 초월적 의미에 대한 깨달음· 놀라는 것만으로는 불충분하다· 설계이론· 종교는 놀라움과 신비에서 비롯된다· 우리에게 던져진 질문· "빛이 충만한 궁전"· 놀람으로 무엇을 할 것인가

제11장 존재론적 전제 · 150

통찰의 순간· 모르는 것과의 만남· 개념화 이전의 예지적 사유· 종교는 신비에 대한 응답· 우리의 지혜 위로 오르기· 궁극적 관심은 예배 행위다· 입증하기 전에 찬양한다· 존재론적 전제· 경험과 표현의 불일치

제12장 하느님의 의미에 관하여 · 163

최소한의 의미· 두 가지 추론· 인간의 통찰과 하느님의 역할· 시간의 역할· 종교적 상황· 순간들· 위장된 대답

제13장 사람을 찾는 하느님 · 174

"너 어디 있느냐"· 신앙은 사건이다· 어둠 속의 섬광· 하느님께 돌아가는 것· 그분께 대한 우리의 대답이다· 영적인 사건

제14장 통찰 · 184

들어라, 이스라엘아· 인간의 선수· "마음의 눈"· "영혼을 위한 문"

제15장 신앙 · 191

"자네가 하느님의 신비를 파헤칠 수라도 있단 말인가"· 신앙이 맨 먼저 보이지는 않는다· 신앙은 접합이다· 신앙의 당황스러움· 신앙은 성실함을 내포한다

제16장 통찰 너머 · 198

양심이 미치는 곳· 하느님이 주체시다· 부사들· 유일성이 기준이다· 통찰에서 행동으로· 오직 통찰뿐인가

제 2 부 계 시

제17장 계시라는 관념 · 209

토라를 지닌 인간· 무엇을 왜, 알아보려는 것인가· 우리는 질문을 잊었다· 인간의 자기충족이라는 도그마· 인간이 무가치하다는 생각· 하느님과 인간 사이의 거리· 하느님의 옹근 침묵이라는 도그마· 인격적 은유

제18장 예언자의 조심스런 선언 · 220

관념, 주장, 결과· 예언자의 영감이란 무엇인가· 단어에는 여러 뜻이 있다· 예언자의 조심스러운 선언· 장엄함과 신비스러움의 언어· 묘사하는 언어와 지시하는 언어· 응답적인 해석

제19장 계시의 신비 · 230

계시와 계시 경험 · 계시의 신비 · 계시의 부정 신학 · 상상하는 것은 곡해하는 것 · 신인동형설의 청산 · 독특한 사건

제20장 시나이의 역설 · 238

예언의 역설 · 깊은 어둠 속에서 · 신비 너머 · 두 측면 · 시나이는 환영이었던가 · 사유의 방식 · 하느님의 무아경

제21장 시간의 종교 · 249

사유와 시간 · 아브라함의 하느님 · 독특함이라는 범주 · 선택된 날 · 역사의 유일성 · 무시간으로 도피하기 · 영원의 씨앗 · 시간은 영원보다 조금 낮은 것 · 진화와 계시

제22장 과정과 사건 · 260

과정과 사건 · 현재 시제로 과거를 본다

제23장 이스라엘의 헌신 · 264

사건에 접속됨 · 헌신에 대한 기억 · 한 순간에 대한 충실함 · 맹세하는 말 · 헌신 없는 삶 · 계시는 하나의 시작이다

제24장 예언자에 대한 심리 · 271

어떤 종류의 증명인가 · 잘못된 생각 · 계시는 설명 가능한가 · 예언자들은 믿을만한가 · 정신 이상의 산물 · 자기망상 · 교훈을 목적한 발명품 · 착각 · 시대 정신 · 잠재 의식 · 증거는 없다

제25장 성경과 세계 · 291

성경은 환영인가· 하느님은 모든 곳에 부재신가· 세계 속의 성경의 자리· 성경이 이룬 것들· 단호하고도 부드러운 말씀· 유일 무이한 성경· 어떻게 평가할 것인가· 성경의 전능한 힘· 하느님에게 소중함· 말로 나타난 성스러움· 증거로서의 이스라엘 · 이스라엘의 확신을 나눠 가지는 법· 입증되기 때문은 아님

제26장 예언자들과 더불어 하는 신앙 · 308

예언자들과 더불어 하는 신앙· 기원과 현존· 영혼의 개척지· 하나의 서적이 아니다· "나를 쫓아내지 마시고"

제27장 계시의 원리 · 317

계시는 연대기적 문제가 아니다· 있는 그대로의 본문· 계시는 독백이 아니다· 인간의 능력에 맞춘 음성· 지혜, 예언 그리고 하느님· 계시되지 않은 토라· 유배 중에 있는 토라· 관념과 표현 · 진부한 구절들· 거칠은 구절들· 성경은 유토피아가 아니다· 계속되는 이해· 구전 토라는 결코 기록되지 않았다

제3부 응답

제28장 행실의 학문 · 343

지고한 묵종· 행동의 도약· 행실은 모험이다· 우리의 막다른

궁지・ 초윤리적 접근・ 하느님과 인간의 파트너십 관계・ 법이 아니라 길・ 행위의 신성・ 존재를 행하기・ 행위의 유사함・ "선한 충동"・ 인간을 필요로 하는 목적・ 행실의 학문

제29장 속마음 이상의 것 · 359

신앙으로만?・ 형식주의의 오류・ 이분법은 아님・ 영성은 길이 아니다・ 자율과 타율・ 율법・ 영적 질서・ 신학적 과장

제30장 존재의 기술 · 373

오직 행실만으로?・ 창조성을 부르는 부르짖음・ 하느님은 마음을 원하신다・ 왜 카바나인가・ 되기 위하여 하기・ 행위 속에 내재하시는 하느님・ 현존하기

제31장 카바나 · 383

간절함・ 정당한 평가・ 일치시킴・ 카바나를 넘어

제32장 종교적 행동주의 · 388

종교적 행동주의・ 스피노자와 멘델소온・ 유다이즘과 율법주의・ 아가다의 근본적 중요성・ 토라는 법 이상이다・ 할라카를 넘어 범-율법주의・ 신앙 없는 종교・ 도그마로는 충분하지 못하다・ 4 큐빗

제33장 양극성 문제 · 404

할라카와 아가다・ 질과 양・ 아가다 없는 할라카・ 할라카 없는 아가다・ 유다이즘의 양극성・ 할라카와 아가다 사이의 긴장・ 규칙성과 자발성・ 습관의 가치・ 행위가 가르친다

제34장 계율 준수의 의미 · 418

기원과 현존· 계율 준수의 의미· 유용성이 아니라 영원성· 영적 의미· 신비에 대한 하나의 답· 영혼의 모험· "날마다 한 노래"· 기억나게 해주는 것· 재결합으로서의 행위· 성스러움에 가까이 감· 행위의 무아경

제35장 미츠바와 죄 · 434

미츠바의 의미· "우리가 죄를 지었사오니"· "악한 충동"· "한 발만 까닥해도"

제36장 악의 문제 · 441

불길 속의 궁전· "악인의 손에"· 선과 악의 혼화· 성을 속량함· 종교는 사치품이 아니다· 제일 먼저 할 분별· 선행과 악행· 토라는 해독제다· 선은 식객인가· 악은 최후의 문제가 아니다 · 하느님과 인간이 함께 할 일· 채울 수 있는 능력· 구원받아야 할 세계

제37장 중립성의 문제 · 458

도덕의 고립주의· 어떻게 중립적인 것을 다룰 것인가· 모든 기쁨이 하느님한테서 온다

제38장 순수성의 문제 · 464

사익· 낯선 생각들· 의심으로 도피함· 욥의 시련· "쓰고 뽐낼 왕관"· 위장된 다신교· 마음의 실패

제39장 자아와 비자아 · 474

  욕망이 모든 것의 척도인가 · 욕구의 전향 · 자기말소 · 자기를 존중함

제40장 행위가 구원한다 · 480

  속으로 노예임을 깨닫는 것 · 순결의 순간들 · 뉘우침 · 하느님은 동정으로 가득 차신 분 · 목적이 동기를 순화한다 · 행위가 구원한다 · "기쁨으로 그분을 섬겨라" · "우리는 망치고 그분은 고치고"

제41장 자유 · 490

  자유의 문제 · 자유는 사건이다 · 자유와 창조 · 하느님의 관심

제42장 유다이즘의 정신 · 496

  정신의 의미 · 유다이즘의 정신 · 문명을 넘어서는 기술

제43장 이스라엘 백성 · 503

  유대식 실존의 의미 · 운명에 어울리는 사유 · 이스라엘 - 영적 사회 · 이스라엘의 존엄

저자의 註 · 513

제1부

하느님

1

유다이즘의 자기이해

질문의 회복

현대 사회에서 종교가 시들해진 탓을 세속과학과 종교를 반대하는 철학에 돌리는 것이 일반의 관습이 되었다. 종교의 실패에 대한 책임을 종교 자체에 묻는 것이 더욱 정직한 일이겠다. 종교가 쇠락한 것은, 밖으로부터 공격을 받아서가 아니라, 종교 자체가 터무니없고 흐리멍덩하고 억지스럽고 무미건조한 것이 되었기 때문이다. 신앙이 완전히 신조로 대체되고, 예배가 수련으로, 사랑이 습관으로 대체될 때, 과거의 영광 때문에 오늘의 위기가 무시될 때, 신앙이 살아 솟구치는 샘이 아니라 물려받은 유물이 될 때, 종교가 함께 아파하는 연민의 목소리 대신 권위의 이름으로만 말을 할 때, 그 메시지는 무의미한 헛소리가 되고 만다.

종교는 인간의 마지막 질문들에 대한 답이다. 우리가 그 궁극적 질문들을 망각하는 순간, 종교는 터무니없는 것이 되고 마침내 위기에 부딪친다. 종교철학이 무엇보다 먼저 해야 할 기본 사명은, 그 종교가 어떤 질문들의 답인지, 그 질문들을 다시 찾아내는 일이다. 이 탐색 작업은 인간의 의식(意識) 속으로 파고 들어가는 것과 아울러 종교 전통의 가르침과 태도들 속으로 파고 들어감으로써 이루어내야만 한다.

사상(思想)에는 죽은 사상이 있고 산 사상이 있다. 죽은 사상은 사람이 흙 속에 심어 놓은 돌멩이와도 같다. 거기서는 아무것도 나오지 않는다. 그러나 살아 있는 사상은 씨앗과 같다. 생각이 이루어지는 과정 속에서, 질문이 없는 대답은 생명이 없다. 그것이 머리 속에는 들어올 수 있겠지만 혼(soul)을 꿰뚫지는 못한다. 지식의 한 부분은 되겠지만 창조력을 발휘하지는 못한다.

철학과 신학

우리가 잊어버린 질문들을 추적하는 데는 신학보다 철학의 정신과 방법이 훨씬 더 중요한 구실을 한다. 철학은 본질상, 서술하고 규범을 정하며 역사적인 것이기 때문이다. 철학을 정의하여, 올바른 질문을 하는 기술이라고 할 수 있겠다. 예컨대 철학적 사유(思惟)의 특징들 가운데 하나는, 시(詩)와 정반대로, 속에서 통찰력이 스스로 솟아 나오는 것이 아니라 어떤 문제를 명백하게 제시하고는 그 문제에 대한 답을 찾아 보려고 노력하는 것이다. 신학은 도그마에서 출발하지만, 철학은 문제에서 비롯된다. 철학은 먼저 문제를 보고 신학은 미리 대답을 간직하고 있다. 그러나 우리는 이 둘 사이에 또 다른 중요한 차이가 있음을 놓쳐서는 안 된다. 철학의 문제와 종교의 문제가 서로 같지 않을 뿐 아니라 그 둘의 지위(地位) 또한 같지 않다. 어찌 보면 철학은 시작은 있지만 끝은 없는 사유라 할 수 있다. 철학의 세계에서는 문제가 모든 해답보다 더 오래 살아남는다. 철학이 제시하는 답은 답으로 위장된 질문이다. 모든 새로운 대답이 새로운 질문을 낳는다.[1] 반면에 종교에서는, 대답의 신비가 모든 질문 위를 휘덮고 있다. 철학은 문제들을 보편적인 문제로 다루고, 종교는 그 보편적인 문제들을 개인의 문제로 받아들인다. 따라서 철학은 문제를 본위(本位)로 삼고, 종교는 인간을 본위로 삼는다.

근본주의자들(the fundamentalists)은 모든 마지막 질문들이 대답되었다고 주장하며, 논리적 실증론자들(the logical positivists)은 모든 궁극적 질문들이 무의미하다고 주장한다. 전자의 독단과 후자의 무관심을 아울러 받아들이지 않고 또한 겉치레뿐인 대답과 거짓된 책임 회피를 함께 거부하는 우리는 그 궁극적 질문이라는 것이 우리 자신의 내부 깊숙이 뿌리박고 있으며, 그 궁극적 질문이 현재와 관계하는 연관성(relevance)이 모든 공식화된 서술의 울타리를 끝없이 벗어난다는 사실을 잘 안다. 바로 이 곤혹스러움에서 우리의 사유는 출발한다.

상황을 생각함

사유(思惟)에는 두 가지 형태가 있다. 하나는 개념(concepts)을 다루고 다른 하나는 상황(situations)을 다룬다. 우리 시대에 이르러, 과학과 종교 사이의 19세기식(式) 갈등은 새로운 논쟁, 즉 인간 심리의 특수한 개념들을 대상으로 삼는 사고방식과 인간의 상황을 대상으로 삼는 사고방식 사이의 논쟁으로 대체되었다. 개념을 다루는 사유(conceptual thinking)는 이성(理性)의 작용이고, 상황을 다루는 사유(situational thinking)는 내면의 경험과 관련된다. 이것은 어떤 문제에 관해 판단을 내리면서 인간 자신이 판단을 받는 것을 의미한다. 개념을 다루는 사유는, 세계에 관한 우리의 지식을 늘이고자 할 때 적당하다. 상황을 다루는 사유는, 우리의 실존이 걸려 있는 문제들을 이해하고자 할 때에 반드시 필요하다.

원자 시대(atomic age) 인류의 미래를 토론하면서 날씨에 관해 토론하듯이 하는 사람은 없다. 그런 토론을 하면서 원자 자체만큼이나 문제의 많은 부분을 차지하고 있는 혹은 차지해야만 하는 외경(畏敬), 두려움, 겸허함, 책임 따위를 제외한다면, 그것은 잘못이 아닐 수 없다. 우리가 지금 당면하고 있는 것은 우리 자신과 떨어져 있는 문제일 뿐만 아니라, 우리가 그 속에 한 부분을 이루며 온전히 파묻혀 있는 상황인 것이다. 그 문제를 이해하려면 우리는 반드시 상황을 탐색해야만 한다.

개념을 다루는 자의 태도는 거리를 두고 독립된 대상을 살펴보는 주체자의 태도다. 그러나 상황을 다루는 자의 태도는 관심을 쏟는 자의 태도, 관계를 맺는 자의 태도다. 그는 자신이 이해하고자 하는 상황 속에 스스로 포함되어 있음을 알고 있는 주체자다.

상황을 다루는 사유는 어떤 대상에 대하여 거리를 두고 의심함으로써가 아니라 깜짝 놀라 두려워하며 그 대상에 스스로 몰입함으로써 시작된다. 따라서 철학자란 다른 사람의 사업을 계산하는 회계원이 아니라 증인이다. 우리가 그 문제 속에 포함되지 않는 한, 문제는 존재하지 않는다. 지금 사랑을 하고 있지 않는 한, 혹은 사랑하던 시절의 일들을 생생하게 기억하고 있지 않는 한, 우리는 사랑을 모른다. 창조적 사유는 남들의 문제를 대신 처리하는 문제들이 아니라 본인의 문제들에 의하여 촉발된다. 그런즉 종교철학이 다룰 문제는 어떻게 인간이 하느님을 이해하게 되는가가 아니라 어떻게 우리가 하느님을 이해하게 되는가 하는 문제다.

깊이 생각해 보면, 철학자는 결코 순수한 관찰자가 아니다. 그의 지혜는 요구에 따라 만들어질 수 있는 소모품이 아니다. 그의 저술은 응답(*responsa*)이 아니다. 우리는 그의 저술을, 다른 사람들의 문제를 반영하는 거울로서가 아니라 우리로 하여금 그 철학자 자신의 혼(soul)을 들여다 볼 수 있게 하는 창(窓) 유리로 보아야 한다. 철학자들은 스스로 감동 받지 않고서는 그 힘과 열정을 남에게 미칠 수가 없다. 심장이 두근거릴 때 그의 혼은 자신과 비로소 친교를 나눈다. 철학자의 가슴을 두드리는 곤경이 그로 하여금 진리의 토양을 갈게끔 강제하는 것이다. 모든 철학은 자신의 인생에 대한 변증이다.

근본적인 자기이해

철학에는 두 가지 형태가 있다. 하나는 원리, 가설, 교리 따위 사유의 내용(the content of thinking)을 분석하는, 사상을 생각하는, 과정으로서 철학을 하는 것이다. 다른 하나는 생각함을 생각하는 것(thinking about thinking)으로서, 근본적인 자기이해로서,[2] 생각하는 행위를 분석하는 과정으로서, 생각하는 자아를 내성(內省)하는 과정으로서 철학을 하는 것이다.

생각하는 자아를 내성하는 행위는 두 가지 차원에서 이루어진다. 하나는 깨달음의 차원이고, 다른 하나는 그 깨달음을 개념과 상징으로 옮겨 놓는 차원이다. 근본적인 자기이해는 사유의 열매들 즉 개념과 상징들뿐만 아니라 사유의 뿌리, 통찰의 깊이, 자아와 실재가 만나서 직접 교제하는 관계가 이루어지는 순간들까지도 포함해야 한다.

결국, 종교에 대한 연구는 두 가지 중요한 과제를 안게 된다. 하나는, 믿는다는 것이 무엇을 뜻하는지 이해하는 일, 곧 믿음이라는 행위를 분석하고, 우리가 하느님을 믿지 않으면 안 되는 필연이 무엇인지를 묻는 일이다. 다른 하나는, 믿음의 내용을 설명하고 조사하는 일, 곧 우리가 무엇을 믿는지를 분석하는 일이다. 전자는 신앙의 문제, 구체적 상황을 다룬다. 후자는 신조의 문제, 개념적 관계들을 다룬다. 중세기 유다 철학은 주로 신조의 문제에 관심을 기울였다. 예컨대, 하느님을 믿는 믿음의 내용(그리고 그 대상)이 무엇인지, 혹은 기껏해야 믿음의 본질이 무엇인지를 묻는 데 바빠서, 하느님을 믿는 우리의 믿음의 원천(source)이 무엇인지를 묻는 것은 덜 중요했다. 도대체 왜 믿는가? 중세기 유대 철학(Jewish philosophy)은, 어떻게(how) 우리가 하느님을 알게 되느냐 하는 문제보다 하느님에 대하여 알고 있는 것이 무엇이냐(what)에 더 많은 관심을 쏟았다. 우리가 먼저 관심을 기울여야 할 일은 개념들을 분석하는 게 아니라 상황을 탐색하는 것이다. 종교의 상황이 종교의 개념보다 앞에 있다. 따라서 하느님에 대한 관념을, 그것이 파생된 상황을 무시한 채 살펴본다는 것은 잘못된 추상화(抽象化)가 아닐 수 없다. 그런즉 우리의 첫 번째 목표는 신조의 철학과 교리의 해석이 아니라, 경건한 신앙인의 한 부분을 이루고 있는 구체적 사건, 행위, 통찰을 다루는 철학을 전개하는 것이다. 왜냐하면 종교는 신조 또는 이데올로기 이상(以上) 가는 것이며, 행위와 사건들로부터 분리되어서는 이해되지 않는 것이기 때문이다. 그것은 인간의 혼이 모든 의미들의 의미에 관한, 자신의 실존 속에 함축되어 있는 궁극적 명령에 관한 지순한 관심으로 흔들리는 순간에, 곧 모든 기성의 결론들과 삶을 질식시키는 모든 하찮은 일들이 일시 중단되는 순간에, 빛을 받아 드러난다.

따라서 우리가 먼저 토론해야 할 문제는 믿음도 아니며 종교적 또는 제의적(祭儀的) 경험도 아니고, 이 모든 현상들의 원천, 인간의 전체 상황이다. 어떻게 그가 초자연을 체험하느냐가 아니라 왜 초자연을 체험하고 받아들이느냐다.[3]

심층신학

신학의 주제는 믿음의 내용이다. 이 연구의 주제는 믿음이라는 행위다. 이 연구의 목적은 신앙의 깊이, 거기에서 믿음이 솟아 나오는 잠재층(substratum)을 탐색하는 데 있다. 그 방법을 일컫자면 심층신학(depth-theology)이라고 할 수 있겠다.

신앙의 깊이를 이해하기 위해 우리는 한 인간이 표현해 낼 수 있는 것보다 그가 표현해 낼 수 없는 것, 어떤 언어로도 옮길 수 없는 깨달음을 더 많이 밝혀내고자 할 것이다. 우리는, "철학이 안고 있는 가장 큰 위험은, 그 태만함과 모호함은 별문제로 하고, 본디 모호한 것을 정확한 것인 양 다루어 그것을 분명한 논리적 범주 속에 맞추어 넣으려고 하는 '스콜라주의'(scholasticism)에 있다"[4]는 사실을 언제나 염두에 두어야 한다. 참으로, 개념적 신학이 저지르는 중대한 실수들 가운데 하나가 종교적 실존의 행위와 그것에 대한 진술을 분리하는 것이다. 신앙이라는 관념은 신앙의 순간과 동떨어져서 연구될 수 있는 게 아니다.

어떤 식물을 뿌리째 뽑아 본디의 바람, 태양, 토양으로부터 옮겨 온 실 속에 두었다면 과연 그 식물을 관찰함으로써 그 원생(原生)의 모습을 밝혀 낼 수 있겠는가? 하느님의 빛을 좇아 방향을 바꾸면서 한사코 기어오르는 인간의 본질은 단순한 성찰(省察)이라는 모래톱에 좀처럼 이식(移植)되지 않는다. 생활이라는 환경으로부터 뽑아버리면 그것은 책갈피 속의 장미 꽃잎처럼 말라버리고 만다. 종교가 술어와 정의(定義)들, 법전과 교리문답 따위로 변형될 때, 한 때는 살아 있다가 마침내 시들어 말라버린 유물에 불과한 것이다. 그것은 신앙과 경건의 원산지에서, 모든 생각의 끝이 신(神)에게 닿아 있는 인간의 혼 속에서, 비로소 연구될 수 있다.

종교의 깊이를 파고 들어가 살펴볼 수 있는 사람, 직관과 사랑을 엄격한 방법론에 조화시킬 수 있는 사람, 순수 자체가 섞여 있는 범주들을 찾아내고 측량 불가능한 것을 벼려서 독특한 표현으로 만들어 낼 수 있는 사람만이 종교를 이해할 것이다. 종교적 의식(意識)의 주어진 내용을 서술하는 것만으로는 충분하지 못하다. 우리는 종교적 의식(意識)을 질문들로 압박해야 하며, 인간이 신의 지평선 위에 설 때 그의 삶에서 일어나는 것의 의미를 이해하고 해명하게끔 강요해야 한다. 경건한 신앙인의 의식을 뚫고 들어감으로써 우리는 그 뒤에 있는 실재를 이해할 수 있으리라.

종교의 자기이해

철학은 반성하는 사유다. 종교철학은 종교가 자신의 근본 통찰과 근본 태도를 돌이켜 보는[反省] 것이라고, 종교 자체의 정신으로 철저히 자기이해를 하는 것이라고 정의할 수 있다. 그것은 자기해명과 자기검사를 하는 노력이다.

여기서 말하는 자기해명(self-clarification)이란 스스로에게 자기가 무엇을 향하고 있는지를 상기시켜 주는 것을 뜻한다. 그것은 종교적 경험, 통찰, 깨달음, 태도 그리고 원리들을 분석하는 것이며, 종교의 안내하는 특징들과 궁극적 주장들을 밝혀내고, 그 중심 가르침의 의미를 확정하며, 원리와 견해 사이를 분간해 내는 것이다.

또한 자기검사(self-examination)란 말은, 우리가 취하고 있는 입장들의 진정성을 곰곰 따져 보는 것을 의미한다. 우리의 종교적 태도는 신념의 태도인가, 아니면 단순한 주장일 뿐인가? 하느님의 존재하심이 우리에게 하나의 개연성(蓋然性)인가 아니면 확실성인가? 우리에게 하느님은 단순한 말씀, 이름, 가능성, 가설인가 아니면 살아 계신 현존인가? 우리에게 예언자들의 주장은 하나의 그럴듯한 연설인가 아니면 우리를 강제하는 신념인가?

종교적으로 생각하고 믿고 느끼는 일은 인간 정신의 가장 큰 속임수들 가운데 포함될 수 있다. 우리는 스스로 하느님을 믿노라고 주장하면서 실제로는 개인의 사욕(私慾)을 속에 감추고 있는 상징을 믿을 때가 종종 있다. 스스로 하느님께 끌려 들어감을 느낀다고 말하면서 실제로 우리가 숭배하는 대상은 이 세상의 세력일 때가 있다. 하느님을 생각하노라고 주장하면서 실제로는 자신의 자아(ego)만을 염려할 수도 있다. 그러므로, 우리 자신의 종교적 실존을 검사하는 일은 끊임없이 해야 할 과제다.

우리가 뜻하는 바를 이해하는 것은 철학의 과제다. 우리는 언어로 생각한다. 그러나 언어를 사용하는 것이 곧 그 언어가 뜻하는 바를 이해하는 것은 아니다. 나아가 언어와 그 언어의 의미 사이의 관계는 신축성이 있다. 언어는 그대로 남아 있는데 그 의미가 달라지기도 한다. "하늘에 계신 우리 아버지"라는 표현이 어떤 사람에게는 옥좌에 앉아 있는 육신의 모습을 머리로 그려보게 할 것이며 또 다른 사람에게는 모든 표현 수단을 넘어서는 그분을 가리키는 말투로서 위엄의 극치를 의미할 것이다.

이런 자기이해는 여러 가지 이유로, 반드시 있어야 한다. 종교적 가르침은 본디, 합리적이고 교리적인 술어로가 아니라 암시적 표현들로 전달되었다. 그러기에 그것들의 의미를 밝혀내는 작업은 불가피한 일이다. 게다가 그것들은 고대의 언어로 표현되었기 때문에, 성경을 기록한 저자들의 순수한 속뜻을 조심스레 들여다보지 않으면 안 된다.

비판적 재평가

이 책에서 사용하는 방법이 기본적으로 자기이해의 방법이긴 하지만 그럼에도 불구하고 우리가 늘 염두에 두고 있어야 할 또 다른 접근 방식이 하나 있다. 종교철학은 두 가지 방법으로 추구될 수 있다. 하나는 종교 자체의 정신의 관점에서 철저하게 자기이해를 시도하는 것이고, 다른 하나는 철학의 관점에서 종교를 비판적으로 재평가하는 것(critical reassessment)이다. 그것은 종교가 자신의 주장들을 합리화하는 작업, 종교의 연관성(relevance)뿐만 아니라 타당성(validity)을 밝히는 작업을 말한다. 진짜 예언자들이 있는 것과 마찬가지로 가짜 예언자들도 있고, 진짜 교리가 있듯이 가짜 교리들도 있다. 만일 어떤 종교가 스스로 진짜임을 주장한다면 이념으로든 사건으로든 자신의 타당성을 입증할 만한 기준을 제시할 의무가 있다.

종교에 대한 비판적 재평가는 우리 시대의 사조(思潮) 때문에라도 불가피하다. 우리는 다른 모든 일에는 비판 능력을 발휘하면서 종교에 대해서만은 의문을 제기하는 일을 삼갈 수가 없게 되었다. "우리 시대는 비판의 시대다. 모든 것이 비판의 대상이 되어야 한다. 종교의 신성(神聖)함, 법률 제정의 권위는 이 법정에서 제외되어야 한다고 생각하는 사람들이 많이 있다. 그러나 만일 제외된다면 그것들은 그냥 미심쩍은 것이 되어 더 이상 인간에게서 진실한 존경을 받지 못하게 될 것이다. 인간의 이성은 자유롭게 공개로 검증된 것만을 존경의 대상으로 받아들인다."5)

종교 비판은 그 기본 주장들뿐만 아니라 그 종교가 밖으로 내놓는 모든 선언들까지 대상으로 삼아야 한다. 종교란 밖으로 일그러지고 안으로 부패할 수가 있는 것이다. 간혹 본연의 정신에서 우러나오지 않은 관념들도 종교는 흡수하는 까닭에 그 진짜와 가짜를 분간해내는 일이 반드시 필요하다. 나아가서 미신 행위, 교만함, 독선, 편견, 천박함 따위가 종교의 가장 훌륭한 전통까지 오염시키기도 한다. 신앙은 뜨겁다 보면 완고한 독선이 될 수도 있다. 그런즉, 불신자의 의심과 도전, 이성의 비판은 신앙의 순결을 위해, 인간의 신앙을 단순히 맹목으로 답습하는 것보다 더 많은 도움을 준다.

지적인 정직함

자기기만이 종교적 사유에 단순한 잘못이 아니라 치명적인 그릇됨의 원인이 되듯이, 종교철학이 최고의 목적으로 삼는 것들 중 하나가 지적인 정직함(intellectual honesty)이다. 이단 사설(heresy)보다는 위선(hypocrisy)이 정신의 몰락을 가져오는 원인이다. "당신은 마음 속의 진실을 기뻐하시니"(시편 51:6).

프찌스카의 라삐 부남(Rabbi Bunam of Przyscha)은 항상 하시드를 다음과 같이 정의했다. 중세기의 자료를 보면, 하시드(a hasid)는 율법이 요구하는 것보다 더 많이 행하는 사람이다. 이를테면, 이웃 사람을 속이지 말라(레위기 25:17)는 것이 법이다. 그런데 하시드는 이 법을 넘어서 자기 자신까지도 속이지 않는다.

모든 왕은 옥새를 지니고 있어서 어느 문서에 그것을 찍으면 그 문서가 진본임이 보증된다. 그 옥새에는 왕의 힘과 위엄을 나타내는 상징이 새겨져 있다. 왕 중 왕(王中王)의 옥새에는 무슨 상징이 새겨져 있는가? "하느님의 옥새는 진실이다."[6] 그리고 진실은 우리의 유일한 시금석이다. 위선자는 감히 그분 앞에 설 수 없다(욥기 13:16).

종교로서의 철학

종교 비판으로서의 종교철학은, 종교에 대한 적대자로 또는 모방자로 또는 경쟁자로 작용하는 한, 제 기능을 다 발휘하지 못할 것이다. 비평 작업은 간혹, 예컨대 예술의 위대한 흐름이 비평에 의하여 창조되는 것이 아니라 찬양되는 것임을 망각할 때가 있다. 이는 종교 비판에도 마찬가지로 적용된다. 그러나 철학이 종교의 영구적인 경쟁자로 남는다는 사실이 우리를 어리둥절하게 한다. 철학은, 만약 할 수만 있다면 종교를 창조할 수도 있을 만한 힘을 지니고 있다. 되풀이하여 철학은 궁극적 질문들에 대답을 제공하고자 애를 썼고 그때마다 실패했다.

철학은 항상 그 자신의 주제들을 만들어내는 것은 아니다. 철학이 다루는 문제들은 일반 상식에서, 예술의 세계에서, 종교, 과학, 사회생활에서 나오는 것들이다. 선(善), 아름다움, 동정(同情), 사랑, 하느님, 인과응보, 사회 질서, 국가 등 철학의 주제들은 사변(思辨)의 발명품이 아니다. 철학은 사변에서 나온 주제들에 묻혀 있을 때보다 인간의 생활과 더불어 있을 때 더욱 창조적이다. 따라서 종교철학은 궁극적 통찰의 근원으로보다는 해명, 검사, 확인의 방법으로 남는다. 나아가서 그것은 철학과 종교의 근본 차이를 밝혀내야 한다. 종교철학의 사명은 철학의 면전(面前)에서 종교의 주장을 검사하는 것뿐만 아니라, 철학이 스스로 주제넘게도 종교를 대신코자 할 때 그 주장을 반박하고 철학이 종교가 될 수 없음을 증명하는 것이다.

한 관점으로서의 철학

철학은 종교의 깨달음을 검사하는 동안, 자신의 한계를 늘 기억하면 더 훌륭하게 제 기능을 발휘할 수 있을 것이다. 말하자면, 철학이 제시하는 것은 진실하기는 하지만 어느 한 학파 또는 한 시대의 제한된 견해에 불과하다는 사실, 부분적인 경험의 한계 속에 갇혀 있다는 사실을 기억하는 것이다. 사실, 아무 형용사도 붙지 않은 '철학'이라는 단어는 얼마쯤 잘못된 명칭이다. 철학은 하나가 아니라 여럿이 있고, 아리스토텔레스와 아우구스티누스의 차이, 스토아 학파와 인도 사상가들의 차이는 모세와 부처가 서로 다른 것만큼이나 분명히 다르다. 영구불변의 철학이 있다고 믿는 사람들은, 고정된 철학 체계의 관점으로부터 종교를 비판적으로 재평가할 수 있으며, 그 고정된 철학의 관점은 논의의 여지가 없이 타당하다고 믿는 사람들일 것이다. 영구불변의 철학을 의심하는 사람들한테는, 철학 자체가 끊임없이 유동(流動)하고 있으며 따라서 끊임없이 검토될 필요가 있다. 그렇다면 종교철학은, 특수한 철학적 상황의 관점에서 종교를 비판적으로 재평가하는 것이라고 정의할 수 있겠다.

철학은 온갖 제한이 있긴 하지만 사물을 공관(共觀)하려는, 세계의 전체와 부분을 함께 보려는 인간의 노력이다. 종교에는 스스로 자만하여 교리나 제의(祭儀)에 직접 상관이 없는 현실을 무시하려는 경향이 있으므로, 종교철학은 종교적 이해를 인간 지식의 전체 맥락과 연결시킬 사명을 지닌다. 인간의 지식은 끊임없이 앞으로 나아간다. 그러므로 종교의 영원한 문제들은 끝없이 발전하는 인간의 탐색과 부딪칠 때 새로운 연관성을 지니게 되는 것이다.

타원형 사고

종교철학에는 철학과 종교라는 부모가 있다. 종교철학은 종교의 자기반성에서 태어난 것이 아니라 종교와 철학의 만남에서 태어난 것이다. 실제로, 모든 종교철학은 종교와 철학이 저마다 궁극적 문제들에 관한 생각을 주장하고 나선 데서 태어난다. 그리스의 종교는 그와 같은 관념들의 근원임을 자처하고 나서지 않았다. 그래서 종교철학은 아테네에서는 일어나지 않았고 유다이즘과 그리스 철학의 만남에서 생겨났다.[7]

종교철학은 양극(兩極) 속에 포함되어 있다. 종교철학은 타원(楕圓)처럼, 철학과 종교라는 두 중심점을 지닌다. 그 두 중심에서 똑같은 거리에 있는 곡선상의 두 점을 제외하면, 한 쪽에 가까이 가는 것만큼 다른 쪽에서는 멀어진다. 철학의 범주와 종교의 범주 사이에 존재하는 심오한 긴장을 제대로 파악하지 못할 때 우리의 사고(思考)는 큰 혼란에 빠진다.

이 두 개의 서로 다른 힘, 두 개의 경쟁하는 근원에 함께 노출되어 있는 특수한 상황을 우리는 늘 염두에 두고 있어야 한다. 철학과 종교를 함께 풍요하게 만드는 근원은 바로 이 긴장과 타원형 사고에 있다.

철학 종교

　사람들은 과학과 철학을 종교와 화해시키려는 욕심에서 간혹, 계시로 전달된 교리와 우리의 이성으로 획득된 관념 사이에 모순이 없을 뿐 아니라 그 둘이 본래적으로 같은 것임을 입증코자 했다. 그러나 그런 화해는 해결(a solution)이 아니라 해소(a dissolution)로서 결국 종교를 사라져 버리게 한다. 만일 과학과 종교가 본디 같은 것이라면 둘 중의 하나는 여벌이 아닐 수 없다. 그런 화해가 이루어진다면 종교란 서투른 과학, 순진한 도덕과 다를 바가 거의 없다. 그 깊이는 사라지고 위엄은 망각되며 그 가치는 의심쩍은 것이 된다. 또한 종교의 유일한 정당성은 다만 교육적인 가치로서, 대중을 위한 철학으로서, 철학에 이르는 지름길로 간주될 따름이다.

　철학자들은 가끔 종교의 순응하지 않는 고집스러움을 철학의 미숙함으로 오해하고, 종교를 종교로 이해하고자 하는 대신 종교를 철학의 미발육된 형태로 보려고 했다. 그와 같은 시도를 하다보면 탐구의 대상이 탐구자의 방법에 맞추어 조절되고, 종교의 범주들은 조사되기 전에 먼저 변개되어 마치 철학의 추상 개념인 양 다루어진다. 그런 탐구의 결과로 나타나는 것은 대개 매우 희박해진 종교다. 종교철학(a philosophy of religion)으로 시작한 것이 철학 종교(a religion of philosophy)로 끝나고 마는 것이다.

사유의 한 방식

　철학은 무(無)에서 시작하지 않는다. 철학을 굳이 정의한다면, 최소의 전제로 이루어지는 학문이라고 할 수 있겠다. 그러나 철학은 아무 전제도 없이 이루어지는 것은 결코 아니다. 나아가서 철학은 어떤 특수한 사유방식(a way of thinking), 어떤 특수한 이해와 평가의 형식과 범주와 관련되어 있다. 서양철학의 대부분 전제들은 그리스인들의 사유방식에서 나온 것들이다.

생각하는 데는 한 가지 방식만 있는 게 아니다. 이스라엘과 그리스는 서로 다른 교리들을 발전시켰을 뿐만 아니라 서로 다른 범주 안에서 생각했다. 예컨대 성경은, 아리스토텔레스의 철학과 마찬가지로, 일단의 교리들만을 담고 있는 게 아니다. 그것은 하나의 사유 방식을 드러낸다. 그 속에서 일반 개념들이 특별한 의미를 품게 되는 특수한 장(場, context)을 드러내고, 가치 평가의 기준과 방향설정의 한 형식을 보여준다. 하나의 정신적 구조뿐만 아니라 어떤 성향(性向) 혹은 직관과 인식을 서로 연결시켜 직조(織造)하는 방법과 사상(思想)의 직기(織機)를 보여준다.

인간의 정신은 일방적이다. 모든 현실을 한꺼번에 파악하지는 못한다. 어떤 사물들을 볼 때 우리는 그것들이 공유하는 특징을 보든지 아니면 서로를 분별하게 하는 특징을 보든지 한다. 사상사를 살펴보면 공통점과 보편성에 대한 감각이 특별히 발달된 때가 있는가 하면, 개성과 특수성을 분별하는 감각이 특별히 예민한 때가 있다. 예컨대 필로의 정신은 유다이즘과 헬레니즘의 특수성과 차이점을 간과해 버리는 오솔길을 따라 갔다. 그에게는 이 둘이 같은 메시지를 던졌다. 그래서 그리스의 제의(祭儀)에서 발견되는 무아경(無我境, ecstasy)을 그는 히브리 예언자들이 계시를 받는 상태와 같은 것으로 보았다.[8] 그의 본을 따라 많은 사상가들이 이성과 계시가 공유하는 요소들을 찾아내는 일에 관심을 쏟고 그 둘의 차이점을 같은 것으로 만들고자 애를 썼다. 그들이 끝내 보지 못하고 만 것은, 신(神)의 정념(情念, pathos)에 관한 예언자들의 관념이 포함하고 있는 독특한 통찰의 풍요함이다. 히브리 사유는 플라톤이나 아리스토텔레스의 범주와는 다른 범주 안에서 이루어진다. 그리고 그 둘의 주요 가르침 사이의 차이점은 단순히 표현 방식의 차이가 아니라 사유방식의 차이다. 이성과 계시의 공통 요소들에 의존하여 모색되는 두 정신적 힘의 종합은, 그것들이 품고 있는 독특한 통찰들을 희생시키는 대가(代價)로 이루어졌다.

유다이즘으로서는 사람의 삶과 사상을 풍요하게 하는 데 유용한 요소들을 흡수하기 위해 비(非)유다 문화와도 접촉하는 것이 매우 중요한 일이긴 하지만, 지적 순결을 포기하면서까지 그 일을 시도할 수는 없는 노릇이다. 우리는 예언자들의 사유와 그리스 형이상학의 종합을 찾아보려는 시도가, 어떤 특별한 역사의 상황에서는 바람직한 것일 수도 있겠지만, 그 보편의 형태에서도(sub specie aeternitatis) 반드시 타당한 것은 아님을 기억해야 한다. 지리상으로나 역사상으로나 예루살렘과 아테네, 예언자들의 시대와 페리클레스(Pericles, 그리스 전성기를 가져 온 장군, 정치가, B. C. 494-429)의 시대는 서로 그렇게 까마득하게 멀리 떨어져 있지는 않다. 그러나 정신적으로는 그 둘이 따로 떨어져 있는 세계다. 반면에 예루살렘이 만일 히말라야 기슭에 자리를 잡았다면, 유일신론 철학이 동양 사상가들의 전통에 의하여 형성되었을 것이다. 그런즉, 아테네와 예루살렘 사이에 자리한 우리의 지적인 입장은 그것 자체가 궁극적인 것은 아니다. 신의 섭리는 언제고 우리로 하여금 요르단 강과 갠지스 강 사이에 자리를 잡도록 만드는 상황을 창조할 것이다. 그리고 그와 같은 만남에서 빚어지는 문제는 물론 유다 사상이 그리스 철학과 만나는 데서 빚어졌던 문제와 다를 것이다.

형이상학과 초 역사(meta-history)

예컨대, 우주의 기원을 설명하는 과학의 이론과 창세기 1장에서 성경이 전달하고자 하는 내용은 그 의미와 의도와 주제가 처음부터 다르다. 창세기는 그 아무것도 설명하고자 하지 않는다. 세계가 존재하게 된 신비는, "한 처음에 하느님께서 하늘과 땅을 지어 내셨다"는 식의 말 한 마디로는 조금도 해명되지 않는다.

성경과 과학은 같은 문제를 다루지 않는다. 과학 이론은 탐구한다. 무엇이 우주의 원인인가? 과학은 인과율이라는 범주 안에서 생각한다. 그리고 인과율은 원인과 결과의 관계를 끊임없이 계속되는 과정의 부분으로, 변하지 않는 전체의 변하는 부분으로 인식한다. 반면에 성경은 창조자와 우주의 관계를, 본질이 서로 다르며 서로 비교할 수도 없는 실체의 관계로 인식하며, 창조 자체를 과정(process)이 아니라 사건(event)으로 본다(22장을 보라). 따라서 창조는 인과율을 초월하는 관념이다. 그것은 우리에게 인과율이라는 것이 어떻게 있게 되었는지를 말해 준다. 자연에서 빌려온 범주들로 세계를 설명하고자 하는 대신에, 성경은 세계를 있게 한 것이 무엇인지, 말하자면 하느님의 자유로운 행위를 일러 준다.

성경은 하느님의 관점에서 세계를 이해하는 길을 가리킨다. 그것은 존재로서의 존재가 아니라 피조물로서의 존재를 다룬다. 성경이 관심을 갖는 것은 존재론 또는 형이상학(metaphysics)이 아니라 역사와 초 역사(超歷史, meta-history)다. 성경은 공간보다 시간에 관심을 갖는다.

과학은 방정식의 법을 좇아 발전한다. 성경은 독특한 것과 전례가 없는 것을 가리킨다. 과학의 목적은 자연의 사실과 과정을 밝혀내는 것이고, 종교의 목적은 자연을 하느님의 뜻과 연관시켜 이해하는 것이다. 과학적 사유가 의도하는 바는 인간의 질문에 대답하고 지식을 얻고자 하는 그의 욕구를 충족시켜 주는 것이다. 종교적 사유가 궁극으로 시도하는 바는 인간의 것이 아닌 질문에 대답하고 사람을 필요로 하는 하느님의 요구를 채워 드리는 것이다.

철학은 사물의 본질, 존재의 원리를 찾아내고자 하는 시도이며, 성경의 종교는 모든 사물을 창조하신 분에 대하여 가르치고 그분의 뜻을 알려 주고자 하는 시도다. 성경은 우리에게 창조 또는 구원의 원리(principle)를 가르치려고 하지 않는다. 성경은 우리에게, 하느님이 살아 계시고 그분이 바로 창조주며 구원자시요 스승이며 법을 내리신 분임을 가르치고자 한다. 철학의 관심은 분석하고 설명하는 데 있고, 종교의 관심은 순화(純化)하고 성화(聖化)하는 데 있다. 종교는 어떤 특수한 전통 또는 한 개인의 통찰에 뿌리를 내리고 있으며, 고전 철학은 그 뿌리가 보편적 전제 속에 박혀 있음을 강조한다.

철학의 사고는 개념들로 더불어 출발하고, 성경의 종교는 사건들로 더불어 시작한다. 종교의 생명은 관념들의 정신적 보존이 아니라 사건과 깨달음 속에, 시간 안에서 발생하는 어떤 것들 속에서 주어진다.

철학에 대한 도전

되풀이하거니와 종교는 깨달음의 독특한 원천이다. 이 말은 종교의 깨달음과 요구가 그 어떤 철학의 결론과 완벽하게 일치하거나 과학의 술어로 적절하게 표현될 수 없음을 의미한다. 종교에서 의미 있는 것이라고 해서 반드시 철학에서도 의미 있는 것은 아니며, 그 역(逆)도 마찬가지다. 종교의 역할은 단순히 검사의 대상이 되는 것이 아니라 철학에 도전하는 것이다.

철학이 성경한테서 배울 수 있는 것은 많다. 철학자에게는 선(善)이라는 관념이 가장 높은 관념이다. 그러나 성경에서는 선이 두 번째로 궁극적인 관념이다. 그것은 성(聖)이 없이는 존재할 수가 없다. 성(聖)이 본질이고 선(善)은 그 표현이다. 엿새 동안 창조된 것들을 두고 그분은 좋다(善, good)고 하셨다. 이레째 날을 그분은 거룩하게(聖, holy) 만드셨다.[9]

플라톤의 『유디프로』(*Euthyphro*)는 그리스도교와 마호멧교의 여러 학파들 사이에 흔히 여러 가지 모양으로 논쟁거리가 된 문제, 즉 신들은 선이 선이기 때문에 선을 좋아하는가, 아니면 신들이 그것을 좋아하기 때문에 선인가 하는 문제를 제기했다. 그런데 이런 문제가 제기될 수 있으려면, 신과 선이 서로 다른 본체며, 신들이 언제나 최고 수준의 선과 정의에 따라 행동하는 것은 아니라는 것이 전제가 되어야 한다. 어떤 특수한 행위가 거룩한 것(신의 명령으로 주어진 것)은 그 행위가 선하기 때문인가, 아니면 거룩하기 때문에(신의 명령으로 주어진 것이기 때문에) 선한가? 이런 것을 따져 보는 일은, 원(圓) 안의 어느 점이 원둘레에서 똑같은 거리에 있기 때문에 중심점인가, 아니면 그것이 중심점이기 때문에 원둘레에서 똑같은 거리에 있는가를 따져 보는 것과 마찬가지로 무의미하다. 성경의 예언자들은 선과 성의 이분법을 모른다. 그들은 하느님의 의로우심을 그분의 존재로부터 분리시켜 생각할 수가 없다.

현명한 비판은 언제나 자아비판에서 시작한다. 철학 역시 끊임없는 검증과 순화(純化)가 필요하다. 이성은 종교를 검사하면서 자신을 검사한다. 곧 이성 자체의 전제, 범위 그리고 능력을 검사한다. 그래서 과연 예언자들의 통찰을 이해하기에 충분할 만큼 스스로 진보되어 있는지 여부를 엄밀히 조사한다. 실제로, 어떤 뛰어난 정신의 통찰이 있는데 우리의 이성은 나중에야 그것을 이해하거나, 앞서 그것을 거부했던 것을 뒤늦게 취소하는 일이 가끔 있다.

종교철학은 제 구실을 제대로 하기 위해, 철학과 종교가 제각기 지니고 있는 독특함과 한계성을 늘 염두에 두고 있어야 한다.

이제 앞으로 살펴보겠지만 종교는 철학을 능가한다. 그리고 종교철학의 사명은 인간의 정신을 사유의 정점(頂點)으로 이끌어 올리는 것이다. 어째서 종교의 문제가 과학의 술어로는 해명되지 않는지 그 까닭을 이해하게 해주는 것, 종교가 나름대로의 범위, 관점, 목적을 갖고 있음을 깨우쳐 주는 것, 인간의 심성을 초월해 있는 신비와 장엄 앞에서 귀를 열어 그 소리를 들을 수 있게 해주는 것, 이런 것들이 종교철학의 사명이다. 종교철학의 목적들 가운데 하나는, 종교의 관점에서 철학을 비평적으로 재평가하도록 부추기는 것이다.

이성 숭배

종교철학을, 종교에 어떤 합리적 바탕을 마련해 주려는 시도로 보는 것은 잘못이다. 왜냐하면 그런 정의(定義) 속에는 철학을 합리주의와 같은 것으로 보는 관점이 암시되어 있기 때문이다. 만일 합리주의가 철학자의 자격을 인정해 주는 증명서라면, 플라톤, 쉘링, 윌리암 제임스, 베르그송 등은 철학자라고 할 수 없을 것이다. 듀이(Dewey)에 따르면, 합리주의는 "모든 종교적 신앙을 배제한다. 그것은 다만 우리가 확실하게 알고 있는 것들로부터 빈틈없이 합리적으로 추론(推論)된 믿음만을 허용한다."[10]

극단의 합리주의는 이성이 자기 자신을 이해하지 못한 결과라고, 자신의 비논리적 본질과 그 초(超)논리적 대상을 제대로 파악하지 못한 결과라고 볼 수 있겠다. 우리는 마땅히 무지와 신비에 대한 감각을 구분하고, 합리에 예속되는 것(subrational)과 합리를 넘어서는 것(super-rational)을 구분해야 한다. 진리로 나아가는 것은 이성의 행위고 진리를 사랑하는 것은 영(靈, the spirit)의 행위다. 모든 이성작용(理性作用)은 영과 초월적 연결을 맺고 있다. 우리가 이성을 통하여 생각하는 것은 영을 찾고 있기 때문이다. 우리가 이성을 통하여 생각하는 것은 의미를 확실히 알고 있기 때문이다. 영이 없이는, 모든 삶에 관한 진리가 없이는, 이성은 시들어버린다.

이성은 흔히 과학성(科學性, scientism)과 동일시된다. 그러나 과학이 우리에게 모든 삶에 관한 모든 진리를 밝혀 주지는 못한다. 우리는 과학으로 무엇을 할 것인지를 알기 위해 영(靈)이 필요하다. 과학은 우주 안에 있는 사물들의 관계를 다룬다. 그러나 인간은 영의 관심을 부여받았고, 영은 우주와 하느님의 관계를 다룬다. 과학은 우주에 관한 진리를 찾고, 영은 우주보다 더 큰 진리를 찾는다. 이성의 목표는 객관적 관계들을 탐구하고 입증하는 것이며, 종교의 목적은 궁극적인 인격적 관계들을 탐구하고 입증하는 것이다.

도전은 충돌과 똑같은 것이 아니고 분별은 다툼이 아니다. 그것은 양극성 안에서 살아야 하는 인간의 조건들 가운데 하나다. 우리가 궁극적으로 이성과 계시가 동일한 근원에서 나온다고 확신한다면, 그 확신 속에는 한 분 하느님을 믿는 믿음이 암시되어 있다. 그러나 창조 속에서 하나인 것이 우리의 역사적 상황 안에서 언제나 하나인 것은 아니다. 우리가 이성과 계시의 더 높은 일치를 발견하게 될 때 그것은 구원의 행위다.

널리 주장되는 바와 같이 유다이즘과 합리주의가 같다는 견해는 유대인들의 신앙, 믿음, 관습, 의식(儀式) 등이 지니고 있는 깊은 역설과 난해성을 살피지 못한 결과다. 무엇이 합리적인 것인가에 대한 인간의 생각은 바뀌게 되어 있다. 로마의 철학자들은 일주일에 하루 노동을 하지 않는 것을 합리적이라고 생각하지 않았다. 또한 어떤 농장주들은 아프리카에서 신세계로 노예를 들여오는 것이 비합리적이라고 생각하지 않았다. 이성의 발달의 어느 단계에서 성경은 모순 없는 것으로 용납될 수 있을 것인가?

우리에게 이성이 있다는 사실이 고맙기도 하고 자랑스럽기도 한 일이긴 하지만, 유대인들의 전승은 한번도 인간의 지성을 스스로 충분한 것으로 여기지 않았다. "네 머리를 의지하지 말고 마음을 다하여 야훼를 믿어라"(잠언 3:5, 사역). "네가 실컷 나쁜 짓을 하면서도 '나를 감시할 눈이 없다' 하고 자신만만하구나. 너는 지혜로운 체, 세상일을 다 아는 체하며 '이 세상엔 나밖에 없다'고 하다가 제 꾀에 넘어가리라"(이사야 47:10).

유다이즘의 기본 전제들 가운데 어떤 것들은 인간 이성의 관점에서는 완전하게 합리화될 수가 없다. 정직하게 분석하고 따져보면, 인간이 하느님의 모습으로 창조되었다는 유다이즘의 개념이나 하느님과 역사, 이스라엘의 선택받음, 기도 또는 도덕에 관한 개념들을 진리로서 받아들이기가 거북한 게 사실이다. 인간에게 경건한 신앙을 요구하는 것 자체가, 그 앞에서 경배와 침묵을 바치지 않을 수 없는 신비다.[11] 경배, 사랑, 기도, 신앙은 좁은 이성 작용을 넘어선다.

그러므로 우리는 오로지 이성의 관점으로만 종교를 판단해서는 안 된다. 종교는 이성의 한계 속에 갇혀 있지 않고 그것을 넘어선다. 종교의 사명은 이성과 어깨를 겨루는 것이 아니라, 이성이 우리에게 부분적인 도움밖에는 주지 못하는 곳에서 우리를 도와주는 것이다. 종교의 의미는 표현 불가능한 것에 대한 감각(the sense of the ineffable)과 모순되지 않는 관점에서 이해되어야만 한다.

표현 불가능한 것에 대한 감각은 이성의 깊은 곳에서 나오는 지적인 노력이다. 그것은 인식적 통찰의 근원이다. 그러므로 종교와 이성 사이에는, 우리가 그것들의 나름대로 지니고 있는 과제와 한계를 알고 있는 한, 경쟁관계가 성립되지 않는다. 하느님을 이해하고 숭배하려면 이성을 부리지 않을 수가 없다. 이성 없는 종교는 시들어 버리고 만다. 신앙의 통찰은 막연하고 모호하여 인간의 정신에 전달되고 통합되어 일관성을 유지하려면 개념화될 필요가 있다. 이성 없는 신앙은 맹목이 된다. 이성이 없으면 우리는 신앙의 통찰을 삶의 구체적 현실 문제에 적용시키는 방법을 알 수 없을 것이다. 이성 숭배는 불손한 교만이며 지성의 결핍을 드러낸다. 이성을 거부하는 것은 비겁한 짓이며 신앙의 결핍을 드러낸다.

관념과 사건

유다이즘 철학의 주제는 유다이즘이다. 그러나 유다이즘의 실체란 어떤 것인가? 그것은 관념들 혹은 원리와 교리의 집합인가? 삶과 드라마와 긴장이 소용돌이치고 있는 성경을 일련의 원리로 환원시키고자 하는 것은 살아 있는 사람을 하나의 도형(圖形) 속에 우그려 넣고자 하는 것과 비슷하다. 에집트에서의 탈출, 시나이 산의 계시, 미리암의 모세 중상(中傷)은 관념이 아니라 사건이며, 원리가 아니라 사실(史實)이다. 반면에 성경을 사건의 목록으로, 거룩한 역사로 환원하고자 하는 자도 똑같은 잘못을 범하고 있는 것이다. "야훼는 한 분이시다" 혹은 "정의시다," "너희는 정의를 좇아야 한다"는 말은 사건이라기보다 하나의 관념 또는 규범이다. 그러므로 유다이즘 철학은 관념과 사건 모두의 철학이다.

모세 마이모니데스(Moses Maimonides, 1135-1204)는 유다이즘을 13개 신앙 조목으로 요약한다. 1. 하느님의 존재하심, 2. 그분의 유일하심, 3. 그분의 형체 없으심, 4. 그분의 영원하심, 5. 하느님만이 예배의 대상이심, 6. 그분의 예언자들을 통해 주어진 계시, 7. 뭇 예언자들 가운데 뛰어난 모세의 우월성, 8. 전체 오경이 하느님이 모세에게 주신 것임, 9. 토라의 법의 불변성, 10. 하느님이 인간의 생각과 행동을 아심, 11. 보상과 형벌, 12. 메시아의 오심, 13. 부활. 이 가운데 6, 8, 12, 13을 제외하면, 나머지는 모두 사건 혹은 역사의 영역이 아니라 원리 혹은 관념의 영역에 속하는 것들이다. 이 13개 조목이 다음과 같은 말로 시작되는 형식에 담겨 널리 유행하고 많은 기도서 속에 수록된 것은 의미가 깊다. "나는 굳게 믿노니……"

　마이모니데스 신조는, 관념을 통하여 궁극적 실재가 표현된다는 전제 위에 서 있다. 그러나 성경의 사람에게는 궁극적 실재가 관념뿐만 아니라 사건들 속에서도 표현된다. 유다이즘의 실체는 역사와 사유 모두 속에서 주어진다. 우리는 관념을 받아들이고 사건을 회상한다. 유대인은 "나는 믿는다"고 말하면서 동시에 "기억하라!"는 말을 듣는다. 그의 신조(信條) 속에는 기본 관념의 요약뿐 아니라 두드러진 사건의 요약이 함축되어 있다.[12]

　유대인에게는 하느님 이해가, 그리스 식으로 지고존재(至高存在, a Supreme Being)의 영원한 특질(特質)과 선 혹은 완전함이라는 관념을 설명함으로써가 아니라, 인간을 향한 그분의 간절한 관심에서 우러나오는 살아 있는 행위를 감지(感知)함으로써 이루어진다. 우리는 그분의 막연한 선하심이 아니라 특수한 처지의 개인에게 쏟으시는 그분의 함께 아파하는 연민(compassion)을 말한다. 하느님의 선하심은 우주 보편의 힘이 아니라 연민의 구체적 행위다. 우리는 그것을, 있는(is) 것으로서가 아니라 일어나는(happens) 것으로서 안다. 한 보기를 든다면, "라삐 메이르(Rabbi Meir)는 이렇게 말했다. 한 인간이 고통을 당할 때 셰키나(*Shechinah*)는 무엇을 말하는가? '나의 머리는 나에게 너무 무겁다. 나의 팔은 나에게 너무 무겁다.' 하느님이 사악한 자가 흘리는 피로 말미암아 저토록 슬퍼하신다면 의로운 자의 피로 말미암은 그분의 슬픔은 어떠하겠는가?"[13] 『미쉬나』(Mishnah)에, 사형 집행에 대한 묘사에 뒤이어 곧장 인용된 이 말 속에는, 당신의 자녀들이 고통을 당할 때, 그들이 비록 죄의 값으로 형벌을 받는 것이라 해도, 하느님께서 얼마나 괴로워하시는가를 전달하고자 하는 뜻이 담겨 있다.

　우리가 이와 같은 접근 방식을 받아들일 때는 문제들이 달라진다.

이럴 때에는, 어떻게 성경을 우주와 인간에 대한 아리스토텔레스의 관점과 화해시킬 것인가가 아니라, 우주와 그 우주 속에 처한 인간의 위치를 성경이 어떻게 보고 있느냐가 문제다. 우리는 어떻게 성서적 사유의 관점에서 자신을 이해할 것인가? 문제는 그것에 대하여 종교가 대답을 제시하고자 하는, 실존의 궁극적 질문이 무엇이냐 하는 것이다. 종교인이 그의 실존으로 드러내고 있는 관념이란 어떤 것들인가?

유다이즘 철학

유다이즘 철학(philosophy of Judaism)이라고 말할 때의 유다이즘이란 단어는 객체(an object)로 사용되거나 또는 주체(a subject)로 사용되거나 할 것이다. 전자일 경우 유다이즘 철학은 유다이즘 비판이다. 이 때의 유다이즘은 우리가 검토할 주제 혹은 대상이 된다. 후자일 경우 유다이즘 철학은 칸트 철학 또는 플라톤 철학이라는 말과 같은 의미를 지닌다. 이 때의 유다이즘은 우리가 이해하고자 하는 관념의 주체가 된다.

유다이즘은 단순한 느낌 또는 경험이 아니라 현실이며 사실이고 역사 속에서 일어나는 드라마다. 유다이즘은 어떤 특별한 사건들이 발생하였고 그 사건들 속에서 유다이즘이 나온 것이라고 주장한다. 그것은 어떤 근본이 되는 가르침을 나타낸다. 그것은 한 백성이 하느님에게 헌신하고 있음을 강조한다. 이 사건과 가르침과 헌신을 이해하는 것이 유다이즘 철학의 과제다. 앞에서도 말했거니와 이 책에서 우리가 사용하는 방법은, 반드시 그것으로만은 아니나, 자기이해의 방법이고, 유다이즘 철학이라고 할 때의 유다이즘은 일차적으로 주체(a subject)로서 사용된 것이다.

2

그분의 현존으로 가는 길

성경의 부재

서양 철학의 저작들을 읽을 때 우리가 거듭거듭 만나는 사람들은 플라톤이나 아리스토텔레스, 스토아학파 또는 신플라톤학파 등이다. 그들의 정신이 철학 저술의 책갈피마다에 배어 있다. 그러나 서양 형이상학의 깊숙한 서재에서 우리는 성경을 찾아볼 수가 없다. 철학자들이 신(神)을 이야기할 때 예언자들은 들어 있지 않다.

철학의 역사 속에 성경이 부재(不在)한다는 말은 성경에 대한 언급이나 인용이 없다는 뜻은 아니다. 사실 성경 구절들은 자주 인용 또는 언급되고 있는 편이다. 우리가 말하고자 하는 것은 성경의 사고방식, 세상과 인생을 보는 방법, 존재와 가치와 의미에 관하여 사색하는 데 필요한 기본 전제들이 없다는 점이다. 그 어떤 철학사(史)라도 열어 보라. 거기에 탈레스나 파르메니데스는 있다. 그러나 이사야나 엘리야, 욥 또는 전도자가 등장하는가? 이와 같은 현상이 빚은 결과가 곧 서양 철학의 기본 전제는 히브리 사상보다는 그리스 사상에서 나온 것이라는 점이다.

철학적 사유를 하는 이들이 성경에 접근하는 데는 두 가지 방법이 있다. 하나는, 성경을 하나의 순진한 책으로 보는 것이다. 그들에게 성경은 시(詩) 또는 신화(神話)다. 성경은 아름답긴 하지만 그러나 심각하게 읽어야 할 책은 아니다. 그 생각하는 바가 원시적이고 미숙하기 때문이다. 그것을 어찌 헤겔이나 홉스, 존 로크 또는 쇼펜하우어와 비교할 수 있으랴? 성경의 지적 타당성을 평가 절하한 철학자들의 아버지는 스피노자다. 그는 후대의 철학과 주석서에 나타난 성경에 관한 수많은 왜곡의 원흉이라고 비난받을 수도 있다.

또 다른 접근 방식은 모세가 가르친 것이 플라톤이나 아리스토텔레스가 가르친 것과 똑같은 관념이라고 보는 입장이다. 따라서 예언자들의 가르침과 철학자들의 가르침 사이에는 큰 차이가 없다. 차이가 있다면 표현과 스타일의 차이일 따름이다. 예를 들면, 아리스토텔레스는 명확한 술어를 사용했는데 예언자들은 은유(隱喩)를 썼다. 이런 식의 접근을 맨 먼저 한 사람은 필로다. 신학은 필로의 이론이 지배해왔던 반면에, 일반 철학은 스피노자의 태도를 취했다(스피노자의 태도에 관하여는 32장을 참조할 것).

어느 결혼식을 취재 갔던 애송이 기자의 이야기가 있다. 그는 돌아와서 아무것도 취재한 것이 없다고 보고했다. 왜냐하면 신랑이 나타나지 않았기 때문이라는 것이었다….

성경에서 철학 용어를 찾아볼 수 없는 것은 사실이다. 그러나 진지한 학생은 자기가 이미 지니고 있는 것을 찾으려고 헤매지 않는다. 종교에 관한 철학적 사색이 이루어지는 범주들은 예루살렘보다는 아테네에서 만들어졌다. 유다이즘은 성경과 맞대면하는 것이며, 유다이즘 철학은 성경의 사상(思想)과 맞대면하는 것이다.

기억과 통찰

성경만이 궁극적인 종교 문제에 관심을 기울이는 유일한 책은 아니다. 여러 곳, 여러 때에 사람들은 신(神)을 찾았다. 그렇지만 성경이 만들어진 시대가 하느님과 씨름하는 인간의(그리고 인간과 씨름하는 하느님의) 역사책에서 가장 주요한 장(章)을 이루고 있다. 우리는 도덕 가치를 연구할 때 도덕 철학의 위대한 전통을 무시할 수 없듯이, 종교 문제와 씨름하면서 성경 안에 축적된 통찰들을 무시할 수 없다. 그런즉 우리는 안내를 받기 위해 계몽의 1천 년인 성경 시대로 돌아가야 하는 것이다.

우리와 성경의 인물들이 공유한 것은 무엇인가? 삶의 기쁨과 불안, 놀라운 것에 대한 감각과 그에 대한 반발, 숨으시는 하느님에 대한 깨달음과 그분에게 가는 길을 찾고자 애쓰는 순간들이다.

유다이즘의 중심 사상은 살아 계신 하느님이다. 모든 문제를 이 관점에서 본다. 그리고 모든 유다이즘 철학이 다루는 최고의 문제는, 하느님이 살아 계심을 사실로서 믿는 인간의 믿음의 근거는 무엇인가? 인간이 도대체 그런 근거를 찾아낼 수 있는가다. 이 문제를 생각해 보기 전에 먼저 다음과 같은 질문들을 던져볼 필요가 있다. 인간이 하느님에게 가까이 가는 길을 찾아야만 한다는 주장, 말하자면 우리가 그분을 찾지 않는 한 그분을 발견할 수 없다는 주장은 유다이즘의 정신에 부합되는 것인가? 하느님에 대한 감수성을 발달시키고 그분의 현존에 가까이 가는 어떤 길[방법]이 있는가?

성경 시대 사람들의 신앙의 근원은 무엇이었던가? 그들의 신앙을, 유산으로 물려받은 교리를 그대로 받아들이고 의지한 행위로 보는 것이 과연 옳은 일일까? 3천 년이 넘도록 유대인이 신앙의 단 하나의 원천, 곧 계시의 기록에만 접근했다고 말한다면 옳은 말일까? 과연 유다이즘의 종교적 생명력이 오로지 모세 시대에 일어난 사건들에만 충성하고 그 사건들이 기록되어 있는 경전에 복종하는 데서 나온 것일까? 이러한 주장들은 인간과 그의 신앙이 지닌 본성을 보지 않고 지나쳐

버린 결과인 듯 하다. 한번 발생한 사건은, 그것이 비록 거창하고 굉장한 것이었다 해도, 언제까지나 인간의 마음을 한결같이 지배할 수는 없는 일이다. 단순히 그 사건을 기억하는 것만으로는 그 사건이 일어났을 때처럼 강한 생명력으로 인간을 사로잡을 수가 없다. 유대인은 자기네 신앙에 새 힘을 넣어 주는 깨달음을 얻고자 부단히 씨름했다.

성경은 예언자들의 말뿐만 아니라 예언자 아닌 사람들의 말도 담고 있다. 성경은 영감으로 받은 말을 전달하면서 한편 인간이 스스로 찾고 생각해낸 말들도 전달된다. 성경에는 사람에게 주는 하느님의 말씀만 있는 게 아니라 그분에게 드리는 그리고 그분에 관한 인간의 말도 있다. 하느님의 계시만이 아니라 인간의 통찰도 있다. 예언자들의 경험은, 현대인의 손길이 닿기에는 너무 먼 거리에 있다. 그러나 예언자들 역시 인간이었다. 그들이 경험한 선과 악, 빛과 어둠, 삶과 죽음, 사랑과 증오의 충돌은 3천 년 전에 생생한 현실이었듯이 오늘에도 우리 모두가 겪고 있는 현실이다. 이런 현실에 대한 지각은 예언자의 사고뿐만 아니라 인간의 사고도 반영한다. 특히 이른바 지혜 문학이라고 하는 욥기, 잠언, 전도서 그리고 시편 속에 성경 인물들의 자발성(自發性, the spontaneity)이 잘 표현되어 있다.

하느님을 향한 관심은 세월과 더불어 계속되었다. 유다이즘을 이해하기 위해 우리는 성경 이후 유대인 역사에 나타난 동일한 관심의 흐름과 정신을 탐구하지 않으면 안 된다.

종교적 사유의 두 가지 근원이 우리에게 주어졌다. 기억(전통)과 개인의(personal) 통찰이 그것이다. 우리는 우리의 기억에 의존해야 하며 동시에 신선한 통찰을 얻고자 애써야 한다. 우리는 전통이 하는 말을 듣고, 또한 우리 자신의 탐색을 통하여 이해한다. 예언자들은 인간의 정신력에 호소한다. "너희는 분명히 알아라. 그리고 마음에 새겨 두어라. 야훼 바로 그분이 위로 하늘에 계시고 아래로 땅 위에 계시는 하느님이

시다! 그분밖에 다른 하느님은 없다"(신명기 4:39). 시인은 우리에게 권한다. "너희는 야훼의 어지심을 맛보고 깨달아라"(34:8).[1] 사람은 어떻게 아는가? 어떻게 맛보는가?

모든 사람이 각자 하느님을 찾아야 할 필요성이 홍해의 노래 속에 교훈적으로 암시되어 있다.

내 하느님이시니
어찌 찬양하지 않으랴.
나의 선조의 하느님이시니
어찌 우러르지 않으랴(출애굽기 15:2).

사람은 우선 자신의 통찰로써, "내 하느님이시니 어찌 찬양하지 않으랴"의 차원에 이르러야 한다. 그러면 이어서 "나의 선조의 하느님이시니 어찌 우러르지 않으랴"를 깨닫게 되리라.[2]

인간의 하느님 추구

제물을 불태워 바치는 희생 제사는 성경의 신앙생활에서 중요한 부분을 차지하고 있다. 그렇지만 하느님은, "내가 반기는 것은 제물이 아니라 사랑이다. 제물을 바치기 전에 이 하느님의 마음을 먼저 알아다오"(호세아 6:6) 하고 말씀하신다. 이 하느님을 아는 깨달음으로 가는 길이 있다. "너는 거기에서도 너의 하느님 야훼를 찾아야 한다. 애타고 목마르게 찾기만 하면 그를 만날 것이다"(신명기 4:29; 예레미야 29:13).

"만일 누가 너에게, 열심히 애썼지만 그분을 찾지 못했노라고 얘기하거든 그를 믿지 말아라. 만일 그가, 나는 애를 쓰지도 않았는데 그분을 찾았다고 말하거든 그를 믿지 말아라. 만일 그가, 나는 애를 썼더니 그분을 뵙게 되었노라고 말하거든 그 사람은 믿어도 된다."[3] 우리가 그분을 찾을 때 그분이 우리를 도와주시는 것은 사실이다. 그러나 먼저 찾아 나서고, 열심히 찾는 일은 우리가 할 일이다. "그대가 만일 알고자 원한다면, 통찰에 이르고자 목소리를 높인다면, 깨달음을 찾되 은을 찾듯이 하고 감추어진 보물을 찾듯이 한다면, 그대는 마침내 하느님을 두려워 공경하게 되고 하느님을 아는 지식에 이르리라."[4] "하늘에 대한 두려움과 경외(敬畏)를 제외하고는 모든 것이 하늘의 힘 안에 있다."[5]

성경에는 하느님을 찾는 행위를 가리키는 단어가 몇 개 나온다('다라쉬'[darash] '박케쉬'[bakkesh] '샤하르'[shahar]). 어떤 구절에서는 이 단어들이 그분의 뜻과 가르침을 찾는 의미로 사용되기도 했다(시편 119:45, 94, 155). 그러나 이 단어들이, 단순히 정보를 얻어내려는 목적에서 질문을 하는 행위 이상(以上)의 의미로 사용된 구절들도 있다. 이 경우에는, 하느님에게 가까이 가려는 목적으로 직접 그분께 말을 건네는 행위를 의미한다. 그것은 정보를 찾는 행위가 아니라 경험을 갈망하는 행위다.[6] 그분을 찾는 행위는, 그분의 계명을 지키는 것도 포함하지만 그것을 넘어선다. "야훼를 찾아라. 그의 힘을 빌어라. 잠시도 그의 곁을 떠나지 말아라"(시편 105:4). 실제로 기도란 도움을 찾는 것만 의미하지는 않는다. 그것은 그분을 찾는 것이기도 하다.

하느님의 계명은, "너희로서 엄두도 내지 못할 일이거나 미치지 못할 일은 아니다. 그것은 하늘에 있는 것이 아니다. '누가 하늘에 올라가서 그 법을 내려다 주지 않으려나? 그러면 우리가 듣고 그대로 할 터인데' 하고 말하지 말라. 바다 건너 저쪽에 있는 것도 아니다. '누가 이 바다를 건너가서 그 법을 가져다주지 않으려나? 그러면 우리가 듣고 그대로 할 터인데' 하고 말하지도 말라. 그것은 너희와 아주 가까운 곳에 있다. 너희 입에 있고 너희 마음에 있어서 하려고만 하면 언제든지 할 수 있는 것이다"(신명기 30:11-14). 그러나 같은 말을 하느님에게 적용할 수는 없다. "내가 가까운 곳에만 있고 먼 곳에는 없는 신인 줄 아느냐?"(예레미야 23:23). 참으로 그분이 가까이 있어서 찾아지는 순간도 있고 멀리 있어서 인간의 눈에 띄지 않는 그런 순간도 있다. "야훼를 찾아라. 만나 주실 때가 되었다. 그를 불러라. 옆에 와 계신다"(이사야 55:6). 성경의 모든 인간들이 하느님의 힘과 현존을 만족스럽게 깨달아 알지는 못했다. "그분을 찾고, 야곱의 하느님의 얼굴을 찾는"(시편 24:6, 사역), 그런 사람들이 있다. "야훼께 청하는 단 하나 나의 소원은 한평생 야훼의 성전에 머무는 그것뿐, 아침마다 그 성전에서 눈을 뜨고 야훼의 아름다우심을 뵙는 그것만이 나의 낙이라"(시편 27:4). "하느님 곁에 있는 것이 나는 좋사오니…"(시편 73:28).

전설에 의하면 시나이에서 이스라엘은 모세라는 중재인을 통해 간접적으로 하느님의 말씀을 받는 것에 불만을 나타냈다고 한다. 그들은 모세에게 말했다. "우리는 우리 임금께서 몸소 들려주시는 말씀을 듣고 싶다… 우리는 우리 임금을 뵙고 싶다."[7]

"나의 얼굴을 찾아라"

유대인의 혼(the Jewish soul)이 하느님을 찾는 간절함은 결코 가라앉지 않았다. "나의 얼굴만은 보지 못한다. 나를 보고 나서 사는 사람이 없다"(출애굽기 33:10)는 경고가 있었음에도 불구하고 끈질기게 하느님을 찾는 자들이 많이 있었다. 그 간절한 동경(憧憬)에 관하여 예후다 할레뷔(Jehuda Halevi)는 이렇게 말했다. "내 임금의 얼굴을 뵙는 것이 나의 유일한 갈망이다. 나는 그분만을 두려워한다. 그분만을 공경한다. 꿈 속에서라도 그분을 뵈었으면 좋으련만! 그렇다면 그 꿈 깨지 않고 영원히 잘 자리라. 그분의 얼굴을 내 마음 속에서라도 뵈었으면 좋으련만! 그렇다면 내 눈은 다른 어떤 것도 보려고 하지 않으리라."[8]

암사슴이 시냇물을 찾듯이, 하느님,
이 몸은 애타게 당신을 찾습니다.
하느님, 생명을 주시는 나의 하느님,
당신이 그리워 목이 탑니다.
언제나 임 계신 데 이르러
당신의 얼굴을 뵈오리이까?(시편 42:1, 2).

"당신의 존엄하신 모습을 보여 주십시오"(출애굽기 33:18) 하고 간청하던 모세처럼, 시인(詩人)과 예언자들은 기도한다.

하느님, 당신은 나의 하느님,
물기 없이 메마른 땅덩이처럼
내 마음 당신 찾아 목이 마르고
이 육신 당신 그려 지쳤사옵니다.
당신을 그리면서 성소에 왔사오며
당신의 힘, 당신의 영광을 뵈오려 합니다(시편 63:1, 2).

밤새도록 당신을 그리는 이 마음,
아침이 되어 당신을 찾는 이 간절한 심정!(이사야 26:9).

그날이 오면, 그때가 되면,
이스라엘 백성은 돌아오리라.
유다 백성도 함께 돌아오리라.
울며 돌아와
저희의 하느님, 야훼를 찾으리라(예레미야 50:4).

하느님은 인간이 당신을 찾기를 기다리신다. "야훼, 하늘에서 세상 굽어보시며 혹시나 슬기로운 사람 있는지, 하느님 찾는 자 혹시라도 있는지 이리저리 두루 살피신다"(시편 14:2). "'나의 얼굴을 찾으라' 말씀하

2장 그분의 현존으로 가는 길 *59*

셨사오니 야훼여, 이제 당신을 뵙고자 합니다"(시편 27:8). 그리고 '두려움의 날'에 우리는 겸허하게 상기(想起)한다. "사람이 숨지는 순간까지 당신은 [그가 돌아오기를] 기다려 주십니다."

반면에 인간은 언제나 실패할 수 있는 가능성을 안고 있다. 빛도 없는 지붕 밑 방에 꼼짝 못하고 갇히는 수가 있다. 못된 짓을 저질러 하느님께로 돌아올 수가 없고, 양떼 소떼를 몰고 야훼를 찾아 나선다 해도 이미 떠난 그분을 만나지 못할(호세아 5:4, 6), 그런 자들이 있다.

우리는 계속하여 그분께 돌아오고 그분을 생각하고 그분을 찾아야만 한다. 그분을 생각하지 않고 있다가 갑자기 자신이 그분 곁에 있음을 발견하게 되는 일이 간혹 있는데, 이는 예외적인 그분의 은총이다. "나에게 빌지도 않던 자의 청까지도 나는 들어 주었고 나를 찾지도 않던 자 또한 만나 주었다. 나의 이름을 부르지도 않던 민족에게 '나 여기 있다, 나 여기 있다' 하고 말해 주었다"(이사야 65:1). 다윗은 아들 솔로몬에게 유언을 남기면서 이렇게 경고했다. "야훼께서는 사람의 마음을 헤아리시고 속셈까지 꿰뚫어 보신다. 네가 찾으면 만나 주시지만 네가 저버리면 너를 아주 버리실 것이다"(역대기상 28:9).

세 길

사람은 어떻게 그분을 찾는가? 어떻게 이 세상에서, 자신의 실존과 이 세상에 대한 응답에 갇혀 있으면서, 그분의 현존에 대한 확신에 이르는 길을 찾을 것인가?

유다 문헌에는 우리네 문제에 대한 깨달음의 많은 징후들이 암시되어 있다. 그러나 그 깨달음이 모두 활자화되는 일은 거의 없다. 대개 과거의 유대인은 자신의 종교적 관심과 체험을 드러내어 밝히려고 하지 않았다. 그 결과, 그의 과묵(寡默)이 영적인 냉담으로 오해되는 일이

잦았다. 그들의 혼은 결코 침묵하지 않았다. 예컨대, 19세기에 이르기까지 탁월한 탈무드 학자들 가운데『조할』(*Zohar*)의 간절한 열망과 깊은 묵상에 의하여 감동되지 않은 사람은 거의 없었다. 신조(信條)와 율법의 고요한 표면 아래에서 그들의 혼은 떨고 있었다. 그런즉 우리가 할 일은, 그들의 씨름하는 소리를 다시 듣고 살아 있는 통찰을 다시 잡기 위해 전통과 신조의 정적(靜寂)을 뚫고 들어가는 것이다.

하느님을 생각하는 데는 세 개의 출발점이 있다. 첫 번째 길은 이 세상의 사물들 속에서 하느님의 현존을 감각하는 길이다.[9] 두 번째는 성경에서 그분의 현존을 감각하는 길이요, 세 번째는 신성(神聖)한 행위를 하는 가운데 그분의 현존을 감각하는 길이다. 이 세 길은 각각 세 성경 구절에 암시되어 있다.

> 눈을 들어 하늘을 쳐다보아라.
> 누가 저 별들을 창조하였느냐?(이사야 40:26).

> 너희 하느님은 나 야훼다(출애굽기 20:2).

> 우리가 그대로 하고 우리가 듣겠습니다(출애굽기 24:7, 사역).

이 세 길은 우리네 전통 속에서, 예배, 공부, 행위라는 세 가지 중요한 종교적 실존의 모습과 일치된다. 이 셋은 하나다. 우리는 한 목적지에 이르기 위해 이 세 길을 모두 가야만 한다. 자연의 하느님은 역사의 하느님이며, 그분을 아는 길은 그분의 뜻을 행하는 것이라는 사실, 이것이 바로 이스라엘이 발견해 낸 진리다.

이 세 길에서 발견한 통찰을 다시 잡는다는 것은 성경에 담겨 있는 인생과 현실의 경험의 뿌리에 내려가는 것이다. 그것은 이스라엘의 드라마 속으로 깊숙이 들어가, 무엇이 욥으로 하여금,

나는 믿는다. 나의 변호인이 살아 있음을!
나의 후견인이 마침내 땅 위에 나타나리라.
나의 살갗이 뭉그러져
이 살이 질크러진 후에라도
나는 하느님을 뵙고야 말리라.
기어이 이 두 눈으로 뵙고야 말리라(욥기 19:25-27)

고 말할 수 있게 했는지를 알아내는 것이다.

사람은 어떻게, "살이 질크러진 후에라도 나는 하느님을 뵙고야 말리라"고 말할 수 있는 경지에 이를 것인가?

이 책은 3부로 되어 있는데 각각, 이 세 길을 모색하는 작업에 연결되어 있다.

3

장엄함

대전제

지금 여기 있는 세계를 살펴봄으로써 어떻게 하느님을 깨달아 아는 길을 찾을 것인가? 이 질문에 대한 성경의 답을 이해하려면 우리는 먼저 이 세계가 의미하는 바를 확인하고, 그 안에서 성경이 세상을 보는 범주들인 장엄함, 놀라움, 신비, 외경 그리고 영광을 이해하고자 노력해야 한다.

눈을 들어 보라. 인간이 어떻게 자기보다 더 높은 데 있는 것을 보고자 눈을 들어 올리는가? 종교의 대전제(大前提, the grand premise)는 인간이 자기 자신을 능가할 수 있다는 것이다. 이 세계의 한 부분인 인간이 세상보다 더 큰 분과 관계를 맺을 수 있다는 것, 인간이 마음을 들어 올려 절대자에게 귀속될 수 있다는 것, 다양한 모습으로 조건 지워진 인간이 무조건적인 요구들과 더불어 살아갈 수 있다는 것이다. 어떻게 인간이 심성(心性, mind)의 지평선 위로 올라갈 것인가? 어떻게 스스로 자아, 단체, 땅 그리고 시대의 관점으로부터 자유할 것인가? 어떻게 이 세상 안에서, 이 세상을 초월한 그분을 깨달아 아는 길을 찾아낼 것인가?

힘, 아름다움, 위엄

우리들 대부분이 주목하는 세계는 작고 우리의 관심은 제한되어 있다. 우리가 이 세계를 볼 때, 우리 눈에 보이는 것은 무엇인가? 자연에는 우리의 주목을 끄는 세 가지 모습이 있다. 자연의 힘(power), 자연의 아름다움(beauty) 그리고 자연의 위엄(grandeur)이 그것이다. 따라서, 우리가 세계와 관계를 맺는 데도 세 가지 길이 있다. 우리는 세계를 이용할 수 있고, 즐길 수 있으며, 놀람으로 받아들일 수 있다. 문명의 역사를 통하여, 이 서로 다른 자연의 모습들이 인간의 능력을 끌어내었다. 때로는 자연의 힘이, 때로는 아름다움이, 그리고 때로는 자연의 위엄이 인간의 마음을 사로잡았다. 우리 시대는, 자연의 으뜸가는 가치는 그것을 이용할 수 있는 데 있다고 보는 시대다. 그래서 힘을 장악하는 것, 자연의 자원을 활용하는 것이 하느님이 창조하신 세계 속에서 살아가는 인간의 첫째 목적이라고 보는, 그런 시대다. 인간은 우선 연장을 만드는 동물이 되었다. 오늘날 세계는 인간의 욕구를 만족시키기 위한 거대한 연장통(tool box)이다.

그리스 사람들은 알기 위해서 배웠다. 히브리 사람들은 공경하기 위해서 배웠다. 현대인은 써먹기 위해서 배운다. 베이컨한테서 우리는 "아는 것이 힘"이라는 격언을 물려받았다. 아는 것이 곧 성공이다. 때문에 사람들이 그토록 공부하는 데 열심인 것이다. 그 어떤 가치든 그것의 이용성을 따지지 않고 정당화시키는 길을 우리는 모른다. 인간은 스스로 자신을 정의하기를, "최소의 에너지를 소모하여 최대의 안락을 추구하는 자"라고 한다. 그는 가치를 유용성과 같은 것으로 본다. 그는 마치 이 우주의 유일한 목적이 자기의 요구를 채워 주는 데 있기나 한 듯이 느끼고 생각하고 행동한다. 현대인에게는 모든 것이 계산 가능한 듯 보이고 모든 것이 수치(數値)로 환산될 수 있는 듯 하다. 그는 통계표를 절대 신뢰하고, 신비라는 관념은 혐오한다. 고집스럽게도 그는 우리 모두, 인정은 할 수 있지만 완전히 이해되지는 않는 사물들에 둘러싸여 있다는 사실을 외면하고, 우리의 이성 자체가 하나의 신비임을 모르고 있다. 그는 모든 신비를 해명할 능력이 자기에게 있다고 확신한다. 한 세대 전만 해도 그는 과학이 우주의 수수께끼를 모두 풀어낼 것이라고 장담했다. 한 시인은 이렇게 말했다.

알아야 할 것이 있은 즉
언제고 알아내리라.

종교적 지식은 가장 저급한 지식으로 여겨졌다. 꽁트(Comte)에 따르면, 인간의 정신은 신학적, 형이상학적, 그리고 실증주의적 사고라는 세 단계를 밟아왔다. 원시 종교 지식에서 형이상학이 나왔고 형이상학은 실증적, 과학적 사고방식으로 계승되었다. 드디어 마지막 단계에 도달한 현대인은 보이지 않는 것들에게 호소하는 짓을 그만두게 되었다. 하느님을 대신하여 인간이 숭배의 대상이 되었다. 그러나 현대인의 눈에 성취로 보이는 것이 현대 이후의 사람에 의하여 상실로 심판 받을지도 모를 일이다. "미래의 사람들은, 어떻게 과거 한때에, 하느님이라는 관념을 인간이 지닐 수 있는 최고의 관념으로 생각하지 않고 오히려 그것을 부끄럽게 여기며 무신론을 발전시킨 것이 인류의 사상의 해방 과정에서 눈부신 진보의 표시라고 생각하는 사람들이 있었는지 도무지 이해하기가 어려울 것이다."[1]

과학과 기술이 이룩한 현란한 성취에 넋이 나간 우리는, 우리가 이 땅의 주인이라고 확신하게 되었을 뿐 아니라, 심지어 우리의 욕구와 이익이 옳고 그름을 가리는 최후의 기준이라고 확신하기에 이르렀다. 우리의 구미(口味)를 끊임없이 자극하는 안락, 사치, 성공은 우리에게 반드시 있어야 하는데도 늘 갈망되지는 않는 것에 대한 우리의 꿈을 자꾸만 지워간다. 그것들은 우리로 하여금 참 가치에 대하여 쉽게 맹인이 되게 한다. 이욕(利慾, interests)이, 가치에 눈이 먼 사람을 인도하는 개 구실을 한다.

신앙에 대한 불신

현대인은 지적으로, 그가 더 이상 아무것도 꿈꿀 권리가 없음을, 자기에게 필요한 것인데도 무심해진 것을 갈망하지 않게 되었음을 애통해 할 권리가 없음을 깨닫게 된 데서 오는 충격으로부터 점차 벗어나고 있는 중이다. 참으로 그는 자신의 믿으려는 의지 또는 믿으려는 마음을 상실한 데 대한 슬픔까지도 접어둔 지 오래되었다.

우리의 밤을 관통하여 전율(戰慄)이 흐르고 있다. 우리네 도시들 안에는 즐거움 한복판에서 비통해 하고, 성취로 인하여 겁에 질리며, 욕구들에 예속되어 낙심하고, 자신이 귀중하게 여기는 것을 신뢰할 수가 없어서 절망하는 사람이 한 사람이라도 없는 집이 없다.

도덕적 판단에 적용되는 것이 종교적 믿음에 관해서도 참된 것으로 간주된다. 인간의 요구와 욕망이 그의 믿음을 형성하는 데 한 몫을 감당해 왔다는 사실은 오래 전부터 알려졌다. 그러나 과연, 현대 심리학이 흔히 주장하는 대로, 우리의 종교적 믿음이 잠재의식의 소원을 충족시켜 주기 위한 시도에 불과한 것일까? 과연, 하느님이라는 개념이 자아를 추구하는 감정의 투사(投射, projection)요 주관적 요구들의 객관화며 변장된 자아에 불과한 것일까? 실제로, 하느님에 대한 인간의 관심의 진정성을 의심하는 경향은 하느님의 존재를 의심하는 경향 못지 않게 심각한 도전이다. 우리는 하느님의 존재를 증거하는 것보다 신앙의 진정성을 입증해야 하는 절박한 단계에 와 있다.

우리는 신앙을 상실했을 뿐 아니라 신앙의 의미를 믿는 신앙까지도 잃어버렸다. 우리가 가지고 있는 것이라고는 공포감뿐이다. 우리는 인간을 무서워한다. 우리 자신의 힘을 겁내고 있다. 우리의 자랑스런 서양 문명은 인간의 혼 밑바닥에 흐르는 악(惡)의 암류(暗流)로부터 솟구쳐 나오는 잔혹과 범죄의 홍수를 막아내지 못하고 있다. 우리는 인간의 양심을 맑게 내버려두지 않는 죄의식과 비참의 홍수에 거의 익사할 지경이 되었다. 우리는 우리의 능력으로 무엇을 이루어 놓았는가? 우리가 이 세상에다 해놓은 일이란 무엇인가? 비열함의 홍수가 우리의 터무니없는 자만심을 휩쓸어 가고 있다. 야훼라니? 그가 누군가? 우리는 절망하여 그분을 다시 알아보려고 하지도 않으며, 신앙의 의미를 믿는 신앙을 다시 찾으려고도 하지 않는다. 실제로 아는 것이 힘인 곳에서는, 가치와 욕구가 동의어인 곳에서는, 존재의 피라밋이 거꾸로 선 곳에서는, 하느님을 아는 길을 찾는다는 게 쉬운 일이 아니다. 만일 이 세계가 우리에게 오직 힘으로서 존재할 뿐이며, 우리 모두 황금을 찾기 위해 달려가고 있다면, 우리가 숭배할 유일한 신은 황금 송아지가 있을 뿐이다. 연장통으로서의 자연은 결코 자연 너머 저쪽을 가리키지 않는다. 자연이 우리에게 그 너머를 가리키며 그쪽을 보라고 말하는 것은, 우리가 자연을 신비와 장엄으로 감각할 때만이다.

위엄과 장엄함(the sublime)에 대한 깨달음은 현대인의 심성에서 모두 사라졌다. 우리의 교육제도는 학생들이 자연의 힘을 개발하여 사용할 수 있도록 하는 데 집중 노력한다. 어느 정도는 아름다움을 감상하는 능력을 키우는 노력도 한다. 그러나 자연의 위엄을 바르게 상대하도록 가르치는 일은 전혀 없다. 우리는 아이들에게 길이 재는 법, 무게 다는 법을 가르친다. 우리는 그들에게 우러러보는 법, 놀라고 경외하는 법은 가르치지 못했다. 장엄함을 느끼는 감각이나, 인간 영혼의 보이지 않는 위대함과 모든 사람에게 가능성으로 부여된 어떤 것을 알아차리는 능력은 좀처럼 심어 주지 못하고 있다. 그 결과 세계는 평면이 되고 인간의 혼은 텅 비게 된다. 바로 여기서 우리는 현실을 보는 성경의 관점의 안내를 받을 수가 있다. 의미심장하게도, 성경의 시편이 주제로 삼은 것은 자연의 매력이나 아름다움이 아니라 자연의 위엄이다. 성경의 시편이 노래한 것은 자연의 장엄한 모습이다.

성경 속의 장엄함에 대하여

장엄함이란 히브리 성경에만 있는 특수한 것으로서 그리스의 고전 작가들은 모르고 있었다는 주장을 하는 사람들이 흔히 있다. 콜러릿쥐(Coleridge)는 이렇게 말했다. "우리가 지금 말하고 있는 것과 같은 장엄한 어떤 것을 그리스의 고전 문학 속에서 찾아볼 수 있는가? 장엄함은 히브리 태생이다." 콜러릿쥐의 "주장은 시사적인 바가 있으나 지나치게 절대적이다. 장엄함의 가장 뛰어난 보기는 이사야 같은 히브리 저자한테서 찾아볼 수 있다고 하겠다. 이사야 보다 한 걸음 더 나갔다고도 볼 수 있는 밀턴 같은 현대 작가들도 그들의 장엄함을 직접 또는 간접으로 히브리의 자료에서 얻었다. 그러나 반면에 우리는 호메로스나 에스킬러스 같은 고대 그리스 작가들과 현대 문학의 초기 단계에 속한 몇몇 작품 속에 장엄함의 특질이 섞여 있다는 사실을 딱 잘라 부인할 수도 없다."[2] 그렇기는 하지만, 장엄함을 특수하고 신비스런 아름다움으로 깨달아 아는 것이 고전 시대 그리스 철학에는 분명히 들어 있지 않다. 문체를 뜻하는 용어로서 장엄함이라는 그리스어 단어는 기원후 1세기에 와서야 비로소 나타난다.[3]

장엄을 주제로 한 가장 오래된 논문인 롱기누스(Longinus)의 "장엄함에 관하여"(*On the Sublime*)는 아마도 아우구스투스 사후(死後)에 작성된 듯 하다. 비록 그가 우선으로 관심한 것이 스타일로서의 장엄함이긴 했지만, 외부의 자연의 장엄함에 대해서도 언급하고 있다. 나아가서 그는 자연의 장엄함에 반응할 수 있는 인간의 능력으로부터 인간 혼의 내향적 위대함을 추론한다. 자연은 인간의 혼 속에, 위엄에 대한 꺾을 수 없는 사랑과 자기 자신보다 더욱 신성(神性)에 가까운 듯이 보이는 그 어떤 것에도 뒤지지 않으려는 욕심을 심어 주었다. "그런고로 온 우주가 인간의 이해심이 미칠 수 있는 무한한 범위와 심오한 사색을 다 채워 줄 수가 없는 것이다. 그것은 물질세계의 한계를 뛰어 넘어 무한한 공간 속에 있는 쾌락에 가 닿는다." 자연은 우리로 하여금 "우리에게 필요한 것을 채워 주는" 작은 강이 아니라 나일 강과 이스터 강과 라인 강을, "우리를 놀라게 하는" 태양과 별들을, "우리에게서 경탄을 자아내는 에트나(시실리의 화산)"를 감탄하게 한다.[4]

롱기누스는 자신의 이론을 뒷받침하는 실례로 창세기를 언급한다. "보통 평범한 사람이 아닌 유대인 법률 제정자는 신의 능력을 받아 그것을 드러내 보일 수가 있었기에 법전(法典)의 첫 머리를, '하느님이 말씀하셨다…'는 말로 시작한다. 하느님이 말씀하셨다니 무엇을 말씀하셨다는 말인가? '빛이 있어라, 하시니 빛이 있었다.' '땅이 있어라, 하시니 땅이 있었다.'"[5]

아름다움과 장엄함

우리가 말하는 장엄함이란 무엇을 의미하는가? 그리고 롱기누스는 왜, 인간이 그것에 반응할 수 있음이 그의 혼의 내향적 위대함을 보여 주는 표시라고 주장했던가? 에드문드 버크(Edmund. A. Burke, 1772-1797) 이래로 장엄함은 아름다움과 대조되었다.[6] 그는 장엄함을, 아프고 두려운 감정을 자아내는 거대함, 무시무시함, 모호함으로 보았고, 아름다움을 사랑과 다정한 감정을 자아내는 부드러움, 작음, 세밀함으로 보았다.

"장엄한 것들은 거대하고 아름다운 것들은 상대적으로 작다. 아름다움은 부드럽고 세련되어 있으며… 우아하고 세밀하다. 큰 것은 단단하며 거창하다."

칸트에 따르는, 아름다움은 모든 흥미와 동떨어져 즐겁게 해주는 것이며 장엄함은 모든 흥미를 거슬러 즐겁게 해주는 것이다.[7) 그는 장엄함을, "그것에 견주면 모든 것이 작아지는" 것으로 정의한다(p. 102). 그것은 "그 겉으로 드러난 모습을 보면 무한이라는 관념에 도달하게 되는, 자연"이다(p. 109). 또한 그것은 "모든 위대한 이해 너머에 있는 것"이다.

장엄한 것들이 우리로 하여금 두려움과 절박한 위기감을 느끼게 한다는 버크의 견해에는 동의하지 않으면서도, 칸트는 그것들이 두려운 것임은 틀림이 없다고 주장한다. 장엄함은 다만 자연 속에서만 볼 수 있다. 성격이나 지성 혹은 예술에서 장엄함을 본다고는 말할 수 없다. 왜냐하면 이런 것들의 경우에는 "인간의 목적이 그 크기와 아울러 형식을 결정하기"(p. 113) 때문이다.

칸트의 따르면, 장엄함을 느끼게 하는 것들은 "거대하고 불쑥 튀어나온, 말하자면 위태하게 보이는 바위들, 공중에 층을 이루어 번뜩이는 번개와 우렁찬 천둥을 거느리는 구름, 모든 것을 파괴시키는 화산의 폭발, 황폐를 흔적으로 남기는 태풍, 끊임없이 요동하는 거센 바다, 거대한 강의 까마득한 폭포"(p. 125) 따위다.

그러나 이런 식의 논리로는 장엄함의 의미와 그것에 대한 인식을 제대로 서술할 수가 없다. 장엄함이란 아름다움과 대조되는 것도 아니며 나아가서 심미적 범주로 생각해서는 안 되는 것이다. 장엄함은 아름다운 사물에서와 마찬가지로, 착한 행실이나 진리를 찾아 헤매는 몸짓에서도 느낄 수 있다. 아름다움을 인식하는 것이 장엄함을 경험하는 시작일 수도 있다. 장엄함은 우리가 눈으로 보면서도 전달할 수는 없는 것이다. 그것은 사물들이 저보다 더 큰 의미를 가리키는 말없는 암시다. 모든 사물이 궁극으로 드러내는 바요, "호기심 따위로는 어찌 할 수 없는 이 세계의 뿌리깊은 침묵이다." 그것은 우리의 언어, 우리의 형식, 우리의 범주로는 미칠 수 없는 것이다. 바로 이것이, 우리가 장엄함을 느끼는 감각을 예술과 사상과 고상한 삶의 창조적 행위의 뿌리로 생각하게 되는 까닭이다. 그 어떤 식물군(植物群)도 땅의 비장된 생명력을 모두 드러내지는 못하는 것과 마찬가지로, 그 어떤 예술작품, 철학체계, 과학이론도 성자와 예술가와 철학자의 삶을 지탱시켜 주는 실재의 장엄함과 그 깊은 의미를 모두 표현해 내지는 못한다.[8]

  나아가서 장엄함이란 반드시 웅대하고 그 크기가 위압적인 것에서만 찾아지는 게 아니다. 모래 한 알, 떨어지는 물방울 하나에서도 느낄 수 있는 것이다. 여름의 꽃 한 송이, 겨울의 눈송이 하나가 우리의 내부에, 장엄한 것을 볼 때 일어나는 놀람의 느낌을 솟아나게 할 수 있다.

    바람에 흩날리는 이름 없는 꽃잎이
    눈물로는 닿을 수 없는 데서 흐르는
    깊은 생각을 나에게 준다(W. 워즈워드, '브루감 성(城)의 숲에서').

     장엄한 느낌
    훨씬 더 깊이 스며들어 있는 것,
    그대의 거처(居處)는 지는 해의 빛과,
    둥근 바다 그리고 살아 있는 공기,
    푸른 하늘과
    사람의 마음 속에 있어서
    모든 사물을, 모든 생각의 대상을
    생각하게 하고 모든 사물을 꿰뚫어 흐르는
    운동과 정신이다(윌리암 워즈워드, '늙은 컴벌랜드 걸인').

장엄함이 궁극은 아니다

성경의 사람이 알았던 것은 이런 식은 장엄함이 아니다. 그에게는 장엄함이란 사물들이 하느님의 현존에 반응하는 한 방식이다. 그것은 스스로 의미를 충족시키는, 실재의 궁극적 모습이 아니다. 그것은 저보다 더 큰 무엇을 표현하고 있다. 그것은 눈으로 볼 수 없는, 그것 자체보다 더 큰 어떤 것과 연관되어 있다.

장엄한 것은 그냥 거기 있는 것이 아니다. 그것은 사물도 아니며 특질도 아니다. 오히려 그것은 발생(happening)이며 하느님의 행위요 놀라움 자체다. 그러므로 산(山) 하나가 거기 그냥 있는 사물이 아니다. 돌맹이처럼 보이는 것이 한 편의 드라마요, 자연으로 보이는 것이 신기한 것이다. 장엄한 사실이라는 것은 없다. 있는 것이라고는 다만 신의 행위일 뿐이다.

또한 성경이 말하는 장엄함은 거대하고 강한 것, "거대하고 불쑥 튀어나온, 말하자면 위대하게 보이는 바위들" 뿐만 아니라 길가의 자갈더미에서도 발견될 수 있다. "담벼락의 돌이 울부짖는다"(하박국 2:11). "집 짓는 자들이 버린 돌이 모퉁이의 머릿돌이 되었다"(시편 118:22). 야곱이 베개로 삼았던 돌이 "하느님의 집" 기둥으로 세워졌다(창세기 28:18, 22). 장엄함은 "공중에 층을 이루어 번뜩이는 번개와 우렁찬 천둥을 거느리는 구름"뿐만 아니라 하느님이 내리시어 "거친 들을 흠뻑 적시고 메말랐던 땅에 푸성귀가 돋아나게 하는"(욥기 38:27) 비(雨) 속에도 있고, "모든 것을 파괴시키는 화산의 폭발"뿐만 아니라 하느님의 "낮은 자를 높이심"과 "교활한 자의 꾀를 부수심"(욥기 5:11-12) 속에도 있으며, "황폐를 흔적으로 남기는 태풍"뿐만 아니라 "조용하고 여린 소리"(열왕기상 19:12) 속에도 있고, "끊임없이 요동하는 거센 바다"뿐만 아니라 "여기까지는 와도 좋지만 그 이상은 넘어오지 말아라. 너의 도도한 물결은 여기에서 멈춰야 한다"는 하느님의 말씀대로 바다와 육지 사이에 영원히 그어진 금 속에도 있다(욥기 38:11).

공포와 찬미

장엄함에 직면하여 느끼는 놀라움을 버크(Burke)는, "어떤 공포심으로 말미암아 모든 움직임이 일시 중단되는 마음의 상태," 그리고 "온 마음이 그 대상에 쏠려 있어서 다른 아무것도 즐길 수 없으며 그 결과, 마음을 사로잡고 있는 그 대상에 대해서조차 생각해 볼 수 없는 상태"로 정의한다. 반면에 성경의 사람은 장엄함을 느끼는 때, 세상을 지으신 분을 찬양하고 높이 찬미하려는 마음에 사로잡힌다.

> 온 땅은 하느님을 환호하여라. 그의 존귀하신 이름을 노래하고 찬양하고 영광을 돌리어라. 이렇게 하느님을 찬양하여라.
> "당신은 두려우신 분, 하신 일 놀랍습니다"(시편 66:1-3).

위험한 지경에 처해서도 성경의 사람은 이렇게 말할 수 있었다. "나 비록 음산한 죽음의 골짜기를 지날지라도 내 곁에 주님 계시오니 무서울 것 없어라"(시편 23:4).

성경의 사람이 경험한 장엄함을 심미학적으로 경험한 장엄함에서 구별짓는 또 다른 면이 있다. 그가 높이 기린 하늘이나 하늘의 별 그리고 자기 자신까지도 하나의 신비를 공유하고 있다. 그들 모두가 살아 계신 하느님에게 끊임없이 의존되어 있는 것이다. 바로 이것이, 장엄한 대상에 대한 반응이, 버크가 서술한 것처럼 단순히 "무시무시한 놀라움"이나 "마음과 감각의 마비"가 아니라 경탄과 경외인 까닭이다.

4

놀람

유산으로 물려받은 놀람

종교 전통이 우리를 위해 곳간에 보관하고 있는 여러 가지들 중에는 놀람이라는 유산(a legacy of wonder)이 있다. 하느님의 의미와 예배의 중요성을 이해하는 우리의 능력을 억압하는 분명한 방법이 있으니, 사물들을 당연한 것으로 받아들이는 방법이다. 살아 있음의 놀라운 신비에 대해 무관심 하는 것이 죄의 뿌리다.

현대인은 모든 것이 설명될 수 있으며, 현실이란 숙달되기 위해 형성되었을 뿐인 단순한 사태라고 믿는 그릇된 믿음에 빠져버렸다. 모든 수수께끼는 풀어질 수 있고, 모든 놀람이란 "무지에 대한 신기함의 결과"에 지나지 않는다. 그는 확신한다. 세계가 바로 세계의 해명이요, 세계의 존재를 설명하기 위해 세계를 넘어 다른 어디로 갈 필요는 없다. 이 놀람의 결여와, 과학적 탐구의 주장을 과대하게 강조하는 것은 창조적인 과학자 자신들보다 대중적인 과학 서적의 저자들과 일반 독자를 위해 과학을 해설하는 이들에게서 더욱 두드러지게 나타나는 특성이다. 스펜서와 그의 동지들은 "과학이 이 아름다운 우주의 마지막 한 점까지 운산(運算)해 냈다는 관념에 사로잡혀 있었던 듯하다. 한편 패러디(Faraday) 학파와 뉴턴(Newton) 학파는 해변에서 몇 개의 예쁜 자갈을 집은 아이들처럼 행동했다. 그러나 우리들 대부분은 우리에게 익숙한 사물들의 위대함과 놀라움을 좀처럼 발견해내지 못하고 있다. 예언자들이 [자기 고향에서는] 명예를 누리지 못했듯이 우리들 주변의 현상들도 마찬가지다."[1] "드러나 보이는 모든 사실들이 너무나도 놀라운지라, 과학의 경로나 혹은 다른 어떤 경로를 통해 얻은 자연의 일반적인 인상(印象)이 즐거운 감상(鑑賞)과 감탄의 가락을 울리지 않는 한, 처음부터 진실한 것일 수가 없다."[2]

"유럽의 사상사는 오늘에 이르기까지 치명적인 오해로 더럽혀져 왔다. 그것은 '교조적 오류'(The Dogmatic Fallacy)라고 할 수 있다. 그 과오는 우리가, 현실 세계에서 예증하기 위해 필요한 제반 복잡한 관계들에 관해 정확히 정의되는 개념들을 만들어 낼 수 있다고 확신한 데서 왔다. 당신은 탐색함으로써 우주를 서술할 수 있는가? 아마도, 간단한 몇 가지 산술(算術) 개념을 제외하면, 우리가 가장 익숙히 알고 있는 관념들도 겉으로는 분명한 듯 보이지만, 이 불치(不治)의 모호함에 전염되어 있다. 우리의 지적인 진보에 대한 옳은 이해는 우리의 사유가 지니고 있는 이 특성을 늘 염두에 두고 있느냐에 달려 있다… 유럽의 중세기에서 이 교조적 종국성에 관해 가장 큰 죄를 범한 자들은 바로 신학자들이었다. 지난 3백 년간 동안 그들 신학자들이 지녔던 악습이 과학자들에게로 넘어갔다."[3]

작은 나사

전차(電車)가 처음 만들어져 바르샤바 거리에 모습을 나타냈을 때, 어떤 나이 든 유대인들은 자기 눈을 믿을 수가 없었다. 말도 없이 마차가 움직이다니! 어떤 이들은 아예 넋이 나갔고 다른 사람들도 모두 그 놀라운 발명품을 납득할 수가 없었다.

한번은 회당에 모여 이 문제를 놓고 토론을 하고 있는데 탈무드를 공부하는 것 외에 세속의 책도 많이 읽고 신문도 읽어서 세상사를 잘 알고 있는 사람이 들어 왔다.

-당신은 그 물건이 어떻게 움직이는지 잘 알겠지요? 모두들 그를 바라보았다.

-물론 알고 있어요. 그가 말했다. 그러자 회당 안의 모든 사람이 그의 말에 귀를 기울였다.

-뜰의 네 구석에 커다란 바퀴 네 개를 수평으로 놓고 그것들을 철사로 묶었다고 생각해 보십시오. 상상이 됩니까?

-예. 됩니다.

-그 철사 줄을 뜰 한복판에서 고리로 묶어 앞에 있는 큰 바퀴 하나 속에 넣어 둡니다. 상상이 됩니까?

-예. 됩니다.

-그 커다란 바퀴 위에는 또 몇 개의 바퀴가 있는데 그 중 하나는 다른 것들보다 작습니다. 상상이 됩니까?

-예. 됩니다.

-그 작은 바퀴의 꼭대기에는 작은 나사가 있는데 그 나사는 철사 줄로 바퀴들 위에 있는 차의 중심에 연결되어 있습니다. 상상이 됩니까?

-예. 됩니다.

-기술자가 단추를 누르면 나사가 움직이고 나사는 앞바퀴를 돌아가게 하고, 그래서 차가 거리를 달리게 되는 것입니다.

-아, 이제야 알겠습니다!

놀람의 두 종류

놀람 또는 근본적인 경탄은 자연과 역사를 대하는 종교인의 기본 태도다. 사물을 당연하게 보는 태도, 사건을 사물들이 자연의 경로를 따라 움직이는 것으로 보는 태도는 그가 좀처럼 받아들일 수 없는 태도다. 현상의 그럴듯한 원인을 발견하는 것 가지고는 그의 궁극적 놀람을 해소할 수 없다. 그는 자연의 과정을 결정하는 법이 있음을 알고 있다. 사물의 규칙성과 형식도 알고 있다. 그러나 그런 지식은, 거기에 사실이 있다!-는 데 대한 그의 끊임없는 감탄을 진정시키지 못한다. 세계를 보면서 그는 이렇게 말한다. "우리 눈에는 놀라운 일, 야훼께서 하신 일이다"(시편 118:23).

"놀람은 철학자의 감정이다. 철학은 놀람에서 시작된다"는 말은 플라톤의 말이며,[4] 아리스토텔레스는 "인간이 지금 철학하기 시작하고 또 맨 먼저 철학하기 시작했던 것은 모두 그들의 놀람(의아함)에 기인한다"[5]고 주장했다. 오늘에도 합리적 놀람(rational wonder)은 "학문의 씨앗"(*semen scientiae*)으로, 지식의 씨앗으로, 선천적 인식이 아니라 인식으로 전도(傳導)하는 어떤 것으로 평가받는다[6] 이 경우의 놀람은 지식의 전주곡으로서, 현상의 원인이 밝혀지면 곧 사라진다.[7]

그러나 과연 놀람의 가치가, 지식을 얻고자 하는 마음을 불러일으키는 데에만 있는 것일까? 놀람이 호기심과 같은 것인가? 예언자들에게는, 놀람은 생각하는 틀(a form of thinking)이다. 놀람은 지식의 시작이 아니라 지식을 넘어 계속된다. 지식을 얻었을 때 놀람은 사라지지 않는다. 놀람은 결코 중단되지 않는 태도다. 이 세상에는 인간의 근본적인 경탄에 대한 답(答)이 없다.

"잠깐 멈추고 생각해 보시오"

문명이 발전할 때 놀람의 감각은 후퇴한다. 이 후퇴야말로 우리의 마음 상태의, 경종을 울려야 할 조짐이다. 인류가 멸망한다면 그것은 정보의 부족 때문이 아니라 놀람을 올바로 감상(鑑賞)하지 않기 때문이리라. 놀람이 없는 삶은 살만한 가치가 없음을 이해하는 데서 우리의 행복은 비롯한다. 우리에게 부족한 것은 믿으려는 의지가 아니라 놀라려는 의지다.

신에 대한 인식은 놀람으로 시작된다. 그것은 인간이 자신의 '이해할 수 없음'(不可解, incomprehension)을 가지고 이루어내는 결과다. 그 인식으로 가지 못하게 막는 가장 큰 장애물은 우리가 인습적인 관념과 케케묵은 상투어에 스스로를 맞추는 것이다. 따라서 지금 있는 것을 제대로 깨달으려면, 먼저 놀람과 철저한 경탄, 그리고 언어와 관념 따위에 스스로를 맞추지 않는 마음의 상태가 갖추어져 있어야 한다.

철저한 경탄(radical amazement)은 인간의 다른 어떤 행위보다도 그 범위가 넓다. 인식이나 지각 행위는 실재의 절단된 부분을 그 대상으로 삼지만, 철저한 경탄은 실재의 모두를 대상으로 삼는다. 우리가 보고 있는 것뿐만 아니라, 무엇을 본다는 사실까지도, 무엇을 보고 있는 자신과 스스로 보는 능력을 지니고 있음에 놀라는 자신까지도 놀람의 대상이 된다.

존재한다는 것의 위엄 또는 신비는 예컨대 화산의 폭발 원인과 같이 인간의 머리를 의아하게 만드는 수수께끼가 아니다. 우리는 그것과 만나기 위해 일부러 이성작용(理性作用)을 끝장내야 하는 것도 아니다. 장엄함과 신비스러움은 우리가 어느 장소, 어느 때에나 만나게 되는 것이다. 머리로 이해할 수 있는 모든 사실이, 그것이 사실로 존재한다는 이유로, 이해를 저해하는 무관심에 묻혀 버리듯이, 우리의 생각하는 행위 자체가 바로 우리의 생각을 저해한다. 이성작용, 인식, 해설의 세계를 장악하고 있는 것은 신비가 아닌가? 우리 자신의 생각이 품고 있는 놀라운 면을 펼쳐 보일 수 있고, 추상의 매력으로 구상(具象)을 비우는 우리의 아름다움을 설명할 수 있는 자기이해는 어디에 있는가? 어떤 형식으로, 생각하는 행위 자체의 수수께끼를 설명하고 풀 수 있을까? 우리가 지니고 있는 것은 사물이나 사유가 아니라 그 둘을 섞어 버리는 미묘한 마술이다.

우리를 철저한 경탄으로 가득 채우는 것은, 모든 사물들이 연결되어 있는 관계가 아니라, 최소한의 지각(知覺)조차도 바로 최대한의 수수께끼라는 사실이다. 무엇보다도 이해할 수 없는 사실은 우리가 도대체 무엇인가를 이해를 한다는 사실이다.[8]

신앙으로 가는 길은 놀람과 경탄을 통과한다. 욥이 들었던 다음의 말은 우리 모두에게도 해당되는 말이다.

> 여보시오, 욥이여, 내 말을 귀담아 들어 보시오.
> 잠깐 멈추고 생각해 보시오,
> 하느님께서 하시는 신비한 일을,
> 이 모든 것을 하느님께서 어떻게 거느리시는지
> 당신은 아시오?
> 어떻게 구름에서 번개가 번쩍이는지,
> 구름이 어떻게 두둥실 떠있는지 아시오?
> 모르시는 것 없는 이가 하시는 이 놀라운 일들을.
> 불어오는 남풍에 땅은 죽은 듯하고
> 당신의 웃옷이 따뜻해지는데
> 당신은 구리거울을 두드려 펴듯이
> 하느님을 도와 창공을 두드려 펴기라도 하겠단 말이오?
> 말해 보시오.
> 그렇게 앞이 캄캄한데
> 하느님께 무슨 말씀을 올려야겠단 말이오?
> "제 말을 들으십시오" 하고 말한다고 하여
> 하느님께서 정녕 당신의 말을 들으셔야 한단 말이오?
> 지금은 해가 구름에 가리워 보이지 않지만

바람이 불어 하늘이 개면
하느님의 빛나는 영광이
북녘 하늘에서 밝게 비쳐 올 것이오(욥기 37:14-22).

오라, 와서 보아라.
하느님 하신 일들을,
인간에게는 엄청나고 두려운 일들을(시편 66:5).

크고 놀라운 일들은 인간의 혼을 깨부수지 않는다. 장엄함은 오히려 그를 겸손하게 만든다. 하늘에 반짝이는 별무리를 보며 시인은 부르짖는다.

당신의 작품, 손수 만드신 저 하늘과
달아 놓으신 달과 별들을 우러러보면
사람이 무엇이기에 이토록 생각해 주시며
사람이 무엇이기에 이토록 보살펴 주십니까?(시편 8:3, 4).

성경의 사람은 경탄 속에서, "측량할 수 없이 큰 일, 헤아릴 수 없이 놀라운 일"(욥기 5:9)을 마주 본다. 그것들을 공간과 시간 속에서, 자연 속에서,[9] 그리고 역사 속에서[10] 만난다. 자연의 이상스런 현상들뿐만 아니라 흔히 일어나는 현상들 속에서도[11] 만난다. 성경의 삶을 깜짝 놀라게 하는 것은 그의 외부에 있는 사물들만이 아니라 자기 자신의 존재함이 그를 외경심으로 가득 채운다.

내가 있다는 놀라움,
하신 일의 놀라움,
이 모든 신비들,
그저 당신께 감사합니다.
당신은 이 몸을 속속들이 다 아십니다(시편 139:14).[12]

"계속되는 당신의 놀라운 일들로"

존재함의 놀라움에 대한 깊고도 영속하는 깨달음이 유대인의 종교의식(意識)의 한 부분을 차지하고 있다. 하루에 세 번 우리는 기도한다.

> 우리가 당신께 감사하나이다…
> 날마다 우리에게 일어나는 당신의 기적들과
> 계속되는 당신의 놀라운 일들로…

저녁 기도 시간에 우리는 욥의 말을 암송한다(9:10)

> 측량할 수 없이 크신 일을 하시고
> 헤아릴 수 없이 놀라운 일을 하시는 이.

밤기도 시간에는, "그분은 빛을 지으시고 어둠을 만드신다"고 암송한다. 하루에 두 번 우리는 말한다. "그분은 한 분이시다." 이와 같은 반복은 무엇을 의미하는가? 과학 이론은 일단 한번 발표되고 받아들여진 다음에는, 하루에 두 번씩 되풀이 암송되지는 않는다. 놀라움에 대한 통찰은 계속 살아 있어야 한다. 매일같이 놀랄 필요가 있기 때문에 매일같이 예배할 필요가 있는 것이다.

"날마다 우리에게 일어나는 기적들"에 대한 감각과 "계속되는 놀라운 일들"에 대한 감각이 기도의 원천이다. 만일 우리가 인생의 축복과 패배를 지당한 일로 여긴다면, 예배도, 음악도, 사랑도 있을 이유가 없다. 기계처럼 반복되는 사회적, 물리적, 생리적 질서도 거기에 사회적, 물리적, 생리적 질서가 있다는 사실에 대한 놀라움을 무디게 만들 수는 없다. 우리는 음식을 앞에 놓고 기도를 함으로써 우리의 놀람을 표현하도록 훈련받았다. 물 한 잔을 마실 때마다 우리는 영원한 창조의 신비를 기억하며 기도한다. "말씀으로 모든 것을 있게 하신… 당신을 찬미

하나이다." 일상의 사소한 일들이 모두 기적을 나타낸다. 빵이나 열매를 먹고 꽃의 향기나 한 잔의 포도주를 즐기고, 계절마다 처음 맺히는 과일을 맛보고, 무지개나 큰 바다를 바라보고 꽃을 피우는 나무들을 살펴보고, 토라의 스승을 만나고, 좋은 소식 나쁜 소식을 듣고, 이 모든 일을 하면서 우리는 그분의 이름을 부르도록 가르침 받았다. 생리 기능을 제대로 발휘하는 것에 대하여도 우리는 말한다. "모든 육신을 고치시고 놀라운 일을 이루시는… 당신을 찬미하나이다."

일상적인 행위들을 신령한 모험으로 경험하는 것, 모든 사물 속에서 숨어 있는 힘과 지혜를 찾아내는 것이 유대인이 살아가면서 목적으로 삼을 것들 가운데 하나다.

홍해의 노래에서 우리는 이런 구절을 듣는다.

> 야훼여, 신들 중에 당신 같은 분이 어디 있겠습니까?
> 누가 당신처럼 거룩하며 영광스럽겠습니까?
> 당신께서 해내신 놀라운 일에
> 모두들 두려워 떨며 찬양을 드립니다(출애굽기 15:11).

라삐들은 힘주어 말했다. 여기에 적혀 있는 것은, 누가 놀라운 일을 했는가가 아니라 누가 놀라운 일을 하는가다… 그는 과거에 놀라운 일을 이루셨고 오늘도 놀라운 일을 이루신다.

> 내가 있다는 놀라움, 하신 일의 놀라움
> 이 모든 신비들, 그저 당신께 감사합니다(시편 139:14).[13]

라삐 엘리아젤(Rabbi Eleazer)은 말한다. "구원과 양식을 벌어들이는 일은 서로에게 비유될 수 있다. 세상을 구원하는 일 속에 놀라움이 있는 것과 마찬가지로 양식을 벌어들이는 일에도 놀라움(wonder)이 있다. 그리고 양식 벌어들이는 일이 매일 계속되듯이 세상을 구원하는 일도

매일 계속된다."¹⁴⁾

다윗 왕은 말했다. "나는 날마다 시간마다 이스라엘에 베푸신 거룩하신 분의, 그분께 축복을, 사랑과 은혜를 증거하리라. 날마다 사람은 [노예로] 팔려 가고 날마다 그는 속량된다. 날마다 그의 혼은 몸을 떠나 수호자(the Keeper)에게 넘어가고 이튿날 그에게로 돌아온다. '진실하신 하느님, 야훼여, 이 목숨 당신 손에 맡기오니 건져 주소서'(시편 31:5)라고 했듯이. 날마다 애굽을 나올 때 일어났던 것과 같은 기적이 사람에게 일어난다. 날마다 그는 애굽에서 나온 자들처럼 구원을 경험한다. 날마다 그는 어머니의 젖가슴에서 먹는다. 날마다 그는 아버지에게 꾸중듣는 아이처럼, 행실에 따라 벌을 받는다."¹⁵⁾

그분만이 아신다

놀라움을 인식하는 것은 우리에게 일어나는 놀라운 일들을 아는 것과 똑같은 것이 아니다. 놀라운 일들은 우리가 눈치도 채지 못하는 동안에 발생한다.

> 홀로 놀라운 일 이루셨다.
> "그의 사랑 영원하시다"(시편 136:4).

시인은 이렇게 노래했고, 라삐들도 말했다. "그분이 누군가의 도움을 받아서 이루시는 일이 있는가? '홀로'라는 말의 의미하는 바가 무엇인가? 당신이 이루시는 놀라운 일을 그분 홀로 아신다… 일렀으되,

> 야훼, 나의 하느님, 우리를 위하여 놀라운 일을 많이도 하셨사오니
> 당신과 비길 자 아무도 없사옵니다.
> 그 이야기 세상에 알리고 또 알리려 하옵는데
> 이루 다 셀 길이 없사옵니다(시편 40:5).

과연 나에게는 당신을 찬양할 권리도 없사옵고 당신의 놀라운 일에 관련될 자격도 없사옵니다."16)

"숨은 기적을 믿는 믿음이 전체 토라의 바탕이다. 한 인간은 개인과 사회에 일어난 모든 일들과 사건들이 기적임을 믿기 전에는 토라를 자기의 것으로 삼을 수 없다. 거기에는 자연의 법에 따라 일어나는 사건이라는 게 없다…"17)

놀라움과 초월을 감지(感知)하는 것을 "지성의 게으름"과 혼동해서는 안 된다. 그것은 분석이 가능한 곳에서 분석을 대신해서는 안 된다. 의심이 합당한 곳에서 의심을 질식시켜서는 안 된다. 그러나 참된 사람으로 살아가려면 그는 마땅히 하느님의 창조의 존엄을 늘 깨달아 알고 있어야 한다. 왜냐하면 그 깨달음이 곧 모든 창조적 사유를 솟아나게 하는 샘이기 때문이다.

그런 깨달음은 칸트의 경우에도 그의 기본 통찰을 솟아나게 한 샘이었다. "우리의 마음을 언제나 새롭고 점증하는 감탄과 외경으로 채워주는 것이 둘 있다. 자주 보면 보는 만큼 더욱 착실하게 우리는 그것들을 생각하게 된다. 별이 빛나는 하늘과 우리 속에 있는 도덕률이 그것이다… 전자가 보여주는, 헤아릴 길 없는 세계의 모습은, 말하자면, 피조된 동물인 나의 중요성을 없애버린다. 피조된 동물인 나는 잠시 생명력을 받아 누리다가, 까닭도 방법도 모르는 채, 몸을 구성했던 물질을 거쳐하던 곳인 지구에(우주 속의 한 점에 불과한) 돌려주어야 한다. 반면에 후자는 나의 인격성 속에서 도덕률은 나에게 동물성과 나아가 모든 감각적 세계로부터 독립된 삶을, 적어도 이 도덕률에 의하여 나의 실존에 배당된 목적지로부터, 즉 목숨의 한계와 조건에 의하여 제한되지 않고 무한에 가 닿는 목적지로부터, 추출된 삶을 드러내 보여준다."18)

5

신비감

"깊고 또 깊은 그것"

전도서에서 우리는, 지혜를 찾고 세상과 세상의 의미를 꿰뚫어 보려고 했던 사람의 이야기를 듣게 된다. 그는 "스스로 지혜 있는 자이거니" 했고(7:23), "사람들이 땅 위에서 밤낮 눈도 못 붙이고 수고하는 까닭을 알려고 무던히 애를 써보았다"(8:16). 그러나 그는 성공했던가? 그는 "나보다 먼저 예루살렘에서 왕 노릇한 어른치고 나만큼 지혜를 깊이 깨친 사람이 없다"(1:16)고 주장했다. 그러나 그는 마침내 결론에 이르렀다. "하느님께서 하늘 아래서 하시는 일은 아무도 알 수 없다. 아무리 찾아도 그것을 알 사람은 없다. 이런 일을 안다고 장담할 현자가 있을지는 몰라도, 그것을 참으로 아는 사람은 아무도 없다"(8:17).

"나는 스스로 지혜 있는 자이거니 생각했는데 어림도 없었다. 나로서는 세상만사 알 길이 없었다. 깊고 또 깊은 그것을 그 누가 알겠는가?"(7:23, 24). 전도자가 말하는 것은 세상의 지혜가 충분한 지혜가 못 된다는 것만은 아니다. 그는 그보다 더 근본적인 것을 말하고 있다. 존재하는 것은, 지금 당신 눈으로 보고 있는 것 이상이다. 존재하는 것은 "깊고 또 깊은" 것이다. 존재는 신비스러운 것.

"하느님께서 사람에게 시키신 일을 생각해 보았더니, 하느님께서는 모든 것이 제 때에 알맞게 맞아들어 가도록 만드셨더라. 그러나 하느님께서 사람에게 역사의 수수께끼를 풀고 싶은 마음을 주셨지만, 하느님께서 어떻게 일을 시작하여 어떻게 일을 끝내 실지 아는 사람은 하나도 없다는 것을 나는 알았다"(3:10, 11).[1]

지혜는 우리의 손이 닿지 않는 데 있다. 우리는 사물의 궁극적 의미와 목적을 꿰뚫어 알 수가 없다. 인간은 자기 마음 속의 생각도 알지 못하며 자기가 꾼 꿈의 의미도 이해하지를 못한다(다니엘 2:27 참조).

두려움과 경탄에 묻혀

예언자들은 두려움과 경탄에 묻혀 우주의 신비 앞에 선다.

누가 바닷물을 손바닥으로 되었느냐?
하늘을 장뼘으로 재었느냐?
땅의 모든 흙을 말로 되었느냐?
산을 저울로 달고
언덕을 천평으로 달았느냐?(이사야 40:12).

아굴은 더욱 겸손한 심정으로 호소한다.

나는 사라의 슬기조차 갖추지 못해
다른 사람에 견주면 짐승이라.
나는 지혜도 못 배웠고
거룩하신 분을 아는 지식도 깨치지 못했다.
하늘에 올라갔다 내려온 사람이 있느냐?
바람을 손아귀에 움켜잡은 사람이 있느냐?
물을 옷자락에 감싸 둔 사람이 있느냐?
그런 사람을 알거든 이름을 알려다오.

그에게 아들이 있거든 그 아들의 이름이라도 알려다오(잠언 30:2-4).

"지혜는 찾을 길 없고"

철학은 지혜에 대한 사랑이며 추구다. 지혜를 얻는 것이 가장 큰 동경(憧憬)들 중의 하나다.

> 그러나 지혜는 찾을 길 없고
> 슬기는 만날 길이 없구나.
> 만물이 숨을 쉬는 이 땅 위에서
> 그 길을 찾을 생각일랑 아예 말아라.
> 물 속의 용이 소리친다.
> "이 속에는 없다."
> 바다도 부르짖는다.
> "이 속에도 없다…"
> 그런 지혜를 어디에 가서 찾겠는가?
> 그런 슬기를 어디에 가서 만나겠는가?
> 숨쉬는 동물의 눈에는 도무지 보이지 아니하고
> 하늘을 나는 새에게조차 숨겨져 있는데
> 파멸과 죽음도 말하네.
> "그런 것이 있다는 것을 풍문으로 들었을 뿐이다"(욥기 28:12-22)

욥과 아굴과 전도자는 무엇을 발견했는가? 그들이 발견한 것은, 이 세계의 존재가 신비한 사실이라는 점이었다.

이상스럽고 놀랄 만한 현상이 아니라 지극히 자연스런 사물의 질서를 말하면서 그들은 우리에게 알려진 세계가 실은 알려지지 않은 세계, 숨겨진 신비임을 주장한다. 그들의 마음을 동요시킨 것은 숨겨진 것도 아니며 드러난 것도 아니었다. 그것은 드러난 것 속에 있는 숨겨진 것이었다. 질서가 아니라, 우주에 편만한 질서의 신비였다.

　우리는 실재의 가장자리에서 사는데, 그 중심에 닿는 길을 모른다. 무엇이 우리의 지혜란 말인가? 우리가 애써 설명하고 있는 것은 실은 설명될 수가 없는 것이다. 우리는 존재의 방법을 탐색한다. 그러나 존재가 무엇인지 왜 존재하는지 그리고 무슨 근거로 존재하는지는 모른다. 이 세계도, 세계에 대한 우리의 사유 또는 염려도, 설명되지는 않는다. 감정, 관념은 우리를 사로잡는다. 그러나 그것들이 어디서 오는지 우리는 모른다. 모든 감정이 신비라는 항구에 닻을 내리고 있으며, 모든 새로운 관념은 아직 우리가 확실히 잡지 못한 어떤 것을 가리키는 신호다. 우리는 많은 수수께끼를 풀어내겠지. 그러나 그것을 풀어내는 우리의 정신 자체는 여전히 살아 있는 스핑크스다. 비밀은 드러난 것의 핵심에 있다. 보이는 것은 보이지 않는 것의 드러난 면(面)이다. 이 세계의 그 어떤 사실도 우주의 맥락에서 떨어져 있지 않다. 여기 있는 것은 그 어느 것도 최후의 모습이 아니다. 신비는 우리 너머, 우리와 떨어져 있지만은 않다. 우리는 그 속에 포함되어 있다. 그것은 우리의 숙명이며, "세계의 운명은 신비에 의존되어 있다."[2]

두 종류의 무지

　무지(無知)에는 두 종류가 있다. 하나는 게으름의 결과인, "무디고 무감각하며 불모(不毛)인" 무지다. 다른 하나는 예리하고 날카로우며 빛을 내는 무지다. 하나는 독단과 자만으로 이끌고, 다른 하나는 겸손으로 이끈다. 하나에서 우리는 도망을 치려고 하며, 다른 하나에서는 우리의 마음이 안식처를 찾는다.

　깊이 탐구하면 할수록 우리는 우리가 모른다는 사실을 더 잘 알게 된다. 우리가 삶과 죽음에 대하여, 영혼 또는 사회에 대하여, 역사 또는 자연에 대하여 도대체 무엇을 제대로 알고 있다는 말인가? "우리는 점차로 그리고 고통스럽게 우리의 한없는 무지를 깨닫게 되었다. 50년 전의 과학자는, 오늘의 일류 과학자들이 스스로 무지함을 알고 있는 정도로는 자신의 무지함을 깨닫지 못했다."[3] "우리는 지금 그 확실하다는 법칙이, 다른 모든 궁극이나 절대와 마찬가지로, 무지개 끝에 놓여 있는 황금 항아리처럼 믿을 수 없는 것임을 보고 있지 않는가?"[4] "이제 우리도 지혜를 깨쳤다고 말하지 않도록 조심하라"(욥기 32:13, 사역).[5] "지혜를 좇아 여행하는 자는 원(圓) 위를 걷고 있을 뿐이다. 모든 수고를 다한 뒤에 그는 마침내 무지로 돌아온다."[6] 조셉 콘라드는 『황금 화살』(The Arrow of Gold)에서 말한다. "그 어떤 계몽으로도 이 세상에서 신비를 모두 쓸어버릴 수는 없다. 어둠을 벗어나면 그림자가 남는다."

인정은 하지만 이해는 안 된다

신비는 존재론적 범주다. 그것이 나타내는 바는 대부분 사람들에게 예외적인 사건들을 경험하는 동안 매우 분명하게 주어진다. 그러나 그것은 모든 경험에서 주어지는 것이며, 어느 곳 어느 때에서나 경험될 수 있다. 신비라는 말을 사용할 때 우리가 의미하는 것은, 비결을 전수받은 자에게만 나타나는 특별히 비밀스런 어떤 것이 아니라, 존재로서 존재하는 것의 철저한 신비, 아무것도 없던 데서 하느님의 피조물로서 존재하게 된 자연, 따라서 인간의 이해 능력의 범위를 벗어나 있는 어떤 것이다. 우리는 사색의 정점에서 또는 이상하고 특수한 사실들을 관찰함으로써 신비와 만나는 게 아니다. 존재, 우주, 쉬지 않고 흐르는 시간 등 모든 사실이 사실로서 존재한다는 놀랄만한 사실에서 신비를 본다. 우리는 그것을 눈길 닿는 모든 곳에서, 모래 한 알, 원자 한 개 그리고 창공의 별 반짝이는 공간에서 마주친다. 모든 것이 그 거대한 비밀을 품고 있다. 무한한 신비 속에 관련되어 있는 것이 모든 존재의 피할 수 없는 상황이기 때문이다. 우리는 계속하여 신비를 무시할 수는 있다. 그러나 그것을 부정하거나 회피할 수는 없다. 세계는 우리가 인정 (apprehend)은 할 수 있지만 이해(comprehend)는 할 수 없는 어떤 것이다.

성경 시대 이후에 '세계'를 뜻하는 말로 사용된 히브리어 '올람'('*olam*')이, '숨기다' '감추다'를 뜻하는 어근 '알람'('*alam*')에서 왔다고 보는 학자들이 있다.[7] 세계는 그 자체가 숨겨져 있는 것이며, 그 본질은 신비다.

이와 같은 깨달음은 계속하여 유대인의 종교 의식(意識)의 한 부분이 되었다. 그것은 여러 가지 방식으로 표현되었다. 다음에 인용하는 구절이 그 현저한 실례다.

"눈에 보이는 것은 숨겨진 것"

"알라못('Alamot) 가락에 맞추어 부르는 코라 후손의 노래(시편 46:1). '그분은 측량할 수 없이 크신 일과 헤아릴 수 없이 놀라운 일을 하신다'(욥기 9:10, 사역)는 구절 속에 들어 있는 의미는 이런 것이다. 거룩하신 분께서, 그분께 축복을, 이루신 큰일과 놀라운 일을 인간의 능력으로는 헤아릴 수가 없다. '그분 홀로 놀라운 일 이루셨다'(시편 136:4). '홀로'라는 말의 의미는 무엇인가? 그분 홀로, 당신께서 그대들을 위해 하시는 일이 무엇인지를 아신다. 그래서 코라의 후손은 '알라못'에 맞추어 노래를 불렀다. 우리 눈에 보이는 것은 숨겨진 것. 우리는 우리가 보는 것을 알지 못한다('알람'은 앞에서 말했듯이 '숨기다' '감추다'를 뜻한다)."[8]

궁극적 실재의 본질을 꿰뚫어 보기란 쉬운 일이 아니다. 겉으로 드러난 것조차도 불완전하고 위장되어 있다. 가장 위대한 모세에게 하느님은 그의 몫으로 "하나를 제외한 50개의 지혜 문(知慧 門)"을 주셨다고 한다.⁹⁾ 그는 완전할 수도 없었고 전지전능할 수도 없었다. 그에게도 이해하기 힘든 것들이 있었고,¹⁰⁾ 해석할 수 없는 율법의 문제들이 있었다.¹¹⁾ 그가 하늘에 올라가 토라를 직접 받았을 때에도 하느님의 신비는 그에게 여전히 이해할 수 없는 것이었다.¹²⁾

전설에 따르면, 하느님은 모세에게 토라와 지혜와 지식의 보물을 보여주셨고 세계의 장래를 모두 계시하셨다.¹³⁾ 그런데도 토라 속에는 모세에게 밝혀지지 않은 암시들이 들어 있었다. 이 암시들은 왕관들 속에, 혹은 토라에 등장하는 히브리어 알파벳의 7문자 꼭대기에 찍혀 있는 작은 점 세 개 속에 들어 있다.¹⁴⁾ 문자로나 단어로 표현되지 않은 이 암시들에 대하여, "모세에게 알려지지 않은 것이 라삐 아키바(Rabbi Akiba)에게 알려졌다"(아키바는 132년 경 순교함)는 말이 있다.¹⁵⁾

우리가 듣기에, 토라는 감추어지면서 계시되고 있다.¹⁶⁾ 실재하는 모든 것이 그러하다. 모든 사물이 알려지면서 알려지지 않고, 분명하면서 수수께끼고, 투명하면서 꿰뚫어 보이지 않는다. "우리 눈에 보이는 것은 숨겨진 것, 우리는 우리가 보는 것을 알지 못한다." 세상은 열려 있으면서 덮여 있고, 명백한 사실이면서 신비다. 우리는 알면서 모른다. 이것이 우리의 처지다.

오경의 마감말은 참으로 이상스럽다. 모세가 숨을 거두매, "모압 땅에 있는 벳브올 맞은 편 골짜기"에 묻혔다고 자세히 일러 놓고는, "그의 무덤이 어디 있는지는 오늘까지 아무도 모른다"고 못박았다.

토라는 우리에게 신앙의 길을 가르친다고, 라삐들은 말했다. 모세가 어느 산 어느 골짜기에 묻혔는지 알고 있으면서도, 우리는 그의 무덤이 어디에 있는지 모른다는 사실을 분명히 해두지 않으면 안 된다.¹⁷⁾

> 6

수수께끼는 풀리지 않았다

하느님은 "캄캄한 데" 계신다

하느님의 신비는 인간에게 여전히 봉인되어 있다. "나의 얼굴은 보지 못한다. 나를 보고 나서 사는 사람이 없다." 스랍들도 하느님이 계신 곳에서는 날개로 얼굴을 가려야 한다(이사야 6:2). 예루살렘 성전을 지은 솔로몬은 하늘에 해를 떠 있게 하신 하느님이 몸소 "캄캄한 데('arafel) 계시겠다고 하셨음"(열왕기상 8:12)을 알고 있었다.[1)]

그분은 "어둠을 당신의 숨어 계시는 장소로 삼으셨다"(시편 18:12, 사역). "하느님께서 정말 얼마나 크신지 그 누가 알랴?"(욥기 36:26, 사역). "하느님께서는 뇌성벽력으로 신비한 일을 알려 주시지만 그 하시는 큰일을 우리는 감히 알 수가 없다"(욥기 37:5). 그분의 본질뿐만 아니라 그분의 길도 깊고 신비스럽고 헤아릴 수가 없다. 그분의 의(義)는 "거대한 산맥과도 같아" 우리의 능력으로는 이해할 수가 없고 그분의 심판은 "바닥 없는 바다"처럼 깊다(시편 36:7). "내 생각은 너희 생각과 같지 않다. 나의 길은 너희 길과 같지 않다. 하늘이 땅에서 아득하듯 나의 길은 너희 길보다 높다. 나의 생각은 너희 생각보다 높다"(이사야 55:8-9).

자연과 역사의 신비는 자주 성경의 사람을 놀라게 했다. 그러나 그는 그 신비를 자신의 능력으로 꿰뚫어 볼 수 있는 것이 아님을 알았다. "숨겨진 것은 우리 하느님 야훼께서나 아실 일이다"(신명기 29:28). "하느님은 하늘에 계시고 너는 땅에 있다. 그러므로 사람은 모름지기 말이 적어야 한다"(전도서 5:1).

우리는 다만 신비가 현존함을 알뿐이다. 그런데 그 신비의 현존은 우리의 능력으로 꿰뚫어 볼 수가 없는 것이다. 이와 같은 태도는 에집트 종교에서 그리스 종교로 옮겨감을 두고 헤겔이 한 말과 정면으로 대치된다. "수수께끼는 풀렸다. 의미심장하고 훌륭한 신화에 의하면, 에집트의 스핑크스는 한 그리스인에게 살해되었다. 그래서 수수께끼가 풀린 것이다."[2]

유대인들에게는 그 궁극적 수수께끼가 여전히 알 수 없다. "일을 숨기는 것이 하느님의 영광이다"(잠언 25:2). 시간과 공간의 세계를 탐색하는 것은 인간의 특권이다. 그러나 시간과 공간의 세계 너머를 탐색하려고 한다면 그것은 쓸데없는 짓이다. "위에 무엇이 있는가? 아래에 무엇이 있는가? 앞에는 무엇이 있었는가? 뒤에는 무엇이 있을 것인가? 누구든지 이 네 가지를 생각하는 사람은 차라리 세상에 태어나지 않은 것이 더 낫다."[3] "지나치게 이상스러운 것은 찾지 말라. 감추어져 있는 것 또한 찾지 말라. 너에게 허용된 것만 생각하라. 너 자신은 신비에 몰입하지 말라."[4] 신비학(神秘學, occultism)은 주제넘는 것일 따름이다. 마술, 점술, 주술(呪術)은 법으로 금지되어 있다. "숨겨진 일은 야훼께 속한 것이다." 그리고, 오직 그분한테서만 지식과 대답이 나와야 한다.

중세기 "영광송"의 작자처럼, "내 혼은 당신의 모든 신비를 알고자 당신의 처소에 들기를 바라나이다" 하고 고백한 사람들이 있었다. 그러나 시인은 이렇게 고백한다. "야훼여, 내 마음은 교만하지 않으며 내 눈 높은 데를 보지 않사옵니다. 나 거창한 길을 좇지 아니하고 주제넘게 놀라운 일을 꿈꾸지도 않사옵니다. 차라리 내 마음 차분히 가라앉혀 젖 떨어진 어린 아기, 어미 품에 안긴 듯이 내 마음 평온합니다"(시편

131:1-2).

두려움으로 몸을 떨면서 사제들과 레위인들은 지극히 거룩한 것에 가까이 다가가야 한다. "아론과 그의 아들들이 함께 들어가서 그들이 할 일, 그들이 질 짐을 하나하나 정해 주어야 한다. 들어가서 거룩한 것이 눈에 스치기만 해도 그들은 죽을 터이니, 그런 일이 없도록 하여라"(민수기 4:19,20).[5]

빵 한 조각

우리는 앞에서 "날마다 우리에게 일어나고 있는 기적"을 느끼는 데에 예배의 뿌리가 있다고 했다. 신비에 대한 감각 없이는 예배도 없고 제의(祭儀) 또한 없다. 예배란 우리가 하느님께 말을 건넬 수 있음을--그 어떤 순수한 자연주의 체계 속에도 맞춰 넣을 수 없는 함축된 의미를--암시하고, 우리가 그 신비를 분석하거나 실험할 수 없는 신비로서 확신하고 받아들일 때에만 예배의 뜻이 살아나기 때문이다. 무엇보다도, 예배와 제의는 우리의 무감각을 우리의 존재의 신비 쪽으로 옮겨가려는 시도(試圖)다.

빵 한 조각을 집어 보자. 그것은 기후, 토양, 농부와 상인과 빵 제조업자의 작업이 공동으로 만들어 낸 작품이다. 만일 빵 한 조각을 만들어 내는 일에 공동으로 힘을 보탠 합력자들에게 감사의 말을 하고자 한다면, 우리는 태양과 비, 흙과 인간의 지능에 감사해야 할 것이다. 그러나 우리는 식탁에 앉아 그런 식으로는 감사하지 않는다. 우리는 이렇게 말한다. "우주의 주인이시며 땅에서 양식을 내시는 우리 하느님 야훼께 감사하나이다." 실질적으로 말한다면, 농부와 상인과 빵 제조업자에게 감사하는 것이 더욱 정확한 게 아닐까? 우리 눈에는 바로 그들이 우리에게 빵을 주고 있으니까.

우리는 식물의 성장이라는 신비를 지나쳐 가듯이, 재배(栽培)의 기적을 넘어간다. 그래서 자연과 문명을 함께 가능하게 하신 분을 기린다. 빵을 먹을 때마다 빵이란 무엇인지를 곰곰이 생각한다는 것은 의미 없는 일이다. 말하자면, "빵이란 밀가루에 효소를 섞어 물로 반죽하여 증기로 찐 음식"이라는 식으로 생각하는 것은 중요하지 않다. 그보다는, 빵이 궁극에 가서는 무엇인지를 곰곰이 생각하는 것이 더욱 중요한 일이다.

자연의 법칙은 확실하고 간결하다. 그러나 한 농부가 밭에 나가 수확 거둘 것을 생각하며 씨를 뿌리는 것은 자연을 믿어서가 아니라 하느님을 믿어서라고 해야 하지 않을까?[6] 우리 눈에는 자연의 필연으로 보이는 것도 하느님의 행위로 받아들이는 것이 신앙의 본질이기 때문이다.[7]

자연과 더불어 살고 있으면서 자연을 초월해 계신 그분께 끊임없이 시선을 모으고 간절히 바라는 것이 유대인의 관행이다. 신비에 대한 깨달음은, 자주 표현되지는 않지만, 언제나 바닥에 깔려 있다. 표현 불가능한 이름(Ineffable Name – 유대인은 하느님의 이름을 발음하지 않는다–역자)에 대한 태도가 이 깨달음의 전형적인 실례다.

표현 불가능한 이름

하느님의 참 이름은 하느님의 신비다. 탈무드에 따르면 "하느님께서는 모세에게 이르셨다… 이것이 영원히 나의 이름이 되리라"(출애굽기 3:15)고 했는데, 히브리어 '영원히'('레올람' *leolam*)가 여기서는 '감추다'를 뜻하는 '레알렘'(*lealem*)으로 읽히도록 표기되었다. "하느님의 이름은 숨겨져 있다."[8]

세월이 흐르면서 유대인들은 4자(字)로 된 하느님의 이름(YHWH)을 발음하거나 표기하는 것조차 꺼리게 되었다.[9] 성경을 제외하고는, 그 이름이 옹글게 표기되는 일이 사라졌다. 예배 시간에 오경을 읽을 때도 그 이름은 발음하지 않는다. 그분의 참 이름은 표현 불가능한 이름(Ineffable Name)이다. 유대인들은 그 이름을 '아도나이'(*Adonai*, '나의 주님')로 옮겼고,[10] 사마리아인들은 '하셈'(*Hashem*)으로, 그리스어로 성경을 번역한 자들은 '키리오스'(*Kyrios*, '주님')로 옮겼다. 아빠 사울(Abba Saul)에 따르면, 표현 불가능한 이름을 발음한 자는 장차 오는 생(生)에서 나누어 받을 분깃[몫]이 없다.[11] "아무도 당신의 이름의 신비를 발설할 수 없나이다."[12]

표현 불가능한 이름은 일 년에 단 하루 속죄의 날에 예루살렘 성전에서 대사제의 입으로 발음된다. 그의 입에서 거룩한 이름이 "성스럽고 정결하게" 발음되는 순간, "가까이 있는 자들은 모두 바닥에 엎드리고 멀리 있는 자들은 '그 이름에 축복이 있기를… 영원히'라고 말했다." 예배가 진행되는 동안 열 번 그 이름은 발음되는데, 사람들은 예배를 마치고 성전을 떠나기도 전에 그 발음을 잊었다.[13] 중세기의 한 자료에 보면, 그 이름은 대사제한테서조차 그가 성전을 떠나자마자 도망을 쳤다.[14]

오늘에도 사제들은 축복의 말을 할 때 눈을 감는다. 성전이 무너지기 전에는 거기에서 표현 불가능한 이름을 발음하였고… 그때마다 '셰키나'(*Shechinah*, 하느님의 영광, 현실에 임재하시는 하느님을 의미하기도 함-역자)가 그들의 눈 위에 머무르셨기 때문이다. 그것을 기억하는 뜻에서 그들은 눈을 감는다.[15]

십계명에는 하느님을 숭배하라는 계명이 들어 있지 않다. "네 부모를 공경하라"는 말이 있지만, "네 하느님을 공경하고 그분을 숭배하고 그분께 제물을 바치라"는 말은 없다. 숭배와 관련이 있는 유일한 언급은 간접적이고 부정적이다. "나의 이름을 함부로 부르지 말라."

표현 불가능한 것에 대한 감각, 장엄함과 삶의 신비에 대한 깨달음은 모든 사람이 지니고 있는 것이다. 종교의 행위와 사상에 의미가 있음은 바로 이 깨달음의 깊이 속에서 이루어지기 때문이다. 신비가 문제일 때 종교 관념(ideas)이 그 대답이다. 종교 관념들이 실용주의 차원으로 떨어질 경우, 그 의미가 과학적 문제에 대한 해답으로 받아들여질 경우, 그 관념들은 이내 무의미해지고 만다. 그런즉 유다이즘의 기본 관념들은 일차원에 속한 것들이 아니다. 즉 그것들이 가리키는 것은 신비다. 어떤 사실의 서술만으로서 받아들여질 때에 그 관념들은 왜곡된다. 인간을 하느님의 모습으로 창조된 존재로 보는 관념, 창조와 신성한 지식, 이스라엘의 선택받음, 악의 문제, 메시아주의, 부활 신앙, 계신 신앙 등의 관념은 평범한 사유의 범주들 속으로 옮겨질 때 우스운 만화가 되어 버린다.16)

모세는 이 세상을 떠나게 되었을 때 이렇게 말했다. "우주의 주님, 죽기 전에 하나만 부탁드리옵니다. 하늘과 깊은 바다의 모든 문을 여시어 사람들로 하여금 주님밖에 아무도 없음을 보게 하옵소서."17) 그러나 모세의 청원은 기각되었고, 문들은 여전히 닫혀 있었다.

신비가 하느님은 아니다

말뚝에 매여 있고 정해진 코스를 밟는, 이것이 인간 상황의 의미인가? 욥은 순순히 벌을 받으라거나 불가피한 일에 굴복하라는 말을 미리 듣지 않았다. 정의도 없고 지혜도 없으며 오직 있는 것은 어두운 신비뿐이라는 말도 들은 바가 없다. 그가 의미를 찾아 헤매다가 들은 말은 이것이다.

하느님밖에 누가 그 있는 곳을 알며
그곳으로 가는 길을 찾아내겠는가?

땅 끝까지 미치는 그의 눈길을 피하여
하늘 아래 무엇을 숨길 수 있으랴.
바람을 저울로 달아 내보내시며
물을 됫박으로 되어 쏟으시고
비가 쏟아져 내릴 홈을 파시며
천둥이 스쳐 갈 길을 내셨을 때.
하느님께서는 지혜를 살피시고 헤아리셨네.
슬기를 세우시고 시험하셨네.
그리고 사람에게 이르셨네.
"주를 두려워하는 것이 곧 지혜요
악을 싫어하는 것이 곧 슬기다"(욥기 28:23-28).

하느님이라고 해서 당신의 힘을 아무렇게나 전횡(專橫)하시는 것은 아니다. "우리가 찾아낼 수 없는, 전능하신 분(the Almighty)은 그 힘이 무한하시다. 그러나 정의와 충만한 의를 거스르지는 않으신다." 우리한테는 신비스럽기만 한 것이 하느님 보시기에는 영원한 의미가 있는 것이다. 자연은 그분의 뜻에 복종하고, 그분의 지혜를 나누어 받은 인간은 책임성 있게 살며 세상을 구원하는 일에 하느님의 파트너가 되라는 요청을 받고 있다.

하느님의 숨어 계심이야말로 인간이 끊임없이 깨닫게 되는 사실이다. 그러나 그분의 관심, 그분의 인도, 그분의 뜻, 그분의 명령은 인간에게 계시되고, 인간이 경험할 수도 있는 것이다.

하느님은 신비이시다. 그러나 신비가 하느님은 아니다(God is a mystery, but the mystery is not God).[18] 하느님은, "어떤 비밀도 밝혀내실 수 있는"(다니엘 2:28) 분이다. "빛은 언제나 하느님과 함께 있어 어둠 속에 숨긴 것도 아시고 깊은 데 숨어 있는 것도 밝히신다"(다니엘 2:22). '두려움의 날'(Days of Awe)에 우리는 이렇게 고백한다. "당신께서 영원한 신비와 모든 인생의 마지막 비밀을 아시나이다." 그 신비 너머에 의미가 있음을 확신하기에 우리는 궁극으로 즐거워하는 것이다.

> 야훼께서 왕위에 오르셨다.
> 온 땅은 춤을 추어라.
> 많은 섬들아 즐거워하여라.
> 안개에, 구름에 둘러싸이고
> 정의와 공정이 그 옥좌의 바탕이다(시편 97:1-2).

우리는 신비를 신격화하지 않는다. 우리는 다만, 당신의 지혜로 모든 신비를 능가하시는 그분을 예배한다. 앞에서 말했듯이 울타리를 부수는 것, 신비 속으로 뚫고 들어가는 것은 우리가 할 일이 아니다. 점술이나 마술로 또는 신탁을 의뢰하여 신비를 헤쳐 보려는 시도는 법으로 금지되어 있다.[19]

신비 너머에 자비가

위대한 순간이 닥쳐 마침내 시나이에서 하느님의 음성이 들렸을 때, 어떤 신비가 벗겨졌던가? 묵시적 환상에서는 "별들의 보석" 황금 산맥, 유리 바다, 벽옥 도시 등이 보인다. 이스라엘은 시나이에서 우주의 수수께끼에 대하여 무엇을 배운 바가 있었던가? 이 세상을 떠난 영혼들에 대해서? 악령이나 천사들이나 천당에 대해서? 그들이 들은 음성은, 이렛날을 거룩하게 지키고… 부모를 공경할 것을 기억하라--였다.

모세가 당신이 누구시냐고 물었을 때 그분은 나타나시어, 나는 전지전능하고 완전하며 무한히 아름다운 하느님이라고 대답하셨던가? 그분은 말씀하셨다. 나에게는 사랑과 동정이 가득 차 있다고. 모세 이전

시대의 어떤 종교 역사에서 최고 존재가 인간의 고통에 예민하심을 인하여 기립을 받았던가? 니체가 논평했듯이, 철학자들은 측은지심을 배척하는 데 동의하지 않았는가?

세 가지 태도

신비를 대하는 태도에는 세 가지가 있으니, 운명론적 태도, 실증주의적 태도, 그리고 성경적 태도다.

운명론자들에게 신비는 모든 실재를 좌우하는 지고의 힘이다. 그는 이 세상이, 정의나 목적을 따로 지니지 않은, 비합리적이고 절대 이해할 수 없으며 맹목적인 힘에 의하여 다스려진다고 믿는다. 에집트의 마앗(Maat), 인도와 페르시아의 프타(Pta)와 아샤(Asha), 그리스의 모이라(Moira)는 신들 위에 군림하는 힘을 나타낸다. 모이라의 엄정한 판결은 제우스조차 두려워한다. 운명이라는 개념 앞에서, 역사는 들여다 볼 수 없는 신비요, 인간은 불확실한 미래의 어둠 속에 던져진 존재다. 비극적 운명이 세계 위에 드리워져 있는데, 그 운명에 인간과 신은 함께 예속되어 있으며, 인간이 취할 수 있는 유일한 태도는 오직 체념과 복종뿐이다. 이런 태도는 형태와 정도에 차이가 있지만 거의 모든 이방 종교들 속에서, 그리고 대중의 사유와 마찬가지로 많은 현대 역사 철학(역사를 생성과 몰락의 순환으로 보는) 속에서 발견된다.

실증주의자들은 명백한 사실 지향적이다. 그에게는 신비라는 것이 없다. 지금 신비하게 보이는 것은 우리가 아직 모르고 있는 것일 뿐이며 언젠가는 알게 될 것이다. 논리적 실증주의자들은 우리에게 익숙한 세계를 초월하는 가치의 영역이나 실재의 본질에 관한 모든 주장이 무의미한 것이며, 반대로 모든 의미 있는 질문은 대답될 수 있다고 주장한다.

원시 시대의 사람들은 모두가 신비를 자각하고 있었다. 그러나 사람들은 신비가 궁극이 아니라고, 악령의 맹목적 힘이 아니라 의로운 하느님이 세상을 다스리신다고 말하게 되었을 때, 새 시대가 시작되었다. 그리스 비극에서는 인간이, 그에게 재앙을 미리 운명으로 정해준 어떤 보이지 않는 힘에게 여러 모양으로 끊임없이 상처를 입는 피해자다. "운명의 신비로운 힘은 실제로 두려운 것이다." "기도할 것 없다. 유한한 인간이 결정되어 있는 재난을 피할 길은 없나니."[20] 이와 반대로 아브라함은 하느님 앞에 서서 소돔을 파멸시키지 말아 달라고 탄원한다. "죄 없는 사람을 어찌 죄인과 똑같이 보시고 함께 죽이시려고 하십니까? 온 세상을 다스리시는 이라면 공정하셔야 할 줄 압니다"(창세기 18:25).

운명의 신학은 궁극적 힘에 대한 일방적인 의존만을 안다. 그 힘은 인간을 관심하지도 않고 인간을 필요로 하지도 않는다. 역사는 제 독백을 하면서 흘러간다. 반면에 유대교에서는 역사가 계약에 의하여 결정된다. 하느님은 인간을 필요로 한다.[21] 궁극자는 법이 아니라 심판자요, 힘이 아니라 아버지다.

하느님은 영원한 침묵이 아니시다

유대인의 신비에 대한 태도는 플로티누스의 다음과 같은 말과 비교된다. "만일 인간이 자연(Nature)에게 '어디에서 이 피조물들을 가져 왔느냐?'고 묻는다면 자연은 귀 기울여 듣고 이렇게 대답하리라. '나에게 묻지 마라. 대신에 내가 말이 없듯이, 침묵 속에서 이해하라.'"[22]

유대인은 이런 대답을 받아들이지 않는다. 그는 계속 기도한다. "하느님, 침묵을 깨소서. 잠잠하지도 쉬지도 마소서, 하느님"(시편 83:2). "어찌하여 외면하십니까? 억눌려 고생하는 이 몸을 잊으시렵니까?"(시편

44:24). 하느님은 끝까지 침묵하시지는 않는다. 이스라엘은 그분의 말씀을 기다리고 있다. "그분은 우리 하느님이시다. 그분은 우리 아버지시다. 그분은 우리 임금이시다. 그분은 우리를 건져 주시는 분이시다. 그분은 모든 살아 있는 것들 앞에서 거듭하여 우리에게 자비로써 말씀하신다… 너희 하느님이 되리라. 나는 너희 하느님이시다."[23]

게다가, 유대인을 더욱 안타깝게 만든 문제는, "어디서 이 피조물들을 가져왔느냐"가 아니라, "어디에 하느님의 자비가 있느냐"다. "당신의 열심과 당신의 능력은 어디에 있습니까? 당신의 마음과 당신의 동정(同情)에 대한 사무치는 그리움이 나를 사로잡고 있습니다." "하늘에서 내려오시어 나를 살피소서. 당신의 거룩하고 영광스런 거처에서 내려오소서."[24]

탈무드의 한 전설에는 두 가지 문제가 라삐들을 당황하게 했는데, 이스라엘의 선택받음과 이스라엘의 고난받음이 그것이다. 모세와 라삐 아키바(Rabbi Akiba)의 생애가 이 문제를 보여주고 있다. 첫째 문제는, 라삐 아키바와 같은 사람이 모세에게 견주어 그 지적 능력이 조금도 못하지 않는데, 어째서 하고 많은 사람들 가운데 모세가 하느님의 말씀을 세상에 전하는 자로 뽑혔는가?[25]

둘째 문제는, 왜 라삐 아키바는 순교의 고통을 받았는가?

모세는 하늘에 올라갔을 때 거룩하신 분께서, 그분께 축복을, 토라의 문자들에게 '왕관'을 씌워 주고 계신 것을 보았다(위의 5장 끝부분 참조). 모세는 우주의 주인님께 여쭈었다. "문자에 씌워진 왕관 속에 감추어져 있는 말씀을 드러내기 위해 당신의 손에 머물러 있는 자가 누구입니까?" 그러자 그분이 대답하셨다. "여러 세대가 지난 뒤 아키바 벤 요셉이란 자가 태어나 작은 점의 무더기와 법의 무더기를 모두 밝혀낼 것이다." 모세가 말했다. "우주의 주인님, 저에게도 보여주십시오." 주께서 대답하셨다. "돌아가서 보아라." 모세는 8계단 뒤에 앉아 라삐 아키바가 제자들과 더불어 토의하는 것을 들었다. 그러나 모세는 그들의 말을 알아들을 수가 없었다. 그는 매우 슬펐다. 그러나 그는, 라삐의 한 제자가 스승에게 뭔가를 물었는데 스승의 대답이 모세 자신이 시나이에서 받은 율법인 것을 들었고 그래서 위로를 받았다. 모세는 다시 하늘로 돌아와 거룩하신 분께, 그분께 축복을, 말씀드렸다. "우주의 주인님, 저렇게 훌륭한 인재를 두셨으면서도 저에게 토라를 전하게 하셨군요." 그러나 하느님이 말씀하셨다. "잠잠하여라! 그것이 나의 결정이다." 다시 모세가 말했다. "우주의 주인님, 이왕에 그의 높은 학식을 볼 수 있게 해주셨으니 이번에는 그가 어떤 보상을 누리고 있는지 보여주옵소서." 주님이 말씀하셨다. "돌아가서 보아라." 모세는 다시 세상에 돌아와서, 로마인들이 아키바의 고깃점을 시장에 내다 팔고 있는 것을 보았다. "우주의 주인님이여! 이것이 그토록 높은 학식의 대가(代價)입니까?" 하고 모세가 소리쳤다. 그러자 주께서 대답하시기를, "잠잠하여라. 그것이 나의 결정이다!"[26)]

7

경외

"깊은 바다처럼"

인간의 지식과 지혜의 성격, 크기 그리고 가치에 대한 성경의 이해는, 자연과 역사의 신비와 장엄함을 직면하여 느끼게 되는 경외(敬畏)와 겸비(謙卑)의 영향을 받는다. 모든 실재가 하느님의 의지와 사유 안에 들어 있으므로 세계를 이해하고자 하는 사람은 반드시 하느님을 이해하려고 해야 한다. 그러나 어떻게 하느님을 이해할 것인가?

> 자네가 하느님의 신비를 파헤칠 수라도 있단 말인가?
> 전능하신 분의 무한하심을 더듬을 수라도 있단 말인가?
> 하늘보다도 높은 그것에 어떻게 미치며
> 저승보다도 깊은 그것을 어찌 알 수 있겠는가?
> 그 신비는 땅 끝처럼 아득하고
> 그 무한하심은 바다처럼 넓다네 (욥기 11:7-9)

지혜와 지혜로운 자를 찬양하는 말은 많이 있다. "현자의 가르침은 생명의 샘"(잠언 13:14). "슬기로운 사람은 충고를 받아들인다"(잠언 12:15). "지혜의 그늘에서 사는 것이 돈의 그늘에서 사는 것이다"(전도서

7:12). 그러나 인간의 지혜가 우리를 끝까지 안전하게 지켜 주는 것은 아니다.

인간의 지혜는 절대가 아니라 상대적인 것이다. 하느님이 그것을 우리에게 주시고 또 가져가실 수도 있다. "지혜란 야훼께서 주시는 것"(잠언 2:6). 그러나 그분은 또한 "지혜 있다는 자들의 생각을 뒤엎어 아는 체 하면서 어리석을 짓만 하게 한다"(이사야 44:25).

인간이 노력하여 얻을 수 있고 그래서 칭찬도 듣고 사랑도 받는 지혜는, 자연과 역사의 신비 앞에 서게 될 때 무지(無知)가 되고 만다.

성경이 우리에게 전달해 주는 메시지는 절망 또는 불가지론(不可知論)의 메시지가 아니다. 욥은 단순히 "우리는 모른다"고만 말하지 않는다. 그는 오히려 하느님이 아신다고, "하느님은 그리로 가는 길을 아신다"고, 그분은 지혜가 어디에 있는지를 아신다고 말한다. 우리에게는 알려지지 않고 감추어진 것이 하느님께는 알려져 있고 열려져 있다. 이것이 바로 우리가 느끼는 '신비'의 특별한 의미다. 그것은 알 수 없는 것의 동의어가 아니라 하느님과 관련된 의미를 가리키는 이름이다.

지혜의 시작은 경외

궁극적 의미와 궁극적 지혜는 이 세계 속에서가 아니라 하느님한테서 발견된다. 그리고 지혜로 가는 유일한 길은, 앞에서 말했듯이, 하느님과 맺는 관계를 통과한다. 그 관계가 경외(敬畏)다. 이런 점에서 경외는 감정 이상이다. 그것은 이해하는 한 방법이다. 경외는 우리 자신보다 더 큰 의미를 통찰하는 행위다.

그런즉, "어디에서 지혜를 찾을 것인가?"에 대한 답은, 시인(詩人)의 한 마디, "야훼를 경외하는 것이 지혜의 근원"(시편 111:10)[1]이라는 말에 있다. 성경은 경외가 지성의 포기의 한 형태라고는 가르치지 않는다.

또 경외가 지혜의 끝이라고도 말하지 않는다. 성경이 말하고자 하는 것은, 경외가 지혜에 이르는 길이라는 것 같다. 욥기에서 우리는 하느님을 경외하는 것이 곧 지혜라는 말을 읽는다.[2]

경외의 근원(시작)은 놀람이고 지혜의 근원(시작)은 경외다.

경외의 의미

경외는 모든 실재의 신비와 교감하는 길이다. 우리가 사람을 대할 때 느끼는 경외, 혹은 느껴야만 하는 경외는 그의 알속에 숨어 있는 하느님의 모습을 직관하는 순간이다. 인간뿐만이 아니라 무생물이라 할지라도 창조주와 관계를 맺고 있다. 모든 존재 속에는 하느님의 돌보심과 관심이 깃들여 있는데, 바로 그것이 모든 존재의 비밀이다. 모든 사건 속에는 성스러운 어떤 것이 말뚝 박혀 있다.[3]

경외란, 모든 사물이 하느님의 창조물로서 지니고 있는 존엄성과 하느님에게 값진 존재임을 직관하는 것, 사물이 지금 있는 그대로의 사물이면서 비록 희미하긴 해도 절대(絶對)한 어떤 것을 나타내고 있음을 깨달아 아는 것이다. 경외는 초월을 감각하는 것, 어디에서든지 모든 사물을 초월해 계신 그분을 감각하는 것이다. 그것은 말(言語)보다는 태도 속에서 더 잘 전달되는 통찰이다. 우리가 그것을 더 많이 표현하려고 애쓰면 쓰는 만큼, 더 많이 우리한테서 숨어 버린다.

경외란, 인간의 삶이 한 개인의 생애보다 더 넓은 한 나라, 한 세대, 나아가서 한 시대보다도 더욱 넓은 지평선 위에 자리 잡고 있음을 깨달아 아는 것을 의미한다. 경외는 우리로 하여금 세계 속에서 하늘의 고시(告示)를 보게 한다. 작은 사물에서 무한한 의미의 비롯함을, 흔하고 사소한 것에서 궁극의 것을 보게 한다. 지나치는 급한 흐름 속에서 영원히 고요함을 느끼게 한다.

어떤 대상을 분석하거나 평가할 때, 우리는 한 관점에서 생각하고 판단한다. 심리학자, 경제학자, 화학자는 똑같은 대상의 다른 면(面)을 본다. 한 빌딩의 세 측면을 동시에 볼 수 없는 것이 인간의 한계점이다. 우리가 한 관점에 사로잡혀 어느 한 부분을 전체로 생각하고자 할 때 위험이 시작된다. 그처럼 제한된 관점에 예속되는 희미한 빛 아래에서는 부분을 보는 것조차도 온전할 수 없다. 우리는 분석적으로는 알 수 없는 것을 경외함으로써 알게 된다. "가만히 있어 생각을 할 때," 우리는 분석으로는 나타나지 않는 것을 보고 증언하게 된다.

지식은 호기심에 의해 자라나고, 지혜는 경외로 인해 자라난다. 참 지혜는 하느님의 지혜에 참여하는 것. 지혜를 "상식의 비상식적 수준"이라고 보는 사람들도 있다. 우리가 보기에 지혜란 모든 것을 하느님의 관점에서 볼 수 있는 능력, 하느님의 정념(情念, pathos)에 동정하는 것, 자기의 뜻을 하느님의 뜻에 일치시키는 것이다. "나 야훼가 이렇게 말한다. 현자는 지혜를 자랑하지 말아라. 용사는 힘을 자랑하지 말아라. 부자는 돈을 자랑하지 말아라. 자랑할 것이 있다면, 그것은 나의 뜻을 깨치고 사랑과 법과 정의를 세상에 펴는 일이다. 이것이 내가 기뻐하는 일이다. 야훼의 말이다"(예레미야 9:22, 23).

물론 경외에는 더 간절한 순간이 있고 덜 간절한 순간이 있다. 한 인간이, "온 세상의 반석이시오 기초로서 만물을 다스리되 그분 앞에서는 존재하는 모든 것이 아무것도 아닌"(다니엘 4:32, 사역)[4] 하느님을 깨닫게 될 때, 그는 하느님의 거룩하심을 느끼는 감각으로 압도당할 것이다. 그와 같은 경외는 예언자들의 권고 속에도 반영되어 있다. "야훼께서 일어나 땅을 흔드실 때 너희는 그 두려운 얼굴을 피하고 그 빛나는 위엄을 피하여 바위굴로 들어가거라. 먼지 속에 몸을 숨겨라"(이사야 3:10).

우리는 마이모니데스(Maimonides)한테서 경외의 의미와 표현에 관한 고전적 표현을 본다.

한 사람이 위대한 왕 앞에 서게 되었다면, 그는 자기 집에서 혼자 있을 적에 하듯이 앉거나 움직이거나 행동하지는 않을 것이다. 그는 또한 왕을 알현하는 방에서, 자기 가족이나 친척들에게 둘려 싸여 이야기하듯이 아무렇게나 마구 말하지도 않을 것이다. 그런즉 누구든지 완전한 인격을 구비하고자 한다면, 참된 "하느님의 사람"이 되고 싶어한다면, 그는 자기를 언제나 보호하시고 늘 가까이 계시는 그 위대하신 왕께서 다윗이나 솔로몬을 위시한 그 어느 인간보다도 훨씬 더 위엄차고 강하신 분임을 기억할 일이다. 그 왕과 우리의 안내자는 우리에게 내뿜어진 영(靈)으로서 우리와 하느님 사이를 맺어 주는 고리다. 우리가 그분을--시인이 "당신의 빛으로 우리가 빛을 봅니다"(시편 36:9, 사역)라고 했듯이--그분이 우리에게 내뿜으신 빛 안에서 뵙는 것과 마찬가지로 그분 또한 같은 빛으로 우리를 내려다보신다. 이렇게 하느님은 우리를 위에서 내려다보고 계시기에 "사람이 제아무리 숨어도 내 눈에서 벗어날 길은 없다"(예레미야 23:24)고 말씀하신 것이다.[5]

경외와 두려움

성경이 말하는 종교적 덕행의 기본이 되는 것은 '이이라'(*yirah*)다. '이이라'란 무엇인가? 이 단어에는 두려움(fear)과 경외(awe)라는 두 가지 의미가 있다. 자기 몸이나 가족 또는 재산에 어떤 형벌이 임할까봐 하느님을 두려워하는 사람이 있다. 또, 저승에서 벌을 받을까봐 하느님을 두려워하는 사람도 있다. 유대 전통은 이런 종류의 사람들을 모두 열등하게 본다.[6] "그분이 나를 죽인다 해도 나는 그분을 믿으리라"고 말한 욥은 하느님이 겁나서가 아니라, 그분의 영원한 사랑의 장엄함을 깨달는 데서 오는 경외 때문에 그런 말을 했던 것이다.

두려움은 악 또는 고통을 예상하는 것으로서, 선을 기대하는 것인 희망과 대칭을 이룬다. 반면에 경외는 신비 앞에서 느끼는, 또는 지고자(至高者)한테서 영감으로 받는 놀람과 겸비의 감정이다. 두려움은 "이성(理性)에 의존하는 것을 포기하는 것"이요,[7] 경외는 세계가 우리를 위해 저장해 둔 통찰을 얻는 것이다. 경외는, 두려움과 달리, 우리를 경외하게 하는 대상으로부터 멀어지게 하지 않고 반대로 더 가까이 가게 한다. 경외가 사랑과[8] 기쁨과[9] 더불어 공존할 수 있는 까닭이 여기에 있다.

어떻게 보면, 경외는 두려움의 반대말이다. "야훼께서 나의 빛, 나의 구원"이심을 느끼는 것은 "내가 누구를 두려워하리요"를 느끼는 것이다(시편 27:1).[10] "하느님은 우리의 힘, 우리의 피난처, 어려운 고비마다 항상 구해 주셨으니 땅이 흔들려도 산들이 깊은 바다로 빠져들어도 우리는 무서워 아니하리라"(시편 46:1-2).

경외가 신앙을 앞선다

경외는 신앙을 앞선다. 경외는 신앙의 뿌리에 놓여 있다. 신앙에 이르기 위해 우리는 경외하면서 성장해야 한다. 우리가 신앙에 합당하기 위해서는 경외에 의해 안내 받아야 한다. 경건한 유대인에게는 신앙보다 경외가 더 중요한 삶의 태도다. 그것은 "신앙의 시작이며 문(門)이요 첫째가는 훈계며, 온 세계가 딛고 선 바탕이다."[11] 유다이즘에서는 '이이랏 하솀'(*yirat hashem*) 즉 "하느님 경외," 또는 '이이랏 샤마임'(*yirat shamayim*) 즉 "하늘 경외"가 '종교'라는 말과 거의 동의어로 사용된다. 성경의 언어로는 종교인이 이슬람의 경우처럼(*mu'min*) '신자'(believer)로 불리지 않고 '하느님을 두려워하는 자'(야레 하솀[*yare hashem*])라 불린다.

공경으로 돌아감

지혜에 이르는 유일한 길이 있다. 경외다. 당신이 경외의 감각을 잃어버리는 때, 헛된 자만심이 우러러보는 능력을 위축시킬 때, 우주는 당신 앞에서 하나의 장터가 되고 만다. 경외의 상실이야말로 꿰뚫어 보는 것을 가로막는 가장 큰 장애물이다. 지혜를 재생시키고 세상을 하느님에 대한 암시(the world as an allusion to God)로 발견하려면, 무엇보다도 먼저 공경으로 돌아가야 한다. 지혜는 영민함에서 오는 것이 아니라 경외에서 온다. 그것은 치밀하게 계산하는 순간이 아니라 실재의 신비와 교감하는 순간에 생겨난다. 가장 위대한 통찰은 경외의 순간에 이루어진다.

경외의 순간은 자기 정화(淨化)의 순간이다. 놀라움을 느끼는 사람은 그 놀라움을 나눈다. 거룩한 것들을 거룩하게 지키는 자들이 스스로 거룩해진다.[12]

8

영광

하느님의 영광은 표현 불가능하다

이사야는 환상 가운데 하느님의 음성을 듣기 전에 스랍들의 음성을 먼저 듣는다. 스랍들이 이사야에게 들려 준 말은, "거룩하시다, 거룩하시다, 거룩하시다. 만군의 야훼, 그의 영광이 온 땅에 가득하시다"(6:3)였다. 그것은 메시아에 대한 약속이 아니라 사실로서 선포된다. 사람은 그것을 보지 못 할 수도 있지만, 그러나 스랍들은 그것을 선포한다. 그것은 이사야가 예언자 신분으로는 처음 들은 음성이었다. 에제키엘도 그발 강가에서 하늘이 열릴 때 진동하는 소리를 들었다. 그것은 "야훼의 영광이 그 있던 자리에서 떠오르면서"(3:12) 내는 소리였다. 그리고 다시 야훼의 손이 그를 잡았을 때, 에제키엘은 "마침 동쪽에서 이스라엘의 하느님의 영광이 나타나는 것"을 보았는데, "그 소리는 큰물이 밀려오는 소리 같았고 땅은 그 영광으로 빛났다"(43:2). 오경에는 하느님의 영광이 온 세상에 가득 차있음이 하느님의 이름으로 선언된다. "야훼께서 대답하셨다. '내가 네 말대로 용서해 준다. 그러나 내가 살아 있는 한, 이 야훼의 영광이 온 땅을 채우고 있는 한, 이루어질 수 없는 일이 있다'"(민수기 14:21).

세상에 하느님의 영광이 가득 차 있다는 사실이 하느님과 스랍들만 알고 있는 비밀인가? 시인의 말로는 "하늘은 하느님의 영광을 속삭인다"(시편 19:1). 어떻게 속삭이는가? 어떻게 드러내 보이는가? "낮은 낮에게 그 말을 전하고 밤은 밤에게 그 일을 알려 준다." 말한다? 알린다? 어떤 말로, 어떤 단어로 하늘이 영광을 표현하는가? "그 이야기, 그 말소리 비록 들리지 않아도," 그래도 "그 소리 구석구석 울려 퍼지고 온 세상 땅 끝까지 번져 간다"(시편 19:3, 4). 하늘의 노래는 표현 불가능하다.

영광은 감추어져 있다. 그런데도 그것이 드러나 보이는, 특히 예언자들에게, 순간이 있다. 이스라엘이 광야를 헤맬 때 "야훼의 영광이 온 백성에게 나타난 일"이 한두 번이 아니었다(레위기 9:23; 민수기 16:19; 17:7; 20:6). 그래서 신명기는, "우리 하느님 야훼께서 그 크신 영광을 우리에게 보여주셨다"(5:24)고 했던 것이다.[1]

하느님의 영광은 사물이 아니다

하느님의 영광 또는 후대에 그것을 일컫는 이름씨가 된 '셰키나'(*Shechinah*)의 본질과 의미는 무엇인가? 흔히 그 영광이 구름 속에서 나타났고, 또 그 모습이 타오르는 불길과 비교되었으므로(출애굽기 24:17), 속의 내용은 전혀 없는 순전히 겉으로 드러난 명시(明示)로 성격지워지도 했다.[2] 그러나 이런 생각은 잘못이다. 하깨의, "내가 내리는 영광이 이 성전에 차고 넘치리라"(2:7)는 예언 속의 영광을 불이나 구름으로 바꿀 수가 있겠는가? 또는 시편의, "당신을 경외하는 자에게는 구원이 정녕 가까우니 그의 영광이 우리 땅에 깃드리시라"(85:9)는 노래 속의 영광을 구름이나 불로 바꿀 수 있겠는가? 무엇보다도 스랍들의 말이, 온 세상에 불 또는 구름이 가득 찼다는 뜻이었겠는가?

하느님의 영광이 다른 모습을 쓰고 나타난 것은 사실이다. 그러나 폭풍, 불, 구름, 번개 등 특별한 현상들은(출애굽기 24:15ff; 40:34ff; 열왕기

상 8:11) "영광의 자리일 뿐 그 자체가 영광은 아니다."³⁾

또한 하느님의 영광은 하느님의 본질 또는 존재와 같은 것이 아니다. 시인의, "야훼의 영광은 영원하소서"(시편 104:31)라는 기도는 "야훼의 존재는 영원하소서"라는 뜻으로 읽을 수 없다. 그것은 신성 모독이다.

하느님의 영광은 그분의 임재하심

그렇다면 하느님의 영광의 정체는 무엇인가? 아마도 이것이 모세가 "당신의 영광을 보여주십시오" 하고 간청했을 때 알고 싶었던 것이리라. 하느님께서는 그의 간청을 들으시어, "내 모든 선함을 네 앞으로 지나가게 하리라"고 대답하셨다(출애굽기 33:18, 19, 사역). 그런즉 그분의 영광은 물질적 현상이 아니다. 그것은 하느님의 선하심(the goodness of God)과 동일한 것이다.

그분의 영광은 이런 식으로 나타났다. 모세가 산꼭대기에 섰을 때 영광이 지나가고 "야훼께서 구름 속에서 내려오시어" 마침내 대답하셨다.

나는 야훼다. 야훼다. 자비와 은총의 신이다. 좀처럼 화를 내지 아니하고 사랑과 진실이 넘치는 신이다. 수천 대에 이르기까지 사랑을 베푸는 신, 거슬러 반항하고 실수하는 죄를 용서해 주는 신이다. 그렇다고 벌하지 않는 것은 아니다. 조상이 거스르는 죄를 아들 손자들을 거쳐 삼사 대까지 벌한다(출애굽기 34:6-7).

그 영광은 하느님의 본질이 아니라 임재(臨在)다. 특질(特質)이 아니라 행위, 본체가 아니라 과정이다. 주로 그 영광은 세계를 압도하는 힘으로 자신을 드러낸다. 경의를 요구하는 그분의 영광은 인도하고 상기시키고자 내려오는 힘이다. 영광은 선과 진(眞)의 충만함을, 자연과 역사 속에서 행위하는 힘을 반영한다.

　온 땅이 그분의 영광으로 가득 차 있다. 그것은 공기가 공간을 채우고 물이 바다를 채우고 있는 그런 식으로 땅을 채우고 있다는 뜻이 아니라, 온 땅이 그분의 충만한 임재로 가득 차 있다는 뜻이다.[4]

살아 있는 현존

　영어로는 한 인격체가 "현존한다"고 말할 때 그 의미를 설명하기가 힘들다. 일부러 행동이나 말로 표시를 내지 않는데도 지금 여기 있는 느낌을 주는, 그런 사람들이 있다. 그들은 "현존한다." 그런데 분명히 여기에 있건만 아무도 그들의 있음을 알지 못하는, 그런 사람들도 있다. 그의 외모가 그의 내재하는 힘 또는 위대함을 말해 주는 사람, 그 영혼이 빛을 내어 말이 없어도 스스로 빛을 전해 주는 사람을 두고, 우리는 그가 현존한다고 말한다.

　온 땅이 그분의 영광으로 가득 차 있다. 세계의 겉모습이, 스스로 말없이 빛을 전달하는 하느님의 내재하는 위대함을 우리에게 말해 주고 있다. "그 이야기, 그 말소리 비록 들리지 않아도" 그러나 "그 소리 구석구석 울려 퍼지고 온 세상 땅 끝까지 번져 간다"(시편 19:3-4).

　하느님의 영광은 미학적인 또는 물리적인 범주가 아니다. 그것은 장엄함 속에서 감각되지만 그러나 장엄함 이상(以上)이다. 그것은 말하자면 살아 있는 현존 또는 살아 있는 현존의 방출(放出)이다.

그 영광을 아는 지식

　그 영광이란 눈에 보이고 귀에 들리고 또는 분명히 지각되는 어떤 것인가? 그 영광의 편재(遍在)가 환상으로 이사야에게 계시되던 때에 인간의 유보된 감각이 선포되고 있다.

> 너는 가서 이 백성에게 일러라.
> "듣기는 들어라. 그러나 깨닫지는 말아라."
> "보기는 보아라. 그러나 알지는 말아라."
> 너는 이 백성의 마음을 둔하게 하고
> 귀를 어둡게 하며 눈을 뜨지 못하게 하여라.
> 눈으로 보고 귀로 듣고 마음으로 깨달아
> 돌아와서 성해지면 어찌 하겠느냐?(이사야 6:9-10)

온 땅이 그분의 영광으로 가득 차 있다. 그러나 우리는 그것을 인식하지 못한다. 그것은 우리의 손이 미치는 곳에 있지만 그러나 우리는 그것을 잡을 수 없다.

> 그가 내 앞을 스쳐 가시건만 보이지 않고
> 지나가시건만 알아볼 수가 없네(욥기 9:11).

땅은 그의 영광으로 가득 차 있지, 그 영광을 아는 지식으로 가득 차 있지는 않다. 장차에는, "바다에 물이 넘실거리듯, 땅 위에는 야훼의 영광을 모르는 사람이 없으리라"(하박국 2:14). 지금은 그 영광이 감추어져 있지만, 장차 올 때에 "야훼의 영광이 나타나리니 모든 사람이 그 영화를 뵈리라"(이사야 40:5). 시인이 "그 영광 온 땅에 가득히 아멘, 아멘"(시편 72:19) 하고 기도한 것도 이 메시아 대망에서 우러나온 것이다.[5] 그러나 그 영광이 우리에게 전혀 알려져 있지 않은 것은 아니다. 우리는 모두, "놀라운 일을 이루시어 이름을 떨치셨으니 뭇 민족 뭇 족속에게 이를 알리어라"(역대기상 16:24; 시편 145:5)는 부탁을 받고 있다. 이 사실로 미루어, 하늘만이 그분의 영광을 드러내게 되어 있는 것은 아님을 알 수가 있다. 우리에게는 그 영광을 서술할 만한 언어가 없고 그것을 알아낼 올바른 수단이 없다. 그러나 중요한 것은 그것을 우리가 아는 것이 아니라, 그것이 우리를 알고 있다는 사실을 깨달아 아는 것이다.

> 걸어 갈 때나 누웠을 때나 환히 아시고
> 내 모든 행실을 당신은 매양 아십니다.
> 입을 벌리기도 전에
> 무슨 소리할지, 야훼께서는 다 아십니다…
> 그 아심은 놀라와 내 힘 미치지 않고
> 그 높으심 아득하여 엄두도 아니 납니다.
> 당신 생각을 벗어나 어디로 가리이까?
> 당신 앞을 떠나 어디로 도망치리이까?
> 하늘에 올라가도 거기에 계시고
> 지하에 가서 자리 깔고 누워도 거기에도 계시며
> 새벽의 날개 붙잡고 동녘에 가도
> 바다 끝 서쪽으로 가서 자리를 잡아보아도
> 거기에서도 당신 손이 나를 인도하시고
> 그 오른손이 나를 꼭 붙드십니다.
> 어둠보고 이 몸 가려 달라고 해보아도
> 빛보고 밤이 되어 이 몸 감춰 달라 해보아도
> 당신 앞에서는 어둠도 어둠이 아니고
> 밤도 대낮처럼 환합니다(시편 139:3-12).

세계와 얼굴을 마주하고 설 때, 우리는 가끔 우리의 인식 능력을 넘어서는 영(靈)이 있음을 느낀다. 이 세계는 우리에게 너무 크다. 온통 놀라운 것들로 가득 차 있다. 그 영광은 그 모든 존재의 바닥에 깔려 있는 '기'(氣 an aura)요 실재하는 것들의 영적 바탕이다.

종교인이 보기에는 모든 사물이 그에게 등을 돌리고 하느님을 면대(面對)하여 있는 듯하며, 그 모든 사물이 하느님의 사유의 대상이기에

그분의 영광을 드러내고 있는 듯하다.[6]

놀라움에 대해 눈이 멀음

우리가 살아가는 동안 하느님의 영광을 지각(知覺)하는 일은 아주 드문 일이다. 우리는 놀라지 못하며, 그분의 현존에 응답하는 일에 또한 실패한다. "무관심으로 말미암아 모든 놀라운 것들에게 눈이 어두운 것"이 현대인의 비극이다. 삶은 다람쥐 쳇바퀴가 되고 쳇바퀴는 놀라움을 배척한다.

바알 셈(Baal Shem)은 이렇게 말했다. "세계는 영의 광휘로 가득 차 있으며, 숭고하고 놀라운 비밀로 가득 차 있다. 그러나 작은 동전 하나로 얼굴을 가리면 산의 경치를 모두 막아버릴 수 있듯이 손바닥 하나로 눈을 가리면 그 모든 것들을 못 보게 만들 수 있다. 그래서 허영에 찬 삶을 살아감으로써 무한한 빛을 시야에서 사라지게 할 수 있는 것이다."[7]

놀라운 일은 날마다 우리 곁에서 일어난다. 그런데도 "기적을 경험하는 자가 기적을 인식하지 못한다."[8] 그것을 인식하는 것은 물리적으로 지각하는 것이 아니다. "마음이 눈멀었다면 눈을 뜬들 무슨 소용이 있으랴?"[9] 사람은 많은 것을 눈으로 보면서 그것들을 보지 못하는 수가 있다. "너는 눈이 있어도 보지 못하는 청맹과니"(이사야 42:20).

"야훼의 말씀이 나에게 내렸다. '너 사람아, 너는 반역하는 일밖에 모르는 족속 가운데서 살고 있다. 그들은 두 눈이 성하면서도 보려고 하지 않고 두 귀가 성하면서도 들으려고 하지 않는다. 반역할 생각밖에 없으니 어찌 그렇지 않겠느냐?'"(에제키엘 12:1-2).

"오호라, 사람들이여. 눈으로 보면서도 무엇을 보는지 모르며 가리키면서도 무엇을 가리키는지 모르는구나."[10]

마음의 굳어짐

성경에서는 굳어진 마음이 죄의 뿌리다. 굳어진 마음을 가리키는 말이 많이 등장한다. "고집"(애가 3:65), "낯가죽이 두꺼운 자들, 고집이 센 자들"(에제키엘 2:4), "마음이 굳은 자들"(이사야 46:12, 사역), "마음에 할례를 받지 않은 자들"(예레미야 9:25, 사역), "마음에 기름기 낀 자들"(시편 119:70) 등.

예언자들은 이스라엘의 감성 결핍을 계속하여 책망한다.

> 너는 눈이 있어도 보지 못하는 청맹과니,
> 귀가 있어도 듣지 못하는 귀머거리다(이사야 42:20).

예언자는 절망감에 젖어 이스라엘 백성의 굳어진 마음을 한탄한다.

> 듣지도 못하였으니 어찌 알겠느냐?
> 처음부터 나는 너희 귀를 열어 주지 않았다.
> 너희가 괘씸한 배신자라는 것,
> 날 때부터 반역자라 불리어 마땅하다는 것을
> 나는 잘 알고 있었다(이사야 48:8).

> 우리의 조상들은 에집트에 있을 때
> 당신께서 베푸신 기적들을 깨닫지 못하였고
> 당신의 사랑을 그토록 많이 받고도
> 까맣게 잊어버린 채 홍해바다에서 거역하였습니다(시편 106:7).

9

세계

자연숭배

외경과 공경하려는 마음, 숭배하려는 충동을 느끼지 않는 사람은 없다. 문제가 되는 것은 무엇을 공경할 것이냐, 또는 좀더 전문가답게 말하여, 무엇을 우리의 숭배 대상으로 삼을 것이냐다. "머리 위에서 반짝이는 별들은… 우리의 마음을 언제나 새삼스럽고 점증하는 경탄과 외경으로 채운다." 참으로, 별이 가득 찬 하늘 아래 살면서 그 신비에 동요하지 않기란 쉬운 일이 아니다. 눈이 있는 모든 자에게, 태양은 힘과 아름다움으로 충만한 존재다. 누가 태양의 위엄을 무시할 수 있을 것인가? 그 누가 자연은 최후의 신비요 신비가 그 마지막임을 부인할 수 있을 것인가?

그리스인들은 자연의 요소가 되는 힘들을 거룩한 것으로 여겼다. "거룩한 비" 또는 "거룩한 빛"이라는 표현이 그들의 이와 같은 태도를 나타낸다.[1] "오, 자연이여, 우리는 우리의 의지에 반하여 이렇게 그대를 섬기고 있도다!"라고 세네카는 고백한다.[2] 『리어왕』(*King Lear*)에서 에드먼드는 이렇게 부르짖는다. "그대 자연이 나의 여신(女神)이오. 그대의 법을 나는 예배합니다."[3] 벨라리우스는 이렇게 말한다. "소년들아 머리를 숙여라. 이 문은 그대들에게 어떻게 하늘을 공경할 것인지를 가

르쳐 주며, 아침의 성사(聖事)에 굴복토록 한다."⁴⁾

자연 종교의 숭배자는 언제나 있었고, 주어진 것의 장엄함을 예배하는 자들 또한 언제나 있었다. 비록, "눈을 하늘로 향하여 해와 달과 별 등 하늘에 있는 모든 천체를 보고 그 앞에 엎드려 예배하고 싶은 유혹에 빠져서도 안 된다"(신명기 4:19)는 금지법이 있었지만, 바빌론에 포로로 잡혀 가 있을 때에도 동쪽으로 얼굴을 향하여 태양을 숭배하는 자들이 있었다.⁵⁾

참으로 자연의 아름다움은 오늘 우리의 고개도 숙여지게 하며, 자연의 힘 앞에 굴복할 위험은 항상 있다.

> 해를 우러러 절하고
> 두둥실 떠가는 달을 쳐다보며
> 슬그머니 마음이 동하여
> 손으로 입맞춤을 띄워 보내기라도 했던가?
> 그랬다면 이 또한 용서받을 수 없는 죄요
> 높이 계시는 하느님을 배신한 것이리라(욥기 31:26-28).

환영(幻影)의 파괴

낭만주의 운동이 한창일 때에 자연에 대한 새로운 종교적 열광이 비롯되었고, 그것은 오늘에도 많은 사람들 속에 남아 있다. 자연이 스스로 최후의 의미를 지닌 것으로 등장하여 공경의 숭고한 대상이 되었고 구원과 위안을 주는 유일한 근원이자 모든 가치의 마지막 심판자가 되었다. 자연을 사랑하는 것, 자연과 통화하며 자연의 치유하는 동정(同情)에 자신을 노출시키는 것이 최고 형태의 종교 경험이었다. 판(Pan, 牧神)이 부활했다. 그러나 판은 이내 다시 죽었고, 후기 낭만주의 사람들이 자연은 인간을 구원하지 못한다는 사실을 알게 되자 자연 자체가 구원을 받아야 하게 되었다. 하늘의 정적(靜寂)은 무정하다. 자연은 우리의 부르짖음을 듣지 못하고, 우리가 소중하게 여기는 것들에 무관심하다. 자연의 법칙은 자비를 모르고 너그럽지도 못하다. 그것들은 냉혹하여 무자비하며 무정하다.

그리스인들은 땅과 공기와 태양에게 말을 건네며 자기네 괴로움을 털어놓곤 했다. "그러나 우리는 그리스 시(詩) 속에서, 인간을 위로하고 그들의 아픔을 극복하고 그래서 인간의 영혼을 평안하게 해주는 힘이 자연에 있다고 보는 믿음의 흔적을 찾아볼 수 없다. 그리스인의 감성은 '플로라(Flora)가 다스릴 때는 우울증이 거의 느껴지지 않는다'고 한 쿠퍼(W. Cowper, 영국 시인)의 말을 뒷받침해 주지 않는다. 그리스인들은 자연을 의약으로 삼지도 않았다. 스스로 도덕적 삶을 살지 않는 사물이 인간에게 도덕적 충동을 심어 줄 수는 없는 일이었다."[6]

"자연의 마음과 통화를 하는 것. 이것은 워드워즈 이래 널리 인정된 바다. 콜러릿쥐는, 자연의 잘못되고 병든 아이를 치유할 사명이 자연에 있다고 주장한다…

나는 자연에 마음(a heart)이 있다고는 믿지 않는다. 다른 많은 아름다움과 마찬가지로 자연도 그 얼굴 때문에 마음이 있다고 생각되는 것이리라… 자연은 과연 그 머리 또는 마음으로 무엇을 원하고 있을까? 자연은 스스로 자신이 아름다움을 알고 있다. 그리고 그 앎으로써 조용히 만족한다. 자연은 바라보이게끔 창조되었다. 그리고 그 창조된 목적을 이룬다… 자연은 자연에 필요하지 않은 것을 줄 수가 없다. 그리고 만일 우리가 단순한 유기물이라면 동정심을 품지 않을 수도 있을 것이다. 인간은 마음이 있기 때문에 대상에로 곧장 다가갈 수 없다. 그는 마음이 있기 때문에 먹고 마시고 잠자고 돈 버는 것으로 만족할 수가 없다. 그것은 인간에게 해를 입히는 일이고 그래서 현자들은 일찌감치 그것을 포기한다.

그러나 사물은 농담으로 넘기기에는 너무 깊다. 도대체 자연의 마음이란, 그런 것이 있다면, 무엇일까? 워드워즈나 셸리한테서 나온 판에 박힌 교의(敎義)대로, 인간의 마음을 따라 일어나는 사랑의 마음으로서 소리 없는 동정의 수많은 오솔길을 통해 그에게 와 닿는 그런 것인가? 그렇지 않다. 이런 뜻에서 나는 다시 한번 강조하여 되풀이한다. 자연에는 마음이 없다.[7]

현대 예술과 철학에서 차츰차츰 자연주의가 쇠퇴하는 것은 정신적 우상타파 운동으로 볼 수도 있다. 동시에, 한때는 숭배의 대상이기도 했던 자연이 절망의 근원이 될 위험에 처해 있다. 유다이즘은 자연으로부터 떨어져 나오는 것을 불필요한 일로 보는 것과 마찬가지로 자연을 숭배하는 일을 터무니없는 것으로 본다.

자연의 비신성화

성경의 사유는, 자연 속에 창조주의 지혜와 선이 스며 있음을 강조함으로써, 원시인들이 '마나'(mana)와 '오렌다'(orenda, 靈力) 같은 신비한 힘을 자연에 부여한 보편적인 경향을 억누르는 데 성공했다.

예언자들이 이루어 놓은 큰 공적들 가운데 하나가 자연을 숭배 대상으로 보는 것을 거절한 일이다. 그들은 우리에게, 자연의 아름다움이나 장엄함, 권력이나 국가, 돈이나 사물이 우리가 숭배하고 사랑하고 자기를 바칠 만한 대상이 될 수 없음을 가르치고자 했다. 그러나 자연의 비신성화(非神聖化)가 곧 자연의 소외를 초래하는 것은 아니다. 그것은 인간을, 모든 사물들과 더불어 찬양하는 일에 끌어들인다. 성경의 사람은 능히 "들귀신들(밭의 돌멩이들)과 휴전을" 맺었다고 스스로 말할 수 있다(욥기 5:23).

주어진 것은 궁극의 것이 아니다

그러면 무엇이 궁극적인 것인가? 어떤 대상이 우리가 숭배할 만한 대상인가? 이 질문은 인간이 오늘까지 씨름해 온 문제들 속에 포함되어 있다. 서양인은 하느님 숭배와 자연 숭배 둘 가운데 하나를 선택해야만 한다. 성경은 자연이 비록 힘 있고 값지고 아름답고 장엄하지만 자연이 모든 것은 아니라고 강조한다. 성경은 우리에게, 주어진 것은 궁극의 것이 아님을 상기하라고 한다. 세계를 우리와 하느님 사이의 장벽으로 세워 두지 말라고 한다.

그리스인에게는 이 우주가 존재하는 모든 것의 실체며 총체다. 신(神)들조차 우주의 원인이라기보다는 우주의 한 부분이다. "세계(코스모스)는 신이나 인간에 의하여 만들어지지 않았다. 그것은 있었고 있으며 있을 것이다."[8] 플라톤에게는 우주가 "가장 거대하고 넓고 깨끗하고 완벽한… 눈에 보는 살아 있는 존재… 인식 가능한 신(神)"이다[9] "오 자연이여, 모든 것이 너한테서 나왔고 네 안에 있으며 너에게로 돌아간다."[10] 반면에 성경은 궁극자 곧 하느님이 주어진 모든 것 너머에 있음을 잘 알고 있다. 주어진 것은 궁극이 아니라, 주어진 존재가 아닌 그분의 피조물이다. 성경 어디를 봐도 우주에 관한 질문이 없다. 그러나 동시에 우주라는 것이 비록 거대하나 그것을 지으신 분과 견주어 볼 만한 것이 못됨을 거듭 강조하고 있다. "하늘은 나의 보좌요 땅은 나의 발판이다"(이사야 66:1). "민족들을 다 모아도 하느님 앞에서는 있으나마나, 허무하여 그 자취도 찾을 수 없다"(이사야 40:17). 아마도 이와 같은 깨달음에서, "헛되고 헛되다. 세상만사 헛되다. 사람이 하늘 아래서 아무리 수고한들 무슨 보람이 있으랴!"(전도서 1:1-2)는 유명한 말도 나왔을 것이다.

많은 민족이 그랬듯이, 그리스인들도 땅을 '어머니'(Mother Earth)로 생각했다. 땅은 열매를 맺어 주고 자녀를 낳아 주며 죽은 자를 품어 주는 어머니다. 그리스의 시가(詩歌)와 연극은 땅의 신성함을 칭송하고 있으며 플루타크에 따르면, "땅의 여신 게아(Gaea)의 이름은 모든 그리스인에게 친근하고 소중한 것이며 그녀를 다른 신들과 똑같이 찬미하는 것이 우리의 습관이다." 그리스 문학에 나타난, 땅의 아름다움과 풍요함에 대한 숭배는 땅이 인간에게 주는 온갖 선물에 대한 고마움을 품고 있다.

이와 같은 개념은 성경의 사람한테는 낯설다.[11] 그는 오직 한 분 어버이를 알고 있을 뿐이다. 아버지 하느님이 그분이다. 땅은 그의 어머니라기보다는 누이다. 인간과 땅이 동등하게 하느님의 피조물인 것이다. 예언자와 시인은 땅의 위엄과 풍요함을 자주 언급하고는 있지만, 그러나 땅을 높이 찬미하거나 땅에 영광을 돌리지는 않는다. 그들은 오직 땅을 창조하신 그분에게만 찬양을 드린다.

자연의 우연성

성경의 사람에게는 모든 현상 뒤에 하느님의 힘이 있다.[12] 그는 자연의 질서 자체보다는 그 자연을 다스리는 하느님의 뜻을 아는 데 더욱 관심을 기울인다. 그에게는 자연도 중요하고 장엄하지만 하느님은 훨씬 더 중요하고 장엄하신 분이다. 시편 104편이 우주에 대한 찬탄을 넘어 하느님께 바치는 찬송이 된 까닭이 여기에 있다.

우주라는 관념은 그리스 철학의 두드러진 공헌들 가운데 하나다. 우리는 어째서 비슷한 개념이 히브리 사상에서는 나오지 않았는지 그 이유를 잘 알 수가 있다. 왜냐하면 우주를 사물의 총체로서 스스로 완전한 실체로 보는 개념은, 자연의 내재하는 규범과 자연에 기초한 질서라는 개념을 암시하고 있기 때문이다.

그러나 무엇이 자연의 바탕인가? 세계를 당연한 것으로 받아들이는 그리스인에게는 질서와 자연이 그 답이다. 철저하게 놀라워하는 성경의 사람에게는 질서와 자연이 답이 아니라 문제다. 도대체 왜 질서와 자연이라는 것이 있는가?

무엇이 땅의 바탕인가? 자연의 바탕이라는 것은 없다. 이 세계의 것이 세계의 바탕일 수는 없다. 땅이 존재하는 것은 그분 때문이다.

> 지구의 둘레 위에 앉아 계시는 이,
> 그의 앞에서 세상 주민은 메뚜기 같지 않느냐?…
> 고위층 인사들을 없애버리시고
> 위정자들을 그 자취도 남겨두지 아니하신다.
> 나무를 심기가 무섭게
> 씨를 뿌리기가 무섭게
> 그루가 땅에 뿌리를 박기가 무섭게
> 하느님께서 입김을 부시니 그것들은 말라버리고
> 불어오는 거센 바람에 검불처럼 날려가고 만다.(이사야 40:22-24).

성경의 사람도 물론 일상생활에서 겪게 되는 자연의 질서를 알고 있다. 그러나 그 질서는 하느님의 뜻에 의하여 자연에 부여된 것이며 항상 그분에게 의존되어 있는 것이다. 그것은 내재하는 법칙이 아니라 모든 것을 다스리는 하느님의 법령이다. 하느님은 바다에도 법령을 내리셨고 땅의 샘들도 지정하셨다(잠언 8:29). 그리고 그분은 계속하여 밖으로부터 세상을 다스리신다. 자연은 그분의 영속하는 보살핌을 받는 대상이며 바로 이 신성한 보살핌에 의존되어 있음이, 그것의 우연성을 나타낸다. 성경의 사람은 그 어떤 것도 당연지사로 받아들이지 않는다. 그에게는 자연의 법칙도 그 법칙에 따라 진행되는 과정과 마찬가지로 어디선가 유래된 것이어야 한다. "이 야훼가 선언한다. 낮과 밤과 계약을 맺고 하늘과 땅에 법칙을 정하여 준 것이 아니냐?"(예레미야 33:25).

바로 이 계약을 지키시는 하느님 때문에 세계는 존속하고 있는 것이다. 세계는 스스로 존재하지 않는다. 실로, 하늘과 땅은 영원하지 못하리라.

> 그 옛날부터 든든히 다지신 이 땅이,
> 손수 만드신 저 하늘들이 사라질지라도
> 하느님은 그대로 계시옵니다.
> 옷처럼 모든 것이 삭아 빠져도
> 갈아입는 헌옷처럼 모든 것이 바뀌어도
> 하느님은 언제나 같으신 분,
> 해가 바뀌고 또 바뀌어도 영원히 계시옵니다(시편 102:25-27).[13]

성경에는 이 세계가 모든 것(all)이 아니다. 따라서 모든 것은 결코 세계의 외연(外延)을 나타낼 수 없다. 성경의 사람은 주어진 것에 매혹 당하지 않는다. 그는 반대쪽 그러니까 주어진 것의 소멸을 알고 있다. 그는 질서에 매혹 당하지 않는다. 왜냐하면 새로운 질서를 내다보고 있기 때문이다. 그는 지금 여기에 빠져 자기를 잃지도 않고 저 너머에 빠지지도 않는다. 그는 주어진 것과 함께 주어지지 않은 것을 느끼고 현재와 함께 과거와 미래를 본다. 그는, "산들이 밀려나고 언덕이 무너져도 나의 사랑은 결코 너를 떠나지 않는다"(이사야 54:10)는 말을 듣는다. 화이트헤드(A. N. Whitehead)는 히브리의 부과된 법칙(imposed law)을 그리스 철학이 발전시킨 내재된 법칙(immanent law)과 대조시키면서 정확하게 설명했다. 부과된 법칙에 따르면, 모든 존재하는 것들은 자연을 구성하는 다른 요소들과 관계를 맺어야 하는 필요성을 부여받았다. 이 부과된 행동 형태들이 곧 자연의 법칙이다. 예컨대 뉴턴은 태양계를 형성하는 모든 별들의 서로 연관된 행동 양식들이, 그것들이 의존하여 움직여야 할 원리를 부여하는 존재인 하느님을 필요로 하고 있다고 명백하게 말한다.

부과된 법칙은, 본질로는 초월해 있으면서 우연히 내재할 따름인 유일신(唯一神) 개념에 닿는다. 한편 내재하는(immanent) 법칙론 본질로 내재하면서 결코 초월하지는 않는 범신론(汎神論) 개념에 닿는다. 화이트헤드는 이렇게 지적한다. "그 뒤에 사유는 이 두 극단 사이를 오가며 화해를 모색한다. 여기서, 다른 대부분의 일에서와 마찬가지로, 서양 사상의 역사는, 그 기원이 헬라에서 나온 관념과 히브리에 기원을 둔 관념의 융합을 시도하는 가운데 진전되었다."[14]

깊이 생각해 보면, 실재란 무엇인가? 성경의 사람에게 세계란 무엇인가? 하는 질문은, 하느님께 세계란 무엇인가? 하는 다른 질문으로 가장 잘 대답된다. 성경의 사람에게는 질문의 주제인 이 세계가 인간과 연관시켜서는 결코 완전히 파악할 수 없을 만큼 놀랍기만 한 것이다. 세계의 궁극적 의미는 오직 하느님과 연관시켜서 이해될 수 있다. 그래서, 모든 것이 그분의 종(servants)이라는 말로, 그 질문에 대답하는 것이다.

> 야훼여 당신 말씀 영원하시고
> 변함없이 하늘에 있사옵니다.
> 당신의 진실하심 만세에 이르오며
> 손수 만드신 저 땅은 흔들림이 없사옵니다.
> 모든 것이 당신의 종이오니
> 당신의 결정 따라 오늘까지 변함없이 있사옵니다(시편 119:89-91).

소외의 오류

예언자들은 이른바 '소외의 오류'(the fallacy of isolation)라고 부를 수 있는 것을 공격한다. 사물과 사건, 인간과 세계는 하느님의 뜻과 동떨어진 것으로 다루어서는 안 된다. 다만 하느님이 그 안에 관건으로 작용하는 계기의 서로 떼어낼 수 없는 부분들로 다루어야 한다. "별 하나를 흔들지 않고는 꽃 한 송이도 흔들 수 없다"는 말을 풀어서 예언자는 이렇게 말할 것이다. "살아 계신 하느님을 건드리지 않고는 사람 하나를 해칠 수 없다." 우리는 사람이 사람을 사랑하는 곳에서 그분의 이름이 성화(聖化)되며 남편과 아내가 의좋게 살아가는데 하느님이 현존하신다고 배웠다.

성경의 사람에게는, 우주의 장엄함은 하느님의 현존을 드러내는 틀에 불과하다. 사물들은 언제나 가만히 있지는 않는다. 별들은 노래하고 산들은 그분의 현존 앞에서 마구 뛴다(시편 114:4; 욥기 38:7). 하느님을 생각하는 자는 세상의 소리를 들어야 한다. 인간 홀로 하느님을 찬양하는 것이 아니다. 그분을 찬양하는 것은, 모든 사물이 그분께 바치는 노래에 참여하는 것이다. 자연과 맺는 우리의 인척 관계는 곧 찬양의 인척 관계다. 모든 존재가 하느님을 찬양한다. 우리는 찬양하는 공동체 속에 살고 있다.

하느님을 찬양하는 자연

성경에는 자연의 아름다움을 찬미하는 노래가 몇 편 있다. 이 노래들은 성경의 사람이 자연의 모양과 빛깔, 힘, 운동에 매우 민감하다는 사실을 잘 보여 주고 있다. 그러나 그의 마음 바닥에는 세계와 하느님 사이의 연결이 끊어지지 않고 이어져 있었기에, 우주의 아름다움이 찬양의 마지막 대상일 수는 없었다. 성경의 사람에게는, 세계의 아름다움이 하느님의 장엄하심에서 나오는 것이었다. 그분의 위엄은 우주의 놀라운 신비를 뚫고 솟아 있다. 성경의 사람은 그 신비 앞에서 깨어지지 않고 영감을 받아 그 신비를 찬양했다. 그리고 세계가 아름답다고 찬미하는 대신, 함께 창조주를 찬양하자고 세계에 호소했다.

시인이 세계와 만날 때에 무엇을 느꼈는지는 다음과 같은 구절 속에서 선명하게 표현되고 있다.

새 노래로 야훼를 노래하여라.
온 세상아, 야훼를 노래하여라(시편 96:1).

해와 달아 찬양하고
반짝이는 별들아 모두 찬양하여라.
하늘 위의 하늘들,
하늘 위에 있는 물들아 찬양하여라…
땅에서도 야훼를 찬양하여라.
큰 물고기도 깊은 바다도,
번개와 우박, 눈과 안개도,
당신 말씀대로 몰아치는 된바람도,
이 산 저 산 모든 언덕도,
과일나무와 모든 송백도,
들짐승, 집짐승,
길짐승, 날짐승…
늙은이 어린이 모두 함께
야훼의 이름을 찬양하여라(시편 148:3-12).

에집트의 사제는 하늘의 별에게 신들을 찬양하자고 권할 수 없었다. 그는 천랑성(天狼星) 안에서 이시스(Isis)의 영이 빛을 뿜고, 오리온 안에서는 호루스(Horus)의 영이, 큰 곰좌 안에서는 타이폰(Typhon)의 영이 반짝인다고 믿었다.[15] 그의 머리로는 모든 존재가 하느님을 두려워하여 그분을 숭배한다는 생각을 담을 수가 없었다. 성경의 사람에게는 모든 것이 하느님에 의하여 존재하게 되었고, 그러므로 저마다 그분을 높이는 찬양의 노래를 지니고 있다. "야훼여, 당신의 온갖 피조물들이 감사 노래 부릅니다"(시편 145:10). 이것은 유대 문학에서 끊임없이 표현되고 있는 믿음이다.

중세기에 저술된 히브리 소책자가 있는데, 『노래의 장(章)』(*The Chapter of Song*)이라는 제목이 붙은 그 책 속에는 하늘과 땅에 있는 것들이 하느님을 찬양하는 노래 84편이 수록되어 있다. 별과 구름, 바람과 비, 봄과 강, 나무와 채소, 야수와 새들이 모두 저마다 제 노래를 부른다.[16]

하느님을 통해 있는 사물

성경에 따르면 자연의 "내면적인" 생명이 인간에게는 닫혀 있다. 성경은 사물들이 인간에게 말한다고 주장하지 않는다. 사물들은 하느님께 말씀드릴 뿐이다. 무생물은 인간과 연관되어서는 죽어있다. 그것들은 하느님과 연관되어 살아 있다. 그들은 하느님을 노래한다. 산들은 야훼 앞에서 초처럼 녹고 강물은 부들부들 떤다(시편 97:6; 77:17). "땅이여, 너는 네 주인 앞에서, 야곱의 하느님 앞에서 떨어라"(시편 114:7).

숲이 하느님을 노래하는 소리를 누구의 귀가 들었는가? 우리의 이성은 과연 태양에게 하느님을 찬양하라고 권고하는가? 우리의 귀가 듣지 못하고 이성이 이해하지 못한 것을, 성경은 우리의 혼에게 명백하게 보여준다. 그것은 영으로써 잡을 수 있는 더 높은 진리다.

현대인은 자연의 질서와 힘을 딛고 살며, 예언자들은 자연의 창조와 장엄을 딛고 산다. 전자는 손으로 조작할 수 있는 우주의 면(面)을 주목하고, 후자는 그 신비스러운 면을 주목한다. 예언자는 자연 속에서 하느님의 직접 반영(反影)이 아니라 그분의 인유(引喩)를 느낀다. 자연은 하느님의 한 부분이 아니라 그분의 뜻의 실현이다.

눈을 높이 들어 이 모든 것을 창조하신 분을 보라. 여기에 더 높이 봄

(seeing)이 있다. 우리는 이 세계가 대답이 아니라 물음인 줄을 알기 위해 눈을 높이 들어 올리는 법을 배워야만 한다. 그분께 견주면 세상의 아름다움과 힘은 아무것도 아니다. 자연의 위엄은 시작일 따름, 그 장엄함 너머에 하느님이 있다.

성경의 사람은 자연을 동떨어뜨려 보지 않고 하느님께 연관지어 본다. "한 처음에 하느님께서 하늘과 땅을 지으셨다." 이 간단한 한 마디 속에 실재하는 모든 것이 지니고 있는 우연성과 의존성이 담겨 있다. 그런즉, 실재란 무엇인가? 서양인에게 그것은 스스로 있는 사물(a thing in itself)이다. 성경의 사람에게는, 하느님을 통해 있는 사물(a thing through God)이다. 사물을 볼 때 그의 눈은 그것의 모양, 빛깔, 힘, 운동보다 하느님의 행위를 본다. 세계는 벽이 아니라 문(門)이다.

놀람에서 나오는 질문

그리스 철학은 하느님 없는 세상에서 비롯하였다. 그것은 신들의 존재 또는 그들의 행동거지를 받아들일 수 없었다. 플라톤은 신들과 관계를 끊고, 무엇이 선(善)이냐를 물어야 했다. 그래서 가치의 문제가 생겨났다. 그리고 그 가치라는 관념이 하느님의 자리를 차지했다. 플라톤은 소크라테스로 하여금, 무엇이 선이냐를 묻게 했다. 그러나 모세의 질문은, 하느님이 너에게 무엇을 요구하시느냐--였다.

성경의 히브리어에는 놀라움을 나타내는 표현은 많이 있지만 의심을 나타내는 단어는 없다. 우리가 의심에서 출발하여 판단에 이르듯이, 성경은 놀람에서 출발하여 실재를 만난다. 성경의 사람의 장엄함에 대한 감각은 자신의 독립 왕국을 세울 때부터 의심의 힘을 압도했다. 의심은 사람이 그 안에서 자신의 관념을 조사하는 행위요, 놀람은 사람이 그 안에서 주를 만나는 행위다. 철저한 회의론(skepticism)은 교묘한 독단과 자기의존의 파생물이다. 그러나 예언자한테는 독단이 없고 시인한테는 자기의존이 없다.

그러기에 성경의 사람은 결코 하느님이 계신가를 묻지 않는다. 그런 질문을 하는 것은, 그 질문 속에는 하느님이 계신다는 태도와 하느님이 계시지 않다는 2 가지 태도 가운데 어느 것이 참된 것인가 하는 의심이 함축되어 있기 때문에, 제3의 태도 즉 의심이라는 태도를 용납하는 것이 된다. 성경은 의심을 하나의 절대적인 태도로 여기지 않는다. 왜냐하면 그 안에 신앙이 포함되어 있지 않은 의심이란 없기 때문이다. 성경이 묻는 것은 다른 것이다.

눈을 높이 들어 보라, 누가 이것들을 지으셨는가?

이 질문은 먼저 의심하고 나중에 믿거나, 먼저 질문하고 나중에 대답하는 질서 정연한 사유의 과정을 반영하지 않는다. 이 질문은, 인간의 마음이, 스스로 만들어 놓은 개념들이 아니라 신비 그 자체와 얼굴을 마주하고 서 있는 상태를 연상시켜 준다.

무릇 질문이란 긍정의 대답 아니면 부정의 대답을 요구하는 의문형 문장으로 표현되게 마련이다. 그러나, 누가 이것들을 만들었는가? 하는 질문은 부정의 대답을 처음부터 인정하지 않는 질문이다. 그것은 긍정으로 위장한 대답이다. 호기심이 아니라 놀람에서 나오는 질문이다. 긍정의 대답을 이끌어낼 뿐인 위대한 질문을 던지는 방법이 있다. 이것이 곧 예언자들의 명제(命題, thesis)다. 무엇이 그 방법인가?

"나 느부갓네살은 기한이 차서 고개를 들어 하늘을 쳐다보다가 제정신이 들어 지극히 높으신 하느님을 칭송하였다." 다니엘 4장 31절에 기록되어 있는, 한 바빌론 왕의 이 고백은 우리에게 최후의 질문을 던질 수 있는 능력을 회복하는 방법을 일러주고 있다. 눈을 들어 하늘을 보는 것! 이것은 이사야의 "눈을 높이 들어 보라, 누가 이것들을 지으셨는가"라는 표현과 똑같은 것이다.

다음은 라삐 브라츨라브의 나흐만(Rabbi Nahman of Bratslav)이 들려준 비유 한 토막이다.

부왕(父王)으로부터 멀리 떨어진 곳에 한 왕자가 살고 있었다. 그는 아버지가 너무나도 그리웠다. 한번은 아버지한테서 편지가 왔는데 너무나도 기뻤다. 그는 편지를 소중하게 간수했다. 그러나 편지를 받고 기뻐하며 즐거워하는 만큼 더욱더 아버지가 그리워졌다. 그는 자리에 앉아 한탄했다. "아, 아, 아버지의 손을 만질 수만 있다 해도 얼마나 좋을까? 나에게 손을 내밀어 주신다면 내가 그 손을 꼬옥 껴안으련만. 내 아버지요 스승이며 빛이신 그분에 대한 애타는 그리움을 입술에 담아 그 손가락마다에 입을 맞추리라. 자비로우신 아버지, 아버지의 손가락을 만질 수만 있다 해도 얼마나 좋을까!" 그가 이렇게 아버지를 만져 보고 싶은 그리움으로 한탄하고 있는 동안, 머리를 번갯불처럼 스쳐 가는 생각이 있었다. 나에게는 아버지의 편지가, 당신 손으로 직접 쓰신 편지가 있지 않은가? 부왕의 친필이라면 그분의 손과 맞먹는 것 아닌가? 그러자 그의 가슴에서 큰 기쁨이 솟구쳤다.

당신의 작품, 만드신 저 하늘과
달아놓으신 달과 별들을 우러러보면…(시편 8:3).

우리에게 던져진 질문

형이상학적 고독

우리가 애써 추구하는 이상, 성취하고자 하는 가치, 이것들은 자연의 과정 속에서 과연 의미를 지니고 있는 것들인가? 태양은 의로운 자와 사악한 자에게, 꽃들과 뱀의 머리에 함께 빛을 뿌린다. 심장은 고문하고 사람을 죽이는 자들의 가슴속에서도 끄떡없이 움직인다. 모든 선과 진실을 좇는 노력이 현실에서는 아무것에도 부합되지 않는, 마음의 허구인가? 어디에 정신의 가치라는 것이 발을 붙일 수 있는가? 인간의 내면생활에? 그러나 인간의 혼에게는 정신이라는 것도 낯선 나그네다. "이웃을 네 몸처럼 사랑하라"는 요구는 자아한테 익숙하지 못하다.

우리는 모두 무서운 고독을 안고 있다. 우리는 자아라는 거친 들판에서 홀로인가? 이 침묵하는 우주, 우리가 한 부분이면서도 동시에 나그네처럼 생각되는 이 광막한 우주 속에서 홀로인가? 날마다 이 질문은 우리의 마음에서 절망스럽게 솟아 나온다.

이런 상황 속에서 우리는 이윽고, 인간 세상에서 하느님을 찾아 나설 준비를 갖추게 된다. 절대 고독을 맛보고, 하느님의 음성이 들리지 않으면 정신생활이라는 것이 한갓 우스운 장난일 뿐이며, 하느님 없는 세계는 토르소(손발이 없는 조상[彫像])에 불과하고, 신앙 없는 영혼은 의

족(義足)일 따름임을 비로소 알게 된다.

과학의 문제는 아니다

무엇에 근거하여 우리는 하느님의 실재하심을 확신하는가? 종교를 과학의 논리로 요약할 수 없음은 분명한 사실이다. 과학이 진리로 가는 유일한 길은 아니며, 과학의 방법이 인간의 모든 사유를 표현해 내는 것도 아니다. 실제로, 하느님이 중심 문제가 되는 인간 실존의 절실한 마당에는 그것들이 별로 쓸모가 없다.

하느님은 과학의 문제가 아니다. 과학의 방법으로는 그 문제를 풀 수가 없다. 간혹 과학의 방법으로 하느님 문제를 풀 수 있으리라고 생각되기도 하는 까닭은 그것이 실천 학문에 적용될 때 문제를 풀어내기 때문이다. 이 경우에 이루어지는 오류는 하느님을 자연 질서에 포함되는 한 현상으로 보는 데 있다. 그러나 실인즉, 하느님 문제는 자연의 현상들뿐만 아니라 자연 자체에도 연관되어 있다. 사유되는 개념들뿐만 아니라 사유 자체와도 연관되어 있다. 그것은 자연을 능가하는 것, 모든 사물과 모든 개념 저 너머에 흐르고 있는 것과 연결되어 있는 문제다.

하느님의 이름을 입술에 올리는 순간에, 우리는 학문적 사유의 차원을 떠나 표현 불가능한 것의 영역에 들어간다. 그와 같은 발짝 옮김은 과학으로 다룰 수 없는 것이요 그 까닭인즉 그 발짝 옮김이 주어진 모든 것의 경계를 넘어서는 것이기 때문이다. 아무리 엄중하게 경고를 해도 인간은 궁극적 질문들에 의하여 쉬지 않고 동요된다. 과학은 그를 침묵시킬 수 없다. 과학의 용어들이란 이 질문들을 제기하는 정신에 견주어 무의미하며, 과학으로 탐구하고자 하는 세계보다 더 위대한 진리에 대한 관심에 견주어 무의미하기 때문이다.

과학으로 풀 수 없는 것은 하느님 문제만이 아니다. 실재의 기원을 묻는 물음 또한 과학으로 풀 수 있는 것이 아니다. 주어진 실재에는 과학의 논리의 범주에 들어맞는 측면이 있는가 하면, 이 논리에는 담겨지지 않는 측면도 있다. 우리의 사유 자체에도 분석 작업으로는 설명되지 않는 측면과 개념들이 있다.

정의(定義)를 넘어

플라톤의 초기 대화들 가운데 하나인 『카르미데스』(*Charmides*)는, 자제(自制, temperance)란 무엇이냐 하는 질문을 해명하는 데 집중되어 있다. 몇 가지 정의가 내려졌지만 그러나 모두가 부정확함이 드러났다. 소크라테스는 이윽고 자제란 정의될 수가 없는 것임을 인정한다. "나는 완전히 졌다. 명명자(命名者)가 도대체 무엇을 일컬어 '자제'라고 불렀는지, 나는 찾아내지 못했다." 인간은 "그가 도무지 알지 못하는 방법으로 무엇을 알게 되는" 수가 있다.

가장 심오한 교리들은 "다른 연구들처럼 언어로 표현되기를 허용하지 않는다." 그것들은 다만, "주제 자체에 한결같이 적용하고 더불어 교제를 나누는 결과로서" 이해될 수 있다. 그와 같은 이해는 "튀는 불꽃에 불이 당겨지는 촛불처럼 갑자기 혼 속에서 태어나고 그 뒤로는 스스로 타오른다."[1]

'선'(善) 또는 '사실'을 정의할 수 없는 것은 그것들이 비합리적이거나 무의미한 어떤 것을 나타내는 말이기 때문이 아니라, 그 어떤 정의(定義)의 한계로도 담을 수 없는 관념을 나타내고 있기 때문이다. 그것들은 이성에 예속되지 않고 이성을 초월한다. 우리는 '성'(聖)을 정의할 수 없으며, "그분께 축복을!" 하고 말할 때 그 말이 뜻하는 바를 언어로 옮길 수도 없다. '성'이 가리키는 바, '그분께 축복을!'이라는 말이 의미하는 바는 언어가 닿지 못하는 데 있다. "미(美)의 가장 아름다운 부분은 그림으로 표현할 수가 없다."2)

우리는 기본 개념들이 분석될 수 없는 것이라면, 궁극적 대답들이 이성만으로는 얻어지지 않는다 해서 놀랄 이유가 없다. '선'이니 '가치' 또는 '사실' 따위가 정의될 수 없을진대 어떻게 '하느님'이라는 말의 의미하는 바를 정의할 수 있겠는가? 모든 종교 행위와 종교적 판단은 표현 불가능한 것(the ineffable)을 받아들이고, 생각할 수 없는 것(the inconceivable)을 인정하는 것을 함축한다. 하느님, 계시, 기도, 성스러움, 계명 등 종교의 기본 주제들이 평범한 범주들 속에 용해되어 그 지고자(至高者)와의 연관성을 잃어버릴 때 무의미한 것들이 되고 만다.

위에서 말한 것처럼 종교적 사유의 범주들은 독특하며, 개념, 언설, 상징 따위의 차원보다 더 깊은 차원에서 이루어지는 사유 방식을 나타낸다. 그것은 즉각적이며 표현 불가능하고 상징이상적(meta-symbolic)이다. 종교의 스승들은 끊임없이 자신의 통찰을 교리나 신조의 차원으로 끌어올리려고 해왔다. 그러나 그런 교리나 신조들이 진정한 신앙의 길에 장애물이 되지 않으려면, 정확하게 표현되지 않는 것을 시사하는 것으로, 전달하려는 시도(試圖)로 받아들여져야 한다.

상반성(相反性)의 원리

과학의 목적은 자연의 과정을 설명하는 데 있다. 자연 현상에 대한 과학적 설명은, 모든 사물이 인간의 이성에 근본적으로 합리적이며 납득이 되는 방법으로 작용한다는 가설에 기초해 있다.3) 과학이 발전함에 따라 더욱더 많은 자연 현상들이 납득되었고, 사물들이 인간의 이성으로 용납되는 합리성 아래 작용하고 있다는 가설 또한 더욱 확실해졌다. 오늘에는 아직 이해가 되지 않는 현상도 앞으로 과학이 발전함에 따라 합리적으로 해명될 것이다.

그러나, 실재의 본질(essence)은 여전히 우리의 범주에 담을 수 없다. 자연, 존재로서의 존재(being as being) 그리고 생각하는 행위 자체가 우리의 이해 범위를 넘어서는 것들이다. 사물의 본질은 표현 불가능하고 따라서 인간의 정신으로 파악할 수가 없다. 바로 이 상반성(相反性, incompatibility)이 예술, 종교, 도덕적 생활의 모든 창조적 사유의 근원이다. 그런즉 우리는 실재와 인간 정신의 상합성(相合性)을 발견하는 것이 과학의 뿌리이듯이, 세계와 인간 정신의 상반성(相反性)을 발견하는 것이 예술과 종교의 통찰에 뿌리가 된다고 말할 수 있겠다. 모든 생각이 마침내 신비에 가 닿는, 표현 불가능한 것의 영역 속에서 종교의 궁극 문제들이 생겨나는 것이다.

표현 불가능한 것의 차원

표현 불가능한 것이라고 말할 때 단순히 우리가 모르는 것을 의미하지는 않는다. 지금은 모르는 것이라도 천 년쯤 뒤에는 알 수도 있는 일이다. 우리가 말하는 표현 불가능한 것이란, 본질상 우리의 이해 대상이 될 수가 없는 것, 우리의 정신이 담을 수 없는 것을 의미한다. 또한 표현 불가능한 것이라고 해서, 지각되고 인식되는 것에서 떨어져 있는 어떤 영역을 일컫는 것도 아니다. 그것은 알고 있는 것과 모르고 있는 것, 알 수 있는 것과 알 수 없는 것 사이의 상호 관계를 가리킨다. 우리의 정신은 바로 그것에 모든 생각과 느낌을 집중한다.

표현 불가능한 것을 감각하는 것은 초월을 감각하는 것, 실재가 이성을 초월하는 의미를 암시하고 있음을 감각하는 것이다. 그런즉, 표현 불가능한 것은 의미의 부재(不在)가 아니라 숨어 있는 의미와 동의어다. 그것은 성경에서 '영광'이라고 불리는 차원을 나타낸다. 그 차원은 너무나도 생생하고 숭엄하여 그것을 숭배하는 우리의 능력을 망연(茫然)하게 하고, 우리를 호기심이 아니라 경외심으로 가득 채워 준다.

수억만 개의 별들로 가득 차 있는 우주, 그 별들 가운데 제일 멀리 떨어져 있는 것은 지구에서 그 거리를 상상조차 할 수 없는 그런 우주는, 우리가 살아가기 위해 반드시 이해해야만 할 필요가 있는 것은 아니다. 인간의 관점에서 볼 때 우주는 어떤 목적이나 목표가 따로 없는 듯이 보이고, 인간이 의미의 척도라면 무의미한 것으로 보일 수도 있다. 그러나 여기서 우리는 모순의 오류를 범하고 있는 것이다. 만일 궁극적 의미라는 것이 없다면 어떻게 인간이 의미의 척도가 될 수 있겠는가? 인간의 정신으로 잡을 수 없는 우주의 장엄함 앞에 설 때 우리는 인간보다 큰 의미가 있음을 받아들이지 않을 수 없다. 사람이 생각을 하는 데는 두 가지 방향이 있다. 하나는 인간과 그의 요구에서 시작하여 우주가 무의미한 진열(陳列) 또는 에너지의 소모라고 결론짓는 것으로 끝난다. 다른 하나는, 놀람, 경외, 겸비로 시작하여 우주가 인간과 그의 정신을 능가하는 영광으로 가득 차 있으며 존재를 가능하게 한 그분에게 영원한 의미가 있는 것이라고 결론짓는다.

우리는 다음의 질문에 대한 답을 시도해 본적이 있다.[4] 즉 우리의 혼이 사로잡혀 있는 신비의 끝없는 넓이에 대하여 우리가 합리적으로 주장할 수 있는 것은 무엇인가? 그것이 알 수 없고 우리의 범주에 들어오지 않는 까닭은 그것이 감각되지 않는 것이기 때문인가? 우리는, 외경에 대한 깨달음이 광기(狂氣)의 징조가 아닌 한, 우주의 장엄함과 신비에 대한 경멸이 우리가 내보일 수 있는 유일한 태도가 아닌 한, 신비에 대한 우리의 직관을 무시하고 궁극적 수수께끼가 무한한 의미의 기슭이 아니라 혼돈의 가장자리라고 주장하는 것은 그야말로 무의미한 고집이 아닐 수 없다고 생각했다.

연구실에 갇혀 밖으로 나오지 않는다면, 마음에 떠오르는 모든 상념을 받아들여 즐길 수도 있으리라. 그런 상황에서는 세계가 무가치한 것이며 모든 의미가 꿈 또는 허구일 뿐이라고 말하는 것도 그럴 듯한 일이다. 그러나 그 누구도 하늘의 별을 비웃거나 새벽을 조롱하거나 봄날의 새싹을 조소하거나 존재 자체를 웃음거리로 삼을 수는 없다. 광대함을 떠나 자신의 관념 속에 틀어박혀 있기로 한다면 모든 것을 경멸하고 욕할 수 있겠지. 그러나 하늘과 땅의 사이에 서게 되면 우리는 입을 다물지 않을 수 없다.

초월적 의미에 대한 깨달음

우리는 자연의 구조와 정신의 구조에 의하여 조건 지워진다. 그리고 경외감(敬畏感)보다 더욱 중요한 것은 인간의 정신에 좌우되지 않는 경외의 연관성과 필연성이다. 경외란 초월적 의미(transcendent meaning)를, 실재가 암시하는 초월적 의미를 깨달아 아는 것이다. 세계는 그 장엄함 속에서 영(靈)의 광휘로 가득 차 있다. 그 광휘를 우리는 이름지어 부르지도 못하고 개념에 담아 설명하지도 못한다.

우리는 존재의 엄청난 고귀함을 깨달을 때 충격을 받는다. 그 고귀함은 분석의 대상이 아니라 놀람의 원인이다. 그것은 설명되지 않으며 이름도 없고 우리가 정하는 범주 안에 들어오지도 않는다. 그러나 우리는 알지 못하면서도 확신하고, 그것은 표현되지는 않지만 실재한다. 그것은 남에게 전달되지도 않는다. 저마다 그것을 발견해야 한다. 그 표현 불가능한 것을 감각하는 순간 우리는 세계가 존재하는 것을 확실히 아는 것과 마찬가지로 세상의 가치에 대하여도 확신하게 된다. 세계는 존재할 만한 어떤 가치가 반드시 있다. 그러나 비록 세계의 불완전함을 시인한다 하더라도 그 장엄의 고귀함은 의심할 나위가 없다.

그런즉 경외(敬畏)는 느낌 이상이다. 그것은 모든 사물의 현존하는 신비에 대한 우리 가슴과 정신의 대답이요, 신비 너머에 있는 의미를 직관하는 것이요, 우주의 초월적 가치를 깨닫는 것이다.

우주에 우리의 인식과 상관없이 초월적 의미가 있음을 확인할 때 우리는 실재하는 것에 단순한 관념을 부여하고 말 수가 없다. 파도에 휩쓸려 가면서 "이것은 바다다" 하고 초연하게 말할 수는 없는 일이다. 우리가 마주 대하는 신비와 장엄함은 우리를 압도하는 실재다. 그것들이 나타내는 바는 너무나도 엄청나서 우리로 하여금 그것을 찬양하는 일조차 제대로 할 수 없게 만든다. 그것을 경외하지 않으면 안 된다는 지상 명령은 곧 우리가 두려움과 떨림으로 도장을 찍은 우주의 증명서다. 그것은 우리가 그러기를 원해서가 아니라 그 앞에 망연(茫然)하여 도무지 거역할 수가 없기 때문이다. 실재 속에는 인간의 혼이 담을 수 없는 큰 의미가 있다. 신비와 놀라움을 감각하는 우리의 능력에 비하면 세계는 너무나도 믿어지지 않고 너무나도 의미가 깊으며, 세계가 존재한다는 사실이야말로 우리의 모든 합리적 기대에 반하여 너무나도 믿을 수 없는 사실이다. 우리가 놀랄 수 있다는 사실만도 실제로 깜짝 경탄할 일이다.

그런즉 이것은 우리가 놀라는 행위 속에서 얻는 통찰이다. 우리의 머리로 의미를 재는 것이 아니라, 우리 자신보다 무한히 큰 의미를 느끼는 것이다.

궁극적 의미의 확실함에 우리는 목숨을 걸고 있다. 모든 판단을 내릴 때, 모든 행동을 결정할 때, 우리는 이 세계가 의미 있음을 거듭 확인한다. 우리의 인생에 아무 의미가 없다는 듯이 행동한다면 과연 우리의 삶은 아무것도 아니게 되리라. 실제로, 의미의 부정(否定)은 자기 모순을 내포한다. 만일 궁극적 의미가 없다면 그 부정하는 행위 자체가 무의미하겠기 때문이다. 의미가 다스리지 않는 세계에서는 긍정과 부정의 차이 또한 무의미하다.

놀라는 것만으로는 불충분하다.

우리의 주장은 조절되어야 한다. 모든 사색이 외경으로 우리를 이끄는 것은 아니다. 케플러(Kepler, 독일의 물리학자, 1571-1630)는 자연의 수학적 법칙 안에서 하느님을 체험할 수 있었다. 그는 자연의 질서와 조화를 발견했을 때, "오 하느님! 나는 당신을 이어 당신의 사유를 생각합니다" 하고 말했다. 그러나 우리는 지금 초기 과학자들의 세계에서 상당히 멀리 떠나 있다. 경외의 상실이 만회할 가망이 없는 것인지 여부를 확실히 하기 전에, 먼저 우리는 어떻게 경외를 상실하게 되었는지를 알아보아야겠다. 현대 과학자는 자연을 다루지 않는다. 그는 형태, 공식 그리고 도구 등을 다룬다. "그가 만일 원자핵 하나의 구조를 이해하고자 한다면, 막대한 공학 장비를 갖추는 데 50만 파운드를 소비해야 하며, 실험이 진행되는 동안에는 두터운 시멘트 장벽으로 인해서 이루어지고 있는 것을 외부에 숨길 준비가 되어 있어야 한다." "예컨대 시대를 거슬러 빛의 본성에 대한 괴테와 뉴턴 사이의 논쟁을 살펴보면, 괴테가 뉴턴의 학문에서 볼 수 없었던 것은 그의 공경하는 태도였음을 알 수 있다. 오늘에도 과학자들은 같은 감정을 모두 느끼고 있다고 해야겠다. 그들은 흥분하고 때로는 경탄한다. 그러나 공경(reverence)하는 사람은 거의 없다."[5]

하늘은 하느님의 영광을 선포한다. 인간은, 저 자신을 넘어서는 어떤 것을 가리키고 경험을 능가하는 진리를 암시하는 세계를 마주 대하고 있다. 이세상의 것이 아닌 의미를 가리키는 암시, 바로 이 암시가 우리에게, 실재의 영적 차원과 존재가 초월하는 의미와 맺는 관계성에 대한 깨달음을 전해준다.

의미의 신비는 침묵한다. 거기에는 말도 없고 언어도 없고 소리조차 들리지 않는다. 그러나 우리의 이성작용(理性作用)과 믿음의 저 너머에 하느님의 영광과 현존을 느끼는, 개념화시키기 이전의 예지(豫知, preconceptional) 능력이 있다. 우리는 그것을 지각하지 않는다. 우리에게는 지식도 없다. 다만 알 따름이다(an awareness). 우리는 그것을 증언한다. 증언하는 것은 해설하는 것 이상이다. 우리에게는 개념도 없고, 따라서 이론을 발전시킬 수도 없다. 우리에게 있는 것이라고는 개념화되지도 않고 상징화되지도 않는 어떤 것이다.

세계의 기초가 뚫고 들어가 볼 수 없는 짙은 혼미(昏迷) 속에 놓여 있다고 하는 관념에서는 궁극적 질문에 대한 답이 찾아지지 않는다. 혼미가 빛을 대신할 수는 없고, "알 수 없는 신" 또한 신이 아니라 우주적 어둠의 이름일 뿐이다. 그분의 현존을 우리가 이 세계에서 느끼는 하느님은 익명의 하느님, 신비스런 하느님이다. 우리는 그분이 계심을 알 뿐, 그분의 누구인지(what He is)는 모른다. 그분의 이름은 무엇이고 그분의 뜻, 나에게 바라시는 그분의 희망은 무엇인가? 나는 어떻게 그분을 섬기고 어떻게 그분을 예배할 것인가? 놀라고 경외하고 신비를 느끼는 것은 필요한 일이다. 그러나 그것만으로는 놀람에서 예배로, 의지에서 실천으로, 경외에서 행동으로 가는 길을 발견해 낼 수가 없다.

설계이론

최고 지성(a supreme intelligence)의 존재를 입증하는 여러 가지 방법들 가운데서도 목적론적 증명(teleological proof) 혹은 설계이론(the argument from design)을 칸트는 "언제나 주의 깊이 살펴보아야 할 것"이라고 했다. 이 이론에 따르면, 우주의 질서와 배열을 지성적 신의 행위를 시인(是認)하지 않고는 바르게 설명될 수가 없다.[6]

설계 이론은 자연의 목적 있는 구조에 신의 힘이 작용하고 있음을 말한다. 질서는 지성(intelligence)을 가리킨다. 이 지성이 신(神)이다. 팔리(Paley)의 『자연신학』(*Natural Theology*, 1803) 제1장에서 설계 이론의 고전적인 공식을 찾아볼 수 있다. "땅에 떨어져 있는 시계를 보았다고 하자… 기계 작용을 관찰하면… 우리는, 그 시계를 만든 자가 있다는 것을 생각하지 않을 수 없다. 어느 곳엔가 시계 만드는 기술자가 있어서 어떤 목적 아래 그 시계를 만들었을 것이 틀림없다. 그는 시계의 구조를 잘 알고 있으며 그것이 사용되도록 설계하였다." 우주와 하느님 사이의 관계는 시계와 시계 기술자의 관계와 같다. 시계가 시계공의 작품이듯이 하늘은 그분의 손으로 만들어진 작품이다.

이 비교는 시계를 분리되고 독립되어 있으며 절대적 실체로 보듯이 우주를 그렇게 보고 있다. 자연은 지금 이 순간 완전하고 자기충족을 하는 스스로 있는 한 사물이다(a thing in itself). 따라서 풀고자 하는 문제는 우주의 존재가 아니라 기원, 현재가 아니라 과거에 관한 것이다. 자연의 구조와 질서를 기계론적 술어로 생각했기 때문에, 그 기원 또는 창조도 역시, 시계를 만들어 내는 것과 비슷하게, 기계적 과정으로 인식되었다.

이 견해의 잘못은, 시계와 다른 모든 실재를 당연한 것으로 받아들인 데 있다. 궁극적 문제는, 어떻게 그것이 존재하게 되었느냐 뿐만 아니라 어떻게 존재하는 것이 존재하느냐(how is it that it is)다. 질문하여 알아보고자 하는 실체뿐만 아니라 질문하는 행위까지도 문제에 포함된다. 우리는 시계의 존재를 확실할 출발점으로 삼아 누가 그것을 있게 했는지를 물어보는 것으로 만족할 수는 없다. 시계 그 자체 또한 신비 아닌가? 내가 시계를 인식하고 그 설계를 이해한다는 사실이야말로 매우 이해할 수 없는 사실이 아닌가?

종교는 놀라움과 신비에서 비롯된다.

　설계 이론의 가치는 그것이 사변적 문제에 대답을 준다는 데 있고, 그 약점은 그 종교적 문제에 답을 주지 못한다는 데 있다. 사변적 문제는 자기가 무엇을 확실히 알고 있다고 생각하는(우주의 설계 사실 등) 사람들이 제기하는 문제다. 종교적 문제는 자기가 모른다고 생각하는 사람들의 놀람에서 제기되는 문제다. 사변적 정신은 알고 있는 바를 설명하고자 한다. 종교적 정신은 알지 못하는 것을 설명하는 방법을 찾는다. 만일 세계를 당연지사로 받아들인다면 우리에게 필요한 것은 그 원인을 밝히는 일이다. 그러나 만일 세계가 신비라면 가장 절박한 문제는, 세계가 무엇을 표현하고 있느냐(무엇이 세계를 통하여 자기를 나타내고 있느냐)를 밝히는 일이다. 세계가 의미하는 바가 무엇인가? 이 세계에서 이루어지는 행위와 유사한 관념에 대한 모든 언급이 이 질문에 대한 답으로는 적절하지 못하다.

　이 세계에는, 세계에 대한 인간의 궁극적 놀람을 풀어 줄 답이 없다. 인간의 자아 속에는 자아에 대한 궁극적 놀람을 풀어 줄 답이 없다. 누가 이것들을 만들었느냐는 질문에 어떤 원인 또는 힘을 설명하는 것으로써 대답할 수는 없다. 그 원인 또는 힘은 누가 만들었느냐는 질문이 남아 있기 때문이다. 세상에는 하느님이라는 이름으로 불리 울 만한 것이 없다. 세계는 하나의 신비요 대답이 아니라 물음이다. 다만 세계보다 더 큰 관념, 경험이나 사변에서 빌어오지 않은 관념만이 종교의 문제에 연관될 만한 것이며 적절한 것이다. 설계라는 개념이 아니라 창조의 신비, 설계자가 아니라 신비 위에 계시는 하느님, 그분과 연관됨에서 지금 여기의 세계가 의미를 지니게 되는 하느님--이들만이 종교의 문제에 대답을 줄 수 있다. 우리는 우주의 기원을 모른다고 시인(是認)하는 것이 설계자 운운하는 것보다 더 솔직한 일이다.

10장 우리에게 던져진 질문　*145*

우리에게 던져진 질문

사변(思辨)에서 나오는 하느님 문제와 종교의 하느님 문제 사이에는 또 다른 본질적 차이가 있다. 전자는 하느님에 관한(about) 질문이고 후자는 하느님으로부터(from) 나오는 질문이다. 전자는, 하느님이 있는지, 있다면 그분의 정체는 무엇인지를 묻는 질문에 답하는 데 관심을 기울인다. 후자는 이 세상에서 일어나는 사건과 사실 속에서 그리고 우리의 경험 속에서 우리에게 던져지는 질문에 개인으로 대답하는 데 관심을 기울인다. 우리가 원하기만 하면 남에게 넘겨줄 수도 있는 학문상의 질문과는 달리, 그 궁극적 질문은 우리에게 쉴 짬도 주지 않는다. 우리 모두가 대답을 요구받고 있는 것이다.

사변하는 정신에는 세계가 하나의 수수께끼다. 종교인의 정신에는 세계가 하나의 도전이다. 사변의 문제는 비인격적이고 종교의 문제는 인간에게 던져진 문제다. 전자는, 존재의 원인을 묻는 질문에 대답하고자 한다. 후자는 우리에게 무엇이 요청되고 있느냐를 묻는 질문에 대답하고자 한다.

생각한다는 것은 동떨어진 현상이 아니다. 그것은 인간의 모든 삶에 영향을 미치는 반면에, 그가 알고, 느끼고, 말하고, 평가하고, 행하는 모든 것에서 영향을 입는다. 하느님을 생각하는 행위는 인간의 경외와 오만, 겸손과 자기중심주의, 민감성과 냉담성에 영향을 받는다.

우리는 진공(眞空) 속에서 생각하지 않는다. 생각한다는 것은 우선 무엇보다도 마음에 있는 것을 숙고하는 것이다. 종교적인 생각을 할 때, 우리 마음에 있는 것은 가설이 아니라 장엄함, 놀라움, 신비 그리고 도전이다. 하느님을 생각하는 것은 공허하고 알려지지 않은 어떤 것에 관하여 이론을 세우거나 추측을 하는 것이 아니다. 아무것도 없는 데서 무슨 주문(呪文)을 외어 하느님의 의미를 불러내는 것이 아니다. 우리 앞에 있는 것은 허공이 아니라 장엄함, 놀라움, 신비 그리고 도전이다.

경외가 없는 곳에서는 하느님에 대한 관심이 없고 오직 경외의 순간에 하느님은 우리에게 문제로서 다가온다. 무관심과 자기 주장의 분위기 속에서는 그분은 개념은 될 수 있겠지만 관심일 수는 없다. 종교의 사유를 이끌어 내는 것은 오직 관심이다.

"빛이 충만한 궁전"

네 눈을 높이 들어라. 종교란 인간이 그의 궁극적 놀람으로, 경외의 순간에, 신비에 대한 감각에서 이루어 내는 결론이다.

아브라함은 어떻게 세계에 관심을 기울이시는 하느님이 계심을 확신하게 되었던가? 라삐들의 말에 따르면, 아브라함은 "이리저리 방랑하다가 빛이 충만한 궁전을 발견한 사람에 비유될 수 있다.[7] '이런 궁전을 돌보는 사람이 없다니, 도대체 있을 수 있는 일인가?' 하고 그는 의아하게 여겼다. 이윽고 궁전의 소유주가 나타나 그에게 말했다. '내가 이 궁전의 주인이오.' 우리 조상 아브라함도 이상하게 생각하셨다. '이 세계가 인도하는 분이 없다니, 있을 수 있는 일인가?' 거룩하신 분이, 그분께 축복을, 그에게 이르셨다. '내가 세계의 통치자요 안내자다.'"[8] 놀람 속에서 아브라함의 하느님 추구는 비롯되었다.

놀람으로 무엇을 할 것인가

그런즉, 삶의 신비에 대한 느낌이나 외경, 놀람, 두려움 등이 곧 종교의 뿌리는 아니다. 삶의 신비에 대한 느낌으로 무엇을 할 것인가(what to do), 경외, 놀람, 두려움으로 무엇을 할 것인가--가 종교의 뿌리다. 우리는 더 이상 어떻게 놀라고 두려워하고 외경할 것인지를 모르게 될 때 하느님을 생각하기 시작한다. 놀람이란 심미적인 즐거움을 맛보는 상태가 아니기 때문에, 끝없는 놀람은 끝없는 긴장이다. 그것은 우리가 궁극적 질문을 받는 상태와 마찬가지로, 우리의 경외의 불충분함에 충격을 받고 그 충격의 빈약함에 또 충격을 받는 그런 상태다.

인간의 혼은 빚진 자의 느낌을 지고 있으며, 놀람과 경외와 두려움이 그 빚진 자의 느낌을 풀어놓는다. 놀람은 우리가 누군가에게 요구받고 있다는 상태다.

우리의 교만함에도 불구하고, 우리의 탐욕에도 불구하고, 우리한테서 무엇인가 요구되고 있다는 사실, 삶의 장엄함과 신비스러움에 어울리는 방식으로 살고 생각하고 공경하고 놀라하는 요구를 받고 있다는 사실에 대한 깨달음이 우리를 몰아간다.

종교를 탄생시킨 것은, 지성의 호기심이 아니라 우리가 요구받고 있다는 사실과 그 경험이다.

이제 우리에게 남은 것이 있다면 그것은, 응답을 할 것이냐 응답하기를 거절할 것이냐, 그 둘 중의 하나를 택하는 일이다. 더 깊이 귀 기울여 들으면 들을수록 우리는, 우리로 하여금 응답을 거절할 수 있게 해주는 유일한 힘인 오만과 냉담을 더 많이 벗어버리게 된다. 우리는 불가사의라는 짐을 지고 다니면서 그것을, 무엇을 위해 살 것인가를 아는 단순함과 교환하고 싶어한다. 우리는 그 짐을 내려놓을 수도 없고, 어디인지도 모르는 채 계속 지고 다닐 수도 또한 없다.[9]

만일 외경이 거의 없게 되고 놀라는 일도 없으며 신비에 대한 감각도 죽어 버리면, 외경과 놀람과 신비로 무엇을 할 것이냐는 문제도 더 이상 존재하지 않을 것이고, 인간은 자신이 요구받고 있다는 사실을 알지 못하게 될 것이다. 자신이 요구받고 있다는 깨달음은 쉽게 억압을 받는다. 왜냐하면 그것은 작고도 고요한 암시의 메아리에 불과하기 때문이다. 그러나 그것은 영원히 짓눌려 있지는 않는다. 그 작고 고요한 암시가 "당신의 말씀으로 가득 찬 폭풍같이"(시편 148:8, 사역) 되는 날이 올 것이다.

참으로, 가슴속이 텅 빈 공간으로 죽어 가지고는, 살아 있는 인간이 견딜 수가 없다. 우리는 무엇이 우리한테서 요구되고 있는가를 알지 못한다면 우리는 살아 남을 수 없다. 인간은 과연 누구에게, 값을 매길 수도 없고 아무것에도 구애받지 않는 자유를 누리는 인간이 과연 누구에게 빚을 진 것인가? 어디에서 그를 요청하는 소리가 들려오는가? 그는 누구에게 책임을 감당해야 하는 것인가?

존재론적 전제

통찰의 순간

그러나 우리는 어떻게 신비 너머에 계신 그분을 이해할 수 있을까? 어떻게 신성(神性)에 대한 암시에서 하느님의 실재함을 감지하는 데까지 나아갈 것인가? 하느님의 실재에 대한 확신은, 삶의 초월성과 신비에 대한 전인격의 응답으로서(as a response) 온다.

그것은, 한 응답으로서 심중(心中) 깊은 데서부터 그 응답을 지적으로 이해되게끔 만드는 존재론적 전제(ontological presupposition)를 불러일으키는 행위다.

그 존재론적 전제의 의미와 실증(實證)은 드물게 있는 통찰의 순간에 획득된다.

모르는 것과의 만남

우리의 종교적 관심을 불러일으키는 것은 신비다. 그리고 종교적 사유가 시작되는 곳 역시 신비다. 전통적인 사변으로 하느님을 생각하는 길은 아는 것에서 모르는 것으로 나아가는 길이다. 그러나 우리의 출발점은 아는 것, 유한한 것, 질서가 아니라, 아는 것 속의 모르는 것, 유한한 것과 더불어 있는 무한한 것, 질서 속의 신비다.

모든 창조적 사유는 모르는 것과의 만남에서 나온다. 우리는 분명하게 알고 있는 것을 탐색하는 일에 착수하지는 않는다. 적어도 오랫동안 잘 알고 있다고 생각해 온 것이 실은 이해할 수 없는 수수께끼임을 갑자기 발견하게 되기 전까지는 말이다. 그때에 우리 정신은, 우리를 지식으로 내모는 것을 감각하기 위해 지식의 껍질을 벗고 나와야 한다. 우리의 정신은, 우리가 실재를 이해하고 납득하여 우리 사상에 맞추기 시작할 때에 다시 그 껍질 속으로 들어간다.

실제로 지식이 오직 사유의 열매로만 이루어지는 것은 아니다. 극단의 합리주의자 또는 유아론자(唯我論者)들이나 지식이 오로지 개념의 배합으로 만들어지는 것이라고 주장할 것이다. 실재와의 순수한 만남은 모르는 것과의 만남이요, 그 안에서 대상에 대한 깨달음이 기본의, 개념화시키기 이전의 예지(豫知)를 얻어내는 직관이다. 실제로 그 어떤 대상도, 먼저 모르는 것으로서 경험되지 않고는 진정으로 알아낼 수가 없다.

말할 수 있는 것보다 느끼는 것이 더 많다는 점은 의미심장한 사실이다. 우리가 세계의 장엄함을 마주 대하여 설 때, 모든 사유의 형식이 점강법(漸降法)으로 사라져 간다. 우리가 마주 대하고 있는 신비가, 우리가 알고 있는 것보다 비교도 할 수 없을 만큼 깊다는 사실을 깨달아 알 때 창조적 사유는 비롯된다.

개념화 이전의 예지적 사유

실재와의 만남은, 논리적 범주들의 통로를 거쳐 개념의 차원에서 이루어지지는 않는다. 개념은 이차적인 사유다. 모든 개념화는 상징화요, 실재를 인간의 심성(心性)에 맞추는 행위다. 실재와의 살아 있는 만남은 개념화 이전의 차원, 응답적이며, 즉시적이고, 예지적이며, 상징화 이전(immediate, preconceptual, presymbolic)의 차원에서 이루어진다.[1]

이론, 사변, 일반화, 가설 등은 개념화 이전의 경험에서 이루어진 통찰을 명료하게 하고 확인하는 작업이다. "지식이란 오직 숙고의 열매로 이루어지는 것이며 상징과 기호의 조작을 통해 일반화된다고 생각하는 것은 원리상으로 순진한 합리주의의 우상, 곧 현대 경험주의의 힘찬 운동이 그토록 힘있게 저항하여 물리친 순진한 합리주의의 우상을 다시 세우는 것이다."[2]

모든 통찰은 객관적 실재의 영역과 개념적이며 언어적인 인식의 영역 사이에 서 있다. 개념적 인식은 두 가지 측면에서 검증되어야 한다. 우리가 지닌 개념의 체계에 맞아야 하며, 그것을 생겨나게 한 통찰에 맞아야 한다.

특히 종교와 예술의 사유에서는, 우리가 만나는 것과 언어 또는 상징으로 표현되는 것 사이의 불일치를 그 어떤 언어나 상징으로도 정확하게 전달할 수가 없다. 우리의 종교적 상황에서 우리는 초월자를 온전히 파악하지 못한다. 우리는 그 앞에 있고 그를 증언할 뿐이다. 우리가 알고 있는 것은 모두 부정확하고, 우리가 말하는 것은 모두 삼가면서 조심스럽게 하는 말이다. 우리는 우리의 개념보다 더 깊은 것을 알고 있다. 그 어떤 표현 능력으로도 나타내지 못할 통찰을 우리는 지니고 있다.

지식은 앎(awareness)과 같지 않고, 표현은 경험과 같은 게 아니다. 앎에서 지식으로 나아감으로써 우리는 명확성을 얻는 대신 즉시성을 잃는다. 경험에서 표현으로 가는 동안 명료성을 얻는 대신 진정성을 잃는다. 우리의 개념 이전의 통찰을 개념화 작업 속에서 잃을 때, 표현 불가능한 것과의 만남이 상징화 작업으로 상실될 때, 교의적 공식이 그 종교적 상황보다 더 중요시될 때, 그 차이가 일탈(逸脫)이 된다.

모든 종교적 사유와 표현이란 표현 불가능한 것에 대한 감지로 이루어진 상징화 이전 지식의 승화(昇華)다. 그 감지(感知)는 부분으로만 합리적 상징들로 승화될 수 있다.

종교철학은 종교적 술어들의 상징이상적(meta-symbolic) 타당성을 회복하여 지키려는 노력이어야만 한다. 종교적 사유는 끊임없이, 개념과 교리에 우선 관심하여 통찰의 즉시성을 상실하고, 알고 있는 것은 하느님이 상기시켜 주신 것일 뿐임을 잊고, 또한 교리란 하느님의 뜻의 표지(token)며 표현되지 않는 것을 최소한으로 표현한 것이라는 사실을 망각할 위험에 처해 있다. 개념이나 언어는 은막(銀幕, screens)이 아니라 창문이다.

종교는 신비에 대한 응답

궁극적 통찰의 뿌리는, 앞에서 언급한 것처럼, 추리하는 사유의 차원이 아니라 놀람과 경탄의 차원에, 경외의 깊이와 신비에 대한 감수성 그리고 표현 불가능한 것에 대한 감지 속에 있다. 바로 이 차원 위에서 우리의 혼에 위대한 일이 발생하며 예술, 종교, 철학의 독특한 통찰이 생겨난다.

하느님의 실재하심에 대한 확신이 솟아나오는 것은 우리의 경험으로부터가 아니라, 우리 정신에 주어진 것을 경험할 수 없는 무능함으로부터다. 우리에게 가장 심오한 이해를 심어 주는 것은 존재의 질서가 아니라 연속되는 모든 질서 속에 있는 초월자, 모든 행위와 모든 사물들이 초월을 암시하고 있다는 사실이다.

우리의 확신은 놀람과 경탄, 우리의 합리적인 추리를 능가하는 전체 삶의 신비와 의미 앞에서 느끼는 외경의 결과다. 신앙이란 의미로 가득 차 있는 신비에 대한 응답(the response to the mystery)이다. 그 누구도 무시하거나 외면할 수 없는 도전에 대한 응답이다. "하늘"(the heaven)은 우리에게 하나의 도전이다. "눈을 높이 들어 올릴" 때 당신은 그 질문과 마주 서게 된다. 신앙은 자아를 초월하는 인간이 세계를 초월하는 그분에게 응답하는 행위다.

우리의 지혜 위로 오르기

그런 응답이야말로 인간의 본질적 존엄의 표지(a sign)다. 인간의 본질과 위대함은 자신의 자아(ego)를 즐겁게 하고 자신의 욕구를 채우는 능력이 아니라, 자아 위로 올라설 수 있으며 자신의 욕구를 무시할 수 있고, 성스러운 것을 위해 자신의 이익을 희생할 수 있는 능력에 있기 때문이다. 자신의 판단을 판단하려는 인간의 강한 충동, 일시적이고 유한한 폭을 능가하는 의미를 찾고자 하는 열심, 간단히 말하면, 우리 자신의 지혜 위로 오르려는 열심이 종교 신앙의 뿌리다.

하느님은 크나큰 신비다. 그러나 그분을 믿는 우리의 신앙은, 이성 또는 지각이 잡을 수 있는 것보다 더 많은 그분에 대한 이해를 우리에게 전달한다.

코츠크의 라삐 멘들(Rabbi Mendel of Kotsk)은 같은 시대에 살던 한 성인(聖人)에게서, 자기는 초막절의 이레 동안 아브라함, 이사악, 야곱, 모세, 아론 그리고 다윗이 초막에 오는 것을 보았다는 말을 들었다. 라삐 멘들은 이렇게 대꾸했다. "나는 그 하늘의 손님들을 보지 못했다. 그들이 초막에 있다고 믿을 따름이다. 그리고 보는 것보다 신앙이 더 위대하다."

신앙을 지닐 수 있다는 것, 이것이야말로 진정 인간의 위대함이다. 왜냐하면 신앙은 자유의 행위, 이성이든 자의식이든 우리의 한정된 능력에서 벗어난 자유의 행위이기 때문이다. 그것은 영적 무아경의 행위요, 우리 자신의 지혜 위로 오르는 행위다.

이런 뜻에서 보면 신앙의 충동은 형체 있는 것 속에서 형체 없는 것을 잡으려는 예술 행위의 역(逆)이다. 신앙 속에서 우리는 우리 자신의 술어로 판독하고 표현하고자 하지 않는다. 다만 우리 자신의 지혜 위로 올라가고자, 하느님의 관점에서 이 세계를 생각하고 하느님의 법으로 살아가고자 할 따름이다.

신앙을 갖는다는 것은 항복하는 것이 아니라 더 높은 생각의 단계로 올라서는 것이다. 신앙을 갖는 것은 인간의 이성을 거절하는 것이 아니라, 신의 지혜를 더불어 나누는 것이다.

눈을 들어 보라, 누가 이것들을 지으셨는지. 인간은 그분의 영광과 현존을 보기 위해 그리고 그분에 대한 암시를 감지하기 위해 좀더 높은 생각의 단계로 올라가야만 한다. 궁극적 문제의 절박함과 영원의 지고한 연관성을 감지하려면, 좀더 높은 삶과 배움의 단계로 올라가야 한다. 가장 높은 영역에, 신비의 영역에, 아직 도달하지 못한 사람, 자신이 신비의 가장자리에서 살고 있음을 아직 깨닫지 못한 사람, 확실하고 분명한 것만을 감각하는 사람, 이런 사람은 눈을 높이 들어 올리지 못할 것이다. 왜냐하면 명백한 것은 가장 높은 영역에 속한 것이 아니기 때문이다. 최고의 것은 숨어 있다. 하느님을 믿는 신앙은 최고의 영역인 신비의 영역에 속한 것이다. 이것이 신앙의 본질이다. 우리의 신앙은 신비의 영역에 닿을 수가 있다.[3]

궁극적 관심은 예배 행위다

놀람, 경외, 신비에 대한 감지는 우리에게 하느님에 관한 지식을 제공하지 않는다. 그것은 다만 우리를, 하느님에 관한 질문이 불가피한 관심사가 되는 수준으로, 우리의 불안을 견해들의 안전한 퇴적물 속에 묻어 버리거나 궁극적 질문에 답해야 하는 책임을 남에게 떠맡길 수도 없는 그런 상황으로 이끌 뿐이다.

그와 같은 궁극적 관심은 하나의 예배 행위요, 그 문제가 가장 중요한 문제라는 점을 가장 강렬한 방식으로 인정하는 행위다. 그것은 선택하는 행위도 아니며 우리가 언제까지나 무시할 수 있는 어떤 것도 아니다. 그것은 인간 실존의 근본적인 사실(fact)을, 예배의 사실을 드러내는 것이다.

우리 모두는 예배할 궁극적 대상을 자유로 선택할 수는 있지만, 저마다 그 대상을 가지지 않을 수는 없게 되어 있다. 그것 없이는 살아갈 수가 없다. 그 대상은 헛것일 수도 있고 실재하는 것일 수도 있다. 하느님일 수도 있고 우상일 수도 있다.

"하느님의 문제"(problem of God)라고 말하는 것은 성격상 말이 뒤바뀐 것이다. 하느님 문제를 토론할 때 사실상 문제가 되는 것은 인간이다. 인간이 문제다. 그의 육체와 정신의 실재는 이론(異論)의 여지가 없다. 대답을 강력하게 요청하는 문제는 그의 의미, 영적 연관성이다. 그리고 예배가 그 대답이다. 예배는 인간이 자신을 궁극적 의미에 연관시키는 행위이기 때문이다. 인간이 궁극적 의미와 관계를 맺을 수 없는 한, 예배는 환영(幻影)일 뿐이다. 그리고 만일 예배가 무의미하다면 인간 실존은 부조리가 아닐 수 없다.

하느님에 관한 질문에 우리가 관심을 기울이는 것이 예배 행위요 예배는 그 대상의 실재성을 전제로 한다. 그러므로 우리의 관심 자체가 그분의 실재하심을 암시적으로 함축하고 있다.

인간의 실존이 본디부터 궁극적 대상을 예배하게 되어 있는 것과 마찬가지로, 그 궁극 대상의 실재성을 노골적으로 부정하는 것은 터무니없는 부조리다. 인간이 자신의 이런 부정을, 여기서 수백만 광년(光年) 떨어진 은하수에까지 소리가 닿을 만한 확성기에 대고 외친다 해도, 그의 모습은 다만 우스꽝스러울 뿐이다.

하느님의 존재를 정직하게 부인할 길은 없다. 신앙이 있든지 아니면 믿을 수 없음을(또는 자신의 오만을) 정직하게 고백하든지, 둘 가운데 하나다. 실존의 압력을 받아 예와 아니오를 결단해야 하는 상황, 무엇 또는 누구를 예배할 것인지 결단해야 하는 상황에 들어가지 않는다면, 자신의 믿을 수 없음을 계속 유지하거나 판단을 뒤로 미룰 수는 있다. 그는 어떤 종류든 긍정하는 입장을 선택하게 된다. 어떤 쪽을 선택하든지, 그는 하느님의 실재하심을 받아들이거나, 아니면 그분을 부인하는 부조리를 받아들이거나, 둘 중의 하나를 받아들이는 것이다.

입증하기 전에 찬양한다

하느님 이해는, 그분이 과연 실재하는지 아니면 정신의 허상(虛像)인지를 토론하기 위해 그분에 대한 찬반의 모든 주장을 모아 토의함으로써 얻어지는 것은 아니다. 하느님은 이차의 생각(a second thought)으로, 우주의 원인으로 감지되거나 설명될 수 없다. 그분은 처음이면서 마지막이고, 혹은 전혀 다른 개념이다.

사변(思辨)이 신앙보다 앞에 있는 것은 결코 아니다. 신앙에 선재(先在)하는 것은 놀람의 전제요 찬양의 전제다. 하느님 예배가 그분의 실재에 대한 확신보다 먼저다. 우리는 입증하기 전에 찬양한다. 우리는 묻기 전에 대답한다.

하느님의 존재 증명은 우리의 믿음에 힘을 보태기는 하겠지만, 그것이 믿음을 낳는 것은 아니다. 인간의 실존이 이미 하느님의 실재를 드러내고 있다. 우리의 존재 깊은 곳에 우리가 궁극적 질문을 던지고 있음을 해명해 주는, 알지 못할 확신이 있다. 그것은 모든 교리와 언표(言表) 너머에 있는 개념화시키기 이전의 확신이다.

존재론적 전제

우리에게 가장 큰 곤란을 주는 것은 우리의 개념화시키기 이전의 앎과 상관이 없이, 하느님은 실재하신다고 단언(斷言)하는 것이다. 주관적인 깨달음이 언제나 진리의 목록에 들어가는 것은 아니다. 어떤 사람의 주관에 진리인 것이 반드시 초(超)주관적으로 진리인 것은 아니다. 우리에게 있는 것은 다만, 그분의 관심에 대한 암시, 그분의 현존에 대한 지시일 뿐이다. 그분의 실재하심을 말하는 것은 앎을 초월하는 것, 사유의 한계를 넘어서는 것이다. 그것은 땅 위로 솟구쳐 오르는 것과도 같다. 우리의 앎에서, 그것을 초월하여 있는 실재를 추리해 내는 것이 과연 지성적으로 타당한 일일까? 우리에게 이 세상의 영역에서 솟구쳐 올라 이 세상 너머의 영역으로 들어 갈 자격이나 실력이 있는 것일까?

우리는 흔히 "하느님은 계시다"는 것과 같은 단언(斷言)을 오해하는 실책을 범한다. 그런 단언은 만일 그것이 하느님에 대한 우리의 표현 불가능한 깨달음을 보충하는 자리에 머문다면, 우리에게 도약을 안겨 줄 수도 있을 것이다. 그러나 "하느님은 계시다"고 말하는 것은 우리의 즉시적 깨달음(immediate awareness)이 담고 있는 내용보다 빈약한 의미를 나타내는 것이 사실이다. "하느님은 계시다"는 선언은 내용적으로 삼가 조심스럽게 말하는 빈약한 선언(understatement)이다.

그런즉 하느님의 실재하심에 대한 확신은 논리적 전제들의 추론(推論)으로 얻어지는 것이 아니며, 논리의 영역에서 존재론의 영역으로, 또는 가정에서 사실로 도약함으로써 얻어지는 것도 아니다. 그것은, 반대로 즉시적 이해에서 사상(a thought)으로, 개념화되기 이전의 앎에서 분명한 확인으로, 하느님의 현존에 압도당함에서 그분의 존재에 대한 깨달음으로 옮겨가는[轉移] 것이다. 우리가 깊은 사색을 통하여 이루고자 하는 것은 그 개념화 이전의 앎을 이해(understanding)의 차원으로 끌어

올리는 것이다.

　모든 존재가 지니고 있는 영적 차원을 감지하는 가운데 우리는 신성(神性)의 절대적 실재를 알게 된다. 신조(信條)를 만들고 하느님은 계시다고 확언함으로써 우리는 압도하는 실재를 사상의 차원으로 끌어내리고 있을 따름이다. 우리의 사상이란 믿음 뒤에 오는 것(an after-belief)일 따름이다.

　다른 말로 하면, 하느님의 실재에 대한 우리의 믿음은 먼저 하나의 관념을 소유하고 그 다음에 그 관념에 들어맞는 존재론을 공리로 세우는 것이 아니다. 혹은 칸트 식으로 말하여, 먼저 백 달러에 대한 관념을 가진 다음에 그 관념에 근거하여 백 달러를 가지겠다고 주장하는 것이 아니라는 말이다. 먼저 얼마의 돈을 수중에 넣은 다음 그 액수를 헤아려 보는 것이다. 혹시 액수를 잘못 헤아릴 수는 있겠지만, 그러나 현금은 지금 수중에 들어 있다.[4]

　달리 말하여, 그분의 실재하심에 대한 우리의 믿음은 삼단 논법의 구멍난 계단을 건너뛰는 것이 아니라 복귀(a regaining) 하는 것, 견해를 보태는 것이 아니라 포기하는 것, 자의식의 뒤로 돌아가 자기 자신과 스스로 알고 있노라고 허세 부리던 모든 것에 질문을 던지는 것이다. 그것은 존재론적인 전제(an ontological presupposition)다.

　인간의 사유 깊은 데서 우리 모두는 추리하는 사고의 차원에서 힘, 원리 또는 구조라는 개념으로 결정된 어떤 궁극적 실재를 전제한다. 궁극자 또는 하느님이 먼저 있고 그분에 대한 우리의 이성작용(理性作用)이 다음에 온다. 이것이 우리의 사유와 실존의 순서다. 형이상학의 사색은 이 순서를 거꾸로 밟는다. 먼저 이성 작용이 있고 그분의 실재에 대한 질문, 그분은 입증이 되는지 아니면 실재가 아닌지를 묻는 질문이 다음에 온다.

　그러나 세상이 먼저 실재하지 않고는 세상을 생각할 수 없듯이, 하느님의 실재하심이 전제되지 않고는 하느님을 생각할 수 없다.

경험과 표현의 불일치

실재의 기능적인 모습이나 힘의 모습을 서술하는 것은 표현하는 데 큰 애로가 없다. 측정되고 무게를 달아볼 수 있고 계산 가능한 것은 정확하게 공언(公言)될 수 있다. 그러나 실재의 본질 또는 신비와 장엄함의 모습을 전달하고자 할 경우에는 그 표현이 내용적으로 빈약한 표현일 수밖에 없다. 부적절한 표현인 것이 그 특징이다. 그러므로 우리에게는 하느님 또는 존재의 신비를 서술하기에 적합한 언어나 상징이 없다.

우리의 생각하는 것과 말하는 것이 서로 어긋남은 우리의 통찰을 사상과 언어의 범주 속에 맞춰 넣어야만 하는 데 그 원인이 있다. 그러므로 종교인이 어떻게 자기의 신조(信條)를 철학적 사유의 틀 안에서 정당화할 것이냐보다 더 심각한 문제는 그가 어떻게 자기의 신조나 개념을 종교적 사유와 경험의 틀 안에서 정당화할 것이냐다. 인간과 실재, 경험과 표현, 앎과 개념화, 정신과 신비 사이에는 커다란 불일치(不一致, disparity)가 있다. 신앙과 신조 사이의 불일치는 종교철학이 다루어야 할 중대한 문제다.

마이모니데스는 『난제풀이』(Guide of the Perplexed)에서, "하느님의 유일성"을 정확히 이해할 것과 "자리에 누워 반성하여라, 고요를 깨지 말아라(시편 4:4)는 말씀처럼 진리를 깨치고 진리에 대한 견해도 지니고 있지만 그것을 발설하지는 않는" 사람이 될 것을 강조한다.[5] 왜 "고요를 깨지 말아야" 하는가? 어째서 침묵을 선택해야 하는가? 그 까닭은 마이모니데스가 우리의 범주들이 얼마나 부적합한 것인지를 몸소 경험한 탓이리라. 하느님의 유일성(unity)은 그분의 본질에 첨부할 무엇이 아니라는 말("그분은 유일성 없이 한 분이시다[He is One without unity]")에 이어 마이모니데스는 이렇게 말한다. "이 미묘한 개념들은, 우리의 정신으로는 거의 납득이 되지만, 언어로는 제대로 표현할 수가 없다. 언어야말로 잘못을 저지르게 하는 주요 원인이다. 언어를 사용할 때마다 우리는 그 제한성 때문에 오히려 우리의 표현이 크게 훼방 받고 있음을 발견하게 된다. 부정확한 언어로는 이 개념의 형용을 그릴 수조차 없다."6) 모든 언어가 부정확하다.

말을 하기 위해 우리는 얼마쯤 양보하지 않으면 안 된다. 따라서 우리는 궁극적 관념들이 결코 표현될 수 없음을 기억해야 한다. "인간이 받아들이기가 쉬운 하느님에 대한 지식조차도 부정(否定)의 방법말고는 얻을 수 없음이, 그리고 그 부정이 그분의 존재에 대한 참된 관념을 전달해 주지 못함이 널리 알려진 사실이기 때문에, 모든 사람이… 하느님은 인간이 포착할 대상이 될 수 없음을 밝혀냈다. 당신 홀로 당신이 누구신지를 이해하고 우리가 아는 것이라고는 그분을 결코 포착할 수 없다는 사실뿐임을 그들은 밝혀냈다… 그 생각은 시편의 '침묵으로 당신을 찬양합니다'(62:5, 사역)라는 구절에 잘 나타나 있다. 이 한 마디는 우리의 주제를 매우 잘 표현했다. 그분을 높이 칭송하고 찬양하고자 입을 열어 말을 할 때마다, 그 말 속에는 하느님께 어울릴 수 없는 내용과 그분을 모욕하는 표현이 들어 있게 마련이기 때문이다. 그러므로 입을 다물고 지성으로 숙고하는 것이 더 낫다… 자리에 누워 반성하여라. 고요를 깨지 말아라(시편 4:4)."7)

말하기보다 침묵을! 언어는 인식(認識)에 필요 불가결한 것이 아니다. 언어란 우리의 생각을 남에게 전달하거나, 우리가 인식한 바를 설명하고자 할 때에만 필요한 것이다.8)

하느님의 본성과 속성에 관한 토론을 마감하면서 마이모니데스는 이렇게 기록하고 있다. "우리가 그분의 본질을 눈에 보이게끔 하려고 할 때면 우리의 인식 능력이 돌연 저능아처럼 되어 버리고, 그분의 일과 그분의 뜻 사이의 관계를 연구하고자 할 때면 우리의 지식이 무지가 되며, 우리의 혀가 그분의 위대하심을 서술하고자 할 때면 모든 능변(能辯)이 무기력해지는, 그런 분에게 찬양을!"[9]

우리는 하느님이 존재론적 전제라고, 그분에 관한 모든 선언이 삼가 조심스럽게 내리는 빈약한 선언(understatement)이라고 말했다. 그러나 그 존재론적 전제의 의미와 내용은 무엇인가? 우리는 하느님의 존재를 확신할 수 있게 하는 또 다른 자료가 있으며, 우리의 단순함을 앎을 능가하는 이해를 우리에게 주는 자료가 있다고 생각한다. 그 확신의 자료를 탐색하는 것이 이제부터 할 일이다.

12

하느님의 의미에 관하여

최소한의 의미

탐구를 시작하는 마당에서부터 우리는 우리가 탐구하고자 하는 것에 관한 최소한의 의미를 알고 있어야 한다. 그 어떤 탐구도 무(無)에서 출발하지는 않는다. 첫 질문을 할 때 이미 우리는 우리가 질문하는 것의 본질에 관하여 뭔가 예상하고 있어야만 한다. 왜냐하면 그렇지 못할 경우 우리는 어느 방향으로 나갈 것인지, 또는 우리의 탐구 결과가 과연 우리가 질문한 데 대한 답이 될 것인지 여부를 알 수가 없겠기 때문이다.

우리는 하느님에 관하여 묻는다. 그러나 하느님이라는 단어가 우리에게 주는 최소한의 의미는 무엇인가? 그것은 우선 궁극성(ultimacy)이라는 관념이다. 하느님은 그분을 능가하여 아무도 존재하지 않으며 또 그럴 수도 없는 궁극적 존재시다. 그것은 나아가 하나, 독특한, 영원한 존재를 의미한다. 그러나 이 모든 형용사들이 그것들이 형용하는 명사에 부속된다. 그것들 스스로는 그 본질을 표현하지 않는다. 우리는, 하느님은 한 분(God is One)이시라고 선언한다. 만일 하나가 하느님(One is God)이라고 말한다면 그것은 지적인 우상숭배리라. 그렇다면 궁극성 또는 유일성이라는 속성이 붙는 그 명사의 의미는 무엇인가? 그것은 절대를 가리키는 개념인가? 제1원인을 가리키는 개념인가?

우리가 하느님 찾는 것이 절대라는 관념을 찾는 것이라고 말한다면, 그것은 우리가 탐색하고자 하는 문제 자체를 없애버리는 것이다. 제1원인 혹은 절대라는 관념--생명과 자유가 없는--은 과학이나 형이상학의 문제는 될 수 있을지언정 인간의 혼이나 양심의 관심사는 아니다. 그런 원인이나 관념을 확인하는 것은 우리의 질문과 상관없는 대답이다. 인간의 살아 있는 혼이 관심을 기울이는 바는 죽은 원인이 아니라 살아 계신 하느님이다. 우리의 목적은, 우리의 죄를 고백할 분의 존재, 우리를 사랑하시는 하느님, 우리의 탐구와 당신을 찾아 헤매는 노력을 무관심하지 않으시는 하느님의 존재를 확인하는 것이다. 우리가 알고자 하는 바는, 절대(絶對)가 아니라 아버지다.

우리는 처음부터 하느님이라는 단어가 우리에게 주는 최소한의 의미란, 그분은 살아 계신 분이며, 혹은 부정적으로 말하면, 그분은 결코 우리보다 열등한 분이 아니라는 것임을 분명히 알아야 한다. 인격적 존재라는 속성이 결여된 존재는 우리의 문제삼을 바가 못 된다.

그런즉 하느님이라는 단어가 우리에게 주는 최소한의 의미는, 하느님은 살아 계시다(God is alive)는 것이다. 그 반대를 주장하는 것, 즉 하느님이란 단어는 생명과 자유가 없는 존재, 곧 우리보다 더 열등하고 우리보다 더 제한된 존재라고 주장하는 것은 우리가 관심을 기울이는 문제를 즉시 무효화한다. 그것은 우주가 우리 자신의 몸보다 더 한정되어 있다고 주장하는 것이 우주의 의미를 찾아보려는 우리의 노력을 즉시 무효화하는 것과 같다.

실제로, 시작하는 길은 본질상 두 개가 있을 뿐이다. 하느님을 자유하고 자발적인 존재로 생각하든지 아니면 생명이 없는 존재로 생각하는 것이다. 그분은 살아 계신 존재든지 아니면 생명이 없는 존재다. 이 두 전제 모두 입증할 수는 없다. 그러나, 하느님은 위대한 미지(the great unknown)라는 식으로 말하는 두 번째 전제가 오늘의 많은 사람에게 그럴 듯한 것으로 받아들여지고 있다. 이 두 번째 전제를 검토해 보기로 하자.

그분은 결코 알려진 적이 없고 또 알려질 수도 없다는 뜻을 담은, "하느님은 위대한 미지(未知)"라는 선언은 하느님은 영원히 신비스런 분으로 남는다는 논리에 근거한 절대적 주장이다. 그러나 이런 논리는 모순을 수반하는 교리(도그마)다. 왜냐하면 영원한 신비라는 속성을 그 궁극적 존재에게 부여함으로써, 우리는 그 사실을 알고 있다고 명백하게 주장하는 셈이기 때문이다. 그런즉 그 궁극적 존재는 미지의 하느님이 아니라 알려진 하느님이다. 다른 말로 하면, 우리는 하느님이 우리가 모르는 분이심을 알고 있는 것이다. 하느님은 알 수 없는 분이심을 알고 있으면서 하느님을 모른다고 선언하고 있는 것이다!

이는 우리가 물려받은 이교(異敎)의 유산들 가운데 하나인 듯하다. 말하자면, 지고자(至高者)는 전적인 신비요, 제1원인이 있어서 우주를 존재하게 했다는 관념을 받아들인다 해도, 우리는 여전히 이 세계를 존재케 할 수 있는 그 제1원인은 결코 자신을 우리에게 알려주지 못했다고 주장하는 것이다. 그렇다면 어째서 우리는 그 절대능력이 절대무능 하다고 주장하는 것인가? 왜 우리는 그 궁극적 존재한테서 미리(*a priori*) 생명과 자유를 배제하는 것인가?

하느님을 사변의 문제로 생각하는 일은 하느님의 절대 신비라는 전제로 시작된다. 하느님을 종교의 문제로 생각하는 일은 놀라움, 두려움, 외경, 찬양으로 시작된다. 두려워 떠는 영과 경탄은, 만일 하느님에게 생명이 없다는 주장에 묶이게 되면, 한 발짝도 나갈 수 없다. 우리는 말이라는 것이 없다고 주장하면서 동시에 말을 할 수는 없다. 하느님이 없다고 주장하면서 동시에 하느님 운운할 수는 없는 일이다. 만일 하느님이 죽었다면 예배는 미친 짓이 아닐 수 없다.

종교적 사유의 문제는 하느님이 죽었느냐 살았느냐 하는 문제만이 아니라, 우리가 그분의 실재하심에 대하여 죽었느냐 살았느냐 하는 문제도 있다. 하느님을 찾는 일은 우리를 잴 척도, 우리의 영적 잠재성을 시험해 볼 시금석을 찾는 일이기도 하다. 확실히, 우리가 하느님은 살아 계시지 않다고 서슴지 않고 말할 수 있는 그런 사유의 차원이 있다. 삶의 장엄함과 신비에 냉담한 독단(獨斷)의 차원이 그것이다. 우리가 철저한 경탄에 휩싸이는 순간 우리는 하느님이 살아 계시다고 말하는 것이 당연한 일임을 알게 된다.

그러나 제3의 가능성이 있는 듯도 하다. 하느님은 살아 계시지도 않고 생명이 없지도 않고, 다만 하나의 상징(symbol)이라는 것이다. 만일 하느님이, "인간이 궁극적으로 관심을 기울이는 것의 이름"(as a name for that which concerns man ultimately)으로 정의된다면, 그분은 인간의 관심을 나타내는 상징이요, 인간 심성의 주관적 상태의 객관화에 불과하다. 그러나 그런 하느님은 우리의 상상이 빚어낸 투영(投影) 이상일 수가 없다.

십계명의 처음 두 계명이 하느님을 받아들이고 우상을 거절하라는 것인데, 상징을 거절하라는 것은 제3계명에 함축되어 있다. "너희는 하느님의 이름을 함부로 부르지 못한다."

분명코, 하느님은 "인간이 궁극적으로 관심하는 것의 이름" 이상(以上)이다. 성자들만이 하느님을 궁극적으로 관심한다. 우리네 대부분이 궁극으로 관심하는 것은 우리 자신(ego)이다. 성경의 의식(意識)은 인간의 관심이 아니라 하느님의 관심에서부터 시작한다. 예언자들의 눈에 가장 극명하게 드러나는 사실은 인간에 대한 하느님의 관심의 있음과 하느님에 대한 인간의 관심의 없음이었다. 그들이 전한 메시지의 한 마디 한 마디 속에서 부르짖는 것은 인간에 대한 하느님의 관심이었다. 그러나 어떻게 우리는 그분의 관심을 알게 될 것인가.

두 가지 추론

하느님을 생명 없는 존재로 생각해서는 안 된다는 주장에는 두 가지 추론(推論)이 포함되어 있다. 하나는 우리가 그분을 이해하는 과정에서 그분이 담당하는 역할에 관한 것이고, 다른 하나는 그런 이해에서 시간의 역할에 관한 것이다.

돌멩이나 식물을 알고자 하는 나의 시도는 거의 전적으로 나의 의지와 지성에 의존한다. 돌멩이나 식물은 저희를 알고자 하는 나에게 아무 말도 하지 않고, 또 내가 보고자 하면 언제든지 나타난다. 반면에 내가 어떤 사람을 알고자 할 때에는 그 일이 나에게만 달려 있지 않고 나에게 알려지는 그 사람의 의지에도 영향을 받는다. 나에게 기꺼이 자신을 알려 주고자 하는 사람이 있는가 하면, 한사코 거리를 유지하려는 사람도 있는 법이다. 또한 그는 같은 사람에게도 때를 따라 다르게 대할 수가 있다.

그런즉 만일 우리가 하느님은 수동적 대상이 아니라, 적어도 우리가 가지고 있는 만큼의 생명과 의지를 지닌 분이라고 생각한다면, 그분을 이해하는 일은 그분의 동의(同議) 없이도 진척되는 그런 일일 수가 없다. 만일 하느님이 살아 계시다면, 우리는 그분이 당신을 이해하려는 우리의 행위에 한 몫 감당하신다는 사실을 부정할 수가 없다. 우리의 하느님 이해는, 그분께 가까이 가려는 우리의 자세뿐만 아니라 우리가 그분께 접근하도록 기꺼이 허락하는 하느님의 의지에 달려 있다.[1]

인간의 통찰과 하느님의 역할

유다이즘에는 하느님의 도우심에 대한 오해가 하나 있다. 하느님의 도우심을 바라는 것은 물론 종교적 의식(意識)의 한 본질적 부분이긴 하다. 그러나 우리는 흔히 그것을 실제의 영역에 국한시키곤 한다. 마치 하느님이 우리를 도우시는 것이 우리의 영적인 노력을 도우시는 것이 아니라 물질적 노력을 도우시는 듯이 말이다. 그런데 실인즉 우리가 아무리 갈망을 해도 도움을 받지 않으면 우리는 영적으로 여전히 맹인인 것이다.

하느님은 인간의 기술과 머리로 능히 발견해 낼 수 있는 바다 밑의 진주가 아니다. 하느님을 찾기 시작하는 일은 우리가 시작해야만 하는 일이라 해도, 그 성취는 우리가 아니라 그 분에게 달려 있다. 그분의 사랑, 그분의 도우심 없이 인간은 그분께 가까이 갈 수가 없다.[2]

"모든 것이 하늘의 손에 있다, 하늘을 두려워하는 것만 빼고."[3] 인간은 그분을 찾을 자유도 있고 그분을 무시할 자유도 있다. 오직 자신을 순결하게 하고자 애쓰는 자만이 위로부터 도움을 받는다.[4] 자신을 조금이라도 성화(聖化)하는 자만이 위로부터 더 큰 성화를 입는다.[5]

시간의 역할

나아가서 하느님을 생명 없는 존재라는 점에서, 의지나 자유가 부여되지 않은 존재라는 점에서 생각해서는 안 된다면, 우리는 그분이 언제나 우리가 원하기만 하면 우리 앞에 나타나는 그런 분이 아님을 시인하지 않을 수 없다. 그분이 우리를 만나시고자 나타나실 때가 있고, 우리한테서 당신의 얼굴을 숨기시는 때가 있다.[6]

역사가 레오폴드 폰 랑케(Leopold von Ranke)는 모든 시대가 하느님께 똑같이 가깝다고 했다. 성경의 방식으로 생각하는 사람에게는 이 말이, 모든 시대가 하느님께 똑같이 멀다는 말과 같다. 유대 전통은 시간 안에는 순간의 계층이 있다고, 즉 모든 시대가 같은 것은 아니라고 주장한다. 인간은 모든 장소에서 똑같이 하느님께 기도할 수 있을는지 모르나, 하느님은 모든 때에 똑같이 인간에게 말씀하시지 않는다. 시나이 사건은 매일 발생하지 않고, 예언은 줄곧 계속되는 것이 아니다. 사람들이 예언자로 뽑히는 시대가 있고, 예언의 목소리가 억압당해 약해지는 시대가 있다.

그러나 이 말은 하느님께서 우리 시대에 전혀 아무 말씀도 하지 않으신다는 뜻이 아니다. 하늘의 음성은 소멸되지 않았고, "유다 언덕에서는 메아리가 들린다." 그것은 우리 시대의 무서운 침묵을 찢어버릴 것이다. 하느님의 뜻이 인간에게 전달되는 데는 여러 가지 길이 있고 단계가 있다.

시간의 역할은 인간의 정황 때문에 불가피하다. 우리가 하느님을 이해한다고 할 때 그것은 전인격(全人格)으로 하는 것이다. 우리의 정신과 가슴, 지성과 관심, 경험과 속성이 모두 그 속에 포함되어야 한다. 그러기에 우리의 하느님 이해는 불변하고 영원하며 보편적인 것일 수 없다. 인간은 모든 때에 똑같은 존재가 아니다. 그가 살면서도 늘 잊고 있는 이 세계의 이해할 수 없음(不可解)을 심장이 멎듯이 깨달아 알게 되는 것은 어느 한 순간에 일어나는 일이다. 그 순간 그는 의아해 한다. 이 무섭도록 광대한 시간과 공간 속에서 나의 자리는 무엇인가? 나의 할 일은? 나의 상황은?

종교적 상황

우리가 궁극적 질문에 관심을 기울이게 되는 상황을 이해하기 전에는, 어째서 하느님의 실재(實在)하심에 집착하지 않을 수 없는지 그 까닭을 이해할 수가 없다.

하나의 진정한 질문은 그것이 표현하는 것보다 더 많은 것을 보여준다. 그것은 그 질문이 있게 된 과정을 설명하는 근본 상황을, 그런 질문이 정신에 떠오르게 된 존재 근거를 나타낸다. 하느님에 관한 질문이 우리의 정신을 항상 점령하고 있지는 않다. 그런 질문에 사로잡힐 때도 있지만, 우리와는 전혀 상관이 없는 듯한 그런 때도 있다. 놀람이 죽고 궁극적 질문이 의미를 잃는 때가 있다. 그런가 하면 오직 놀라움만이 있고, 모든 생각의 머리가 신비에 가 닿는 때도 있다.

따라서 우리는 궁극적 질문을, 그것이 제기되는 상황에서 떨어뜨려 생각하거나 그것이 생겨나고 포함되는 통찰에서 분리시켜 다루어서는 안 된다. 인간의 그리고 개인의 배경에서 떨어뜨릴 때 그것은 단순한 사변(思辨)의 문제로 기울고 만다. 그렇지만 우리가 여기서 지금 다루고 있는 궁극적 질문은 하나의 종교적 관심으로서의 질문이다.

무엇보다도 궁극적 질문은 표현 불가능한 것의 차원에서 제기되는 질문이다. 그것은 개념이 아니라 행위로 나타난다. 그 어떤 추상적 교리도 그것을 전달할 수 없다. 따라서 그 궁극적 질문이 지시하는 바를 이해하려면 그것이 제기되고 있는 정신적 분위기, 그 상황의 내적 논리를 이해해야만 한다. 그것은 장엄함, 놀라움, 신비 그리고 그분의 임재(臨在)하심에 의하여 우리가 도전받고 자극받고 동요되는 그런 상황이다. 우리가 스스로 선택하여 질문하는 것이 아니라, 질문하도록 강요받는 것이다.

그 질문은, 인간이 바로 문제임을, 하느님이 인간에게 문제인 것보다 더 많이 인간이 하느님께 문제임을 깨달음과 함께 제기된다. 인격적 하느님이 있는가 하는 질문은 불확실성을 나타내는 징조다. 인격적 인간은 있는가?

우리의 혼이 그 불안한 실존과 이해할 수 없는 의미 사이를 오락가락하는 신비를 순수하게 깨달아 알게 되는 순간, 우리는 인간의 본질에 대해 그가 알고 있는 것과 또는 그가 가져올 수 있는 것에 의하여 정의 내리는 것이 도무지 불합리하다는 사실을 발견한다. 표현 불가능한 것을 감지하게 되면, 인간의 본질은, 그가 더 높은 표현의 수단이 됨에, 표현 불가능한 의미를 가리키는 암시가 됨에 있다.

순간들

그런즉 하느님의 실재하심에 대한 이해는 과학적 사유와 달리, 삼단논법으로 이루어지는 것도 아니요, 이어지는 추상화 작업이나 개념에서 개념들로 발전하는 사고(思考)로 오는 것도 아니다. 그것은 꿰뚫어 보는 통찰(insights)로써 온다. 궁극적 통찰은 우리가 언어를 넘어 감동받는 순간에, 놀라고 두려워하고 찬양하고 경외하고 전율하고 경탄하는 순간에, 장엄함을 깨닫고, 잡을 수는 있지만 전달할 수는 없는 지각을 얻고, 미지의 것을 발견하고 세상을 잘 안다고 생각하는 자만을 포기하고 자신의 무지(無知)를 알게 되는 그런 순간에 갑자기 이루어진다. 바로 그런 순간의 절정에서 우리는 인생에 의미가 있다는 확신을 얻게 된다. 시간은 잠시 동안의 덧붙임 이상(以上)이요, 모든 존재 너머에 돌보는 이가 있다는 확신을 얻게 된다.

되풀이하거니와 다만 그런 순간에, 표현 불가능한 것의 차원에서 이루어지는 그 순간에, 종교의 범주와 행위는 적합하게 의미를 지니게 된다. 사랑의 행위는 오직 사랑하는 사람에게만 의미가 있다. 그 가슴과 정신이 싸늘하게 식은 사람에게는 아무런 의미도 없다. 종교의 범주도 똑같다. 궁극적 통찰은 사유의 상징화 이전, 개념화 이전 차원에서 이루어지는 것이기 때문이다. 내면적 사건의 상징화 이전 언어로 표현되는 통찰을 개념이라는 상징적 언어로 옮기는 작업은 실제로 어려운 일이다.[7]

개념을 중심으로 사유할 경우에는, 한 때에 분명하게 증명된 것이 다른 모든 때에도 여전히 분명하게 증명된다. 반면에 궁극적 통찰은 정신의 변함 없는 상태가 아니라 발생하는 사건이다. 한 때에는 분명했던 것이 뒤에 와서 모호하게 될 수가 있다. 개념들을 우리는 획득하고 보존한다. 우리는 둘 더하기 둘이 넷임을 배워서 알게 된다. 그리고 일단 그 등식이 옳다고 확인을 하게 되면 그 확실성은 결코 우리를 떠나지 않는다. 반면에 영(靈)의 생명은 그 정점(頂点)을 항상 유지하지는 않는다. 하느님의 자비가 모든 때에 인간에게 복을 내리시지는 않는다. 통찰의 섬광은 "왔다가 가고 들어오다가 빠져나가고 앞으로 나가다가 뒤로 물러선다." 무릇 모든 발산(發散)이 이와 같이 이루어진다--"빛은 그분한테서 나오고 끊임없이 빛은 되흐른다[逆流]. 가장 높은 정점에서 가장 낮은 바닥까지."

우리가 통찰의 순간에 얻은 확실함은 그 순간이 지난 다음에는 그 강렬함이 유지되지 않는다. 게다가 그런 경험들은 매우 드물게 일어난다. 어떤 사람에게는 그것들이 유성(流星)처럼 지나가 버리고 다시는 기억나지도 않는다. 그러나 어떤 사람에게는 그것들이 결코 꺼지지 않는 등불로 타오른다. 그런 경험들을 기억하고 그 순간에 충실하게 응답하는 것이 신앙을 지탱시켜 주는 힘이다. 이런 뜻에서, 신앙은 성실함(faithfulness)이다. 한 사건에 대하여 충실함이요 우리의 응답에 충실함이다.[8]

위장된 대답

우리의 혼에서 솟구쳐 나오는 궁극적 질문은 너무나도 놀랍고 표현할 수 없는 놀람의 감당 못할 무게로 우리를 누르기 때문에, 그것을 무슨 학문상의 문제처럼 다루거나 예와 아니오를 잠시 유보해 둘 수가 없다. 우리는 더 이상, 하느님이 있느냐--를 물을 수가 없다. 겸손과 뉘우침으로 우리는 그런 질문이 얼마나 뻔뻔스럽고 무엄한 것인지를 깨닫게 된다. 생각을 깊이 하면 할수록 우리는, 우리가 묻는 질문이 우리가 받는 질문임을 분명하게 깨닫는다. 하느님에 관한 인간의 질문이 인간을 묻는 하느님의 질문이다(Man's question about God is God's question of man).

그와 같은 근본 상황에 사로잡혀 본 적이 없는 사람은 그 상황이 낳아주는 확실함을 이해 못하리라. 도망하는 자, 하느님이 현존하실 때마다 그 곳에 부재(不在)하는 자는, 자신의 부재 이유를 설명하고 증언대에 서기를 사절하겠지. 그러나 깊은 통찰의 순간을 통과해 본 사람은 자신의 혼을 속이지 않는 한, 하느님이 계시지 않다고 증언할 수 없다.

13

사람을 찾는 하느님

"너 어디 있느냐"

대부분의 종교 이론은 하느님을 찾는 인간의 종교적 상황을 정의하는 것으로 시작하여, 하느님은 당신을 찾는 인간에게 침묵하고 무관심하며 숨어 계신다는 공리(axiom)를 강조한다. 이 공리를 받아들임으로써 사실은 그 질문이 있기 전에 이미 대답이 주어진 셈이다. 그러나 성경 식으로 생각하면, 이 정의는 불완전하고 그 공리는 그릇되었다. 성경은 인간이 하느님을 찾는 것뿐만 아니라 하느님이 인간을 찾으심도 말하고 있다. "당신께서는 사자처럼 나에게 달려드십니다"(욥기 10:16). "애당초부터 당신은 인간을 가려 뽑아 당신 앞에 설 만한 가치가 있는 자로 여기셨습니다."[1] 하느님이 인간을 좇으신다(God is pursuing man).[2] 이것이 성경적 신앙의 신비스런 역설이다. 마치 하느님이 혼자 있고 싶지 않아서 인간을 선택하여 당신을 섬기게끔 하신 것 같다. 우리가 그분을 찾음은 인간의 일만이 아니고 그분의 관심사이기도 하다. 따라서 홀로 인간만이 해내야 하는 일로 보아서는 안 된다. 우리의 열망 속에는 그분의 의지가 내포되어 있다. 성경에 묘사된 인류의 역사는 다음 한 마디로 요약할 수 있겠다. 하느님이 인간을 찾으신다. 하느님을 믿는 신앙은 하느님의 질문에 응답하는 것이다.

주님, 내가 어디서 당신을 찾으리이까?
당신의 처소는 높고 감추어져 있나이다.
내가 어디서 당신을 찾지 못하리이까?
당신의 영광이 온 땅에 가득하나이다.

나는 당신의 가까이 계심을 찾았나이다.
내 마음 다하여 당신을 불렀나이다.
당신을 만나러 밖으로 나가
나에게 오시는 당신을 뵈었나이다.

당신의 능력과 거룩하심에서
내가 당신을 뵈었은즉
누가 당신을 뵙지 못했노라 말하리이까?
보소서, 비록 들리는 소리는 없사오나
하늘과 하늘의 군대가
당신의 엄위를 알리고 있나이다.[3]

　아담과 하와가 하느님 앞에서 몸을 숨겼을 때 하느님은 그를 부르셨다. 너 어디 있느냐?(창세기 3:9). 이 부르는 음성은 거듭하여 계속되고 있다. 그것은 여전히 작은 음성의 작은 메아리요 언어로나 생각의 범주로 발설되고 전달되지는 않지만, 온 세상을 채우고 있는 영광이 신비스럽고 표현 불가능하듯이, 신비스럽고도 표현 불가능하다. 그것은 침묵으로 싸여지고 덮여 있지만 그러나 삼라만상 모두가, 너 어디 있느냐는 질문의 단단한 메아리인 듯하다.
　신앙은 경외에서, 우리가 그분 앞에 노출되어 있음을 깨달음에서, 하느님의 질문에 응답해야 하는 두려움에서, 그분이 우리를 부르신다는 사실을 깨달음에서 생겨 나온다. 종교는 하느님의 질문과 인간의 대답으로 이루어진다. 신앙으로(to) 가는 길은 신앙의(of) 길이다. 하느님께

가는 길은 하느님의 길이다. 하느님이 질문하시지 않는다면 모든 탐색이 헛수고다.

대답은 일순간의 일이지만, 대답하는 일은 계속된다. 존재의 표현 불가능한 신비에 대한 깨달음이 우리 마음에서 끊임없이 계속되지 않는다면, 남는 것은 신앙 없는 수고뿐이다. 우리의 경계심을 북돋우고 신비에 대한 감각을 예민하게 하고자 취하는 수단이 곧 예배와 의식(儀式)이다. 신앙은 한 곳에 머물러 있지 않기 때문이다. 그분의 임재를 믿고 그분께 가까이 있기 위해 우리는 끊임없이 기도하고 복종해야 한다.

하느님과 인간이 만나는 곳은 감추어져 있지만, 그러나 전혀 틈입할 수 없는 곳은 아니다. 그분은 인간 안에 당신의 얼을 넣어 주셨다(이사야 63:10). "슬기란 사람 속에 있는 얼이요 전능하신 분의 입김에서 풍겨오는 것"(욥기 32:8).

신앙은 사건이다

사람들은 가끔, 왜 하느님의 존재를 믿을 수밖에 없는지 그 까닭을 항목별로 열거해 보려고 한다. 그 항목들은 우리가 나무에서 따는 익은 열매와 같다. 그러나 신앙 행위가 그 터를 잡는 곳은 모든 이성을 넘어서는 곳, 한 알의 씨앗이 싹으로 트는 땅 속이다.

우리의 혼은 제 속의 깊숙한 비밀을 두뇌로 따져 볼 수 있는 사변의 표면 위로 끌어올리는 방법을 거의 모른다. 그러므로 우리는 신앙 행위를 그 신앙의 표현과 동일시해서는 안 된다. 신앙의 표현은 진리에 대한 확인이며 분명한 판단이요 신앙 고백이다. 한편 신앙 그 자체는 하나의 사건이다. 그것은 축적되는 무엇이 아니라 발생하는 무엇이다. 그것은 인간의 혼이 하느님의 영광과 상통(相通)하는 한 순간이다.[4]

사방이 벽으로 막힌 인간의 심성은 자력(自力)으로 하느님을 아는 지식에 오르는 사다리에 접근할 수가 없다. 그러나 인간의 혼에는 초월을 향하여 열려 있는 투명한 창(窓)이 부여되었다. 그리고 만일 그가 그분께 닿도록 위로 오른다면 그에게 그런 열망의 힘을 준 것은 그의 안에 있는 신성한 빛의 반사다. 우리는 때로 우리의 능력에 반(反)하여 그리고 우리의 능력을 넘어서 불길에 타오른다. 그리고 인간의 혼이 정신병자 수용소로 뒷전에 방치되지 않는 한, 그 빛의 스펙트럼[分光] 분석은 그의 통찰이 진실임을 증명해 준다.

왜냐하면 하느님은 언제나 침묵하시지는 않고, 인간 또한 언제나 소경인 것은 아니기 때문이다. 그분의 영광은 온 세상에 가득하고 그분의 영(靈)은 수면 위를 휘돌고 있다. 탈무드의 표현을 빌면, 땅과 하늘이 입을 맞추는, 미지의 지평선에 드리워진 휘장이 걷히고 시간 속에 있는 영원한 것의 모습이 나타나 보이는, 그런 순간이 있다. 우리들 가운데 몇은 적어도, 하느님께 몸을 바친 사람들의 혼을 통하여 발산된 아름다움, 평화 그리고 능력의 모습을 일별(一瞥)한 경험이 있다. 인간의 혼에는, 하느님의 신비스런 손에 의하여 인도를 받을 뿐만 아니라 다른 존재들을 어떻게 인도하고 도울 것인가를 깨치기도 하는 그런 순간이 번개처럼 다가온다. 시나이의 음성은 영원히 계속된다. "야훼께서는 이 말씀을 너희 모든 회중에게 불과 구름과 두터운 어둠 속에서, 영원히 계속되는 큰 음성으로 말씀하셨다."[5]

어둠 속의 섬광

마이모니데스는 살아 있는 신앙에 대한 확신이, 논리적 전제들이 아니라 행위에서 나오는 결과임을 잘 밝혀냈다.

이 큰 신비들이 우리들 가운데 누군가에게 완전히 그리고 모두 알려지리라고는 생각하지 말라. 결코 그럴 수 없다. 때로 진리가 우리 앞에 대낮의 빛처럼 밝은 섬광(閃光)으로 빛날 경우는 있다. 그러나 그것은 우리의 육체적 본성과 사회 습관으로 인하여 금방 모호해지고 우리는 이전에 처해 있던 칠흑 같은 어둠 속으로 다시 떨어진다. 그런즉 우리는 시시때때로 주변이 번갯불로 인하여 밝아지다가도 그 섬광과 섬광 사이의 두터운 어둠에 삼키우는, 그런 인간과 같다. 우리 가운데 어떤 사람은 그런 섬광의 조명을 자주 받아 이윽고 거의 연속되는 밝음 속에서 살아감으로써 밤이 낮으로 바뀌는 사람이 있다. 그것이 모든 예언자들 가운데 가장 위대한 예언자(모세)에게 주어진 특전이었다. 그에게 하느님은, "그러나 너만은 여기 나와 함께 남아 있어라"(신명기 5:31)고 하셨고, 또 성경은 그를 두고, "그의 얼굴 살결이 환하게 빛나고 있었다"(출애굽기 34:30)고 했다. 평생에 단 한 번 섬광을 보는 사람도 있다. "그들은 그때에 예언을 했다. 그러나 두 번 다시 하지 않았다"(민수기 11:25, 사역)고 한 사람들이 그들이다. 다른 사람들의 경우에도 밝히는 섬광과 섬광 사이에 길거나 짧은 사이[間]가 있고, 그런가 하면 번갯불처럼 밝은 섬광에 의하여 어둠이 밝혀지지 않고 다만 어떤 돌멩이나 어둠 속에서 빛을 내는 야광체 같은 희미한 발광체에 의하여 조명 당하는 사람들도 있다. 그런데 우리를 비추는 그 드문드문한 빛조차도 계속 있는 것이 아니라 "돌아가는 불칼"(창세기 3:24)의 빛처럼 반짝이다가 사라지곤 하는 것이다. 이런 차이에 따라서 인간의 완전함의 정도가 달라진다. 평생토록 한번도 이 빛을 보지 못하고 어둠 속에서 더듬거리는 사람들이 바로, "분별력도 없고 깨닫지도 못하여 어둠 속을 헤매고만 있는"(시편 82:5) 자들이다. 진리는 그토록 강력하게 밝으면서도 그런 자들에게는 완벽하게 감추어져 있다. 그래서 그런 자들을 두고, "이제 사람들은 하늘에서 빛나는 빛을 보지 않는다"(욥기 37:21, 사역)고 했던 것이다. 이것이 바로 거대한 인류의 무리다…[6]

언어가 무용한 날들을 통과한 사람들, 가장 훌륭한 이론들이 상말[俗語]처럼 귀에 거슬리는 날들을 통과한 사람들, 궁극적 무지를 스스로 경험한 사람들, 놀라움과 철저한 묵언(默言)으로 충격받은 영혼의 침묵을 경험한 사람들, 이들이 하느님의 의미 속으로, 인간의 마음보다 큰 의미 속으로, 들어갈 수가 있다.

우리 속에는 외로움이 있어서 그 외로움이 소리를 듣는다. 우리의 혼이 자기중심과 자질구레한 자부심의 쳇바퀴를 벗어나는 때, 모든 사물을 개발하는 대신에 기도를 할 때, 세계의 울음과 세계의 신음을 대신 울어 줄 때, 우리의 외로움은 모든 세력 너머에 있는 살아 있는 은총의 소리를 듣는다.

우리는 그분의 살아 있는 빛의 현존을 느낄 수 있기 전에 먼저 어둠 속을 응시하여 하느님 없이 사는 삶의 절망에 질식하고, 매장 당함을 느껴야 한다.

"내가 구름으로 땅을 덮을 때, 구름 사이에 무지개가 나타나면"(창세기 9:14) 무지와 혼돈이 모든 생각을 더럽힐 때 하느님의 빛이 갑자기 하늘의 무지개처럼 나타나리라. 빛을 받아 드러나듯이 그때 우리는 하느님의 크심을 이해하게 된다. 바알 셈(Baal Shem)이 말했듯이, "너무나도 갑자기 온 세상을 밝히는 번갯불처럼, 하느님은 인간의 마음을 밝히시어 창조주의 크심을 이해할 수 있게 하신다." 시인이 "지극히 높으신 분, 야훼께서 천둥소리로 하늘에서 고함치셨다. 번개가 번쩍 번쩍, 화살을 마구 쏘아대시어 원수들[구름]을 흩어 쫓으셨다"고 했을 때 바로 이런 뜻이었다. 어둠은 물러가고, "바다의 밑바닥이 드러나고… 땅의 기초가 드러난다"(시편 18:14-15).[7]

유대의 종교적 사유의 핵심은 하느님에 대한 개념을 간수하는 데 있지 않고 그분의 현존에 의하여 깨달음을 얻은 순간들을 기억하는 기술에 있다. 이스라엘은 정의(定義)를 밝히는 민족이 아니라 증언하는 민족이다. "너희가 바로 나의 증인이다"(이사야 43:10). 우리에게 밝히 드러났던 것을 상기시켜 주는 것들이 우리의 혼 위에, 멀리 마음을 압도하는 장엄함으로 별처럼 걸려 있다. 그것들은 어둡고 위태로운 시대를 관통하여 빛나고 있으며, 이 부주의한 광야의 삶 속에서 양심과 기억의 오솔길을 지키고 있는 자들의 살아가는 모습에서 그 반사되는 빛을 볼 수 있다.

그런, 과거를 상기시켜 주는 것들이 끝없이 우리 마음 속으로 들어오기 때문에 놀람이 우리를 떠나는 때가 없다. 우리의 혼을 부르는 영속하는 밝음을 잃지 않으려고 우리는 고대 의식(儀式)의 망원경을 유심히 들여다본다. 우리의 마음이 그 불꽃을 밝히고 이 원리들을 만들어 낸 것은 아니다. 그럼에도 불구하고 지금 우리의 생각은 그들의 빛으로 밝게 타오른다. 이 밝게 타오르는 빛, 우리의 신앙의 정체는 무엇인가? 그리고 그것은 어떻게 지각되는가?

하느님께 돌아가는 것이 그분께 대한 우리의 대답이다

우리는 신앙의 세계를 발견해야 하는 게 아니라 회복해야 한다. 그것은 알려지지 않은 미지의 땅(*terra incognita*)이 아니라 잊혀진 땅이다. 그리고 하느님과 우리의 관계는 글씨를 쓰지 않은 백지(*tabula rasa*)가 아니라 다른 글씨를 쓰기 위해 먼저 글씨를 지운 서판(*palimpsest*)이다. 신앙을 가지지 않은 사람은 없다. 우리 모두 시나이산 기슭에 서서 "내가 너희 하느님 야훼"[8]라는 선포를 들은 몸이다. 우리 모두, "우리가 행하고 듣겠습니다" 하고 말했다. 그러나 인간 안에 있는 악과 사회 안에 있는 악이 혼을 침묵시켜 우리의 신앙을 훼방하고 억압한다. "우리의 의도가 당신의 뜻을 이루려는 것임을 당신께서는 밝히 아십니다. 그러나 무엇이 그 길을 방해하고 있습니까? 가루 반죽 속에 있는 누룩(악한

충동)과 왕국에 노예로 예속됨이 그것입니다."⁹⁾

　유다이즘의 정신에서는 하느님을 좇는 것이 하느님께로 돌아가는 것이다. 그 분을 생각하는 것은 회상하는 것, 우리의 억눌린 [그분께 대한] 애착을 끌어내려고 하는 것이다. 히브리어로 회개를 뜻하는 '테수바'(teshuvah)는 '돌아섬'(return)을 의미한다. 또한 그것은 '대답'(answer)을 의미하기도 한다. 하느님께 돌아가는 것이 그분께 대한 우리의 대답이다. 하느님은 침묵하시지 않기 때문이다. "나를 배반하고 떠나갔던 자들아 돌아오너라"(예레미야 3:14).¹⁰⁾ 라삐들이 이해한 바에 따르면, 날마다 시간마다 "한 소리 있어 외친다. '야훼께서 오신다. 사막에 길을 내어라. 우리의 하느님께서 오신다. 벌판에 큰 길을 훤히 닦아라'"(이사야 40:3). "야훼의 음성이 성읍에서 부르짖으신다"(미가 6:9, 사역).¹¹⁾

　"아침마다 [그분은] 내 귀를 일깨워주시어 배우는 마음으로 듣게 하신다"(이사야 50:4). 하느님께로 향하는 인간의 충동은 실인즉 "하느님께서 인간에게 일깨워 주심"이다.¹²⁾ 그 부르는 소리를 인간의 육체 감각으로는 잡을 수 없다. 그러나 그의 "영혼"은 그 소리를 듣는다.¹³⁾ 가장 값진 선물은 우리도 모르게 우리에게 오고, 또 여전히 우리는 그것을 알지 못한다. 하느님의 은총은 우리의 삶에서 단음(斷音, staccato)으로 울린다. 서로 단절된 듯이 들리는 음(音)들을 기억함으로써만 우리는 그 주제(테마)를 파악하는 능력을 얻는다.

　그와 같은 경험의 내용을 말로 설명해 낼 수 있는가? 그것은 사물을, 물질적인 어떤 것을 지각하는 게 아니다. 또한 그것은 이때까지 미지였던 관념들을 밝혀내는 것도 아니다. 그것은 우선, 인간의 혼을 끌어올리는 것, 정신적 감각을 예민하게 하는 것, 새로운 감수성을 부여하는 것이다. 그것은 공간 속에 있는 어떤 것이 아니라 시간 속에 있는 무엇을 발견하는 것이다.

　천리안(千里眼)이 장래를 내다볼 수 있듯이 종교인은 현재의 순간을 감지한다. 그리고 이것이야말로 최고의 성취다. 왜냐하면 현재(the present)는 곧 하느님의 현존(the presence)이기 때문이다. 사물들한테는 과거와 미래가 있지만, 그러나 오직 하느님만은 순수한 현존이시다.

영적인 사건

그러나 만일 통찰이 물리적 사건이 아니라면, 그것이 어떤 뜻에서 실재인가?

현대인의 세계관 바닥에 깔려 있는 가설은 객관적 실재는 물리적이라는 것이다. 모든 비물질적 현상들이 물질 현상으로 환원되어 물리적 술어로 설명될 수 있다고 본다. 그런즉, 인간의 경험들 가운데서도 우리에게 물질 현상의 질적인 모습으로 익숙한 경험들만이 현실 세계에 속하는 것이다. 그 밖의 경험들, 이를테면 기도라든가 하느님의 현존을 깨달아 아는 것 등은 객관적 상대물(counterpart)이 없다. 그것들은 객관적 세계의 성격으로 우리에게 익숙하지 못하다는 뜻에서 환영(幻影)일 뿐이다.

오늘의 사회에서는, 물리적인 것이 곧 실재라는 등식(等式)을 거절하는 자는 신비주의자로 간주된다. 그러나 하느님은 우리가 육체로 경험할 수 있는 대상이 아니다. 따라서 만일 물적인 것이 곧 실재라는 등식이 성립된다면 하느님은 실재하시는 분일 수가 없게 된다. 하느님은 그 어떤 실재도 가리키지 않는 말일 뿐이거나 아니면 최소한 내가 지금 눈앞에 보고 있는 인간만큼 실재(實在)다.

영적인 사건은 실재다. 이것이 신앙의 전제다. 모든 창조적 사건들은 영적인 행위로 말미암는다. 하늘과 땅 만드신 하느님은 당신의 뜻을 인간에게 일러 주시는 하느님이다.

"당신의 빛으로 우리가 빛을 보리이다"(시편 36:9 사역). 모든 인간의 혼 속에 하늘의 빛이 있다. 그 빛이 세상의 어리석음으로 말미암아 잠을 자고 어두워지는 것이다. 우리는 먼저 이 빛을 일깨워야 한다. 그런 뒤에야 위의 빛이 우리를 비추리라. "우리 안에 있는 당신의 빛으로 우리가 빛을 보리이다"(Rabbi Aaron of Karlin).

우리는 가만히 앉아, 통찰이 오기를 기다려서는 안 된다. 암흑의 순간에 우리는 우리 속에 있는 빛이 밖으로 나오게 힘써야만 한다. "그리고 [어진 아내는] 아직 어두울 때 일어난다"(잠언 31:15).

14

통찰

들어라, 이스라엘아

하느님의 말씀이 내내 들리지 않는 것은 아니다. "모든 세대마다 당신께서는 당신 이름의 신비를 일부 펼쳐 보이셨나이다."[1]

"날마다 호렙산에서, '토라를 무시하는 백성에게 화가 임한다'는 하늘의 음성이 울린다."[2] "날마다 한 목소리가 들린다. '언제까지 조롱하는 자들은 조롱하기를 즐겨하고 어리석은 자들은 지식을 미워할 것인가?' '돌아오라 성실하지 못한 아들들아, 내가 너희의 불성실함을 치유하리라'(예레미야 3:22, 사역). 그러나 귀를 기울이는 자 하나도 없다. 토라는 인간을 부르건만 아무도 듣지 않는다."[3]

바알 셈(Baal Shem)은 질문했다. 그 음성의 목적은 무엇인가? 듣는 자가 없다면 무슨 소용이 있는가? 만일 그 음성을 항상 듣는 자가 있다면 그는 그 내용을 그대로 받아들일까? 그리고 다른 사람이 그를 믿어줄 것인가? 이에 대하여 바알 셈은 스스로 이렇게 생각했다. 위에서 울려 나오는 그 음성은 인간의 육신의 귀에는 닿지 않는다. "말도 없고 언어도 없고 음성은 들리지 않는다"[4] 그것은 소리로가 아니라 생각(thoughts)으로, 신호(signs)로 발언된다. 그러기에 인간은, 그것을 지각하는 법을 배워야만 한다. "몸짓으로 전하는 뜻을 알아보지 못하는 자는 왕 앞에서 신호로 대화할 자격이 없다."[5] 하느님께로 돌아가고자 하는 모든 간절한 염원은 기쁨과 두려움에 대한 내면의 각성과 마찬가지로 다 그 음성에서 오는 것이다.[6]

"모든 천사들아, 야훼를 찬미하여라. 그 말씀의 일꾼인 능력자들아, 그의 말씀을 익히 들어라"(시편 103:20). "여기서 말하는 천사들이란 하늘의 천사들처럼 거룩하신 분께, 그분께 축복을, 귀염을 받는 이 세상의 성인(聖人)들을 뜻한다. … 그들은 야훼의 음성을 듣는다. 그들은 날마다 위에서 들려오는 소리를 듣는 특권을 받은 것이다."[1]

들어라, 이스라엘아… "의인(義人)은 날마다 호렙산에서 나오는 소리를 듣는다. 이스라엘아, 너는 순간마다 시간마다, '야훼께서 우리 하느님이시다, 야훼는 한 분이시다'고 외치는 소리를 들어라. 이것이 '들어라, 이스라엘아'의 의미다." "하느님의 행위는 영원하시고 영원히 계속된다. 날마다 자격이 있는 자는 시나이에 서서 토라를 받는다. 그는 전에 이스라엘이 시나이에 서서 그랬듯이 주님의 입에서 나오는 토라를 듣는다. 모든 이스라엘 사람이 저마다 시나이에 설자리를 얻을 수 있다."[8]

인간의 선수(先手, initiative)

"나는 자리에 누웠어도 정신은 말짱한데 사랑하는 이가 문을 두드리며 부르는 소리, '내 누이, 내 사랑, 티 없는 나의 비둘기여, 문을 열어요'"(아가 5:2). "나의 사랑하는 이, 거룩하신 분께서, 그분께 축복을, 부르신다. 나에게 바늘끝 만큼만 열어라. 그러면 나는 너에게 하늘의 문을 열리라. 나의 누이야, 나에게 열어라. 너는 나에게, 들어오는 입구가 속에 있는 문이기 때문에, 만일 네가 열지 않으면 나는 닫히고 만다."[9]

거듭거듭 그의 부르는 소리가 우리의 혼을 두드린다. 나의 누이, 나의 비둘기야 나에게 열어다오. 그러나 우리 마음의 어지러움과 세상의 어둠에 그 음성은 묻히고 만다. 그런데도 하느님은 여러 가지 방법으로 우리 혼에 닿고자 하신다. "사람을 먼지로 돌아가게 하시며 '사람아, 돌아가라' 하시오니"(시편 90:3).

하느님의 도우심 없이 인간은 그분을 찾을 수 없다. 인간의 찾음 없이 그분은 도우실 수 없다. "이스라엘 공동체는 거룩하신 분 앞에, 그분께 축복을, 서서 말했다.

--우주의 주인님, 그것은 당신께 달렸나이다. 그러니 당신께서 우리를 당신께로 돌려세우소서.

그분이 말씀하셨다.

--그것은 너희에게 달려 있다. "이제 나에게로 돌아오너라. 나도 너희에게로 돌아가리라"(말라기 3:7)고 기록되어 있듯이.

공동체가 그분께 말씀드렸다.

--우주의 주인님, 그것은 당신께 달렸나이다. "우리 구원의 하느님, 노여움을 푸시고 우리를 되돌아가게 하소서"(시편 85:4)라고 기록되어 있듯이 말입니다.

그래서 애가는 다음과 같은 말로 끝나고 있는 것이다. "야훼여, 주께 돌아가도록 우리를 돌이켜 세워 주십시오"(애가 5:21).

그분을 찾아가는(to seek) 것은 인간이 할 수 있는 일이다. 그분을 찾아내는(to find) 것은 인간의 힘으로 할 수 있는 일이 아니다. 아브라함이 지녔던 것은 놀람뿐이었고, 그가 스스로 이룰 수 있었던 것은 깨달을 준비를 갖추는 것뿐이었다. 대답은 그에게 밝혀졌다. 그가 몸소 찾아낸 것이 아니었다.[10]

그러나 선수(先手, the initiative)는 인간에게 있다고 우리는 믿는다. 위대한 통찰은 우리가 그것을 받을 준비를 갖추기 전까지는 주어지지 않는다. 끝은 하느님이 맺으시지만 시작은 우리가 한다(God concludes but we commence).

"누구든지 스스로 정결하게 하는 자는 위로부터 도움을 받는다."[11] 하느님의 현존, 즉 셰키나(Shechinah)는 죄인들의 무리 속에서 발견되지 않는다. 그러나 한 인간이 스스로 정결하고자 애쓰며 하느님 가까이 가면, 셰키나는 그의 위에 머무르신다. 인간이 "나는 사랑하는 님의 것입니다"고 말할 준비가 갖추어져 있을 때 "그분의 열정이 나를 향한다."[12]

석탄불이나 촛불의 불꽃 속에는 두 가지 빛이 있다. 하나는 희고 밝은 빛이요, 다른 하나는 검거나 푸른빛이다. 흰 빛은 윗자리를 차지하고 한결같이 위로 솟구친다. 이 두 빛은 서로 연결되어 불가분(不可分)인데, 흰 빛이 검은 빛 위에서 검은 빛을 타고 앉아 있다. 푸르거나 검은 바탕은 그 아래에 있는 것에 닿아 있는데, 그것은 검은 빛으로 하여금 불꽃 속에 살아 있게 하고 위에 있는 흰 빛에까지 올라가도록 부추긴다. 그 검은 빛 부분은, 위와 닿아 있는 흰 빛과 아래와 닿아 있는 물체 사이를 연결한다. 이 푸른 부분이 불꽃으로 타오르게 하는 힘은 오직 사람한테서만 나온다.[13] 푸른빛은 먼저 그것이 타오르기 시작하기 전에는 흰 빛에 잡히지 않는다. 그러나 일단 타오르기 시작하면 그 뒤로 흰 빛이 그 위에 머문다. 이 흰 빛을 두고 성경에는, "하느님, 침묵을 깨소서. 잠잠하지도 쉬지도 마소서, 하느님"(시편 83:1)이라고 했다. 푸른 빛을 두고는, "야훼를 일깨워드릴 너희가 입을 다물고 있어서야 되겠느냐"(이사야 62:6)고 했다.[14]

"마음의 눈"

"모든 원리들 가운데 원리요 모든 학문이 그 위에 기초한 기둥은, 모든 존재하는 것들을 존재하게 한 제1존재(a First Being)가 있음을 아는 것"이라는 말로 시작하는 대법전(大法典)에서 마이모니데스는 하느님의 존재하심을 사변으로 입증하고자 하지 않는다. 그는 우리가 하느님을 아는 지식의 근원은 내면의 눈, 직관을 일컫는 중세기의 이름인 "마음의 눈"(the eye of the heart)이라고 주장한다.[15]

과거의 유대인 사상가들은 추상적 전제들에서 나오는 삼단 논법이나 육체의 경험으로가 아니라 통찰(an insight)로 하느님의 존재에 대한 자신의 확신을 얻었다. 육신의 눈은 영혼의 눈과 다르고, 영혼은 때로 높은 통찰을 얻는다고 믿었다.[16]

바흐야 이븐 파쿠다(Bahya Ibn Paquda)는, 그 정신이 항상 하느님께 민감한 자에게 그분은 "당신 지혜의 신비를" 드러내신다고 믿었다. 그런 사람은 "눈 없이 보고, 귀 없이 들으며 혀 없이 말하고 감각으로 알 수 없는 사물을 인식하며 이성작용(理性作用) 없이도 사물을 이해하리라."[17]

모세 이븐 에즈라(Moses Ibn Ezra)는, "나의 생각이 나를 일으켜 당신을 뵙게 합니다. 그리고 나로 하여금 내 마음의 눈으로 당신의 신비를 볼 수 있게 합니다" 하고 말한다.[18]

예후다 할레뷔(Yehuda Halevi)는, 하느님께서 우리 모두에게 드러난 사물들을 볼 수 있도록 육신의 눈을 주신 것과 마찬가지로 어떤 사람들에게는 '내면의 눈' 또는 '내면의 감각'을 주셨다고 주장한다.[19] 그는 자신이 쓴 시에서, 하느님을 (육신의 눈으로가 아니라) 마음으로(with the heart) 뵈었다고 한다.[20] "내 마음이 그분을 뵈었고 그분을 믿었노라."[21] "나는 당신을 마음의 눈으로 뵈었습니다."[22]

> 무(無)에서 모든 것을 드러내신 창조주는
> 눈이 아니라 마음에 나타나신다.
> 그런즉 어떻게와 어디서를 묻지 말라.
> 그분은 하늘과 땅에 충만하시다.
> 네 중심에서 먼지를 제거하라.

네가 네 가슴에서 하느님을 뵙게 되리라.
네 마음속에서 거닐며
낮은 데로 내려가시고
높은 데로 올라가시는 그분을.[23]

"영혼을 위한 문"

우리는 『조할』(*Zohar*)에서, "그녀의 남편은 그 땅의 장로들과 함께 성문에 앉아 있을 때 사람들에게 알려진다"('남편' 또는 '주인'은 하느님과 동의어로 쓰이고 있음)는 구절(잠언 31:23)에 대한 다음의 강론을 읽게 된다.

"거룩하신 분께서는, 그분께 축복을, 당신의 영광 속에서 초월해 계신다. 그분은 숨어 계시고 모든 시야에서 아주 멀리 떨어져 계신다. 세상의 그 누구한테서도 그분의 지혜와 본질은 숨어 계셨고 지금도 숨어 계신다. 모든 시야에서 그분은 멀리 숨어 계신 고로, 천상의 존재나 지상의 존재나 '야훼의 처소에서 나는 영광을 기리자'(에제키엘 3:12, 사역)고 스스로 말하기 전에는 그분과 상통할 수가 없다. 지상의 생물들은 그분이 높은 데 계신다고 생각하여 '그의 영광은 하늘 위에서 빛난다'(시편 113:4)고 하고, 천상의 존재들은 그분이 아래에 계신다고 생각하여 '그의 영광은 땅을 덮으신다'(시편 57:11, 사역)고 하거니와 이윽고 그들은 하늘과 땅에서 목소리를 합하여 '야훼의 처소에서 나는 영광을 기리자'고 하니, 이는 그분이 알 수 없는 분이시며 아무도 그분을 참으로 이해할 수 없기 때문이다. 일이 이러하거늘 어찌 '남편이 성문에서 알려진다'고 말할 수 있는가? 그러나 실인즉 거룩하신 분께서는 모든 사람에게 그 마음의 통찰력과 당신의 지혜에 스스로 가까이 가는 능력을 따라 자신을 알려 주신다. 그런즉 '그의 남편'은 '성문에서'(*bishe 'arim*)가 아니라 '통찰로써'(by insight) 알려진다고 번역해야 할 것이다. 비록 아무도 그분을 완전히 알 수는 없지만 … 다른 해석에 따르면 이 구절에 나타난 문(門)은, "문들아 머리를 들어라"(시편 24:7)의 문과 같은 것으로서 천상의 계단을 가리킨다. 그 계단을 통과하여 인간은 비로소 전능자를 알게 되는 것이다. 이와 비슷하게 인간의 영혼은, 영혼의 기관들을 형성하는 계단인 육신의 지체들을 통과하지 않고 직접 알 수가 없다. 따라서 영혼은 우리가 알면서 모르는 것이다. 거룩하신 분도, 그분께 축복을, 이와 같으니, 그분은 뭇 영혼들의 영혼이시며 모든 사람에게 감추어져 계신 분이지만, 그럼에도 불구하고 영혼을 위한 문인 그 문들을 통하여 당신 자신을 알려 주시기 때문이다. 문안에 문이 있고 계단 뒤에 계단이 있기에, 그 문을 통과하여 거룩하신 분의 영광은 우리에게 알려진다."[23]

15

신앙

"자네가 하느님의 신비를 파헤칠 수라도 있단 말인가"

궁극자를 생각하는 것, 보이지 않는 분에게로 올라가는 것은 수많은 함정이 있고, 앉아 쉴 자리는 거의 없는 길을 따라 나아간다. 아무리 신앙이 있다 해도 우리는 완전히 없애버릴 수 없는 근심 걱정에 쉽사리 빠져 들어간다. 어떻게 하면 하느님을 알고자 하는 노력이 모두 헛수고일 뿐이리라는 염려를 물리칠 수 있을 것인가?

인간은 자진하여 숨어 계신 하느님에게 이르러 그분을 감싸고 있는 어둠을 벗겨 보고자 한다. 그러나 그가 마침내 도달한 분이 과연 하느님이신지 아니면 인격화된 어떤 가치인지를 어떻게 알 것인가? 그는 어떻게, 언제 어디서 하느님이 발견되는지를 알 것인가? 명상하는 순간에 우리는 그분의 현존과 만날 수 있다. 그러나 우리가 만난 그 분이 하느님이신가? 우리는 온 맘으로 진지하게 그분의 영광을 기릴 수 있다. 그러나 그분이 우리의 찬양을 받아 주신다고 어떻게 알 것인가?

"자네가 하느님의 신비를 파헤칠 수라도 있단 말인가?"(욥기 11:7). 욥은 스스로 시인한다. "하느님은 위대하시어 우리가 알 수 없는 분이시다"(36:26, 사역).[1] "우리 인간이 어찌 이 전능하신 분께 이르겠소? 못 할 일 없으시며 공명 무사하신 그분이 어찌 억울한 일을 하시겠소?"(욥기

37:23). 아브라함이 스스로 할 수 있었던 것은 놀라고 경탄하는 것뿐이었다. 살아 계신 하느님이 존재하신다는 깨달음은 하느님이 주신 것이었다.

신앙에는 대리(代理)가 없고, 예언에는 대안(代案)이 없으며, 전통에는 대용물(代用物)이 없다.

신앙이 맨 먼저 보이지는 않는다

신앙이 맨 먼저 보이는 것은 아니다. 잠깐 동안의 덧없는 나비 목숨처럼 그렇게 신앙은 온다. 쉽게 믿는 자는 쉽게 잊는다. 신앙은 뜻밖의 놀라움처럼 아무것도 없는 데서 준비도 없이 불쑥 나타나는 것은 아니다. 신앙보다 먼저 우리가 인식은 하지만 이해는 못하는 사물들에 대한 경탄과 경외가 있다. 홍해 바다 이야기에서 우리는, "이스라엘 사람들은 야훼께서… 에집트인들을 치시는 것을 보고, 야훼를 두려워하며 야훼와 그의 종 모세를 믿게 되었다"(출애굽기 14:31)는 구절을 읽는다. 우리는 "날마다 우리에게 얼어나는 기적을"을 보는 법을 배워야 하고, 신앙의 통찰을 얻기 위해 경외함으로써 살아가는 법을 배워야 한다.

"어리석은 사람은 무슨 말이나 다 믿지만 생각이 깊은 사람은 행동을 삼간다"(잠언 14:15). 믿으려는 의지(the will to believe)는 힘을 잡으려는 의지(the will to power)의 위장된 모습일 수 있다. 그러나 힘을 잡으려는 의지와 믿으려는 의지는 서로 배척한다. 왜냐하면 힘을 잡으려고 노력하는 사이에, 우리는 스스로 하느님께 속한 것을 감히 취하려고 하며 그분이 현존하신다는 주장을 억압하기 때문이다. 우리는 그분의 의지가 모든 곳에 미치시게 해드리는 방법을 배워야 한다. 우리는 우리의 신앙이 우리의 일일 뿐만 아니라 그분의 관심사이기도 하다는 사실을, 우리의 믿으려는 의지보다 우리가 믿는 그분의 의지가 더욱 중요하다는 사실을 밝히 알아야 한다.

　신앙을 얻는 것은 쉬운 일이 아니다. 의지의 결단, 믿겠노라는 욕망으로는 신앙을 지킬 수 없다. 우리는 평생토록 한결같이, 신앙을 얻을 만한 자격을 갖추기 위해 신비에 대한 감각을 더욱 예민하게 갈고 닦아야 한다. 신비에 대한 무감동이 우리의 가장 큰 장애물이다. 교만과 자기만족이라는 인위적 빛으로는 결코 그 놀라운 광채를 알아보지 못한다. 오직 그분의 빛 안에서만 우리는 빛을 본다(Only in His light shall we see light).

　인간이 하느님을 찾는 것은 단순한 정보를 찾는 것이 아니다. 정보로 말한다면, 헤아릴 수 없는 사람들이 정신을 쏟아 얻고자 했으나 얻어낸 바라고는 거의 없다. 오직 질문하시는 그분께 대한 답으로서, 응답으로서 할 경우에 많은 사람에 의하여 이루어진 것이 많이 있었고, 또 우리 각자도 많은 것을 이룰 수가 있다. 학문의 경우에는 한 사람이 모든 사람을 위해 질문하고 그 질문에 대답도 할 수가 있다. 종교의 세계에서는 각자가 자신의 혼으로 질문과 부딪치고 그 질문에 대한 답을 얻어야 한다.

　하느님, 그분은 가장 중요한 분이 아니라면, 하나도 중요하지 않은 분이다.[2] 우리는 인간의 성실성에 관심을 기울이시는 살아 계신 하느님이 존재하시는지 존재하지 않는지를 불확실한 대로 그냥 내버려 둘 수가 없다. 우리는 그 분이 우리에게 바라시는 바가 무엇인지를 우리가 알고 있는지 모르고 있는지를 불확실한 대로 그냥 내버려 둘 수가 없다. 이 질문에 대한 답은 즉석에서 찾아지지는 않는다. 마이모니데스에 따르면, "하느님의 사랑은 먼저 인간의 마음을 한결같이 사로잡아 그가 하느님의 사랑말고 이 세상의 아무것도 문제삼지 않게끔 되기 전에는, 인간의 마음 속 깊이 뿌리를 내릴 수 없다. 이는 누구나 알고 있는 분명한 사실이다."[3] 여기서 하느님의 사랑에 해당되는 것은 어느 정도 하느님을 믿는 신앙에도 해당된다.

신앙은 접합이다

신앙(faith)은 믿음(belief)과 같은 것이 아니다. 그것은 또 무엇을 진리로 여기는 것도 아니다.[4] 시나이에서 이스라엘 백성이 금송아지를 섬겼을 때에도 그들에게는 확실한 믿음이 있었다. 신앙은 전인격, 마음, 의지, 생각을 다 쏟는 행위다. 신앙은 감수성, 이해, 참여, 접합이다. 그것은 단번에 모두 획득하는 어떤 것이 아니라 얻었다가 잃을 수도 있는 태도다.

에집트에서 나와 홍해와 시나이에서 놀라운 일들을 목격한 세대가 신앙을 완전히 얻지는 못했다. 40년 광야 유랑이 끝날 무렵 모세는 이스라엘 회중을 모아 놓고 이렇게 말했다. "야훼께서는 에집트 땅에서 너희가 지켜보는 가운데 파라오와 그의 신하들과 온 나라를 해치우셨다. 너희는 그것을 다 보았다. 그들을 괴롭히시며 굉장한 표적과 기적을 행하시는 것을 너희는 목격하였다. 그러나 야훼께서는 이날까지 너희에게 깨닫는 마음, 보는 눈, 듣는 귀를 주지 않으셨다"(신명기 29:1-3).

하느님은 이스라엘 목전에서 놀라운 일들을 이루셨다. "그래도 그들은 더욱 죄를 범하고 이루어 주신 기적을 믿지 않았다"(시편 78:32).

신앙의 당황스러움

되풀이하거니와 살아 계신 하느님을 믿는 신앙은 쉽게 이루어지지 않는다. 그분의 존재를 논란의 여지없이 입증할 수 있었다면 무신론은 이미 오래 전에 오류로 판정되었을 것이다. 모든 사람에게 그분의 궁극적인 질문에 대답할 수 있는 능력을 일깨워 줄 수 있었다면 위대한 예언자들의 사명은 오래 전에 완수되었을 것이다. 신앙을 가진 자의 당황함은 비참할 지경이다. "'네 하느님이 어찌 되었느냐?' 비웃는 소리를 날마다 들으며 밤낮으로 흘리는 눈물, 이것이 나의 양식입니다"(시편 42:3). "야훼여, 언제까지이옵니까? 영원히 숨어 계시렵니까? 언제까지 노기를 태우시렵니까?"(시편 89:46). "나의 하느님, 나의 하느님. 어찌하여 나를 버리십니까?"(시편 22:1).

우리는 기도하면서 묻는다. 왜? 왜, 당신은 당신을 발견하기가 이토록 어렵게 하십니까? 당신의 현존을 어쩌다 한 번 볼 수 있기까지 왜 우리는 그토록 많은 고뇌와 진통을 겪어야만 합니까? 위대한 정신들이 당신 존재를 설명하려고 쏟는 그 정직한 노력이 한갓 서글픈 구경거리일 뿐임은 어째서 입니까? 그리고 왜 당신은 우리의 신앙이 그토록 쉽사리 맹신(盲信), 오만, 무자비, 어리석음, 미신 따위와 뒤섞이도록 내버려두십니까?

> 야훼여, 어찌하여 우리로 하여금
> 당신의 길을 떠나 헤매게 하셨습니까?
> 어찌하여 우리의 마음을 굳어지게 하시어
> 당신을 두려워할 줄도 모르게 만드셨습니까?(이사야 63:17).

인간의 이토록 큰 비참에는 그만한 까닭이 반드시 있어야 한다. 아마도 그 까닭이란, 하느님께서 우리와 관계를 맺으심에 함께 아파하심의 길만이 아니라 정의의 길을 따르시기 때문이리라. 그리고 당신의 함께 아파하심은 정의에 가리우고, 정의는 함께 아파하심에 가리우기 때문이리라.

신앙은 성실함을 내포한다

신앙은 성실함(faithfulness)을 포함한다. 기다리는 힘, 그분의 숨으심을 받아들이고 역사의 도전을 견디는 힘을 포함한다.

> 야훼, 우리 하느님이여
> 당신이 아닌 다른 상전이 우리를 지배하였사오나
> 그러나 우리는 당신밖에 아무도 모릅니다(이사야 26:13).

하느님이 모세에게 "다른 신들에게 눈길을 돌려 온갖 못할 짓을 하는 날 내가 어찌 차마 그 꼴을 보고 있겠느냐?(그 날에 정녕 내가 얼굴을 돌리리라)"고 말씀하시던 순간보다 인간의 역사에서 더 비참하고 슬픈 순간은 없었다(신명기 31:18).[5]

"누가 당신만큼 침묵하리이까!" 누가, "당신 자녀들이 모욕에 모욕을 당하는 것을 보면서도 침묵하시는" 당신만큼 침묵하겠습니까?[6]

그분을 직접으로 이해할 수가 없는 것, 직접으로 지각(知覺)하지 못하는 것이야말로 우리의 종교적 실존이 지니고 있는 슬픈 역설이다.

> 내 하느님이니 어찌 찬양하지 않으랴.
> 나의 선조의 하느님이니 어찌 우러르지 않으랴(출애굽기 15:2).

사람이 이렇게 외칠 수 있는 것은 어떤 특별한 순간의 일이다. 평상의 상황은 욥의 한탄에 잘 나타나 있다.

> 그가 내 앞을 스쳐 가시건만 보이지 않고
> 지나가시건만 알아 볼 수가 없네(욥기 9:11).

그러나 하느님은 당신을 찾는 인간에게 무심하시지 않다. 그분은 인간이 필요하시다. 인간이 구원의 일에 동참하기를 그분은 바라신다. 세상을 창조하신 하느님께서는 이 비참함과 냉담함과 반항으로 얼룩진 어두운 세상에서 불편하시다.

노아에 대하여, "노아는 하느님과 함께 걸었다"(창세기 6:9, 사역)는 말이 있거니와 하느님은 아브라함에게, "너는 나의 앞에서 걸어라"(창세기 17:1, 사역)고 하셨다. 미드라쉬에 보면, "노아는 왕의 친구로서 어두운 길에서 더듬거리던 자에 비유할 수 있다. 왕이 그를 보고 이르기를, 어두운 골목에서 더듬거리지 말고 나와 함께 걷자고 했다. 그러나 아브라함의 경우에는 어두운 골목길에 빠져 있는 왕에 비유할 수 있다. 그 친구가 왕을 보고는 창문으로 빛을 비추자 왕은 그에게, 창문으로 비추지 말고 이리 와서 내 앞을 비추라고 말했다."7) 세계는 어둠으로 덮여 있었다. 그러나 아브라함이 나타나 그분의 임재하심을 밝히는 빛을 비추었다.

"땅 위에서 나그네인 이 몸"(시편 119:19)이라는 말이 하느님을 가리키는 말로 해석되었다. 하느님은 이 땅에서 나그네시다. 하느님의 임재 곧 셰키나는 지금 유배를 당해 있는 중이다(in exile). 우리의 사명은 하느님을 다시 이 세상에, 우리의 삶에 모시는 것이다. 예배는 이 세상에 하느님의 임재를 펼치는 일이다. 하느님을 믿는 신앙이란 곧 감추어져 있는 것을 드러내는 것.

16

통찰 너머

양심이 미치는 곳

우리의 통찰(insight)이 지닌 인식론적 가치는 무엇인가? 통찰의 순간에 무엇이 밝혀지고 무엇이 그대로 남는가? 사람은 총에 맞았을 때 아픔을 느끼지 총알을 느끼지는 않는다. 돌아오라는 소리를 들을 때 그는 자기가 돌아오라는 소리를 들은 사실을 느끼지 그 소리를 느끼지는 않는다. 이끄는 손길은 숨어 있다. 그가 느끼는 것은 자신이 관심의 대상이라는 사실이다. 인간에 대한 관심이 없다면 그를 돌아오라고 부르는 일 또한 있을 리가 없다.

통찰의 순간에 우리를 사로잡는 것은 바로 이 확신이다. 즉, 인간은 시간과 공간 속에 살고 있을 뿐 아니라 하느님의 간절하신 관심을 받으면서 살고 있다. 하느님은 힘이실 뿐 아니라 관심이시다. 하느님은 그분에게 우리가 책임을 져야만 하는 분이시다.

종교적 통찰을 통하여 우리는 초월해 계신 하느님이, 그분에게 우리의 양심이 열려 있는 분이심을 깨닫는다. 특별한 요구 사항에 관하여 얼마쯤 모호함에도 불구하고, 우리는 그분과의 긴밀한 결속과 단절될 수 없는 일치를 유지한다. 우리는 우리의 의지에 따라 생겨나지도 않은 어떤 힘이 있어, 우리의 행위가 정직한지 부정한지 엄하게 심판하고 그

금지 사항을 어길 때에는 마음을 괴롭힘으로써 우리의 독자성을 박탈해 가는 것을 속수무책으로 경험한다. 마치 우리 속에는, 개인의 비밀을 감추어 둘 곳이 없고, 물러서거나 도피할 수도 없으며 남아 있는 죄의식을 묻을 곳도 없는 듯하다. 가서 닿지 않는 곳이 없으며 자비를 모르고, 관대한 망각의 묘지를 파헤치는 음성이 있다.

이렇게 깨달음을 주는 하느님이, 그분에게 우리가 책임을 져야 하는 하느님이신가? 이 깨달음은 두려움과 미망(迷妄)으로 인하여 가짜로 만들어 질 수 있는 것인가? 그리고 원시 사회를 다스리던 법에 대한 태도로서 점차 발전되는 그런 것인가? 그렇다고 주장하는 사람이라도 어떤 사물들이 어떻게 해서 생겨나게 되었는지를 좇아 평가하는 잘못을 범해서는 안 될 일이다. 인류의 가장 근본적이고 타당한 제도들 가운데도 우연히 생겨난 것들이 많이 있다. 연장을 만드는 기술이나 발효법(醱酵法)도 마술과 미신에서 나온 것으로 볼 수 있다. 어디에서부터 양심이 있게 된 것이든, 인생에게 양심만큼 중요한 것도 드물다. 그것은 이성(理性)만큼 담대하고, 미치지 않는 곳이 없다. 이성이, 자연의 과정이 지성으로 납득될 수 있는 것이며 사건들 속에 합리적인 관계성이라는 것이 있고, 따라서 인간의 지성과 자연의 질서는 서로 모순이 없다고 주장하듯이, 우리의 양심 곧 우리의 도덕심은 하느님과 인간 사이에 도덕적 관계가 맺어져 있다고 주장한다.

우리의 옳고(是) 그름(非)에 대한 감각은 때로 분명하지 못할 수가 있다. 의심할 나위 없이 분명한 것은, 우리가 자기 행실에 책임을 져야 한다는 느낌을 지니고 있다는 사실이다. 양심의 특성은, 이성과 달라 그 깨달음이 무엇을 인식하는 데 있지 않고 연관이 되는 데, 헤아림을 받는 데, 심판을 함과 아울러 심판을 받는 데 있다는 점이다. 책임이 있다는 말은 누군가에게 책임이 있다는 말이다. 그 누구란 누구인가? 그 누군가란 추상의 법 또는 맹목의 힘일 수가 없다. 물리적 법을 어길

16장 통찰 너머 *199*

때에 우리는 결코 죄의식을 느끼지 않는다. 그것은 또한 우리 자신일 수도 없다. 우리의 혼은, 우리 자신이 최후의 권위가 아님을 고백한다. 우리에게는 우리가 저지른 과오를 스스로 용서할 능력이 없다. 우리는 우리의 삶을 관심하고 우리를 초월하는 그 누군가에게 개방되어 있고 그와 소통할 수도 있다.

하느님이 주체시다

무미건조한 개념을, 빈틈없고 건조하고 빈약한 견해들, 변덕스럽고 인색한 사랑 속에서는 하느님의 실재하심을 느낄 수가 없다. 하느님에 대한 감각은 깨어진 가슴에, 제 지혜의 위로 솟아오른 마음에 주어진다. 그것은 모든 추상 개념을 부서뜨리는 감각이다. 그것은 단순한 관념의 유희가 아니다. 뉘우침 없이는 확신이 없고, 자기몰입 없이는 확인이 없다. 하느님 의식은 하나의 응답이요, 하느님은 관념이 아니라 도전이시다. 우리가 그분을 생각하는 것이 아니라 그분에 의하여 동요되는 것이다. 우리는 결코 그분을 설명할 수 없다. 다만 그분께 돌아갈 수 있을 뿐이다. 우리 자신을 그분께 보여 드릴 수는 있겠지만 그분을 이해할 수는 없다. 그분의 현존을 느낄 수는 있지만 그분의 본질을 잡을 수는 없다.

부르심은 그분의 것이요 그것을 풀어내는 것은 우리의 일이다. 창조는 그분의 것이요 그를 모방함은 우리의 일이다. 그분은 이해될 대상, 입증될 이론이 아니시며, 존재하는 모든 것들(사실)의 총체도 아니고 있어야 할 모든 것들(이상)의 개요도 아니시다. 그분은 궁극적 주체(the ultimate subject)시다.

하느님이 여기에 계심을 느끼고 전율하는 것이 우리가 그분에게 책임을 져야 하는 존재임을 입증한다. 하느님-앎(God-awareness)이란 사람에게 알려지는 하느님을 아는 것이 아니라 하느님께 알려지는 인간을 앎이다. 그분을 생각하는 가운데 우리는 그분한테 가르침을 받는다.[1]

부사(副詞)들

만일 우리가 하느님에 대한 어떤 견해를 절대적인 것으로 받아들인다면, 그 즉시 그분의 실재하심은 그 추상적 개념 뒤에 묶여 버리게 된다. 그러나 인간의 견해라는 것은 지나친 단순화 작업이요 결론이다. 그것들은 미치는 영향이 검토되지도 않고 전제들로부터 나온 추론을 형성한다. 한 사물이 심성에 미치는 영향조차도 한 견해 또는 결론의 형태로는 표현되지 않는 법이다. 결론을 짓는다는 것은 끝을 내는 것이다. 그러나 누가 있어서 하늘이 인간의 혼에 미치는 영향을 끝장내 줄 수 있겠는가?

우리는 하느님의 본성을 말할 적에 명사(名詞)의 사용을 삼가야 한다. 명사는 이해를 전제한다. 그러나 우리가 만나는 이 세계조차도 인식은 할 수 있지만 이해는 되지 않는다.

하느님은 아주 멀리 계신 듯하지만 그러나 그분만큼 가까운 존재가 없다.[2] 그분이 가깝다고 생각할 때 그분은 멀리 계시고 그분이 멀다고 생각할 때 그분은 가까이 계신다(바알 셈). 하느님께로 건너가는 다리[橋]는 '경외'다. 경외 속에 빠졌을 때 우리는, 무엇이 그분의 본질(essence)인가를 묻지 않는다. 오히려 그분이 인간과 맺으시는 관계가 어떤 것인지를 묻는다. 만일 하느님이 추상 작업의 결과로 나온 것이라면, 인간에 대한 그분의 무관심과 그분에 대한 인간의 어긋남이 그분의 위대하심과 아무 모순될 것이 없다. 그러나 만일 우리가 하느님을 앎이 인간을 찾으시는 하느님께 응답함이요 그분께로 돌아가는 것이라면, 그분의 실재와 그분의 관심이 함께 우리에게 새벽처럼 밝아오리라. 하느님이 인간에게 질문하시는 것은 그분의 관심에서 나오는 행위다.

우리에게는 그분의 본질을 서술할 만한 명사가 없다. 우리에게는 그분이 어떤 방식으로 우리를 향해 행동하시는지를 가리키는 부사(副詞)들이 있을 따름이다.

유일성이 기준이다

어디서나 우리는 신비를 만난다. 바위 속에서, 꿀벌한테서, 구름과 바다에서도. 모든 것이 한 곳으로만 통하는 길인 듯하다. 그러나 과연 모든 길은 한 목적지, 한 하느님에게 닿는가? 어떻게 우리는 모든 사람이 모든 때, 모든 곳에서 한 실재를 경험하는지 여부를 아는가? 신비에 대한 각양각색의 경험은, 한 하느님이 아니라 신들의 여럿 있음을 증명하는 것이 아닌가?

종교적 통찰은 그 모든 열렬함과 고귀함에도 불구하고 쉽게 의심을 품을 수 있다. 우리의 통찰의 실체가 우리 혼의 반영(反影)이 아니라는 확신을 어디서 얻을 것인가? 우리의 혼이라는 것이 환영(幻影)을 기르는 곳은 아닌가? 우리가 종교적 통찰의 순간에 얻은 우리의 해석이 과연 옳은 것인지를 어떻게 알 것인가? 어떻게 우리는 그것이 하늘과 땅을 지으신 창조주요 우리의 혼을 관심 하시는 살아 계신 하느님이신 줄 알 것인가? 무엇이 종교적 통찰의 진실성을 시험해 볼 기준인가?

그 기준은 사건이 아니라 관념이어야 할 것이다. 그것은 신성을 확인해 줄 만한 궁극적 관념이면서, 동시에 인간이 생각해 낼 수 있는 최고의 관념, 보편적 관념이어야 한다. 유일성 혹은 유일성의 표현인 사랑이 바로 그 관념이다.

종교와 마찬가지로 과학, 예술, 윤리의 모든 지식과 이해가 다 이 기준의 타당성 위에 선다.[3] 유일성은 규범이며 기준이고 목표다. 만일 우리가 종교적 통찰의 황혼에서 우리의 흩어진 삶들을 한 데 모으고 서로 다투는 것들을 하나되게 하는 길을 볼 수 있다면--그것은 그분의 길 위에 세워진 표지판이다.

만일 한 사상이 자만심을 낳고 다른 사람의 고통을 외면하며 악의 위험을 알지 못한다면--그것은 그분의 길을 벗어남이다.

한 깨달음은, 모든 사람에게 의미가 있기 전에는 누구에게도 의미가 있을 수 없다. 모든 때에 통하는 깨달음을 얻은 자는 모든 때에 합당한 사상으로 사람들을 일깨운다.

모든 사람에게 좋은 것만이 각 사람에게 좋다. 저 자신만을 위해 영감을 받는 사람은 없다. 축복을 받은 자는 남들에게 축복이 된다.

길은 여럿 있지만 그러나 목적지는 하나뿐이다. 모든 것의 근원이 하나라면 모든 것의 목표 또한 하나여야 한다. 갈망은 우리의 것이지만 대답은 그분의 것이다.

모든 신비 너머에 하느님의 자비가 있다. 그것은 이 세상과 세상의 가치와 공적(功績)을 초월하는 사랑이요 자비다. 비록 서투르다 해도, 그 사랑에 응답하고 그 사랑으로 살아가는 것이 신앙인의 삶의 시금석이다.

요약컨대, 종교적 진리의 힘은 깨달음의 순간에 있고, 그 내용은 유일성 또는 사랑이다. 그 근원과 내용은 초월이라는 한마디에 실려 전달될 수 있다.

초월성은 종교적 진리의 시금석이다. 진정한 통찰은 마음의 겉껍질을 찢고, 인간에게 자기 위로 올라갈 수 있는 힘을 준다.

통찰에서 행동으로

유일성이 하느님의 길임을 어떻게 단언할 수 있을까? 어떻게 우리는 감히 신비 너머를 알겠다고 하는 것일까? 이 세계의 것이 아닌 현존(現

存) 앞에 노출되어 있음이 부인할 수 없는 인간 실존의 엄연한 사실이다. 그러나 그 사실은 심미적인 명상으로 만족될 수 없다. 그 현존에게 타당한 방식으로 살아갈 것을 요구한다.

앞에서 말한 것처럼, 삶의 신비를 느끼고 또는 놀라움, 경탄, 경외를 느끼는 것이 곧 신앙의 시작은 아니다. 삶의 신비에 대한 느낌으로, 경외와 놀람과 경탄으로 무엇을 할 것이냐는 질문이 종교의 뿌리다. 종교는 무엇인가가 우리한테서 요구된다는 의식과 더불어 시작한다. 그런 뜻에서 그것은, 그 안에 인간의 혼이 사로잡혀 있고 또 그 안에서 인간의 대답이 나오는, 영원한 요구다.

무엇인가 우리한테서 요구되고 있다. 그러나 그것이 무엇인가? 우리의 혼을 사로잡고 있는 이 질문은 이름도 없고 신비스러우며 강력한데 표현도 불가능하다. 누가 하느님의 도(道)를 언어로 바꾸어 우리에게 가르칠 것인가? 어떻게 우리는 우리가 선택한 길이 곧 그분이 우리가 걷기를 바라시는 그 길인 줄을 알 것인가?

통찰이 이루어지는 순간 우리는 돌아서라는 소리를 듣는다. 그러나 어떻게 돌아설 것인가? 무엇이 그분께로 가는 길인가? 우리는 모두 장엄함과 신비로움을 느낀다. 그러나 누가 그 신비에 대답하는 방법을 우리에게 일러 줄 것인가? 누가 우리에게 그 장엄함, 신비스러움, 그 영광에 어울리게 사는 방식을 말해 줄 것인가? 우리에게 있는 것은 지각(知覺)뿐, 우리의 대답을 만들고 펼쳐 보일 언어도 행위도 우리에게는 없다.

인간은 통찰만으로는 살지 못한다. 그에게는 신조(信條), 교리, 표현, 삶의 방법이 있어야 한다. 통찰이란 안전한 소유물이 아니다. 그것들은 모호하고 드물다. 그것들은 우리 앞에서 반짝하고 빛났다가 다시 어두워지는 신의 불꽃(divine sparks)과 같다. 우리는 "이전에 처해 있던 것과 똑같이 캄캄한 어둠 속으로 떨어진다. 문제는, 그 드물게 일어나는 통찰의 순간들을 어떻게 우리의 전 생애에 연결시킬 것이냐다. 어떻게 직관을 개념에 접속시키고, 표현 불가능한 것을 언어에, 통찰을 합리적 이해에 연결시킬 것인가? 어떻게 우리의 통찰을 남들에게 전달하며 신앙의 교제를 함께 나눌 것인가?

모든 사람이 다 흡족할 만큼 절실하게 그 통찰의 순간을 경험하는 것은 아니다. 그 불꽃들은 한 영혼을 밝히는 데는 충분한 힘이 있지만 그것이 세계를 밝힐 만큼은 되지 못한다. 하느님은 모든 세계가 볼 수 있도록, 빛이 있으라고 말씀하시지 않았던가? 통찰의 순간에 하느님은 한 영혼에게 몸소 말을 건네신다. 그분은 이 세상과 민족과 공동체에 당신 스스로 말씀하시지 않으셨던가? 그분은 당신을 한결같이 찾아 나설 힘이 없는 자들을 위해 역사에 발자취를 남겨 놓지 않으셨던가?

오직 통찰뿐인가

세계를 생각할 때 우리는 논리와 학문적 방법의 안내 없이 나갈 수가 없다. 살아 계신 하느님을 생각할 때에는 예언자들의 안내를 받아야 한다.

이스라엘의 유산을 나누어 받은 사람들은 하느님이 언제나 우리를 피해 계시는 분이라고는 생각하지 않는다. 그분은 드문 일이기는 하지만 안내자로 뽑아 세우신 자들에게 당신의 비밀을 일러주신다. 우리는 하느님을 표현할 수 없다. 그러나 하느님은 당신의 뜻을 우리에게 표현하신다. 우리는 그분의 말씀을 듣고서, 하느님은 선과 악에 초연하신 분이 아님을 안다. 만일 우리가 안내를 받지 않는다면, 우리 자신의 생각은 우리를 어리둥절한 상태에 내버려둘 것이다.

만일 그분이 역사에 들어오신 적이 없다면, 우리가 하느님을 기다리는 것은 잘못이다. 시나이 세대 이후를 살고 있는 인간은, 하느님을 찾아 헤매면서, 인간을 찾는 하느님의 실재를 이해하는 법을 배워야 한다. 우리는 예언자들의 세계를, 인간을 기다리시는 하느님을 잊어서는 안 된다.

조각가가 대리석에다가 하는 일을 성경은 우리의 가장 훌륭한 직관력에 한다. 그것은 신비를 표현하고자 들어 올리는 것과 같다.

자기만의 통찰과 영감은 예언자들이 전달하는 것을 받아들일 준비를 갖추게 해준다. 그것들은 우리로 하여금, 계시가 어떤 질문에 대한 답인지 그 질문을 이해할 수 있게 한다. 우리의 신앙은 그 옹근(total) 실체가 사사로운 통찰(깨달음)에서 나오는 것은 아니다. 우리의 신앙은 이스라엘 공동체의 일원인 덕분에, 예언자들의 신앙을 나누어 받은 덕분에 신앙인 것이다. 그들의 말에서 우리는 우리의 통찰이 과연 옳은 것인지를 검토할 규범을 얻는다.

우리가 그분을, 신비 저 너머에 있는 존재로 만날 수 있는 것은 예언자들을 통해서다. 예언자들을 통해서 표현 불가능한 분은 목소리가 된다. 그래서 하느님이, 고대인들이 믿었듯이, 우리와 떨어져 따로 있는 존재가 아님을 밝힌다. 그분은 수수께끼가 아니라 정의요 자비며, 우리가 책임지고 응답해야 할 힘일 뿐 아니라 우리의 삶의 양식임을 밝힌다. 그분은 알지 못할 분이 아니다. 그분은 아버지다. 아브라함의 하느님이요 끝없이 이어지는 세월 속에서 긍휼을 베푸시는 안내자다. 스스로 버림을 받았다고 생각하는 자들조차도, 그분을 자기 조상의 하느님으로 기억한다.

제2부

계시

17

계시라는 관념

토라를 지닌 인간

하느님의 음성이 시나이에서 우리를 압도하신 뒤로 우리는 한 번도 그 이전과 똑같았던 적이 없다. 우리로서는 시나이 사건 이전 시대로 되돌아가 숨을 수가 없다. 전에 없던 어떤 일이 일어났다. 하느님께서 당신의 이름을 우리에게 계시하셨고 우리는 그분의 이름을 받았다. "야훼의 이름을 받은 백성이라는 것을 알고 땅 위에 사는 모든 백성이 너희를 두려워하게 되리라"(신명기 28:10). 유대인을 지칭하는 히브리 이름에는 두 가지가 있다. 하나는 '예후디'(Yehudi)로서 처음 세 자음이 표현할 수 없는 거룩한 이름의 세 자음과 똑같고, 다른 하나는 '이스라엘'인데 끝의 '엘'(el)은 히브리어로 하느님을 뜻한다.

만일 다른 종교들이 인간과 하느님 사이의 관계에서 이루어지는 것이라고 한다면, 유대교는 토라를 지닌 인간(man with Torah)과 하느님 사이의 관계라고 해야 한다. 유대인은 결코 하느님 앞에서 단독자가 아니다. 토라가 늘 그와 함께 있는 것이다. 토라 없는 유대인이란 폐물일 뿐이다.

토라는 이스라엘의 지혜가 아니라 운명이다. 우리의 문학이 아니라 본질이다. 토라는 깊은 생각이나 시적(詩的) 영감으로 만들어낸 것이 아니라 예언과 계시로 주어진 것이다.

예언과 계시를 말하기는 쉽다. 그러나 우리는 스스로 말하고 있는 바를 과연 알고 있는가? 우리는 그 말들의 의미를 이해하고 있는가? 예언과 계시를 말할 때 우리가 가리키고 있는 것은 확실함인가 아니면 환영(幻影)인가? 관념인가 아니면 사실인가? 신화인가 아니면 신비인가? 과연 하느님께서 모든 사람을 위해 어떤 사람들에게 당신의 뜻을 밝히셨다는 얘기가 사실(史實)인가?

무엇을 왜, 알아보려는 것인가

우리는 역사에 대한 호기심 때문에 계시의 문제를 탐구하고자 하는 것이 아니다. 인간의 운명에 영향을 끼친 과거의 사건이라는 면에서 본다면, 계시 사건은 마라톤 전쟁이나 비엔나 회담보다는 현대인의 관심을 덜 끌 것이다. 그것이 우리의 관심을 끄는 이유는 과거 세대에 끼친 영향 때문이 아니라 세월이 흘러도 줄거나 사라지지 않는 그 연관성 때문이다. 여기서 우리가 하고자 하는 것은 지나간 시대의 그림자를 주문(呪文)으로 오늘에 되살려 내려는 것이 아니라, 과연 이 세상에는 하느님의 이름으로 우리를 변호하는 목소리가 있는지 여부를 물어 보려는 것이다.

그런즉 그것은 한 인간의 문제일 뿐 아니라 태초부터 마지막 날까지 모든 인간에게 관계되는 문제다. 일생에 단 한번만이라도 인류 역사의 절실한 심각성 또는 개인 실존의 중대성을 느껴 본 사람이라면 그 누구도 이 문제를 무시할 수가 없으리라. 그는 결단해야 한다. 예와 아니오, 둘 가운데 하나를 그는 선택해야만 한다.

우리는 질문을 잊었다

현대인이 계시를 토론할 때 부딪치게 되는 가장 큰 장애물은, 예언자들의 자기 경험에 대한 기록이 과연 진짜인지를 의심하는 데서 오는 것이 아니다. 그 기록을 가장 완벽하게 비평적으로 입증하는 일은, 만약 가능하다고 해도, 별로 우리에게 중요한 연관성이 있는 게 아니다. 가장 심각한 문제는 (가장 중요한) 문제가 없다는 사실에 있다. 한 대답이 의미 있으려면 먼저 질문이 무엇이었는지를 알아야 한다. 그런데 오늘 우리가 살고 있는 세대는 지난 수세기에 걸쳐 성숙되어 온 문제의 지속적인 성숙에 별로 관심이 없는 분위기다. 성경은 가장 중요한 질문, 즉 "하느님이 인간에게 바라시는 것이 무엇이냐?"는 질문에 대한 답이다. 그런데 그 질문이 세상에서 사라져 버린 것이다. 하느님은 온갖 수수께끼의 너울 뒤에 있는 모호함 덩이로 묘사되고 있으며, 그분의 음성은 우리의 머리와 마음과 혼에 낯설어졌다. 우리는 하느님의 "나"만 빼놓고는 모든 것의 "나"에게 귀를 기울이는 법을 배웠다. 오늘의 인간은 자랑스럽게 말할 수 있게 되었다. 신비스러운 것만 빼놓고는 모든 동물적인 것이 나에게는 낯설지 않다고 말이다. 성경은 중대한 대답이다. 그런데 우리는 그 대답이 나오게 한 그 질문을 더 이상 알지 못한다. 이것이 현대인의 삶에서 차지하고 있는 성경의 자리다. 우리가 그 질문을 회복하지 않는 한, 성경을 이해할 희망은 없다.

인간의 자기충족이라는 도그마

현대의, 계시에 대한 거부는 정반대되는 두 인간관에서 나온 것이다. 하나는, 인간은 너무 위대하므로 신의 안내를 받을 필요가 없다고 주장하며, 다른 하나는 인간이 너무 보잘것없는 존재이므로 신의 안내를 받을 만한 가치도 없다고 주장한다. 전자는 사회과학에서 나왔고 후자는 자연과학에서 나왔다.

이신론자들(Deists)이 등장한 이래, 인간의 자기 충족(self-sufficiency)이라는 관념이 계시에 대한 믿음을 깎아 내리는 데 이용되었다. 인간이 스스로 평화, 안전, 실존의 의미 등을 찾아낼 수 있다는 확신은 기술 과학의 발달과 함께 더욱 강해졌다. 인간의 운명은 오직 그의 사회적 각성의 발전과 능력의 활용에 달려 있다고 했다. 역사의 방향은 인간의 협동과 점증하는 관심들의 조화 속에서 끊임없이 발전되어 간다고 여겼다. 인간은 너무나 훌륭한 존재이기에, 초자연적인 안내를 받을 필요가 없다는 것이다.

인간의 자기충족이라는 관념, 지나친 자아의식은 잘못된 일반화의 결과다. 즉, 기술 과학이 어떤 문제를 해결하는 것을 보고 모든 문제를 풀 수 있다고 추론한 것이다. 이것이 오류였음은 입증되고 있다. 이를 테면, 사회의 개혁이 모든 질병을 치유하고 이 세계에서 모든 악을 다 추방하리라고 생각했지만, 우리가 다시 발견한 것은 예언자들과 성인들이 늘 상기시켰던 사실, 곧 빵과 권력만으로는 인간을 구원하지 못한다는 사실이다. 오직 하느님을 두려워하고 경외함으로써만 가라앉힐 수 있는 악한 충동과 정열이 인간 속에 있다. 오직 성스러움만이 정화(淨化)할 수 있는, 인간을 질식시키는 이기심이 있다.

하느님 없이 인간은 무의미하다. 인간의 자기충족이라는 도그마 위에 기초한 그 어떤 가치 체계의 수립도 마침내는 무너지고 만다.

인간과 그의 자유에 대한 우리의 이해는 오늘날 대단한 변화를 겪었다. 인간의 문제는 한 세대 전에 우리가 인식할 수 있었던 것보다 훨씬 더 심각하다. 우리가 그토록 극심한 불안을 안고 감지했던 것이 오늘에 일어나고 있는 일들에 비하면 유토피아다. 우리는 이제 인간의 이성(理性)이 사특한 길로 들어설 수 있으며, 과학은 더 이상 안전하지 못하다는 사실을 발견했다.

    자유, 그것은 과연 우리가 그것으로 무슨 짓을 하든 상관없이, 선과 악, 친절함과 잔인함 따위와는 상관없이, 홀로 최고의 선(善)인가? 자유는, 그것으로 우리가 즐거운 짓은 무엇이든 할 수 있는, 빈[空] 개념인가? 자유의 의미는 정의와 어우러질 때에야 유지되는 것 아닌가? 하느님이 우리에게 주신 자유 이외는 자유가 없다. 성(聖) 없이 자유 없다.

인간이 무가치하다는 생각

    자연과학과 사회과학의 발전은 우리로 하여금 인간이 우주에 견주어 얼마나 미미한 존재인지, 그가 보편적으로 타당한 가치 체계를 수립한다는 것이 얼마나 터무니없는 짓인지, 실감하게 만들었다. 바로 이 인간의 왜소함에서 현대인은, 무한한 영(靈)이 내려와 유한하고 연약한 인간에게 말을 하고, 인간이 하느님의 말을 듣는다는 주장이 터무니없는 것임을 발견한다. 자기의 머리로 파악하기에는 너무나도 거리가 먼 절대라는 개념을 알고 있는 인간은 예언자들의 주장에 당황하지 않을 수가 없다. 상대적인 가치관, 상황에 제한되는 심성(心性)을 가지고, 보편적인 관념 체계를 세워 보려는 노력을 끊임없이 좌절당하면서 어떻게 인간이 무한자(無限者)를 이해할 수 있었음을 시인할 수 있겠는가?

    게다가 수백만 명을 조직적으로 학살하면서도 뉘우칠 줄 모르는 인종(人種)에 속한 그 어떤 인간이 하느님의 생각을 받아들일 수 있다는 것은 더욱 믿기 어렵다. 수백만 남녀와 아이들을 무차별로 죽이는 일에도 무감각할 수 있는 인간이라면, 온몸에 피를 묻히면서도 스스로 의로울 수 있고 자기 양심의 소리에도 귀를 막을 수 있는 인간이라면, 인간의 육체로 비누를 만드는 그런 인간이라면, 그가 어떻게 감히 무한하신 하느님께 가까이 갈 수 있으며 그분의 인도를 받을 자격이 있노라고 말할 수 있겠는가 ?

　인간은 자신이 얼마나 위험천만하게 막강한 존재인지를 거의 모르고 있다. 오늘에 와서 바야흐로, 인간이 스스로 영적(靈的) 힘의 근원에 예속되지 않으면, 그가 마침내 개발할 수 있게 된 에너지의 근원과 조화를 이루지 않으면, 몇 안 되는 인간이 온 인류를 최후의 파멸에 던져 버릴 수도 있음이 분명해 졌다. 근원은 오직 하나가 있을 뿐이다. 살아 계신 하느님의 뜻과 지혜가 그것이다.

　인간의 위태로운 위대성, 지상의 모든 생명을 죽일 수 있는 그 어마어마한 능력을 깨닫게 되면, 신(神)의 영역에서 인간이 차지하고 있는 위치와 역할에 대한 우리의 개념은 완전히 바뀌지 않을 수 없다. 만일 우리의 이 거대한 세계가 하느님 눈에 사소한 것이 아니라면, 만일 창조주가 당신의 창조물에 조금이라도 관심을 하신다면, 인간, 즉 문화와 함께 범죄를 지어낼 수 있으면서 또한 신적(神的)인 정의의 대리인이 될 수도 있는 인간은, 역사의 새벽에 영(靈)의 빛을 받기에 충분할 만큼 중요한 존재가 아닐 수 없다.

　이 역사가 무의미한 장난이 아닌 이상, 인간의 막대한 파괴력에 대항하는 힘이 있는 것은 틀림없는 사실이다. 모호하지 않고 연약하지 않은 목소리, 찌르는 양심의 가시와 같은 목소리, 인간의 파괴하는 능력에 그 영력(靈力)이 결코 눌리지 않는 목소리, 인간을 향하여 "아니다"(No) 하고 단호하게 말하는 목소리가 틀림없이 있다.

　그 음성은 예언자들에게 때를 따라 말을 하고 있으며 역사의 공포를 통하여 대중에게 울부짖는다. 예언자들은 응답하고 대중은 절망한다.

　정의와 전능을 함께 베푸시는 지고자(至高者)의 이름으로 말하는 성경은, 지치지 않고 인간에게 "아니다"를 외치는 목소리다. 우리가 한껏 오만하게 운명의 향연을 즐기고 있을 때 성경은 날선 칼처럼 우리의 자기만족을 찌르고는, 하느님께서도 이 역사 속에 들려주실 목소리가 있음을 우리에게 상기시켜 준다. 현상 유지에 만족하는 자들, 인간 사회 속에 버티고 서서 겉만 그럴듯한 사회의 허물을 벗기려고 하는 대신 사회에서 도피하여 쉽고 편한 길을 찾으려는 자들, 이런 자들만이 인간의 독자성에 대한 위로부터의 간섭을 못마땅하게 여기리라.

하느님과 인간 사이의 거리

계시에 대한 저항은 하느님의 개념에서도 온다. 곧 한 가지 사실에 대하여 우리는 이견(異見)이 없는 듯 한데, 그것은 하느님이 인간과 절대 거리를 유지하시며 깊은 침묵 속에 거하신다는 생각이다. 그렇다면 하느님과 인간의 의사소통을 말한다는 것이 과연 의미 있는 일인가?

우리 생각에 자연 세계는 끈질기고 유연하며 온순하지만 그러나 완고한 침묵을 지키고 있다. 우리는 자연의 풍요로움과 그 말없는 슬기를 흠모한다. 우리는 자연의 암호(sign)를 끊임없이 판독한다. 그러나 자연은 결코 우리에게 말하지 않는다. 혹시 우리는 별들이 우리를 이해하기를 바라는 것일까? 아니면 바다가 납득되기를 바라는 것일까? 너무나도 복잡하게 얽힌 조건들이 구비되어야 이루어지는 것이 대화인지라 자연이 인간에게 말을 건넨다는 생각 자체가 잘 이해되지 않는다. 자연과의 대화는, 자연이 혼을 지니고 있음을 전제로 할 때 이루어질 수 있다. 뿐만 아니라 인간이 또한 자연이 보내는 특수한 통화 신호를 이해할 수 있어야 이루어진다. 영원한 하느님이 유한한 인간에게 스스로 말을 건네신다는 예언자들의 주장은 결코 이성(理性)에 반(反)하는 것이 아니다. 가장 작은 입자 속에 무한한 것이 결정(結晶)을 이루는 방식으로 물질의 구조가 가능해진다. 태양과 흙 속에 저장되어 있는 에너지의 흐름이 식물의 잎 속으로 운반된다면, 어째서 하느님의 영이 인간의 마음에 미친다는 사실이 무턱대고 배제되어야 하는가?

태양과 꽃 사이의 간격 같은 거리가 있다. 꽃 한 송이가, 에너지의 근원에서 떨어진 세계가, 그 근본을 인식할 수 있을까? 물방울 하나가, 어느 한 순간일지언정, 솟구쳐 올라 까마득한 맨 처음의 샘물을 들여다볼 수 있을까? 예언자들의 예언, 그것은 마치 태양이 꽃들에게 말을 건네고, 맨 처음의 샘물이 하나의 물방울에 닿기 위해 흐름으로 흐르는 것과도 같다.

여기서 잠시 멈추어 육체와 정신 사이의 끊임없는 상호작용을 살펴보기로 하자. 손가락 끝으로 만져지는 것이 하나의 개념이 되며, 마음에 떠오르는 의도가 몸에 전달된다. 이 상호작용이 어떻게 이루어지는지는 말로 설명되지 않는다. 그렇다면, 계시는 말이나 글로 표현될 수 없는 것이라 하여 예언자들의, 이스라엘 역사의 어느 특별한 시기에 신성(神性)이 몇몇 선택된 사람들에게 내려왔다는 주장을, 진실하지 못하다고 미리 선험적으로 부인하는 것이 타당한 일일까? 우리 자신 속에 있는 그 창조적 근원이 인간에게 말했다는 주장을 애당초 부인하는 것이 타당한 일일까?

만일 천재들이 모든 인간을 위해 말하는 순간이 있다고 한다면, 어째서 우리는 한 목소리가 하느님을 위해 말하는 순간이 있음을 부인해야 하는가? 선(善)의 근원이 인간의 마음에 그 길을 이야기해 주는 순간이 있음을 왜 부인해야 한다는 말인가?

실제로, 우리가 하느님의 숨결을 담고 있는 언어를 들여다본다는 것은 믿어지지 않는 일처럼 보인다. 우리가 잊고 있는 사실은 우리가 바로 이 순간에 하느님이 창조하고 계시는 것을 들여 마신다는 사실, 바로 우리 눈앞에 있는 것이 그분의 무한한 지혜와 무한한 선(善)을 반영하는 그분의 작품들이라는 사실이다.

하느님의 옹근 침묵이라는 도그마

많은 사람이 하느님은 하나의 심연으로서 그 위에 궁극적 존재에 관한 소문이 떠돌아다니는 분임을 모른 채, 궁극적 실재에 관하여 그들이 알고 있는 것은, 그것이 거대한 신비 덩어리라는 것뿐이다. 이와 같은 지식의 관점에서 볼 때 예언자의 주장은 터무니없는 것으로 보인다.

이 관점을 검토해 보기로 하자. 궁극적 실재에 영원한 신비라는 속성을 부여함으로써 우리는 그것을 알고 있노라고 스스로 분명히 밝힌 셈이다. 그런즉, 궁극적 존재는 미지(未知)의 하느님이 아니라 알려진 하느님이다. 다른 말로 하면, 하느님은 우리가 결코 알 수 없는 분이심을 알고 있는, 위대한 무식아(無識我, the great Unknower)다. 우리는 하느님에 대한 무지(無知, the ignorance)와 함께, 그분이 알 수 없는 분임을 알고 있음을 선포한다!

지고자(至高者)는 옹근(total) 신비요, 비록 창조의 하느님을 시인한다 하더라도 여전히 세계를 창조할 능력을 지닌 그분이 한 마디 말씀도 하실 수 없다는 주장에 매달릴 수밖에 없다고 말하는 것은 우리가 이교(異敎)에서 물려받은 유산 가운데 하나인 듯하다. 어째서 우리는 하느님이 영원한 침묵에 갇히셨다고 주장해야 하는가? 왜 우리는 절대 존재한테서 표현의 능력을 미리(a priori) 배제해야 하는가? 만일 세계가 하느님의 작품이라면 당신의 작품 속에 당신을 표현하는 신호가 있으리라는 것은 짐작할 수 있는 일 아닌가?

우리는 여전히, 하느님의 옹근 침묵이라는 도그마를 계속 주장하고 있으며 하느님은 결코 말씀을 하시지 않는다는 듯이, 또는 말씀을 하셔도 인간이 귀가 먹어서 그 말씀을 듣지 못한다는 듯이 여기고 행동한다. 그러나 때로 우리 가운데 몇은, 도그마야말로 무서운 오류가 아닌가 하는 생각으로 전율한다.

참으로, 예언자들의 말은 우리를 어리둥절하게 하며 좀처럼 믿기지 않는다. 그러나 이 무섭도록 아름다운 세상에 살고 있는 우리에게는, 하느님의 두터운 침묵이야말로 그 무엇과도 비교할 수 없을 만큼 우리를 어리둥절하게 하며 도무지 믿기지를 않는 것이다.

인격적 은유

많은 사람이 살아가면서, 지식에 이르는 통로가 사색과 관찰 외에도 여럿이 있음을 발견하게 된다. 착실히 자신을 드러내는 지혜의 놀라움에 대하여 진실하게 살아갈 때에, 우리는 때로, 한 목소리의 메아리의 메아리가 그 침묵을 뚫고 헛되이 우리의 주목을 끌려고 애쓰는 듯한 느낌을 받는다. 우리는 때로 누군지 알 수는 없으나, 우리의 의지를 거슬러 우리를 부르는 소리를 듣는 듯한 느낌을 받으며, 우리의 언어와 행실과 사상 속에 주어지는 그 힘에 기겁을 하게 된다.

우리가 살아가면서 듣게 되는 하느님의 음성은 대단히 느려서, 한 때에 한 음절씩 말씀하신다. 우리 가운데 겨우 몇이 세월의 정점(頂點)에 이르러, 지니고 있던 환상을 떨쳐 버리고 지난 날 인생 경험의 의미를 제대로 읽을 줄 알게 될 때에 비로소 그 흩어져 있는 음절들이 어떻게 한 문장을 형성하는지를 발견하게 된다. 우리네 인생이라는 것이, 인간의 술어로는 결코 설명되지 않는 이 세계 속에서 이루어지는 것이며, 모든 순간들이 조심스럽게 드러나는 그분의 창조 행위임을 아는 자들은 다음과 같이 질문하지 않을 수 없다. 그분의 음성 안에서 발음되지 않은 어떤 것이 있는가? 그분의 창조 안에서 드러나지 않은 어떤 것이 있는가?

익숙하지 못한 사람들을 어리둥절하게 만드는, 삶의 눈부신 구름 뒤에서, 어떤 사람들은 존재의 충만함 가운데서, 존재하라(Let There Be)는 음성을 듣는다. 또 어떤 사람에게는 노래뿐만 아니라 한 음성이, 미지(未知)의 휘장을 걷어올리고, 그의 마음에 와 닿는다. 기도하는 자들에게는 안내(案內)의 은총이 마침내 내리고, 비록 그들이 비천하며 자격 또한 없다해도 그럼에도 불구하고 모든 것을 감싸는 지혜와 인간을 구원하는 능력으로부터 뜻밖에 튀어나오는 불꽃으로 깨달음을 얻는다는 사실을 아는 사람들은, 불꽃(a spark)이 아니라 화염(a flame)을 지각(知覺)한 사람들에게 낯설지 않으리라.

하느님이 끊임없이 인간을, 모든 인간 각자를 추적하고 계신다는 사실을 이해하지 못하는 한, 계시라는 관념은 여전히 터무니없는 소리다. 그러나 우리가 지각한 바 깨달음을 주는 불꽃들에 대한 기억들을 모으고 오랜 세월에 걸쳐 우리에게 내렸던 통찰의 내용들을 상기하면, 계시가 불가능한 일임을 고집하는 것이 오히려 불가능하다는 느낌을 받게 될 것이다.

18

예언자의 조심스런 선언

관념, 주장, 결과

　앞장에서 우리는 계시라는 관념(the idea)과, 사람들이 그 관념을 거부하는 까닭에 대하여 생각해 보았다. 우리는 그 관념이 인간의 상황에 얼마나 중요한 것인지를 알아보려고 했고, 나아가 계시가 불가능하다고 고집하는 것이야말로 불가능한 일임을 말한 바 있다. 그러나 관념이란 비록 그럴 듯한 것임이 입증된다 하더라도 여전히 사실이 아닐 수가 있다. 하느님이 우리의 기대를 채워 주지 않으셨다고는 생각할 수 없는 것일까? 우리의 계시에 대한 신념이라는 것이, 그랬으면 좋겠다는 생각과의 타협이 아니라고 무엇이 보장해 줄 것인가? 도대체 하느님이 있긴 있으나, 목소리를 지닌 분은 아니라고 스스로 믿어서는 안 될 무슨 까닭이라도 있는 것인가?

　이 질문에 대답하려면 우리는, 이 세상에서 하느님의 음성을 찾기 위해 왜 성경으로 돌아가느냐는 또 다른 질문에 먼저 대답할 수 있어야 한다. 그것은 성경이 계시의 가능성이나 관념을 그냥 담고 있는 것 이상이기 때문이다. 성경에서 우리는 한 주장(a claim)을 만난다. 하느님의 뜻을 스스로 전달하고 있노라고 주장하는 예언자들을 만난다. 그것은 이스라엘 역사를 지배해 온 사실이다. 그런즉 성경을 대하여 우리가 토론하게 되는 것은 무슨 원리나 일반 관념 또는 형이상학적 가능성이 아니라 특수한 예언 행위들이다. 그 행위란, 성경에 따르면, 모세 때와 말라기 때 사이에 살던 이스라엘 백성의 삶에서 발생한 일이다.

만일 성경이 유실되었고 예언자의 말도 사라졌으며 남아 있는 것이라고는 스스로 예언자임을 주장한 자들에 대한 추억뿐이라고 한다면 탐구할 유일한 대상은 그들의 주장이리라. 그러나 성경은 오늘에도 우리 곁에 있으며, 우리는 스스로 특수한 경험을 했노라고 주장한 인물들뿐만 아니라 그들이 남긴 특별한 말들도 만날 수 있다. 그러므로 우리를 성경에로 이끌어 당기는 것은 우선 그들의 주장이긴 하지만 그것만은 아니다. 우리의 삶과 사유(思惟)에 도전해 오는 것은, 그리고 그 주장의 내용을 이해하고자 노력하게끔 충동하는 것은 예언자들의 말하는 내용(what the prophets say)이다.

따라서 계시 문제의 세 측면, 즉 계시라는 관념과 그 주장 그리고 그 결과를 구분하는 일이 반드시 먼저 필요하다. 계시의 관념에 대하여는 앞장에서 살펴보았다. 여기서는 그 계시의 말 또는 그 결과를 토론하기에 앞서 그 주장을 살펴보기로 하자.

우리의 토론의 주제는, 하느님의 뜻이 인간의 심성에 닿을 수 있다는 믿음뿐만 아니라, 하느님은 예언자들이 주장하는 바와 같은 분, 즉 그 분의 뜻이 예언자들이 주장한 것과 같은 것이라는 성경의 확고한 주장을 받아들일 것이냐, 거절할 것이냐 하는 문제다.

예언자의 영감(靈感)이란 무엇인가

우리가 탐구의 출발점으로 삼을 것은, 예언자들의 스스로 영감을 받았다고 생각하는 의식(意識), 자신들이 사람들에게 전달하는 메시지가 스스로 만들어 낸 것이 아니라는, 흔들리지 않는 확신이다.

위기에 처한 순간, 모세는 자신의 권위를 몽땅 자신이 하느님의 영감을 받았노라는 주장에다가 건다.[1] 예언자들은 여러 가지 방식으로 그들의 입에서 나오는 말이 "그들의 가슴에서" 나오는 것이 아님을 주장한다(에제키엘 13:2). 그들의 예언은 스스로 생각해 낸 것이 아니라 영감으로 받은 것이며, 자신들을 백성에게 보내신 분 또한 하느님이시라는 주장이다(이사야 48:16). 예언자의 영감이란 무엇을 의미하며, 예언자의 영감에 관한 진실은 무엇인지를 물어 보는 것이 우리가 여기서 할 일이다. 첫째 질문은, 어떤 종류의 행위를 예언자의 영감 받음이라고 볼 수 있느냐를 묻는 것이요, 둘째 질문은 그것이 사실이냐를 묻는 것이다. 과연 그 일들은 진짜로 일어났는가?

우리의 탐구는 물론 첫째 질문으로 시작되어야 한다. 도대체 예언자의 영감이라는 것이 있었음을 입증하거나 부인하기 전에, 우선 그것이 무엇인지를 아는 일이 필요하기 때문이다. 우리가 예언이라 말할 때 그것은 어떤 사실을 가리키는 것인가? 그것이 의미하는 바는 무엇인가?

오늘 우리는, 그의 연설이 방송을 통해 전 인류의 이목을 끌 위대한 연사를 상상할 수 있다. 그러나 하늘과 땅의 시선을 모으고 전 우주(全宇宙)가 그에게 연설하는 그런 사람에 대하여는 상상할 수가 없다. 비록 존재하는 모든 것에 생기를 넣어 주는 어떤 영(靈)이 있다고 인정한다 해도, 그것의 신비스러움은 본질상 인간의 심성으로 파악될 수 없는 것이다. 하늘이나 땅보다 더 크신 이에 의하여 말을 듣게 되는 경험은 너무나도 장엄하기 때문에 그 앞에서는 모든 언어가 그 무게를 잃고 만다. 그 정신적, 역사적 상황을 조사해 보는 일은 별로 의미가 없다. 즉 어떻게 예언은 발생하였는가? 그것은 내적 경험이었는가, 아니면 외적 경험이었는가? 그 역사적인 배경은 어떠한 것이었는가? 이런 질문들은 대답이야 어떻게 나오든지 간에, 그 우연한 사건 주변에서 끊임없이 제기되리라. 그것은 마치 쉼표와 마침표 따위에 대한 토론으로 한 문장의 의미를 찾아내는 일이 거의 없는 것과 마찬가지다. 단어와 그 의미가 우선 먼저 파악되어야 한다.

한 문장의 의미를 바르게 이해하는 일은 그 문장을 쓴 저자가 품고 있는 의미와 일치하느냐에 달려 있다. 그런즉, 우리가 물어야 할 것은, 예언자가 말한 "하느님께서 말씀하셨다"는 구절이 무엇을 의미했느냐다. 예언자가 자기의 경험에 대하여 선포한 것을 이해하려면, 우리는 인간의 선언이 지니고 있는 근본 원리 몇 가지를 항상 염두에 두고 있어야 한다. (1) 사물과 단어에는 많은 의미가 있다. (2) 예언자의 선언은 삼가 조심스럽게 하는 빈약한 선언이다. (3) 예언자의 언어는 장엄함과 신비스러움의 언어다. (4) 묘사하는 언어와 지시하는 언어에는 차이가 있다. (5) 예언자의 선언은 응답적으로(responsively) 하는 것으로 간주해야만 한다.

단어에는 여러 뜻이 있다

계시를 틀림없이 오해하는 길은 그것을 문자 그대로 받아들여 하느님이 예언자에게 장거리 전화로 말씀하셨다고 상상하는 것이다. 그런데도 우리 가운데 대부분은 그와 같은 환상에 빠져, 궁극적 문제를 생각하는 일에서 저지르는 주요한 실수가 문자주의(文字主義)에 빠지는 것임을 잊고 있다.

문자주의의 오류는 사물이나 단어에 오직 하나의 의미가 있다고 주장하는 것이다. 그런데 사실인즉, 사물과 단어는 그 상황이 달라지면 의미도 다르다. 황금은 상인에게는 부유함을 의미하고, 보석 세공인에게는 장식을 위한 물질을 의미하며, 기계 기술자에게는 "중량이 무겁고 녹이 슬지 않으며 쉽게 두들겨 펴지는 금속"을 의미하고, 수사학자에게는 친절함("황금의 마음")을 의미한다. 빛은 물리학자에게는 에너지의 형태며, 예술가에게는 사랑의 매체요, 성경의 제1장에서는 장엄함의 표현이다. 히브리어로 영(spirit)을 뜻하는 '루아흐'(ruah)는 숨, 바람, 방향 등을 의미하기도 한다. 만일 누가 오로지 숨만을 생각한다면, 그는 '루아흐'라는 말이 지니고 있는 깊은 의미를 놓치고 마는 셈이다. 하느님은 아버지라고 불린다. 그러나 이 말을 혈육의 아버지로 생각한다면 그것은 하느님의 의미를 왜곡하는 것이다.

신앙의 언어에는, 순전히 신앙의 언어로만 만들어진 말이 조금밖에 없다. 그 대부분은 일반적인 인간 경험에서 빌어다가 거기에 새로운 의미를 넣은 것들이다. 따라서 이런 용어들을 문자 그대로 읽는다면, 그것들이 종교적으로 사용되면서 간직하게 된 특별한 언외(言外)의 의미(connotations)를 잃어버리게 된다.

과학의 언어는 분명하고 확실하며 모든 사람에게 동일한 개념을 전달한다. 그러나 만일 어떤 시어(詩語)가 오직 한 가지 의미만을 전달한다면 그 시어는 좋은 것이 못 된다. 훌륭한 시어라면 여러 의미를 복합으로 지니고 있으며 여러 차원에서 이해될 수 있는 것이어야 한다. 과학의 언어에서는 장점으로 인정되는 것이 시(詩)에서는 실패작이 된다.

성경의 언어가 오직 한 가지 문자적 의미로만 이해되어야 한다고 주장하는 것이 옳은 일일까? 예언자들의 의도한 바는 오히려, 우리가 처해 있는 상황에 따라 여러 차원에서, 여러 방법으로 이해되어야 하는 것처럼 보인다. 그것이 그들의 의도한 것이었다면, 우리는 어느 한 가지 의미에만 우리의 이해를 국한시켜서는 안 될 것이다.

예언자의 조심스런 선언

흔히들 성경의 저자들은 당당한 언어를 즐겨 사용하고 지나친 과장법을 좋아한다고들 생각한다. 그러나 그들이 표현하고자 했던 바의 실체를 곰곰 살펴보면, 우리에게 거창한 웅변(grand eloquence)으로 들리는 것이 실은 삼가 조심스럽게 하는 빈약한 선언(understatement)이며 수줍은 표현이라는 사실을 발견하게 된다. 참으로, 그들의 언어를 문자 그대로 받아들여서는 안 된다. 왜냐하면 문자적인 이해는 부분적인 천박한 이해요, 문자적인 의미는 최소한의 의미일 따름이기 때문이다.[2]

"하느님께서 말씀하셨다." 이 말은 상징적으로 받아들여, 그분은 말씀하시지 않았는데 그런데도 그분이 말씀하신 것과 같다는 말로 읽어야 할 것인가? 우리에게 문자적으로 진실인 것은 하느님께 형이상학적으로 실재인 것에 비할 때 하나의 은유(隱喩, a metaphor)다. 우리에게는 천년 세월이 그분께는 하루다. 그리고 우리의 가장 강력한 언어도 그분께 적용될 때는 더듬거리며 조심스럽게 하는 빈약한 말이다.

그런데도 역시 "하느님께서 말씀하셨다"는 말은 상징이 아니다. 상징은 무(無)에서부터 세상을 일으키지 못한다. 또한 상징은 성경을 생겨나게 하지도 못한다. 하느님의 말씀하심은 문자 그대로의 진짜(real) 이하(以下)가 아니라 그 이상(以上)이다.

장엄함과 신비스러움의 언어

현대의 성경 학도는 성경을 자신의 세계관에서 해석하려는 유혹을 받는다. 성경의 본디 의미를 이해하려면, 우리는 세계를 보는 성경의 기본 개념을 늘 염두에 두어야 한다. 성경의 사람은 처음부터 장엄함의 모습에 주의를 기울인다. 계시를 일컫는 그의 언어는 장엄함과 신비스러움의 언어다.

"하느님의 말씀," "하느님께서 말씀하셨다"--이것은 무엇과 비교될 수 있을까? 그것을 인간의 목소리가 내는 분명한 발음과 비교할 수 있을까? 사람이 알아듣는다는 사실로 미루어 보면 하느님의 말씀이 어떤 음성으로 전달된다고 하지 않을 수 없겠지만, 그것이 신적인 것인 한 사람의 음성보다는 더 큰 어떤 것에 의하여 전달된다고 하지 않을 수 없다. 세상에는 여러 음성이 있다. 신적인 음성이라고 한다면 무엇이 그 특성인가? 만일 하느님이 세상을 창조하셨다면 어떻게 그분의 발언을, 이 세상에서도 하찮은 것에 불과한 인간의 목소리라는 현상과 비교할 수 있을 것인가?

성경의 사람에게는 하느님의 말씀이 우주의 힘만큼, 모든 요인과 힘들을 한 데 모으는 우주의 힘만큼 큰 것이라고 말하는 것 자체가 조심스럽게 하는 말이다. 하느님의 말씀은 창조의 힘이다. 그분이 "있어라"고 말씀하시자 "생겨났다."

> 야훼의 말씀으로 하늘이 펼쳐지고
> 그의 입김으로 별들이 돋아났다.
> 말씀 한 마디에 모든 것이 생기고
> 한 마디 명령에 제 자리를 굳혔다(시편 33:6, 9).

세계는 장엄하고 장대하다. 그러나 만일 그분의 말씀이 없었다면, 이 세계도 없고 그 장엄함과 장대함도 없었으리라.

예언자들에게 하느님의 말씀은 무엇인가? 인습적인 관념을 전달하고 한 문장의 부분으로 제 몫을 감당할 수 있는 소리들(sounds)의 조합인가?

> 내 말은 정녕 불같이 타오른다.
> 망치처럼 바위라도 부순다(예레미야 23:29).

하느님 말씀의 특별한 질(質)은 그 전능함이라는 신비에 있다. 하느님께로부터 그분의 발언이라는 신비가 나왔고, 한 말씀, 한 음성이 인간의 귀에 닿았다. 그분의 창조하는 능력의 영(靈)은 이 물질 세계를 생겨나게 했고, 그분의 계시하는 능력의 영은 성경을 생겨나게 했다.

묘사하는 언어와 지시하는 언어

인간의 정신은 여러 가지 관념들의 저장소다. 그 중에는 분명하고 선명하게 표현되는 것도 있고, 모호하며 표현 불가능한 것도 있다. 이에 따라서 언어에는 두 종류가 있다. 한정된 의미와 고정으로 연결되어 있는, 묘사하는(descriptive) 언어가 있으니 의자, 책상 등 명사 또는 과학에서 쓰는 술어가 그것이다. 또한 표현 불가능한 의미와 유동(流動)으로 연결되어 있는, 지시하는(indicative) 언어가 있는데 그것들은 무엇을 묘사(설명)하는 대신 우리가 완전히는 알 수가 없는 어떤 것을 가리킬[指示] 뿐이다. 하느님, 시간, 아름다움, 영원 따위 말 속에 담겨 있는 내용은 우리가 정확하게 상상할 수도 없고 만들어 낼 수도 없다. 그런데도 그것들은 우리의 표현 불가능한 것에 대한 감각에 풍부한 의미를 전달해 준다. 그것들의 기능은, 우리 정신 속에 어떤 정의(定義)를 만들어 내는 것이 아니라 그것들이 가리키는 실재에 우리를 안내하는 것이다.

묘사하는 언어의 기능은 우리가 이미 지니고 있는 생각을 떠올려 주는 것, 이미 알고 있는 의미(preconceived meanings)를 떠올려 주는 것이다. 지시하는 언어는 다른 기능을 지니고 있다. 그것들이 불러일으키는 것은 기억(記憶)이 아니라 응답(response)이다. 전에 들어본 적이 없는 관념, 전에는 알지 못했던 의미다.

묘사하는 기능과 지시하는 기능을 아울러 행사하는 단어들도 많이 있다. 배의 선장에게 "바람"과 "새벽"은 분명한 의미를 지닌 단어다. 그에게 바람은 일정한 방향과 속력으로 움직이는 대기(大氣)요, 새벽은 먼 동이 터 오르는 순간이다. 그러나, "새벽 오히려 미명에 한숨짓는 바람"

이라는 시구를 읽을 경우 우리는 시인이 생각한 정확한 시각이 몇 시인 가를 알아보려고 하지는 않는다. 그리고 그 바람의 방향과 속도를 묻지도 않는다. 그럼에도 불구하고, 시인이 말하는 새벽과 바람이 선장의 새벽과 바람에 다른 것이 아니라는 사실 또한 의심할 나위가 없다. 그는 동일한 현상의 다른 측면을 말하고 있는 것이다.

또한, "한숨짓는 바람"이라는 글을 읽으면서 대기를 내쉬고 들여 마시는 바람의 생리학을 탐구하고자 하는 사람도 없다. 그런데도 야곱의 사다리 이야기를 들려주면, 그 사다리의 칸이 몇 개인가를 물어 보는 그런 사람이 있다.

응답적인 해석

위의 시(詩)에서 인용한 "바람"은 비유적 표현(a figure of speech)이 아니다. 그 단어를 상징으로 읽어서 바람 아닌 다른 무엇을 가리키는 것으로 해석한다면, 그것은 시인의 경험과 의도를 오해한 것이라고 하겠다. 반면에 그 바람을 문자적으로 읽어 기상대 직원이 알고 있는 것과 동일한 바람으로 해석한다면, 그것 역시 시인이 감각했던 것과는 다른 차원으로 바람의 의미를 이해하고 있는 것이다. 시인이 말하고 있는 것은, 의미의 상징이상학적(metasymbolic) 차원의 바람이다. 이런 의미로 사용된 언어는 문자 그대로 읽어도 안 되고 상징으로 읽어도 안 된다. 그것은 응답적으로(responsively) 읽어야 한다.

한 단어를 문자적으로 읽는 것은, 그 단어가 나타내는 관념을 우리 머리 속에 다시 떠올리는 것을 의미한다. 그리고 그것은 우리의 기억과 명백하게 연결이 된다. 묘사하는 언어만이 문자적으로 받아들일 수 있음은 명백하다. 묘사하는 언어를 상징적으로 읽는 것은 말하는 자가 이중(二重)으로 말하고 있다고 주장하는 것을 의미한다. 즉, 그가 이것을 말하면서 저것을 의미한다고 보는 것이다. 은유적(metaphoric) 표현들만이 상징적으로 읽을 수 있음 또한 명백하다. 지시하는 언어는 응답석으로 읽어야 한다. 그것들을 이해하기 위해 우리는 이미 알고 있는 의미와 일단 헤어져야 한다. 상투어구들은 소용이 없다. 그것들은 묘사가 아니라 실마리(clues)로서, 우리를 안내하고 우리에게 사색의 선(線)을 암시한다.

이것이야말로 우리가 "하느님이 말씀하셨다"는 식의 선언을 이해하고자 할 때에 처해 있는 상황이다. 그것은 우리의 생각에 익숙하지 않은 관념을 말해 주고 있다. 그 의미를 바르게 이해하는 유일한 방법은, 그 말에 응답함으로써(by responding to it) 이해하는 것이다. 우리는 전에 들어 보지 못한 의미에 우리의 정신을 적응시켜야 한다. 그 언어는 실마리일 따름이다. 그것을 이해할 진정한 짐은 그것을 읽는 자의 정신과 영혼 위에 지워져 있다.

> 19

계시의 신비

계시와 계시 경험

만일 계시가 하느님이 성공적으로 인간에게 닿으신 순간이었다고 한다면, 그 계시를 순전히 시각(視覺)이나 청각(聽覺)의 술어로만 설명하거나, 또는 그것이 환영(幻影)이었느냐 아니면 소리였느냐, 소리였다면 강한 소리였느냐 아니면 가느다란 소리였느냐를 따지는 일은, "새벽 오히려 미명에 한숨짓는 바람"의 속도를 묻는 것보다 더 어이없는 짓이라고 하겠다. 물론 예언자들은 보고 들었다고 주장했다. 그러나 그들이 경험한 봄(seeing)과 들음(hearing)은 심리학 또는 생리학의 분석 대상이 될 수가 없다. 바람의 한숨짓는 소리를 들을 수 있는 시인의 능력을 분석한다고 해서 그것이 그 시에 대한 이해를 도와줄 리는 없다. 예언자들은 동시대의 사람들을 만나는 방식으로 하느님을 만났다고 주장했던가? 아니면 아리스토텔레스가 알렉산더 대제를 만나는 방식으로 만났다고 주장했던가?

만일 계시가 단지 인간의 심리-생리적 행위일 뿐이라면, 그것은 인간의 경험 이상(以上)일 수가 없고 인생(人生)에 발생하는 사건에 불과하리라. 그러나 조각 작업이 조각되는 돌과는 다른 것이듯이, 계시 또한 인간의 경험 이상(以上)인 것이다. 실제로, 인간의 경험으로 알려지지 않은 계시는 허공에 새겨진 조각품과도 같다. 그러나 계시가 인간에게 경험되는 것은 그 계시 속에서 실제로 일어난 일의 한 부분일 따름이며, 따라서 계시 사건과 그 계시에 대한 인간의 경험을 동일시(同一視)해서는 안 된다.

계시의 신비

표현 불가능한 것의 영역에서 발생하는 사건인 계시의 본질은, 언어로 표현하거나 묘사할 수가 없는 것이다. 우리의 범주로는, 물질과 심성의 영역을 초월하면서 그 속에 내재하는 것을 담을 수가 없다. 계시를 말할 적에는 그 술어가 설명적일수록 그만큼 그 설명은 미흡하다. 예언자들이 자신들의 경험을 사람들에게 전할 때 사용한 언어는, 사진이 아니라 그림(illustrations)이었고 설명이 아니라 노래였다. 그러므로 예언 행위를 심리학적으로 재구성해 보려는 시도는, 노래를 듣고 그 노래하는 자의 얼굴을 사진처럼 그려보려는 것만큼이나 불가능한 일이다. "계시"라는 단어 자체가 외침과 같은 것이다. 그것은 묘사하는 술어가 아니라 지시하는 술어다. 궁극자를 표현하는 다른 모든 술어와 마찬가지로, 그것은 그 의미를 충분히 설명한다기보다 그 의미를 가리킨다. "시나이 사건을 정확하게 개념화하기란 대단히 어려운 일이다. 왜냐하면 그와 같은 사건이 전에도 없었거니와 앞으로도 없을 것이기 때문이다."[1] 마이모니데스는 이렇게 말한다. "우리는 토라가 하느님께로부터 모세에게, 성경이 '말씀'이라는 술어를 사용하여 상징적으로 묘사하는 방식 그대로 내렸다고 믿는다. 그리고 또한 말씀이 내린 모세 본인을 제외하면 그 누구도 어떻게 그 일이 이루어졌는지 모른다는 사실을 믿는다."[2]

우리는 시나이 사건을 기록하고 있는 성경의 장(章)들을, 마치 조직

신학의 본문들처럼 읽으려고 해서는 안 된다. 성경의 의도는 그 신비를 경축하려는 데 있다. 그 신비를 해명하거나 그 속으로 들어가는 것이 아니라 우리를 그 신비에 안내하는 것이다. 계시에 대한 보고서(報告書)인 성경 자체가 하나의 '미드라쉬'(*midrash*, 주해서)다.

예언자의 경험한 바를 전달하기 위해 성경은 묘사하는 술어나 지시하는 술어 가운데 하나를 사용할 수 있었다. 경험적인 범주들로 계시 행위를 묘사하고자 하면 결국은 만화를 그리고 말게 될 것이다. 이 때문에 성경은 다만 계시가 발생했다는 사실만을 언급할 뿐이다. 그것이 어떻게 발생했는지는 암시적이고 은유적인 언어로만 전달할 수 있었다.

같은 말이 다른 방식으로 사용될 수가 있다. 발음은 같지만 그 정신은 다르다. "하느님께서, '빛이 있어라' 하고 말씀하셨다"는 말은 "스미드가, '불을 밝히자' 하고 말했다"는 말과는 그 뜻이 사뭇 다르다. 후자는 분명하고 제한된 의미를 전달한다. 그런데 전자는 표현 불가능한 의미에 대한 내적 반응을 불러일으킨다. "인간이 말한다"는 선언은 생리, 심리적 행동을 서술한다. "하느님이 말씀하신다"는 선언은 신비를 전달한다. 그것은 우리의 인식 능력을 능가하는 신비에 반응하여 놀라고 경탄하는 감정을 유발한다.

우리의 언어로는 전혀 표현할 수 없고 상상(想像)이나 정의(定義)의 폭을 완전히 넘어서 있는, 그런 영적인 사실들이 있다.

그분의 뜻이 소리로 전달된다는 것은 본질적인 것이 아니다. 그러나 그것이 우리에게 알려지는 것은 본질적이다. 소리 또는 모양이 초월적 사건과 맺는 관계는 하나의 은유(隱喩)가 추상적인 원리와 맺는 관계와 같은 것이다.

계시의 부정 신학

외부로부터 도전을 받을 때마다 예언자들은 다만 자신들이 말하는 것이 자신의 말이 아니라는 점을 밝힐 수 있었을 뿐이다. "내가 멋대로 한 일이 아니다"(민수기 16:28, 비교, 에제키엘 13장). 계시는 부정(否定)을 통하여(*via negationis*)서만 서술될 수 있다. 우리는 다만 그것이 무엇이 아니라고만 말할 수가 있다. 아마도 부정신학(否定神學, negative theology)의 가장 오래된 사례를 계시 이해에서 찾아볼 수 있을 것이다. 엘리야의 이야기에 이런 대목이 있다.

> 다시 음성이 들려왔다. "앞으로 나가서 야훼 앞에 있는 산 위에 서 있어라." 그리고 야훼께서 지나가시는데 크고 강한 바람 한 줄기가 일어 산을 뒤흔들고 야훼 앞에 있는 바위를 산산조각 내었다. 그러나 야훼께서는 바람 가운데 계시지 않았다. 바람이 지나간 다음에 지진이 일어났다. 그러나 야훼께서는 지진 가운데도 계시지 않았다. 지진 다음에 불길이 일어났다. 그러나 야훼께서는 불길 가운데도 계시지 않았다. 불길이 지나간 다음 조용하고 여린 소리가 들려왔다(열왕기상 19:11-12).

"조용하고 여린 소리"를 문자 그대로 읽으면 침묵의 소리(a voice of silence)다. 거의 들리지 않는 음성을 듣고 나서야 격정을 부리던 엘리야는 겉옷으로 자기 얼굴을 가렸다. 그리고 굴 입구에 서서 그 음성에 귀를 기울였다. 그것은 거의 들릴까말까한 음성이었다.

상상하는 것은 곡해하는 것

그런즉 우리가 계시에 대하여 상상하는 것, 말하자면 그것이 마치 무슨 육체적 또는 정신적 과정이라고 생각하는 것은 그 본질을 곡해(曲解)하고 그 신비를 파괴하는 것이다. 계시를 심리-생리적 행위로 보는 것은 하느님을 신체를 지닌 존재로 보는 것과 마찬가지로 잘못이다. 우리들 가운데는 상상(想像)의 오솔길로 건너지르지 않는 길로 생각할 수 있는 사람이 거의 없다. 그리고 그 사유와 상상의 십자로에서 흔히 위대한 정신의 발전이 우화적인 상상의 막다른 골목으로 빗나가곤 한다.

어느 하시드가, 철학자들의 이론에 따라 하느님에 대한 고상한 개념을 이끌어 낸 강의를 듣고 난 뒤에 이렇게 말했다고 한다. "만일 하느님이, 당신이 상상해 낸 방식대로 그런 분이라고 한다면 나는 그를 믿지 않겠소." 우리의 개념이 아무리 완벽하고 고상하다 해도, 그것이 일단 설명적인 것이 되면, 즉 정의를 내리는 것이 되면, 즉시로 그 개념이 하느님을 제한하고 그분을 우리의 진부한 틀 속에 가두는 것이다. 우리의 정신이란 하느님을 서술할 엄두조차 낼 수 없을 만큼 빈약하고 무력하다. 계시라는 관념에 대해서도 마찬가지다. 정의되고 설명될 때 계시는 완전하게 우리를 피해 간다.

신인동형설의 청산

진리가 졸렬한 공식화에 의하여 오히려 퇴색하는 것과, 하느님에 대한 우리의 숱한 개념들이 오히려 그분을 제한하고 곡해하게 만드는 것을 보는 일은 유쾌한 일이 못 된다. 우리에게는 하느님을 인간의 모양으로 묘사하고, 예언을 심리-생리적 행위로 보려는 경향이 있다. 그러나, 세상을 창조하신 하느님은 이 세상과 같지 않다는 것이 성경의 공리(公理)다. 그분 또는 그분의 행위를 상(像)으로 만드는 것은 그분의 존재를 부인하는 것이다. 모든 실재가 다 물질은 아니며, 모든 실재 행위가 다 우리의 육감에 감지되는 것은 아니다. 사람은 귀로만 들을 수 있는 게 아니다. 물리적인 소리만이 인간의 정신에 와 닿는 것은 아니다.

유대 사상의 지도적 해설가들은 우리에게, 하느님께서 소리를 내어 귀에 들리는 음성으로 말씀하신다고 상상하지 말 것을 권고한다.

"우리가 가장 잘 아는 방식은 감각에 의한, 특히 보고 듣는 감각에 의한 지각이다. 우리는 한 인간이 다른 인간과 소통하는데 혀와 입술과 기타 발성 기관을 사용하여 말을 하는 것말고 다른 방식은 별로 알지도 못하며 생각도 하지 않는다. 따라서 하느님이 사물에 대한 지식을 가지고 계시며 당신의 예언자들에게 친히 소통하셨다는 말을 듣게 될 때에… 우리는 예언자들의 귀에 음성으로 말씀하셨다는 생각을 하게 되는 것이다."[3] 그러나 "하느님이 예언자들에게 나타나시어 그들에게 말씀하셨다는 말을 들을 때, 우리는 다만 예언자들이 알아들은 어떤 신적인 지식이 있다는 생각을 받아들일 뿐이어야 한다. 우리는 예언자들이 우리에게 전달한 것들이 하느님한테서 온 것이지 결코 그들 자신의 생각이나 관념의 소산이 아니라는 주장에 유념해야 한다… 우리는 하느님이 말씀하실 때에 음성이나 다른 무슨 소리를 사용하신다고 생각해서는 안 된다."[4]

"모든 지성인은" 사람들이 시나이에서 소리를 들었다고 하는 성경의 기록을 읽을 때, 그것이 "눈으로 보는 지각" 또는 "귀로 듣는 지각"이 아니라 영적인(spiritual) 지각이라는 사실을 알고 있다.[5] "육체의 음성 또는 육체의 지각이 있는 게 아니라 영적인 음성이 있을 뿐이다… 하느님이 하신 말씀이 인간의 말과 같은 방식으로 전달된다는 것은 과연 그럴 수 있는 일일까? 그 말씀을 모세는 알아들을 수 있었지만 다른 사람들은 알아듣지 못했다. 똑같은 음성을 어떤 한 사람은 알아듣고 다른 사람들은 알아듣지 못한다니, 과연 이것이 자연스런 일인가?"[6]

독특한 사건

하느님의 말씀이 예언자의 혼을 두드리는 그런 비밀스런 상황을 다시 만들어 내려는 시도는 실현될 수 없을 것이다. 그 누가 모세의 신기한 지각과 함께 당시의 신적인 자료들을 파헤쳐 볼 수 있겠는가? 예언자 모세는 정보를 남기지 않았다. 우리가 가지고 있는 것은 그 예언자의 확신과 끝없는 경외 그리고 그의 바른 인식일 뿐이다. 우리에게 있는 것은 한 권 책일 뿐이요, 우리가 할 수 있는 것은 그 기록된 언어들 너머에 있는 발음되지 않는 것을 감지(感知)하고자 하는 노력일 뿐이다.

실제로 발생한 것들이 우리에게 잘 상상되지 않는 것은 그것을 증언했던 이들에게 잘 믿어지지 않았던 것과 같다. 우리는 그것을 이해하지 못한다. 다만 그것에 응답을 하거나 아니면 응답하기를 거절할 수 있을 따름이다.

어떤 사람들은 호언장담으로 곧잘 정의를 내리면서 성경에 접근한다. 그러나, 미지의 신비에 대하여 말하며 그분의 영이 숨어 계신 곳에서 나오시는 것이 무엇을 의미하는지 자신 있게 설명하고 있는 우리는 누구인가? 누가 성경의 깊이를 재어 보았는가? 우리는 그 지혜의 샘 속에 들어가 보았으며, 그 깊디깊은 의미의 오솔길을 산책해 보기라도 했던가? 그 성스러움의 문이 우리 앞에 열린 적이 있으며, 우리는 그 말씀의 드넓은 공간을 둘러보기나 했던가? 하느님이, 그런즉 나의 지혜가 끝없이 넓게 드러나리라고 말씀하실 때에 우리는 어디에 있었는가?

인간의 혼은 정의(定義)의 환대를 받아가며 의미의 산맥으로 들어가지 않는다. 그런즉 우리의 목적은 정의를 발견하는 것이 아니라, 말씀 속에서 하느님의 뜻을 직관하는 방법을 깨치는 것이어야 한다. 직관이란 서술 가능한 것을 파악하는 것이 아니라 표현 불가능한 것을 감각하는 것이다. 그 목표는 이성(理性) 너머에 있는 것을 이해하기 위해 이성을 훈련하는 데 있다. 우리는 다만 표현 불가능한 것에 대한 감각을 통하여 계시의 신비를 직관할 수 있게 된다.

계시 행위를 자신의 일반화라는 술어로 이해하고자 하는 교리 신학자는 자기 자신을 너무 진지하게 평가하며, 지나친 단순화라는 오류를 범한다. 계시는 이성으로 개념화할 수 없는 하나의 신비다. 그 신비스런 본성을 무시하는 것은 치명적인 결과를 초래하는 간과함이다. 어둠으로부터 소리가 모세에게 왔다. 어둠으로부터 그분의 말씀(the Word)은 우리에게로 온다. 그것이 어떻게 어둠에서 나오는지는 도무지 알 수가 없다.

만일 누가, 이스라엘 백성이 시나이에 서서 하느님의 음성을 들은 것이 무엇과 같으냐고 묻는다면, 그 대답은, 그것은 인류 역사에서 그 어떤 사건과도 같지 않은 독특한 사건이다가 되리라. 수많은 전설, 신화, 보고서가 있지만, 그 어떤 것도 시나이에서와 같은 사건을 증언하는 온 백성의 이야기를 들려주지는 않는다.

20

시나이의 역설

예언의 역설

오늘 우리를 가장 어리둥절하게 하는 것은, 어떻게 계시가 가능하냐? 어떻게 그 영원히 감추인 것이 계시되었음을 인식할 것이냐? 하는 물음이다. 한편 성경의 사람에게 가장 난감한 문제는, 어떻게 계시 경험이 가능하냐? 어떻게 인간이 모든 것을 부수는 하느님의 임재(臨在)를 견딜 수 있느냐? 하는 물음이다.

성경의 사람에게 하느님은, 당신의 현시(顯示, manifestation)를 인간의 혈육이 감당할 수 없는 그런 존재(a Being)다. 즉 인간은 그분을 보거나 그분의 음성을 듣고 살아남을 수가 없다(출애굽기 33:20; 신명기 4:33). "큰 어둠과 두려움"이 아브라함에게 내렸다(창세기 15:12). 그분을 지각(知覺)하는 것은 그 분의 위엄에 의하여 인간이 부서지는 것이다. 그분 앞에 서는 스랍들도 얼굴을 가리고 예언자는, "이제 나는 죽었다"고 부르짖는다(이사야 6:5). 그분의 현존으로 불타오를 때, 이 세계는 타서 없어지고 만다.

그런데 깜짝 놀랄 만한 순간이 발생했다. 하느님이 모세에게 "떨기 가운데서 이는 불꽃으로 나타났다." 모세는 떨기에서 불꽃이 이는데도 떨기가 타 없어지지 않는 것을 보았다(출애굽기 3:2). 그 놀라운 사실 앞에서 모세는, "저 떨기가 어째서 타지 않을까? 이 놀라운 광경을 가서 보아야겠다."고 말했다. 그가 던졌던 "어째서"라는 질문은 끝내 대답되지 않았다. 도대체 어떻게 해서 이 세상이 신성의 현존을 견뎌낼 수가 있단 말인가?

아마도 이것이 타오르는 떨기의 의미이리라. 타오르면서도 완전히 태워 버리지는 않는 불이라는 새로운 요소가 존재하게 되었다. 그것은 하느님이 인간과 맺으시는 관계의 새로운 이치를 의미했다. 즉, 그분은 드러나기 위해 숨어야 한다는, 당신의 지혜를 나눠주기 위해 당신의 힘을 감추어야 한다는 이치다. 이것이 계시를 가능하게 했다.

그 떨기는 파괴되지 않은 시나이와 완전히 타서 없어지지 않은 이스라엘의 선례(先例)였다. 야훼께서 당신의 말씀을 하시려던 때에,

> 시나이산은 연기가 자욱하였다. 야훼께서 불 속에서 내려오셨던 것이다. 가마에서 뿜어 나오듯 연기가 치솟으며 산이 송두리째 뒤흔들렸다(출애굽기 19:18).

> 산은 하늘 한가운데까지 치솟는 불길에 휩싸였다. 그리고 음산한 구름이 덮여 캄캄한데… (신명기 4:11).

그 산이 불에 탔는데, 타서 완전히 없어지지는 않았다.

성경의 사람이 보기에는 하느님이 인간에게 말씀하신다는 사실뿐만 아니라 인간이 그것을 견딜 수 있다는 사실도 역시 계시의 기적이었다.

"하느님께서 땅 위에 사람을 내신 날부터 오늘에 이르기까지 지나간 어느 세대에게나 물어 보아라. 이 끝에서 저 끝에 이르는 하늘에도 물어 보아라. 이렇듯이 큰 일이 일찍이 있었더냐? 이런 말을 들어 본 일이 있었더냐? 너희처럼, 살아 계시는 하느님께서 불 가운데서 말씀하시는 소리를 듣고도 죽지 않은 백성이 일찍이 있었더냐?"(신명기 4:32-33).

시나이 기슭에서 사람들은 모세에게 부탁했다. "당신이 우리에게 말

해 주시오. 잘 듣겠습니다. 하느님께서 직접 우리에게 말씀하신다면 우리는 죽을 것입니다"(출애굽기 20:19).

깊은 어둠 속에서

십계명의 내용인즉 대단히 분명하고 단순하다. 살인하지 말라… 도둑질하지 말라… 그러나 이 계명이 선포되는 방식은 신비에 싸여 있다. "야훼께서는 이 말씀을(십계명을) 너희 온 회중에게, 불길(*esh*) 속에서, 구름('*anan*)과 깊은 어둠('*arafel*) 속에서 큰 소리로 말씀하셨다"(신명기 5:22, 사역). 이 말의 내용을 이해하려면 우리는 먼저 여기 언급된 "불"과 "구름"과 "깊은 어둠"이 그냥 평범한 말인지, 아니면 일정한 개념을 나타내는 특별한 술어인지를 분명히 알아야 한다.

"깊은 어둠"('*arafel*)은 하느님이 거하시는 곳이다. 예루살렘에 성전을 지은 솔로몬은 해를 하늘 복판에 고정시킨 하느님이 "깊은 어둠" 속에 거하기로 결정하셨음을 알았다.[1]

성경은 한결같이, 모세가 증언한 하느님의 현현(顯現, theophany)은 구름 속에서 이루어졌다고 기록한다. 우리는 거듭하여 "구름 속에서" 모세를 부르는 그 분의 음성을 듣는다(출애굽기 24:16). 야훼께서는 "구름 기둥 속에서"(민수기 12:4; 신명기 12:5; 시편 99:7) 그에게 나타나 말씀하셨고 "구름을 타고 내려오셨다"(출애굽기 34:5; 민수기 11:25). 또한 "야훼의 영광이 구름 가운데서" 나타났고(출애굽기 16:10), 친히 말씀하시기를 "내가 구름 속에서 나타나리라"고 하셨다(레위기 16:2).

우리는 이 중요한 용어를 비유화(比喩化)함으로써 의도적으로 무시하거나 곡해해서는 안 된다. 그것이 어떤 특수한 사실을 가리키든 간에 사람의 정신에, 하느님은 당신을 드러내실 때에도 숨겨졌다는 근본적 진리를 전달하는 것만은 틀림이 없다. 그분은 당신의 음성을 들려주실 때에도 당신의 본질을 감추셨다.

시나이에게 전에 없던 신(神)의 현현(顯現)이 온 백성이 보는 앞에서 이루어질 것임을 모세에게 처음으로 알리는 하느님의 말씀 속에, 성경에 선례가 없는 새로운 표현이 한 구절 들어 있었다. "내가… 이제 짙은 구름 속에서 너에게 나타나리라"(출애굽기 19:9). 시나이의 현현(顯現)은 가장 모호하고 가장 은밀한 구름 속에서, 또는 모세 자신이 알았던 것보다 더욱 깊은 은폐(隱蔽) 속에서 이루어졌다.

신비 너머

신비가 하느님과 인간 사이에 있다. 시나이에서 백성은 겁에 질렸고 멀리 서서 몸을 떨었다.[2] 그러나 그 신비 너머에 의미가 있고, "깊은 어둠" 너머에 빛이 있다. 이 때문에 모세는 "하느님께서 계시는 먹구름 쪽으로" 가까이 가서 "구름을 뚫고 산으로 올라갈" 수가 있었다(출애굽기 20:21; 24:18).

하느님의 지극한 숨겨짐(extreme hiddenness)은 성경의 사람이 늘 알고 있는 사실이었다. 이 앎이 하느님 말씀의 초월적 의미를 분명하게 한다. 하느님의 명백한 뜻은 신비보다 낮지 않고 더 높다. 신비 너머에 의미가 있다. 그래서 우리는 끝내 기뻐할 수 있는 것이다.

야훼께서 왕위에 오르셨다.
온 땅은 춤을 추어라.
많은 섬들아, 즐거워하여라.
안개에 구름에 둘러싸이고
정의와 공정이 그 옥좌의 바탕이요
불길이 그를 앞서 가며
에워 싼 원수들을 살라 버린다(시편 97:1-3).

두 측면

시나이에서 무슨 일이 일어났는가? 성경은 그것을 두 가지 방식으로 말하고자 한다. 하나는, 인간의 언어가 감당할 수 없는 어떤 것을 말한다. "야훼께서 시나이산 봉우리에 내려 오셨다"(출애굽기 19:20). 세상의 그 어떤 문장도 전에는 이런 표현을 할 수 없었다. 저 너머에 숨어 계시며 시간과 공간을 초월하신 그분이, 이스라엘이 감지(感知)할 수 있도록 지금 스스로 낮추셨다는 것이다. 그러나 성경은 또 다른 식으로 말한다. "너희는 내가 하늘에서 너희에게 말하는 것을 보았다"(출애굽기 20:22). 그분은 하늘에서 내려오지 않으셨다. 그분의 말씀이 "하늘로부터" 뿜어져 나온 것일 뿐이다. 이 구절들은 서로 모순되는 것이 아니다. 그것들은 한 사건이 아니라 두 사건을 말하고 있다. 계시란 하느님에게 일어나는 사건이면서 동시에 인간에게 일어나는 사건이기 때문이다. 과연, 나중에 인용한 구절에서는 하느님이 (일인칭으로) 말씀하시고, 처음 구절은 사람들이 경험한 바를 전달한다(하느님을 삼인칭으로 지칭한다). 동일한 행위가 두 측면을 지니고 있는 것이다. 하느님은 땅으로 내려오셨고 내려오지 않으셨다. 그 음성은 하늘에서 나왔고 사람은 그것을 시나이에서 들었다.

만일 그 사건에 대한 기록이 문자적으로 묘사한 것들, 즉 자연의 현상뿐이라면 그것은 빈약하고 부족한 기록이 아닐 수 없다. 오늘 우리가 보는 불은 아무런 메시지도 전달하지 않는, 이 세계와 불의 힘을 창조하신 하느님에 대한 아무런 연관(聯關)도 지니지 않은, 자연의 물리적 현상일 뿐이다. 시나이 사건은 사물을 태워 없애지 않는 불이 하느님을 증거하는 순간이었다.

그럼에도 불구하고 불과 천둥과 번개를 지각하는 것은 주변을 지각하는 것이었다. 그들은 두려운 광경을 지각하기는 했지만, 그러나 그 속으로 감히 들어가지는 못했다.

"온 백성은 천둥과 번개와 나팔소리와 산에 자욱한 연기를 멀리서 바라보고 두려워 떨며… 모세가 하느님께서 계시는 먹구름 쪽으로 나아가는 동안 백성은 멀리 서 있었다"(출애굽기 20:18-21).

성인(聖人)이면서 위대한 스승이었던 루블린의 선견자, 라뻬 이사악 야곱(Rabbi Isaac Jacob)이 장막절(Sukkot)에 네 가지 식물 위에 축복의 말씀을 내릴 때에 사람들은 장막 속으로 그를 따라 모여들었다. 스승은 축복의 말씀을 준비하려고 한 시간 가량 명상에 들어갔다. 그동안 그는 사뭇 두려움으로 몸을 떨었다. 그의 일거수일투족을 살펴보던 무리는 자신들이 보고 있는 것에 사로잡혀 그와 함께 몸을 떨고 있었다. 그때에 한 하시드가 옆에 비켜 서 있었는데, 그는 무리와 더불어 준비하는 황홀경에 빠져 들어가지 않았다. 그러나 일단 두려움과 전율이 끝나고 스승이 축복의 말씀을 내리기 시작하자, 그 하시드는 가까이 가서 들려오는 음성에 열중하였다.

시나이에서도 같은 일이 있었다. 무리는 겉으로 드러나는 것을 보았다. 즉 그들은 나팔소리를 듣고 천둥과 번개와 불길에 싸인 산을 보았으며 이 모든 광경에 몸을 떨었다. 그러나 그들은 멀리 떨어져 있었다. 유독 모세 홀로, 이 모든 현상에 주의를 기울이지 않았고, 그 대신에 "하느님이 계시는 먹구름 가까이로" 다가갔던 것이다.[3]

시나이는 환영(幻影)이었던가

이스라엘은 시나이 광야에서 보고들은 것이 환영이 아님을 어떻게 알았던가? 신기루는 사막에서 흔히 볼 수 있는 현상이다. 신기루란 무엇인가? 그것은 시각의 착오로, 전에 경험했던 어떤 것이 실재하지 않는 데도 실재하는 것처럼 보이는 현상을 말한다. 기후 조건의 작용으로,

전에 진짜 연못을 본 적이 있는 여행자는 더운 날 고속도로 위에서 진짜처럼 뚜렷한 연못을 본다. 시나이의 순간 이전의 언제 어디서 이스라엘 백성 또는 다른 어떤 민족이 "나는 너희를 에집트 땅 종살이에서 데리고 나온 야훼, 너희 하느님이다"라는 말을 들었던가?

실제로 인간의 지각으로서 망상이 아닐까 의심되지 않는 지각은 없다. 그러나 어떤 지각은 너무나도 사람을 꼼짝 못하게 사로잡아 그런 의심을 품는 것 자체를 무의미하게 한다.

그때 시나이에서 있던 모든 사람들은 마음으로 감당 못할 만큼의 전율을 느끼며 거대한 두려움에 사로잡혔다. 땅은 인간의 가슴보다 더 격렬하게 반응하였다. "셋째 날 아침… 진지에 있던 백성이 모두 떨었다… 산이 송두리째 뒤흔들렸다"(출애굽기 19:16, 18). 그 지각이 환영이었던가? 우리가 보는 대상(what)은 환영일 수 있다. 그러나 우리가 보고 있다는 사실(that)은 의심할 여지가 없다. 시나이의 천둥과 번개는 그냥 하나의 인상(印象, impression)일 수 있었다. 그러나 갑자기 세계를 볼 수 있는 능력을 부여받아 하느님에 대한 외경에 사로잡히는 것은 전혀 다른 종류의 지각이었다.

그 순간 이스라엘 백성은 한 감정을 지닐 수 있었을 뿐 아니라 세계를 사로잡는 외경을 더불어 나눌 수도 있었다. 우리는 세상을 가득 채우고 있는 외경의 정신을 더불어 나눌 수 있는 바로 그 순간에 비로소 시나이에서 이스라엘 백성에게 일어났던 일을 이해할 수가 있다. 그 사건의 목적은, 그들로 하여금 "하느님 두려운 줄 알고 실수하는 일이 없도록" 하는 데 있었다(출애굽기 20:20). 하느님이 바라시는 바는, "그들이 항상 이런 마음을 품어 나를 경외하며 나의 모든 명령을 지키는" 것이다(신명기 5:29).

성경의 기원(origin)이나 저자(authorship)의 문제가 중요한 만큼 성경의 연관성(relevance)의 문제 또한 중요하다. 성경이 말하는 규범이 오로지 인간에게만 관심사인지 아니면 하느님께도 관심사인지 하는 문제다. 계시란 하느님과 인간의 마음 사이 그 끝없는 간격을 채우고 있는 두터운 침묵이 깨어지고, 하느님이 인간의 일에 관심을 기울이신다는 말씀을, 인간에게 하느님이 필요할 뿐 아니라 하느님에게도 인간이 필요하다는 말씀을 듣는 것이다. 이스라엘의 혼이 끝내 절망하지 않는 것은 이 깨달음 덕분이다. 여기서 진리는 시간을 벗어나 세상으로부터 떨어져 있는 것이 아니라, 하느님과 인간의 모든 행위 속에 들어 있는 하나의 삶의 길[道]이다. 하느님의 말씀은 사변(思辨)의 대상이 아니다. 하느님의 말씀은 반드시 역사화(歷史化)된다.

그런즉 하느님의 말씀은 인간 세계 속에 들어오되, 하나의 "당위"(當爲, ought to)로서가 아니라, 존재와 비존재 사이를 통하지 못하게 하는 관념으로서, 의지의 그림자로서가 아니라, 끊임없이 발생하는 사건으로서, 산보다 더 뚜렷하고 모든 천둥보다 더 강력한 하느님의 요구(要求)로서 들어온다.

사유의 방식

철학의 정신은 흔히 가치를 추구하는 데서, 최고의 가치를 추구하는 데서 그 특성이 드러난다. 무엇이 성경의 정신인가? 성경은 구체적인 실존과 동떨어진 어떤 무형의 가치라는 추상 개념에 관심을 갖지 않는다. 성경은 인간에 관심을 갖는다. 인간이 하느님의 뜻에 어떻게 응답하는가에 관심을 갖는다. 성경은 의로운 인간을, 의로운 백성을 찾는다.

야훼, 하늘에서 세상 굽어보시며
혹시나 슬기로운 사람 있는지.
하느님 찾는 자 혹시라도 있는지

> 이리저리 두루 살피시지만
> 모두들 딴 길 찾아 벗어나서
> 한결같이 썩은 일에 마음 모두어
> 착한 일하는 사람 하나 없구나.
> 착한 일하는 사람 하나 없구나(시편 14:2-3).

눈 밝은 사람이 보면 성경에 기록된 사건이라는 것이 모두 하나의 거대한 드라마 속의 작은 이야기들이다. 사람을 찾는 하느님의 드라마, 그분은 열심히 사람을 찾으시고 사람은 그분에게서 열심히 도망치는 거대한 드라마다.

유다이즘은 삶의 방식일 뿐만 아니라 사유의 방식이기도 하다. 그리고 유다이즘의 주요한 전제들 가운데 하나가 진리의 근원은 "인간의 마음 속에서 펼쳐진 과정" 안에서뿐만 아니라, 역사의 특별한 순간에 일어난 특수한 사건들 속에서도 발견된다는 것이다. 계시와 예언 사건을 대신할 만한 것은 없다. 유대인의 사상은 추상 관념이나 일반화된 도덕성의 인도를 받지 않는다. 시나이에서 우리는, 정신적인 가치라는 것이 우리 속에 있는 간절한 그리움일 뿐 아니라, 우리에게 말해진 초월자의 호소에 대한 응답이기도 하다는 사실을 배웠다.

하느님의 무아경

모든 것이 모호하지만 한 가지는 분명하다. 예언자의 생각에 계시란 단순히 그에게만 발생한 사건이 아니었다. 예언의 행위란 인간을 위한 것이면서도 인간을 초월하는 하느님의 행위를 경험하는 것이었다.

신비주의자의 행위와 달리, 계시는 비밀한 경험을 추구한 결과로서 이루어지는 것이 아니다. 반면에 오히려 그런 경험으로부터 도망치려는 것이 예언자의 특성이다. 그는 사람들이 바라던 목적을 이루고 그 성취한 맛을 즐기듯이 그렇게 자기가 본 환상을 즐기지 않는다. 계시는, 그가 찾아내는 행위가 아니라, 사람을 찾으시는 하느님에게 붙잡히는 것이다. 예언자는 하느님을 더듬어 찾지 않았다. 인간의 하느님 추구가 아니라 하느님의 인간 추적이 이스라엘 역사의 중심되는 사건이었다. 하느님은 추구되기 위해 인간에게서 떨어져 있는 존재가 아니라, 인간을 찾고 부르고 추적하는 힘(power)이시라는, 이것이 모든 성경적 사유의 핵이다. 하느님에게로 가는 길은 하느님의 길이다(The way to God is a way of God). 이스라엘의 종교는 인간의 노력보다 하느님의 선수(先手, initiative)에 뿌리를 둔다. 그것은 인간의 발명이 아니라 하느님의 창조요, 문명의 산물이 아니라 그 자신의 영역이다. 그분이 인간에게 접근하시지 않았다면, 인간은 그분을 알 수 없었으리라. 인간이 하느님과 관계를 맺기 전에, 먼저 하느님이 인간과 관계를 맺으신다.

신비주의자의 경험은 인간이 하느님께로 돌아가는 것이요, 예언자의 경험은 하느님이 인간에게 돌아서시는 것이다. 전자는 무엇보다도 인간의 동경(憧憬)과 선수(先手)에 기인하여 인간의 삶 속에서 발생하는 사건이다. 후자는 하느님의 정념(pathos)과 선수에 기인하여 하느님의 삶 속에서 발생하는 사건이다. 신비 경험을 통하여 우리는 하느님의 삶을 꿰뚫어 보는 인간의 통찰을 얻을 수 있을 것이며, 예언 행위를 통해서는 인간의 삶을 꿰뚫어 보는 하느님의 통찰을 배울 수 있을 것이다.

그러므로 계시를 예언적 통찰 또는 경험으로 성격 지우는 것은 실재(實在)를 지각으로 환원, 약화하는 것이다. 인간의 관점으로 보면, 계시를 받는 것은 하느님이 어떻게 인간에게 돌아서시는지를 증언하는 것이다. 그것은 신(神)의 실재를, 그 정지되고 영원한 신비를 응시하는 행위가 아니다. 예언자는 그 신적인 사건 속에, 하느님의 삶 속에 발생하는 사건 복판에 있다. 왜냐하면, 예언자에게 말을 하시는 가운데 하느님은 인간에게 들려지기 위해 당신의 지각 불가능성(imperceptibility)에서 나오시기 때문이다. 그 사건의 완전한 효력은 "인간이 듣는다"는 사실이 아니라 "하느님이 인간에게 말씀하신다"는 "사실"에서 나온다. 신비경험은 인간의 무아경(無我境)이고, 계시는 하느님의 무아경(an ecstasy of God)이다.

계시 행위는, 예언자들이 시간과 공간의 술어로 서술함에 따라, 초월적인 사건의 상(像)이 인간의 경험이라는 제한된 술어 속에 반영된 것을 뜻한다. 그 본디의 질(質)은, 신성(神性)이 인간의 구체적 경험 속으로 옮겨질 수 있었다는 창조적인 사실에서 발견된다. 하느님의 실재로부터 받게되는 압도하는 놀라움과 비교할 때 인류 전체가 한꺼번에 아무 것도 아닌 것처럼 생각되는데,[4] 그 압도하는 놀라움에 묻힌 예언자들은, 하느님의 초월이 다만 모호한 개념일 뿐인 우리보다, 훨씬 더 자신의 경험에 경악했을 것이다. 우리는 하느님의 초월을 고요한 사색 속에서 어쩌다가 깨달을 따름이다.

요컨대, 계시는 하느님이 인간에게 이윽고 도달하시는 데 성공한 순간이요, 하느님에게 발생하는 사건이면서 인간에게 발생하는 사건이다. 계시를 받는 것은 하느님이 어떻게 인간을 향해 돌아서시는지를 목격하고 증언하는 것이다.

시간의 종교

사유와 시간

유클리드의 인생이나 성격 또는 어떻게 그의 『원소론』(*Elements*)이 집필되었는지에 대한 기록은 거의 없다. 그의 기하학 법칙은 시간에 구애받지 않는다(timeless). 그 법칙을 인간이 맨 처음 알아내게 된 순간은 그것의 의미나 가치에 아무런 영향도 미치지 않는다. 시간과 사유, 행위와 내용, 창시자와 가르침이 서로 상관없다.

반면에 성경의 언어들은 그 앞과 뒤로부터 떨어져 나오지 않는다. 그것들은 무시간(無時間)의 공중에 매달려 있지 않다. 여기서는 시간과 사유, 행위와 내용, 창시자와 가르침이 서로 깊게 연관되어 있다.

성경은 규범의 체계일 뿐 아니라 역사적 사건들의 기록이기도 하다. 물론 성경의 격언이나 원리들 가운데는 언제 어디서나 발견되고 통할 수 있는 것들이 있다. 그러나 성경이 이야기하고 있는 사건들과, 그 사건들을 하느님과 인간이 만나는 지점으로 삼는 것은 다른 유례(類例)를 찾아볼 수가 없다. 사건들은 성경의 사람이 처하여 살아가는 기본 바탕들 가운데 들어 있다. 사건과 그의 실존의 관계는 공리(公理)와 측량의 관계와 같다.

유대교는 역사의 종교, 시간의 종교다. 이스라엘의 하느님은 일차적으로 자연의 사실들 속에서 발견되는 분이 아니다. 그분은 역사 속의 사건들을 통해 말씀하셨다. 다른 민족의 신(神)들이 장소나 사물과 연관되어 있는 데 반하여, 예언자들의 하느님은 사건의 하느님이었다. 즉 그분은 종살이에서 해방시키신 분이며 토라를 주신 분이며 사물이나 장소보다는 역사의 사건들 속에서 당신 자신을 나타내시는 분이다.[1)]

유다이즘에는, 거기서 이스라엘 종교가 파생되어 나온 사건들과 하느님이 인간과 만나신 특수한 순간들이, 영원한 하느님의 정의와 자비 그리고 하느님과 인간이 항상 서로 연관되어 있다는 보편 진리만큼, 근본 바탕을 이룬다. 에집트 탈출이 다만 하나의 상징으로서, 그 요점은 그 이야기가 들려주는 자유와 해방이라는 일반 관념이라고 주장하는 것은 유대인들의 신앙의 핵(核)을 보지 못한 것이다.

유다이즘은 몇 가지 기본 사상과 규범을 받아들일 것과 아울러 어떤 결정적 사건에 예속될 것을 요구한다. 그 사건과 관념은 결코 서로 분리되지 않는다. 그 영(靈)은 역사 속의 하느님의 현존을 통해 자신을 드러내고, 그 드러내는 행위는 근본적 사유와 규범을 통해 입증된다.

아브라함의 하느님

"아브라함, 이사악, 야곱의 하느님"이란 말은 그 의미상 "진, 선, 미의 하느님"이란 말과 다르다. 아브라함, 이사악, 야곱은 관념, 원리, 혹은 추상적 가치를 뜻하지 않는다. 또한 그들은 스승이나 사상가를 대표하지도 않는다. 그러므로 그 말을 "칸트, 헤겔, 쉘링의 하느님"이라는 말과 같은 것으로 이해해서는 안 된다. 아브라함, 이사악, 야곱은 머리로 이해할 원리들이 아니라, 몸으로 계속 살아야 할 삶이다. 아브라함의 계약에 동참하는 사람은 아브라함의 삶을 계속 살고 있는 것이다. 과거와 단절된 현재란 없기 때문이다. "아브라함은 여전히 하느님 앞에 서 있다"(창세기 18:22). 아브라함은 영원히 계속된다. 우리가 아브라함, 이삭, 야곱이다.

독특함이라는 범주

우리가 좀처럼 계시를 받아들이지 못하는 까닭은, 그것이 해명 또는 입증되지 않기 때문이 아니라, 그것이 선례(先例)가 없는 일이기 때문이다. 우리는 계시를 부인하지는 않는다. 다만 그것이 우리 정신에 들어오지 않는 것이다. 우리에게는 계시라는 관념을 담을 만한 틀이나 범주가 없다. 발생하는 모든 현상을 일반 법칙의 발현(發顯)으로, 그 한 유형(類形)의 예시(例示)로 보는 데 익숙해진 우리는 전혀 특수하고 절대로 유일하게 단 한번 어떤 일이 일어날 수 있다고 믿기가 매우 어렵다. 우리는 항상 또는 때때로 발생하지 않는 어떤 일이 단 한번 한 때에 발생했다고 믿기가 힘들다. 과학에서는 공간의 영역에서 일단 한번 발생한 과정이 모든 때에 발생할 수 있음이 당연한 사실이지만, 우리는 시간의 영역에서 어떤 사건이 두 번 다시 발생하지 않는다는 사실을 이해할 능력이 없다. 그런데 계시는 항상 발생하는 사건이 아니라, 어떤 특별한 때에 독특하게 한번 발생한 사건인 것이다.

독특한 것에 대한 감각이 없는 것보다 더 인간의 혼을 불모(不毛)로 만드는 결핍이 없다. 창조적 인간이란 예외적인 것과 순간적인 것을 그것이 그의 정신 속에 가라앉기 전에 포착해 낼 수 있는 사람이다. 창조적인 사유의 언어에서는 살아 있는 것은 무엇이든 독특하다. 그리고 진정한 통찰이란 한 상황을, 그것이 다른 것과 유사한 것으로 고정되기 전에 지각하는 순간이다.

천재들만이 다른 사람들에게, 순간적이고 독특한 것에 대한 느낌을 전달할 수 있으며, 모든 시대의 시인들은 그 유례(類例)가 없는 끝없는 음악의 한 단편 조각을 포착해 내었다. 한 사건의 표현 불가능한 독특성을 감각하는 것이 그것을 우리의 판에 박힌 의심을 통해 해명하고자 하는 것보다 더 총명한 일이다.

참된 관념이 있어서 비록 소수라 해도 그것을 입증하고 설명할 사람이 있는 것과 마찬가지로, 참된 경험이 있어서 비록 소수라 해도 그것을 스스로 획득하는 사람이 있는 법이다. 하느님과 인간 사이에는, 그것이 목전에서 벌어지는데도 인간의 이목을 끌지 않는 그런 일들이 많이 발생한다.

선택된 날

우리가 공간 속의 사물들을 바르게 평가하고 분별할 수 있듯이 시간 속의 순간들을 바르게 인식, 분별하고 각개 사건들의 독특성을 감지하게 되기 전에는, 계시의 의미가 여전히 모호할 수밖에 없다. 실제로 독특성은 공간의 영역보다 시간의 영역에 속하는 범주다. 돌멩이 두 개, 공간 속의 두 사물은 서로 같을 수 있지만, 한 인생의 두 때, 인류 역사의 두 시대는 결코 같을 수가 없다. 한번 일어났던 일은 똑같은 뜻에서 다시 일어나지 않는다. 페리클레스(Pericles, 아테네 정치가)의 시대나 르네상스 시대는 결코 똑같이 반복되지 않았다. 역사가 스스로 되풀이된다고 주장하는 것은, 시간에 대하여 무지하고 사건의 깊이를 깨닫지 못한 데서 온다. 성경의 사람은 시간에 대한 심오한 깨달음이 있었기에, 시나이에서 인류 역사에 유례없는 사건을 증언할 수가 있었던 것이다.

그렇다. 하느님께서 땅 위에 사람을 내신 날부터 오늘에 이르기까지 지나간 어느 세대에게나 물어 보아라. 이 끝에서 저 끝에 이르는 하늘에도 물어 보아라. 이렇듯이 큰 일이 일찍이 있었더냐? 이런 말을 들어 본 일이 있었더냐? 너희처럼, 살아 계시는 하느님께서 불 가운데서 말씀하시는 소리를 듣고도 죽지 않은 백성이 일찍이 있었더냐? 이런 말을 들어본 일이 있었더냐? 너희처럼, 살아 계시는 하느님께서 불 가운데서 말씀하시는 소리를 듣고도 죽지 않은 백성이 일찍이 있었더냐? 너희는 너희 하느님 야훼께서 너희를 위하여 에집트를 어떻게 치셨는지 눈으로 보지 않았느냐? 모두들 두려워 떨게 하고 온갖 표적과 기적을 행하며 억센 손으로 치고 팔을 뻗어 싸우면서 한 민족을 딴 민족의 손아귀에서 빼내어 자기 백성으로 삼으려고 나선 신이 있었느냐?(신명기 4: 32-34).

역사를 성경적으로 이해하는 데 중요한 것은 선택된 민족이라는 개념뿐만 아니라 선택된 때(chosen time)라는 개념이다. 한 민족만이 선택된 게 아니라 한 날(a day)이 선택된 것이다. 이스라엘은 그 선택된 순간의 주권(主權)을 받아들였다. 이 순간이 우리를 위해 이 세상을 변화시켰다. 그 순간을 가리켜 한 탈무드의 현자는 이렇게 외쳤다. "오, 만일 그날이 없었더라면!…"2)

한 무리의 노예들이 에집트를 벗어난 그날 이래로 숱한 일들이 일어났다. 황제들이 등장했고 세계를 뒤흔든 전쟁들도 터졌으며, 정복, 발견, 혁명, 파국, 승리 등이 꼬리를 물고 이어졌다. 그런데 왜 여태껏 출애굽을 기념하고 있는 것인가? 어째서 그것이 프랑스 혁명보다 더 기억될 만한 사건인가?

옥스포드의 정치학 교수였던 월터 롤리(Walter Raleigh) 경은, "철학을 팔레스타인에서 발생한 역사의 사건들에 종속시키는 것은 아무리 생각해도 나로서는 불합리한 일이 아닐 수 없다"고 말했다. 시간 안에 있는 독특성, 시간 안에서 발생하는 유일성을 감지하지 못하는 사람에게는 그것이 불합리한 일이리라. 어째서 헤아릴 수 없이 많은 시간들 중에서 한 시간이 이 인류 역사에 특별히 중요하다는 말인가? 어째서 시나이 사건의 의미가 그 뒤에 일어난 사건들보다 더 중요하다는 말인가?

반면에 예언자는 이렇게 말할 것이다. "역사를 추상적 법칙 아래에 두는 것은 아무리 생각해도 나로서는 불합리한 일이다."

현실성(realism)의 결여, 특수한 구체성을 완전히 무시하고 일반화에 의존하는 것은 예언자의 머리로서는 생각할 수가 없는 일이다. 예언자의 말은 결코 역사의 구체적 상황으로부터 떨어져 있지 않다. 그들에게는 시간과 상관없는 추상적 메시지가 없다. 예언자의 메시지는 언제나 현실 상황을 가리킨다. 일반론이 특수성 속에서 제시되고, 구체적인 것 속에서 추상적인 것이 입증된다.

유다이즘은 철학을 사건들에 종속시키거나, 시간에 구애받지 않는 진리를 특수한 역사에 종속시키려 하지 않는다. 유다이즘은, 사건들이 신적인 규범의 구현(具顯)이 되며, 역사가 진리의 실현(實現)이 되는 그런 현실의 차원을 가리키고자 한다.

우리가 깊이 관심을 기울이는 것은 역사의 의미다. 우리로서는, 우리가 어디서 왔으며, 지금 어디에 있고 어디로 갈 것인지를 묻지 않고 초연하게 있기가 힘들다.

역사의 유일성

역사의 유일성(uniqueness)은 이해하기가 어려운 것이다. 그 까닭은 우리가 역사를 이해하는 데 자연과학의 범주와 방법을 적용하기 때문이다. 이를테면 역사는 하늘의 천체들처럼 똑같은 원(圓)의 궤도를 돌아가는 것이며, 동일한 것의 영원한 재생이라는 원리를 통하여 표출된 것이라고 보는 고대의 이론을 적용하거나, 모든 문명이 유기체의 생명처럼 똑같은 단계를 밟는다는 슈팽글러의 이론을 적용하여 역사를 이해하고자 하기 때문이다. 이런 이론들은 사건을 과정(過程, processes)인

양 다룬다. 우리는 사물들이 공유(共有)하는 것은 예민하게 감지하면서 특수한 점에 대하여는 둔하다. 역사를 이해하는 데는 독특한 범주들이 반드시 필요하다. 개별적인 것은 일반론의 술어로 이해될 수 없는 것이기 때문이다. 일반론의 범주는 공간 세계를 아는 데 열쇠가 된다. 개별성의 범주는 시간 세계를 이해하는 열쇠다.

영혼의 밤에는 모든 순간들이 같아 보인다. 우리네 대부분은 사물과 공간을 잘 분별하고 바르게 인식한다. 그러나 개별 사건들의 유일성은 거의 눈치조차 채지 못한다. 따라서 종교마다 나름대로 성소(聖所)라는 관념이 처음부터 있을 뿐 아니라, 그 성소는 모든 세대, 모든 종교 혹은 미신에조차 호소력을 발휘한다. 우리는 어떤 사물들이 성스러운 것임을 기꺼이 시인하며, 민족의 혹은 종교의 사원(寺院)을 더럽히는 일을 묵인하지 않는다. 작은 도랑보다 그랜드 캐년이 사람에게 더 많은 외경심을 불러일으킨다는 사실을 인정하지 않는 사람은 없을 것이다. 구더기와 독수리의 차이를 모르는 사람은 없다. 그러나 얼마나 많은 사람이 과연 시간의 서로 다름에 대하여도 비슷한 분별력을 가지고 있을까? 역사가 랑케는 모든 시대가 똑같이 하느님에게 가깝다고 주장했다. 그러나 유대인 전통은 시간 안에 순간들의 계급이 있으며, 모든 시대가 똑같은 것이 아니라고 주장한다. 인간은 모든 장소에서 똑같이 하느님께 기도드릴 수 있을는지 모르겠으나, 하느님은 모든 때에 똑같이 인간에게 말씀하시지는 않는다. 예컨대 어떤 때에는 예언의 영(靈)이 이스라엘을 떠났다.[3]

무시간(無時間)으로 도피하기

시간에 대한 멸시(contempt for time)가 거의 모든 곳에서 통하는 인간 사유(思惟)의 특색인 듯하다. 그리스인과 마찬가지로 힌두교인도 시간을 영원에 비하여 공(空)이며 본질상 실재하지 않는 것으로 본다. 역사 속에서 발생하는 일들은 별로 의미가 없다. 오직 무시간(無時間, timeless)만이 참으로 가치 있는 것이다. "대승 불교의 신도들은, 크리쉬나 숭배자들이… 크리쉬나 릴라(Krishna Lila)가 역사가 아니라 인간의 마음 속에서 영원히 펼쳐지는 과정(a process)이라는 점을 잊지 말라는 경고를 받듯이, 역사적 사실이란 종교적 의미와 가치를 지니지 못한다는 점을 늘 기억하도록 경고를 받는다." 역사는 변화 없이 주기적으로 순환한다. 암탉은 "또 다른 달걀을 낳는 달걀"로 정의될 수 있고, 역사는 "잉여 에너지의 분출을 넘어서는 특수한 동기(動機)는 분명히 없이 우주를 내뿜고 지탱하며 다시 흡수하는" 브라마(Brahma)의 행위로 인식될 수 있다.[4]

마이스터 에크하르트(Meister Eckhart)에 따르면, "시간은 빛이 우리에게 와 닿지 못하게 막는 것이다. 신(神)에게는 시간보다 더 큰 장애물이 없다. 세속과 세속의 사물뿐 아니라, 세속에 대한 애착, 세속에 대한 애착뿐 아니라 시간의 흔적과 냄새가 모두 신에게 큰 장애물이다."[5]

영원의 씨앗

우주(cosmos)라는 관념, 공간의 세계를 발견한 것은 그리스의 영광이요, 역사와 시간의 세계를 경험한 것은 이스라엘의 업적이다. 유다이즘은 시간의 참된 연관성을 강조한다. 쉽사리 이해되지는 않지만, 유다이즘은 영원의 씨앗을 잉태하고 있다. 하느님에게 의미가 있고 인간의 운명에 결정적인 것은 시간 안에서, 역사 속에서 발생하는 사건들이다. 성경의 역사는 공간에 대한 시간의 승리다. 이스라엘은 연속되는 사건들을 통하여 민족으로 성장하지 않았다. 자연 그 자체는 필연성에 의하여 하나의 과정으로부터 진화한 것이 아니다. 자연은 하나의 사건인 하느님의 행위에 의해 생겨진 것이다. 역사는 하느님을 가장 잘 증언한다.

이것은 새로운 통찰이었다. 비(非)예언적 종교인은 자연의 과정들에 감명을 받았다. 자연의 과정 속에서 그는 신의 신비를 보았고 거기서 숭배하고 공경할 이유를 발견했다. 사건들은 그에게 그 어떤 영속하는 종교적 의미를 전해주지 못했고, 그 어떤 종교 행위에 가담하게 하지도 않았다. 비예언적 종교인에게 시간은 어두운 파멸자일 뿐이요 역사는 지루하게 반복되는 증오, 유혈, 휴전의 무의미한 순환일 따름이다.

시간은 영원보다 조금 낮은 것

성경의 빛으로 볼 때, 역사는 기정 사실(faits accomplis), 즉 한번 발생하여 다시 왈가왈부할 가치가 없는 일들의 단순한 연속이 아니다. 비록 사건들이 미리 설정된 계획에 따라 일어나는 것도 아니며, 그 최후의 목표가 한 마디 말로 표현될 수 없으며 인간의 언어로는 도무지 표현되지 않는 것이라고는 하지만, 우리는 그래도 역사가 전체로서 그 부분들을 초월하는 하나의 의미를 지니고 있다고 믿는다. 우리는 우리의 행실에 하느님이 관여하시고, 그 의미는 무시간(無時間) 속에 뿐만 아니라 시간 속에, 지금 여기에 주어진 우리의 사명 속에도 들어 있음을 기억해야 한다. 인간의 가능성은 실제로 위대하다. 시간은 영원보다 조금 낮은 것이요, 역사는 인간과 하느님이 함께 만들어 가는 드라마이기 때문이다. 역사의 사건들 속에서 우리는 하느님의 침묵과 함께 하느님의 음성을 듣는다.

진화와 계시

예언자의 경험에는, 철학의 보편적 문제와 관련되어 있는 측면이 있다. 즉, 인간의 모든 관념, 환상, 동경은 인간의 혼 속에서 비롯된 것인가 혹은 인간의 밖에 있는 어떤 근원에서 파생된 것인가 하는 문제다.

우리에게는 정신의 고삐를 잡아끄는 얕은 의식(意識)이라는 것이 있다. 그러나 우리는 어떻게 그 정신의 고삐를 잡았던가? 육안으로 보면 생각하는 일이 순전히 인간의 힘으로써, 바깥의 무슨 간섭 없이 스스로 하는 일로 보인다. 그러나 그런 인식은 하늘이 푸르게 보이는 것과 같이 실재인 듯하지만 환각일 뿐이다. 우리는 사색이라는 샘에서 굉장한 사상을 끌어내지만, 그러나 우리가 곧 그 샘은 아니다. 우리는 어디서 사색의 힘이 오는지, 모든 확실한 것 뒤에 있는 것이 무엇인지 알지를 못한다. 우리의 정신은 정신적인 대상으로 환원될 수 있는 것만을 파악할 수 있다. 정신 자체를 넘어 그 근원에 닿을 수는 없다. 항상 움직이고 있는 우리의 정신은 그것을 움직이게 한 것을 파악하기 위해 스스로 움직이지 않을 수 있어야 한다. 예언 속에서 새로운 움직임이 태동되고 인간은 모든 사유(思惟)의 근원에 놓여진다.

우리는 오늘날 사물의 기원을 그것들의 발전이라는 관점에서 인식하는 버릇이 있다. 사건 자체, 그 돌발성과 창조성을 파악하는 능력은 결핍되어 있다. 그래서 인간의 의식이 본질상 보편 의식(a universal consciousness)에서 온 것이라고 주장하는 사람들조차도 그와 같은 파생을 진화(進化)라는 관점에서 보는 경향이 있다.

성경은 인간이 자신에게 존재와 지혜를 부여한 것이 아님을 강조한다. 그 둘은 모두가 하느님의 뜻에서 오는 것이다. 성경은 또한 어떤 통찰이, 진화의 느린 과정을 통해서가 아니라 그분의 직접적이고 갑작스런 시여(施與, sudden grant)로써 우리에게 오는 것임을 가르친다.

우리의 정신적인 현상들 가운데는 많은 것들이, 타고난 본능에 의하여 그 태어남과 방향성이 결정되고 특징을 지니게 되기는 하지만, 모든 정신 현상이 본디의 본능에서 파생되어 나오는 것은 아니다. 속에 영적인 충동을 내포하지 않은 인생이란 생각할 수가 없는 것이다.

우리의 혼 속에 도덕적, 정신적 생활양식을 찾고자 하는 충동이 있다는 생각은 우리가 그 기원을 알 수 없는 충동을 지니고 있음을 의미한다. 예언은 우리에게 무엇을 그리워하며 무엇을 추구하고 무엇을 기대할 것인지를 가르쳐 주는 특수한 **소통 행위**(act of communication)--인간의 의식(意識) 너머가 아니라 그 내부에서, 그의 역사적 실존의 영역 이전(以前)이 아니라 그 속에서 발생한 행위--에 대한 믿음을 선언한다.

22

과정과 사건

과정과 사건

 "생명력 있는 종교 신앙은 현대인이 살아가야 하는 이 세계에서 반드시 표출되어야 한다는 사실은 다소간에 분명하다. 종교를 되풀이되지 않는 사건들 위에 세우는 것은 현대인의 일상생활에서 종교를 격리시키는 것을 의미한다."[1] 이런 생각에서 마티누(Martineau, 영국의 경제학자, 1802-76)는 이렇게 말했다. "계시는 기적에 의하여 확증된 특수한 역사적 발로(發露)가 아니라, 하느님이 인간의 신성한 경험 속에서 당신의 존재와 당신의 품성을 스스로 계시하시는 과정이다."[2]

 우리는 계시가 "현대인의 일상 경험"과 거리가 멀다는 사실을 시인하지 않을 수 없다. 계시에 대하여 생각하는 것조차도 우리의 지성으로는 당황스런 일이다. 그러나 계시를 우리가 지적으로 선호하는 것과 동일시하는 것은 계시에 대한 해명을 시도해 보기도 전에 왜곡하는 것이다. 우리는 자신의 경험에서 만들어진 범주들을 넘어설 준비를 갖추고 있어야 한다. 비록 그런 과정이 우리의 정신적인 안정과 정해진 궤도를 뒤집어 놓는다 해도.

 예언자의 영감(靈感)은 과정(a process)으로서가 아니라 사건(an event)으로 이해되어야 한다. 무엇이 과정과 사건의 다른 점인가? 과정은 상대적으로 영속하는 패턴에 따라 정기적으로 발생한다. 사건은 특수하고 비정기적으로 발생한다. 과정은 연속적이고 안정되어 있으며 획일적이다. 사건은 갑자기, 우연히 발생한다. 과정은 전형적이고 사건은 독특하다. 과정은 법칙을 따르고 사건은 선례(先例)를 만든다.

과정은 물리적 질서 안에서 이루어진다. 그러나 사건들 가운데는 물리적 질서를 벗어나는 것들도 있다. 베토벤의 생애는 위대한 음악을 남겼다. 그러나 물리적 관점에서 볼 때 그의 음악이 세계에 미친 영향이란 한 나절의 비나 지진보다 더 미약하게 느껴질 것이다.

인간은 과정의 질서 속에서뿐만 아니라 사건의 질서 속에서도 살아간다. 그것은 영적인 질서다. 통찰의 순간, 결단의 순간, 기도의 순간, 이런 순간들은 공간 세계에서는 별로 중요한 것이 못되겠지만, 그러나 인생을 한 초점으로 결집시킨다.

자연은 과정들로써 이루어진다. 예컨대, 유기적인 삶이란 태어나고 자라고 성숙하고 소멸하는 과정으로써 이루어지는 것이라고 하겠다. 역사는 기본적으로 사건들로써 형성된다. 페리클레스나 아리스토텔레스의 생애에 역사적, 인간적 성격을 부여한 것은 그들이 태어나서 죽기까지 통과한 유기적 과정이 아니라, 특수하고 예측 못한 행위들, 그들을 다른 사람들로부터 구분지어준 업적들이나 사건들이다.

사건은 과정의 한 부분으로 환원될 수 없는, 돌발(突發)이다. 그것은 우리가 예측할 수도 없고 충분히 설명할 수도 없는 어떤 것이다. 사건에 대하여 말하는 것은, 이 세상 속에서 우리가 해명할 수 없는 돌발 사태가 발생하고 있음을 함축한다. 사건에 대한 의식(意識)이 속으로 함축하는 바를 계시에 대한 믿음은 밖으로 명시적으로 주장한다. 즉, 하느님의 음성이 세상 속으로 들어와 인간으로 하여금 당신의 뜻을 따르도록 권면하신다는 것이다.

우리가 말하는 "세계"란 무엇을 뜻하는가? 만일 그것이 우리가 알고 있는 법칙에 따라 움직이는 궁극적이며 닫혀 있고 고정되어 있으며 자기충족적인 현상의 체계라고 한다면, 이 법칙으로 설명되지 않는 어떤 음성이 그 속으로 뚫고 들어가 초(超)세계적인 간섭을 한다는 말은 처음부터 그 가능성이 없다. 실제로, 만일 세계가 자연과학이 서술하는 것처럼 그 자체로서 궁극(窮極)이라면, 또 다른 궁극인 신(神)을 다시 찾을 필요도, 이유도 있을 수가 없다. 다른 궁극 안에 있는 궁극이라는 것이 있을 수 있겠는가?

과학이 조사하고 설명한 세계가 심오한 미지(未知)의 세계의 얇은 표면에 지나지 않는다는 사실을 인정할 준비가 되어 있기 전에는 성경의 주장이 터무니없는 것으로 들린다. 질서란 자연의 한 측면일 따름이다. 자연 질서의 참 모습은 주어져 있으나 알려지지는 않은 한 신비다. 역사 속에서 우리의 삶을 결정하는 수많은 관계들은 알 수도 없으며 예측할 수도 없는 것들이다. 역사가 자연의 법칙과 더불어 이루는 일은 자연의 법칙에 의하여 표현될 수가 없다.

정신과 물질의 완전한 메커니즘 속에 반드시 결함이 있기 때문에 하느님의 영이 들어와 그 구조를 간섭하게 한다는 것은 많은 어려움들 가운데 하나다. 이 세계가 거대하고 장엄하지만 하느님 손 안에 있는 작은 악기(樂器)로서, 때로는 한 사람의 혼이 울릴 때 모두가 공명한다고 주장하는 것은, 다른 말로 하여 자연 법칙의 전 체계를 하느님의 자유가 초월한다고 주장하는 것은, 자연의 법칙이 맹목의 필연에서 나오는 것이 아니라 자유에서 나오는 것이며, 궁극자는 운명이 아니라 하느님이라는 사실에 대한 형이상학적 이해를 전제한다. 계시란 정상적인 자연 과정을 간섭하는 행위가 아니라, 역사의 흐름 속에 새로운 창조적 순간을 밀어 넣는 행위다.

사물과 생각을 아울러 족쇄 채우는 인과율과 이성 작용이라는 사슬은 울리지 않는 종(鐘)의 추처럼 끝없는 가능성의 공간에 고정되어 있다. 그것은 마치 온 우주가 한 점(点)에 고정되어 있는 것과 같다. 계시 속에서 그 종은 울리고, 언어가 세계를 관통하여 공명한다.

현재 시제로 과거를 본다

과정에는 미래가 없다. 그것은 스스로 폐물이 되며 그 자신의 결과에 의하여 언제나 대체된다. 우리는 작년의 눈[雪]에 관하여 숙고하지 않는다. 반면에 사건은 지나간 뒤에도 그 의미를 남긴다. 그 결과 때문에 그리고 그 결과에 상관없이 그것은 계속되는 동기로 남는다. 큰 사건들은 위대한 예술 작품들처럼, 그 자체로서 중요한 의미를 지닌다. 그것들에 대한 우리의 관심은 그것들이 지나간 지 오랜 뒤에도 계속된다.

실제로, 과거가 송두리째 소멸되지 않는다는 사실, 까마득한 옛날에 일어났던 어떤 사건들이 오늘에도 우리를 매혹시킨다는 사실이야말로 인간이 지니는 특수한 모습들 가운데 하나다. 죽어버린 사건들, 사라져 버린 사물들은 감각되거나 언급될 수가 없다. 확실히 지나가버린 과거로부터 벗어나는 해방이 있다. 반면에 결코 과거로 바뀌지 않는 사건들이 있다. 성스런 역사는 과거와 현재를 나누는 선(線)을 극복하려는 시도라고, 과거를 현재 시제로 보려는 시도라고 설명될 수 있겠다.

이와 같은 시간 이해는 역사가들의 전유물(專有物)이 아니다. 모든 사람이 자기도 모르는 사이에 그것을 지니고 있으며, 문명생활에 없어서는 안 되는 기본이기도 하다.

이스라엘의 헌신

사건에 접속됨

철학자의 신(神)은 추상 관념에서 나온 개념이고, 예언자의 하느님은 행위와 사건에서 나온다. 따라서 유대 신앙의 뿌리는 추상 원리를 이해하는 데 있지 않고, 성스런 사건들에 접속되는 데 있다. 믿는다는 것은 단순히 교리상의 진리를 받아들이는 것만이 아니라 기억하는 것이다. 우리는 교리와 신조를 암송하는 것이라기보다는 날마다 오경을 읽고 성스런 사건들을 경축함으로써, 그것에 접속되어 있음을 표현한다. 그 사건들은 무시한 채 다만 이스라엘이 그 사건들 속에서 배운 것에만 주의를 기울이는 것은 핵심을 놓치는 것이다.

헌신에 대한 기억

심미적인 경험은 지각과 즐김에 대한 추억을 남긴다. 예언자의 경험은 헌신에 대한 기억(the memory of a commitment)을 남긴다. 계시는 즐김의 행위가 아니었다. 하느님은 말씀하셨고 인간은 하느님의 뜻을 지각할 뿐 아니라 받아들였다. 계시는 잠깐 동안 계속되고 말지만, 받아들임(acceptance)은 계속 이어진다.

유대 전통이 우리에게 물려준 것은 계시에 대한 관념이 아니라, 계시에 대한 헌신이다. 우리가 할 일은 그 헌신에 대한 우리의 태도를 점검하는 것이다. 우리가 3천 년도 더 되는 옛날에 일어났던 사건들에 충실한 것이 도대체 의미가 있는 일인가?

한 순간에 대한 충실함

사람들이 서로 의존하며 단절되지 않는 관계를 다소간에 맺고 사는 일은 지극히 필요한 것이다. 예컨대, 결혼, 우정, 전문적인 조직, 국제회의 등 그런 관계에는 종류가 많다. 부모의 슬하를 떠난다거나 그 비슷한 몇 가지 경우를 제외하면, 사회적 제반 관계는 저절로 이루어지는 것이 아니다. 그것들은 자연의 순환에 따라 생겨나지 않는다. 특정한 때에 어떤 사건이나 행위에서 비롯되는 것이다. 이런 관계는 그것을 처음 맺을 때에 정한 약속, 또는 우리가 서로 결정한 합의 사항에 충실할 경우에만 지속된다. 그러나 우리의 충실함이 끝나면 소멸되고 만다.

그런 충실함은 본질이 분명하게 역설적이다. 어째서 한 인간이 그가 어느 한 순간에 행한, 또는 말한 내용에 의하여 평생 동안 매어져야 하는가? 그런데도 문명인은 그의 약속이 자신의 장래 행동에 어떤 영향을 미친다는 사실을 부인하지 않는다. 사람들은 시간이 지나간다고 믿는다. 그들은 과거는 영원히 죽었다고 주장한다. 약속이 맺은 순간이 재빠르게 뒤로 물러나, 우리의 달력과 시계로부터 사라져 가는 것은 틀림없는 사실이다. 그런데도 우리는 그것이 영원불멸이기나 한 듯이 생각하려고 한다. 다른 말로 하면, 우리는 지나간 순간에 일어난 일을, 마치 그 순간이 지금도 계속되고 있기나 한 듯이, 그 사건들이 지금 일어나고 있기나 한 듯이, 받아들이는 것이다.

맹세하는 말

이스라엘 역사의 결정적인 순간인 시나이는 하느님과 인간 사이에 새로운 관계를 싹틔웠다. 하느님이 당신 백성과 약혼을 하신 것이다. 이스라엘은 이 새로운 관계를 받아들였고 그래서 하느님과 약혼한 사이가 되었다. 그것은 쌍방이 함께 파트너가 되어 발생한 사건이었다. 하느님은 이스라엘에게 당신의 말씀을 주셨고, 이스라엘은 맹세하는 말씀을 드렸다.

서약은 영원히 계속된다. 서약을 할 때 우리는 우리의 옹근 장래를 저당 잡힌다. 그 서약이 이루어지는 순간은 소멸되지 않는 순간이요, 다른 모든 순간들을 결정하는 순간이다.

계약을 맺으시며 만대에 내리신 말씀
영원히 잊지 않으신다(역대기상 16:15).

이스라엘은 그 계약을 받아들였다. 이스라엘은 그 계약을 지키겠다는 맹세의 말씀을 드렸다.

어떤 뜻에서 그들의 받아들임이 우리의 삶에 영향을 미치는가? 한 세대가 다른 모든 세대를 한 계약에 충성하도록 만들 권리가 있는가? 왜 우리는 바쳐진 느낌을 가져야 하며, 그것은 무엇에 대한 헌신인가?[1]

시나이 사건은 한번 있었던 사건이면서 항상 일어나는 사건이다. 하느님이 하시는 일은 시간과 영원 속에서 함께 이루어진다. 우리의 처지에서 보면 그것은 한번 있었던 사건이고, 그분의 처지에서 보면 항상 일어나는 사건이다. 돌로 만들어 세운 기념비는 언제고 사라지지만, 영(靈)의 날들(days)은 결코 뒤로 물러가지 않는다. 백성들이 시나이에 도착하는 대목에 이르러 성경은 이렇게 기록하고 있다. "이스라엘 백성이 에집트 땅에서 나온 지 석 달째 되는 초하룻날, 바로 이 날(on this day)

그들은 시나이 광야에 이르렀다"(출애굽기 19:1). 여기서 "바로 이 날"이라는 표현이 고대의 라삐들을 어리둥절하게 만들었다. 그것은 "바로 그 날"(on that day)이라고 했어야 하지 않는가? 이는 하느님이 토라를 주신 날이 과거의 날일 수 없음을 의미한다고 밖에는 볼 수가 없다. 그 날은 이 날이고 모든 날이다. 토라는, 우리가 그것을 언제 배우든지 간에, 우리에게 "오늘 주어진 것"이다.[2]

우리 모두가 그 음성을 들었다. 우리 모두가 시나이에서 자유라는 선물을 받았다. 아무도 자신을 노예로 팔아먹을 권리가 없는 까닭이 바로 여기 있다. 스스로 노예가 되고자 하는 자는 그 귓바퀴를 뚫어야 한다(출애굽기 21:1-6). "거룩하신 분께서, 그분께 축복을, 말씀하셨다. 내가 시온 산에서, '이스라엘 백성은 나의 종, 내가 에집트 땅에서 이끌어 낸 나의 종이다'(레위기 25:55) 하고 말했을 때 그 말을 들었으면서도 스스로 자기를 위해 상전을 두는 자는, 그 귀를 뚫어라."[3]

"나는 충성을 맹세하였으므로 왕의 명령을 따른다."(전도서 8:2 사역). 라삐 요세(Rabbi Yose)는 이렇게 말했다. "나는 시나이에서 나에게, '나는 너의 하느님 야훼다'라고 말씀하신 왕 중 왕의 명령을 따른다."[4] 이스라엘의 모든 세대가 시나이에 있었다.

> 이렇게 내가 벌칙을 붙여서 맺는 이 계약은 너희하고만 맺는 것이 아니다. 오늘 여기에 우리와 함께 우리 하느님 야훼 앞에 서 있는 사람들뿐 아니라, 오늘 여기에 우리와 함께 있지 않은 사람과도 맺는 것이다(신명기 29:13-14).

그것은 현재를 초월한 행위였고 거꾸로 올라간 역사(history in reverse)며, 미래를 현재 시제(時制)로 생각하는 것이었다. 그것은 예언자다운 예견이었다. 예언자가 된다는 것은 다른 사람들의 때를 앞질러 가는 것, 현재 시제로 미래를 말하는 것이기 때문이다.

모세의 동시대인들이 현재를 초월하고 후대를 하느님의 말씀에 헌신하도록 만들 수 있었던 것은, 삶을 시간이라는 관점에서 생각할 수 있었기 때문이다.

그들에게는 공간이 없었다. 그들에게는 땅이 없었다. 그들에게 있는 것이라고는 다만 시간과 땅에 대한 약속뿐이었다. 그들의 장래는 하느님이 당신의 약속을 지키심에 달렸고, 예언자들의 사건에 대한 그들의 충실함이 곧 그들의 장래를 결정하는 핵(核)이었다.

헌신 없는 삶

모든 미래의 세대를 하느님과의 계약에 헌신하도록 만든 우리 선조들은 현명하지 못했다고 생각하는 사람들도 있을 것이다. 그러나 역사를 지닌 한 민족의 삶은 개인의 삶과 같지 않다. 앞에서 보았듯이 그 어떤 문명인의 삶도 사회적 관계를 맺는 일 없이는 불가능하다. 사회적 관계를 맺는다는 것은 약속을 하거나 서약을 맺는 것을 의미한다. 하느님과 관계를 맺기 위해서는 민족이 그 헌신을 받아들여야만 했다.

소크라테스는 우리에게, 생각함이 없는 삶은 살아낼 가치가 없다고 가르쳤다. 그래, 생각한다는 것은 과연 고상한 일이다. 그러나 가장 훌륭한 생각이 쓸모 없는 것으로 끝나는 수도 있다. 사색 속에서 인간은 자기 자신만으로 남는다. 그는 별들의 세계로 높이 날아올라 고상한 사상을 외칠 수 있다. 그럼에도 불구하고 그 외침의 메아리로 돌아오는 것은 무엇이며 그것이 인간의 혼에 미치는 의미는 과연 무엇인가?

성경은 우리에게, 헌신 없는 삶은 살아낼 가치가 없다고 가르친다. 뿌리 없는 사색은 꽃을 피우긴 하지만 열매를 맺지는 못한다고 가르친다. 우리의 헌신은 하느님께 함이요, 우리의 뿌리는 이스라엘 예언자들이 경험한 사건들 속에 박혀 있다.

인간의 존엄성은 그의 권리와 마찬가지로 의무에 비례한다. 유대인의 존엄성은 그가 헌신하고 있음을 감지하는 데 있고, 유다 역사의 의미는 그 계약에 대한 이스라엘의 충실함 둘레를 맴돌고 있다.

계시는 하나의 시작이다

그러나 한편, 단순히 사건에 접속하는 것이 유대인의 삶의 본질을 모두 나타내지는 않는다. 사건은 순수하게 일어난 일을 서술하는 형식적인 범주다. 그러나 스스로 존재하는 순수한 사건을 말하는 것은, 어떤 신학자들의 마음 속을 제외하면 어디에도 존재하지 않는 인위적인 추상을 말하는 것이다. 계시의 순간은, 계시의 내용 또는 실체와 분리되어서는 안 된다. 그 사건 안에서 전달된 규범과 사상에 충실한 것은 그 사건의 실재와 마찬가지로 기본적인 것이다. 아직 모든 것이 다 받아들여지지 않았고 모든 것이 다 성취되지는 않았다. 결정적인 순간은 오고 있는 중이다. 우리는 그 사건을 믿을 뿐 아니라 완성해야 한다. 시나이에서 기대되었던 것이 선행(善行)을 하는 순간에 다가온다. 계명은 예견(豫見)이고 행실은 성취. 행실이 사건을 완성한다. 계시는 시작일 뿐이요, 우리의 행실이 그것을 이어야 하고 우리의 삶으로 그것을 완성해야 한다.

우리는 그 순간 또는 그 사건을 우상으로 만들어서는 안 된다. 하느님의 뜻은 영원하시고 모든 순간들과, 계시 행위를 포함한 모든 사건들을 초월하신다. 시간의 의미는, 그분의 뜻과 연관되어 시간 속에서 이루어지는 일에 달려 있다. 시나이의 순간은, 바로 지금 이 순간과 모든 순간들에서 완성되게 되어 있다. 시나이 이후에 이스라엘이 시나이 사건에 충실하지 않았다면 그 위대한 사건은 모든 의미를 잃고 말았으리라. 황금 송아지가 만들어져 세워질 때마다 계명을 새긴 석판은 깨어진다. 우리는 모든 시간이 저마다 그 의미를 다른 모든 시간에 빌려 주는, 혹은 다른 모든 시간으로부터 의미를 유보시키는 힘을 부여받았다고 믿는다.[5]

24

예언자에 대한 심리(審理)

어떤 종류의 증명인가

우리는 지금까지, 무엇이 우리로 하여금 계시에 대하여 질문하지 않을 수 없게 하는지를 살펴보았고, 계시의 의미를 밝혀 보았으며 또한 계시가 생겨날 수 있는 가능성을 입증해 보았다. 그러나 앞에서 말했듯이 가능한 것이라 해서 반드시 실현되는 것은 아니다. 우리에게 가장 크게 연관되는 문제는 계시가 과연 있었는지, 성경을 하느님의 뜻의 표현으로 받아들이지 않을 수 없는 무슨 까닭이 있는지 여부다.

우리의 주요 목적은 다음의 질문에 대답을 찾는 것이다. 계시는 사실인가? 그것은 과연 실제로 있었던가? 이런 질문에 대한 답은, 우리가 예언자들의 주장을 부인하든지 확인하든지 양단 간에 하나를 해낼 수 있을 만한 증거를 찾아내느냐 찾아내지 못하느냐에 달려 있다. 탐구를 시작하기 전에 우선 찾고 있는 것이 무엇인지를 정확하게 아는 일이 중요하다. 우리의 경우에는 우리가 어떤 증거를 찾고자 하는지에 대하여 분명히 알아야 한다.

먼저 생각할 수 있는 것은 예컨대, 당시의 에집트인이 이스라엘 백성과 함께 광야를 여행하면서 시나이에서 발생한 일에 대하여 기록한 것이나, 또는 팔레스타인을 방문한 아시리아인이 아모스나 이사야를 인터뷰하고 기록한 글 따위 공정한 증거 자료들을 고고학적으로 발견해 내는 것이다. 현대인은 아마도 그런 자료들을 성경보다 더 신뢰할 것이다. 성경의 많은 기록들이 정확한 것임이 입증되었고 따라서 계시에 관한 기록도 신뢰할 만한 것임을 주장하는 사람에게, 계시 경험은 다른 어떤 것과도 비길 수 없는 독특한 것이라고 반박하는 사람들도 있으리라. 만일 그러하다면 어떻게, 예언자들의 경험의 본질을 이룬 그 사건을 에집트인이나 아시리아인이 기록할 것으로 기대할 수가 있단 말인가? 시나이 사건의 외부상황에 대한 기록을 얻는다 한들 거기서 무엇을 얻을 수 있겠는가? 신비한 소리와 함께 구름을 뚫고 비쳐 보이는 천둥과 번개는 속기법이나 사진 기술로 공정 무사하게 잡을 수 있을 것이다. 그러나 눈과 귀로 감각할 수 있는 물리적인 현상은 별로 중요하지 못하다. 천둥과 번개는 부드러운 속삭임보다 더 자극적으로 감각을 사로잡지만, 그러나 엘리야가 믿을 수 있었던 것은 "작고 미세한 소리"였다. 시나이에서 일어난 일의 본질과 온 백성이 받았던 영감과 영적인 고양(高揚)은, 공정한 기자(記者)들에 의하여 지각되거나 기록되거나 평가될 수 없는 성질의 것이었다.

모세 시대의 에집트인들에게 진실이었던 것은 오늘의 에집트인들에게도 진실이다. 우리 모두는 시시때때로, "야훼가 누군데 내가 그의 말을 들으랴"(출애굽기 5:2)고 말하는 에집트인이다.

무엇이 사람으로 하여금 그의 혼이 닿을 수 없는 것을 받아들이고 또 그것에 응답하게 만드는가? 예언자들은 무슨 각별한 기능, 특별한 감각을 부여받았던가? 그들의 언행을 살펴보면 그런 것을 찾을 수 없다. 위대한 예언자들이 모두 지니고 있던 공통분모는, 계시가 그들에게 갑작스런 놀라움으로 다가왔다는 사실이다. 그들은 그 음성을 들었을 때, 그들은 그 내용보다 들었다는 사실에 더욱 놀랐다. 그들은 계시가 이루어지는 것과 동시에 지각했다. 인간으로 하여금 계시를 받아들일 수 있게 한 것은 계시 자체다. 그는 그런 경험을 통하여 익숙한 전문가가 되는 것이다.

잘못된 생각

많은 사람들이, 계시는 과학적으로 불가능한 것임이 입증되었다는 잘못된 생각 때문에 성경을 거절한다. 인간의 정신(mind) 이외는 생각의 원천이 따로 없다는 주장은 너무나도 단순한 것이다. 그렇게 주장하면, 성경은 여느 책과 다름없는 서적일 뿐이며 예언자들이라고 해서 우리가 접근할 수 없는 어떤 원천에 접근할 수 있었던 것도 아니다. 성경은 이스라엘의 민족 문학에 불과하다. 따라서 평범한 사람에게 계시는 일종의 정신적 폐기물이며 따로 토론할 대상도 될 수가 없다. 기껏해야 번개와 천둥을, 천기의 흐름에서 갑자기 공기가 팽창한 결과로 보는 대신 신(神)들의 노기(怒氣)를 나타내는 것으로 보는 정도로 계시를 동화(童話)로 여긴다. 실제로 심리학과 인류학이 계시를 초자연적 사건으로 잘못 본 원시인의 오류라고 지적한 것이 이미 오래 전의 일이 아닌가?

계시가 과학적 탐구의 대상일 수 없음은 사실이다. 어떤 학자도 그 신비를 파헤쳐 낼 만한 렌즈를 발명하지 못했다. 성경 비평학은 태양의 흑점을 찾아내고 우리에게 성경이 어떻게 전수되어 내려왔는지를 제법 설명할 수는 있지만, 그러나 계시 행위 자체를 들여다 볼 수는 없다. 모세는 실존 인물이 아니었으며 실존했다 해도 유일신론자가 아니었다고 주장하는 이들의 왕성한 지성은, 심리학자에게는 우상 타파 기질을 지닌 견본으로서 대단한 흥미를 끌겠지만, 영적 진리를 추구하는 사람들에게는 별로 흥미를 끌지 못할 것이다. 성경 안에 있는 얼마간의 불일치(不一致)는, 성경의 글이 여러 다른 상황에서 기록되었으며 그 본문이 한 개의 돌에 새겨진 것이 아니라 이리저리 조합(組合)된 것임을 입중한다. 그러나 우리는 "성전의 벽에 난 금이나 쥐구멍을 수리하거나 또는 바깥뜰의 돌 한두 개를 제 자리에 든든히 박기 위해 성전의 기초를 흔들어야 할 필요는 없는 것이다"(콜러릿쥐).

계시는 설명 가능한가

예언자들의 주장한 것을 만일 우리가 반복할 수 있고 그들의 지각 내용을 조사할 수 있다면, 그 내용을 검증할 수 있을 것이다. 그러나 예언자 자신조차도 자기에게 일어난 일을 이야기할 수 있었을 뿐, 그것을 재생시킬 수는 없었다. 그들은 장래 일을 예언하거나 또는 설득하거나 하여 자신의 말이 신뢰할 만한 것임을 입증하고자 애를 썼지만, 그들의 행위 자체는 남들에게 입증해 보일 수가 없었다. 그러나 우리가 직접 경험을 더불어 나눌 수 없다는 이유로 그 경험이 진짜가 아니라고 볼 수는 없는 일이다. 우리의 경험들 가운데도 가장 값지고 독특한 것은 대개 남들과 더불어 나눌 수 없는 것들이다. 한 사람이 경험한 것들 가운데 많은 것들이 남에게 말로 전달될 수 없는 것이며, 소통 불가능한 것은 더불어 나눌 수도 없다. 무릇 소통이란 어떤 내용을, 보편적으로 통하는 수단을 사용하여 전달함으로써 남들에게 이해시키고자 하는 시도다. 그러나 독특하고 기이한 불꽃은, 일반성이라는 대기 속에서는 꺼지게 마련이다. 특히 인간의 마음에 내린 초월자의 감명이란, 미(美)에 대한 나의 감각이 파운드나 온스로 표현될 수 없듯이, 일반 술어로는 서술될 수가 없다. 어떻게 그것이 설명될 수 있기를 바랄 것인가?

우리의 속삭임이 천둥을 닮고자 하는 것이, 그게 만일 가능하다 해도, 과연 그럴만한 가치가 있는 일일까? 계시가 우리의 탐구 대상일 수 없음이 곧 계시의 본질이다. 그것을 설명하여 알 수 있게 하고 전달되게 하는 것은 그것을 무시하는 것이며, 만일 설명되고 해명이 된다면 그것은 곧 무의미해 질 것이다. 계시에는 파트너가 있거니와 그의 방식은 우리의 정신의 범주로 담을 수 없는 것이다.

우리의 이성으로 납득되지 않는다는 이유로 계시를 부인할 수는 없는 일이다. 우리의 경험으로 입증되지 않고 머리로 파악되지 않는 사실은 그것만이 아니다. 이해되지 않는 것이라고 해서 실재하지 않는다고 할 수는 없다. 우리는 어떻게 존재가 생겨나게 되었는지를 설명할 수 있는가? 바이올린의 현(弦) 위에서 미끄러지는 한 영혼의 긴장한 힘이 어떻게 무(無)로부터 우아한 세계를 창출해내는지를 정확하게 묘사할 수 있는가? 6백만 명의 순교자의 부르짖음과 불안이 논리적으로 설명될 수 있는가?

참으로, 무한하신 하느님의 생각이 인간 정신의 좁은 오솔길을 따라 움직이는 것을 설명해 낼 방법은 없다. 모든 해명이나 설명은 은유(隱喩)라는 수단을 통해서나 가능한 일이다. 우리는 잘 알 수 없는 어떤 것을 익히 잘 알고 있는 사물과 비교함으로써 설명하고자 한다. 그 둘이 얼마나 완벽하게 유사하냐에 따라 증명 또는 해설이 설득력을 지닌다. 그런데 계시의 진정성은 오히려 그것이 다른 사건이나 경험과 다르다는 점에서 찾아진다. 계시의 진리는 그 독특성(uniqueness)에 있다. 다른 어떤 것과도 비교될 수 없는 것이기 때문에 믿을 수가 있다. 아마도 이것이, 신명기가 시나이 사건을 선례가 없는 것으로 강조한 까닭이리라(4:32-37).

우리가 할 수 있는 일이란, 그것을 받아들이기 위해 우리의 이성을 분석하고, 환영(幻影)에 굴복하거나 우리의 신앙이 합리화에 불과한 것이 될 개연성을 없애버리는 것이다. 즉, 우리가 마음 속 깊이는 옳다고 생각하지 않는 어떤 것을 합리화하려고 이론을 꾸며낼 소지를 미리 없애는 것이다.

우리의 지성을 만족시키려면, 예언자들이 정신병자나 거짓말쟁이가 아니었다는 무슨 굉장한 증거가 있으면 좋았으리라. 그러나 만일 하느님이 값을 매길 수 없는 것을 인간에게 주시면서 당신의 선물이 진짜임을 덧없는 인간의 이성에 증명해야 한다면 얼마나 우스꽝스런 일이겠는가! 태양이 인간에게 인식되기 위해 품질 보장 딱지를 붙여야 하겠는가?

예언자의 기록 속에 그가 실제로 경험한 것을 정확하게 기술한 내용이 담겨져 있지 않다 하여, 그 기록의 진실성을 부인할 수는 없는 일이다. 역사적인 문서를 조사할 적에 인간은 그 기록을 그 사실 자체와 비교하여 살펴볼 수는 없다. 그는 다만 그가 알고 있는 바 당시의 상황과 기록된 내용이 일치하고 있는지를 알아볼 수 있을 뿐이다. 그렇다면 계시는 어떤 지식 또는 사실과 부합되는 것인가?

예언자들은 믿을 만한가

계시 사건 자체를 목격하지 못한 우리로서는 예언자들이 우리에게 전해준 것 외에는 계시에 관하여 알 수가 없다. 따라서 우리의 태도는 예언자들의 말을 진지하게 받아들일 준비가 되어 있느냐에 달려 있다. 그런즉 중요한 것은 과연 예언자들은 믿을 만한 사람들인가? 그들의 증언은 신뢰할 만한 것인가? 하는 물음이다.

예언자들을 우리의 비평적 심판대 앞에 불러 세운다면, 우리는 마치 거인의 키를 재려는 난쟁이들과 같다. 만일 그들의 투쟁이 우리의 것보다 훨씬 더 치열한 것이었다면, 어떻게 우리의 정신적인 재능을 자(尺)로 삼아 그들이 성취한 것을 잴 수 있겠는가? 우리는 그들이 하느님께 자신을 열어 놓았던 만큼 우리 자신을 하느님께 열어 놓고 있는가? 우리는 그들이 했던 만큼 열심히 그리고 골똘히 하느님의 말씀에 귀를 기울이고 있는가?

야심 있는 작곡가는 베토벤을 자신에게 비교하지 않고, 자신을 베토벤에 비교할 것이다. 우리를 초월하는 것은 우리가 심판할 대상이 아니라 우리를 심판하는 주체요, 예언자가 된다는 것은 영적으로 우리를 초월하는 어떤 것을 나타냄이다.

우리가 처한 상황은 어떤 사람이 자신을 압도하는 아름다움을 눈앞에 두고, 그것에 대한 생각을 말해 보라는 요청을 받고 있는 것과 같다. 비록 그가 그 아름다움을 설명해 내고 있는 것처럼 보인다 하더라도 실제로 시험을 받고 있는 것은 그의 지성이다.

예언자들을 판단하는 데는 세 가지 길이 있을 뿐이다. 그들이 진실을 말했다고 보는 것과 고의로 이야기를 만들어 냈다고 보는 것, 그리고 환각(幻覺)의 피해자라고 보는 것이 그것이다. 다른 말로 하면, 계시는 사실이거나, 정신 이상 또는 자기 망상의 산물이거나, 아니면 교훈을 목적한 발명품이다. 그것은 정신 착란의 산물이거나 아니면 그랬으면 좋겠다는 생각 또는 잠재의식의 발로(發露)다.

정신 이상의 산물

우리는 과연 모세, 사무엘, 나단, 엘리야, 아모스, 미가, 이사야, 예레미야 같은 사람들을 정신 이상자요 환각의 피해자였다고 주장할 것인가? 이런 주장이 있는 것은 사실이다. 그러나 어떤 근거에서 이런 주장을 할 수 있는가? 예언자들의 광기 어린 행동이 그들의 정신 질환을 입증한다고들 하지만, 그러나 모세나 이사야 아모스나 예레미야한테서 정신 이상의 흔적이나 증상이 발견되지는 않는다.[1] 반면에, 예언자들이 당시의 문제를 다루는 방법이나 그들이 제시한 해결책이 모든 시대에 적용될 수 있다는 사실은 모든 세대의 사람들로 하여금 예언자들은 현인(賢人)이었다고 하는 일반 상식을 받아들이지 않을 수 없게 했다. 그들의 메시지는 인간의 사유를 몇 세대 앞질렀고, 만일 우리가 그들의 정신 상태를 의심한다면 우리 자신의 정신 상태가 정상이라고 믿기 어려울 것이다. 실제로, 그들이 비정상이라면 우리는 우리의 정상을 오히려 부끄러워하지 않을 수 없으리라.

나아가서, 그렇게 될 리도 없지만, 만일 니체가 "예술가가 되면서 병들지 않을 수는 없다"[2)]고 말한 대로 예언자의 생애에서 질병의 흔적을 발견하게 된다고 해도, 역시 그들이 주장한 내용을 부인하는 것은 불합리한 일이 아닐 수 없다. 건강하고 자신(自信)에 넘치지 못한 사람들이 지각하지 못하는 것을 보기 위해서는 어떤 질병에 걸리는 것이 오히려 정상이라는 주장이 더욱 그럴듯하지 않은가? 생리적인 건강이 영적인 통찰의 전제가 되는 것은 아니다.

자기망상

예언자들은 자기망상에 빠진 자들이었던가? 계시는 웃음거리요 술책에 불과한 것인가? 자기망상이란 사람이 진정한 목표를 이루지 못할 때 오게 되는 거짓 목표를 이루는 것이다. 그러나 예언을 한다는 것은 예언자들이 추구한 목표가 아니었다.

신(神)과의 합일을 갈망한 결과로 얻게 되는 신비스런 경험과 달리, 계시는 예언자들의 의지에 반(反)하여 발생하였다. 계시는 그들이 즐겨한 무엇이 아니라 두려운 짐으로 지워진 것이었다. 이사야에게는 하느님을 지각하는 것이 충격과 절망과 고통을 수반하는 모험이었고, 그의 혼이 감당할 수 없는 부담이었다.

큰일 났구나. 이제 나는 죽었다…
만군의 야훼, 나의 왕을 눈으로 뵙다니… (이사야 6:5).

모세는 하느님 뵙는 것이 두려워 얼굴을 가리웠다(출애굽기 3:6). 부르심을 받았을 때 그는 겁에 질려 자기를 혼자 있게 해달라고 간청했다. "주여, 죄송합니다. 보내실 만한 사람이 따로 있을 줄 압니다. 그런 사람을 보내십시오"(출애굽기 4:13). 이것이 모세의 대답이었다. 그것은 실제로 엄청난 거절로서 솔직하게 말하면, "내가 아니라 하느님이 하십시오"와 같은 말이었다. "야훼께서 이렇게 말씀하셨다." 이처럼 그 경험에 대한 저항 그 자체가 그들의 경험이 진짜요 믿을 만한 것임을 나타내는 표시인가? 아니면 그것 역시 자기를 속인 것인가?

그 어떤 예언자도 스스로 권력이나 이익을 얻으려는 욕망을 지니거나 옹호하는 데 관심을 갖지 않았다. 그 누구도 자신이 예언자라는 사실에 매료되지 않았으며 자신의 공적을 자랑하지 않았다. 예레미야는 행복한 자가 되고 싶은 마음에서 예언자가 되었던가? 그의 대답을 들어보자.

> 저주받을 날,
> 세상에 떨어지던 날…
> 모태에서 나오기 전에 나를 죽이셨던들
> 어머니 몸이 나의 무덤이 되어
> 언제까지나 뱃속에 있었을 것을!
> 어찌하여 모태에서 나와
> 고생길에 들어 서 이 어려운 일을 당하게 되었는가!
> 이렇게 수모를 받으며 생애를 끝마쳐야 하는가!(20:14, 17, 18).

예언자의 생애에는 다음의 글이 보이지 않게 새겨져 있다. "이리로 들어오는 자여, 모든 감언(甘言)을 버리라!" 그러나 달콤한 말이야말로 대중(大衆)이 듣고 싶어하는 말이다. 희망의 횃불을 옮기는 자는 열광과 찬양을 받는다. 그러나 거의 모든 예언자는 파멸의 메시지로 시작하여 비참과 암흑의 오랜 기간을 거친 다음에야 비로소 새벽을 말하여 희망의 메시지를 선포한다.

예언자의 혼에 하느님의 말씀은 쓰디쓴 것이었고 그 어떤 보상도 약속되지 않았으며, 또한 그 어떤 보상도 그 쓴맛을 지워주지 않았다. 에제키엘은 처음 부르심을 받았을 때, 그가 가시 방석에 앉게 될 것이며 전갈들 틈에 거하는 것처럼 위태로울 것이라는 말을 들었다. "너 사람아, 그런 자들을 무서워하지 말아라"(에제키엘 2:6).

예언 활동이 예레미야에게 가져다주기로 되어 있는 대가(代價)란 고독과 비참함뿐이었다. "주님 손에 잡힌 몸으로 이렇게 울화가 치밀어 올라 홀로 앉아 있습니다. 이 괴로움은 왜 끝이 없습니까?"(예레미야 15:17-18). 조롱과 멸시와 핍박을 받으면서 그는 차라리 사명을 저버릴 생각을 한다.

> '다시는 주의 이름을 입 밖에 내지 말자.
> 주의 이름으로 하던 말을 이제는 그만두자'고 하여도
> 뼛속에 갇혀 있는 주의 말씀이
> 심장 속에서 불처럼 타올라
> 견디다 못해 저는 손을 들고 맙니다(예레미야 20:9).

그들은 자기 자신을 위해 수고한 일이 거의 없다. 예언자들은 자기를 주인이 아니라 종으로 생각했다. 그들의 눈에, 계시를 받는 행위는 그 자체가 무슨 대단한 사건으로 영광을 누릴 만한 것이 아니었다. 신비체험과는 달리, 예언의 의미는 예언을 하는 사람에게 있지 않고 예언을 전달받는 사람들에게 있었다. 예언자들의 경험은 그 자체가 시작이요 수단이었다. 그것이 목표는 아니었다. 예언의 목적은 말씀을 받는 데 있지 않고 그것을 사람들에게 전달하여 삶의 현장에 적용시키는 데 있었다. 결국, 예언의 본체(本體, the substance)는 예언 행위보다 그 내용에

있었고, 계시는 행위의 전주곡이었다.

광야로부터 나온 아모스는 이스라엘의 왕이 칼에 맞아 죽고 이스라엘 백성이 포로가 되어 끌려갈 것임을 예언하기 위해 베델로 갔다. 이 무서운 메시지에 화가 난 사제는 아모스에게, 이곳을 떠나 다시는 베델에서 예언하지 말라고 경고했다. 그곳은 왕의 성소(聖所)요 왕실이 있는 곳이라는 이유에서였다. 그러나 예언자는 그의 명령에 항거했다.

나는 본시 예언자가 아니다. 예언자의 무리에 어울린 적도 없는 사람이다. 나는 목자요 돌 무화과를 가꾸는 농부다. 나는 양떼를 몰고 다니다가 야훼께 잡힌 사람이다. 당신의 백성 이스라엘에게 가서 말을 전하라고 하시는 야훼의 분부를 받고 왔을 뿐이다. 그러니 너는 이제 야훼의 말씀을 들어라. 너는 나더러 하느님을 팔아 너희 이스라엘 백성과, 이사악의 가문을 치지 말라고 하지만, 바로 그 때문에 야훼께서는 이렇게 말씀하신다.

"네 아내는 바로 이 성읍에서 몸을 팔고
네 아들딸은 칼에 맞아 쓰러지며
네 농토는 남이 측량하여 나눠 가지고
이스라엘 백성은 사로잡혀
고국을 등지고 떠나가게 되리라"(아모스 7:14-17).

예언자는 그의 사명을 자청하고 나서지 않았다. 그것은 강요된 사명이었다. 그가 어떻게 하느님의 힘을 거역할 수 있겠는가? "야훼께서 거기에서 나를 손으로 억세게 잡으시며 말씀하셨다"(에제키엘 3:22). 그는 꾐에 넘어갔고 억지에 말려들었다(예레미야 20:7). 선택의 여지가 없었다.

사자가 으르렁거리는데
겁내지 않을 자 있겠느냐?

주 야훼께서 말씀하시는데
그 말씀 전하지 않을 자 있겠느냐?(아모스 3:8).

나에게는
거역하기만 하는 야곱의 죄상을 밝히고
못할 짓만 하는 이스라엘의 죄를 당당하게 규탄할
힘과 용기가 차 있다(미가 3:8).

교훈을 목적한 발명품

이것 역시 하나의 이론이다. 예언자들은 그리스의 철학자들처럼 사색이나 직관으로 어떤 통찰을 얻었는데 그들의 권위를 사람들에게 나타내기 위해 계시 사건이라는 이야기를 만들어 냈다는 것이다. 그들은 개인의 명성을 드날리고자 하는 마음은 없었는지 모르나, 사람들의 도덕적 또는 정신적 향상을 도모하고자 하는 열정이 있어서, 선한 목적이 그릇된 수단을 정당화한다는 생각으로 거짓말을 만들어 냈다는 이론이다.

예언자들의 영적 엄격성과 독선(獨善)의 결여를 제대로 살피는 사람이라면 이런 식의 생각을 쉽사리 인정할 수 없으리라. 하느님의 성스러움에 압도당하여 죽음을 느끼기까지 했던 이사야가 그 환상 이야기(6장)를 감히 꾸며 만들어 낼 수 있었을까? 예언자들은 하느님을 너무나도 두려워하였기에 그분의 이름을 허투루 부르지도 못했다. 하느님은 무엇보다도 속임수를 미워하신다는, 이것이 그들 사상의 골자가 아니었던가?

정직하고 의롭기를 요구하시는 하느님의 명령을, 자기 조국의 이익과 민족의 성소(聖所)의 영광보다 더 위에 둔 사람들이, 그리고 거짓을 근본적인 악으로 저주한 사람들이, 거짓말을 했다는 이야기가 납득될 만한 것인가?

무엇보다도 예언은 몇몇 소수 개인의 생애에 있었던 에피소드가 아닙니다. 세대에서 세대로 이어지는 동안 진실을 그토록 갈망하고 속임수를 그토록 경멸한 사람들이 한결같이 이스라엘 백성을 속였다는 주장이야말로 엉터리없는 억지가 아닐 수 없다. 모세가 "모든 백성이 예언자가 되기를" 기도하였을 때, 그는 모두가 거짓말쟁이 되기를 기도하였던 것일까?

착각

예언자들의 당당한 주장이, 그들 자신의 내적인 삶을 제대로 분별하는 능력이 부족한 결과로 나온 것이라고 주장하는 사람들도 있다. 마음에서 솟아나는 감정을 외부로부터 주어진 관념으로 착각한 결과라는 것이다. 그렇다면 예언은 정신 착란의 결과였다는 말인가? 예언자들은 그들의 경험이 대부분 피동적으로 받기만 한 것이거나 그냥 어떤 목소리를 듣기만 한 것이 아니라 하느님과 대화를 나눈 것임을 분명히 했다. 그들은 경험한 바를 기록하면서 자신들이 들은 말과 한 말을 분명하게 구분했다.[3] 이 사실만으로도 그들의 분별력이 입증되지 않는가?

무엇보다도 주변 상황이 예언자로 하여금 자기 마음의 음성과 하느님의 음성을 구분하지 않을 수 없게 했다. 당시에 무슨 일이 일어나고 있었던가?

이 땅에는 기막힌 일,
놀라 기절할 일 뿐이다.
예언자들은 나의 말인 양 거짓말을 전하고
사제들은 제 멋대로 가르치는데

내 백성은 도리어 그것이 좋다고 하니
그러다가 끝나는 날이 오면 어떻게 하려느냐?(예레미야 5:30-31).

예컨대 예레미야는 소위 모든 "거짓 예언자들"의 진지함(the sincerity)을 의심하지는 않았다. 그는 다만 "꿈"에 불과한 것을 하늘에서 내리는 메시지로 오해한 것을 비판했다.

예언자라는 것들이 내 이름을 팔아 예언하는 소리를 나는 다 들었다. "꿈을 꾸었다, 꿈을 꾸었다"고 하면서 거짓말하는 것도 나는 들었다. 제 망상을 내 말이라고 전하는 이 거짓 예언자들이 언제까지 제 마음에 떠오른 생각을 내 말이라고 전할 것인가? 이 예언자라는 것들은 꿈 이야기를 주고받으면서 내 백성을 속여 내 이름을 잊게 할 속셈이다. 그 조상들도 바알을 섬기다가 내 이름을 잊지 않았더냐? 꿈이나 꾸는 예언자는 꿈 이야기나 하여라. 그러나 내 말을 받은 예언자는 내 말을 성실하게 전하여라.
내가 똑똑히 말한다.
검불과 밀알을 어찌 비교하겠느냐?
내 말은 정녕 불같이 타오른다.
망치처럼 바위라도 부순다.
똑똑히 들어라(예레미야 23:25-29).

예레미야나 에제키엘 같은 예언자는, 자기가 하고 싶은 소리를 하면서 하느님의 말씀이라고 하는 거짓 예언자들을 두고(에제키엘 13:17), "너희가 허황한 환상을 보고 속임수로 점을 치면서 야훼의 말이라고 하지만, 나는 그런 말을 한 적이 없다"(에제키엘 13:7), "그 예언자들은 내 이름을 팔아서 거짓말을 했다. 나는 그런 말을 한 적이 없다. 그런 말을 하라고 예언자들을 보낸 적도 없다. 그것들은 엉뚱한 것을 보고, 허황한 점이나 치고, 제 욕망에서 솟는 생각을 가지고 내 말이라고 전하는 것들이다"(예레미야 14:14)라는 하느님의 말씀을 대언함으로써, 그런 식의 예언에 대한 비판적 태도를 분명히 밝혔다. 그들이 거짓 예언자들의 주장, 즉 하느님의 말씀을 받았노라는 주장을 명백하게 반박한 것을 보면 적어도 경험과 환각을 분간하는 어떤 기준이 있었음을 미루어 알 수 있다. 모방이란 언제 어디에나 있게 마련이다. 그러나 아무리 모조품과 가짜가 많다한들 그것들이 진품의 가치를 손상하지는 못한다.

예언자들은 어리숙하게 잘 속아넘어가는 원시 사회에 대고 말하지 않았다. 이웃의 거대한 에집트, 바빌로니아 운명과 밀착된 이스라엘 백성은 다른 민족의 지혜와 세계에 대하여 알고 있었다. 맹목으로 예언자들의 주장을 받아들이는 그런 민족과는 거리가 멀었다. 예언자들의 생애는 끊임없이 경쟁자, 반대자, 불신자들과 부딪치는 이야기다. 만일 예언 이야기가 성경 기자(記者)의 창작이라면, 백성이 예언의 힘에 의하여 모두 신앙을 지니게 되는 이야기로 기록되었으리라. 그러나 오히려 성경은 예언자들에 대한 수많은 반대를 꾸밈없이 기록하고 있다.

무엇이 예언자로 하여금 자기가 증언하는 것이 자신의 상상(想像)에서 나온 게 아니라 하늘의 사건이라는 확신을 품게 하였던가? 계시가 신적인 성격을 지닌 진정한 사건임을 나타내는 표시는 눈에 보이고 귀에 들리는 외면적인 것이 아니다. 계시는 특별한 감각이나, 음성을 듣고 빛을 보는 데 따라 이루어지는 것이 아니었다. 푸른 하늘의 천둥, 어디서 들려오는 것인지 알 수 없는 소리, 눈에 보이는 근거가 없이 닥치는 어떤 감각을 곧장 하느님의 의사전달로 볼 수는 없다. 자연의 거대한 붕괴음, 마음을 비추는 빛살 따위는 환영(幻影)이 아니라 해도 자연의 힘을 나타내 줄뿐이지 그것이 곧 하느님을 보여주는 것은 아니다.

예언자들의 계시는 단순히 그들이 경험한 사건이 아니라 경험된 사건이었다는 사실, 인류에게 보낼 사람들을 찾으시던 그분에게 뽑히고 압도당하고 사로잡히고 노출된 사건이었다는 사실--아마도 이것이 그들의 계시가 진짜였음을 보여주는 표시라고 할 수 있겠다. 인간이 하느님을 경험하는 것이 아니라, 하느님이 인간을 경험하시는 것이다.

시대 정신

예언을 설명하는 또 다른 방법이 있다. 역사는 인간의 사유와 감정이 그가 살아가는 "시대 정신"(the spirit of the age)에 어떻게 영향 받는지를 보여주고 있다. 예언자들이 살던 시대에는 신들이 스스로 인간에게 자신을 나타낸다는 믿음이 상식이었다. 따라서 인간이 망상에 떨어지기가 아주 쉬웠다. 그러나 그렇다면 왜 그 "시대 정신"이 같은 시대의 아시리아와 바빌로니아, 페니키아와 가나안에는 예언자를 만들어 내지 않았던가? 당시의 고대 동양문학을 살펴보면, 이스라엘의 삶과 문화가 하느님의 영감이 없었더라면 어떻게 되었을지 쉽게 상상된다.

이스라엘이 북방의 인접 민족인 모압과 동맹을 맺고 전쟁을 할 때의 일이다. 모압왕 메사는 전세가 불리하게 돌아가자 "세자인 맏아들을 죽여 성 위에서 번제를 드렸다"(열왕기하 3:27). 이스라엘의 왕인 아하즈와 므나쎄도 "쫓아낸 민족들의 고약한 풍속을 본받아"(열왕기하 16:3; 21:6) 아들을 불에 살라 바쳤다. 만일 예언자들이 "시대 정신"에 영감을 받은 자들이었다면, 그토록 "지극한 성사(聖事)"를 두고 왜 저주와 공포를 표명했던가? 어째서 이스라엘의 하느님 예배와 바알이나 타무즈 숭배가 같은 것이 아니라고 그토록 강조했던 것일까?

다른 모든 민족에게도 종교와 경건한 신앙이 있었다. 그러나 예언자들은 하느님의 이름으로, 오늘날까지 우리가 이른바 종교라고 부르는 것을 완강하게 배척한 자들이었다.

실제로 성경은 그것이 기록되던 당시의 역사적 정황과 어울리지 않는 내용을 가득 담고 있는 책이다. 만일 그 위대한 통찰이 시나이 반도의 광야를 유랑하던 실향민들에게가 아니라 에집트나 아테네의 현자들에게 주어졌다면, 그것은 우리의 일반론적 이해에 더욱 잘 부합되었을 것이다. 성경은 모든 인간의 기대에 오히려 반(反)하고 있으며, 만일 그 명백한 영적인 영광과 신앙의 설명할 수 없는 힘이 없었더라면, 엉터리없는 이야기책으로서 배척받았으리라.

잠재의식

예언자들의 경험을 밑에서 부추긴 것은 그들의 잠재의식(the subconscious)이었던가? 성경은 갈망과 상상(想像)에 의해 촉발된 심리적 힘(psychic power)의 소용돌이에서 나온 것인가? 이런 견해는 예언자들이 순결하고 정상임을 의심하지는 않지만, 그들을 속임 받아서 속이는 자들(deceived deceivers)로 낙인찍는다. 그 견해는 우리를 실제로 발생한 사건 자체에 대한 이해에 가까이 가게 하기는커녕 오히려 신비를 수수께끼로 바꿔 놓을 뿐이다. 잠재의식이란 너무나도 모호하고 광대한 가설이기 때문에 우리로서는 초자연이라는 관념보다 더 잘 알 수 있는 것도 아니다. 잠재의식의 그 교활한 악마가 그토록 전능하며 무지막지한 생명력을 지니고 있으면서 다른 아무데서도 그 막강한 힘으로 그런 작품을 만들어 놓지 않는 것은 참으로 이상한 일이 아닌가? 신화들이 열어 놓은 상상(想像)의 오솔길은 확실히 막히는 데가 없다. 그러나 그것들은 어디로 가고 있었던가? 어디서 신에 대한 관념이 역사를 성화(聖化)했던가? 어디서 한 민족의 역사가 성스런 경전(經典)이 되었는가?

예언자의 계시가 예언자의 마음 속에 숨어 있던 충동의 표출이었고 그것에 대하여 예언자 자신은 인식하지 못했을 뿐만 아니라 오히려 반발했다고 주장하는 것은, 대단히 슬기롭고 대단히 거룩하여 하느님이라는 이름말고는 따로 붙일 이름이 없는 어떤 영적인 힘의 활동을 전제한다.

　계시는 의심할 수도 있고 확신할 수도 있지만, 부인되거나 설명될 수는 없다. 우리에게 있는 것이라고는 예언자들의 기록뿐이고, 우리 가운데 그 누구도 그들의 언어를 능가하여 설명할 수 없으며 그들의 경험을 직접적으로 조사해 볼 수가 없다. 계시를 하나의 주관적인 경험으로 보지 않을 수 없게 할 어떤 과학적 근거는 없다. 한편, 이른바 거짓 예언자들을 맨 먼저 비판하고 나섰던 예언자 자신들이 그들의 경험의 비주관적(非主觀的) 성격을 강조하고 있다.

　아무리 해명하고 확인시켜도 여전히 의문은 꼬리를 물게 마련이다. 천재라 해도 잘못을 범할 수 있지 않는가? 예언자가 하느님과의 만남에 관하여 알고 있는 지식이 너무나도 얇고 너무나도 내면적이고 너무나도 주관적이어서, 그 지식에 근거하여 무엇을 세울 수는 없는 것 아닌가? 어째서 인류가 그 중대한 결정을 소수의 인간들의 확신에 내맡겨야만 하는가? 이른바 "거짓 예언자들"도, 나름대로 계시를 확실히 받았다고 스스로 믿는 자들이 아니었던가?

　예언자들의 계시의 진실성을 증명해 주는 것은 자신의 경험이나 지혜, 자의식(自意識)에 관한 예언자의 견해가 아니다. 모세가 그의 지혜로 또는 영웅주의로 칭송을 받지 않는다는 사실은 매우 의미심장하다. 그는 솔로몬처럼 지혜로운 자도 아니었고, 오히려 백성의 아우성에 겁을 먹어 하느님께 울부짖는 자였다(민수기 11:10-11). 또한 그는 재간이 있는 자도 아니었고 잘못을 저지르지 않는 자도 아니었다. 그런데 하느님은 이렇게 말씀하신다. "나의 종 모세는 다르다. 나는 나의 온 집을 그에게 맡겼다"(민수기 12:7).

　하느님의 뜻을 말[言語]에 담아 옮기는 것이 계시 행위를 말에 담아 옮기는 것보다 더 쉬웠다. 예언자가 자기의 경험을 서술할 때 힌트를 주는 것 이상을 시도했더라면, 아마도 위대한 시인이 이탈리아의 봄날에 남극의 곰에 대하여 설명하려고 하는 것 정도로 우리에게 말해 줄 수 있었으리라. 차라리 자세한 서술을 피하고 "야훼께서 말씀하셨다"는 말 외에는 더 무슨 말을 하지 못한 것이 자세하게 서술하려고 한 것보다 더 많은 것을 우리에게 전달해 준다. 예언자들을 타오르게 한 불빛은, 그 자신의 의식과 환상 보는 능력을 그림자 속에 묻어 버렸다.

모세가 석판을 손에 들고 시나이 산에서 내려올 때 사람들은 그의 얼굴에서 광채가 나는 것을 보고 접근하기를 두려워했다. 유독 모세만이 자기 얼굴에서 광채가 나는 것을 모르고 있었다.

증거는 없다

"인간의 이성에는 한계가 있고, 그 혼이 육신에 머물러 있는 한, 자연보다 위에 있는 것을 파악할 수 없다. 자연 안에 있는 것이 자연 위에 있는 것을 알 수는 없기 때문이다. 이성은 자연의 영역 안에 제한되어 있다. 그리고 그 한계를 벗어나 있는 것을 이해할 수 없다… 모든 철학보다 더 높은 차원의 지식이 있으니, 예언이 그것이다. 예언은 지식의 색다른 근원이요 범주다. 그것은 검증되지도 않고 설명되지도 않는다. 만일 예언이 진정한 것이라면 이성의 확인을 따로 받을 필요도 없으며 그럴 수도 없다. 성경에 나타난, 예언자들에 대한 유일한 질문은 그의 주장한 내용의 정당함에 관한 것이었다. 아무도 예언 그 자체에 대하여 증거나 확인 따위를 요구하지 않았다… 이성이나 증명은, 예언을 존재하게 한 통찰의 높이에까지 올라갈 수가 없다. 그런데 어찌 그것들이 예언을 입증하거나 또는 반증할 수 있겠는가?… 누구든지 먼저 모세의 예언에 관한 주장의 진정성을 부인하기 전에는 토라에 대한 논리적 입증이나 이성의 확인을 요구할 수 없다. 우리의 신앙은, 모세의 말이 예언이며 따라서 사변, 확인, 논쟁, 증명 따위의 지배를 벗어나 있다는 원리를 바탕으로 삼는다. 이성은 본디부터, 예언이 비롯되어 나온 영역 안에서는 아무것도 판단할 수가 없다. 그것은 마치 작은 컵에다가 온 세상의 물을 다 담으려는 것과 같다."[4]

귀가 멀어 감각이 없는 사람에게 음악의 아름다움을 입증해 줄 수는 없으며, 정신적으로 귀가 멀어 신앙과 지혜가 없는 사람에게 예언자들의 주장을 입증할 수도 없다. 증거란 수호하는 데는 도움이 될 수 있겠지만 어떤 확신을 처음 주장하는 데는 도움이 되지 않는다. 본래 증거란 이미 우리가 직관적으로 분명히 알고 있는 것에 대한 설명이다.[5]

우리가 예언자들을 "심리"(審理)하는 목적은 그들에게 무슨 추천서를 써주려는 것이 아니었고, 다만 그들의 주장을 노골적으로 부정하는 것이 쉬운 일이 아님을 지적하려는 것이었다. 증거는 모든 사람이 들여다 볼 수 있도록 신비의 문을 열어 주지 못한다. 우리가 할 수 있는 유일한 일은 우리의 영혼을 하느님께 열어 놓아 그분이 우리를 보시게 하는 것과 마음의 문을 열고 예언자들의 말에 응답하는 것이다. 그들의 주장에 힘을 준 것은 그들의 말이고, 그들의 말에 힘을 준 것은 역사다.

성경과 세계

성경은 환영(幻影)인가

우리는 앞에서 예언이라는 관념에 대하여 논의했고 예언자들의 주장을 살펴보았다. 이제는 성경 자체로 돌아가 보아야겠다. 성경은 추상적 관념도, 영적인 가능성도 아니다. 그것은 한 때를 살았던 사람들의 주장 이상이다. 성경은 언제나 현재하는 실재다. 우리가 예언자의 영감을 다시 문제삼는 것도 성경의 현존 안에서다.

예언자들은 성경 속으로 뚫고 들어온 통찰의 빛살을, 그 근원을 어디서 발견했던가? 그들이 오늘 우리에게 해줄 수 있는 일을 가능하게 해준 분은 누구인가? 이 세계의 정신적 어둠을 밝히는 기막힌 착상이 그들 자신의 가슴에서 뿜어져 나온 것인가?

예언자들의 대답은 언제나 같다. "나의 혀를 움직인 것은 하느님의 말씀이었다." 우리에게 그 주장을 무시하거나 비방할 권리가 있는가?

우리 앞에 있는 것은 엄연한 사실이다. 모세, 나단, 엘리야, 아모스, 이사야, 예레미야 등 기라성 같은 인물들이 하느님의 말씀을 받았노라고 주장하고 있다. 만일 그들의 주장이 거짓이라면 우리는 마땅히, 그들을 3천 년 이상이나 인간의 마음을 헛갈리게 만든 사기꾼으로 단죄해야 하지 않겠는가?

성경의 특징은 우리를 크게 당황시킨다. 그것은 너무나도 중요하므로 무시할 수가 없다. 우리가 성경을 믿을 준비가 되어 있느냐는 개인적 문제보다 더 절실한 것은, 성경의 예언이 하나의 환영(幻影, an illusion)이냐를 묻는 질문이다. 이 질문에 그렇다고 대답하는 것은 엄청난 의미를 함축하고 있다. 이 문제는 우리가 계시를 믿을 수 있느냐 뿐만 아니라 우리가 과연 계시에 대한 부정을 믿을 수 있느냐는 문제다.

하느님은 모든 곳에 부재(不在)신가

성경도 다른 책들과 다를 게 없는 책이라거나 또는 시나이 이야기는 동화(童話)라는 식의 관념을 가지고 언어 놀음을 하는 것은 별로 어려운 일이 아닐 듯하다. 그렇지만 그런 놀음을 하는 가운데 우리는 하느님과 맺어진 관계를 날려버릴 수가 있는 것이다.

그와 같은 부정이 무엇을 함축하고 있는지 생각해 보자. 만일 모세나 이사야가 하느님의 뜻이 무엇인지를 찾아내지 못했다면 누가 그 일을 할 것인가? 만일 하느님이 성경에서 찾아지지 않는다면 우리가 그분을 어디에서 찾을 것인가?

성경에 관한 질문은 세계에 관한 질문이다. 그것은 궁극적 질문이다. 만일 하느님이 예언자들에게 아무 일도 하지 않으셨다면, 인류에게도 아무 하실 일이 없다. 그리고 만일 하느님이 예언자들에게 무슨 일인가 하셨다면, 예언자들은 사기꾼도 아니요 거짓말쟁이도 아니었다.

그런데도 우리네 정신적인 블레셋 사람들은 이른바 지적인 상투어구를 되풀이하며, 우리 자신의 삶을 예언자들이 성취할 수 있었던 것을 재는 척도로 삼기를 고집한다. 우리는 하느님이 사람의 귀에 닿을 수 없으며 인간의 마음 속에 말씀의 불꽃을 당기기 위해 스스로 허리를 굽히실 리가 없다는 주장을 내세우며 예언자의 말을 반대한다. 그러나 우리가 잡을 수 없는 것은 남들도 잡을 수 없다고 한다면, 이는 바보들의 원리다. 평범한 사람이 척도일 수는 없다. 우리가 탐구하고 있는 것은 인간이 이룬 성취에 대해서가 아니다. 그것은 하느님의 능력이 발동된 어떤 행위다. 하느님이 우리의 기준에 맞추셔야 한다는 말은 있을 수 없다. 그 가장 중대한 문제를 우리의 통속성에 젖은 이론으로 판결할 수는 없는 일이다. 하느님과 인간 사이에는 학자들이 상상조차 하지 못한 많은 일들이 있다. 심리학으로 수학 법칙을 평가할 수 있는가? 역사가, 논리의 예견대로 진행되고 있는가?

세계 속의 성경의 자리

영(靈)의 세계에서 성경이 차지하고 있는 자리는 어디인가? 성경을 무엇에다 비길 것인가?

세련됨은 속임수요 아름다움은 헛된 것이라고 선언하는 책을 심미적으로 뛰어난 걸작이라고 찬양할 것인가? 어떤 사람들은 성경을 "문학"으로서 높이 평가한다.[1] 마치 성경과 문학을 나란히 놓는 것이 무슨 큰 찬양이기나 한 듯이. 또는 "문학"이 영적 실재의 절정이기나 한 듯이.

모세나 이사야는 그와 같은 찬사에 대하여 무엇이라고 말할까? 아마도 그것은, 아인쉬타인이 그의 상대성 이론에 대하여 필체가 아름답다는 칭찬을 들었을 경우에 했음직한 말과 같을 것이다. 어린아이가 아니라면 누가 바다의 본질이 그 아름다움에 있고 별들의 의미가 그 매력에 있다고 주장하겠는가?

9세기 이후로 마호멧 교도들은 이슬람이 신에게서 나온 것임을 보여주는 증거로서, "코란의 아름다움" 또는 "코란 문체의 탁월함"을 들었다.[2] 그 주장의 장점을 마호멧 교도가 아닌 사람들은 결코 이해하지를 못했다. 어쨌든 성경의 아름다운 문체나 형식이 계시라는 도그마를 해명하는 데 결코 이용되지 않았다는 사실은 매우 의미 있다. 유대교도와 그리스도교 신자들이 최근까지도, 어떻게 성경의 탁월한 형식을 눈여겨보는 일에 실패하였을까? 성경보다 더 훌륭하게 사상을 담은 그릇이 없고, 그 어떤 천재의 작품도 성경만큼 심오하고 흠이 없으며 간혹 감당 못할 정도로 아름답지 못하다는 사실을 어째서 살피지 못했을까?

우리 모두 아름다움을 필요로 하고 고상한 표현을 갈망한다. 이 세계의 곳곳에서 우리는 여러 모양의 아름다움과 고상한 표현을 찾아볼 수 있다. 그러나 인간의 혼에게 필요한 것이 아름다움과 고상한 표현뿐인가? 인간의 혼은 성화(聖化)를 필요로 한다. 이를 이루기 위해 우리는 성경으로 돌아서야 한다. 이 세상에는 숱하게 많은 문학이 있다. 그러나 성경은 하나뿐이다.

성경은 삶을 어떻게 성화시킬 것인가라는 물음에 대한 답이다. 만일 우리가, 우리는 구태여 성화될 필요를 느끼치 못한다고 말한다면, 그 말 자체가 이미 성경이 없으면 안 된다는 사실을 입증하는 것이다. 왜냐하면 성경은 우리에게, 어떻게 성화될 필요성을 느낄 것인지를 가르쳐 주는 책이기 때문이다.

성경이 이룬 것들

예언자들이 인간의 상황을 위해 한 일은 무엇인가? 그들이 이룬 많은 것들 가운데 몇 가지만 돌이켜 보기로 하자.

성경은 인간에게 그가 자연으로부터 독립되어 있다는 사실, 그가 모든 조건들보다 한 층 위에 있다는 사실을 보여 준다. 그리고 단순한 행위 속에 내포되어 있는 엄청난 의미를 파악하라고 부추기고 있다. 그러므로 우리가 어느만큼 성경을 바르게 이해하고 있는가는 우리가 인간 행위의 성스런 존엄성(the divine dignity)을 얼마나 민감하게 느끼고 있느냐에 따라 결정된다. 인생이 품고 있는 신성한 뜻(the divine implication)을 꿰뚫어 보는 것이 성경의 뚜렷한 메시지다.

성경은 인간이 자기 혼자 외톨이라는 환상을 깨버렸다. 시나이는 우리의 피를 절망으로 탁하게 만들던 우주의 침묵을 깨뜨렸다. 하느님은 우리의 아우성에 귀를 막지 않으신다. 그분은 하나의 틀(pattern)이실 뿐 아니라 힘이시요, 삶이란 독백이 아니라 응답이다.

성경은 인간과 함께 가는 하느님의 길과, 하느님과 함께 가는 인간의 길을 보여 준다. 성경에는 사악한 자에 대한 하느님의 불평과, 하느님의 정의를 요구하는 억울한 자의 비명이 함께 담겨 있다.

그리고 그 갈피마다에 인간의 믿을 수 없을 정도의 오만함과 고집스러움이 배어 있고, 모든 악의 너머에 하느님의 동정(同情)이 있다는 확신과 함께 스스로 파멸을 부르는 인간의 엄청난 능력이 기록되어 있다.

산다는 것이 무엇인가? 이 가장 절박한 질문의 답을 찾고자 하는 자는 성경에서 그것을 찾을 것이다. 인간의 운명이란 주인이 되는 것이 아니라 파트너(partner)가 되는 것이라는! 인생에는 사명이 있고 법이 있고 길이 있다. 그 사명은 구원이고, 그 법은 정의를 행하는 것, 자비로운 사랑을 베푸는 것이며, 그 길은 인간다우면서 거룩한 존재가 되는 비결이다. 우리가 절망에 사로잡힐 때, 학문의 지혜와 예술의 찬란함이 우리를 끝내 불안과 허무로부터 구원해 주지 못할 때, 성경은 우리에게 유일한 희망을 준다. 역사는 메시아가 걸어오는 우회로(迂廻路)라고.

단호하고도 부드러운 말씀

세상에는 성경의 말씀보다 더 많이 알고 더 많이 밝혀내며 더 많이 필수 불가결한 말씀이 없다. 성경 말씀만큼 단호하고도 부드럽고 마음을 찢으면서 치유하는 말씀이 없다. 그토록 보편적인 진리: 하느님은 한 분이시다. 그토록 위로가 되는 진리: 그분은 환난 중에 우리와 함께 계신다. 그토록 압도하는 책임: 그분의 이름은 거룩히 여김을 받아야 한다. 시간의 지도: 창조에서 구원까지. 길을 따라 서 있는 이정표: 안식일. 바쳐야 할 것: 마음의 통회. 하나의 유토피아: 모든 백성이 예언자가 되리라는 꿈. 꿰뚫어 봄: 인간은 그의 성실함으로써 산다. 그의 집은 시간 속에 있고 그의 실체는 행위 속에 있다. 그토록 담대한 기준: 네가 거룩하게 되리라. 그토록 과감한 명령: 네 이웃을 네 몸처럼 사랑하라. 그토록 장엄한 사실: 인간의 정념(情念)과 하느님의 정념이 하나가 될 수 있다. 그리고 그토록 황송한 선물: 회개할 수 있는 능력.

성경은 인류가 받은 최상의 은전(恩典)이다. 성경이 명령하는 바는 아득히 멀면서도 직접적이며, 인간을 긍휼히 여기는 이해심으로 충만하다. 다른 어떤 책도 그토록 인간의 생명을 사랑하며 공경하지는 못한다. 인간의 비참함과 희망에 대하여 그보다 더 고결하게 부르는 노래가 없고, 인간이 안내를 받아야 할 필요성과 최후의 구원에 대한 확신을 가질 필요성을 성경보다 더 예리하게 인식한 데가 없다. 성경에는 죄의식을 깨우치는 말씀과 버림받아 몰락한 자들을 끌어올리는 약속이 있다. 그리고 누구든지 자신의 가장 깊은 관심을 표현하고 기도하고자 하는 자는 그에 적절한 언어를 성경에서 찾을 것이다.

성경은 끝이 아니라 시작이다. 하나의 이야기가 아니라 선례(先例)다. 비록 어떤 특수한 역사의 상황 속에 갇혀 있지만 그렇다고 해서 영원하지 않은 것은 결코 아니다. 그 속에 있는 어떤 것도 은밀하거나 진부하지 않다. 그것은 영웅들에 대한 서사시가 아니라 모든 환경, 모든 시대에 살고 있는 만인의 이야기다. 그것이 다루는 주제는 세계다. 하나된 인류를 이루는 방법과 함께 그러한 통일을 이룩하도록 이끄는 안내가 포함되어 있는, 전체 역사다. 그것은 개인들과 마찬가지로 나라들에도 길을 보여준다. 그것은 계속하여 정의와 연민의 씨를 뿌린다. 세상을 향한 하느님의 부르짖음을 되울리고 인간의 오만 방자함이라는 갑옷을 찢어버린다.

유일무이한 성경

한 위대한 시인이 등장할 때, 그는 자기가 시인임을 입증하려고 하지 않는다. 그의 시가 스스로 말한다. 그래서 우리로 하여금 기성의 개념들을 버리고라도, 삶에 대한 고결하고 선명한 통찰을 찬양할 수 있게 한다. 우리는 미리 가지고 있던 선입견에 따라서 그의 작품을 시(詩)로 인정하지는 않는다. 천재는 스스로 입증된다.

성경의 유일무이한 독자성을 따로 증명할 필요는 없다. 성경이 모든 세대에 사람들의 혼을 사로잡는 것은 그것이 "하느님의 말씀"이라는 표제를 달고 있기 때문이거나 도그마라는 깔때기를 통해 인간의 마음 속에 부어지기 때문이 아니라, 인간의 혼을 불타오르게 만드는 빛을 그 속에 담고 있기 때문이다. 만일 그것이 그와 같은 명칭이나 명성을 달지 않고 우리에게 전달되었다면, 그 능력에 대한 우리의 놀람은 훨씬 더 강했을 것이다.

어째서 성경은 인간이 창조한 모든 것보다 뛰어난가? 어째서 성경과 비교할 만한 인간의 생산품은 없는가? 어째서 성경과 바꿔치기 할 것은 어디에도 없으며, 성경이 빚어낸 역사에 상대할 것이 없는가? 어째서 살아 있는 하느님을 찾으려는 자는 성경을 열어야만 하는가?

인간의 천재가 지어낸 참으로 위대한 책들 곁에 성경을 놓고, 그 책들이 어떻게 초라한 것들로 바뀌는지를 보라. 성경은 문학 형식, 미사여구 따위에 관심이 없다. 그런데도 갈피 갈피마다 장엄함이 배어 있다. 성경의 구절들은 저마다 너무나도 늠름하고 동시에 너무나도 단순하다. 그래서 누구든지 그 구절들과 겨루어 보려고 한 자는 고작 주석책이나 아니면 만화 같은 작품을 내놓을 따름이다. 그것은 우리가 어떻게 평가를 내릴는지조차 알 수 없는 작품이다. 학문의 다림줄로 그 깊이를 캘 수 없으며, 비판적 분석으로도 그 핵심을 파악할 수가 없다. 우리가 다른 책들은 판단하고 평가하고 비교할 수 있다. 그러나 성경에 대해서는 다만 격찬할 수 있을 뿐이다. 성경의 통찰은 우리의 기준을 넘어선다. 이보다 더 큰 것은 없다.

성경이야말로 이 세상에서 대치될 수 없는 유일한 책이요, 그것이 없다면 우리의 과거는 물론 미래도 무의미하고 어두우며 견뎌낼 수 없는 것이 될 그런 책이 아닌가? 아무것도 그 자리를 빼앗을 수 없고, 아무것도 그 역할을 물려받을 수 없다. 인간은 성경을 찬양하는 말조차 삼가 조심할 일이다.

어떻게 평가할 것인가

우리는 다른 책들은 평가할 수가 있다. 그러나 성경을 평가하고 해명하려 하다가는 우스꽝스럽게 되기가 십상이다.

상상력을 동원하여, 성경을 능가할 만한 책이 있을까 생각해 보라. 이내 어떤 정신력도 성경보다 앞서지는 못한다는 사실을 인정하게 될 것이다. 성경의 가치를 제대로 나타낼 수 있는 인간의 지성이 어디 있는가? 오히려 성경을 찬양하는 데 골몰하여, 인간의 지성이 성경을 평가하는 데는 어울리지 않는 것임을 발견하게 될 것이다. 성경은 한 책(a book)이 아니다. 그것은 이 지상에서의 정신의 한계다.

우리가 그 엄청난 위대함을 신중하게 생각할 때에 우리의 심장은 멎는다. 그것은 이 세상에서 영원(永遠)과 결부되어 있는 유일한 것이요, 이 세상에서 유일하게 영원한 것이다. 영원한 책(the eternal Book). 이

지구는 가장 중요한 행성(行星)이 아니며, 우리의 시대(eon) 또한 유일한 것이 아닐 수 있다. 그러나 이 세상에서, 이 영겁의 세월 속에서, 성경은 영(靈)을 담는 가장 영구적인 그릇이다.

이 납득될 수 없는 사실을 어떻게 납득할 것인가? 언제 어떻게 그것은 생겨났는가? 이 유례가 없는 기적이 우리에게 전달될 수 있도록 작용한 상황은 어떤 것들이었나? 만일 모세가 살아 있을 적에 하느님이 말씀하시지 않았다면, 모세가 듣는 동안 하느님이 말씀하시지 않았다면, 그렇다면 모세는 인간의 어떤 성질을 능가했던 사람이며, 성경의 기원은 신비가 아니라 옹근 어둠이 아닐 수 없다.

성경의 전능한 힘

하느님의 전능하신 힘은 언제나 지각되는 것이 아니다. 그러나 성경의 전능한 힘(the omnipotence)은 역사에 나타난 위대한 기적이다. 하느님과 마찬가지로 성경도, 깨끗하지 못한 마음에 의하여 일그러지고 잘못 이용되는 수가 간혹 있다. 그러나 아주 못된 공격에 대하여 그것을 물리치는 성경의 능력은 무한하다. 2천 년이 넘도록 계속된 논쟁과 교리의 동록(銅綠)에 묻혀서도 성경의 생명력과 진실성은 여전하다. 신학에도 불구하고 사라지지 않았으며 오용과 남용으로 붕괴되지도 않았다. 성경은 영(靈)의 끊임없는 운동이요, 의미의 대해(大海)로서 그 파도가 인간의 가파른 단점의 벼랑을 때리며, 그 메아리는 인간이 자신의 절망과 싸우는 막다른 골목에 부딪쳐 끊임없이 울린다.

성경에 대한 무감각보다 더 큰 인간의 우둔함이 있을 수 없다. "강에서는 제법 크게 보이는 배가 바다에 뜨면 일엽편주일 뿐이다." 성경의 위대함은 보편사(universal history)라는 틀에서 연구할 때 더 분명해진다. 그리고 그 위엄은 독자의 친숙함에 따라서 커진다.

그 무엇에도 설파 당하지 않고 깨어지지도 않고 세월과 함께 낡아지지도 않으면서 성경은, 마치 이 땅 위의 모든 영혼에게 속한 것인 양, 모든 인간에게 모든 시대를 통하여 쉽게 자신을 내어 주고 있다. 그것은 모든 언어로, 모든 시대에 말한다. 온갖 예술에 공헌을 하면서도 그것들과 겨루지 않는다. 우리가 별의별 것을 다 그 위에 쏟아 붓건만, 그것은 여전히 순수하고 닳아 없어지지도 않으며 여전히 완전하다. 3천 년의 세월이 흐르는 동안 성경은 하루도 나이먹지 않았다. 그것은 죽지 못하는 책이다. 망각은 성경을 피해 도망간다. 그 힘은 결코 사그라지지 않는다. 실제로 성경은 여전히 그 경력의 출발점에 있으며, 성경이 지니고 있는 충만한 의미는 우리의 생각의 문턱을 채 들어서지도 않은 상태다. 밑바닥에 헤아릴 수 없는 진주가 발견되기를 기다리며 깔려 있는 대양처럼, 그 정신은 여전히 파악되지 않고 있다. 비록 그 언어는 평범하고 그 어법은 투명하지 못하다 해도, 발각되지 않은 의미와 상상조차 하지 못하던 암시들이 끊임없이 솟구친다. 2천 년의 세월이 흐르는 동안 읽고 조사했지만, 인류는 그 완전한 의미를 밝히는 일에 아직 성공하지 못하고 있다. 오늘에도 여전히 성경은 우리에게 낯설고 여전히 파악되지 않았다. 마치 우리가 아직 읽기를 시작조차 못한 듯이.

성경의 정신은 너무나도 커서 어느 한 세대가 그것을 감당할 수는 없다. 그 언어는 우리가 받아들일 수 있는 것보다 더 많은 것을 드러낸다. 우리가 할 수 있는 일이라고는 그 가운데 몇 줄을 읽어 그 구절의 뜻에 우리의 영이 스스로 맞아들어 가게 하는 것이다.

하느님에게 소중함

모든 인생은 한낱 풀포기
그 영화는 들에 핀 꽃과 같다…

풀은 시들고 꽃은 지지만
우리 하느님의 말씀은 영원히 서 있으리라(이사야 40:6-8).

이런 표현은 전무후무한 것이었다. 누가 이 주장이 잘못되었다고 말할 수 있을 것인가? 이스라엘 백성에게 주어진 그 말씀이 세상의 구석구석에 스며들어 수천의 언어로 번역되어 하느님의 메시지로서 받아들여지지 않았는가? 어째서 모든 세대가 그 세대에 생겨난 정신을 새롭게 환영하는 데 비하여, 제 씨앗에서 싹트지 않은 대부분의 종교들은 죽어 갔는가? 실제로 헤아릴 수 없이 많은 종교, 국가, 제국들이 풀처럼 시들었고, 수백만 권의 장서들이 무덤 속으로 들어갔다. "그러나 우리 하느님의 말씀은 영원히 서 있으리라." 사제들, 철학자들, 과학자들, 이 모두가 실패하는 큰 위기의 순간에 예언자 홀로 승리한다.

성경의 지혜, 가르침, 권고 등은 인류가 도달한 궁극적 학식과 결코 상치되지 않는다. 오히려 우리의 태도를 훨씬 앞지른다. 예컨대 인간의 평등이라는 관념은 우리의 입술에서는 이미 상식이 되었지만, 과연 그것을 우리는 거역할 수 없고 근절할 수 없는 확신으로 정직하게 받아들이고 있는가? 성경은 시대에 뒤진 책이 아니라 우리의 희망을 오히려 앞지른다.

한 가지 상상해 보자. 역사의 소용돌이에서 성경이 유실(流失)될 수 있었다. 아브라함, 모세, 이사야가 희미한 추억 속에 남게 되었다. 이렇게 성경이 보존되지 않았다면, 이 세상은 어찌 되었고 인간의 상황과 신앙은 어떻게 되었을까?

성경은 서양 세계에서 인간이 이룬 가장 훌륭한 투쟁의 원천이다. 그것은 우리가 파악할 수 있는 것보다 더 많이 거룩함과 자애로움을 인류로부터 끄집어냈다. 고귀하고 정의로운 것의 대부분이 성경에서 나왔다. 숱한 개인과 민족의 삶 속에 헤아릴 수 없이 많은 값진 것들을 만들어 내었다.

어느 계층이나 민족의 다양한 이해관계 따위는 접어 두고, 최고의 예언자인 모세나 최고의 왕인 다윗 등 특출한 인물에 대한 언급도 접어 두고, 유다 왕국이나 예루살렘 성전 등 어떤 제도에 대한 거짓된 존경에도 빠지지 않고 볼 때에, 성경은 인간에게만 아니라 하느님에게도 매우 값진 것이라고 말할 수가 있다. 성경의 목적은 역사를 기록하는 것이 아니라, 구체적인 삶의 현장에서 신(神)과 인간 사이에 이루어지는 만남을 기록하는 것이다. 그것이 우리에게 주는 지혜 또는 아름다움도 좋지만, 그에 비할 수 없을 만큼 중요한 것은 인간으로 하여금 하느님이 무엇을 의미하시는지를 이해하게 하고, 정의를 통하여, 영혼의 순박함과 선택을 통하여 성스러움을 얻게 하는 그 방법이다. 무엇보다도 성경은 끊임없이 인간에게 정의를 실천하지 않으면서 하느님을 예배하는 것이 구역질나는 짓임을 선포한다. 인간의 문제가 하느님인 한편 인간이 하느님의 문제기도 하다는 사실을 선언한다.

말로 나타난 성스러움

성경은 말로 나타난 성스러움(holiness in words)이다. 이 시대의 사람에게는 언어만큼 익숙하면서도 진부한 것이 없다. 그 무엇보다도 언어가 가장 값싸고 가장 잘 남용되며 가장 덜 존중된다. 언어는 끊임없이 저속해지고 있다. 우리 모두가 언어 속에서 살고 언어 속에서 느끼며 생각하지만, 그러나 언어의 독립된 존엄성을 제대로 알아주지 못하며 그 힘과 무게를 존중할 줄 모른다. 언어는 바야흐로 좀처럼 알아듣지 못할 표류자가 되었고 입안에 가득한 먼지가 되었다.[3] 성서의 언어는 바위로 만든 거처와도 같아서 우리가 그 앞에 서면 문(門)을 어떻게 찾아야 할는지 알 수가 없다.

어떤 사람들은 의아하게 여길 것이다. 어째서 하느님의 빛이 언어라는 형태로 인간에게 주어졌는가? 도대체 자음과 모음이라는 부서지기 쉬운 그릇에 신성이 담겨져 있음을 어떻게 납득할 것인가? 이 질문은, 영(靈, the spirit)의 광파(光波)를 전달하는 에테르(ether)를 소홀하게 다루는 우리 시대의 죄를 드러내고 있다. 성경 이외에 이 세상에 있는 그 무엇이 시간과 공간의 간격을 넘어 인간과 인간을 함께 모을 수 있는가? 지상의 모든 것들 가운데, 언어만은 결코 소멸되지 않는다. 언어는 지극히 적은 질료(質料, matter)와 대단히 많은 의미를 지니고 있다.

성경은 신성(神性)이 아니라 인성(人性)을 다룬다. 인간에게 인간사를 전달하는 데 인간의 언어말고 누구의 언어를 사용할 것인가? 그럼에도 불구하고 마치 하느님이 이 성경의 히브리어에 당신의 힘을 불어넣으시어 그 언어가 그분의 영으로 충전되어 있는 전기 줄이 된 것과 같다. 오늘 바로 이 순간에도 그것들은 하늘과 땅 사이를 잇는다.

신성을 전달하는 데 다른 어떤 매체를 이용할 수 있었겠는가? 달의 표면에 얼룩져 나타난 그림인가? 거대한 바위들로 조형된 무슨 상(像)인가? 인간의 언어가 경전을 이룬 데는 아무 잘못된 점이 없다.

만일 성경이 그 위엄과 크기가 현존하는 신전들과 동일한 성전이었다면, 그 신성한 언어는 대부분 사람에게 더욱 부인 못할 위엄으로 나타날 수 있으리라. 그러나 그랬다면 사람들은 그분의 뜻보다 그분의 이루신 일을 숭배했을 것이고… 이것이야말로 성경이 그토록 막고자 했던 일이다.

이 세상이 없다면 하느님을 이해할 수 없듯이, 성경이 없다면 그분의 관심을 이해할 수가 없다.

하느님이 살아 계신다면 성경은 그분의 음성이다. 다른 그 어느 것도 그분의 뜻을 나타내는 것으로서 여김 받을 만한 가치가 없다. 성경만큼 틀림없이 그분의 뜻과 영적 안내를 반영하는 거울이 세상에는 없다. 자연 안에서의 하느님의 내재하심에 대한 믿음이 있을 수 있는 것이라면, 성경 안에 하느님의 내재하심에 대한 믿음은 없을 수가 없는 것이다.

증거로서의 이스라엘

유다이즘은 예언자들의 종교가 아니라 민중의 종교다. 예언자들은 다른 민족들 가운데서도 발견되었다. 특이한 점은 모든 이스라엘인의 삶 속에 성스러움이 들어왔다는 사실과, 예언이 그들 개인의 사적인 경험으로 남지 않고 구체적인 역사(歷史)로 옮겨졌다는 사실이다. 성경의 계시는 예언자들의 이익이 아니라 이스라엘과 모든 인간을 위해 발생한 것이다.

거의 모든 원시종교나 문화에서는 구체적인 존재물, 사물, 장소 또는 행위가 거룩한 것으로 여겨졌다. 그러나 한 민족 전체가 거룩하다는 생각, 거룩한 백성으로서의 이스라엘이라는 생각은 인류 역사에서 비슷한 예를 찾을 수가 없다. 성(聖)이란 단어는 종교에서 가장 값진 단어다. 그래서 어떤 존재 속에 초자연적인 질(質)이 부인 못하게끔 표출되어 있다고 믿을 때 그것을 서술하는 단어로 사용된다. 따라서 "거룩한 백성"이란 말이 사용될 수 있으려면 모든 이스라엘의 삶 속에서 특수하고도 초자연적인 사건이 발생했어야만 한다.

만일 이스라엘이 계시를 받지 않았다면, 이 수수께끼는 더욱 오리무중일 것이다. 어떻게, 모든 민족들 가운데도 미천하고 정치적으로 별 것 아닌 한 민족이 서양 세계 모든 인간의 혼에 대고 말할 수 있는 힘을 획득했던 것일까?

이스라엘의 기적, 유대인이 실존한다는 사실의 놀라움, 이스라엘 역사 속에 성스러움이 살아남았다는 사실은 한결같이 성경의 놀라움을 입증해 주고 있다. 이스라엘에게 드러난 계시는 이스라엘을 통해 나타난 계시다.

프레데릭 대제가, "교수, 나에게 성경을 입증해 보시오. 그러나 시간이 없으니까 간단히 부탁하오"라고 했을 때 그리스도교 신자인 겔러트(Fürchtegott Gellert)는 이렇게 대답했다. "폐하, 유대인을 보십시오."[4]

이스라엘의 확신을 나눠 가지는 법

성경을 대하는 우리의 태도는 동떨어진 한 개인의 신앙 문제가 아니다. 우리가 최후의 결단을 내려야 하는 것은 이스라엘 공동체의 한 일원으로서 해야만 한다. 이스라엘 공동체와 그 계속되는 응답에서 분리된다면, 누가 그 음성을 이해할 수 있겠는가? 우리는 예언자들과 가까운 것만큼 그들의 책망을 받은 사람들, 예언의 말이 전달된 시대 상황과도 가까운 처지다. 유대인인 우리는 예언자들과 정신상으로 동시대인이다.

우리를 성경으로부터 절단시키는 것은 도그마에 대한 거절이 아니라, 우리를 예언자들의 음성을 듣던 사람들에게 결속시키고 있는 끈을 풀어버리는 행위다.

따라서 우리가 안고 있는 문제는 어떻게, 하느님이 우리에게 들려주고자 하신 내용이 성경 속에 담겨져 있다는 이스라엘의 확신을 나누어 가질 것이냐다. 어떻게, 하느님이 성경의 말씀 속에 계시다는 집단적 감각을 우리도 획득할 것인가? 이 문제 속에 우리 운명의 딜레마가 들어 있다. 그리고 그 대답 속에 새벽 또는 황혼이 들어 있다.

입증되기 때문은 아님

성경이 신성한 존엄성을 지니는 까닭을 마음으로 납득할 수 있기 전에는 성경을 읽지 않겠다고 하는 사람은, 그림의 한 구석에 서명된 그 화가의 이름을 판독할 수 있기 전에는 그림을 보지 않겠다고 하는 사람과 같다. 그는 작품이 서명을 확인해 준다는 사실을 모르고 있다. 서명은 날조될 수도 있지만 예술 작품은 창조되는 것이다. 우리는 이유들 역시 다른 이유를 필요로 한다는 사실을, 그 어떤 증명도 궁극적이거나 스스로 충족시키는 것이 아님을 쉽사리 잊는다.

성경이 성경을 증거한다. 성경의 기원이 독특함은 그것이 자기증명을 한다는 사실로써 입증된다. 세월이 흐르는 동안 성경은 스스로 하느님의 음성임을 확인해 왔다. 이 세상에 진정 신(神)에게 소속된 것임을 자부할 만한 것이 있다면 그것은 바로 성경이다. 하느님에 관하여 쓴 책들(books about God)은 많이 있다. 성경은 하느님의 책(the book of God)이다. 인간을 향한 하느님의 사랑을 열어 보임으로써 성경은 우리의 눈을 열어 인류에게 의미 있는 것과 하느님께 신성한 것의 하나됨(unity)을 보게 한다. 성경은 한 개인의 삶뿐만 아니라 한 민족을 거룩하게 하는 방법을 보여줌으로써 그 하나됨을 보게 한다. 성경은 절망하는 정직한 혼에게 새로운 약속을 던져 주며, 반면에 성경을 버리는 자는 재난을 초래한다.

우리가 하느님의 말씀을 받아들이는 이유는 거기에 제1, 제2, 제3…의 증거가 있기 때문이 아니다. 우리가 그것을 받아들이는 이유는, 성경에 접근할 때 우리의 훌륭한 관념들이 오히려 창백해지고, 예언자들의 음성 앞에서 우리의 논란할 여지가 없는 증명조차 천박해지고 말기 때문이다. 우리가 성경을 읽는 것은 무슨 이유가 있어서가 아니다. 오히려 모든 이유를 확고한 이유가 되게 하는 실존의 의미를 발견하기 위해 성경에 눈을 돌린다.

그러나 우리의 통찰은 잘못될 수도 있다. 우리 모두가 속아 넘어 갈 수도 있지 않은가? 실제로, 모든 것은 상상해 볼 수가 있다. 그러나 그런 경우에 우리는 그런 가능성이 무엇을 의미하고 있는지를 잊어서는 안 된다.

성경의 신적인 기원을 부인하는 것은 유대교, 그리스도교, 회교의 오랜 정신적 노력과 성취를, 거대한 거짓말의 열매요 2천 년이 넘는 세월이 흐르는 동안 뛰어난 인간들을 사로잡은 속임수의 결과라고 말하는 것과 같다. 그러나 이와 같은 주장은 그런 주장을 할 수 있는 우리의 능력 자체를 멸절시키는 것과 같은 막대한 충격을 우리에게 준다. 만일 인간의 탁월한 혼이 그토록 덧없는 것이라면, 어떻게 우리는 예언자들이 자신들을 속인 것임을 우리가 알아냈노라고 주장할 수 있단 말인가? 우리에게 남은 일이 절망하는 것 이외에 무엇이 있겠는가? 성경은 거짓말이 아니면 하느님의 행위에 기원을 둔 것이다. 만일 성경이 속임수라면, 악마가 전능자(全能者)요, 진리를 얻으리라는 희망도 있을 수 없으며, 영(靈)에 대한 신뢰도 있을 수 없다. 우리의 생각하는 일이 소용없으며 우리의 노력이 모두 헛된 짓이 된다. 마침내, 우리가 성경을 성경으로 받아들이는 것은 거기에 무슨 합리적 이유가 있기 때문이 아니라, 만일 성경이 거짓말이라면 모든 이유가 가짜가 되고 말기 때문이다.

26

예언자들과 더불어 하는 신앙

예언자들과 더불어 하는 신앙

예언자들을 믿는 신앙이, 우리가 성경에 관하여 생각하는 데 유일한 기초가 되는 것은 아니다. 만일 우리가 가지고 있는 것이 그들의 경험에 대한 그들의 기록뿐이라면 그럴 수도 있으리라. 우리는 그들이 남긴 기록뿐만 아니라 그 경험에서 생겨난 것에 의하여도 도전을 받고 있다. 성경 자체는 모든 사람이 성경에 열중하도록 주어진 것이다. 실제로 성경이 가리키는 길은 예언자들의 신앙에 대하여 신앙할 수 있는 능력으로부터, 말씀하시는 하느님의 권능에 대한 예언자들의 신앙을 나눠 가질 수 있는 능력으로 가는 길이다.

논리로 말한다면, 우리는 예언자들에 대한 신앙(faith in the prophets)으로서 시작한 것이 예언자들과 더불어 하는 신앙(faith with the prophets)으로 옮겨 성숙하는 것이다. 성경은 우리로 하여금 그들이 들었던 바를, 비록 그들이 들었던 방법으로는 아니라 해도, 들을 수 있게 해준다.

예언자의 혼은 하느님을 비치는 거울(mirror to God)이다. 예언자의 신앙을 나눠 가진다는 것은, 보통 감각으로는 지각할 수 없는 어떤 것을 지각하는 것 이상을 뜻한다. 그것은 보통 사람이 되지 못하는 존재가 되는 것을 뜻하며, 하느님을 비치는 거울이 되는 것을 뜻한다. 예언자

의 신앙을 나누어 가지는 것은 그의 실존의 차원을 향하여 올라가는 것을 뜻한다.[1]

인간의 귀로는 하느님의 음성을 알아들을 수가 없다. 상징적이게도, 시나이에서 사람들이 하느님의 음성을 들었다고 기록되어 있지 않고, 오히려 그 음성을 보았다고 기록되어 있다(출애굽기 20:18).

바알 셈(Baal Shem)이 들려준 비유 한 토막이다. 어떤 악사가 대단히 아름다운 곡을 연주하고 있었다. 그러자 사람들은 그의 음악에 포로가 되어 황홀하게 춤을 추게 되었다. 그때에 귀머거리가 지나가다가 춤추는 사람들을 보고는 모두 미쳐 버렸다고 단정했다. 만일 그가 슬기로운 자였다면, 그 모든 사람들의 기뻐함을 보고 거기 휩쓸려 함께 춤을 출 수 있었으련만.[2]

우리는 그 음성을 듣지 못한다. 우리는 성경에서 그 음성을 볼 따름이다. 우리가 귀머거리라고는 하지만 그 말씀의 환희를 볼 수는 있다.

기원(起源)과 현존(現存)

성경 너머에(beyond) 무엇이 있는지를 알고자 하는 자는 먼저 성경 안에(within) 있는 것에 대해 예민해지는 법부터 배워야 한다. 우리는 모세와 예언자들을 그들의 말에만 의존하여 믿어서는 안 된다. 성경의 기원이 하느님한테 있는 것보다 하느님이 성경 안에 현존해 계신 것이 더욱 결정적인 사실이다. 우리를 성경의 기원에 대한 믿음으로 이끄는 것은 바로 그분의 현존에 대한 감각이다.

성경 말씀 속에 하느님이 현존해 계심을 지각하는 길은, 성경의 관념들이 우리의 이성이 성취한 내용, 또는 인간의 일반 상식과 일치하느냐 여부를 탐구하는 것으로써 이루어지는 게 아니다. 그와 같은 일치는 이루어 질 수야 있겠지만, 성경이 일반 상식의 산물이라거나 아니면 성경의 정신이라는 것이 우리의 이성이 납득할 수 있는 범위를 넘지 못한다는 사실을 입증하는 것으로 그치고 말 것이다. 우리가 물어야만 하는 질문은 과연 성경 안에 인간 이성과 일반 상식의 범위를 넘어서는 어떤 것이 있느냐, 과연 성경의 가르침이 표현 불가능한 것에 대한 우리의 감각이나 하나됨이라는 관념에 부합되는지, 그래서 우리로 하여금 이성을 부인하지 않으면서 이성을 넘어갈 수 있도록 돕고 자신을 잃지 않으면서 자신을 뛰어 넘을 수 있도록 도와주는지의 여부다. 모든 표현이 끝나고 마는 근본적인 놀람의 최고 경지에서 성경은 우리에게 말씀을 준다. 이것이 성경의 다른 점이다. 계시는 표현 불가능한 것의 차원에서 판단되어야만 하는 문제다.

우리는 성경의 내용이 우리의 영(靈)이 명료한 상태에 있는 순간에 말을 하는지, 곧 우리의 무지(無知)에 비추어 우리의 지식이 흐릿해지는 때, 우리의 삶이 우리보다 더 큰 어떤 것의 분출로, 우리의 것이 아닌 영의 분출로 느껴지는 그런 순간에 말을 하는지 여부를 물어 보아야 한다. 만일 성경이 인간의 일상적인 이해에 호소력을 지닌다면, 그렇다면 성경은 날마다, 시나이 시대와 마찬가지로 헐리웃의 시대에도, 만들어 낼 수 있는 작품이라 하겠다. 우리는 과연 성경에 시간을 넘어서는 어떤 것이 있는지를 물어 보아야 한다.

계시는 억수로 쏟아지는 폭우다. 그러나 우리는 하늘이 쇠로 된 천정 같고 공중은 흙먼지로 가득 찬 메마르고 지쳐버린 땅에 살고 있다. 우리들 대부분은 두더지처럼 땅굴을 판다. 그리고 우리가 만나는 물길은 지하수의 흐름이다. 극히 소수가 아주 드물게 그들의 차원보다 높은 곳으로 올라간다. 그러나 바로 그 순간, 인간 실존의 본질이 그가 하늘과 땅 사이에 매달려 있는 존재라는 사실에 있다는 점을 발견하는 그 순간에 우리는 비로소 예언자들의 주장의 본질을 이해하기 시작한다.

우리가 하늘과 땅 사이에 매달려 있다는 감각은, 지구를 움직일 수 있는 아르키메데스의 점(点)과 같이, 우리가 하느님에 의하여 움직여지는데 반드시 필요한 것이다. 하느님의 실재하심을 이해하는데 철저한 놀람이 하는 역할은, 수학적 관념을 이해하는데 명료성이 하는 역할과 같다. 예언자들에 관하여(about) 생각하는 것만으로는 충분하지 못하다. 우리는 예언자들을 **통하여**(through) 생각해야 한다. 우리는 성경이 담고 있는 지혜를 깨우치기 위해 읽는 것만으로는 충분하지 못하다. 그 주장을 이해하기 위해 성경을 간구해야 한다(pray the Bible).

우리와 예언자들의 세계 사이의 연결을 파괴하는 숱한 일들이 일어났다. 오늘에는 성경에 이르는 길이 진부한 상투어와 편견의 더미로 어지럽혀져 있고, 인간의 정신은 그 말씀에 이르기 전에 천박한 지식으로 오히려 눈이 멀어 있다. 예언자들을 이해하기 위해 반드시 먼저 갖추어져 있어야 할 것은 그들이 뜻했던 것에 대한 훈련된 예민성이다. "태워 버리는 불"보다 하느님이 더 절실하지 못한 자들, 놀랄 줄은 모르면서 이미 대답을 알고 있는 자들에게는 성경으로 가는 길이 여전히 닫혀 있다. 성경에 이르는 길을 찾는 사람들은 마땅히 많은 생각을 떨쳐버리고, 거짓 지혜에 의하여 조직적으로 근절되었던 타고난 놀라는 감각을 회복해야만 한다.

만일 하느님께서 몸소 우리에게 간청하시지 않으셨다면, 추상의 이유들로는 우리를 설득할 수 없었으리라. 그분은 당신의 말씀에 대한 우리의 태도에 지대한 관심을 기울이신다. 그리고 우리가 믿는 그분의 뜻은, 우리의 믿으려는 의지로 쉽게 얻어 낼 수 없는 방법에 따라 일을 할 것이다. 그리고 우리에게는 예언자들이 직접적으로 받았던 것을 간접적으로 받는 길이 있다.

신성을 알아보는 일은 모든 인간에게 부여된 선물이 아니다. 그분의 빛이 우리 위에 비추지만 우리는 그 빛을 보지 못할 수가 있다. 놀라지 못하는 사람은 장엄함 앞에 여전히 귀머거리다. 우리는 성경에 응답하지 않고서는 성경 속에서 하느님의 현존을 느낄 수가 없다. 그 말씀으로 살아 갈 때에, 그 정념(情念)에 동감할 때에, 비로소 우리는 그 음성을 듣게 될 것이다. 성경의 말씀은 영혼의 가장 훌륭한 현(弦)만이 표현해 낼 수 있는 신성한 교향악의 음부(音符)와도 같다. 성경에서 하느님의 현존을 지각해 내는 것은 거룩함에 대한 감각이다.

우리는 혼자서는 결코 성경에 가까이 갈 수가 없다. 성경이 자신을 여는 것은 하느님과 함께 있는 인간(man with God)에게다.

영혼의 개척지

탐욕에 눈 먼 자에게 우주 속의 신이 보이지 않듯이, 성경의 신적인 특질은 어리석고 얼빠진 정신에는 나타나 보이지 않는다. 우리가, 지적 허영심에 따라 움직이고, 그 본문보다 자신이 우월한 위치에 있음을 과시해 보려는 공허한 정신으로 성경을 대할 때, 또는 예언자들의 말을 관광하는 자의 메마른 넋으로 성경을 읽을 때, 우리는 조개껍질만 발견하고 그 속살은 놓치고 말 것이다. 거룩함을 느끼는 것보다는 아름다움을 즐기는 일이 더 쉽다. 말씀 속에 있는 영과 만날 수 있기 위해 우리는 하느님의 정념에 저절로 이끌리기를 갈망하는 법을 배워야 한다.

성경 안에 계신 하느님의 현존을 느끼기 위해 우리는 성경 안에 계신 하느님께 현신(現身)하는 법을 배워야 한다. 현존은 개념이 아니라 상황이다. 사랑을 이해하는 데는 사랑 이야기를 읽는 것만으로는 충분하지 못하다. 예언자들을 이해하려면 예언자들 속에 들어가야 한다. 영감(靈感)을 이해하려면 스스로 영감을 받아야 한다. 생각하지 않고서 생각을 시험할 수 없듯이, 스스로 거룩해지지 않고서는 거룩함을 느낄 수가 없다. 스스로 예속되지 아니하고 떨어져서 심판만 하려는 자, 자기가 품고 있는 가치 너머로 건너갈 능력이 없는 자, 이야기는 알지만 정념을 느끼지는 못하는 자, 하느님이라는 관념은 알지만 그분의 실재하심을 감각하지 못하는 자, 이런 사람들에게 그분의 현존이 드러나지 않는다.

성경은, 발견하고 개발하기 위해, 그리로 이사가고 거기서 살아야 하는, 영혼의 개척지다. 자신을 내어 주는 자에게, 더불어 친밀하게 살아가는 자에게 문을 열어 주는 개척지다.

우리는 하느님의 현존에 응답함으로써 비로소 그 현존을 느낄 수 있다. 우리는 듣기 전에 먼저 응답하는 법을 배워야 하고, 알기 전에 먼저 완수하는 법을 배워야 한다. 우리로 하여금 성경을 알게 하는 것은 성경이다. 성경 안에 있는 것을 발견하는 것은 성경을 통해서다. 우리가 그 말씀과 마주치지 않는 한, 예언자들과 대화를 계속하지 않는 한, 우리가 응답하지 않는 한, 성경은 경전(經典)이 아니다.

우리는 한 원(圓) 안에서 움직이고 있다. 우리는 성경의 말씀 속에 계신 하느님의 현존을 확실히 알게 될 때, 비로소 성경을 성경으로 받아들이게 되리라. 그런데, 그분의 현존을 확인하려면, 먼저 그분이 누구신지를 알아야만 한다. 그리고 그런 앎은 오직 성경으로부터만 얻을 수가 있다. 자신의 관점이나 외부와의 관계 또는 스스로 바라는 바에 따라 상대적으로 제한된 인간으로서, 모든 시대의 모든 인간에게 "이분이 하느님이시다. 그밖에는 아니다"고 자신 있게 말할 수 있는 사람은 없다. 그런즉 우리는 성경을 알기 위해 성경을 받아들여야 한다. 성경의 독특한 특질을 알기 위해 성경의 독특한 권위를 받아들여야 한다. 이것이 바로 신앙의 역설이요 실존의 역설이다.

우리가 일상생활에서 경험하는 바로는, 언어는 의미를 전달하는 수단으로 사용된다. 성경에서는 말하는 것이 행위하는 것이다. 그리고 언어는 표현의 수단 이상(以上)이다. 그것은 하느님의 힘과 창조의 신비를 담은 그릇이다. 예언자의 말은 창조하고 모양 짓고 바꾸고 세우고 무너뜨린다(예레미야 10장).

보통 사람이 말할 때에 그는 어떤 특정한 의미를 전달하고자 한다. 예언자가 말할 때에 그는 모든 의미의 근원을 드러낸다. 성경의 언어는 영의 근원이다. 그것들은 혼에 불을 지르고, 우리의 잃어버린 존엄을 우리의 숨겨진 근본에서 되살려 낸다. 마음이 밝아지매 우리는 갑자기 기억한다. 갑자기, 시간 속에서 영원을 감지하려는 끝없는 갈망의 힘을 회복한다.

"기도하는 자는 하느님께 말씀을 드린다. 그러나 성경을 읽는 자는, '당신의 법도는 나에게 속삭이는 말씀이십니다'(시편 119:99)고 말했듯이 하느님이 그에게 말씀을 하신다."[3]

하나의 서적이 아니다

시간의 어떤 특별한 순간에 발생하는 사건들이 있듯이, 모든 때 모든 사람에게 진술하는 말이 있다.

성경은 계속되는 관심의 표현이며, 인간을 향한 하느님의 부르짖음의 영원한 표현이다. 그것은 편지를 부치고는 수신자의 태도에 대하여 무관심한 발신자의 서신이 아니다. 그것은 읽게 되어 있는 서적이 아니라 참여해야 하는 드라마(drama)다. 사건에 대한 기록이 담긴 책이 아니라, 사건 자체며 사건의 계속이고, 우리가 거기에 참여하는 동안에는 응답의 계속이다. 응답이 계속되는 한, 그 사건은 계속된다. 우리가 성경을 책을 열듯이 열면 그것은 침묵한다. 하나의 영적(靈的) 힘으로 알고 열면 그것은 목소리가 된다.

"…날마다 사랑으로 사람을 부르는 음성… 토라는 잠깐 동안 덮개를 들치고 말[言語]를 내보낸다. 그러고는 이내 다시 숨는다. 그러나 이 일도 토라를 이해하고 순종하는 자에게만 베푼다. 토라는 마치 구중궁궐

깊은 곳에 숨어 있으면서 자기만 알고 아무도 모르는 연인이 있는 아름답고 정결한 처녀와 같다. 연인은 그녀를 사랑하는 마음에서 끊임없이 그녀의 문간을 지나치며 사방을 두리번거려 사랑하는 여인을 찾는다. 연인이 궁궐을 배회하고 있음을 그녀는 알고 있다. 어떻게 할 것인가? 그녀는 궁궐의 작은 문을 열어 잠깐 자기의 얼굴을 연인에게 보이고는 다시 급히 숨는다. 연인 이외에는 아무도 그녀의 얼굴을 보지 못한다. 그러나 그의 가슴과 혼과 그의 모든 것이 그녀에게로 쏠리고 그러는 동안 그는 마침내 그녀가 자기를 사랑하기 때문에 잠깐 동안 얼굴을 드러내 보여 준 것임을 알게 된다. 토라도 마찬가지다. 토라는 자기를 사랑하는 자들에게만 감추어진 비밀을 보여준다. 그녀는 가슴에 슬기를 품은 자가 매일처럼 자기 집 문 앞을 서성거리는 것을 알고 있다. 그녀는 어떻게 하는가? 그에게 잠시 얼굴을 보여줌으로써 사랑을 표시하고는 이내 다시 숨는다. 연인밖에는 아무도 그녀의 메시지를 이해하지 못한다. 그리고 그의 마음과 넋과 모든 것이 그녀에게로 쏠린다. 이처럼 토라는 그를 사랑하는 자에게 그 사랑을 다시 신선하게 하고자 잠시 자신을 드러내 보이는 것이다."[4]

　말씀이 예언자들에게 주어진 것은 예언자들을 위해서가 아니었다. 예언자들이 하느님을 뵈었을 때에 우리 모두가 하느님을 뵌 것이다. 예언자들이 말씀을 들었을 때에 우리 모두가 말씀을 들은 것이다. 우리 모두에게 전해진 말씀을 우리가 알아듣는 데서 우리의 신앙이 생겨난다.

　이스라엘 백성이 모세를 신뢰하게 된 것은 그가 이룬 기적을 보았기 때문이 아니었다. 그런 일들은 에집트의 마술사들도 할 수 있었다. 그들이 모세를 믿을 수 있었던 것은 한 순간일지언정 어느 정도 모세와 동일한 하느님 체험을 할 수 있었던 때문이다. 그들에게 참인 것은 우리에게도 참이다. 우리가 성경에 몰입하는 것은, 예언자들이 특별히 믿을 만한 존재들임이 입증되었기 때문이 아니다. 예언자의 감각과 어느 정도 동일한 감각을 지닐 때에 우리는 비로소, 여기 하느님이 임재하신다고 말할 수가 있는 것이다.

"나를 쫓아내지 마시고"

모든 인간 실존의 은밀한 구석에 예언자의 씨알이 들어 있다. "나는 하늘과 땅을 증인으로 불러 세워, 유대인이든 이방인이든, 남자든 여자든, 남자 하인이든 하녀든, 모든 인간에게 그의 선한 행실의 분량대로 거룩하신 영이 그에게 머무르신다는 사실을 증언토록 하노라."[5] 거룩하신 영은 계약을 지키면서 살아가는 모든 사람들 위에 머무르신다.[6]

성경의 언어 속에서 역사가 경전이 되었듯이, 이스라엘의 삶 속에서 경전이 역사가 되었다. 성경은 이스라엘에게 보여주신 하느님의 계시였고, 유대 역사는 하느님께 보여드린 이스라엘의 성스러움의 계시였다.

우리가 예언자들에게 접근하는 길을 찾아낼 수 있는 것은 개인으로서가 아니라 이스라엘 백성으로서다. 성경은 계약을 맺고 계약을 지켜 살아가는 사람들 안에 살아 있다. "내가 스스로 그들과 맺은 나의 계약은 이것이다. 나의 영을 너에게 불어넣고 나의 말을 너의 입에 담아준다. 나의 이 말이 이제부터 영원히 너의 입과 너의 자손의 입과 대대로 이어질 자손들의 입에서 떠나지 아니하리라. 야훼가 말한다."[7] 바로 이 약속에 근거하여 이스라엘 공동체는 살아간다. 그러나 개인은 그 영을 잃어버릴 수 있다. 이 때문에 우리는, "당신 앞에서 나를 쫓아내지 마시고 당신의 거룩하신 영을 거두지 마소서"[8] 하고 기도하는 것이다.

'토라 민 하샤마임'(*torah min hashamayim*, "성경은 하늘로부터")의 의미를 이해하는 길은 '하샤마임 민 하토라'(*hashamayin min hatorah*, "하늘은 성경으로부터")의 의미를 이해하는 데 있다. 우리가 이 지상에서 맛보는 모든 "하늘"이 성경 안에 있다.

계시의 원리

계시는 연대기적 문제가 아니다

예언자의 영감(靈感)은 신앙의 차원과, 믿음 또는 신조(信條)의 차원, 이 두 차원에서 생각해 볼 수 있다. 신앙은 예언 사건과의 관계요, 믿음 또는 신조는 성경 각 책들의 연대(年代)와의 관계다.

계시의 문제를 연대기의 문제로 한정짓는 것은 크게 잘못된 생각이다. 그래서 간혹, 오경(五經)의 권위는 그것 전체가 모세 생존시에 기록되었다는 사실에서 나오는 것이라는 주장, 따라서 몇 구절이 모세 사후에 첨가된 것이라고 주장하는 사람은 계시의 원리를 부정하는 것이라는 주장이 있어 왔다.

성경의 권위가, 계시가 주어진 때와 그 내용이 양피지에 기록된 때 사이의 시간의 양(量)에 달려 있는 것인가? 만일 하느님이 오경의 어느 부분을, 그것이 모세에게 계시되었지만, 여호수아의 손으로 기록되게 하셨다면 그로써 오경의 권위를 손상시킨 결과가 될 것인가? 그리고 모세의 영혼이 그의 육체를 떠난 지 얼마 후에 다시 세상에 와서 누군가의 육신을 입고는 영감을 받아 오경에 몇 줄을 더 첨가했다고 주장하면 그것이 오경을 좀더 덜 모세적인 책으로 만들 것인가?[1] 성경의 신성한 존엄성을 하나의 연대기적 문제인 양 다루는 것이, 성경의 권위가 무슨 공증(公證)에 의하여 입증되어야 하며, 또 그럴 수 있다고 생각하는 것이 과연 지당한 일일까?

계시의 의미는, 문자(文字)에 매인 정신이 아니라 신비에 바탕한 마음에 주어지며, 결정적인 것은 연대기적 사실이 아니라 신학적 사실이다. 예언자와 양피지 사이에서 일어난 일이 아니라, 하느님과 예언자 사이에서 일어난 일이 중요한 것이다. 우리는 오경의 권위를 그것이 모세의 저술이기 때문이 아니라 모세가 예언자였기 때문에 인정한다.

오경에 관련된 계시의 도그마는, 신의 영감과 모세의 저술이라는 두 부분으로 되어 있다. 첫째 부분은 신비를 가리키고 둘째 부분은 역사 사실을 가리킨다. 전자는 장엄함과 놀라움의 술어로만 암시되고 표현될 수 있으며, 후자는 연대기적 정보의 관점에서 전달되고 분석되며 검토될 수 있다.

종교철학은 마땅히 첫 번째 부분을 다루어야 한다. 종교철학이 관심할 바는 오경이 과연 이스라엘이 광야에서 방랑하던 40년 동안에 기록된 것이냐의 여부가 아니라, 인간이 하느님의 뜻을 이해하게 되었으며 오경이 하느님을 인간에게 비쳐 보여주는 거울이라는 주장의 타당성과 의미를 이해하는 것이다. 이 부분은 계시의 도그마를 정의하고 역사적 물음에 답을 제시해야 하는 신학의 관심 대상이다.[2]

성경의 신적 권위에 대한 우리 신앙의 핵심은 그것이, 하느님이 우리로 하여금 깨닫고 성취하기를 원하시는 내용을 담고 있다는 것이다. 그것이 어떻게 기록되었는지는 근본 문제가 아니다. 시나이 산의 천둥과 번개가 자연 현상이었느냐 아니냐가 계시에 대한 신앙에 아무 관계가 없듯이, 성경에 대한 분석과 비평의 주제가 신앙의 주제가 아닌 까닭이 바로 여기에 있다. 십계명이 비가 오시는 날에 주어졌다고 하는 몇몇 주석가들의 주장은 그 사건에 대한 우리의 개념에 아무런 영향도 끼치지 못한다.[3]

계시 사건 자체는 하나의 신비지만, 계시의 기록은 인간의 언어로 이루어진 문자적 사실이다.

있는 그대로의 본문

경전의 언어는 하느님의 언어와 동연(同延)의 것이며 동일한 것인가?

경전의 구절의 의미를 완전하게 파악할 수 없음을 날마다 경험하는 사람들에게는 이런 질문이, 가까스로 아는 것을 전혀 모르는 것과 비교하려는 시도로 보일 것이다.

우리에게 전해진 성경이 예언자들의 영혼에서 찾아낸 다이아몬드와 하느님의 보석으로서 모두 인간의 틀에 맞추어 짜여진 것임을 인정한다고 하자. 그러나 누가 나서서, 스스로 신적인 것과 신적인 것보다 "조금 낮은 것"을 분간하는 전문가임을 자처할 것인가? 무엇이 하느님의 영이고, 무엇이 아모스의 구절인가? 하느님의 영이 인간의 언어 속에 들어 있다. 누가 어느 것이 내용이고 어느 것이 틀이라고 판단할 것인가? 확실한 것은, 가장 많이 크게 가정하는 사람이 가장 적게 안다는 사실이다. 하늘과 땅 사이에는 우리가 바라는 만큼 우리의 판단에 굴복하고자 하지 않는 일들이 많이 있다.

계시는 한 짧은 순간에만 계속되고, 그 본문(本文, the text)은 시공간(時空間) 속에서 영속된다. 계시는 예언자에게 발생한 사건이고, 그 본문은 우리 모두에게 주어진 것이다. "토라는 하늘에 있지 않다." 우리는 그 말씀의 인도를 받는다. 이 진부한 말과 오류로 가득 찬 어둠 속에서 우리의 안내자와 빛의 구실을 하는 것은 그 말씀이요 그 본문이다. 우리는 계시를 하나의 과거지사로 환원해서도 안 되며, 성경을 정신(精神化, spiritualize)하여 그 사실성을 파괴해서도 안 된다.

현 상태의 성경은 이 세상에서 찬양되거나 성화될 필요가 없는 유일한 것이다. 현 상태의 성경은 이 세상에서 하느님이 결코 떠나지 않으시는 유일한 지점이다. 성경은 이스라엘이 경의를 표한 책이다. 우리는 떨리는 손으로 성경을 들어야 한다.

계시는 독백이 아니다

교리적 신학은 성경의 객관적 계시성을 강조하느라고 인간이 분담한 심오하고 중요한 몫을 간과하는 경우가 간혹 있다.

예언자는 그 마음이나 뜻이 조금도 움직이지 않고 받아쓰기나 하는 그런 수동적 기계가 아니다. 또한 동시에 그는 자신의 능력으로 또는 노력으로 환상을 본 그런 사람도 아니다. 예언자의 인격은 오히려 자극받고 응답하는 것이 동시에 일어나는 영감과 경험의 하나됨이다. 그의 밖에 있는 모든 것에 대하여 그의 안에는 느낌이 있다. 그에게 주어진 모든 계시 사건에 대하여 그는 응답한다. 그가 흘낏 본 모든 진리에 대하여 그가 이루어야만 하는 이해가 있다.

사건이 발생하는 그 순간에도 그는 그 사건에 적극적인 파트너로서 참여한다. 그에게 드러난 것에 대한 응답으로써 그는 계시를 대화로 바꾼다. 이를테면, 예언은 하느님의 계시와 인간의 보(補) 계시(co-revelation)로 이루어진다고 하겠다. 예언자가 분담한 몫은 그가 줄 수 있었던 것에서뿐만 아니라 그가 받을 수 없었던 것 속에서도 스스로 드러났다.

계시는 하느님이 홀로 계실 때 발생하지 않는다. 시나이 사건을 서술하는 두 전형적인 술어는 '마탄토라'(*mattan torah*)와 '카발랏 토라' (*kabbalat torah*), 즉 "토라를 줌"과 "토라를 받음"이다. 그것은 하느님의 생애에 발생한 사건이면서 동시에 인간의 생애에 발생한 사건이었다. 라삐들의 전설에 따르면, 하느님은 토라를 이스라엘에 주시기 전에 다른 모든 민족에게 토라를 제시하셨다고 한다. 그런데 이스라엘만이 그것을 받았다. 이스라엘이 토라를 받은 것은 하느님이 토라를 주신 것 못지 않게 놀랍고 결정적인 일이었다. 하느님은 이스라엘이 당신과 정혼을 맺기 전까지는 혼자 계셨다. 시나이에서 하느님은 당신의 말씀을 드러내셨고 이스라엘은 그것에 응답할 수 있는 능력을 보여 드렸다. 그들의 응답할 수 있는 능력이 없었더라면, 기꺼이 받아들이고자 한 민족이 없었더라면, 시나이의 거룩한 계명은 있을 수 없었으리라. 시나이는 신의 선포와 인간의 알아들음으로써 구성된 사건이기 때문이다. 그것은 하느님이 홀로 계시지 않은 순간이었다.

성경은 예언자가 영감을 받는 순간에 드러난 것들의 기록뿐만 아니라 인간의 언행에 대한 기록도 포함하고 있다. 성경의 모든 언어가 하느님의 영에서 기원되었다(be originated)고 주장하는 것은 옳지 않다. 파라오의 불경스런 장광설, 코라의 반역적인 언사, 에브론의 속임수, 미디안 군대 진영 속에 있던 군인들의 떠들어대던 말들은 모두가 인간의 영에서 나온 것들이었다. 하느님의 말씀을 듣고 예언자가 그분께 드린 말은 하느님이 예언자에게 주신 말씀보다 덜 성스럽다고 간주되지 않는다.

따라서, 성경은 하느님의 말씀 이상이다. 그것은 하느님과(and) 인간의 말씀이다. 그것은 계시와 응답 모두의 기록이요, 하느님과 인간 사이의 계약에 얽힌 드라마다. 성경을 정경화(正經化)하여 보존한 것은 이스라엘이 한 일이다.

인간의 능력에 맞춘 음성

그 누구도 하느님의 음성을 곧장 들을 수 없다. 그러나 하느님은 시나이에서, "번개를 번쩍 내려 비끼시며 우르릉 외치는 저 소리"(욥기 37:4)를 들려주셨다. "그 음성은 각 사람에게 그의 수용 능력에 맞추어,

늙은이에게는 늙은이의 능력에 맞추고 젊은이에게는 젊은이의 능력에 맞추어 내린다… 모세에게도 그의 능력에 맞추어 내렸다. 그래서 '모세가 하느님께 말씀을 올리자 하느님께서 천둥소리로 대답하셨다'(출애굽기 19:19)고 했던 것이다. 그 천둥소리는 모세가 알아들을 수 있는 것이었다. 또한 '주님의 음성은 힘과 더불어 있다(with power)'(시편 29:4, 사역)고도 했는데 이는 각자의 힘과 더불어 있다는 뜻이다. 십계명이 이인칭 복수가 아니라 이인칭 단수인 '나는 너의 하느님 야훼'라는 말로 시작되는 까닭이 바로 이것이다. 하느님은 각 개인에게 그의 알아듣는 능력에 맞추어 말씀을 내리신다."[4)]

이것은 주관주의(subjectivism)를 의미하지 않는다. 인간의 능력에 맞추어 말씀을 내리시는 것 자체가 하느님의 음성의 능력이다. 70개의 목소리로 갈리어, 70개의 언어로써 세상 만민이 다 알아듣게 하는 것은 그분의 음성이 이룬 기적이다.

지혜, 예언 그리고 하느님

하느님은 당신 자신을 드러내지 않으신다. 오직 당신의 길(His way)을 드러내실 뿐이다. 유다이즘은 하느님의 자기계시를 말하지 않는다. 인간에게 베푸시는 그분의 가르치심의 계시를 말할 뿐이다. 성경은 하느님 자신의 계시가 아니라 인간의 역사와 맺으시는 관계의 계시를 반영한다. 그분의 뜻 또는 그분의 지혜도 예언자들을 통하여 완전히 드러나지는 않는다. 예언은 인간의 지혜보다 우월하며, 하느님의 사랑은 예언보다 우월하다. 라삐들은 이 영적 계급을 뚜렷하게 밝혀 놓고 있다.

"그들은 지혜(Wisdom)에게 물었다. '죄인은 어떤 벌을 받게 됩니까?' 지혜가 대답했다. '재앙이 죄인을 따른다'(잠언 13:21, 사역). 그들은 예언에게 물었다. '죄인은 어떤 벌을 받게 됩니까?' 예언이 대답했다. '죄인은 죽는다'(에제키엘 18:4, 20 참조). 그들은 거룩하신 분께, 그분께 축복을, 물었다. '죄인은 어떤 벌을 받게 됩니까?' 그분이 대답하셨다. '그를 회개시켜라. 그러면 그가 살아나리라.'"[5]

하느님은 예언자들이 알아 볼 수 있었던 것보다 훨씬 더 무한히 장엄하신 분이요, 하늘의 지혜는 토라가 현재의 모습으로 담고 있는 것보다 훨씬 더 심오하다.

"다섯 가지 미완의 현상(또는 덜 익은 열매)이 있다. 미완의 죽음은 잠이고, 미완의 예언은 꿈이고, 미완의 다가올 세상은 안식일이고, 미완의 하늘빛은 태양이고, 미완의 하늘 지혜는 토라다."[6]

계시되지 않은 토라

토라라는 말은 두 가지 의미로 사용된다. 하나는 세상이 창조되기 전부터 있었던 천상의 토라(the supernal Torah)[7]요, 다른 하나는 계시된 토라(the revealed Torah)다. 천상의 토라에 관하여 라삐들은 이렇게 주장한다. "토라는 모든 생물의 눈에 감추어져 있다… 인간은 그 값을 감히 알 수가 없다."[8] "모세는 시나이에서 토라를 받았다. 그러나 모든 토라를 다 받은 것은 아니다."[9] 그리고 모세에게 계시된 것 또한 모두가 이스라엘에 전달되지는 않았다. 계명의 의미는 한 예로서 주어진 것이다.[10] 계시된 말씀에 대한 감사와 함께 아직 밝혀지지 않은 의미에 대한 동경과 갈망이 있다. "하느님은 이스라엘에게 토라를 주셨고 그들에게 얼굴을 마주 대하시며 말씀하셨다. 그들로서는 그 사랑에 대한 추억이 다른 무엇보다 큰 기쁨을 안겨 주었다. 그들은 그분이 다시 오셔서 토라의 비밀스런 의미와 그 숨은 내용을 밝혀 주시겠다는 약속을 받았다. 이스라엘은 그분께 이 약속을 이루어 달라고 간청한다. 바로 이것이, '그리워라, 뜨거운 님의 입술, 포도주보다 달콤한 님의 사랑'이라는 구절의 의미다."[11]

　유대 문학에는, 토라가 그 영(靈)으로는 영원하지만 여러 다른 시대 (eon) 속에서 다른 형태를 띠고 있다고 주장하는 매우 은유적인 진리를 담은 이론이 있다. 에덴동산의 아담도 토라를 알고 있었는데 그러나 현재의 형태로는 아니었다. 가난한 자, 나그네, 고아, 과부에게 자비를 베풀라는 계명 따위는 에덴동산에서는 아무 의미가 없는 것이다. 그 시대에는 토라가 그 영적인 형태로 인간에게 알려져 있었다.[12] 인간이 에덴에서 쫓겨나면서부터 물질의 형태를 입었듯이 토라도 물질의 형태를 갖추게 되었던 것이다. 만일 인간이 "빛의 의상" 즉 존재의 영적인 형태를 그냥 유지했다면 토라 역시 그 영적 형태를 유지했으리라.[13]

유배(流配) 중에 있는 토라

　하느님은 하늘에만 계시지 않는다. 이 세상에도 계신다. 그러나 신은 이 세상에 거하기 위해 이 세상이 견뎌낼 수 있는 틀(a form)을 입어야만 한다. 속에 빛을 감추어 두는 "껍질"(shell)을 입어야 한다. 토라 역시 역사 속으로 들어오기 위해 "껍질"을 입어야 한다. 그렇지 않고서는 이 온갖 결함으로 얼룩져 있는 세상에서 존재할 수도 없을 뿐 아니라 그 완전한 형태를 갖출 수도 없다.[14]

　셰키나(Shechinah)가 유배 중에 있듯이 토라도 유배 중에 있다(Torah in exile). 토라는 스스로 인간의 조건에 적응하기 위해, "창세기 36장이나 신명기 2장 23절 등과 같이 아름답지도 못하고 매혹적이지도 못한 이상스런 의상과 껍질을 입었다. 라삐 문헌들 속에 있는 불유쾌하고 반감을 불러일으키기까지 하는 많은 구절들도 마찬가지다. 그러나 그것들 속에는 토라의 신비가 숨겨진 형태로 내포되어 있다. 이 모두가 지식의 빛이 켈리파(kelipah)와 불결한 힘이라는 의상 속에 감추어져 있어야 하는 데서 오는 현상이다. 높은 곳으로부터 우리에게 영(靈)이 쏟아져 내려 그분의 토라와 그분의 이름을 위해 포로된 자들을 모두 데려오고, 선한 자들과 성스런 자들이 그 악과 껍질로부터 순결하게 되기까지는 하느님과 토라와 이스라엘이 함께 유배 중에 있을 것이다…"[15]

라삐 시메온 벤 라키쉬(Rabbi Simeon ben Lakish)는 담대히 말했다. "겉으로만 보아서는 이교도들의 책과 마찬가지로 불태워 버릴 만한 구절이 많이 있다. 그러나 그것들이 실제로는 토라의 핵심을 이루는 요소들이다." 그와 같은 구절의 실례로 인용된 것은, "가자에 이르는 여러 부락에 살던 아위인들의 경우도 마찬가지다"(신명기 2:23), "헤스본은 아모리인들의 왕 시혼의 수도. 시혼은 전에 모압 왕을 치고 그의 영토를 아르논에 이르기까지 빼앗았던 왕이다"(민수기 21:26) 등이다.[16]

현재의 형태로 토라는 인간과 인간 사이의 물질적 관계에 연관된 일들을 다룬다. 메시아의 시대(the messianic eon)가 되면 오늘날 토라 안에서 발견되는 것보다 더 높은 지혜가 토라 안에서 드러나게 되리라. 지금 우리는 토라를 가지고 있지만, 메시아의 시대에는 토라의 왕관을 가지게 될 것이다. 그런즉 이 시대에 우리에게 개방된 지혜는 그 계시의 시작일 따름이다.[17]

"만일 한 사람이 이 세상에서 오래 산다면 그에게 토라의 기쁨을 즐기게 할 일이다. 그리고 지금은 악의 어두운 날이 오래 계속되고 있으니 그 어둠의 날들을 기억하게 할 일이다(전도서 11:8). 사람이 이 세상에서 배우는 토라는 메시아의 날에 배우게 될 토라에 견주면 헛것(a vanity)이다."[18]

"너희는 기뻐하며 구원의 샘에서 물을 길으리라"(이사야 12:2)는 이사야의 예언에 대하여 라쉬(Rashi)는 이렇게 설명했다. "야훼께서 너희 이해를 넓히심으로써 너희는 새 가르침을 받을 것이다… 바빌로니아에 유배당해 있는 동안 이스라엘이 겪어야 했던 고초 때문에 잊혀졌던 토라의 신비들이 그들에게 드러날 것이다."

성경의 말씀은 이스라엘의 예언자들에게 전달되었던 것들에 대한 유일하게 남은 기록이다. 동시에 그것들은 하늘의 지혜와 동일한 것도 아니며, 영원히 그것을 정확하게 표현하는 것도 아니다. 현재 형태의 본문은 그분의 무한한 빛을 되비치는 반영(反影)으로서, 헤아릴 수 없이 많이 생길 수 있는 반영들 가운데 하나일 따름이다. 사람들은 마지막 날에 가서 토라의 수없이 많은 단어와 구절이 다시 정리되고 알려지지 않았던 토라의 비밀들이 밝혀질 것이라고 믿었다. 그럼에도 불구하고 현재 형태의 토라 본문에도 하느님이 우리에게 알려주시고자 하는 내용이 들어 있는 것이다.[19]

관념과 표현

예언자의 말은 역할에는 다른 국면이 있다. 라삐들에 따르면, "똑같은 관념이 많은 예언자들에게 계시되었지만, 그러나 똑같은 표현을 사용한 예언자는 하나도 없다." 아합 왕의 4백 예언자가 똑같은 구절을 사용했다는 사실은 그들이 하느님의 영감을 받지 않았음을 입증한다.[20] 법정에서 두 사람이 증언을 할 때에도 같은 사건에 대하여 같은 언어를 사용하면 그들은 거짓 증언을 하고 있는 것으로 의심되었다.[21] 예언자들은 한 사건을 증언한다. 그 사건은 하느님의 사건이다. 그러나 그에 대한 정보는 각 예언자에 의하여 만들어진다. 이 개념에 따르면, 관념은 계시되고 그 표현은 예언자에 의하여 만들어진다.[22] "하느님의 말씀"이라는 표현은 어떤 소리 또는 소리의 종합으로서의 말을 가리키는 것이 아니다. 실제로, 인간의 귀에 와 닿은 것이 곧 영원하신 하느님의 영으로부터 나온 것은 아니라는 주장이 자주 있어 왔다. "이스라엘은 토라를, 하느님의 입에서 직접 나오는 것으로서 받을 수가 없었다. 하느님의 말씀은 불이고 야훼는 '불을 태우는 불'이시기 때문이다. 인간이 만일 그 말씀에 곧장 노출된다면 그는 불꽃 속에서 사라지고 말 것이다. 그래서 말씀은 이 창조된 세계에 들어오기 전에 옷을 입어야 했다. 그래서 시인은 계시를 두고 '그분한테서 나온 숯불'(시편 18:9, 사역)이라고 했던 것이다. 하느님의 말씀 자체는 타오르는 불꽃과 같다. 우리가 받은 토라는 불꽃을 피우고 있는 숯의 한 조각일 따름이다. 그런데도 이런 형태의 토라가 유한한 우리에게는 여전히 이해할 수 없는 것으로 남아 있다. 그 말씀은 인간이 알아들을 수 있기 위해 더욱 낮은 곳으로 내려와야 하며 어둠의('arafel) 옷을 입어야만 한다."[23)

예언자들의 경험으로부터 말[言語]이, 그들이 지각한 것을 해석하고자 하는 말이, 나왔다. 바로 오늘날까지 이 말들은 과거에 일어난 것을 현존하게 한다. 그 사건의 의미와 놀라움이 예언자들의 영적 이해에 영감을 주었듯이, 성경의 말이 지닌 의미와 놀라움은 계속하여 인간의 이해에 영감을 준다.

성경은 그것이 인간의 저술이면서 신의 저술임을 반영한다. 한 특수한 시대의 언어로 표현되어 있으면서 모든 시대의 인간에게 말을 건네고, 특수한 행위들 속에 드러났으면서도 그 정신은 끝없이 계속된다. 하느님의 뜻은 시간 속에 있으면서 영원 속에 있다. 하느님은 인간의 언어를 빌어다가 그 어느 인간도 만들지 못한 작품을 만드셨다. 그 작품에 단단히 결속되는 것, 그 시간과 영원의 섞임을 소중히 보관하는 것, 그 내용의 양극성을 계속 이해하는 것, 이 모두가 신앙의 사명이다.

진부한 구절들

우리는 이제까지 성경 속에 임재하시는 하느님의 현존을 말했고, 그것을 언어로 표현된 성스러움이라고 성격지웠다. 그러나 성경에는 그 속에 하느님이 계시지 않다는 느낌을 받게 하는 구절들이 꽤 있다. 하느님의 영을 반영한다고 보기에는 너무나도 진부하고 너무나 거칠은 (harsh) 구절들이 있다.

이렇게 지나치게 진부하거나 지나치게 거칠은 구절들이 제기하는 문제를 살펴보기로 하자.

이런 질문이 제기되었다. "만일 혈육을 지닌 왕이 평범한 잡담(雜談)에 끼어들거나 그런 잡담을 기록하는 것이 그의 존엄을 해치는 일이라면, 가장 높으신 왕께서, 그 거룩하신 분이, 그분께 축복을, 토라를 채울 신성한 주제가 모자라서, 에사오의 잡다한 이야기들, 하갈의 이야기, 라반과 야곱의 대화, 발람과 나귀의 말들, 발락과 지므리의 발언, 기타 등등을 가지고 토라를 만드셨다면 과연 납득될 수 있는 것일까? 만일, 그러하다면 왜 그것이 '진리의 토라'라고 불려야 하는가? 왜 우리는, '야훼의 토라는 완전하고… 야훼의 증거는 확실하고… 야훼의 말씀은 참되어… 금보다, 순금보다 더 좋다'(시편 19:8-11, 사역)고 읊는가?"[24]

이 질문에 대한 답은, 성경에는 의미의 차원이 여럿이 있다는 것으로 제시될 수 있겠다. 그것들 가운데 많은 부분이 명백하게 이해될 수 있지만, 또 적지 않은 부분이 문자에만 마음을 쓰는 사람에게는 여전히 닫혀 있다.

"다윗은 이렇게 기도했다. 우주의 주인이시여, 내가 당신의 말씀을 지켜 따르는 것이 당신의 뜻이옵니다. 그러하오니 '나의 눈을 열어 주시어 당신 법의 그 놀라운 일을 보게 하소서'(시편 119:18). 내 눈을 열어 주지 아니하시면 내가 어떻게 알 수 있겠사옵니까? 비록 저의 눈이 열려 있다 하오나 아무것도 보지 못하기 때문이옵니다."[25]

"라삐 시므온은 이렇게 말했다. '토라를 단순한 이야기나 일상사들을 모아 놓은 책으로 여기는 사람이 있다는 것은 서글픈 일이다!' 만일 그렇다면 우리들도 일상사들로 저보다 더 훌륭한 토라를 만들어 낼 수 있으리라. 그렇다, 세상의 왕족들 가운데는 그런 토라를 만들어 낼 때 모델로 사용할 만한 가치가 있는 책들을 지닌 자들이 있다. 그러나 토라는 그 모든 언어 속에 하늘의 진리와 숭엄한 신비를 담고 있다. 위에 있는 세계와 아래에 있는 세계의 완벽한 균형 잡힘을 살펴 보라. 이곳 아래에 있는 이스라엘은 위에 있는 천사들에 의하여 균형을 유지하고 있다. 그 천사들에 대하여, '누가 당신의 천사들을 바람으로 만드시는 가'(시편 114:4)고 묻는다. 천사들은 이 땅에 내려올 때 땅의 옷을 입는다. 그렇게 하지 않으면 이 세상에 머물 수 없을 뿐 아니라 이 세계가 그들을 견딜 수도 없기 때문이다. 천사들이 그러하다면, 천사들을 만든 토라, 세상 만물을 창조하고 그것들을 지탱시키는 토라는 어떠하겠는가? 그런즉 만일 토라가 이 세상의 옷을 입지 않았다면 세계는 토라를 견뎌낼 수 없을 것이다. 따라서 토라의 이야기들은 토라의 옷에 불과하고, 누구든지 그 옷을 토라 자체로 여기는 자는 저주를 받아, 오는 세상에서 아무 분깃도 받지를 못하리라. 그래서 다윗은 이렇게 말했던 것이다. '나의 눈을 열어 주시어 당신 토라의 그 놀라운 일을 보게 하소서'(시편 119:18). 말하자면 그 옷으로 감싼 내용을 보게 해달라는 것이다. 이를 살펴 보라. 사람이 입고 있는 옷은 그에게서 가장 잘 드러나 보이는 부분이다. 무감각한 사람은 사람을 보되 그가 입고 있는 옷 이상을 보지 못한다. 그러나 옷의 자랑은 그의 몸에 있고, 몸의 자랑은 그의 혼에 있다. 이와 비슷하게도 토라에도 토라의 틀을 이루고 있는 몸이 있다. '구훼 토라'(*gufe torah*, 토라의 핵심 원리)라고 불리는 그 몸은 세속의 이야기들로 만들어진 옷을 입고 있다. 무감각한 사람들은 그 옷만을 본다. 단순한 이야기들만을 읽는다. 조금 더 현명한 사람은 몸에까지 뚫고 들어가 본다. 그러나 참으로 현명한 자들, 시나이 산 위에 섰던, 지극히 높으신 왕의 신하들은 그 혼에 닿기까지 뚫고 들어간다. 장차 그들은 마침내 토라의 혼의 혼(supersoul)에까지 뚫고 들어갈 것이다. 천상의 세계에도 이와 비슷한 방식으로 옷, 몸, 혼, 혼의 혼이 있다. 이 모두가 서로서로 얽혀 있다. 토라를 단순한 세속 이야기로 여기고, 다만 그 겉옷을 볼 따름인 죄인에게는 화가 미치고, 토라 그 자체를 밝히 꿰뚫어 보는 의인에게는 복이 미친다. 항아리가 없이는 포도주를 보존할 수가 없다. 마찬가지로 토라도 겉옷이 필요하다. 성경의 많은 이야기들이 그 옷이다. 그러나 우리는 그것들 속으로 뚫고 들어가야만 한다."[26]

거칠은 구절들

우리가 확신하고 있는 바 하느님의 함께 아파하시는 동정심(同情心)과는 아무래도 어울리지 않는 듯한 성경 구절들을 읽을 때 우리는 더욱 심각한 문제와 부닥치게 된다.

이 지극히 난처한 문제를 분석할 때, 우리는 먼저 그 구절들을 판단하는 기준이라는 것이 성경이 우리에게 준 것임을 기억할 일이다. 성경은 우리의 양심을 고상하게 하고 모든 잔혹함에 거역하는 감수성을 우리에게 주는 주요한 자원이다.

나아가서 우리는 성경의 거칠은 구절들이 어느 특정한 순간에 일어난 행위들을 서술하는 데 할당되었고, 모든 때에 통하는 법의 동정심, 정의, 지혜와는 날카롭게 대조된다는 사실을 알아야 한다.

앞에서 말했듯이 예언을 하느님과 동일시해서는 안 된다. 예언은 인간의 지혜보다 우월하고, 하느님의 사랑은 예언보다 우월하다. 성경의 모든 말을 행동의 규범 또는 기준으로 삼아서는 안 된다. 모세와 엘리야와 이사야는 사람들에게 거칠은 말을 했다고 하느님으로부터 꾸중을 들었다.[27] 그런데도 그 말들은 성경의 한 부분이 되었다(출애굽기 4:1; 열왕기상 19:14; 이사야 6:5).

성경의 기술상(記述上) 가장 뚜렷한 특색은 그 가혹한 정직성이다. 즉

결점이 지적되지 않은 예언자가 없고 오점이 찍히지 않은 주인공이 없다. 영광은 구름 속에 숨어 있고, 구원은 유배라는 대가(代價)를 치르고 얻어진다. 성경은 하느님께 접근할 때에도 달콤한 감상이나 세련된 몸짓을 하지 않는다. 아브라함은 담대하게도, "세상의 심판자는 의롭게 행동해야 하지 않느냐?"고 도전했다. 욥은 감히 전능자의 정당함에 의문을 품었다. 하느님을 위해 변호하는 친구들을 "거짓말이나 꾸며내는 자들"이라고 비난하며 욥은 이렇게 대든다.

> 그런 허튼소리를 하느님을 위해서 한다는 것인가?
> 그런 알맹이 없는 말을 그를 위해서 한다는 것인가?
> 자네들은 그에게 아첨이라도 하고
> 그를 변호라도 하려는 것인가?
> 그가 자네들 속을 들추어내신다면 자신 있는가?
> 사람에게 하듯이, 하느님까지 미혹시키려는가?
> 그에게 아첨이나 하려는 엉큼한 생각을 품었다가는
> 호되게 꾸중이나 들을 것일세(욥기 13:7-10).

이해할 수 없는 하느님의 뜻을 복종하고 받아들이는 것이 보통 경건한 신앙의 표현이다. 이에 비록 정반대는 아니지만 대조적으로, 하느님 면전에서 이의(異意)없이 굴복하는 대신, 감히 그분의 심판에 도전하고 계약을 상기시켜 드리며 자비를 탄원하는 예언자들이 서 있다. 경건한 신앙의 정신에 묻혀 유대인과 그리스도인은 악도 선과 함께 받아들이며 "당신의 뜻이 이루어지이다"[28]고 기도하겠지만, 그러나 예언자는 "제발 화를 내지 마시고 당신 백성에게 내리시려던 재앙을 거두어 주십시오"(출애굽기 32:12) 하고 탄원할 것이다.

아브라함은 소돔을 멸망시키려는 하느님의 의도에 제동을 걸고자 했다. 하느님의 자비의 이름으로 우리에게도 예언자들의 가혹한 선언에 도전할 권리가 있다. 아래에 두 보기를 들어본다.

"들어라, 나는 하늘과 땅을 두고 야훼께서 모세에게 '모두들 허리에 칼을 차고 진지(陣地) 이 문에서 저 문까지 왔다 갔다 하면서 형제든 친구든 이웃이든 닥치는 대로 찔러 죽여라'(출애굽기 32:27)고는 말씀하시지 않았음을 증언한다. 오히려 경건한 사람인 모세는 자신의 머리로 그런 생각을 해냈던 것이다. 그는, 만일 내가 사람들에게 그냥 형제와 친구와 이웃을 죽이라고 명령하면 그들이 항의할 것이라고 생각했다. 당신 자신이 70년에 한 사람을 사형 언도하는 법정을 피에 굶주려 있는 것으로 여기라고 가르치지 않았는가. 그런데 이제 어찌 하루에 3백 명을 죽이라고 명령한단 말인가? 그래서 모세는 자신의 명령에 하느님의 권위를 입혔던 것이다. '야훼께서 명하신다.' 그래서 성경은 레위의 후손들이 '모세의 명령대로' 했다고 기록하고 있다."[29]

예언자의 주장을 독자적으로 이해할 수 있고 또 거기에 항의할 수 있는 권리는 다음의 전설에서도 찾아볼 수 있다.

"히즈키야가 병들었을 때 거룩하신 분께서, 그분께 축복을, 이사야에게 이르셨다. '왕실에 마지막 유시를 내려 기강을 바로잡아라. 너는 곧 죽게 될 것이며 다시 회복되지 못하리라'(이사야 38:1). 이에 히즈키야는 말했다. 환자를 방문할 때에는 '하늘의 자비가 당신에게 내리기를 빕니다'고 말하는 것이 일반의 관습이다. 의사들은 환자에게, '이것은 먹고 저것은 먹지 말며 이것은 마시고 저것은 마시지 말라'고 한다. 환자가 죽어가는 순간에도 '집안에 기강을 세우라'는 말을 하지는 않는다. 그 말이 환자를 당황시킬 수도 있기 때문이다. 그런데도 당신은 나에게 '왕실에 마지막 유시를 내려 기강을 바로잡아라. 너는 곧 죽게 될 것이며 다시 회복되지 못하리라'고 말한다! 나는 당신의 말에 상관하지 않겠다. 당신의 조언을 듣지도 않겠다. 나는 오직 내 선조가 남긴 말 한 마디만을 생각하리라. '꿈도 많고 헛된 일도 많고 말 또한 많겠지만 하느님 두려워할 줄 만 알아라(전도서 5:7, 사역).″[30]

성경은 유토피아가 아니다

태초의 빛은 감추어져 있다. 토라가 완전함을 요구했다면, 그것은 유토피아로 남아 있을 것이다. 토라의 법은 모든 세대의 사람에게 그가 성취할 수 있는 만큼만 성취할 것을 요구한다. 그 가운데 어떤 법은(예컨대 출애굽기 21:2ff), 이상이 아니라 타협을, 고대인의 도덕적 삶을 정화시키려는 실제적인 시도를 나타낸다.

위대한 제왕 다윗의 가장 큰 소망은 "그 웅장함과 명성이 온 땅을 울리는" 야훼의 성전을 세우는 것이었다. 그가 성전 건축의 준비에 들어서자 야훼의 말씀이 그에게 임하되, "너는 너무 많은 피를 손에 묻혔기 때문에 나의 집을 지을 수가 없다"고 했다(역대기상 22:8; 28:3). 성경은 비록 전쟁의 추함을 알고 있었지만 전쟁의 추한 법을 다루지 않을 수 없었다. 토라 역시 유배 중에 있는 것이다.[31]

우리는 언제나 성경이 어느 한 시대를 위해 작성된 책이 아님을 기억해야 한다. 그리고 그 의미 또한 어느 한 세대의 도덕적, 문학적 기준에 따라 평가될 수는 없다는 사실을 염두에 두어야 한다. 어느 한 세대에는 낡은 것으로 여겨진 구절이 그 다음 세대에는 위안의 샘이 될 수가 있다. 많은 사람들이 한때, "화풀이는 야훼를 모르는 민족들에게나 하여 주십시오. 야훼의 이름을 부르지 않는 족속들 위에나 퍼부으십시오. 그들은 야곱의 족속을 죽여 멸종시키고 우리 농토를 쑥밭으로 만들었습니다"(예레미야 10:25)고 한 예레미야의 호소를 원시적인 것이라고 생각했다. 그러나 자신의 젖먹이가 나치의 수용소에서 가스실에 끌려들어 가는 것을 보는 어머니의 입에서 이 부르짖음말고 무슨 말이 나올 수 있었겠는가? 우리는 정의라는 것이 어떤 것인지를 가르쳐 주는 이들 머리 위에 앉아 도덕의 이름으로 심판할 것인가?

이 문제에 대한 단순한 해결책은 없다. 우리는 처음 이해할 수 있었던 진리보다 더 높은 진리가 있다는 사실을 결코 잊어서는 안 된다.

이스라엘이 광야를 유랑할 때 하느님은 모세에게 약속된 땅인 가나안에 첩자를 보내라고 명령하셨다. 그래서 모세는 장정 12명을 뽑아 그들에게 말했다. 올라가서 땅을 정찰하고 그곳에 살고 있는 자들이 강한지 약한지 적은지 많은지 살펴보아라. 그들은 올라가서 땅을 정탐했다. 40일 뒤에 그들은 돌아와서 보고했다. "당신께서 우리를 보내신 땅에 가 보았더니 과연 젖과 꿀이 흐르는 곳이었습니다… 거기에 사는 사람들은 키가 장대 같습니다. 그리고 그 성곽 도시들은 정말 굉장합니다… 우리는 그리로 올라갈 수 없습니다. 그들이 우리보다 강하기 때문입니다. 거기서 우리는 거인들을 보았습니다. 우리는 스스로 보기에도 메뚜기 같았지만 그 사람들 보기에도 그랬을 것입니다"(민수기 13).

그 정탐꾼들의 보고는 허위 선전으로 여겨졌고 그들은 처벌을 받았다. 왜 그랬던가? 그들의 정찰은 정확했고 보고는 정직했다.

분명한 것을 말하는 것은 아직 진실을 말하는 것이 못 된다. 분명한 사실과 하느님의 말씀이 서로 충돌할 경우, 사실인 듯이 보이는 것에 안주하기를 거부하는 것이 진실이다. 진실은 사실이 그분의 말씀에 어떻게 관계되는지를 알아보기 위해 그 사실을 재어 보는 용기다.[32]

욥의 마지막 말은 이러했다.

부질없는 말로 당신의 뜻을 가리운 자,
그것은 바로 저였습니다.

이 머리로는 헤아릴 수 없는 신비한 일들을
영문도 모르면서 지껄였습니다.
당신께서는 말씀하셨습니다.
"이제 들어라. 내가 말하겠다.
내가 물을 터이니 알거든 대답하여라."
당신께서 어떤 분이시라는 것을 소문으로 겨우 들었었는데
이제 저는 이 눈으로 당신을 뵈었습니다.
그리하여 제 말이 잘못되었음을 깨닫고
티끌과 잿더미에 앉아 뉘우칩니다(욥기 42:3-6).

욥기 28장 13절의 "인간은 그 길을 모른다"(사역)는 말은 바로 토라를 가리킨다. "토라의 통로들은 서로 어지럽게 얽혀 있다." 만일 사람들이 그 참된 길을 알고 있었다면 죽은 자를 살려내고 기적을 일으킬 수 있었으리라고 라삐들은 생각했다.[33]

"땅 위에서 나그네인 이 몸에게 당신의 계명을 숨기지 마소서"(시편 119:19). "다윗이 나그네였던가? 그러나 이 말의 뜻은 다음과 같다. 나그네 곧 뜨내기가 토라에 대하여 아무것도 모르듯이, 사람은 비록 그의 눈이 열려 있으나 토라를 전혀 알지 못한다. 이 모든 시가(詩歌)를 지은 다윗이 자신을 일컬어 아무것도 모르는 뜨내기라고 했다면, 하물며 우리야 말해 무엇하랴?… 우리 모두 그분 보시기에, 우리의 선조들이 그러했듯이 이리 저리 헤매는 뜨내기 신세(역대기상 29:16) 아닌가?"[34]

성경과 만날 때 우리는 근본주의자의 태도를 취하여 단어 하나 하나가 문자적으로 정확한 것으로 읽고, 영원과 시간의 차이를 인정하지 않으며, 개인적 또는 역사적인 이해나 혹은 양심의 소리를 용납하지 않을 수 있다. 또한 합리주의자의 태도를 취하여 과학을 종교의 시금석으로 삼고 성경을, 문명 이전의 인간에게나 쓸모가 있지 문명 이후의 역사에는 낡은 것이 되고 만 신화 또는 시작(詩作)으로 볼 수도 있다.

종교철학은 두 전선(戰線)에서 싸워야 한다. 한편으로는 근본주의자들의 잘못된 주장을 폭로하고, 다른 한편으로는 합리주의자들의 과신을 꺾어야 한다. 종교철학의 궁극 목표는 우리를 지식과 경험의 더 높은 경지로 이끌고, 이해를 통해 전심(專心)에 이르도록 하는 것이다.

우리는 성경에 무턱대고 맹종하는 몽매주의를 경계해야 한다. 예언자들의 말은 우리에게 무턱대고 되풀이하라고 주어진 것이 아니라 이해하라고 주어진 것이다. 성경은 성경과 더불어 성숙하고 성경과 더불어 씨름하고 성경과 더불어 기도하는 영(靈)에 의해 이해되어야 한다.

예언자들은 우리를, 우리에게 중요한 의미를 지니는 실존의 파트너가 되게 한다. 그들에게 계시된 것은 그들을 위한 것이 아니라 우리에게 영감을 주기 위한 것이었다. 그 말씀은 우리의 관습으로 동결되어 있어서는 안 된다. 그것은 하나의 사건으로 남아야 한다.

계속되는 이해의 중요성을 무시하는 것은 예언자들의 생동하는 도전을 피하는 것이요, 모든 인간이 경험으로 응답해야 하는 절박한 책임을 벗어버리는 것이며 "구전 토라"(the oral Torah)의 깊은 의미를 부인하는 것이다.

계속되는 이해

성경은 유명무실한 한직(閑職)과 같은 책이 아니다. 그리고 성경을 받아들이는 것이 정신과 양심을 새로운 사상의 침략으로부터 지켜주는 부적(符籍)을 붙이는 것과 같을 수는 없다. 계시는 대리 사유(代理思惟)가 아니다. 계시의 목적은 우리의 이해를 대체하는 것이 아니라 확장하는 것이다. 예언자들은 우리의 양심의 지평을 넓히고, 선과 악을 다루거나 삶의 수수께끼와 씨름을 하는 일에 하느님의 동행(divine partnership)이 있음을 느끼게 하려고 애를 썼다. 예언자들은 우리에게 하느님의 범주들 안에서, 즉 그분의 거룩하심과 정의와 사랑이라는 범주 안에서 생각하는 방법을 가르쳐 주고자 했다. 이런 범주들을 우리들 자신의 것으로 받아들이는 일은, 우리 시대에 새로운 깨달음을 얻어야 한다는 의무로부터 우리를 면제시키기는커녕 오히려 성경의 계명들을 우리의 상황이 요구하는 프로그램으로 전환시키는 길을 모색토록 자극한다. 성경 말씀의 옹근 의미는 결코 단번에 모두 밝혀진 일이 없다. 시간마다 새로운 모습이 드러난다. 말씀은 한번 주어졌지만 그것을 이해하고자 하는 노력은 영원히 계속되어야 한다. 계명을 받아들이고 지키는 것만으로는 충분하지 않다. 토라를 공부하고 탐색하고 실험하는 것이 우리의 지상 의무며 예배의 한 형식이다. 토라는 계속되는 이해를 요청하며, 우리가 지각하여 받아들이기를 바라고 있기 때문이다.

성경을 대리 사유로 받아들일 때에는 우리를 걸어 넘어뜨리는 걸림돌이 된다. 나에게는 오직 토라가 있을 뿐이라고 말하는 사람은 실은 토라를 지니지 못한 사람이다. 유대 진교신자들(Karaites, 탈무드를 배척하고 토라의 자구대로의 해석을 교리로 삼은 8세기경의 유대교 분파-역자)은 순전히 성경의 종교에 집착해야 한다고 주장했다. 그러나 유다이즘은 순전한 성경의 종교가 아니다. 유다이즘의 교조(敎祖)는 모세가 아니다. 그가 태어나기 오래 전부터 이스라엘의 자손들은 아브라함의 때까지 거슬러 올라가는 전승을 지니고 있었다. 구전 토라는 부분적으로 기록된 토라 보다 더 오래된 것이다. 이스라엘은 시나이 사건이 있기 전에 이미 안식일을 알고 있었다.[35] 모세의 모든 가르침이 오경 속에 들어 있는 것도 아니다. 수많은 원리와 법칙이 세대에서 세대로 "구전을 통하여" 전달되었다. 시나이의 계약은 이 구전된 가르침과 기록된 가르침을 함께 묶어 마감되었다.

우리는 라삐들의 해석과 지혜를 통과하여 성경의 법에 접근한다. 그들의 해석이 없다면 그 법을 기록한 본문을 알 수 없는 경우가 흔히 있다. 그런즉 유다이즘은 최소의 계시와 최대의 해석에, 하느님의 뜻과 이스라엘의 이해에 기초를 둔 것이다. 그 이해를 우리는 이스라엘의 기록되지 않은 전승에서 얻는다. 예언자의 영감과 현자(賢者)의 해석은 똑같이 중요하다. 이스라엘과 하느님은 이 세계와 토라에 동역자(partnership)로서 일을 분담한다. 그 분은 땅을 만드셨고 우리는 흙을 간다. 그 분은 우리에게 본문을 주셨고 우리는 그것을 정화하며 완성한다. "거룩하신 분께서, 그분께 축복을, 이스라엘에게 토라를 주시되 밀가루를 만들어 낼 수 있는 밀을 주시듯이, 또는 옷감을 만들 수 있는 아마(亞麻)를 주시듯이 주셨다."[36]

성경은 씨앗이고 하느님은 대양이며 우리는 흙이다. 모든 세대가 저마다 새로운 이해와 새로운 실현(實現)을 이루어야 한다.

그 말씀은 하느님의 말씀이고 그것에 대한 이해도 그분이 인간에게 주시는 것이다. 권위의 근원은 본문으로 주어진 말씀에 있지 않고 그 본문에 대한 이스라엘의 이해에 있다. 시나이에서 우리는 말씀과 함께 그 말씀을 이해하는 영을 받았다. 학자들은 예언자의 후예요, 그들이 말씀의 의미를 해석하고 밝힌다. 현자들의 통찰에는 큰 자유와 힘이 있다. 그들은 상황이 요구할 경우 토라의 교훈을 젖혀 두는 힘까지도 갖고 있다. 이곳 땅에서는 그들의 견해가 하늘의 견해를 능가할 수도 있다.

그 본래의 이해와 이스라엘의 응답 가운데 어떤 것들은 언어에 담겨 입에서 입으로 전달되다가 글로 기록되기도 했지만, 언어로는 담아지지 않는 많은 부분이 발언되지도 기록되지도 않은 채 혼에서 혼으로 전달되어 사랑하는 힘처럼 유전되었고, 여전히 말씀을 연구하고 수호하고 말씀을 위해 죽고 살 준비를 갖추는 가운데 그 말씀과 살아 있는 합일을 이루고 있다. 많은 사람의 손에서 그것은 책이 되었고 이스라엘의 삶에서 그것은 목소리로, 가슴 속의 토라로 남았다(이사야 51:7).

말씀에 대한 이스라엘의 이해는 값싸게 낭만적으로 이루어진 것이 아니다. 그것은 천 년의 씨름과, 완고한 백성이 겪은 시련과 인내, 유례를 찾아볼 수 없는 순교, 남자와 여자와 아이들의 자기희생, 충실함과 사랑과 끊임없는 연구를 대가로 지불하고 얻은 것이다. 오늘의 학자가 무엇으로 그 백성들의 직관과 경쟁할 수 있겠는가? 토라는 우리의 어머니일 뿐만 아니라, "우리의 생명이요 우리의 수명이다. 우리는 밤낮으로(토라의 말씀을) 묵상하리라"(저녁 기도).

우리가 끊임없이 이해하려고 애쓰지 않는 한, 성경은 담보 없는 종이 돈과 같다. 그러나 그런 이해는 엄한 수련을 필요로 하며, 예언자들과 고대 현자들의 이해한 바에 몰두하고 그것들을 보존하며 소생시키는 작업을 통하여 비로소 얻어지는 것이다.

성경을 이교(異敎)의 정신으로 해석하고자 하는 위험은 언제나 있다. 가짜 예언자가 있듯이 가짜 해석도 있는 법. 토라의 이름으로 살인을 저지를 수도 있고, 법조문을 지키면서 악당이 되어 못된 짓을 할 수도 있다(나흐마니데스). 실제로 경건한 악용(pious abuse)이라고 할 만한 것이 너무나도 많아서, 성경을 그 숭배자들의 손에서 건져 낼 필요가 있을 경우도 흔히 있다.

구전 토라는 결코 기록되지 않았다

수세기에 걸쳐 "구전된 가르침"을 문자로 기록하는 것에 대한 금지가 기본적인 교의(敎義)였다. "할라카(halacha, 관례 법규)를 기록하는 자는 토라를 불에 태우는 자와 같다."[37] "아가다(agada)를 기록하는 자는 장차 올 나라에서 받을 몫이 없다."[38] 그러다가 라삐들은 "구전된 가르침"이 문자로 기록되는 것을 용납하기로 결의했다. 이 담대한 개혁을 합리화하면서 그들은 시편 119편 126절을 이렇게 읽었다. "주님의 일을 이루시기 위해, 당신께서 토라를 폐기하실(abrogate) 때가 되었습니다." 라삐들은 이 구절에서, 토라의 전체가 망각되는 것보다는 토라의 일부가 폐기되는 것이 더 낫다는 주장을 끄집어냈던 것이다.[39] 방대하게 쌓인 연구의 결과들, 산지사방으로 흩어진 유대 공동체, 거기에다 기억의 쇠퇴가 구전 체계를 방해하기에 이르렀다.

라삐 코츠크의 멘들(Rabbi Mendel of Kotsk)은 물었다. 옛날의 라삐들이 유다이즘의 근본 원리, 즉 구전으로 전해져야 할 것을 결코 기록해서는 아니 된다는 근본 원리를 시편의 한 구절에 입각하여 어떻게 폐기시킬 수 있었는가? 진실인즉, 구전 토라는 결코 기록되지 않았던 것이다. 토라의 의미는 결코 책에 담기지 않았다.

제3부

응답

행실의 학문

지고한 묵종(默從)

하느님을 아는 것은 하느님과 함께 살아가는 삶을 아는 것이다. 이스라엘의 종교적 실존은 세 가지 내적 태도로 이루어진다. 우리가 그분께 책임을 져야만 하는 바 살아 계신 하느님과의 맺어짐, 그분의 음성을 듣는 곳인 토라와의 맺어짐, 미츠봇(계명) 안에서 표현된 그분의 관심과의 맺어짐이 그것이다.

하느님과의 맺어짐은 혼의 행위 속에서 이루어진다. 토라와의 맺어짐은 그 말씀에 대한 연구와 교제의 결과로서 이루어진다. 그분의 관심과의 맺어짐은 예배의 본질에 결속됨으로써 이루어진다. 그 의미는 예배 행위 속에서 드러난다.

만일 하느님이 하나의 이론이라면 신학을 연구하는 것이 그분을 이해하는 길이겠지만, 그러나 하느님은 살아 계시고 인간의 사랑과 예배를 필요로 하신다. 하느님을 생각하는 것이 그분을 예배하는 것과 연관되어 있는 까닭이 있다. 예술을 이해할 때와 마찬가지로, 우리는 그분을 이해하기 전에 먼저 그분 앞에서 노래를 한다. 우리는 알기 위해 사랑을 해야 한다. 노래하는 법을 먼저 배우지 않고는, 사랑하는 법을 먼저 배우지 않고는, 결코 그분을 이해하는 법을 배울 수 없으리라.

유대 전승(Jewish tradition)은 이스라엘이 시나이에서 한 말, "야훼께서 하신 모든 말씀을 우리가 행하고 우리가 듣겠습니다"(출애굽기 24:7, 사역)를, 그분의 계명을 듣기 전에 따르겠다는 약속으로, 신앙이 지식에 선행함(the precedence of faith over knowledge)을 밝히는 말로 해석한다. "시나이에서 이스라엘이 '우리가 행하고 우리가 듣겠습니다'('우리가 듣고 행하겠습니다'라고 말하지 않고) 하고 말했을 때 하늘에서 음성이 들려 왔다. '누가 나의 아이들에게 이 신비를 드러내 보였는가? 구원의 천사가 제정한 바, 음성을 듣기 전에 그 말씀을 따르는 이 신비를!'"[1)]

탈무드에 보면, 한 이교도가 유대인들의 성급함을 꾸짖는 얘기가 있다. "당신들은 먼저 귀를 기울여 들어야 한다. 만일 계명이 당신네 능력으로 지킬 수 있는 것이거든 그것을 받아들여야 할 터요, 만일 당신네 능력으로 지킬 수 없다면 거절해야 할 것이다." 실제로, 이스라엘이 시나이에서 보여준 지고한 묵종(supreme acquiescence)은 우리가 일반으로 생각하는 순서를 뒤집어엎은 하나의 전도(顚倒)였다. 우리는 언제나 어떤 제도를 받아들이기로 결정하기 전에 먼저 그것을 조사해 보아야 한다고 주장하지 않는가? 이 순서는 순수한 이론이나 원리 또는 법칙에 적용될 경우에는 들어맞지만, 생각과 사실, 추상과 구체, 이론과 경험이 서로 분리될 수 없는 영역에 적용될 경우에는 한계가 있다. 예컨대 음악을 듣지 않고 음악의 의미를 탐구하고자 한다면 그것은 헛된 노력으로 그치고 말 것이다. 유대 사상을 멀리 떨어진 자리에서 탐구한다는 것도 마찬가지로 허사가 되고 말 것이다. 유대 사상은 유대식 삶에서 드러난다. 이것이 바로 종교적 실존의 길이다. 우리는 유대식의 생활방식을, 먼저 연구해 본 다음에 받아들일 것인지 아닌지 결정하지는 않는다. 우리는 알기 위해 받아들여야 한다. 맨 먼저 있는 것은 결단이요 지고한 묵종이다.

행동의 도약

그분의 뜻에 응답하는 가운데, 우리는 우리의 행실 속에 그분이 임재하여 계심을 지각한다. 그분의 뜻이 우리의 행동에서 드러난다. 성스런 행실을 실천에 옮기는 가운데 우리는 신앙의 우물을 개봉한다. "나는 의로움 속에서 당신의 얼굴의 뵈오리다"(시편 18:15, 사역).

경건에서 신앙으로 인도하는 길이 있다. 경건과 신앙은 반드시 동시에 발생하는 것은 아니다. 신앙 없이 경건한 행동을 할 수가 있다. 신앙은 하느님을 바라보는 것이요 그분을 느끼는 것이며 그분께 예속되는 것이다. 경건은 그런 느낌과 예속을 성취하고자 하는 하나의 시도다. 신앙의 문은 조금 열려 있는, 그런 문이 아니다. 그러나 미츠바(*mitsvah*, 善行)라는 열쇠가 있다. 유대인으로 삶으로써 우리는 유대인으로서의 신앙을 얻을 수 있다. 우리는 행실로써 신앙을 가질 수는 없지만, 성스런 행실을 통하여 신앙에 이를 수는 있다.

유대인에게 요구되는 것은 생각의 도약이 아니라 행동의 도약이다. 그는 자신의 요구들을 능가할 것을 요청 받고 있다. 자기가 하는 일보다 더 많이 이해하기 위해 자기가 이해하는 것보다 더 많은 일을 하라는 요청을 받고 있다. 토라의 말씀을 실천에 옮김으로써 그는 현존하는 영적 의미 속으로 이끌려 들어간다. 행실의 몰아지경을 통과하여 그는 하느님이 여기에 계심을 확신하기에 이른다. 바르게 사는 것이 바르게 생각하는 길이다.

표현 불가능한 것에 대한 감각, 토라와 이스라엘에 참여함, 행동의 도약, 이 모두가 같은 목적지로 인도한다. 존재의 신비에 대한 무감각, 토라와 이스라엘에서 멀리 떨어짐, 잔인하고 불결한 생활, 이것들은 유대인을 하느님에게서 소외시킨다. 놀라운 일에 대한 응답, 토라와 이스라엘에 참여함, 매일의 수련 생활은 우리를 그분께 가까이 데려 간다.

그런 의미를 경험하기 전에 어떤 결단이 먼저 있어야 하는가? 그런 통찰에 이르려면 어떤 확신을 먼저 가져야 하는가? 우리의 살아가는 방식이 하느님의 모습으로 창조된 우리의 본질에 맞는 것이어야 한다. 우리는 하느님을 닮은 우리 모습이 비뚤어지거나 상실되지 않도록 조심해야 한다. 우리는 힘과 아름다움에 대한 감각뿐만 아니라 존재의 장엄함과 신비스러움에 대한 감각에도 늘 참되어야 한다. 실존의 참 의미는 하느님의 현존하심 안에서 살아갈 때 드러난다. 어떻게 하면 이런 확신에 걸맞는 방식으로 살아갈 수 있을까? 이것이 당면한 문제다.

행실은 모험이다

하느님의 모습으로 창조된 인간은 어떻게 살아야 하는가? 어떻게 사는 것이 인생의 장엄함과 신비에 어울리는 삶일까? 이것은 인간이 어떻게 해서든지 무시하려고 애써온 질문이다. 로마의 도시 팀가트의 포도(鋪道) 위에서 다음과 같이 새긴 글씨가 발견되었다. "사냥하고 목욕하고 노름하고 웃고, 이것이 인생이로다." 유다이즘은 삶의 장엄함과 진지함을 상기(想起)시켜주는 것이다.

실존의 어떤 차원에서 인간은 삶의 장엄함과 진지함을 발견하는가? 어떤 기회에 그는 자아의 본질을 발견하는가? 어떤 경우에 그는 자기 영혼의 상태를 진단하고 치유할 필요성을 발견하는가? 자기를 반성하는 외로움 속에서 자아는 아름다운 생각과 이상(理想)의 샘[泉]이 되는 것 같다. 그러나 생각은 잠시 있다가 사라지고, 이상은 빌어온 왕관처럼 이내 낡아질 수 있다.

인간이 자기의 삶이 진정 무엇인지에 대하여, 해를 끼치고 상처를 입히고 깨부수고 파괴하는 자기의 힘에 대하여, 기쁨을 이끌어내고 그것을 남에게 넘겨주기도 하며 자기 자신과 다른 사람의 긴장을 풀기도

하고 죄기도 하는 자신의 능력에 대하여 깨닫게 되는 것은 그의 행실을 통해서다. 인간이 자기가 그렇게 되었으면 하고 바라는 대로의 모습이 아니라 지금 있는 대로의 자기 모습과 마주치게 되는 것은 사색을 통해서가 아니라 자기 의지를 부리는 과정을 통해서다. 인간은 그의 행실로써 억압된 욕망과 함께 감추어져 있는 욕망을 드러낸다. 자기가 미처 이해하지 못하는 것까지도 행실로 말해 버린다. 머리로는 감히 생각도 못하던 것을 몸짓으로 말한다. 행실에서 그의 심중이 드러난다.

행실은 시험이요 시련이며 모험이다. 우리가 저지른 일은 하찮게 보일 수 있으나 그 여파는 엄청나다. 한 개인의 과실이 나라의 파멸을 부를 수도 있다. 태양은 서산으로 넘어가지만 그러나 그 행실은 계속된다. 어둠이 우리가 행한 모든 것을 덮고 있다. 만일 누가 일생 동안 이루어 놓은 자신의 행실을 한 눈에 볼 수 있다면 그의 느낌은 어떠할까? 그는 자기의 힘이 얼마나 넓게 미쳤는지를 보고 두려워할 것이다. 우리가 한 모든 행실을 양심이나 마음에 묶어 놓으려는 것은 거센 분류(奔流)를 갈대 한 가닥에 묶으려는 것과 같다고 하겠다. 아주 단순한 행동 하나가 미치는 막대한 연쇄 결과는 가장 강한 사람이라도 막거나 억누를 수가 없다. 한 간단한 행위가 수많은 사람을 그 예측 못할 영향권의 사슬로 묶어 버릴 수 있다. 우리가 가지고 있는 것은 지나가는 의도일 뿐이지만 그러나 거기에서 나오는 결과는 우리의 능력을 넘어선다. 맑은 정신으로 세상을 보면, 인간의 행동이 주는 두려움, 하느님의 길을 모를 때에는 절망으로 바뀌고 마는 두려움에 사로잡히게 될 때가 흔히 있다.

우리의 막다른 궁지

행위의 심각성은 양심의 감수성을 능가한다. 우리의 행동의 결과는 무한하지만 우리의 지혜는 유한하다. 인간이 홀로 설 때에는 그의 책임이라는 것이 마치 필연이라는 바다에 떨어진 물 한 방울처럼 덧없이 사라진다. 자기가 한 일과 하지 못한 일에 대한 모든 책임을 감당하며 자기 행위의 모든 결과에 대답을 하는 사람이 있다면 그는 초인(超人)이다. 우리는 어떻게 무한한 책임과 유한한 지혜를 조화시킬 것인가? 어떻게 책임을 질 수 있을 것인가?

무한한 지혜와 무한한 능력이 없으면서도 무한한 책임을 져야 하는 것이 우리가 처한 막다른 궁지다.

우리의 슬픈 곤경은 그 근원이 사물에 있지 않고 행위에 있다. 사물들의 세계에 직면하여 인간은 행위의 고삐를 풀어놓는다. 사람이 행동할 수 있다는 이 거짓말 같기만 한 사실, 행위의 경이는 존재의 기적 못지않게 놀랍다. 존재론은, 무엇이 존재(being)냐를 묻는다. 존재한다는 것의 의미는 무엇인가? 종교심은, 무엇이 행위(doing)냐를 묻는다. 행동한다는 것의 의미는 무엇인가? 행위하는 자와 행위의 관계는 어떤 것인가? 행위와 존재의 관계는? 성취해야 하는 목적과 실천해야 하는 사명이라는 것이 과연 있는가?

"인간은 자기 자신을 반은 죄(罪, guilty)가 있고 반은 공적(功績, merit)이 있는 존재로 생각해야 한다. 만일 착한 일을 하나 했다면 그는 저울 눈금을 공적 쪽으로 기울게 했으므로 복을 받아 마땅하고, 나쁜 짓을 하나 했다면 눈금을 죄악 쪽으로 기울게 했으므로 화를 입어 마땅하다." 개인뿐만 아니라 온 세계가 균형을 이루고 있다. 한 개인의 행동 하나가 세계의 운명을 결정지을 수도 있다. "만일 한 사람이 착한 일을 하나 했다면 그는 자기 자신뿐만 아니라 온 세계를 위해 눈금을 공적 쪽으로 기울게 했으므로 복을 받아 마땅하다. 만일 그가 나쁜 짓을 하나 했다면 그는 자기뿐만 아니라 온 세계를 위해 눈금을 죄악 쪽으로 기울게 했으므로 화를 입어 마땅하다."[2]

초윤리적(meta-ethical) 접근

우리는 무엇을 해야 하는가? 어떻게 우리의 삶을 실행해 나갈 것인가? 이것이 윤리학의 기본 질문이다. 이것들은 종교의 질문이기도 하다. 종교철학은 마땅히 다음과 같이 물어야 할 것이다. 왜 우리는 이런 질문을 하는가? 이것들은 의미가 있는가? 무엇을 근거로 삼아 우리는 이 질문을 하는가? 윤리학에서는 이것들이, 인간의 본성에서 필연으로 제기되는 인간의 질문이다. 종교에서는 이것들이 하느님의 질문이다. 그리고 이 질문에 대한 우리의 대답은 인간뿐 아니라 하느님에게도 관련되어 있다.

칸트의 생각에 따르면, "내가 무엇을 해야 하는가?"는 윤리학의 기본 질문이다. 그러나 우리의 질문은 그보다 더 근본적이며 초윤리적(超倫理的)인 접근이다. 윤리적인 질문은 특수한 행위들에 연관된 것들이다. 초윤리적 질문은 모든 행위에 연관되어 있다. 그것은 행위 자체를 문제 삼는다. 무엇을 행할 것인가 뿐만이 아니라 도대체 우리가 무슨 권리로 행동을 하느냐를 묻는다. 우리는 자연의 힘을 정복하고 다스릴 능력을 부여받았다. 우리는 그 능력을 발휘하여 우리가 만들지 않은 세계를 우리의 의지에 굴복시키고, 우리에게 속하지 않은 영역에까지 들어간다. 우리는 이 우주의 왕인가, 아니면 그냥 해적일 뿐인가? 누구의 은덕으로, 무슨 권리로, 우리는 땅의 축복인 나무 열매를 따서 먹으며 즐기고 있는가? 이 세계를 개발하여 착취하고 소모하는 특권은 누구한테서 나온 것인가?

이는 학문적 문제가 아니라 우리가 매순간 당면하는 절실한 문제다. 뜻 하나 가지고 인간은 지상에서 가장 파괴를 잘하는 존재가 되었다. 우리의 능력이 우리를 영영 파멸시킬 수 있게 되었다. 이것이 오늘 우리의 곤경이다. 우리는 면도날 위에 서 있다. 상처 입히고 파괴하고 공격하고 죽이는 일이 너무 쉽다. 한 아기가 태어나는 것은 하나의 신비다. 백만 명을 죽이는 것은 그냥 하나의 기술이다. 물론 그 기술은 생명을 태어나게 하려는 뜻이 아니라 생명을 파멸시키려는 뜻의 지배 아래 있다.

이런 불안의 한복판에서 우리는 성경의 주장과 만난다. 세계는 온통 위험하기만 한 것이 아니다. 사람은 혼자가 아니다. 하느님이 인간에게 자유를 주셨고, 그 자유를 행사하는 데 몸소 간섭하신다. 땅은 하느님의 것이고, 그분은 인간을 찾고 계신다. 그분은 인간에게 땅을 정복할 능력을 주셨고, 우리의 신앙 위에 그분의 영광이 있다. 우리가 그분의 힘을 남용했고 그분의 신임을 배반한 것이다. 우리는 그분이, 너희가 나를 배반했지만 그래도 나는 너희를 믿는다고 말씀하시기를 기대할 만한 처지에 있지 않다.

인간은 자신의 행실에 책임이 있고, 하느님은 인간의 책임에 책임이 있다. 생명을 주시는 분(life-giver)은 또한 법을 주시는 분(law-giver)이 아닐 수 없다. 그분이 우리의 책임을 아울러 지신다. 그분은 우리의 행실이 우리의 성실함을 통하여 당신의 법에 들어맞기를 기다리신다. 그분은 우리의 행실에 파트너가 되기까지 하신다.

하느님과 인간은 공동의 책임뿐만 아니라 공동의 사명을 지니고 있다. 우리가 처한 막다른 궁지는 인간 홀로 감당해야 하는 문제가 아니라 하느님과 인간이 함께 감당해야 하는 공동의 문제다. 절박한 관건은 인간 존재의 의미뿐만 아니라 하느님의 창조의 의미다. 종교는 인간에게만 국한된 관심이 아니라, 하느님의 탄원과 인간의 주장, 하느님의 기대와 인간의 갈망이다. 그것은 인간만을 위한 노력이 아니다. 종교는 인간의 세계 안에서 인간이 해야 할 일을 제시한다. 그러나 그 목적은 인간 세계를 훨씬 넘어 나간다. 바로 이것이, 성경이 인간만을 위해서가 아니라 하느님과 인간을 위해서 법을 선포한 까닭이다.

"야훼여, 당신은 곧 나의 등불"(시편 18:28). "거룩하신 분께서 사람에게 말씀하셨다. 너의 등(lamp)은 내 손에 있고 나의 등은 네 손에 있다. '야훼의 등이 인간의 혼 속에 있다'(잠언 20:27, 사역)고 했듯이, 당신의 등은 나에게 있다. 내 등이 당신의 손에 있으니 영원한 빛을 밝혀라. 거룩하신 분이 말씀하셨다. 만일 네가 나의 등불을 밝힌다면 나는 너의 등불을 밝히리라."[3]

하느님과 인간의 파트너십 관계

인간은 혼자서 존재할 수 없는 것과 마찬가지로 행위도 혼자서는 할 수가 없다. 미츠바(mitsvah, 善行)란 하느님과 인간이 함께 하는 행위다. 우리는 이렇게 말한다. "우주의 주인이신 우리 하느님이시여, 당신의 미츠봇으로 우리를 성결케 하신 분이시여, 우리가 당신을 기리나이다." 미츠바는 우리에게와 마찬가지로 하느님에게도 의무로 배당된 짐이다. 미츠바를 실천함은 "악한 충동"을 무릅쓰고 이룬 행위라는 점에서 가치 있는 것이 아니라, 그분과의 교제(communion)의 행위라는 점에서 가치가 있다. 미츠바의 정신은 함께 함(togetherness)에 있다. 그분이 우리 행위에 파트너로 참여하심을, 우리는 알고 있다.

경건의 가장 오랜 형태가 성경에서는 하느님과 더불어 걷는 것으로 표현되어 있다. 에녹, 노아는 하느님과 함께 걸었다(창세기 5:24; 6:9). "이 사람아, 야훼께서 무엇을 좋아하시는지, 무엇을 원하시는지 들어서 알지 않느냐? 정의를 실천하는 일, 기꺼이 은덕에 보답하는 일, 조심스레 하느님과 함께 걷는 일, 그 일밖에 무엇이 더 있겠느냐?"(미가 6:8). 이기주의자만이 자기 자신 속에 갇혀서 정신적인 은둔을 한다. 선한 행실을 하다 보면, 혼자일 수도 없고 혼자라고 느낄 수도 없다. 미츠바를 실천하는 것은 동지(a partisan)가 되는 것, 그분의 뜻에 동참하는 것이다.

법이 아니라 길

도덕적 명령은 아브라함이나 시나이 시절에 처음 나타난 것이 아니다. 살인이 범죄임을 훨씬 이전에도 알고 있었고, 안식일에 쉬는 제도 역시, 전승에 의하면, 이스라엘이 에집트에 있을 때부터 익히 알고 있었다. 신의 정의라는 관념도 이미 알고 있었다. 다만 새로운 관념이라고 한다면, 정의가 하느님에게 지켜야 할 의무사항이라는 점, 그분의 명령일 뿐 아니라 그분의 길(His way)이기도 하다는 점이다.[4] 또한 불의는 다른 사람들이 저지를 때 하느님의 책망하시는 것이 아니라 바로 하느님의 반대라는 점, 인권은 사회의 이익을 위해서 법적으로 옹호되는 것이 아니라 하느님의 신성한 관심이라는 것이 새로운 관념이다. 그분은 도덕 질서를 지키시는 분, 즉 "온 땅의 심판자"이실 뿐 아니라, 불의하게 행동할 수 없는 분(창세기 18:25)이다. 그분이 사랑하신 사람은 "세상에 처음 나타난 장사"(창세기 10:8)인 니므롯이 아니라 아브라함이었다. "나는 그로 하여금 그의 자손과 그의 뒤를 이을 가문에게 옳고 바른 일을 지시하여 이 야훼의 가르침을 지키게 하려고 그를 뽑아 세웠다"(창세기 18:19). 토라는 일차적으로 하느님의 법이라기보다 하느님의 길이다. 모세는 "나에게 당신의 길을 알려 주소서"(출애굽기 33:13, 사역) 하고 기도했다. 하느님이 인간에게 요구하시는 것이 이 한 마디에 요약되었으니, "너 이스라엘아, 야훼 너희 하느님께서 너희에게 바라시는 것이 무엇인지 아느냐…그가 보여주신 길만 따라 가며 그를 사랑하는 것이요, 마음을 다 기울이고 정성을 다 쏟아 그를 섬기는 것이 아니냐?"(신명기 10:12).

라삐 하니나(Rabbi Hanina)의 아들 라삐 하마(Rabbi Hama)는, "주 너의 하느님 뒤를 따라 걸어라"(신명기 13:5, 사역)는 말이 무엇을 의미하느냐고 물었다. "주 너의 하느님은 모든 것을 삼키는 불이라고 했으니 셰키나(Shechinah, 地上에 나타난 하느님의 영광, 또는 하느님의 현존 - 역자)의 뒤를 인간이 따라 간다는 것이 있을 수 있는 일인가? 그러나 그 말의 뜻은, 하느님의 길을 따라 걸으라는 것이다. 그분이 헐벗은 자를 입히시듯이 너희도 헐벗은 자를 입혀라. 그분이 병든 자를 방문하시듯이 너희도 환자를 방문하여라. 그분이 슬퍼하는 자를 위로하시듯이 너희도 슬퍼하는 자를 위로하여라"(Sotah, 14a).

행위의 신성(神性)

어떤 특수한 행위가 아니라 모든 행위가, 삶 그 자체가, 인간과 하느님 사이를 연결하는 다리가 될 수 있다. 그러나 우리의 진부한 행위가 그분께 의미를 지니는 것이라고 어떻게 장담할 수 있을까? 인간의 사소한 행위가 어떻게 영원에 접합될 수 있단 말인가?

과학의 타당성은, 자연에서 발생하는 사건의 구조가 합리적인 관점에서 관찰, 서술될 수 있다는 전제에 기초한다. 인간의 심성의 구조와 우주의 내적 구조 사이에 유사성이 있기 때문에 비로소 인간은 우주의 운행을 다스리는 법칙을 찾아낼 수 있는 것이다. 인간의 내면에서 일어나는 사건들은 어떠한가? 그것들이 상응하는 어떤 영역이 있는가? 신의 척도로 인간의 행위를 잴 줄 알고 한 단순한 사건 속에서 절대의 빛을 볼 수 있었던 예언자들은 그 상응함을 느껴 알았다. 사람이 캄캄한 구석에서 하는 일이 그대로 창조주와 연관이 된다. 다른 말로 하면, 자연에서 발생하는 사건들의 합리성이 과학에 의하여 전제되듯이, 인간의 행실이 지니는 신성이 예언에 의하여 전제된다.

따라서, 인간 행위의 신성이라는 확신은, 인간이 신의 모습을 닮았다는 관념을 능가한다. 미츠봇, 즉 성스런 행위는 신(the Divine)을 닮을 뿐 아니라 신을 대리한다. 미츠봇은 그분의 뜻을 따르는 세속의 방법에서 그치지 않고 그 자체가 하느님의 본질이다. 라삐 시므온 벤 요하이(Rabbi Simeon ben Yohai)는 이렇게 말한다. "미츠봇을 기리라. 미츠봇은 나를 대리하는 것이기 때문이다. 대리자는 그가 대리하는 주인의 권위를 지닌다. 너희가 미츠봇을 기리면 그것은 나를 기리는 것이요, 너희가 미츠봇을 모욕하면 나를 모욕하는 것이다."[5]

성경은 인간이 하느님 모습으로 만들어졌음을 말하면서 존재의 유비(an analogy of being)라는 원리를 세웠다. 인간은 그 존재 속에 하느님과 공유하는 어떤 것을 지니고 있다. 존재의 유비를 넘어 성경은 행위의 유비(an analogy of acts)라는 원리를 가르친다. 인간은 하느님과 비슷하게 행동할 수가 있다. 인간을 하느님께로 가까이 가게 하는 연결이 바로 이 행위의 유사성--"그분의 길을 따라 걸으라"--이다. 그와 같은 유사성을 삶으로 살아가는 것이 하느님 본받음의 알속이다.

존재를 행하기

다른 종교들에서는 신과 영웅과 사제들이 거룩하다. 성경에서는 하느님뿐만 아니라 "온 회중이 다 거룩하다"(민수기 16:3). "너희는 사제의 직책을 맡은 내 나라, 거룩한 내 백성이 되리라"(출애굽기 19:6). 이것이 바로 이스라엘이 성별되어 선택된 이유다. 인간과 하느님 사이에 있는 것은 그분의 힘에 굴복하거나 그분의 자비에 의존하는 것만이 아니다. 인간이 간절히 바랄 일은 그분의 뜻에 복종하는 것이 아니라 그분의 존재하심을 행하는 것(to *do* what He *is*)이다.

"나 야훼, 너희 하느님이 거룩하니 너희도 거룩한 사람이 되어라"(레위기 19:2)고 했지, '내가 거룩하니 너희는 겁에 질리라'고는 하지 않았다. 어떻게 "티끌과 재"로 되어 있는 인간이 거룩해질 것인가? 그분의 미츠봇, 그분의 명령하신 바를 행함으로써다. "거룩하신 하느님은 정의로 당신의 거룩하심을 드러내신다"(이사야 5:16). 거룩한 사람이 되기 위해 인간은 마땅히, 부모를 공경하고 안식일을 지키며 우상에게 가지 말고… 남을 속이거나 속임수로 거래하지 말고… 귀머거리에게 악담하지 말고 소경 앞에 걸림돌을 두지 말고… 그 어떤 불의도 범하면 안 되고… 허풍쟁이가 되지 말고… 이웃이 피를 흘리는데 팔짱끼고 서 있지 말고… 미워하지 말고… 복수를 하거나 앙심을 품지도 말고… 다만 자기 이웃을 자기 몸처럼 사랑해야 한다(레위기 19:3-18).

우리는 인간의 선한 행위가 그분의 거룩하심에서 비추이는 숨겨진 빛을 반사한다는 확신으로 살아간다. 그분의 빛은 우리의 생각이 미치지 못하는 데 있지만, 그러나 우리의 의지가 닿지 못하는 저 너머에 있지는 않다. 하늘을 담고 흐르는 개울처럼, 우리는 그분의 끝없는 사랑을 우리의 친절한 행위로 되비칠 수가 있는 것이다.

행위의 유사함

그런즉 미츠봇은 인간의 의지의 반영(反影) 또는 그의 환상을 복사한 것 이상이다. 우리에게 주어진 성스런 사명을 실천에 옮김으로써 우리는 하늘의 의도를 드러낸다. 성스런 행위를 함으로써 심장의 맥박보다 더 앞으로 나간다. 성스런 행위 하나에서 우리는 하느님의 감추인 노래를 메아리로 울린다. 사랑을 함으로써 우리는 하느님의 끝나지 않은 노래를 부른다. 그분의 뜻의 이미지로서의 우리의 삶(Our own life as an image of His will). 이것말고는 지고자의 그 어떤 모습도 상(相)으로 나타날 수 없다. 그분의 모습을 한 인간은 그분의 자비의 길을 본받도록 만들어졌다. 그분은 인간을 선택하여 당신 대신에 일할 수 있는 힘을 주셨다. 우리는 고통을 덜어 주고 기쁨을 심어 주는 가운데 그분을 대리한다(represent). 인간의 성실성을 지키기 위한 수고, 이웃을 돕는 일, 본성을 영으로, 의욕을 희생으로, 본능을 사랑으로 바꾸려는 충동--이 모두가 그분을 대리하려는 하나의 노력이다.

"선한 충동"

행위로 하느님의 뜻을 이루는 것은 하느님을 위해서 뿐만 아니라 하느님의 이름으로 행동하는 것을 의미한다. 그것은 우리의 행위로, 그분의 뜻에 잠재되어 있는 것을 이루는 것이다. 그분은 이 세상에서 당신의 목적을 이루시기 위해 인간의 작업을 필요로 하신다.

인간의 행위가 시작이 아니다. 처음에 있는 것은 하느님의 영원한 바람(몇, expectation)이다. 이 세계에는 하나의 영원한 부르짖음이 있다. 그것은 하느님이 인간에게 대답하고 돌아오고 채우라고 간청하시는 것이다. 모든 시대, 모든 인간에게 무엇인가가 요청되고 있다. 우리의 모든 행위에서 우리는 대답하든지 아니면 거절한다. 돌아오든지 아니면 더 멀리 간다. 목표를 성취하든지 아니면 잃는다. 삶이란 속(俗)을 성화(聖化)하는 끝없는 기회로, 하느님의 능력을 잠재성이라는 사슬에서 풀어놓는 기회로, 영적인 목적에 봉사할 수 있는 기회로 구성되어 있다.

우리에게 살고자 하는 충동이 있듯이 자신의 이해관계를 넘어서는 영적인 목적을 추구하려는 충동도 있다. 이 "선한 충동"은 사회가 발명해 낸 것이 아니다. 오히려 이 선한 충동으로 말미암아 사회가 존재하게 된 것이다. 그것은 한 인간이 우연히 발휘하는 기능이 아니라 인간의 본성 그 자체다. 우리는 그것의 의미를 제대로 파악하지 못할 수는 있다. 그러나 우리는 그것을 범하게 될까봐 두려워하면서 살아가고 있다. 우리에게는 하느님만이 필요한 것이 아니라 그분의 목적들을 섬기는 일도 필요하다. 그리고 이 목적들이 또한 우리를 필요로 한다.

미츠봇은 영원 속에 내걸려 있는 이상도 아니며 영적인 실체도 아니다. 그것은 우리 모두에게 내려진 명령이다. 그것은 하느님이 특정한 순간에 우리를 만나시는 길이다. 그 무한한 세계 속에 내가 이루어야 하는 일이 있다. 그것은 일반적인 일이 아니라 지금 여기서 내가 해야 하는 일이다. 미츠봇은 영적인 목적들이요 시간의 흐름 속에 있는 영원의 점(点)이다.

인간을 필요로 하는 목적

인간과 영적 목적들은 상호 관계를 맺고 있다. 이기적인 목적에 연관된 관계는 일방 통행이다. 즉 사람은 빵이 필요하지만 빵은 사람에게 먹힐 필요가 없다. 영적인 목적에 연관된 경우에는 관계가 달라진다. 즉 정의는 실현될 필요가 있는 것이면서 그 정의가 또한 인간을 필요로 한다. 의무감은, 그 안에서 하나의 이상이 실현되기를 기다리고 있는 상황을 나타낸다. 영적인 목적은 인간에게 향한 요구를 수반한다. 그것은 인간에게 감명을 줄 뿐 아니라 명령을 내린다. 그것은 추상의 관념이 아니라 구체적인 요구다. 심미적인 가치는 즐길 대상으로 경험될 수 있지만, 종교적 행위는 결단의 대상으로서, 무엇인가가 우리한테서 요구되고 기대되고 있다는 확신에 대한 응답으로서 경험되는 것이다. 종교적인 목적은 우리의 행위를 필요로 한다.

행실의 학문

유다이즘은 자연을 다루는 학문(science)이 아니라 인간이 자연과 더불어 무엇을 해야 하느냐를 다루는 학문이다. 그것은 무엇보다도 삶의 문제에 관심을 기울인다. 유다이즘은 사물보다 행위를 더 진지하게 다룬다. 유대법(Jewish law)은 어떻게 보면 행실의 학문(a science of deeds)

이다. 그것이 중요하게 여기는 것은 특정한 시간에 그분께 예배드리는 일뿐만 아니라 모든 때에 그분과 더불어 살아가는 일이다. 모든 행위가 문제가 된다. 매순간마다 특별한 사명이 있다. 모든 순간의 모든 삶이 문제이자 사명이다.

속마음 이상의 것

신앙으로만?

오늘날 대부분의 사람에게는 종교와 법을 서로 떼어낼 수 없다는 유다이즘의 주장이 납득되기가 어렵다. 이 어려움의 이유는 종교의 본질에 대한 현대인의 개념을 살펴보면 알 수 있다. 현대인에게 종교는 영혼의 상태, 속마음(inwardness)의 상태다. 복종보다는 느낌이고 행동보다는 신앙이며, 구체적인 것보다는 영적인 것이다. 유다이즘에서는 종교가 존재하는 어떤 것에 대한 느낌이 아니라 일정한 방식으로 살아가기를 요구하시는 그분께 대한 응답(answer)이다. 종교는 그 기원에서부터 전적인 헌신(total commitment)이요, 우리의 전체 인생이 인간의 것일 뿐만 아니라 하느님의 관심사임을 깨닫는 것이다.

"하느님은 마음(heart)을 요구하신다."[1] 그러나 그분은 마음만을 요구하시는가? 올바른 의도만으로 충분한가? 사랑만 있으면 구원을 받을 수 있다고 하면서(수피,[2] 박티-마루가) 속마음과 사랑 또는 신앙을 강조하는 한편 선한 행실을 배척하는, 그런 교리들이 있다.

바울로(Paul)는 율법의 힘에 대항하여 열정적인 전투를 벌이면서 그 대신 은총의 종교를 선전했다. 그는, 율법은 죄를 이길 수 없고 또 율법을 지킴으로써 의로움(righteousness)을 얻을 수도 없다고 주장했다. 인

간은 "율법을 지키는 행실이 아니라 신앙으로" 의롭게 된다.[3]

믿음으로만 구원을 받는다는 것은 루터의 중심 주제였다. 이 반율법적(antinomian) 신앙 지상주의 경향은 사랑과 신앙을 지나치게 강조한 끝에 선행을 배척하는 데까지 이르렀다.

아직도 개신교에서 유효한 1580년의 콘코드(Concord) 신조는, 선한 행실이 구원에 반드시 필요한 것이라는 주장을 비난하면서 그것들이 구원에 이로운 것이라는 교리를 부인한다. 리츨(Ritschl)에 따르면, 선한 행실의 공적(merit)을 인정하는 교리는 그리스도교 신학의 세계에서 방해물이며 구원받는 길은 오직 믿음으로 의로와지는 것뿐이다. 키에르케고르의 후계자인 바르트도 루터의 사상을 이어, 인간의 행실이 너무나도 죄악으로 가득 차 있으므로 선한 행실이 될 수가 없다고 주장한다. 인간이 제아무리 이 세상에서 중요한 일을 한다 해도 근본적으로 하느님을 기쁘시게 할 만한 행위를 할 수는 없다. 하느님에게는 오직 하느님을 통해서만 가까이 갈 수가 있는 것이다.

형식주의의 오류

정의가 우리의 편견이나 성향(性向)과 동일한 것이 아니며 우리의 승낙이나 이익과도 무관한 것임을 보여주려고 하다가, 인간이 정의와 맺는 관계를 정의가 인간과 맺는 관계로 혼동하는 잘못을 범해서는 안 된다. 비록 우리가 정의를 위해 정의를 행해야 하는 것이 사실이긴 하지만, 정의 자체가 인간을 위해 있는 것이기 때문이다. 정의를, 정의 자체를 위해 행할 가치가 있는 것으로 규정짓는 것은 그 동기를 규정하는 것이지 목적을 규정하는 것은 아니다. 그것은 정반대다. 선(善)은 놀이와 달리, 결코 그것 자체를 위해 행해지는 것이 아니다. 그것은 다른 목적을 지닌다. 달리 생각하는 것은 이상을 우상으로 만드는 것이요,

광신(狂信)의 시작이다. 선을 그 동기로만 정의하는 것, 선을 선한 의도와 동일시하고 선한 행위의 목적과 실체를 무시하는 것은 반(半) 진리다.

인간이 이상(理想)과 맺는 관계에만 주목하고 이상이 인간과 맺는 관계는 살피지 않는 사람은 그의 이론에서 종교 또는 도덕의 동기만을 볼 뿐, 그 목적은 보지 못한다. 인간이 신앙으로만 구원받는다고 한 바울로의 교리를 메아리로 울린 칸트와 그 제자들은, 종교나 도덕의 본질이 인간의 혼과 의지의 절대적인 성질에 있다고 보았다. 그들은 인간의 혼과 의지에서 나오는 행위 또는 그 행위로 이룰 수 있는 목적에 대해서는 무관심했다. 결국 종교적 행위의 가치는 전적으로 그의 신앙의 열성에 의하여 또는 내적 기질의 올곧음에 의하여 결정된다. 행위가 아니라 의도, 무엇을 했느냐가 아니라 어떻게 했느냐가 핵심이다. 그리고 책임감이 아닌 그 어떤 동기도 도덕적인 가치를 지니지 못한다. 친절한 행위가, 책임감에서 우러나온 것이 아닐 경우에는, 잔혹 행위보다 나을 것이 없고, 인간의 행복에 대한 관심이나 동정(同情)도 숨은 동기로 여겨진다. "심지어 인류를 구원하기 위해서라고 할지라도 나는 내 말을 꺾지 않으리라!"고 피히테(Fichte)는 외쳤다. 그에게는 모든 인간의 운명보다 훨씬 더 자신의 구원과 의(義)가 중요했기 때문에 그는 자신을 구하기 위해 인류를 파멸시키는 쪽을 택할 수도 있었다. 이런 태도야말로, "지옥에 가는 길은 선한 동기들로 포장되어 있다"는 격언이 진실임을 여실히 보여 주지 않은가? 우리는 다른 한 사람의 행복을 무시할 만큼 자신의 구원과 의에 관심을 갖는 것이야말로 선한 동기일 수 없다고 말해야 하지 않겠는가?

유다이즘은 인간 행실의 연관성(relevance)을 강조한다. 유다이즘은 어떤 상황 아래에서도 동기가 행위를 결정한다는 원리를 받아들이지 않는다. 그러나, 바른 동기가 없다고 해서 그것이 반드시 사랑을 베푸는 행위의 가치를 손상하지는 않는다.[4] 그가 어떤 민족 또는 종교에 속했든지 인간의 선한 행실은,[5] 한번도 예언자와 만난 적이 없고 따라서 자기 혼자 깨달아서 한 행위라 해도,[6] 하느님의 보상을 받을 것이다.

이분법은 아님

사명에 대하여는 칭찬하고 감탄하면서 그 일을 할 도구를 얻지 못하는 것, 이것이 대개 인간관계의 모든 실패의 원인이다. 맨손이나 동떨어져 있는 혼만으로는 많은 일을 이룰 수 없다. 일은 도구로써 하는 것이다. 손에만 도구가 필요한 것이 아니라 인간의 혼도 마찬가지로 도구가 필요하다. 손에 잡힌 도구가 손을 움직이게 하고 이끌기도 하듯이 혼의 도구 또한 혼에게 암시나 경고를 제공한다. 미츠봇의 의미는 우리가 그것들을 타고 영적인 목적에로 나아가는 수레라는 데 있다.

신앙은 영혼들이 은둔하여 그 속에 보관해 둘 침묵하는 보석이 아니다. 오히려 그것은 일반 행실이라는 동전을 주조해 내는 조폐국이다. 온통 영혼에만 쏠리는 것, 모든 순간을 묵상의 고요함에 바치는 것으로는 충분하지 못하다.

그리스도교 신학에서는 그토록 중요한 문제를 제기한 신앙과 행위의 이분법(二分法)이 유다이즘에서는 전혀 문제가 되지 않았다. 우리에게는 무엇이 옳은 행동이고 무엇이 옳은 동기냐-는 근본 문제가 되지 않는다. 우리의 근본 문제는 무엇이 옳은 삶(right living)이냐다. 그리고 삶은 분리되지 않는다. 내면(內面)과 겉의 행위가 결코 떨어질 수 없다. 행위와 생각이 하나로 묶여 있다. 사람이 생각하고 느끼는 모든 것이 그가 하는 모든 일에 섞여 있고, 그가 하는 모든 일은 그가 느끼고 생각하는 모든 것에 포함되어 있다.

우리가 생각을 희생하고 행위를 키우고자 하거나, 혹은 행위를 희생하고 사유를 키우고자 할 때, 영적인 갈망은 실패할 수밖에 없다. 조각가가 조각품을 만들어 낼 때 그 작품을 생산한 것은 그의 내적인 상상력인가 아니면 돌과의 씨름인가? 옳은 삶이란, 상상력의 소산이면서 구체적 상황과의 투쟁의 결과인 예술 작품과 같다.

유다이즘은 삶의 의미를, 그것이 마치 독립되어 있는 무슨 실체인 양, 행위로부터 떨어뜨려 놓고 찾으려는 일반론을 반대한다. 유다이즘은 관념을 행위로 바꾸고, 형이상학적 통찰을 행동의 틀로서 해석하고, 지극히 고상한 원리를 일상생활에 적용하고자 하는 경향을 지닌다. 유다이즘의 전통에서는 추상이 구체가 되고 절대가 역사로 바뀐다. 성스러움을 현장의 삶이라는 무대에서 실연(實演)함으로써, 우리는 신이 현존하고 있으며 우리가 신과 인척 관계에 있음을 지각한다. 사색으로 파악할 수 없는 것을 우리는 행위로 이해한다.

영성은 길이 아니다

세계는 개인의 속마음의 내밀한 거룩함 이상(以上)을 요구한다. 성스러운 감성과 선한 의도 이상을 요구한다. 하느님이 마음을 요구하시는 것은 그분에게 인간의 삶이 필요하기 때문이다. 세계는 삶에 의하여 구원받고, 하느님의 거푸집에 맞추어 꼴을 이루는 것도 삶이요, 속마음의 사랑이 밖으로 나타나는 것도 삶으로써다.

인간의 행동하는 능력은 마음으로 뜻하는 능력보다 덜 모호하다. 그리고 행동은 그 고유한 의미를 지닌다. 그것이 세계에 대하여 가지는 가치는, 행동하는 본인에게 어떤 의미가 있느냐에 관계가 없다. 배고픈 아이에게 음식을 주는 행위는, 그것이 도덕적인 동기에서 우러난 짓이든 아니든 관계없이 의미가 있다. 하느님은 마음을 요구하신다. 우리는 그 요구에 행실로써 대답해 드려야만 한다.

마음의 순수가 경건함을 시험하는 유일한 표준이라고 주장하는 것은 억지라고까지는 아니라 해도 지나친 자만이라고 하겠다. 완벽한 순수란 사실 우리가 어떻게 획득하며 어떻게 보존할는지 그 방법을 거의 알 수가 없는 것이다. 아무리 깨끗한 소망을 가졌다 해도 모든 불순물을 다 제거했노라고 장담할 수 있는 사람은 없다. 자아는 유한한데 이기심은 무한하다.

하느님은 마음을 요구하신다. 그러나 그 마음은 저 자신의 어스름 속에서 불확실함에 짓눌려 있다. 하느님은 신앙을 요구하신다. 그리고 인간의 마음은 자신의 신앙에 대하여 확신하지 못한다. 마음의 밤에 결단이라는 새벽이 있고, 신앙을 객체화하는 행위가 있으며, 믿음을 입증하는 일정한 틀이 있음은 좋은 일이다.

마음은 때로 삶의 장터에서 들려오는 고독한 목소리다. 인간은 고결한 이상을 품고 있으면서 행동은 나귀처럼 할 수 있다. 사람들이 말하는 대로, "황금을 나르면서 엉겅퀴를 먹는" 것이다. 인간 영혼의 문제는 동물적인 환경에서 어떻게 고결한 삶을 사느냐, 어떻게 혀와 감정을 훈련하고 제어하여, 영혼의 통찰에 걸맞는 행동을 할 것이냐.

삶의 고결함은 마음의 문제만은 아니다. 그것은 도덕률에 대한 의식 이상을 내포한다. 가장 깊숙한 방(房)은 가장 먼 변경의 초소에서 지켜져야 한다. 종교는 유심론(唯心論, spiritualism)이 아니다. 인간이 그의 구체적이고 육체적인 실존으로 행하는 것이 곧장 신(神)에게 연관이 된다. 영성(靈性, spirituality)은 인간의 목적이지 길이 아니다. 이 세상에서는 음악이 악기로 연주된다. 유대인에게는 미츠봇이 성(聖)을 나르는 악기다. 만일 사람이 다만 마음뿐이라면 생각만의 예배로도 얼마든지 하느님과 교제할 수 있으리라. 그러나 사람은 몸과 마음이다. 그의 목적은 "그의 몸과 마음이 살아 계신 하느님을 노래하는" 삶을 사는 데 있다.

자율과 타율

그러나 우리는 무엇이 옳은 행위인지를 어떻게 알 것인가? 옳고 그른 것에 대한 앎이 이성과 양심에서만 나오는 것일까?

하늘의 명령 같은 것은 무시하면서 우리에게 오직 양심에 의존할 것을 요구하는 사람들도 있다. 그들은 말하기를, 인간은 자기의 이성과 양심에 어긋나지 않는 행동을 할 의무만 있을 뿐, 자기가 자기에게 지운 법칙말고는 그 어떤 외부의 법에도 굴복하지 말아야 한다고 한다. 이성과 양심으로 도덕률을 얻을 수 있으니 따로 우리에게 법을 내릴 존재가 필요하지 않다. 하느님은 인간의 도덕적 노력을 최후로 지켜 줄 보증자로서 필요한 존재일 따름이다.

이 자율(自律) 교리의 오류는 인간을 "선한 충동"과 동일시하고, 그의 모든 본성을 이성과 양심에 동일시한 점이다. 인간의 본성이 온통 자기를 부정하고 남을 사랑하는("선한 충동") 능력으로만 이루어져 있는 것은 아니다. 그에게는 또한 성공을 사랑하고 승리자를 흠모하며 패배자를 멸시하는 성향이 있다. 우리에게 내면의 목소리에만 귀를 기울이라고 말하는 자들은 우리 속에 한 가지 목소리만 있는 게 아니라는 사실을, 이기심의 완력이 쉽사리 양심의 호소를 짓눌러 버릴 수 있다는 사실을 제대로 알지 못한 사람들이다. 무엇보다도 양심은 흔히 그 능력이 미치지 못하는 부분으로 인하여 찬양받게 마련이다. 양심은 법률적인 구속력을 지니지 못한다. 우리에게 해야 할 일을 가르쳐 주기는 하지만 대개 예방하는 처사일 뿐이다. 안내자가 아니라 제동기(break)요 길이 아니라 울타리다. 이미 잘못이 저질러진 다음에 목소리를 높이지만 그러나 흔히 우리의 나아갈 방향을 미리 일러 주는 일에는 실패한다.

개인의 통찰만으로는 삶의 모든 문제를 대처해 나갈 수가 없다. 우리는 전통의 안내를 받아야 하고, 전통의 규범을 해석하며 우리의 삶에 적용하는 법을 배우지 않으면 안 된다. 우리는 삶의 목적뿐만 아니라 그 목적을 이루는 수단을 배워야 하며, 일반 법칙뿐만 아니라 특수한 방식들도 배워야 한다.

유다이즘은 우리에게 양심의 소리에 귀를 기울일 뿐만 아니라 타율적인 율법의 규범에도 주목할 것을 요구한다. 선은 추상 관념이 아니라 명령이며, 선을 이루는 일의 최후 의미는 그것이 하느님께 드리는 대답(an answer to God)이라는 데 있다.

율법

인간은 율법을 받아들일 준비를 갖추기 위해, 에덴동산에서 추방당해야 했고 카인의 손에 인류의 절반이 살해당하는 것을 보아야만 했고, 홍수의 대 파멸을 경험해야만 했으며, 언어의 혼돈과 에집트에서의 종살이와 탈출의 기적을 몸소 겪어야만 했다.

우리는 유대인이 하느님의 법에 묶여 있다고 믿는다. 마지막 기준은 인간 안에가 아니라 인간 너머에 있다고 믿는다. 우리는 한 법(法)이 있어서, 그 본질이 예언자들의 사건에서 나오고 현자들에 의하여 해석됨을 믿는다.

우리는 하느님이 인간에게 생명만이 아니라 율법도 아울러 주셨다고 배운다. 지상 명령은 단순히 하느님을 믿으라는 것만이 아니라 하느님의 뜻을 실천하라는 것이다. 고전적인 법전(法典)인 '투림'(*Turim*)은 유다 벤 테마(Judah ben Tema)의 다음 말로써 시작된다. "하늘에 계신 네 아버지의 뜻을 행하는 데 표범처럼 대담하고 독수리처럼 날래며 사슴처럼 **빠르고** 사자처럼 강하라."[7]

율법(law)이란 무엇인가? 문제 가운데도 문제인 인간의 삶을 다루는 한 길이다. 삶을 상식이라고 생각하는 사람에게 율법은 문제다. 삶을 문제라고 생각하는 사람에게 율법은 대답이다.

　유대교에서는 하느님께 충성하는 것은 곧 유대법에, 훈련에, 특별한 의무에 충성하는 것을 뜻한다. 현대인이 혐오감을 느낄 이러한 것들이 실은 문명 생활을 지탱하는 한 부분이다. 우리는 자기가 속해 있는 나라에 충성을 바친다는 것이, 나라의 법을 지키고 나라가 지어준 의무를 받아들이는 것이라는 사실을 모두 알고 있다. 그의 충실성은 때로 보통 단순한 충성심이 요구하는 것보다 더한 일을 하도록 자극하기도 하리라. 충실성(loyalty)이라는 단어는 "묶인다"는 뜻을 지닌 어근 '리고'(*ligo*)에서 파생되었다. 이와 비슷하게 의무(obligation)라는 단어도 "묶는다"는 뜻을 지닌 라틴어 '오블리고'(*obligo*)에서 나왔는데, 법 또는 도덕적 끈에 묶여 있는 상태를 가리킨다.

　예언자들의 목적은 위로하고 격려하는 것뿐만 아니라 안내하고 명령하는 것이기도 했다. 우리가 편리할 대로 임의로 받아들이는 태도로서의 유다이즘은 아무 의미가 없다. 유대인의 마음에, 인간의 삶은 의무와 책임의 복잡한 뒤섞임이다. 그리고 유다이즘의 바닥에 깔려 있는 것은 도그마가 아니라 요구고, 느낌이 아니라 헌신이다. 하느님의 뜻이 인간의 신조보다 높은 자리에 있다. 율법의 권위를 우러르는 것은 하느님께 바치는 우리의 사랑의 표현이다.

　그러나 그분의 뜻 너머에 그분의 사랑이 있다. 토라는 그분의 사랑을 나타내는 상징으로서 이스라엘에게 주어진 것이다. 그 사랑에 보답하기 위해 우리는 '아하밧 토라'(*ahavat Torah*)를 이루고자 애를 쓰는 것이다.

　어느 정도의 자제(自制)는 창조적인 삶을 살아가는 일에 없어서 안 되는 것이다. 예술 작품이라는 것이 제멋대로 생긴 물질에 어떤 형태를 불어넣은 것 아닌가? 관념으로 다듬어진 느낌이 아닌가? 우리는 스스로 성숙되었다는 환각과 함께, 인간의 완벽할 수 있는 정도를 과대평가하는 것으로 말미암아 오히려 고통을 겪는다. 그 누구도 자기 훈련과 자제를 필요로 하는 일에 몰두하기를 터득하기까지는 성숙했다고 할 수 없다. 인격의 완성은 자제력으로 좌우되는 것이다.

마음이 편견과 선입견으로 상처를 입고, 흘러넘치는 허무함의 홍수를 막을 수 없으며 어둠 속에서 어리석은 일과 죄를 향해 허우적거리고 있다는 자의식으로 괴로움을 당할 때, 인간은 신앙과 그분의 뜻에 동의함으로써 그분을 섬길 수 있는 특권을 주신 하느님을 기리기 시작한다. 시간은 결코 게으르지 않고, 수명은 갈수록 단축된다. 그러나 율법은 우리의 손을 붙잡아 고향인 영원의 질서로 인도한다.

미츠봇에도 긍정의 미츠봇과 부정의 미츠봇이 있다. 행위와 더불어 자제(自制)가 있다. 실제로 성스러움에 대한 감각은 흔히 제한(制限)의 술어로 표현될 경우가 많다. 이것은 마치 하느님의 신비가 부정을 통하여(*via negationis*), 그분이 어떤 분이라고는 결코 말할 수 없고 다만 어떤 분이 아니라고만 말할 수 있다고 주장하는 부정신학(否定神學)으로 전달되는 것과 마찬가지다. 만일 우리의 섬김이 그토록 잘못되고 미숙한 것이 되기 십상인 몇 가지 의식(儀式)이나 행위로만 이루어진다면, 그 섬김은 적합한 것이 될 수 없으리라. 적극적인 행위가 값진 것이지만 때로는 성스런 자제의 침묵이 행위의 언어보다 더 발음이 분명한 경우가 있다.[8]

영적 질서

율법을 원자화(原子化)하여 전체 없이 부분만 보거나, 보편화하여 부분 없이 전체만 보면, 율법의 의미를 놓쳐 버리게 마련이다.

인간의 어떤 행위의 의미를, 그것들이 부분을 이루고 있는 전체 인생의 성격에서 분리시켜 놓고는 이해할 수가 없다. 행위는 전체를 구성하는 분자며 그 성격은 전체의 구조에서 나온다. 한 인간의 모든 행위와 그가 경험한 것 사이에는 긴밀한 관계가 맺어져 있다. 그러나 부분이 전체에 의하여 결정되듯이, 전체 또한 부분에 의하여 결정된다. 결국, 한 부분이 전체의 유기적 몸에서 생명력을 잃기 전에는, 그 부분의 절단이 전체 구조의 완전성에 영향을 미친다.

어떤 사람들은 율법의 조각이나 파편을 수집하는 데 너무 몰두하여 전체의 모양을 짜는 일은 거의 생각도 하지 못하는가 하면, 일반론의 웅장함과 이상의 모습에 매료되어 눈은 먼 하늘을 헤매면서도 행동은 여전히 낮은 데를 헤매는 사람들이 있다.

우리가 어떻게든 피하려고 애쓰지 않으면 안 되는 것은, 단순히 하나의 미츠바를 놓치는 일뿐만 아니라 전체를 잃는 것, 유대인 삶의 영적 질서에 소속되기를 잃는 것이다. 유대인 삶의 질서는 몇 가지 의식(儀式)을 실천하는 것이 아니라 인간의 전체 실존의 질서로서, 그의 모든 특징, 흥미, 성벽을 결정한다. 그것은 이 발을 옮긴 다음, 다음 발을 어디에 놓을 것이냐는 아주 단순한 행동을 수행(遂行)하는 것이라기보다는, 길을 따르는 것, 길을 걷는 것을 더 중요하게 여긴다. 어떤 일을 완수하는 행위라기보다는 그 일에 뛰어드는 상태, 그 안에서 단순한 행위와 전체적인 종교적 느낌, 때때로 일어나는 감상과 도덕적인 일화들이 완전한 틀의 한 부분이 되는 질서에 소속하는 상태를 더욱 중요하게 여긴다.[9]

유다이즘을 하나의 제의(祭儀) 또는 제례(祭禮)의 체계로 제한하는 것은 유다이즘을 곡해하는 것이다. 토라는 세밀한 부분이자 전체다. 무엇을 지각하는 데 시간과 공간이 필수 전제이듯이, 모든 경건한 행위 속에는 삶의 전체성이 함축되어 있다. 모든 토막 이야기들을 한데 묶는 객관적인 일관성이 있다. 인간은 범죄를 저지른 한 시간 뒤에도 아무렇지 않은 듯 수학을 가르칠 수 있다. 그러나 한 인간이 기도를 할 때는 그가 살아오면서 한 모든 일이 그 기도 속으로 들어온다.

신학적 과장

유대 전승(Jewish tradition)은 율법의 일자 일획이 모두 시나이에서 모세에게 계시되었다고는 주장하지 않는다. 그렇게 보는 것은 계시에 대한 라삐들의 개념을 부당하게 확장한 것이다. "모세는 전체 토라를 모두 알 수 있었을까? 토라를 두고, '그 신비는 땅 끝처럼 아득하고 그 무한하심은 바다처럼 넓다'(욥기 11:9)고 했는데, 모세가 그 모든 것을 40일에 알 수 있었겠는가? 그렇지 않다. 하느님께서 모세에게 가르치신 것은 토라의 원리들(*Klalim*)일 따름이다."[10]

라삐들은, "모세에게는 계시되지 않은 것들이 라삐 아키바와 그의 동료들에게 계시되었다"고 주장한다.[11] 성경을 해석하는 현자들의 역할과 또 새로 법령을 만들어 낼 수 있는 그들의 능력을 유대인은 기본적으로 믿는다. 현자들은 신명기 17장 11절에서 그런 일에 대한 재가를 받았다고 생각한다. 토라는 "흡수되는 것보다 더 많은 양의 물을 끊임없이 솟구쳐내는 샘"에 비유되었다. "같은 뜻에서, 그대는 시나이에서 받은 것보다 더 많은 토라를 가르칠(또는 말할) 수 있다."[12]

더 많이 기뻐하고 더 많이 하느님을 사랑하도록 고취시키려는 의도에서 라삐들은 율법의 폭을 넓혀, 더 많은 제한과 금지를 사람들에게 지웠다. "라삐들이 율법을 추가하지 않은 세대가 없다."[13] "모세 시대에는 그가 시나이에서 받은 것[기록된 법]만이 편집되었고, 거기에 그가 타당한 이유가 있다고 생각해서 만든 몇 가지 법령이 첨부되었을 뿐이다. [그런데] 예언자들, 탄나임(Tannaim), 라삐들이 매 세대마다 [이 금지 사항들을 계속하여 덧보탰다].[14]

산업화된 문명은 현대인의 삶의 조건에 큰 영향을 미쳤다. 그래서 유대 율법에 충실한 많은 유대인이, 라삐들이 만든 금지 조항은 큰 기쁨과 하느님 사랑을 촉진하기는커녕 오히려 방해한다고 생각한다.

"토라 둘레에 울타리를 치라"는 옛 훈령을 열심히 지키다보니, 많은 라삐들이 "포도밭보다 울타리를 더 중요하게 여기지 말라"는 경고를 어기고 말았다. 울타리에 대한 지나친 관심은 오히려 포도원을 황폐하게 만들었다.[15] 마침내 포도원은 짓밟혔다. 버려진 폐허가 되었다. 지금이 울타리의 신성함을 주장할 때인가? "만일 토라가 변하지 않는 엄격한 율법으로 주어졌다면 이스라엘은 살아남을 수 없었으리라… 모세가 간청했다. '우주의 주인이시여, 나에게 율법이 무엇인지 알게 하소서.' 그러자 주님이 대답하셨다. '다수(多數)의 원리로 다스리는 것이다… 율법은 많은 현자들이 인식하는 데 따라서 이렇게도 풀이되고 저렇게도 풀이될 것이다.'"[16]

한 위대한 유대인 학자는 이 문제에 관하여 다음과 같이 말했다.

"시나이 이전 세대가 어떻게 영적인 순결함을 얻을 수 있었던가? 우리는 어떻게 족장들이, 그들이 살던 때에는 아직 계명이 주어지지 않았고 따라서 그들의 경건한 행동이라는 것이 계명에 의한 것이 아니라 자발적인 행위일 따름이었을 터인데도, 이스라엘 공동체만큼 높은 위치에 혹은 그보다 더 높은 위치에 서 있었다고 말할 수가 있는가? 라삐들은 역사가 3개의 시대로 구분될 수 있다고 가르쳤다. 카오스(혼돈) 시대와 토라의 시대, 그리고 메시아의 준비 시대가 그것이다. 족장들은 그분의 거룩하신 현존이 너울에 가리운 모습으로만 발견되는 카오스 시대에 살았다. 그러나 그 어둠과 장벽에도 불구하고 그들은 7개의 계명을 분간해 낼 수가 있었다. 그토록 어려운 때에 조금 얻을 수 있었던 사람은 풍요한 시절에 많은 공적을 얻은 사람 못지 않게 훌륭한 인물로 평가된다. 카오스 시대에 노아의 7계명을 알고 주장할 수 있었던 사람은, 하느님의 말씀이 더욱 충분하게 계시된 때에 모든 토라를 지키는 자와 똑같은 사람이었다.

율법을 지키는 능력은 상황에 따라 결정된다. 따라서 오늘 이 시대에 우리는 성전의 율법을 모두 지켜야 할 의무가 없다. 그것을 조금만 지켜도 성전의 시대에 그것을 죄다 지킬 수 있었던 사람들과 동일하게 평가받을 수 있는 것이다.

아브라함 시대에는 계명을 지키지 않는 것이 큰 잘못이 아니었다. 왜냐하면 계명이 완수되어야 하는 때가 아직 아니었기 때문이다. 모든 말씀과 모든 율법은 그것이 지켜져야 하고 또 지켜질 수 있는 때가 따로 있다."[17]

30

존재의 기술

오직 행실만으로?

할라카(halacha, 유대법)에 따라 사는 삶은 겉으로 드러나는 행위들의 모자이크처럼 보인다. 겉으로만 보면, 인간이 자신의 속마음과 신앙에는 상관없이, 얼마나 철저하게 의식(儀式)을 지켰고 친절한 행위를 했는가, 얼마나 율법조문을 엄격하게 지켰는가에 따라 심판받는다고 생각하게 될 것이다.

유다이즘은 동기나 목적에는 상관 않고 겉으로 드러나는 행동만 칭찬하는가? 유다이즘이 요구하는 것은 경건한 신앙심이 아니라 행위인가? 사람은 그가 누구인가에 따라서가 아니라 무엇을 했는가에 따라 심판을 받는가? 행실만이 홀로 중요한가? 미츠봇은 사람의 영혼에게 아무 할 말이 없는가? 사람의 영혼은 미츠봇을 통하여 할 말이 없는가? 우리는 이를테면 하루에 두 차례 "들어라, 이스라엘아…"를 외친다거나 팔과 머리에 테필린(*tefillin*, 성구를 넣어 둔 갑 – 역자)을 착용한다거나 하는 특별한 의식을 행하라는 명령을 받고 있다. 우리는 다만, "들어라, 이스라엘아… 하느님은 한 분이시다"를 암송하라는 명령만 받았는가? 그것을 들으라는 명령은 받지 않았는가? 테필린을 그저 머리와 가슴에 달기만 하면 외적인 율법준수가 되는 것인가?

그 어떤 종교 행위도 기쁜 마음, 사모하는 마음으로 하지 않으면 올바로 성취되는 것이 아니다. 당신은 영혼으로 하느님 예배하는 길을 모르는 채 육체만으로 하느님을 예배할 수는 없다.[1] 행위와 내적인 경건은 이제부터 살펴보겠거니와, 서로 밀면서 당기는 양극(兩極)으로 이해되어야 한다.

창조성을 부르는 부르짖음

율법을 지킨다는 것이 피상적으로 율법조문을 따르는 것으로 변질되어서는 안 된다. 율법조문에만이 아니라 율법의 정신에도 마음으로 동의하는 것을 율법 자체가 요구하고 있다. 율법의 목적은 말하자면 율법의 관할 밖에서 사는 것, 영원한 것을 갑자기 성취하는 것, 무(無)에서 선(善)을 창조해 내는 것에 있다.

형식적인 글귀로 딱딱해진 율법은 실은 창조성을 부르는 부르짖음이다. 고상함을 부르는 부르짖음이 계명의 형태 속에 감추어진 것이다. 그것은 인간의 활동을 제한하는 멍에로, 재갈쇠로, 스트레이트 재킷(미치광이의 활동을 억제하기 위해 만든 옷 - 역자)으로 만들어진 것이 아니다. 무엇보다도 토라는 사랑을 요구하고 있다. "너는 너의 하느님을 사랑하고 네 이웃을 사랑해야 한다." 모든 율법 준수는 사랑의 기술 안에서 훈련하는 것이다. 사랑이 모든 미츠봇의 목적이라는 사실을 잊는 것은 미츠봇의 의미를 더럽히는 것이다. "율법을 지키는 것이 가장 중요하다고 생각하는 자들은 오류를 범하고 있다. 가장 중요한 것은 마음이다. 우리의 언행(言行)은, 마음의 전심(專心)을 밖으로 드러내는 데 그 유일한 목적이 있을 따름이다. 그분을 온 마음으로 사랑하는 것, 이것이 모든 미츠봇의 알속이자 목적이다."[2]

"우리가 하는 모든 행위가 사랑에서 우러나는 것이어야 한다."[3] 우리는 사랑할 능력을 얻기 위해 율법에 복종할 준비를 갖추는 것이다. 우리에게 율법이 주어진 것은 단순히 그것을 쌓아두라는 것이 아니라 소중히 여기라는 것이다.

유대의 계율은 두 차원에서 이루어지게 되어 있음이 반드시 강조되어야 한다. 그것은 한편으로 분명히 드러나고 눈에 뜨이는 '육신의 행위'로 이루어지면서, 또한 눈에 보이지도 않고 측량할 수도 없는 '영혼의 행위'로 이루어진다. 옳은 의도(意圖)와 그 의도를 행동으로 옮기는 것, 이 둘이 유대의 계율을 구성한다. 의식(儀式)과 율법과 미츠바를 실천하는 일에 몸과 혼이 함께 참여하지 않으면 안 된다. 속마음에 묻혀 있는 생각이나 느낌, 혼 없이 이루어지는 행위는 둘 다 완전하지 못하다.

유다이즘은 행위의 정해진 패턴과 속마음의 자발적인 우러남, 종교행위의 양과 질, 카바나(kavanah, 목적 또는 동기 - 역자)와 행동을 동등하게 중요시한다. 선한 행실이란 그 일이 무엇이냐에만 있는 것이 아니라 그 일을 어떻게 하느냐에도 있다. 무슨 특수한 대상이나 드러나는 행위가 있어야만 이루어지는 미츠봇이라 해도, 역시 그 일을 하는 사람의 내면적인 인식, 참여, 이해, 마음의 자유를 요청한다.

율법이 항상 밖으로 드러나는 율법 준수(遵守)만 말하지, 그 속의 마음은 잘 말하지 않는 것이 사실이다. 율법은 카바나를 엄격하게 강요하지 않는다. 이 묵언(默言)에 오히려 지혜가 있다. 라삐들은 사람에게 어떤 방식으로 행동하라고는 명령할 수 있지만 어떤 방식으로 느끼라고는 명령할 수 없다는 사실, 즉 인간의 행위는 법으로 정할 수 있지만 그의 생각이나 느낌을 정할 수 없다는 사실을 잘 알고 있었다.

따라서 카바나를 규제하는 상세한 법조문은 있을 수 없고, 카바나는 할라카(법규) 속에 잦아들어 말라버렸다고 하겠다. 카바나가 솟아 흐르게 하기 위해서는 카바나 너머에 흐르는 표현 불가능한 것에 대한 감각을 언제나 살아 있게 해야만 한다.

하느님은 마음을 원하신다

유대의 계율은 두 계층으로 나눌 수 있다. 드러나는 행위와 영혼의 행위를 함께 요구하는 계율이 있고, 영혼의 행위만을 요구하는 계율이 있다. 따라서 마음과 뜻은, 하느님 섬기는 일에서 결코 제외될 수가 없는 것이다. 드러나는 행위와 영혼의 행위를 함께 요구하는 계율의 수(數)는 한정되어 있다. 반면에 영혼 안에서 마음의 책임만을 다 감당할 것을 요구하는 계율은 무한하다.

우리는 행실을 칭찬한다. 그러나 계율의 외적인 수행(遂行)을 우상화하지는 않는다. 겉으로 행하는 수행은 행실의 전체를 이루는 한 요소에 불과하다. 유대 문학은, 인간의 모든 행동이 속의 의도나 마음의 숨은 감정에 의하여 나오는 것이며, 실제로 드러나게 계율을 지키는 일보다 먼저 마음의 임무를 실천해야 하는 것임을 자세히 설명해 주고 있다. 그 마음의 임무는, "우리에게 생명과 이성이 있는 한, 모든 때, 모든 곳, 모든 시간, 모든 순간 그리고 모든 상황에서"[4] 우리에게 부여되어 있다.

예루살렘 성전의 제사의식보다 더 엄격하게 형식을 고수하는 계율이 없다. 희생제사를 드리는 규례와 관습에 대한 서술이 미쉬나(Mishnah)의 한 절(節) 거의 전체를 차지하고 있다. 그런데 의미심장하게도, 그 절의 머리 부분에 있는 두 논문은 제사장의 내적인 태도에 대한 언급으로 시작되고 있다. 제사의식의 가치가 무엇보다도 제사장의 속마음 상태가 어떠하냐에 달려 있음을 강조하는 것이다. 제사장이 수행해야 하는 세목(細目)을 열거한 후 미쉬나의 편집자는 위의 기본 원리를 다시 확인하고, 두 번째 논문을 거의 무슨 선포처럼 읽히는 다음의 문장으로 마친다. "그가 마음을 하늘에 향한다면, 많이 바치든 적게 바치든 결국은 마찬가지다." 비록 그가 성소(聖所)의 정결례를 따라 깨끗한 몸이 되지 못했다 해도… 그 마음으로 하느님을 찾았다면 선한 주께서 그를 용서

하시리라(역대기하 30:18, 19 참조).[5]

고대의 라삐들에게는 토라를 연구하는 것이 가장 높은 목적이었다.[6] 그렇다면 이는 하느님 보시기에 연구실의 학자가 들판의 농부보다 더 높은 자리에 있음을 의미하는가? 야브네의 학자들은 즐겨 이렇게 노래했다.

> 나는 하느님의 피조물
> 내 이웃 또한 하느님의 피조물.
> 나의 일은 성 안에 있고
> 그의 일은 들판에 있네.
> 나도 일찍 일어나 일을 시작하고
> 그도 일찍 일어나 일을 시작하고,
> 그가 자기 일로 우쭐대지 않듯이
> 나 또한 내 일로 우쭐대지 않나니
> 비록 자네가 말하기를
> 내가 큰일을 하고
> 그는 작은 일을 한다고 하지만
> 우리는 배워서 알고 있다네.
> 마음을 하늘에 향하기만 한다면
> 많이 하든 적게 하든
> 그것이 문제는 아니라는 것을.[7]

유다이즘이 마음의 혼에게 해야 할 말도 많고, 마음과 혼이 유다이즘에 주어야만 하는 것도 많다. 사랑과 두려움, 놀람과 외경, 신앙과 관심, 지식과 이해 없이는 유다이즘이 있을 수 없다.

하느님은 행실뿐 아니라 "마음을 요구하신다." 복종뿐 아니라 통찰을, 하느님을 받아들이는 일뿐 아니라 이해하고 아는 것을 원하신다.

기계적인 복종은 성경이 요구하는 바가 아니다. 신명기는 "마음이 기쁘고 즐거워서" 하느님을 섬기지 않는 자들에게 가혹한 저주를 서슴지 않는다(신명기 28:47, 48 참조). 토라의 길에 관하여 잠언은 이렇게 말한다. "지혜의 길은 즐겁고 슬기의 길은 기쁘다. 지혜는 붙잡는 자에게 생명의 나무가 되고 지혜를 잡는 사람에겐 행복을 준다"(잠언 3:17-18). 우리가 마땅히 토라로부터 뿜어져 나오는 즐거움과 기쁨과 생명과 행복을 누릴 방법을 배워야 하지 않겠는가?

계율 준수의 주요 기능은, 우리를 끊임없이 훈련시키는 데 있는 게 아니라 영적으로 깨어 있는 자가 되게 하는 데 있다. 유다이즘은 기계적인 행동에 관심이 없다. 복종이란, 본질상 하느님을 본받는 행위의 한 형태다. 우리가 준수한다는 사실(that)이 곧 복종이요, 우리의 준수하는 바(what)가 곧 하느님 본받음이다.[8]

왜 카바나인가?

만일 한 행실이 그것 자체로써 선하다면 어째서 혼이 참여하지 않고 행해질 경우 불완전한 것이라고 보아야 하는가? 왜 카바나가 반드시 필요한 것인가?

무심결에 한 선행은 그것이 남에게 도움이 된 이상, 이 세상에서 가치 있는 것으로 평가되어 마땅하다. 그러나 속마음에서 우러나지 않은 행위는, 남들에게는 영향을 미치겠지만, 그 행위자 자신에게는 아무런 영향도 미치지 않는다. 인간이 참으로 지향할 인생의 목적은 그의 행위하는 바가 되는 것이다(to be what he does). 한 종교의 가치는 그 종교를 살아가는 개인들의 가치다. 그런즉 하나의 미츠바는 그냥 하나의 행실이 아니라 그 행위자와 그 행위를 함께 포용하는 행실이다. 수단은 겉으로 드러나는 것일 수 있으나 목적은 인격적인 것이다. 당신의 행실을 순수하게 하라. 그럼으로써 당신은 거룩해질 것이다.

영웅은 자기 업적보다 큰 자다. 경건한 신앙인은 자기의 종교 의식보다 큰 자다. 그의 행실은 유한하지만 그러나 그에게 맡겨진 일(使命)은 무한하다.

유다이즘이란 오로지 종교 의식이나 도덕적 행실을 지키는 것으로 이루어진다고 생각하여 그 모든 행위의 목적이 영혼을 변화시키는 데 있음을 망각한다면, 이는 유다이즘을 왜곡하는 것이다. 이스라엘은 십계명에서 무엇을 할 것인가를 듣기 훨씬 전에, 이미 무엇이 될 것인가를 들었다. 그것은 거룩한 백성이 되라는 것이었다. 거룩한 행실을 수행하는 것은 행실의 거룩함을 흡수하는 것이다. 우리는 우리가 하는 일과 하나 되는 법을 배워야만 한다. 행동의 기술(the science of deeds)인 할라카에 덧붙여 존재의 기술(the art of being)인 아가다(agada)가 첨부되는 이유가 여기에 있다.

되기 위하여 하기

사람이 선행을 위해 있는 것이 아니라 선행이 사람을 위해 있는 것이다. 유다이즘은 일(works) 이상을 요구한다. 걸작품(*opus operatum*) 이상을 요구한다. 유다이즘의 목표는 한 예식을 잘 수행하는 데 있지 않고 사람이 변화되는 데 있다. 거룩해지기 위해 거룩하신 분을 예배하는 것이다. 미츠봇의 목적은 인간을 성화(聖化)하는 데 있다.

우리가 그분을 위한 일을 많이 할수록 그만큼 우리를 위한 것을 많이 받는다. 최후로 가장 크게 평가되는 것은 행실의 폭의 크기가 아니라 그것이 인간의 혼에 미친 영향의 크기다. "하나의 미츠바를 행하는 자는 하느님 앞에 등불을 밝히고 그의 혼에 더 많은 생명을 부여한다."[9]

인간은 그가 하는 일 이상(以上)이다. 그의 행위하는 바는, 정신적으로, 그의 존재하는 바의 최소량(最少量)이다. 행위는 자아의 본질이 아니라 표출(表出)이다. 그것은 자아를 반영하거나 순화하기도 하겠지만, 그러나 어디까지나 내적 삶의 한 기능으로 남아 있을 따름이지 내적 삶의 실체는 아니다. 그러나 우리에게 가장 크고 절박한 문제는 우리의 내적인 삶이다.

오경은 다섯 권의 책으로 되어 있다. 법전(法典, *Shulchan Aruch*)은 네 책으로 되어 있다. 율법의 빠진 부분은 어디 있는가? 루신의 라삐 이스라엘(Rabbi Israel of Rushin)은, 그 빠진 부분은 인간(the person)이라고 대답했다. 인간의 살아 있는 참여 없이는 율법은 미완성이다.

인간이 떨어져 있는 한, 토라에는 아무런 영광도 없다. 목적은 인간이 토라의 화신(化身)이 되는 것이다.[10] 인간 안에, 그의 혼과 그의 행위 안에 토라가 있는 것이다.

행위 속에 내재하시는 하느님

하느님의 현존, 하느님의 영광은 어디에서 찾아볼 수 있는가? 그것은 이 세계 안에서("온 땅이 그분의 영광으로 충만하다"), 성경 안에서 그리고 신성한 행위 안에서 발견된다.

하늘만이 하느님의 영광을 드러내는가? 시편 19편이 "하늘은 하느님의 영광을 드러내고"라는 구절로 시작되어 토라와 미츠봇에 대한 감사의 노래로 마감되는 것은 상당히 깊은 의미가 있다. 세상과 말씀과 성스런 행위가 모두 그분의 영광으로 가득 차 있다. 하느님은 산 속이나 숲에서보다 친절한 행위와 예배 속에서 그리고 성경에서 더 가깝게 볼 수 있다. 우리에게는 자연에 계신 하느님의 내재를 믿는 것보다 우리의 행위 속에 계신 하느님의 내재(the immanence of God in deeds)를 믿는 것이 더 의미 있다. 실제로, 유다이즘의 관심은 사물의 세계에서 하느님의 현존을 찾는 것보다 우선 우리가 사물을 다루는 방법 속에 그분으로 하여금 들어오시게 하는 데 있다. 공간 속에서만이 아니라 시간 속에서 어떻게 그분과 함께 있을 것이냐, 이것이 유다이즘의 기본 관심사다. 미츠바가 종교적 통찰과 경험의 근원이 되는 까닭이 여기에 있다. 하느님께로 가는 길은 하느님의 길이다. 미츠바는 하느님의 길이요 거룩하신 분의 자기증명이 밝혀지는 길이다. 우리에게는 하느님을 표현할 언어가 거의 없다. 그러나 그분을 표현하는 행실을 하면서 살아가는 방법에 대하여는 잘 알고 있다.

하느님은 한 분이시다. 그리고 그 분의 영광도 하나다. '하나'는 전체를 뜻하고 나뉘지 않음을 뜻한다. 그분의 영광은 일부는 여기에 있고 일부는 저기에 있지 않다. 모든 여기와 모든 저기에 그분의 영광이 있다. 그러나 이 세계의 지금 여기에서는, 그분의 영광이 감추어져 있다. 그것은 성스런 행위에서, 성스런 순간에, 자기를 희생하는 행위에서 드러난다. 미츠바를 행할 때에 인간은 외롭지 않다. 왜냐하면 미츠바란 하느님과 인간이 만나는 곳이기 때문이다.

우리는 공간 속에서 사물을 만나듯이 그렇게 그분을 만나지 않는다. 그분을 만난다는 것은 그분의 실재하심을 속으로 확신하게 되는 것, 그분의 뜻을 깨닫게 되는 것을 의미한다. 그와 같은 만남, 그와 같은 임재하심을 우리는 행위로써 경험한다.

현존하기

하느님의 현존은 우리가 감각하고 유지하고자 하며, 잃었을 때에는 다시 얻고 회복하고자 하는 우리의 간절한 바람(욀)이다. 시간이 곧 이 세상에 계신 하느님의 현존이다(Time is the presence of God in the world).[11] 모든 순간이 그분의 현묘한 도착이요, 인간의 사명은 현존하는 것(to be present)이다. 그의 현존은 하느님이 홀로 계시지 않는 순간에, 우리가 그분의 현존 속에서 현존하고자 하는 순간에, 그분으로 하여금 우리의 일상행위 속에 들어오시게 하고, 그 일상행위 속에서 우리의 생각을 영원의 거푸집으로 주조하는 순간에, 유지된다. 현존과 성스러움은 서로 다른 영역이 아니다. 성스런 행위는 다른 모습을 한 신(神)이다.[12]

인간의 운명은 하느님의 파트너가 되는 것이요, 미츠바는 인간이 현존하는, 인간이 참여하는 하느님의 행위다. 반면에 죄는 하느님이 혼자 계시도록 소외시키는 인간의 행위다.

그처럼 신성을 드러내는 인간의 행위가 구원의 행위다. 구원의 의미는 감추어져 있는 거룩함을 드러내는 것, 억눌린 신성을 해방하는 것이다. 모든 사람이 구원자가 되라는 요청을 받고 있으며 매일 매 순간에 구원이 이루어진다.[13]

유대 율법의 참 의미는 그것을 성스런 시론(詩論)으로 파악할 때 드러난다. 하느님이 우리의 선행 안에서 노래하며 우리의 성스런 행실 안에서 드러난다. 우리의 모든 수고가 실은 그분의 뜻을 연주하는 음악의 대위법(對位法)에 불과한 것이다. 우리의 삶을 하느님께 노출시키는 가운데 우리는 우리 자신 안에 계신 신을 발견하고, 우리의 삶이 우리 자신을 초월해 계신 신과 조화를 이루고 있다는 사실을 또한 발견한다.

카바나

간결함

카바나(kavanah)라는 단어의 의미는 무엇인가? 그 본디의 동사형은, 곧게 하다, 일직선 위에 놓다, 똑바르게 하다는 뜻이었던 듯하다. 여기서 마음을 바르게 하다, 주의를 기울이다, 무슨 일을 도모(圖謀)하다는 뜻이 나오게 되었다. 명사로서의 카바나는 의미, 목적, 동기, 의도를 뜻한다.

카바나는 무엇보다도 일반적으로 의도(intention)를 의미하는 말로 사용되고 있다. 어떤 특수한 일을 이루고자 마음을 그 일에 쏟는 것, 우리가 하고자 하는 일이나 우리가 가담하고 있는 사명이 무엇인지를 잘 알고 있는 상태를 의미한다. 이런 뜻에서 카바나는 간절함(attentiveness)과 동의어다.

간절함이란 단어는 카바나의 뜻을 모두 나타내고 있는가? 카바나는 마음을 두는 것말고 다른 의미는 없는가? 신성한 행위를 마음을 쏟아 할 수 있으면서도, 그 행위가 임무를 완수하겠다는 책임감에서 하는 기계적인 작업으로 끝날 수도 있지 않는가? 무엇보다도, 만일 카바나가 오직 마음의 태도일 뿐이라면 단순히 마음을 돌이키는 것만으로 성취될 수 있지 않겠는가? 그러나 옛적의 경건한 신앙인들은 카바나의 상

태에 이르기 위해 한 시간씩 명상을 하지 않으면 안 된다고 생각했다.[1]

간절함은 형식을 가리키는 개념이다. 그것은 마음의 목표가 아니라 방향을 나타낸다. 그러나 우리가 문기둥에 메주자(mejuzah)를 두는 일이나 기도를 발음하는 일에 각별히 주의를 기울이는 것은 무엇을 의미하는가? 메주자를 기둥의 바른 장소에 두는 일이라든가 기도를 히브리어 발음 법칙에 맞추어 발음하는 것이 하나의 물리적인 행위에 불과한 것인가?

한 고전적인 정의(定義)에 따르면 카바나를 소유한다는 말은, "마음을 하늘에 계신 아버지께로 향하는" 것이다. 즉 우리의 마음을 "본문" 또는 "기도의 내용"으로 향하라고 말하지 않고 "하늘 아버지께로" 향하라고 말한다. 그런즉 카바나는 예배 의식의 본문이나 미츠바의 완수에 마음을 기울이는 것 이상(以上)이다. 카바나는 하느님께 간절한 것이다. 그 목적은 혀나 팔이 아니라 심중(心中)을 하늘에 향하는 데 있다. 그것은 외적인 행동을 이끄는 일에 도움이 되는 마음의 행위가 아니라, 그 자체로서 의미를 가지는 행위다.

정당한 평가

미츠바는 명령을 뜻한다. 하나의 미츠바를 행함으로써 우리는 그분이 우리에게 명령하신 바를 실천하고 있다는 깨달음에 이른다. 그리고 바로 그 깨달음이 우리의 행위를 신에게로 향하게 한다. 이런 뜻에서 볼 때 카바나는 우리가 명령을 받았음에 대한 깨달음이 아니라, 우리에게 명령을 내리시는 분에 대한 깨달음이다. 우리가 져야 하는 멍에가 아니라 우리가 기억하고 있는 그분의 뜻에 대한 깨달음이요, 우리의 책임이 아니라 하느님에 대한 깨달음이다. 그러한 깨달음은 마음의 자세이상이다. 그것은 명령을 받아, 약속 아래 살아가며 하느님과 더불어 같은 일을 할 기회를 누리는 자기 자신에 대한 정당한 평가(appreciation) 또는 긍지다.

정당한 평가는 반성(反省)과는 다른 것이다. 그것은 전인격의 태도다. 그것은 한 대상이나 상황의 고귀함에 빠져 들어가는 것이다. 하느님의 명령을 들을 수 있음의 귀중함을 느끼는 것, 미츠바를 실천하는 일의 특수한 가치를 지각하는 것, 이것이 더 높은 카바나의 시작이다.

이렇게 정당한 평가를 할 때 우리는, 실행하는 것(to perform)이 신의 주제에 형식(form)을 빌려 주는 것이라는 사실을, 신성(神性)을 행위로써 드러내고, 유형의 틀로써 영을 표현하는 것이 우리의 사명임을 깨닫는다. 미츠바는 마치 악보와도 같아서 그것을 연주하는 일은 저절로 되지 않는 하나의 예술적인 행위이기 때문이다.

악보로 된 음악은 그 마음에 음악을 소유한 자에게만 개방된다. 악보를 그대로 연주하는 것만으로는 충분하지 못하다. 사람은 그가 연주하는 것이 되어야 한다(One must *be* what he *plays*). 미츠바를 행하는 것만으로는 충분하지 못하다. 사람은 그가 행하는 것을 살아야 한다(One must *live* what he *does*). 목적은 성스런 행실로 들어가는 입구를 찾는 것이다. 그러나 미츠바 안에 있는 성스러움은, 자기 영혼 속에 있는 성스러움을 발견할 줄 아는 사람에게만 열린다. 미츠바를 실행하는 것과 그것이 주는 영감(靈感)을 더불어 나누는 일은 별개다. 그리고 더불어 나누기 위해 우리는 내어 주는 방법을 배워야 한다.

오로지 실행하는 기술에만 전념하는 사람은 그 사명의 본질을 제대로 파악하지 못한다. 인간의 혼이 무딜 때 미츠바는 단단한 껍질이 된다. "죽은 자는 하느님을 찬양할 수 없다"(시편 115:17, 사역). 미츠봇은 저 스스로의 빛으로 빛나지 못하는 법이다. 우리가 내면의 삶을 미츠바에 향하여 열 때, 노래가 우리의 혼에 실려 밖으로 나온다.

일치시킴

하느님의 현존은 우리가 그분께 마음을 두는 것 이상을 요구한다. 카바나는 하느님께로 향하는 것(direction)이면서 전인격의 방향 수정(redirection)을 요구한다. 그것은 자아의 흩어진 힘들을 한 데 모으는 행위요, 생각과 의지뿐 아니라 마음과 혼을 쏟는 것이며 자신의 영혼을 미츠바의 주제에 일치시키는 것이다.

어떤 일의 동기가 되는 것(to be in a cause)과 동기를 일으키는 것(to be for a cause)은 별개의 일이다. 이웃을 돕는 것만으로는 충분하지 않다. "너는 네 이웃을 사랑해야 한다." 하느님을 섬기는 것만으로는 충분하지 않다. "마음을 다 기울이고 정성을 다 쏟아 그를 섬겨야" 한다(신명기 11:13). 그분을 사랑하는 것만으로는 충분하지 못하다. "마음을 다 기울이고 정성을 다 바치고 힘을 다 쏟아 너의 하느님 야훼를" 사랑해야 한다(신명기 6:5).

카바나를 넘어

우리가 맨 먼저 느끼는 것은, 우리가 충분하게 느낄 수 없다는 느낌이다. 인간의 불충분함은 겸손해서 내리는 결론이 아니라 실존이 안고 있는 진실이다. 하나의 미츠바는 생각의 대용품도 아니요 카바나의 표현 또한 아니다. 미츠바는 우리가 우리의 생각이나 의도의 폭을 넘어나가는 행위다. 나무를 심는 자는 그 자신의 의도의 차원을 넘어간다. 미츠바를 행하는 자는 영원이라는 신의 정원에 나무를 심는다.

하나의 성스런 행위와 함께, 때로 분명하지는 못하지만, 우리가 목격하고 느끼는 바를 언어보다 더 잘 표현하는 영혼의 부르짖음이 흘러나온다.

경건한 사람은 흔히 책벌레, 즉 두툼한 고서(古書)의 책갈피 속에서 살아가며, 동경과 슬픔과 긴장을 안고 살아가는 인생을 성경 주석서의 각주(脚註)에 불과하다고 생각하는 책벌레의 일종으로 묘사된다. 신앙인이, 7년 동안 계속 타는 도금양(挑金孃) 나무의 불 속에서 나온다는 전설의 동물 불도마뱀과 비슷한 것은 사실이다.

종교는 타오르는 불이요 불꽃이다. 그 속에서 마음과 혼의 쇠똥이 녹아 없어진다. 종교는 불 위에서만 살아갈 수 있다. "야훼께서 모세에게 말씀하셨다… '인구 조사를 받을 사람은 누구나 성전 세겔로 셈하여 반 세겔을 내야 한다'"(출애굽기 30:13). 라삐 메이르(Rabbi Meir)는 이렇게 말했다. "주께서 모세에게 불의 동전을 보여주시며 말씀하셨다. '이것이 저희가 내어야 할 것이다.'"[2] 종교의 생명은 제단이다. "제단에서는 불이 꺼지지 않고 늘 타고 있어야 한다"(레위기 6:6).

높이 올라가는 행위 없이, 몸을 떨면서 경외하는 순간 없이, 장엄함에 황홀해 하는 순간 없이, 사람은 살 수가 없다. 몇 주간이나 몇 달 동안 그는 반복되는 일상의 관심사에 갇혀 있을 수는 있겠지만 마침내 긴장을 이기지 못하여 그의 모든 습관이 폭발하는 때가 닥친다. 상식은 삶을 평범한 개념의 틀 속에 가두어 두고자 하겠지만 그러나 우리의 삶의 많은 것이 거룩한 불꽃 속에서 타오르게끔 처음부터 그렇게 만들어졌고, 그것이 불로 타오르지 않으면 악한 생각과 못된 행실로 타락하게 되어 있다. 위로 솟아오르려는 자신의 요구를 채우기 위해 인간은 격분하여 전쟁을 일으키기도 하고 온 로마에 불을 지르기도 한다.

종교는 그것이 멍에로, 도그마로, 두려움으로 군림할 경우 인간의 정신을 기르기는커녕 오히려 능욕하게 된다. 종교는 마땅히 그 위에서 영혼의 불이 거룩하게 타오르는 제단이어야 한다.[3]

32

종교적 행동주의

종교적 행동주의

유다이즘을 이른바 "종교적 행동주의"(religious behaviorism)로 아는 잘못된 이해를 분석하는 일은 중요한 작업이다. 그것은 율법에 대한 하나의 태도이면서, 또한 유다이즘의 철학 전체에 대한 태도를 가리키는 개념이다. 율법에 대한 태도로서 그것은 율법을 어김없이 행실로써 지키는 것을 강조하며 상대적으로 속마음의 전념(專念)의 중요성을 무시한다. 그것은 유다이즘에 따르면, 하느님의 뜻이 이루어지는 길은 오직 하나 뿐인데 겉으로 나타나는 행위가 그것이라고 주장한다. 그것은, 내면의 전념이라는 것이 유다이즘 본연의 것이 아니며, 유다이즘은 관념이 아니라 행실을 관심하고, 유다이즘이 요구하는 것은 오직 율법에 대한 복종일 따름이라고 주장한다. 그것은 율법, 행위, 사물들로 이루어진 유다이즘(의 하나)이다. 그것은 두 차원을 지니고 있는데 깊이라는 차원, 즉 인격적인 차원은 상실되었다. 따라서 종교적 행동주의자들은 훈련, 전통, 계율 준수를 말하면서 종교적 체험이나 종교적 관념 등은 말하지 않는다. 반드시 믿어야만 할 필요는 없지만 반드시 율법을 준수해야 한다고 주장한다. 마치 문제가 되는 것은 인간이 어떻게 육체로 행동을 하느냐 하는 문제인 듯이. 마치 하느님은 속의 생활에 관심하시지 않는다는 듯이. 신앙은 유다이즘 본연의 것이 아니며, 정행(正行, orthopraxis)이 유다이즘 본연의 것이라는 듯이 말이다. 이와 같은 개념은 유다이즘을 신성한 물리학, 곧 측량할 수 없고 내관적(內觀的)이며 형이상학적인 것을 모르는, 성스러운 물리학의 한 종류로 전락시킨다.

한 개인의 태도로서의 종교적 행동주의는 흔히, 신앙의 최고 과제가 전통을 존경하는 것이라고 보는 널리 알려진 신학을 반영한다. 사람들은 조상들로부터 물려받은 전통을 존경하는 마음에서 예배에 참석하거나 의식(儀式)을 지키라는 강요를 받는다. 존경의 신학은 물려받은 관습과 제도의 유지를 옹호하며, 자발성을 경멸하고 지나치게 온건하며 순응하는 정신으로 무장되어 있다.

"전통을 존경하는" 원리 자체는 슬기롭고 중요하며 본질적인 것이요 교육상으로도 쓸모 있는 것이지만, 그러나 그것을 신앙의 최고 과제로 삼는 것은 우스꽝스럽기도 하고 자기를 스스로 파괴하는 것이기도 하다. 우리가 어떤 계율을 지키는 것은 그것이 옛날부터 전해 내려온 것이기 때문이 아니다. 옛날의 엉뚱한 것이라고 해서 오늘의 엉뚱한 것보다 더 존귀하게 여김 받을 이유는 없다. 고색창연한 옛 것이라고 해서 더 좋아해야 할 이유가 어디 있는가? 과거를 무조건 받드는 것이 유다이즘의 본질인가? 아브라함이 전통을 부수고 과거를 거부함으로써 비롯된 것이 유다이즘 아닌가? 종교적 행동주의는 인간의 본성을 전적으로 오해하는 잘못을 범하고 있다. 종교적 행실이 영적인 진공 상태에서, 영혼이 부재한 상태에서 이루어질 수 있다고 보는 것이 과연 심리학적으로 맞는가? 한 자유로운 인간이, 이성 없이 무엇을 받들고 신앙 없이 조상을 숭배하며 개인의 확신 없이 집단의식에 의하여 행동을 할 수 있겠는가?

이제부터 유대 사상의 빛으로 종교적 행동주의의 근원과 아울러 그 기본 가설을 분석해 보기로 하자.

스피노자와 멘델소온

유다이즘을 종교적 행동주의의 체계로 보는 이론은 스피노자와 모세 멘델소온(Mose Mendelssohn)에게까지 거슬러 올라간다.

스피노자는, 이스라엘 민족이 다른 민족들과 다른 점은 지식이나 경건에 있지 않다고 보았다. "그들(이스라엘)은 하느님과 자연에 관하여 대단히 원시적인 관념을 지니고 있었을 뿐"이고, 예언자들도 그 수준 이상으로 올라갈 수 없었다.

"성경의 교리는 높은 사상이나 철학적 논리성을 담고 있지 않았다. 다만 가장 저급한 지성이 이해할 수 있는 아주 단순한 생각들만 그 속에 담겨져 있다." "만일 [예언자들이] … 이방의 철학자들은 모르던 무슨 새롭고 사변적인 교리를 가르친 흔적을 발견할 수 있었다면 나는 놀랐을 것이다." "따라서 우리는 자연 현상이나 정신 현상에 관한 무슨 지식을 얻고자 하여 예언자에게로 갈 이유가 전혀 없다." "이스라엘은 하느님이 비록 그들에게 계시되었지만 그분을 거의 모르고 있었다." "그들에게 신에 관한 무슨 건전한 개념이 있었다고는" 보기 어렵다. "모세가 가르친 것은 바르게 살아가는 법 이외의 것이 아니었다… 그런즉 바르게 살아가는 법, 하느님에 대한 예배와 사랑이 그들에게는 참 자유이며 신의 선물과 은총이라기보다는 하나의 굴레였다." 성경이 담고 있는 것은 종교가 아니라 율법이고, 그 율법의 성격은 종교적인 것이라기보다 정치적인 것이다.[1]

성경이 정신적인 면에서 열등하고 지적인 면에서 타당하지 못하다고 본 스피노자의 견해는 매우 중요한 작용을 하여, 그의 다음 세대가 성경을 보는 시각에 많은 영향을 미쳤다. 칸트, 피히테, 헤겔 그리고 낭만주의 학파의 사상가들은 형이상학에 관한 스피노자의 견해는 배척하면서도 성경에 대한 견해는 받아들였다.[2]

스피노자의 형이상학적 이론을 맹렬히 반대하였고 학문의 동기와 의도에서도 스피노자와 전혀 달랐던 모세 멘델소온이 그럼에도 불구하고 성경의 본질에 관한 스피노자의 견해를 받아들인 것은 유대 역사가 안고 있는 아이러니 가운데 하나다.[3]

멘델소온은, 궁극적 종교 진리는 밖에서 주어지는 것이 아니라고 생각했다. 우리의 정신은 이미 우리에게 알려지지 않은 것을 이해하지 못하게 되어 있기 때문이라는 것이다. 궁극적 진리는 계시보다 우리의 정신 속에 그 기원을 두고 있다. 유대인의 유일신 신앙은 계시를 받아서 가지게 된 신앙이 아니라, 누구든지 이성을 통해 도달할 수 있는 결론으로서의 신앙이었다. 스피노자와 함께 그는, 유다이즘이 요구하는 것은 교리를 받아들이는 것이 아니라 율법을 순종하라는 것이라고 주장한다. "유다이즘은 흔히 말하는 의미의 계시된 종교가 아니라 계시된 율법, 명령, 계율이다. 이 계시된 율법은 모세를 통하여 유대인에게 초자연적으로 부여되었다." 그것은 신앙을 요구하지도 않고 어떤 특수한 신앙의 태도를 요구하지도 않는다. "유다이즘의 정신은, 교리에는 자유하고 행동에는 순응하는 것이다."[4]

유다이즘과 율법주의

스피노자와 모세 멘델소온의 정신을 본받아, 입술로만 율법을 들먹거리는 자들이나 진지하게 율법을 따르는 자들 가운데 많은 사람이 율법을 공부하는 것이 유다이즘을 표현하는 유일한 길이라고 주장한다. 아가다(agada)--율법에 연관되지 않은 라삐들의 문학을 가리키는 좁은 의미에서나, 율법에 연관되지 않은 관념이나 신앙을 해석하는 모든 후기 라삐들의 시도를 가리키는 넓은 의미에서나--는 "유다이즘의 본류(本流)에 들어 있지 않다." 그들은, 신학은 유다이즘에 낯선 것이라고 주장한다. 율법이, "암소를 뿔로 받는 황소"가, 유대의 신학이다. 유다이즘은 율법 이외에 아무것도 아니기 때문이다. 이와 같은 범-율법적(pan-halachic) "신학"은, 유다이즘에서는 종교생활이 율법이 목적하는 바를 얻고자 애쓰는 것보다 율법을 철저히 지키는 것으로 이루어진다고 주장한다. 그것은 토라를 기리되, 그것이 삶에서 하느님을 발견하는 길을 보여주기 때문이 아니라 율법을 보여주고 있기 때문에 기린다. 율법을 순종하는 것이 신앙생활의 한 모습이라기보다 실체이며, 율법은 수단이 아니라 목적이라고 주장한다.

실제로, 유다이즘을 공박한 자들이 내세운 주장인즉, "모세의 율법은 오직 바른 행위를 요구할 뿐 마음의 순결에 대하여는 아무 말도 하지 않는다"는 것이었다. 알보(Albo)는 이를 진실의 정반대라고 보아 부인한다. "성경은 이렇게 말하고 있다. '너희가 받을 할례는 마음의 껍질을 벗기는 일이다'(신명기 10:16). '마음을 다 기울이고 정성을 다 바치고 힘을 다 쏟아 너희 하느님 야훼를 사랑하여라'(신명기 6:5). '네 이웃을 네 몸처럼 아껴라'(레위기 19:18). '너는 하느님 두려운 줄을 알아야 한다'(레위기 19:14). '형제를 미워하는 마음을 품지 말라… 동족에게 앙심을 품어 원수를 갚지 말라'(레위기 19:17-18). 모세의 율법이 바르게 행동하기를 명령하는 이유는, 그런 행동이 순결한 마음에서 나오는 것임을 구태여 새삼스럽게 따로 말할 필요가 없기 때문이다. 그러나 가장 중요한 것은 속마음이다. 그래서 다윗도, '깨끗한 마음을 새로 지어 주시고'(시편 51:10) 하고 기도한 것이다."[5]

유다이즘은 율법주의의 다른 표현이 아니다. 계율이란 겉으로 나타나는 형태로서는 율법이고 내용으로서는 사랑이다. 토라는 율법과 사랑을 함께 내포한다. 율법은 세계를 하나로 묶고 사랑은 세계를 앞으로 나가게 한다. 율법은 목적이 아니라 수단이요 목적지가 아니라 길이다. 그 목적들 가운데 하나가 "너희는 거룩하게 되어라"다. 토라는 율법을 통과하여 목적지에 이르게 하는 안내자다. 그것은 하나의 내다봄(vision)이면서 율법이다. 하느님의 모양으로 지음 받은 인간은 하느님이 내다보시는 것과 같은 세계를 재창조하라는 명령을 받고 있는 것이다. 할라카(halacha, 法)는 유대인의 배움과 삶에서, 그 전부도 아니며 마지막도 아니다.

토라는 법조문의 체계 이상(以上)이다. 오경의 한 부분만이 율법을 다룰 뿐이다. 예언서와 시편과 지혜서는 할라카의 한 부분이 아니다. 토라는 할라카와 아가다(agada, 뜻)를 함께 내포하고 있다. 육체와 영혼처럼, 그것들은 서로 의존하며 동시에 저만의 차원을 지니고 있다.

아가다는 흔히, 라삐 문헌의 율법과 연관되지 않은 모든 부분을 포함하는 것으로서,[6] 이야기 형식이나 성경에 대한 해설, 격언 또는 훈계의 형식을 갖추고 있다고 본다. 성경 또한 라삐 문헌처럼 율법에 관한 가르침과 율법에 상관없는 가르침을 아울러 담고 있지만, 그러나 할라카와 아가다의 구별이 성경에는 적용되지 않는다는 사실은 매우 의미 있다.[7] 율법이 성경의 중심이긴 하지만 성경의 적은 부분만이 율법을 언급하고 있음 또한 사실이다.[8] 어느 라삐는 이렇게 말했다. "족장들의 종들이 나눈 대화가 후대의 율법보다 더 아름답다."[9]

아가다의 근본적 중요성

아가다의 근본적 중요성과 귀중한 가치는 고대 라삐들의 아래와 같은 선언에 잘 표현되어 있다. "너희가 우주를 말씀으로 지으신 그분을 알고자 한다면, 아가다를 공부하라. 그러면 거룩하신 분을 알고 그분의 길을 걷게 되리라."[10] 아가다라는 수단을 통해 하느님의 이름은 이 세상에서 성화(聖化)된다.[11] 아가다의 가치를 제대로 평가하지 않는 자들에게 라삐들은, "그들은 주님의 하신 일에, 그분의 손으로 이루신 일에,

주의하지 않는다"는 구절을 적용했다.[12]

탄나이트의 시대(Tannaitic period, 1, 2세기 팔레스틴에서 활약한 라삐들인 Tanna의 구전된 법에 대한 해설 등이 미쉬나에 기록되어 있음 - 역자)에는 아가다가 유대 학문의 한 부분을 차지하고 있었다. 당시에는 사람들이, 기록된 토라(the written Torah)가 오경(Pentateuch)과 예언서(Prophets)와 성문서(Hagiography)로 구성되어 있듯이, 구전된 토라(the oral Torah)는 미드라쉬(midrash), 할라카(halacha) 그리고 아가다(agada)로 구성되어 있다고 생각했다.[13]

수집, 보존된 아가다 속에는 거의 헤아릴 수 없을 만큼 풍부한 종교적 통찰과 감정이 담겨 있었다. 아가다 속에서 종교의 동기와 어려움과 당황스러움과 간절한 바람이 생생하고 솔직하게 표현되어 있기 때문이다. 그리고 유대인은 할라카뿐 아니라 아가다도 공부해야만 했다.[14] 심판의 날에는 아가다를 공부하지 못한 것에 대한 심판을 받게 될 것이었다.[15] 나중에는 공부 시간의 3분의 1을 아가다 연구에 써야 한다는 결정이 내려지기도 했다.[16]

그러나 유대 계몽운동은 아가다를 거의 평가하지 않았다.[17] 유대의 고전 문학의 모든 측면을 가르칠 것을 주장한 어느 교육학자는 아가다를 과목에 포함시키는 것을 통렬하게 반박한다.[18]

토라는 법 이상이다

70인역 성경의 번역자들은 토라(torah)라는 히브리어를 그리스어로 번역하면서 마땅한 동의어가 없어 법을 뜻하는 노모스(nomos)로 번역해 숙명적인 오류를 범했다. 그렇게 번역한 덕분에 유다이즘에 대한 엄청난 오해를 불러일으켰고, 유다이즘의 가르침을 공박하려는 자들에게 막강한 무기를 제공한 결과를 빚었다. 유대인들이 성경을 가르침

(teaching)으로 보았다는 증거는 토라의 아람어 번역이 법이 아니라 가르침을 뜻하는 오라이타(oraita)로 되어 있는 사실에서 찾아볼 수 있다.

아베스타(Avesta, 조로아스터교의 경전 - 역자)에는 종교가 법(daena)으로 불리고 있으며, 페르시아인들은 종교와 법을 분간할 수 없었다.[19] 유다이즘에서는 토라라는 단어조차 모든 것을 포함하지 못한다. "토라는 있으면서 이랏 샤마임(yirat shamayim, 하느님에 대한 외경과 두려움)이 없는 자는 내실(內室)의 열쇠는 받았으면서도 바깥문의 열쇠를 받지 못한 보물 창고 주인과 같다."[20] 또한 미츠봇이란 단어도 유다이즘의 전체성을 표현하지 못한다. 하느님을 받아들이는 것이 미츠봇(계명)을 받아들이는 것과 분별되어야 하며 먼저 이루어져야 한다.[21]

십계명의 첫 머리에, "나는 너희 하느님 야훼"라는 말이 있다. 라삐들은 비유 하나를 만들었다. "황제가 새로운 땅을 자기의 영토로 만들었다. 신하들이 그에게, 백성에게 몇 가지 법령을 내리라고 말했다. 그러나 황제는 그들이 나의 왕권을 받아들인 뒤에야 법령을 내리겠다고 대답했다. '그들이 만일 나의 왕권을 받아들이지 않는다면 어떻게 나의 법령을 따르려 하겠느냐?' 이와 비슷하게 하느님께서 이스라엘에게 말씀하셨다. '나는 너희 하느님 야훼다. 다른 신은 없다. 나는 나의 왕권을 너희가 에집트에 있을 때 받아들인 바로 그다.' 그들이 '예' 하고 대답하자 그분은 '너희는 나 외에 다른 신을 두지 말라'고 말씀하셨다."[22]

율법의 조목을 꼼꼼히 지키는 데 몰두하는 사람은 하느님의 현존을 자칫 망각하고, 율법이 율법을 위해서 있는 게 아니라 하느님을 위해서 있다는 사실을 잊어버리는 수가 있다. 실제로, 계율의 본질이 많은 관습과 인습에 파묻혀, 그 장식 때문에 보석이 보이지 않는 경우도 흔히 있다. 법조문을 눈에 보이게 맹종하는 일이 살아 계신 하느님에게 전인격(全人格)으로 속하는 것을 대신해 버리는 경우다. 계율을 지키는 자가 그분의 영에 민감해지지 않는다면 그 계율의 목적이 어디에 있는가?

미츠봇이라는 것이 누구의 길에 서 있는 이정표인가?

할라카를 준수하는 것은 할라카를 위해서가 아니라 하느님을 위해서라야 한다. 율법이 우상화되어서는 안 된다. 그것은 토라의 전부가 아니라 일부다. 우리가 살고 죽는 것은 율법을 위해서가 아니라 하느님을 위해서다.

"너희는 나의 안식일을 지키고, 나의 성소를 소중하게 여겨라"(레위기 19:30). 이 말을, 성소에 경의를 표하라는 명령으로 생각할 수도 있다. 탈무드는 우리에게 간곡하게 타이른다. "안식일이 아니라 안식일을 지키라고 명령하시는 분을 공경해야 마땅하듯이, 성소가 아니라 성소에 연관된 계명을 내리시는 그분을 공경해야 한다."[23]

라삐들은 율법을 높이고 엄격하게 준수할 것을 강조했지만 그로써 율법을 신격화하는 데까지 나가지는 않았다. "안식일이 너희에게 주어진 것이지 너희가 안식일에 주어진 것은 아니다." 고대의 라삐들은, 지나친 경건이 율법의 본질을 지키는 일을 위태롭게 할 수도 있음을 알았다. "토라에 따르면 인명(人命)을 보존하는 것보다 더 중요한 일이 없다… 생명이 희생될 가능성이 추호만큼이라도 있다면 율법의 금지를 무시할 수도 있다." 사람은 사람을 위해 미츠봇을 희생해야 한다. 미츠봇을 위해 사람을 희생하는 일이 있어서는 안 된다. 토라의 목적은 "이스라엘과 이 세상과 장차 올 세상에 생명을 가져다주는 데 있다."[24]

할라카를 넘어

궁극으로 요청되는 행위는 율법의 요구를 넘어서는 행위다. 토라는 법조문이 아니다. 시끄러운 잔소리가 아니다. 인간의 책임을 다하는 것만으로는 충분하지 못하다. 인간은 율법의 테두리 안에서도 얼마든지 악당이 될 수 있다.[25] 예루살렘은 왜 파멸되었는가? 그 백성이 율법에

따라서 살았지, 율법의 요구를 넘어서지는 못했기 때문이다.[26]

할라카는 한결같음을 강조하고, 아가다는 굴곡과 다양성의 원리를 대변한다. 규율은 일반화다. 실제로 살아가는 마당에서 우리는, 일반적인 해결책으로는 도저히 풀 수 없는 일을 헤아릴 수 없이 만난다. 구체적인 상황에 일반적인 법칙을 적용하는 방법에는 여럿이 있다. 고상한 법칙을 악하게 적용하는 경우도 있다. 따라서 어떤 특수한 상황에 일반률을 적용하는 옳은 방법을 선택하는 일은 개인에게, 개인의 양심에, 그 "마음에 달려 있다."[27]

이것을 이해할 현자는 어디 있는가?
이것을 설명할 수 있는 예언자는 어디 있는가?
무엇 때문에 땅이 파괴되고 황야처럼 쓸쓸히 버려졌는지를.

"현자들에게 이 질문을 던졌으나 그들은 대답하지 못했다. 예언자에게도 물어보았으나 그들 또한 대답하지 못했다. 마침내 하느님께서 몸소 대답해 주시기까지.

"주께서 말씀하셨다. '그들이 나와 토라를 버렸기 때문이다.'
라브 유다(Rav Judah)가 라브의 이름으로 말했다. '이는 그들이 토라를 축복으로 여기는 마음으로 접근하지 않았다는 뜻이다.'"[28]

성(聖) 라뻬누 요나(Rabbenu Yonah)는, 이스라엘 땅이 황폐한 까닭이 문자 그대로 토라를 포기했기 때문이 아니라 내적인 태도의 잘못에 있다고 본 이 해석을 칭찬했다. "만일 그것이, 백성이 토라를 문자 그대로 버렸고 토라에 전념하지 않았다는 뜻이었다면, 예언자와 현자들이 땅의 황폐 이유를 설명 못했을 까닭이 없다. 이토록 명백하고도 단순한 이유를 그들이 보지 못했겠는가?"

"백성들은 실제로 토라를 지켰으며 결코 토라 배우는 일을 포기하지 않았다. 그래서 하느님이 몸소 이유를 말씀해 주시기까지 예언자들과 현자들은 영문을 알 수가 없었던 것이다. 인간의 속마음 깊은 곳을 헤아려 아시는 그분은 그들이 비록 토라를 공부하기는 했지만 [주어진 의무로서] 토라를 찬미하거나 토라에 대하여 감사하지는 않았다는 사실을 알 수가 있으셨다. 그들이 비록 토라를 실행하긴 했지만 그것을 축복으로 여기지는 않았음을 그분은 아셨다." 그들은 토라의 소중함을 몰랐다. 그들은 토라를 하느님을 위해 성취하는 일에 실패했다. 땅이 파괴된 것은 카바나, 즉 내적인 전념(專念)과 헌신이 없었기 때문이었다.29)

이렇게 내면의 순수가 철저하게 요구되고 있기에, "나는 두 마음 품는 자를 미워합니다"(시편 119:113)는 구절이, 야훼를 섬기되 사랑이 아니라 두려움 때문에 섬기는 자들에게 적용되었던 것이다.30) 우리는 이사야 29장 13절을 잊어서는 안 된다. "이 백성은 말로만 나와 가까운 체하고 입술로만 나를 높이는 체하며 그 마음은 나에게서 멀어져만 간다. 그들이 나를 공경한다 하여도 사람들에게서 배운 관습일 따름이다."

범-율법주의

토라를 노모스(*nomos*)로 번역한 일이 아무런 생각 없이 된 것은 아니다. 그것은 차라리, 할라카를 유대의 사유나 삶의 유일한 근원으로 생각하는 율법주의 또는 범-할라카주의(pan-halachism)의 경향을 보여주는 실례다. 라삐들의 시대뿐 아니라 중세기에도, 아가다에 대하여 부정적인 태도를 가진 사람들이 있었고,31) 심지어 아가다의 몇 구절을 "거부하고 조롱하는" 사람들도 있었다.32)

반(反) 아가다 태도의 한 뚜렷한 실례가 라쉬(Rashi)의 유명한 창세기 주석 서두에서 발견된다. "라삐 이사악은 이렇게 말했다. 토라[이스라엘의 율법서]는 출애굽기 12장에서 시작된다고 보아야 한다." 왜냐하면

그 전에는 율법에 관한 기록이 보이지 않기 때문이다.[33]

이 견해가 담고 있는 전제와 의미는 참으로 당황스런 것이다. 그렇다면 성경에서 창조 이야기라든가 아담과 카인의 범죄, 바벨탑, 아브라함의 생애, 이사악, 야곱의 이야기, 열두 족장의 이야기, 에집트에서 겪은 고난과 기적 등 율법에 직접 연관이 없는 부분이 모두 빠져야 하겠기 때문이다.

신앙 없는 종교

종교적 행동주의를 신봉하는 이들은 유다이즘이 신앙의 종교가 아니라 율법의 종교이며, 신앙은 "유다이즘에서 스스로 장점을 지닌 어떤 것으로 여겨진 적이 결코 없다"고 주장한다. 만일 기꺼이 자기 아들을 제물로 바치고자 한 아브라함의 이야기나, "그분이 나를 죽이신다 해도 나는 그분을 믿으리라"고 한 욥의 공언(13:15, 사역)을 무시해 버리기로 한다면, 위의 주장이 타당하다고 하겠다. 만일 신앙의 힘이 아니라면, "사람은 자기에게 일어나는 좋은 일로 말미암아 하느님께 감사해야 하듯이 자기에게 닥치는 나쁜 일에 대하여도 하느님께 감사해야 한다"[34]는 미쉬나의 훈계 뒤에 있는 것이 무엇이란 말인가? "무엇인가 분명한 것이 있다면, 그것은 하느님에 대한 강한 믿음과 이스라엘의 하느님이 온 세상의 하느님이 되신다는 확신이 유다이즘의 역사를 관통하여 작용한 가장 높은 동기라는 사실이다. 달리 말하면 신앙과 희망, 이 둘이 유다이즘의 가장 현저한 특색이다."[35]

성경에서는 불신자가 되풀이하여 비난을 당하는 반면 신자는 칭찬을 듣는다. "나 야훼가 하는 말이다. 씨 뿌리지 못하는 땅 사막에서 나를 따르던 시절, 젊은 날의 네 순정, 약혼 시절의 네 사랑을 잊을 수 없구나"(예레미야 2:2). 라삐들은 죄를, 하느님 믿는 신앙의 부족, 혹은 결함 때문인 것으로 보려는 경향이 있다. "그 누구도 먼저 모든 것의 뿌리 (즉, 하느님)를 부인하지 않고는 (또는, 불신하지 않고는) 남에게 욕설을 퍼붓거나… 이웃에게 사기를 칠 수 없다."[36]

신앙은 참으로 값진 것이어서 이스라엘이 에집트에서 구원받은 것도 그들의 신앙에 대한 보상이었다. 미래의 구원도 이스라엘이 보여 줄 신앙의 정도에 따라 이루어진다.[37] 라삐들은 장차 올 세상에서 악행을 한 자들은 생명을 더불어 나눌 수 있을지언정, 근본적 믿음에 반대하는 주장을 편 자들은 그럴 수 없다고 보았다.[38]

종교적 행동주의를 신봉하는 자들은 자신들의 견해를 뒷받침하는 구절로서, 예레미야의 "그들은 나를 버리고 나의 토라를 지키지 않았다" (16:11, 사역)는 구절을 라삐들이 "그들은 나를 버릴지언정 토라를 지켜야 했다"로 풀어 읽은 것을 인용한다.[39] 그러나, 이 구절을 하느님에 대한 관심보다 토라 연구만이 오직 중요하다고는 않더라도 더욱 우선되어야 한다는 뜻으로 푸는 것은 본디의 뜻을 곡해하는 것이다. 이와 같은 곡해는, "그들이 토라에 몰두했더라면 토라 속에 들어 있는 빛이 그들을 나에게로(to Me) 인도했으리라"[40]는 그 구절의 후반부를 간과해 버린 데서 생긴 결과다. 그 라삐들이 마음에 그린 것은 이상(理想)이 아니라 최후의 수단이었다. 즉 다른 모든 계명을 포기했더라도 끝내 토라 공부하는 일을 계속하기만 했다면 토라의 빛이 마침내 그들을 하느님께로 이끌어 갔을 것이라는 말이다.

도그마로는 충분하지 못하다

위에서 말한 것처럼, 유다이즘의 핵심이 신조(信條)보다는 명령이요, 신앙만으로는 그분께 가까이 갈 수 없음이 사실이다. 그러나 유다이즘이 명령하는 첫 번째 것은, 하느님과 토라와 이스라엘 백성을 믿는 신앙을 지니라는 것이다.[41] 우리가 유대인으로서 살고 있음을 행실로 드러내 보여주는 것은 하느님에 대한 신앙과 사랑으로 말미암아서다. 신앙이란 결속이고, 유대인이 되는 것은 하느님과 토라와 이스라엘에 결속되는 것이다.

의심할 나위 없이 유다이즘은 율법뿐만 아니라 진리도 나타낸다. 우리에게 어떤 행동을 실천하는 것뿐만 아니라 어떤 믿음에 충실하고 사상에 확고하기를 바란다. 그것은 사유의 길이면서 삶의 길이고, 교의(敎義)면서 훈련이고, 신앙이면서 행위다.[42]

우리가 도그마의 최우선을 부인하는 것은, 유다이즘에 신조가 없다거나 유다이즘은 율법과 계율의 체계에 불과하다고 생각하기 때문이 아니라, 우리가 믿는 대상이 인간의 표현 능력과 한계를 벗어나 계신 분임을 알고 있기 때문이다.

무엇보다도 도그마 교리의 바탕에 깔려 있는 것은, 바르고 정확하게 표현된 사유가 가장 중요한 것이라고 주장하는 주지주의(主知主義, intellectualism)다. 그러나 유대의 전통이 가장 값지게 여기는 것은 바른 삶(right living)이다. 비록 삶의 이론을 정확하게 표현하는 방법을 모른다 하더라도 개의치 말고, 바르게 살아가는 일에 힘쓰라는 것이다.

도그마란 믿음이라는 행위에 의하여 전적으로 머릿속에서 이루어지는 것이다. 머리(정신, mind)는, 그러나, 몸의 한 부분이다. 인간의 머리가 나라의 수도이긴 하지만 전 국토는 아니다. 따라서 도그마는 종교적 상황의 한 부분을 나타낼 뿐이다.

도그마가 안고 있는 위험은 그것이 신앙을 대신하려는 경향을 지니고 있다는 점이다. 마치 우리가 해야 할 일의 전부가, 신앙의 길을 찾을 필요 없이 확정된 원리들의 권위를 받아들이는 것이라는 듯이 말이다. 그러나 도그마란 그것이 어떤 목적에 소용이 되고자 한다면, 신앙을 대신할 것이 아니라 신앙의 요약 또는 발췌가 되어야 할 것이다.

유다이즘이 요구하는 것은 믿음의 고백이 아니라 하느님의 왕권과 그 질서를 실제로 받아들이는 행위다. "나는 믿나이다…"를 확인하는 것 가지고는 유대인이 될 수 없다. "나는 미국을 믿습니다"는 말이 그를 미국인으로 만들지 못하는 것과 같다. 국민이란 그 나라의 헌법과 시민으로서의 권리와 의무를 받아들이고 거기에 따르는 사람이다. 그런즉 하느님과 우리의 관계는 믿음 속에서가 아니라, 우리의 삶 전체를 결정하는 질서를 받아들이는 가운데 표현될 수 있다.

4 큐빗

반(反) 아가다 정신을 담은 듯이 보이는 주장의 또 다른 한 예가 있는데 바빌로니아인 아모라 울라(Amora Ula)의 말이 그것이다. "예루살렘 성전이 무너진 뒤로 거룩하신 분께 남은 것은 4 큐빗(1큐빗은 팔굼치에서 가운데 손가락까지의 길이로 약 46cm - 역자)의 할라카가 전부다."[43] 이는 하느님이 할라카의 영역 밖에는 계시지 않다는 듯한 표현이다. 이 말을 아가다에 대한 경멸로 읽는 사람들은 이 말이 환희의 표현이 아니라는 사실을 보지 못한 것이다. 오히려 이 말은 하느님께 대한 인간의 간절한 관심이 할라카에 국한된 사실, 하느님이 할라카의 한계 밖에 있는 세상사에 부재하신다는 사실에 대한 깊은 슬픔을 전달하려는 의도를 품고 있다.[44] 실제로, 이것이 우리가 구원받기를 기도하는 까닭이다.

위의 말에 반대하는 다음과 같은 주장도 있다. "거룩하신 분이 이 세상에서 가지고 계신 것은 하느님에 대한 외경과 두려움이 전부다."[45]

어떤 사람이 제사 의식을 행했다 해도 만일 그가 신앙이 없는 사람이라면, 그 행위는 아무 효력이 없는 것으로 간주된다. 예컨대, "신성한 경전과 그에 대한 주석 또는 해설서를 불지르거나 파괴하는 행위는 금지되어 있다… 이 법은 경전의 신성함을 알고 있는 자의 손으로 기록된 경전의 경우에만 적용된다. 만일 어느 불신자가 토라의 한 두루마리를 베꼈다면, 그 두루마리를 그 안에 기록되어 있는 하느님의 모든 이름들까지 불에 태워야 한다. 그는 하느님의 신성한 이름을 믿지 않는 자이므로 경전을 위해 경전을 베끼지 않았고 그것을 다른 여느 기록물과 동일하게 여겼기 때문이다. 그가 이런 태도로 임하는 한, 그가 기록한 하느님의 신성한 이름을 결코 거룩해질 수가 없다."[46]

"성스런 희생 제사를 믿지 않는 제사장, 곧 마음속으로 성전의 제사가 쓸데없는 것이라고 생각하며 하느님이 제사를 명령하신 것이 아니라 모세가 제사를 고안해냈다고 생각하는 제사장은 그 직분을 감당할 자격이 없다."[47]

사두가이와 바리사이의 틈이 벌어진 것은 그들의 교의가 다르다는 데에도 원인이 있다. 사두가이는 경전이 유일한 권위라고 주장했고, 바리사이는 경전과 전통이 모두 권위라고 주장했다. "사두가이와 바리사이 사이에 일어난 가장 첨예한 갈등들 가운데 하나는 부활 교리에 연관된 것이었다."[48] 바리사이는 영혼 불멸과 몸의 소생, 최후의 심판과 장차 오는 세상에서의 삶을 믿었고, 사두가이는 이 모든 것에 대한 믿음을 거부했다.

마이모니데스에 반대하는 논쟁들도 율법 문제를 둘러싸고는 발생하지 않았다. 마이모니데스의 할라카에 관한(halachic) 결정의 권위는 결코 의심받은 적이 없다. 당대와 후대의 많은 정통 라삐들이 들고 일어나 반박한 것은 천사, 예언, 기적, 부활, 창조에 대한 그의 견해였다.[49]

빌나의 가온(Gaon of Vilna)이 그토록 맹렬하게 하시드 운동을 반대한 것도 관습이 달라서가 아니라, 교리, 곧 모든 사물 속에 내재하시는 하느님, "불꽃의 구원," 또는 침춤(*tsimtsum*, 하느님이 새로운 창조를 위해 자신의 몸을 줄였다는 주장 - 역자)에 관한 교리가 서로 달랐기 때문이었다.[50]

양극성(兩極性) 문제

할라카와 아가다

　라삐들은 순진하고 생각이 단순하며 분별력이 별로 없는 사람들이라는 일반론이 있다. 할라카에 관하여 그토록 심오하고도 정교한 판단을 내림으로써 후학(後學)들에게 지적인 영향을 미친 기라성 같은 인물들에게 그런 일반론이 어떻게 적용될 수 있는지는 이해하기가 쉽지 않다. 라삐들의 내면생활이 결코 단순하거나 게으르지 않았음을 입증해주는, 아가다에 연관된 그들의 말을 편견 없이 살펴보면, 그런 일반론은 쉽게 반박이 된다. 라삐들의 사유는 피동성과 자발성, 할라카와 아가다 사이의 줄다리기라는 관점에서 살필 때에만 정확하게 이해된다.
　할라카는 인간의 삶을 고정된 틀에 맞추어 살아가게 하는 힘을 의미한다. 그것은 형식을 주는 힘이다. 아가다는 모든 한계에 도전하는 인간의 끊이지 않는 투쟁의 표현이다. 할라카는 삶의 합리화요 도식화(圖式化)다. 그것은 규정하고 설명하고 측정하고 한계를 짓고 삶을 정확한 틀 속에다 맞춘다. 아가다는 인간이 하느님, 다른 사람들, 이 세계와 맺는 표현 불가능한 관계를 다룬다. 할라카는 세부 사항들, 각각의 계명들을 다루고 있고, 아가다는 삶의 전체, 종교적인 신앙생활의 전체를 다룬다. 할라카는 율법을, 아가다는 율법의 의미를 다룬다. 할라카는 문자로 표현될 수 있는 것들을 다루고 아가다는 표현 불가능한 저 너머의 세계로 우리를 안내한다. 할라카는 우리에게 일상의 행동을 어떻게 할 것인가를 가르친다. 아가다는 영원한 드라마에 어떻게 참여할 것인가를 가르친다. 할라카는 우리에게 지식을 주고 아가다는 우리에게 큰 뜻을 준다.

할라카는 우리에게 행동의 규범을 주고 아가다는 삶의 목적을 내다보게 한다. 할라카는 규정하고 아가다는 암시한다. 할라카는 판결하고 아가다는 고무한다. 할라카는 분명하고 아가다는 암시적이다.

이사악은 야곱을 축복하면서 이렇게 말했다. "하느님께서 너에게 하늘의 이슬과 땅의 기름짐과 곡식과 포도주의 풍성함을 주시기 바란다." 이에 관하여 미드라쉬는 이렇게 설명한다. "하늘의 이슬은 경전이고, 땅의 기름짐은 미쉬나고, 곡식은 할라카, 포도주는 아가다다."[1]

할라카는, 어쩔 수 없이, 인격의 전체성에 상관없이 추상적으로 율법 조문을 표현한다. 율법을 준수하는 목적이 그 준수하는 자를 변화시키는 데 있으며 계율의 목적이 영적인 목표를 달성토록 훈련하는 데 있음을 부단히 상기(想起)시켜 주는 것은 아가다다. "마음이 곧 본질이므로 모든 미츠봇의 목적이 마음을 순화(純化)하는 것이라는 사실은 널리 알려져 있다."[2] 우리가 몸으로 행하는 모든 미츠봇의 중심적 목표와 목적은 생각과 마음으로 성취되는 미츠봇에 대한 관심과 주의를 끌어올리는 데 있다. 왜냐하면 마음의 미츠봇이 하느님 섬김을 받치는 기둥들이기 때문이다.[3]

유다이즘의 본질이 할라카에만 있다고 주장하는 것은 유다이즘의 본질이 아가다에만 있다고 주장하는 것과 같은 잘못을 범하는 것이다. 할라카와 아가다의 상호 관계가 유다이즘의 핵심이다.[4] 아가다 없는 할라카는 죽은 것이고 할라카 없는 아가다는 황당무계다.

질과 양

할라카는 양(量)의 범주로 생각을 하고 아가다는 질(質)의 범주다. 아가다는 한 사람의 목숨을 건진 자는 인류를 건진 것이라고 주장한다. 양의 범주로 우선 모든 것을 보는 사람의 눈에는 한 사람이 두 사람보다 못하다. 그러나 하느님의 눈에는 한 목숨이 모든 목숨만큼 귀중하다. 할라카는 우리 행실의 측량할 수 있고 계산할 수 있는 차원을 말하며 우리에게 지워진 책임을 감당하려면 얼마나 많이 실천해야 하는지를 일러 준다. 그것은 행위자와 그가 한 행위의 크기, 능력 또는 내용에 관하여 말한다. 아가다는 삶의 측량할 수 없는 내면을 상관한다. 그래서 우리에게 어떻게 생각하고 느껴야 하는지, 우리의 책임을 감당하기 위해 얼마나 많이가 아니라 어떻게 실천해야 하는지를 말해준다. 아가다는 내용뿐만 아니라 방법(manner)을 중요시한다. 할라카에 대하여는 양이 결정을 한다. 질을 궁극적 기준으로 삼는 아가다는 선행의 크기가 수효 등에 흔들리지 않고 다만, 정신, 카바나, 순수성, 열성 등을 강조한다. 아가다는, 그러기에, 겉옷보다 속마음을 찾는다.

아가다 없는 할라카

유다이즘을 율법으로, 할라카로 축소시키는 것은 유다이즘의 본질을 왜곡하고 그 정신을 죽이는 것이다. 우리는 할라카의 체계와 더불어 아가다라는 유산을 물려받았다. 그런데 여러 이유로 그 유산은 자주 간과되어 비록 아가다가 할라카를 보조하는 부속물처럼 되었지만, 할라카는 아가다에 전적으로 의존되어 있다. 삶의 합리화(合理化)인 할라카는, 자체가 불합리한 여러 요소들을 사용하도록 강요받을 뿐 아니라 그 궁극적 권위가 아가다에 달려 있다. 무엇이 할라카의 바탕인가? "모세가 시나이에서 토라를 받았다"는 선언이 그것이다. 그런데 바로 이 선언이 할라카적인(halachic) 관념을 표현하고 있지 않다. 왜냐하면 할라카는, 인간이 마땅히 해야 하는 일, 인간이 행동으로 옮길 수 있는 것, 유한하고 구체적인 것을 다루기 때문이다. 인간의 영역을 벗어나는 것은 할라카의 대상이 아니다. 시나이에서 발생한 그 신비한 계시 사건은 아가다의 영역에 속한 것이다. 그런즉 할라카의 내용은 그 자체의 논법에 따르지만 그 권위는 아가다에서 나오는 것이다.

할라카는 실존의 궁극 차원을 다루지 않는다. 율법은 우리로 하여금 하느님을 사랑하고 두려워하고자 하는 동기(動機)를 품게 하지 않는다. 또한 악을 이기고 악의 유혹을 물리칠 능력이나, 계율을 지키고자 하는 성실한 마음을 우리에게 부여하지도 않는다. 그것은 우리에게 무기를 주고 길을 가리킨다. 싸우는 일은 인간의 혼에게 넘겨졌다.

행동을 규제하는 법전(法典)은 음악가에게 악보와 같다. 규칙, 원리, 형식은 배울 수 있지만, 악상(樂想), 감정, 리듬 감각은 속에서 나오게 되어 있다. 마찬가지로, 신앙생활의 최후 목적은 양이 아니라 질에 있다. 무엇을 하느냐 뿐만 아니라 어떻게 하느냐에 있다.

율법조문에 대한 복종이 우리의 일상생활을 규제한다. 그러나 그 복종이 내적 생명의 자발성을 억압하는 일이 있어서는 안 된다. 율법이 화석처럼 굳어지고 우리의 율법에 대한 준수 행위가 기계처럼 될 때에 우리는 율법의 정신을 파괴하고 일그러뜨리는 것이다. 율법을 준수하는 것이 끊임없이 내리는 결단임을 모르는 자는 어리석은 경건주의자다. "어리석은 경건주의자란 누구인가? 한 여자가 강물에 빠진 것을 보고 그는 이렇게 말한다. '저 여자를 내려다보고 저 여자를 건져내는 일이 나에게는 온당하지 못한 일이다.'"5)

할라카는, "하느님이 나에게 무엇을 요구하시는가?" 하는 질문에 대한 하나의 대답이다. 그 질문이 가슴속에서 죽는 순간에 그 대답은 무의미해진다. 그런데 그 질문은 아가드적(agadic)이요 자발적인 것이며 인격적인 것이다. 그것은 통찰, 동경, 신앙의 분출이다. 그것은 주어지는 것이 아니라 생겨나야 하는 것이다. 종교교육의 사명은 산파가 되어 그 질문을 태어나게 하는 것이다. 많은 종교 교사들이 그 질문의 중요한 역할을 알지 못하고 영적인 불임증(不姙症)을 묵과하는 오류를 범하고 있다. 그러나 인간의 혼은 결코 잠잠하지 않다. 모든 사람이 아직 개념화되지 않은 상태로 질문들을 잉태하고 있다. 대부분의 사람들이 자신의 의미에 대한 추구와 궁극에 대한 관심을 어떻게 표현해 낼는지 그 방법을 모르고 있다. 안내자가 없이는 궁극에 대한 우리의 관심을 철저하게 집중되지 못하며, 우리가 표현하는 관심은 미숙하고 궁극 이전의 것이며 정신의 실패일 따름이다.

  질문의 형식은 불변하는 것이 아니다. 모든 세대는 저마다 나름대로 그 질문을 표현할 수 있고 그래야 한다. 이런 뜻에서 아가다를, 유다이즘 전통에 흐르는 모든 종교적 사유를 가리키는 것으로 볼 수 있겠다.

  율법을 고립시키는 것, 혼의 당혹스러움과 갈망과 동경으로부터 절단하고 인격의 자발성과 전체성에서 떨어뜨려 놓는 것은 치명적인 잘못이다. 현대 유대인의 정신적인 위기를 조성하는 것은, 율법의 문제보다 신앙의 문제가 더 절박하다. 신앙 없이, 속마음과 정당하게 평가하는 능력 없이, 율법은 무의미하다.

할라카 없는 아가다

  유다이즘을 속마음, 아가다로 축소시키는 것은 그 빛을 지우는 것이요 그 알속을 해체하고 그 실체를 파괴하는 것이다. 실제로, 할라카를 폐지하는 것이야말로 아가다를 상실하는 가장 확실한 방법이다. 그것들은 공생(共生)함으로써만 유지될 수 있다. 할라카가 없으면 아가다는 그 실체와 성격, 그 영감(靈感)의 근원, 세속화를 막는 보호 장치를 잃고 만다.

우리는 속마음만 가지고는 하느님께 가까이 갈 수가 없다(29장 앞부분 참조). 순수한 의도, 뜨거운 열성, 고상한 정신적 열망은 실제 행동으로 옮겨지지 않을 때 얼빠진 허깨비일 뿐이다. 심령주의(spiritualism)는 천사들을 위해 있는 길이지 인간의 길은 아니다. 외부의 도움 없이 할 수 있는 유일한 기능이 있다. 꿈꾸는 것(dreaming)이 그것이다. 꿈을 꿀 때 인간은 구체적인 현실로부터 거의 떨어져 있다. 그러나 정신생활은 꿈이 아니고, 끊임없이 행동을 요구한다. 행동은 정신의 실증(實證)이다. 우정이 그냥 감정만으로 이루어지는가? 감정의 너그러움만으로 우정이 성립되는가? 그것을 표현할 물질적이고 유형적인 수단이 있어야 하지 않는가? 영적 생활도 그것을 실천에 옮기는 구체적 행동이 필요하다. 몸을 홀로 내버려 둘 수는 없는 일이다. 그 육체에 정신이 충만해야 한다. 정신이 결정적으로 중요한 것은 사실이다. 그러나 그 정신은 생명의 전체에 깃들여있다. 우리의 혀와 손을 성결하게 하기 위해서는 수련이라는 특별한 수단이 필요한 것이다.

유다이즘에서 최고의 권위가 할라카에 있는지 아니면 아가다에 있는지, 율법을 준 자에게 있는지 아니면 시편 기자에게 있는지를 판단하는 일은 불가능하다. 라삐들도 이 문제를 생각해 보았으리라. 라삐는 말했다. "세계는 다윗을 위해 창조되었다. 그래서 다윗은 하느님을 찬양하는 노래를 부를 수 있었다." 사무엘은 말했다. "세계는 모세를 위해 창조되었다. 그래서 모세는 토라를 받을 수 있었다."[6]

다음의 전승에는 아가다를 최고의 권위로 보는 견해가 담겨 있다. 라삐 요하난 벤 자카이(Rabbi Yohanan ben Zakkai)는 유대 학문의 모든 과목을, 큰 문제와 작은 문제를 두루 연구했다고 한다. 큰 문제는 '마아세 메르카바'(ma 'aseh merkabah, 신비적 교리들)를 뜻하고, 작은 문제는 '아바예와 라바'(Abaye and Raba, 법률적 해석들)를 뜻한다.[7] 여기서 율법을 연구하는 것이 신비한 지혜를 연구하는 것에 비하여 "작은 문제"로 불리고 있음을 볼 수 있다.[8]

모든 시대를 통틀어 율법의 가장 위대한 학자 가운데 한 사람으로 추앙받는 마이모니데스는 이렇게 밝힌다. "나로서는 내가 연구하는 다른 어떤 것들보다도 우리 종교의 근본이 되는 것을 가르치는 일이 더 보람된 일이다."[9]

유다이즘의 양극성(兩極性)

유대인의 생각함과 살아감은, 정반대 혹은 서로 맞서는 성질을 내포하고 있는 변증법적 패턴이라는 관점에서만 정확하게 이해될 수 있다. 양극이 서로 반대가 되는 극(極)인 막대자석처럼 유대인의 생각과 삶은 서로 반대를 이루며 유다이즘의 바닥에 깔려 있는 양극성을 예시한다. 그것은 관념과 사건, 미츠바와 죄, 카바나와 행위, 규칙성과 자발성, 획일성과 개성, 할라카와 아가다, 법과 속마음, 사랑과 두려움, 이해와 복종, 기쁨과 시련, 선한 충동과 악한 충동, 시간과 영원, 이 세상과 오는 세상, 계시와 응답, 통찰과 지식, 감정 이입과 자기표현, 신조와 신앙, 언어와 언어 너머에 있는 것, 하느님을 찾는 인간과 인간을 찾는 하느님의 양극성이다. 하느님이 세계와 맺는 관계조차도 정의와 자비, 섭리와 은폐, 보상의 약속과 당신을 위해 당신을 섬기라는 요구의 양극성을 지닌다. 추상적으로 볼 때 이 모든 것들은 서로 배타적인 듯이 보이지만, 그러나 실제 삶 속에서는 서로를 내포하고 있다. 아가다 없는 할라카 없고 할라카 없는 아가다 없다. 우리는 몸을 업신여겨도 안 되고 영을 희생해서도 안 된다. 몸은 훈련, 양태, 법이요, 영은 열심, 자발성, 자유다. 영 없는 몸은 시체고 몸 없는 영은 유령이다. 그러므로 미츠바는 훈련이면서 영감이고, 복종하는 행위면서 기쁨을 경험하는 것이요, 멍에면서 특권이다. 어떻게 할라카의 요구와 아가다의 영 사이에 조화를 유지해 나갈 것인가를 배우는 것이 우리가 할 일이다.

이 두 원리가 서로 반대 방향을 향해 움직이고 있으므로 둘이 똑같은 세력을 유지할 때에야 균형이 잡힐 수 있다. 그러나 그런 상태가 이루어지는 경우는 극히 드물다. 양극성은 모든 사물이 지니고 있는 속성이다. 긴장, 대결, 대치가 모든 실체의 특징이다. 『조할』(Zohar)의 언어를 빌어서 쓴다면, 이 세계는 '알마 데페루다'(alma deperuda), 즉 "분리 세계"(the world of separation)다. 모순, 다툼, 모호함, 불균형이 토라 연구를 포함한 삶의 모든 것에 영향을 미친다. 탈무드에 통달한 현자들조차도 율법의 세부 사항에 대하여 서로 의견이 다르다.[10]

할라카와 아가다 사이의 긴장

율법과 속마음, 시련과 기쁨 사이의 관계가 크게 균형을 잃는, 그런 상황이 있다. 라삐들은 하느님의 명령의 정신을 모독하게 될까봐 크게 두려워한 나머지, 보통 평범한 사람들로서는 실천하기가 어렵고 뛰어난 영혼의 소유자라야 실천할 수 있을 만한 계율의 차원을 만들어 세웠다. 할라카는 아가다의 음성을 계속하여 무시해야만 할 것인가?

"성경에 에브라임은 유다를 질투하지 아니하고 유다는 에브라임을 원수로 여기지 아니하리라"(이사야 11:13)는 말씀이 있다. 이 두 종족은 항상 싸우고 있다. 에브라임은, 하느님에 의하여, 율법에 몰두하고 계명을 지키는 일에 철저할 것을 위임받았다. 이 때문에 예언자는 이스라엘(에브라함) 백성에게, 율법만을 엄하게 지켜 그 결과 요셉 가문에 내린 불에 타죽는 일이 없도록 하라고(아모스 5:6) 경고한다.

"유다는 하느님에게 몰두하고 매사에 그분께만 속할 것을 위임받았다. 그래서 유다는 율법을 아는 것만으로 만족하지 않고 하느님께서 율법 너머에 있는 진리의 깊이를 계시해 주시기를 바란다(왜냐하면 법률만으로는 진실에 위배되면서도 판사에게는 받아들여진 정보에 의하여, 무죄 판결을 또는 유죄 판결을 내릴 수가 있기 때문이다).”

"유다는 판에 박힌 듯 돌아가는 율법 준수나 기계적인 신앙으로 만족하기를 거절한다. 어제 했던 일을 오늘 되풀이하는 것으로 만족할 수 없기에 그는 그분의 계명에서 날마다 새로운 빛을 찾고자 갈망한다. 이 신선한 빛에 대한 갈망이 때로 유다를, 율법을 어기면서 하느님을 위한 행동을 하게 한다.”

"그러나 장차 에브라임과 유다가 더 이상 다투지 않는 날이 오리라는 약속을 우리는 받았다. 하느님께서 에브라임에게, 유다의 행동이 비록 율법의 울타리를 넘는 경우가 있더라도 언제나 당신을 위한 것이며 다른 어떤 불순한 동기에서 이루어진 것은 아님을 보여주실 것이고 그렇게 되면 둘 사이에 진정한 이해와 평화가 이루어지리라.”[11]

규칙성과 자발성

규칙성과 자발성 사이의, 법의 고정된 형태와 인간의 속마음 사이의, 긴장이 당황스러움과 고뇌의 원인이 되는 경우가 흔히 있다. 우리는 예컨대 예배의식의 장엄함에 응답할 수 있을 만큼 높은 차원에 올라설 준비를 언제나 갖추고 있지는 않다. 그러나 율법은 우리에게 그 장엄함을 하루에 세 번 마주하기를 바란다. 언어와 형식은 여전히 동일하지만 성사(聖事)는 마땅히 맨 처음으로 행하는 것이어야 한다는 말을 우리는 듣는다. 그 음성은 선언했다. "오늘 내가 너희에게 명령하는 이 말을 마음에 새겨라"(신명기 6:6). "그것들은 낡은 병기(兵器)처럼 여겨서는 안 된다… 사람들이 듣고자 하여 맹렬히 달려가는 새로운 말로 여겨야 한

다." 오늘, 바로 오늘 들은 새로운 말처럼.[12]

　유대인의 삶의 두 가지 측면에 모두 충실하고자 할 때 우리는 규칙성의 극(極)이 자발성의 극보다 더 강하여, 그 결과로서 우리의 예배와 율법 준수가 관습이나 기계적인 행위가 되고 말 위험이 상존한다는 사실을 발견한다. 예배 의식의 고정된 형식과 규칙성은 헌신하는 열심의 자발성을 질식시키는 경향이 있다. 그러므로 어떻게 하면 규칙성(keva)의 원리가 자발성(Kavanah)의 힘을 해치지 못하게 할 것이냐가 우리의 큰 문제다. 그것은 종교 생활의 바로 핵심에 관련되는 문제다. 그리고 실존의 다른 중심 문제들만큼 해결하기가 쉽다면 쉽고 어렵다면 어려운 문제다. 매일의 생활에서 만나는 모든 상황에 응답을 하고 도전을 직면하는 일은 인간의 자유에 속한 것이다. 양극성을 완화시키는 일시적인 방편을 찾을 수는 있겠으나 이 "분리의 세계"에서 양극성을 치유하는 방편을 찾을 수는 없다.

　문제를 미연에 방지하는 아주 간단한 길은 규칙성의 원리를 폐기하고 영이 발동할 때에만 예배하고, 생각에 타당하게 받아들여지는 율법만을 준수하는 것이다. 그러나 규칙성을 폐기하다보면 자발성을 고갈시키게 된다. 우리의 영적인 원천들은 무진장한 것이 아니다. 우리에게는 자발적인 것인 양 생각되는 것이 실은 한 기회에 대한 응답이다. 인간의 혼은, 율법의 호출과 상기(想起)가 없다면 침묵에 잠기고 말 것이다. 우리의 혼이 미처 응답하지 못하는 그런 순간들이 있을 수도 있지만, 그러나 성스러움의 문지방에 서 있기만 하면 우리는 알지 못하는 사이에 그 능력의 영향을 받게 된다.

　만일 우리가 스스로 예언자들의 영감(靈感)으로부터 떨어져 있는다면, 우리가 받는 마음의 영감을 신뢰할 수가 없다. 우리 자신의 깨닫는 순간은 매우 짧고 매우 드물다. 그 순간 사이의 긴 세월 속에서 우리의 마음은 몽롱하고 보잘것없고 생기도 없다. 자신이 받은 것보다 더 많은 빛을 내뿜을 수 있는 혼은 거의 없다. 하나의 미츠바를 실천하는 것은 영(靈)과 만나는 것이다. 그러나 그 영이란, 우리가 단번에 모두 획득할 수 있는 것이 아니라 항상 더불어 있어야 하는 것이다. 바로 이 때문에 유대인은 살아가면서 의식(儀式)을 되풀이하고, 자기 속에 있으면서 동시에 만물 위를 덮고 있는 영(靈)을 거듭거듭 만나는 것이다.

그 영은 우리의 성취와 목표에 있기도 하지만 또한 우리의 노력과 우리의 길에도 있다. 예배당으로 가는 행위 자체, 매일 또는 매 안식일이 말 없는 노래인 까닭이 바로 여기에 있다. 겸손하고 순수한 마음에서 하는 행위일 경우 그것은 마치 노래를 듣고 싶은 마음에서 어머니 앞에 악보를 펼쳐 놓는 어린아이의 행동과 같다. 아이가 할 수 있는 일은 책을 펼치는 것이 전부다.[13]

카바나에 이르는 길은 행위를 통하고, 신앙의 길은 삶의 길이다. 할라카와 아가다는 서로 연관되어 있다. 할라카는 현(弦)이고 아가다는 활이다. 현이 팽팽할 때 활은 가락을 낸다. 그러나 악기의 현은 서투른 사람의 손이 닿을 때 삑삑거리는 듣기 싫은 소리를 내는 수도 있다.

습관의 가치

일정한 계율의 법도를 지키며 주어진 시간에 고정된 형식으로 예배에 참석하는 것은 신성한 일과다. 자연이 여전히 자연인 것은 계절의 규칙성에 들어맞기 때문이다. 외적인 형식에 충실하고 거기에 뜻을 바치는 것은 그 자체가 예배의 한 형식이다. 우리의 마음이 속에서 거룩함에 대한 간절한 흠모의 불꽃을 피우는 일을 잊을 때에도 미츠봇은 그 후광(後光)을 지탱한다. 신성한 삶의 일과에 충실하는 길은 영(靈)의 변두리를 따라 나 있다. 비록 그 밖에 있다 해도 영에 매우 가까이 있는 것이다. 반복되는 일과는 우리에게, 혼이 영을 따라 들어가는 순간을 맞이할 수 있게 해준다.

사랑이 동면(冬眠)하는 동안에도 우리의 충실한 행실은 말을 한다. 선행이 습관이 되어야 하며 정의를 선호(選好)하는 것이 제2 천성이 되어야 한다는 말은 옳다. 비록 그것이 타고난 천품은 아니라 하더라도, 옳은 일을 하는 사람이 좋은 사람이 아니라, 옳은 일하는 것이 습관인 사람이 좋은 사람이다.

의식(儀式)을 행하는 순간에 그 의미를 의식(意識)하지 않는다고 해서 그 행위의 의미가 손상되는 것은 아니다. 자녀를 먹여 살리기 위해 노동하는 아버지는, 자기 마음이 자기 행위의 도덕적 동기를 끊임없이 살펴보느냐 여부에 상관없이, 자식을 살린다는 선한 일을 하고 있는 것이다. 한 사람이 일단 자식을 먹이고자 일하기로 결심을 하면, 그가 날마다 하는 행위는 그가 행위의 도덕적 의미를 알든 모르든 관계없이, 선한 일이다. 의식(儀式) 행위를 의미 있게 하는 것은, 그 행위와 참가한 특별한 동기뿐만 아니라 그보다 더 기본적으로는 의식(儀式)을 행하면서 살아가기로 한 신앙의 결단이다. 우리의 모든 의식(儀式) 행위에 참된 의미를 부여하는 것은, 그 결단--일반적 의도, 기본이 되는 카바나--과 종교적 체험의 많은 순간들을 통하여 축적된 깨달음이다.

행위가 가르친다

사람이 사랑과 친절의 정신에 대하여는 모르면서 사랑과 친절의 행위를 알 수 있음은 사실이다. 그러나 행위들이 그의 혼에 도전이 되는 것 또한 사실이다. 실제로, 사람은 일부러 무감각한 자가 되지 않는 한 날마다, 해마다 그가 되풀이하는 행위가 지니고 있는 정신에 대하여 끝내 귀머거리가 될 수는 없다. 사랑과 친절을 베풀어 보지 않고서야 어떻게 사랑과 친절의 기쁨을 배울 수 있겠는가?

행위는 동기를 뒤따르기만 하는 것이 아니다. 행위는 카바나를 일으키기도 한다. 카바나와 행위, 열심과 행위 사이의 양극성은 고정되어 있지 않다. 즉 행위가 마음속에 들어 있는 것을 꺼내는 수도 있고, 어떤 살아 있는 생각을 담은 행위나 무슨 일에 몰두하는 순간이, 벌거숭이 마음에는 전달되지 않는 방식으로 우리를 감동시키기도 한다. 행위와 더불어 카바나가 만들어진다. 행위가 가르친다.

"인간은 그가 하는 모든 행위의 영향을 받는다. 그의 마음과 모든 생각이 그가 하는 행위를, 선한 행위든, 나쁜 행위든 뒤따른다. 어떤 사람이 그 마음이 온통 사악하고 속에 품은 성향이 언제나 악하다 하더라도 만일 그가 계속하여 토라를 공부하고 그 명령을 준수하기로 결심하여 용맹 정진한다면, 비록 그것이 순수한 동기에서 나온 것이 아니라 하더라도, 그는 세월과 함께 선(善)으로 기울게 되고, 불순한 동기에서 종교적인 행위에 가담했음에도 불구하고 그는 마침내 바른 종교인의 길을 가게 되리라… 반면에 완벽하게 의로운 사람이 있어서 그 마음이 곧고 정직하며 토라와 그 명령을 기뻐한다 하더라도 좋지 못한 일을 하게 되어--예컨대 왕이 그에게 무슨 나쁜 일에 종사토록 강요하는 경우--그가 항상 그 일에 몰두하면, 그는 마침내 의로움을 떠나 악당이 될 것이다."[14]

이것이 어째서 일반적인 경건의 문제에 비해 특수한 카바나가 이차적인 것인지 그 이유를 설명해 준다. 항상 사랑하고 두려워하는 것이 모든 특수한 행동의 가치를 결정한다.

우리가 하는 일이 그에 대한 보상으로 격려와 고무를 받아야 한다고 고집하는 것은 사람을 그릇 인도하는 고정 관념일 수 있다. 진정한 부(富)는 보상(quid pro quo)을 요구하지 않는다. 거룩한 일을 하는 것 자체가 보상이다. 우리는 아무것도 구하지 않을 때 모든 것을 받는다(We receive all when we ask for nothing).

영감은 하나의 선물이다. 그것은 뜻한다고 손에 넣을 수 있는 것도 아니며 억지로 만들 수 있는 것도 아니다. 경건이란 거룩함에 무조건 충실한 것이다. 경건한 사람은 거룩함에 예속되고자 하는 사람이다. 영감은 인간에게 주어진 약속이다. 전심으로 이룬 거룩한 행실은 사람에게 빛을 비추지만, 그러나 역시 그 거룩함은 숨어 있을 수 있다.

"하느님과 지나치게 현명한 관계를 맺고자 하지 아니하고, 다만 하느님의 율법을 순진하고 올곧게 따르기만 하는… 믿는 자들의 무리에게 행복이 있느니."[15]

34

계율 준수의 의미

기원과 현존

유대 계율의 의미를 묻는 물음은 대단히 어려운 일이다. 현대의 유대인은 엄격한 계율의 준수를 하늘 뜻의 신비에 이르는 지름길로서 받아들일 수가 없다. 그가 처해 있는 종교적 상황은 지적(知的) 또는 영적(靈的) 항복의 태도로 이끌지 않는다. 그는 조상들의 정신에 충실한 제단을 쌓기 위해 자신의 자유를 희생할 준비가 되어 있지 않다. 그는 자신한테서 기대되는 어떤 것 안에서 의미가 발견되는 일에만 응답할 따름이다. 그의 가장 큰 어려움은 율법의 신적인 기원(起源)을 이해할 수 없는 자신의 무능(無能)이 아니라, 율법을 준수하는 행위 속에 신적인 의미가 현존한다는 사실을 느낄 수 없는 무능이기도 하다.

계율 준수의 의미

유대 계율 준수의 이론적 근거는 무엇이고 그것이 있어야 하는 이유는 무엇인가? 이는 유대 사변(思辨)의 오래된 주제다.

여러 관점에서 계율 준수를 판단할 수 있다. 과연 그것이 사회의 유익 또는 민족의 존속에 기여하는 바 있는가를 묻는 사회학적 관점이 있겠고, 그것이 형식과 아름다움에 대한 우리의 감각을 더 풍요롭게 하느냐를 묻는 심미론적 관점도 있을 것이며, 그것이 선(善)을 실현하는 데 도움이 되느냐를 묻는 도덕적 관점이 있는가 하면, 계율 준수는 다만 하느님의 뜻일 뿐 달리 무슨 설명이 있을 필요가 없다고 보는 교리적인 관점도 있다. 유대의 계율 준수가 실존의 전체성을 포용하고 있기 때문에, 여러 관점에서 함께 보는 것이 계율 준수의 의미를 좀 더 잘 이해할 수 있게 하며 더 높은 가치와 연결시켜 볼 수 있게 할 것이다.

유다이즘은 유대 민족의 존속뿐 아니라 개인의 행복을 관심하며 만인의 구원받음과 아울러 한 분 하느님의 뜻을 관심한다. 그러나 유다이즘은, 개인의 행복이 하느님께 대한 성실함에서 오는 것이며, 민족의 존속이 하느님과 계약을 맺은 파트너라는 사실에서 특별한 의미를 지니는 것이며, 만인의 구원받음 또한 그분의 뜻을 섬김으로써 누리게 되는 선물이라고 주장한다. 따라서 개인과 공동체와 온 인류는 그들이 가지는 종교적 통찰과 확신이라는 관점에서 판단된다. 다른 관점들이 지닌 깊은 뜻을 축소하지 않는 범위에서 우리는 계율 준수의 의미를 묻는 물음을 이 책의 앞부분에서 발전시킨 관점으로 분석하고, 계율 준수가 종교적 통찰과 어떻게 연관되어 있는지를 묻는 물음에 대답해 보고자 한다.

앞에서 말한 것처럼, 유다이즘의 기본이 되는 몇 가지 신학적 전제(前題)들은 인간 이성이라는 관점으로는 결코 완전히 합리화될 수가 없다. 인간이 하느님의 모습으로 창조되었다고 보는 인간관이나, 신(神)과 역사와 기도와 도덕에 대한 개념은 우리가 나름대로 분석하고 조사하여 정직하게 얻어낸 깨달음과 서로 조화되지 않는다. 경건에 대한 요구들은 그 앞에서 인간이 공경하여 침묵하게 되는 하나의 신비다. 종교마저도 하나의 기능이 되어 버린 이 기술사회에서는 경건 또한 인간의 필요를 충족시켜 주는 도구일 따름이다. 우리는 그러기에 종교를 하나의 기계로 또는 인간의 조작에 따라 굴러가는 기구로 보는 관습에 젖어 들지 않도록 각별히 조심하지 않으면 안 된다.

어떻게 한 유대인으로 살아갈 것이냐는 문제는 일반 상식이나 일반 경험의 차원에서 풀 수 없는 문제다. 유대인의 삶의 질서는 영적인 것이다. 그것은 실제로 그렇게 살고 체득하지 않는 한 이해되지 않는 영적인 논리를 지니고 있다. 그 의미는 멀리 떨어져서 내리는 정의(定義)보다 인격적인 반응을 하는 가운데 더 잘 이해될 수 있다. 삶은 물질적으로 뿐만 아니라 영적으로 획득되어야 한다. 우리는 놀라는 행위를 거듭함으로써 놀라는 감각을 계속 살아 있게 해야 한다.

유용성이 아니라 영원성

어떤 종류의 의미를 우리는 찾고 있는가? 객관적인 의미 자체란 없다. 의미는 언제나 의미들의 체계에 연관되어 있다. 우리가 어떤 종류의 의미를 찾느냐는 우리가 어떤 종류의 체계를 선택하느냐에 달려 있다. 가장 일반적인 체계는 심리학의 체계다. 하나의 미츠바[善行]는 그것이 한 인간의 필요를 충족시킬 수 있음이 입증될 때에 의미 있는 것으로 여겨진다.

그러나 종교의 본질은 개인의 요구를 채워 주는 데 있지 않다. 인간이 종교를 자신의 요구를 충족시켜 주는 것으로 보는 한, 그가 섬기는 대상은 신(神)이 아니라 자기 자신이다.[1] 그와 같은 욕구는 우리의 필요를 충족시키기 위해 온갖 수단을 다 동원해 주는 문명으로써 충족될 수 있는 것이다.

실제로 우리의 관심은 우리의 이익을 도모하고 이 지구의 자원을 개발 이용하는 능력을 키워 주는 방편에 쏠려 있다. 만일 철학이라는 것이 인간의 실제 행동을 투사(投射)한 것이라면, 우리는 이 지구의 가치를 산업의 자원으로 정의하고 바다를 고기 창고로 정의해야 할 것이다. 그러나 우리 모두 알고 있는 대로 자연에는 우리의 관심을 쏟을 국면이 하나만 있는 것이 아니다. 우리는 자연을 대하되 유용한 가치를 찾는 눈으로써만이 아니라 놀람이라는 눈으로써도 대하게 된다. 전자에서 우리는 지배하기 위한 정보를 찾고, 후자에서는 응답하기 위한 이해의 깊이를 파고 들어간다. 힘이 방편의 언어라면, 시는 놀람의 언어다.

기도를 하는 사람은 자기의 지식을 더 풍부하게 하는 일을 도모하지 않고, 의식(儀式)을 진행하는 자는 자기 이익을 보태려 하지 않는다. 성스런 행실이란 표현 불가능한 분에 대한 우리의 감각과 조화를 이루며 살아가기 위한 행위다. 미츠봇이란 표현 불가능한 것에 대한 우리의 이해를 행실로 표현한 것이다. 미츠봇이란 우리가 이성을 초월해 있는 것을 넌지시 가리키는 영의 술어들이다. 미츠봇을 합리적으로 설명하려는 시도, 일반 상식의 술어로 해부하려는 시도는 그것들이 지니는 본디의 의미를 질식시키는 결과를 낳는다. 금식 규정을 지키는 것이 건강 증진에 도움이 되고 안식일 법을 지키는 것이 행복을 가져다준다는 사실을 입증하는 작업이 무슨 가치가 있단 말인가? 우리가 종교에서 구하는 것이 유용성이 아니라 영원성이다. 종교를 판단하는 기준은 그것이 우리의 상식에 맞는 것이냐 아니냐가 아니라, 표현 불가능한 것에 대한 우리의 감각에 조화를 이루느냐 여부다. 종교의 목적은 우리의 필요를 충족시켜 주는 데 있지 않고, 우리가 늘 잊고 있는바 우리가 충족시켜 주어야 하는 신성한 목적을 기억하게 하는 데 있다.

영적인 의미

윤리학의 문제는, 무엇이 합리적으로 타당한 행동의 이상이나 원리냐다. 종교에서 다루어야 하는 삶의 문제는, 무엇이 영적으로(spiritually)

타당한 생활의 원리냐다. 유대 계율 준수의 형식에 관한 적법한 질문은, 그것들이 영적으로 의미 있느냐는 것이다.

따라서 우리는 미츠봇의 가치를, 그것들의 바탕에서 우리가 발견할 수 있는 합리적 의미의 합계로써 평가해서는 안 된다. 종교는 단순한 이성의 한계 안에 있지 않고 그것을 넘어선다. 종교의 사명은 이성과 경쟁하고 사변적 관념의 원천이 되는 데 있지 않고, 이성이 우리에게 별 도움을 주지 못하는 데서 우리를 돕는 데 있다. 그 의미는 표현 불가능한 것에 대한 우리의 감각과 조화를 이루는 관점에서 이해되어야 한다. 흔히, 관념이 실패하는 자리, 합리적 이해가 끝나는 자리에서 계율 준수가 의미를 지니기 시작한다. 그 목적은 인간의 활력, 행복, 건강을 도모하는 데 있지 않고, 인간의 건강에 성스러움을 보태고 행복에 장엄함을, 활력에 영(靈)을 보태는 데 있다.

영적인 의미가 언제나 맑고 투명한 것은 아니다. 유리의 질(質)은 그 투명성에 있지만, 다이아몬드의 가치는 그 빛의 굴절 능력과 무지개 빛깔의 기능으로 판명되는 법이다.

참으로, 우리가 유대 법질서에 충실해야 하는 이유를 여러 가지 합리적으로 댄다 하더라도 그것은 보석의 많은 면(面)에서 그중 하나를 가리킨 것일 뿐이다. 미츠봇에 의미가 있다고 말하는 것보다는, 그것들이 우리를 의미가 솟구치는 샘으로 이끈다고, 갑자기 우리의 생각 속에서 빛을 내는 거룩함의 숨은 불꽃이 가득한 경험에로 이끈다고 말하는 것이 보다 정확한 표현이다.

유대식 생활을 지킨다는 명분으로 그 의미를 경매에 붙이는 자는 결국 가장 싼 낙찰 가격으로 팔 수밖에 없다. 최고 값이 나가는 가치들은 수요가 없고 시장에서 사고 팔고 할 수가 없는 법이다. 우리가 영적 생활에서 겪는 어떤 경험들은 카메라의 조리개와 같아서, 그리로 빛이 들어와 우리 마음 위에 지성으로는 표현할 수 없는 어떤 모습을 새겨준다. 그 성스러운 것을 상대적이고 기능적인 것에 연결시켜 이론으로 설명하고자 하는 사람은 카메라 속에 촛불을 밝히려고 하는 사람과 같다.

경건의 행위는 예술 행위와 같다. 그것들은 기능을 발휘하고 어떤 목적을 지향하지만, 그러나 그 행위의 본질은 본래적인 것이다. 미츠바는 한 깨달음을 영원한 것이 되게 하는 행위, 또는 지나가는 것을 영원한 것에, 일시적인 것을 영속하는 것에 비끌어 매는 행위다.

만일 한 개인의 깨달음이 남들에게 전달되어 사회생활의 한 부분이 되고자 한다면, 또는 그 자신의 미래의 이해를 위해 간직되고자 한다면, 그것을 행실이라는 틀 곧 미츠봇을 입지 않으면 안 된다.

미츠봇 없는 종교란 표현 능력이 없는 경험이요, 성화(聖化)시키는 힘이 없는 신비감이며, 대답 없는 질문이다. 토라가 없다면 우리의 행위가 하느님을 꿈으로 꾸는 것일 뿐이며, 토라가 있기에 우리는 하느님을 행실로써 표현하는 미츠봇을 지니는 것이다.

라삐 요하난 벤 자카이가 제자들에게 "인간이 피해야 하는 가장 나쁜 것이 무엇이냐?"고 물었을 때, 라삐 시므온은 이렇게 대답했다. "돈을 빌려 쓰고 갚지 않는 자입니다. 사람한테서 빌려 쓰든 하느님한테서 빌려 쓰든 같은 것입니다."[2] 인생이 선물로 받은 것이면서 동시에 외상으로 얻은 빚이라는 사실을 잊은 것, 아마도 이것이 인간 비극의 본질이겠다.

신비에 대한 하나의 답

"나에게 베푸신 주님의 그 한없는 은총을 어떻게 갚아 드릴 것인가?" 우리를 둘러싸고 있는 신비와 우리의 혼을 부르는 표현 불가능한 것에 어떻게 대답할 것인가? 실제로, 이것이 종교의 보편적 주제다. 세계는 놀라운 것들로 충만하다. 누가 대답할 것인가? 누가 돌볼 것인가?

우리의 공경이 그 대답일 수는 없다. 더 깊이 공경하면 할수록 우리는 단순한 공경만으로 충분하지 못하다는 사실을 분명히 깨닫게 된다. 모든 찬양을 넘어서는 것을 찬양하고 기리는 것으로 충분할 수 있겠는가? 공경하는 행위가 지니는 가치란 어떤 것인가? 만일 우리가 우리의 모든 소유와 존재를 포기할 수 있다면 우리의 노래와 찬양은 오히려 퇴색될 것이다. 표현 불가능한 것에 대하여 우리가 할 수 있는 유일한 대답은, 그 표현 불가능한 것과 조화를 이루며 더불어 살아가는 것이다.

인간의 삶은 마음과 신비가 서로 만나는 지점이다. 바로 이것이 인간이 자신의 이성만으로 살 수 없으며 또 신비만을 먹고 살 수 없는 까닭이다. 신비에 항복하고 마는 것은 숙명론이고 이성으로 도피하는 것은 유아론(唯我論)이다. 인간은 신비 너머에 있는 것과 교제하도록 이끌림을 받는다. 그의 속에 있는 표현 불가능한 것이 표현 불가능한 것 너머에 있는 어떤 것에 나아가는 길을 찾는다.

이스라엘은 신비 너머에 있는 그분에게 가까이 가서 말을 건네는 방법을 배웠다. 마음 너머에 신비가 있고 신비 너머에는 자비가 있다. 어둠 속에서, 최후의 신비는 수수께끼가 아니라 자비로우신 하느님이라는 사실, 모든 것을 지으신 분이 "하늘에 계신 아버지"라는 사실을 속삭이는 목소리가 들려온다. 최후의 질문은 하나의 특수한 명령이 되었다. 마음과 신비가 만나 하느님의 속성을 지닌 모습을 창조하는 곳에 미츠바가 있다. 성스런 행위는 땅과 하늘이 만나는 데서 이루어진다.

하늘은 야훼의 하늘이요 땅은 사람들에게 주신 것이다(시편 115:16). "그것은 마치 왕이 로마의 시민은 시리아를 방문할 수 없고 시리아의 시민은 로마를 방문할 수 없다는 법령을 내린 것과 같다. 하느님께서 세상을 창조하셨을 때 이미 하늘은 야훼의 것이요 땅은 사람들의 것이라고 정하셨다. 그러나 토라를 주실 때에 이르러 그분은 처음의 법령을 철회하시고 이렇게 말씀하셨다. '아래에 있는 자들은 위로 올라가고 위에 있는 자들은 아래로 내려갈 터인즉 나부터 시작하리라.' 그래서 성경에 '야훼께서 시나이 산 봉우리에 내려오셨다'(출애굽기 19:20)고 하였으며, 그 뒤에 '야훼께서 모세에게 내가 있는 곳으로 올라오라고 말씀하셨다'(출애굽기 24:12)고 기록한 것이다."[3]

외부인들게는 미츠봇이 비밀 문자로 된 서명이나, 생명 없는 율법주의의 모호하고 추상적인 사슬처럼 보일는지 모르겠다. 그 전례가 없고 탁월한 것을 함께 나누고자 애를 쓰지 않는 사람에게는 계율이 따분하고 지루한 다람쥐 쳇바퀴가 될 수도 있으리라. 그러나 자신의 삶을 영속하는 것에 비끌어 매고자 하는 사람에게는 미츠봇이 농축된 의미로 충만한 하나의 예술로서 오히려 기쁨을 안겨 줄 것이다. "당신의 법규가 나의 노래입니다"(시편 119:54, 사역). 시인은 이렇게 말했다. 여기서 말하는 법규(huqim)는, 전통적으로 아무런 합리적 근거가 제시되어 있지 않은 계율(precepts)을 가리킨다. 유대인의 마음에는 행동이 노래를 부르고 정기적인 계율 준수가 그 노래의 가락이다. 우리의 도그마는 넌지시 알리는 암시인 데 반하여 우리의 행동은 정확한 게시(揭示)다.

영혼의 모험

미츠봇을 설명하는 일은 예술 비평을 하는 것과 비슷하다. 예술 작품에 대한 해석은 결코 예술가의 창작 행위와 경쟁 관계를 이룰 수 없다. 종교의 세계에서 이성은 한 속담처럼, 저 자신은 자를 수 없으면서 쇠를 갈아주는 숫돌과도 같다.

미츠봇을 정당하게 평가하는 방법은 하나가 있을 뿐이다. 자신을 율법의 근본 의도들 속에서 짐작하는 것이라기보다, 자신의 혼을 영원한 이스라엘의 생각과 행위 가운데 연관시켜 보는 것이다.

미츠봇에 대한 설명은 생겼다가 사라지고 이론들은 시절을 좇아 변한다. 그러나 미츠봇의 노래는 계속된다. 설명은 번역이다. 그것들은 쓸모는 있지만 불충분하다. 『일리아드』를 독일어로 옮긴 어느 번역자는 이렇게 말했다. "독자들이여, 그리스어를 배우시오. 그리고 나의 번역을 불에 던지시오."4) 같은 말이 성스러움에도 적용된다. 설명은 대신(代身)이 아니다.

히브리어로 미츠봇에 대한 설명이라는 말이 타암(*ta'am*) 또는 타아메 하미츠봇(*ta'ame hamithvot*)이다.5) 그런데 타암은 맛 또는 향(香)을 뜻하기도 한다. 사람이 의미를 전달하는 하나의 미츠바를 행하는 가운데 얻는 것은 맛이다.

참 의미는 한 때에 결정되어 굳어진 하나의 정체된 개념에서는 발견되지 않는다. 고유한 의미를 가득 담은 맛이란 공식화된 표현이라는 그릇으로 옮길 수 있는 것이 아니다. 그것은 실천하는 행동과 더불어 태어나고 우리의 정당한 이해는 우리의 경험과 함께 자란다.

미츠봇은 한 때에 유일회적으로 주어지는 의미의 표출일 뿐 아니라 새 의미를 거듭거듭 솟아나게 하는 수단이다. 그것들은 명령에 맹종하는 행위가 아니라 영감을 받아 하는 행위다. 우리의 놀람을 나타내는 노래다.

"날마다 한 노래"

라삐 요하난(Rabbi Yohanan)의 말. "만일 누가 성경을 가락 없이 읽고 미쉬나를 곡조 없이 암송한다면, 그런 사람을 두고 성경이 '그래서 나는 그들에게 좋지 못한 규정을 정해 주었다'(에제키엘 20:25, 사역)고 한 것이다."6) 가락 없는 미츠바는 혼이 없는 것이고 곡조 없는 토라는 영이 없는 것이다. 카바나(Kavanah)는 행실을 내면의 음악에 맞추는 기술이다. "기쁜 노래 부르며 그분께 나아가라"(시편 100:2). 노래를 부르는 가운데 우리는 그분의 현존 속으로 들어간다.

무엇이 고상한 행실인가? 일어나고자 하는 배고픈 혼! 어떤 사람에게는 그 행위가 신선하고 값진 것이면서도, 그 행위의 의미가 일부는 여기에 있고 일부는 성좌 너머에 있다. 또 다른 사람에게는 그것이 짐을 부리고, 후회와 좌절의 발자취를 남기는 것과 같다. 카바나의 시금석은 그것이 불러내는 환희 속에, 그것이 초래하는 행복 속에 있다. "주여 내 마음 주를 향하여 올리오니 당신 종의 마음을 기쁨으로 가득 채우소서"(시편 86:4). 순간적인 의미의 사소함 위로 자기 혼을 들어 올릴 줄 아는 사람은 참으로 기쁨이라는 축복을 받으리라.

우리의 성취는 무한히 초라한 것이요 까마득한 목적지를 향해 겨우 한 뼘 가량 나가는 것일 뿐이다. 그러나 우리의 시도는 고귀한 것. 일상의 행위에 성스런 영기(靈氣)를 주는 것이다. 미츠바란 무엇인가? 기도의 형식을 띤 행위다. 유대인의 계율 준수는 행위로 치르는 예배 의식이다.

그 사명이 부를 때 비통해 하는 것은 신성 모독이다. 하느님은 우리가 예배를 바치기 전에 이미 기꺼워하신다. 신성한 행위의 결실은 혼이 드러내는 기쁨 속에 있다. 시인은 외친다. "기쁨으로 그분을 섬겨라"(시편 100:2, 사역). 그의 섬김과 기쁨은 하나요 같은 것이다.

하나의 미츠바와 만나는 것은 나를 위한 그분의 현존을 발견하는 것이요 그분의 현존은 "기쁨으로 충만하다." 무엇이 경건인가? "날마다 한 노래, 날마다 한 노래."[7] 매일 아침을 우리는 다음과 같은 기도로 연다. "오, 주 하느님이시여, 간구하오니 당신 토라의 말씀이 우리 입에서 달게 하소서."

신성한 행위 안에는 샘이 하나 있다. 그 샘에서는 영혼의 조잡한 것들을 씻어 내는 영원한 가락이 솟아난다.

행위와 보상은 반드시 함께 온다. "보상을 받고자 하여 주인을 섬기는 종처럼 되지 말라. 도리어 보상을 기대하지 않고 주인을 섬기는 종처럼 되어라."⁸⁾ 미츠바에 대한 보상은 영원(永遠)이다. 그러나 행위의 뒤에 오는 영원을, 장차 올 생명을, 기대하여 행위하는 자처럼 되지 말라. 영원함은 이미 행위 속에, 행실 속에 있다.⁹⁾ 미츠바에 대한 보상은 미츠바 자체다.¹⁰⁾

기억나게 해주는 것

앞에서 말했듯이, 유대식으로 살아가는 삶이란 인간으로서 물을 수 있는 최고의 물음 즉 본질상 하느님을 닮은 인간이 어떻게 생각하고 느끼고 행동해야만 하는가 하는 물음에 대답하는 것이다. 인간은 어떻게 하느님이 계신 앞에서 편안하게 살아갈 수 있을까? 질문을 바로 알지 못하는 한 우리는 대답을 제대로 알 수가 없다.

모든 미츠봇은 우리로 하여금 자신이 하느님과 이웃하여, 성스런 터에서 살아가고 있음을 깨닫게 해주는 수단이다. 그것들은 우리에게 사물과 행위 속에 감추어진 작은 신비를 일깨워 주며, 우리 자신이 우주의 지주가 아니라 청지기라는 사실, 인간이 영적인 황야에 살고 있는 것이 아니며 인간의 모든 행동이 저마다 인간과 성(聖)의 만남이라는 사실을 기억나게 해준다.

모든 미츠봇은 무엇보다 먼저 외경(畏敬)을 나타낸다. 하느님이 영원히 현존하심을 알게 된 우리의 깨달음을 보여주는 것이며 그분의 현존을 행실로 기리는 것이다. 축복 기도는 언제나 현재 시제(現在時制)다. "…을 만드시는 이에게 복을 기리나이다. …을 주시는 이에게…" 축복의 기도를 바치는 것은 그분의 계속되는 창조를 알고 있음을 고백하는 것이다.

그 모든 예언자들의 언설이, 인간에 대한 하느님의 염려와 인간의 성실함에 대한 그분의 관심이 아니고 무엇이겠는가? 인간의 생명에 도박을 건 하느님의 뜻, 그 어디에도 하느님의 눈길을 피하는 밀실은 없다는 사실을 기억나게 해주는 것 아니고 무엇이겠는가? 아무도 스스로 숨을 수 없으며 아무도 그분의 눈길을 벗어날 수 없다. 그분은 "그들의 부정함 가운데서도"(레위기 16:16, 사역) 이스라엘과 함께 거하신다. 삶은 개인의 사사로운 일이 아니다. 삶이란 사람이 하느님의 시간을 가지고 이루는 일이요 하느님의 세계를 가지고 해내는 일이다.

재결합으로서의 행위

일반 대중의 생각에는 인간의 행위가 자아가 비자아(非自我)를 이용하려는 것으로써 이루어진다. 경건한 신앙인의 생각에는 인간의 행위가 인간과 성(聖), 인간의 의지와 하느님의 세계의 만남이다. 그 둘은 모두 같은 돌에서 떼어낸 것으로서 하나의 큰 모자이크의 부분이 되도록 결정된 것이다.

인간의 행복과 하느님의 설계 사이에는 이분법(二分法)이 없다. 그 이분법의 부재를 발견하는 것, 그 통전성을 살아가는 것이 신앙생활의 참 보상이다. 인간이 하느님의 관심에 자신을 열어 놓기만 한다면, 하느님의 인간의 즐거움을 함께 나누신다. 인간의 요구를 충족시키는 것이 곧 성스런 목적에 자신을 바치는 것이 된다.

세계는 다툼과 어리석음과 미움으로 말미암아 쪼개졌다. 우리가 해야 할 일은 깨끗하게 닦고 밝게 비추고 수선하는 것이다. 우리의 모든 행위가 두드려 부수는 것이거나 건져내어 살리는 것이거나 둘 가운데 하나다. 인간은 하느님과 하나 되지 못했고, 나아가서 자기 자신과도 하나 되지 못했다. 영원을 시간 속으로 끌어들이는 일, 황야의 길을 닦는 일, 사막에 하느님의 길을 평탄하게 하는 일이 우리의 사명이다. "그

마음속에 큰 길이 있는 자들은 행복하다"(시편 84:5, 사역).

유대인의 삶을 뒤에서 받치고 있는 동기는 무엇인가? 아마도 그것은 자기 자신과 그분의 뜻을 일치시키고자 하는, 거친 들판을 횡단하여 먼 산꼭대기의 유일한 꽃에게 가까이 가고자 하는 간절한 동경(憧憬)이라고 하겠다. 그것은 마치 이 지구상에 나만 혼자 있는 것 같고 하느님 역시 홀로 나만 기다리시는 것 같다.

성스러움에 가까이 감

미츠바를 실천하기 전에 우리는 기도한다. "당신의 미츠봇으로 우리를 성결케 하신… 주님을 기리나이다." 미츠바의 의미는 성결하게 하는 능력에 있다.

무엇이 성스런 행위인가? 신성과 만남, 하느님과 교제하는 길, 신성 모독의 어둠 속에서 번뜩이는 성스러움의 빛, 더욱 위대한 사랑의 탄생, 더 깊은 감수성을 부여받음이 그것이다.

미츠봇은 혼을 형성하는 것이다. 인간의 혼은 고상한 행위로 말미암아 성숙한다. 그리고 성스런 행위로써 밝아진다. 실제로, 모든 미츠봇의 목적이 인간을 맑고 깨끗하게 하는 데 있다.[11] 그것들은 인간의 유익을 위해, 그를 지켜 보호하고 고상하게 하고 훈련시키고 그에게 영감을 주기 위해 부여된 것들이다. 우리는 신성(神性)을 드러냄으로써 자아를 더욱 고상하게 만든다. 하느님은 이 세상에 숨어 계시고 우리의 사명은 우리의 행실에서 그 신성이 나타나게 하는 것이다.

미츠바라는 단어의 마지막 두 문자가 발음할 수 없는 이름, 신명사문자(神名四文字, Tetragrammaton)의 마지막 두 문자와 같고 또 처음의 두 문자는 발음할 수 없는 이름의 첫 두 문자와 서로 교환할 수 있음이 지적되었다. 미츠바는 발음할 수 없는 이름이다. 그분의 이름은 우리의 행위 속에 감추어져 있으면서 우리의 행위로써 드러난다.

계율을 지키는 목적은 우리가 느끼고 생각하는 내용을 표현하는 데 있지 않다. 생각이나 느낌을 표현할 때에 우리는 우리 속에 있는 언어에 의탁한다. 표현이란 대리(代理)요, 대신하는 행위다. 우리는 말한다. 말하면서 우리가 말하는 것에서 떨어진다. 계율을 지키는 목적은 우리가 느끼거나 생각하는 것을 표현하는 데 있지 않고 그것이 되는(to be) 데 있다. 우리의 실존을 우리의 느낌이나 생각과 일치시키는 데, 모든 생각과 느낌 너머에 있는 실재에 가까이 가는 데, 성스러움에 접근하는 데 있다.

행위의 무아경

미츠바를 행하는 것은 자기를 능가하는 것, 자신의 요구를 넘어서는 것, 세계를 밝히는 것이다. 그러나 세계를 밝게 하는 빛은 어디에서 오는가? 되풀이하여 우리는, 우리의 내부에서 나오는 빛이 얼마나 공허하고 얼마나 희미하며 얼마나 덧없는 것인지를 발견한다. 우리한테는 자기를 초월하고 자신의 행동에 혼을 불어넣는 힘이 부족하다. 아무리 불굴의 노력을 해도 자아의 사소한 움직임들을 넘어 더 높이 오르기에는 역부족이다.

그러나 행위의 무아경(an ecstasy of deeds)이라는 것이 있다. 우리의 의지보다 높은 데서 이루어지는 강력한 행위로 말미암아 위로 솟구쳐 올라가는 환한 순간들, 넘치는 기쁨과 강렬한 즐거움으로 충만한 순간들이 있다. 그와 같이 높아짐은 위에서 오는 선물이다. 마음과 혼을 다 쏟아 자신을 하느님께 바치고자 애쓰고 자기의 능력 안에서 할 수 있는 데까지 모두 한 사람에게 위대함의 문은 열리고, 그래서 마침내 그는 자기의 능력 너머에 있는 것을 얻을 수 있게 된다.[12]

위대함이라는 선물은 자신의 왜소함을 깨뜨리고자 애쓰지 않는 자에게는 부여되지 않는다. 미츠바는 무(無)에서 성스러움을 요술로 불러내지 않는다. 다만 인간이 애쓴 것에 덧보탤 따름이다. 만일 우리의 갈망이 잠을 자고 우리의 마음이 둔하며 스스로 만족한다면, 그 무엇도 우리 속에 놀람의 불꽃을 일으키지 않을 것이다. 우리는 선(善)을 얻기 위해 간절해야 하며 성스러움을 얻기 위해 선을 행해야만 한다.

아래 이야기가 이 생각을 밝히는 예화일 수 있으리라. "한 사람이 나무를 심어 뿌리를 손질하고 풀을 뽑고 때때로 물을 주고 거름도 주고는 하느님께, 나무가 열매를 맺게 해달라고 기도했다. 그러나 만일 그가 나무에게 친절하고 잘 보살피는 일을 잊는다면 그는 창조주께, 그분께 축복을, 나무에 열매를 달라고 기도할 자격이 없는 자다."[13]

미츠바는 횃불에 비교된다(잠언 6:23). 횃불을 밝히는 목적은 횃불을 밝히는 행위 자체에 있지 않고 횃불의 직접적 결과, 즉 기름을 소모한다거나 나무를 태우는 데 있지 않다. 진짜 목적은 빛을 내는 데 있다. 같은 뜻에서, 미츠바를 행하는 목적은 그 행위에서 나오는 빛, 즉 그 의미에 있다. 행위를 하는 것은 인간이지만 빛은 하느님한테서 나온다.[14] 모든 미츠바가 이스라엘에 성스러움을 보탠다.[15]

인간의 불꽃은 하느님의 불꽃으로 당겨지고 커진다. "인간이 자신을 조금 성결하게 하면 그는 크게 성결해 진다. 그가 아래에서 자신을 성결하게 하면 위로부터 성결해진다."[16] 성스러움은 인간의 혼에서 만들어지는 것이 아니라, 하느님과 인간의 혼이 선행이라는 빛 안에서 만나는 순간에 나오는 것이다.

종교는 귀중품 보관함 속에 넣어둘, 한 때에 일회적으로 주어진 어떤 것이 아니다. 그것은 항상 재창조되어야 한다. 미츠봇은 틀이다. 미츠바를 성취하는 것은 그것을 의미로 채우는 것이다.

시인은 이렇게 읊었다.

성소로부터 임금에게 도움을 내리시고
시온산에서 임금을 붙들어 주소서(시편 20:3).

성스러움(성소)에서 도움이 온다. 그러나 어디에 성스러움이 있는가?

그것은 저 공간의 어디, 저 하늘의 어디에 형체를 띠고 있는가? 라삐들은 위의 시구를 이렇게 푼다. "주님은 당신이 이루신 행위의 성스러움으로부터 당신의 도움을 내리신다. 그리고 시온에서(*mitsiyon*), 당신의 색다른 행위에서, 그 이름의 성스러움에서, 당신 안에 있는 행위의 성스러움으로부터 도움을 주신다."[17]

미츠봇에 대한 충실함이 개인이나 공동체의 삶에 미치는 값진 영향은 있는 대로 모두 표현될 수가 없다. 유대의 계율 준수는 우리에게 깨끗함을 주고 무엇보다도 함께 아파하는 마음을 준다. 그것은 우리에게 건강을 주고 무엇보다도 성결함을 준다. 우리에게 힘을 주고 무엇보다도 내면 세계를 준다. 비열하고 지긋지긋하던 세계가 바야흐로 우아하고 매력 있는 세계로 바뀐다.

35

미츠바와 죄

미츠바의 의미

만일 어떤 단어의 사용 빈도나 강도가, 그 단어가 사람들의 정신에 미치는 중요성의 크기를 재는 지수(指數) 구실을 할 수 있다면, 미츠바라는 단어야말로 대단히 중요한 것이라고 하지 않을 수 없다. 실제로, 히브리어와 이디쉬어 모두에서 마츠바라는 말이 차지하고 있는 역할은 그에 견줄 만한 것이 거의 없다. 마치 구원이라는 말이 그리스도교의 중심 개념이듯이, 미츠바는 유대교의 종교 의식(意識)에 중심을 이룬다. 그것은 토라 다음으로, 지시하는 규정과 금지하는 규정 둘 다를 지칭하는 말로 사용되고 있다.

미츠바라는 단어를 틀에 맞춰 정의(定義)하거나 풀어 말하는 일은 쉽지 않다. 다른 나라의 말로는 서로 다른 단어로 나뉘어서 다른 의미로 표현되는 내용이 히브리어에서는 미츠바라는 한 단어에 함께 담겨져 있다. 그것은 명령뿐만 아니라 법을, 그 법을 지켜야 하는 인간의 의무와 그 의무를 완수하는 행위 특히 자비와 사랑의 행위를 함께 나타낸다.

그 말의 의미는 성전에서 대제사장이 행하는 행위에서부터 한 이웃에게 베푸는 사소한 친절에 이르기까지, 밖으로 실행하는 행위에서부터 내면의 태도까지, 남들과의 관계뿐 아니라 자신과의 관계까지, 두루

통한다. 그것은 간혹 종교 또는 종교적이라는 뜻으로 사용되기도 한다.[1] 미츠바라는 말은 인간의 모든 정신적인 삶의 차원을 결합한다. 하느님의 뜻에 부합되어 이루어지는 모든 행위가 미츠바다.[2]

그러나 미츠바란 말의 의미 폭은 더 넓다. 그 단어가 의미하는 바, 이를테면 계명, 율법, 의무, 행실 등을 넘어 그 일차적 의미에 첨부되는 여러 가지 속성을 아울러 내포한다. 그래서 선, 가치, 덕, 착함, 경건, 심지어 거룩함 등을 함축한다. 그런즉 선하고 덕스럽고 가치 있고 착하고 경건하고 거룩한 행위라는 말을 할 수는 있지만, 선하고 경건하고 거룩한 미츠바라고 말하는 것은 같은 말의 반복이라고 할 수 있겠다.

히브리어로 미츠바를 말할 때 우리는 마치 그것이 구체적인 사물로서 감각의 대상이 될 수 있는 실체인 양 말한다. 예컨대 우리는 이렇게 말하는 것이다. "미츠봇을 나의 것으로 삼는다." "미츠봇을 획득한다." "미츠봇을 추구한다." "미츠봇을 잔뜩 짊어진다."[3] "무식한 자까지도 석류알처럼 미츠봇으로 풍만하다."[4] "그분 앞에서 미츠봇으로 너 자신을 장식하라."[5] 모든 미츠바가 "착한 천사를 생겨나게 한다." 미츠봇은 "인간의 벗"[6]이요, 그의 참 "자식들"이며 장차 올 세상에서 그를 변호해 줄 존재요,[7] 그의 외투며 그의 틀이다. 미츠봇 없는 인간은 벌거숭이다.[8] 다른 민족의 언어에서 미츠바와 비슷한 개념을 담은 한 마디를 찾아내기 어려운 까닭이 바로 이 점, 즉 미츠바를 거의 구체적인 실체로 보는 이 특수한 개념 때문이다. 잠언 10장 8절에 대한 세 가지 번역이 이 점을 잘 설명해 준다. 본문인즉슨, "마음으로 지혜로운 자는 이카 미츠봇(*yikah mitsvot*)이다." 흠정역 영어 성경은 이 두 히브리 단어를 "계명을 받으리라"(will receive commandments)로 옮겼고, 모팻(Moffatt)의 사역 성경에서는 "권위를 존중한다"(defers to authority)로, 미국판 번역(A.T.)에서는 "율법에 순종한다"(obeys the laws)로 표준개역(R.S.V)에서는 "계명을 명심하리라"(will heed commandments)로 옮겼다. 라삐들은 미츠봇이라는 단어의 구체성을 염두에 두어 위 구절을 "마음으로 지혜로운 자들은 미츠봇을 얻으리라(will acquire)"로 읽었다.

따라서 유대식 삶의 기본이 되는 단어는 율법(din)이 아니라 미츠바다. 율법은 우리에게 무엇이 미츠바고 무엇이 미츠바가 아닌지를 판가름할 수 있는 지식의 원천이 되어 준다. 그런 지식을 가지고 인간이 행하는 행위 자체는 율법이 말하는 내용에 따라서 결정될 뿐만 아니라 율법으로는 어떻게 할 수가 없는, 마음의 자유에 따라서도 결정된다.

미츠바가 지니는 지고한 존엄성은 실제로 영적인 힘이 커서, 미츠바의 반대어인 죄 또는 아베라(averah)보다 더 우위를 차지한다. 아담의 죄조차도 미츠바의 상실로서 설명된다. 금단의 열매를 따먹은 뒤에 그들은 눈이 열리어 스스로 벌거숭이인 줄을 알게 되었다고 한다(창세기 3:7). "한 미츠바가 그들에게 위임되었는데, 그들은 그것을 스스로 벗어버렸다."[9]

유대인에게는 미츠바가 아베라보다 더 현실적이고 그래서 더 자주 더 두드러지게 사용되는 용어다. 그리스도인에게는 오히려 이 두 단어의 사용 빈도나 중요성이 반대다. 즉 그리스도교는 미츠바라는 관념을 수용하지 않고, 앞에서 살펴보았듯이, 서양 언어에는 미츠바의 개념을 담을 적절한 단어가 없다. 반면에, "죄"라는 단어는, 아베라에는 함축되지 않은 실체적인 어떤 것을 뜻하는 의미로 사용한다.

인생이란 선한 행실과 나쁜 행실의 주변을 맴돌게 마련이다. 그러나 우리는 아베라 또는 죄의식(sin-conscious)보다는 미츠바 의식(mitsvah-conscious)을 더 많이 지니도록 훈련받았다.[10]

유대인의 생각하는 방식을 잘 드러내 주는 이디쉬어의 어법에서는 미츠바를 행하는 것이 정신적인 이익을 얻는 것을 의미한다. "깁 미르 아 글로스 봐세르 붸스트 호븐 인 미르 아 미츠바"(Gib mir a gloss vasser vest hobn in mir a mitsvah)는, "나에게 물 한잔만 주십시오. 그러면 당신은 정신적인 이익을 얻을 것이오"(Give me a glass of water, you will acquire a spiritual gain)를 의미한다. 아베라를 행하는 것은 낭비하는 것, 쓸데없이 소모하는 것을 뜻한다. "두 레드스트 추 아 토이븐 시츠 안 아베이레 (아베라) 디 레이드"(Du redst tsu a toybn s'iz an aveyre (averah) di reid)는, 너는 귀머거리에게 말했다--너는 말을 쓸데없이 낭비했다는 뜻이다.

"우리가 죄를 지었사오니"

미츠바와 죄, 이 두 극(極)은 모두 실재한다. 우리는 현재 순간을 향하여 미츠바 의식(意識)을 지니도록, 선행을 할 수 있는 기회가 끊임없이 주어져 있음을 생각하도록, 교육을 받았다. 그리고 또한 과거에 대하여는 죄 의식을 지니도록, 우리의 실패와 과오를 기억하고 깨닫도록 교육받았다. 미츠바의 힘과 죄의 힘은 둘 다 충분하게 인식되어야 한다. 죄만을 두려워하다 보면 일할 의욕이 시들게 되고, 미츠바만을 생각하면 오만한 자기만족에 빠지게 된다. 전자는 역사의 가치를 무시하여 지나친 종말론에 떨어지고, 후자는 메시아를 부정하는 세속적 낙관론에 빠진다. 유다이즘은 이 두 일탈을 반복하여 경고한다.

하느님과 우리 자신의 죄(시편 16:8; 51:5), 이 둘을 우리는 늘 염두에 두어야 한다. 하루에 세 번 우리는 기도한다. "아버지여, 우리가 죄를 지었사오니 우리를 용서하소서. 임금이여, 우리가 허물을 지었사오니 우리를 용서하소서." 탈무드에 보면 모든 혼이 세상에 태어날 즈음, "올바르고 정직하여라. 사악한 자가 되지 말라. 만일 온 세상이 너를 보고 '네가 옳다'고 말하더라도 너는 자신을 사악한 자로 여겨라"는 훈계를 받는다고 한다.[11] 실제로, "나는 마음에 거리낄 것 없다. 나는 죄가 없이 깨끗하다고 할 사람이 어디 있는가?"(잠언 20:9).

죄라는 짐은, 잊기를 잘하는 사람에게는 빛이다. 그러나 "야훼여, 깊은 구렁에서 당신을 부르오니... 당신께서 사람의 죄를 살피신다면 감당할 자 누구이리까?"(시편 130:1, 3) 하고 말하는 자에게는 빛이 아니다.

날마다 두 번 우리는, "마음 내키는 대로, 눈에 드는 대로 색욕에 빠지는 일이 없도록 하라"(민수기 15:39)는 말을 듣는다. 이스라엘은 말한다. "우리가 거역하며 저지른 자신의 죄에 깔려 죽게 되었는데 어떻게 산단 말이냐?"(에제키엘 33:10). "우리와 우리 조상의 하느님, 우리는 감히 당신 앞에서 '우리가 옳고 죄를 짓지 않았나이다' 하고 말씀드릴 만큼 강심장이지를 못하옵고 그만큼 오만하지도 못합니다. 참으로, 우리는 많은 죄를 지었나이다"(속죄의 날 예배 의식문).

"악한 충동"

우리는 행동으로만 실패하고 죄 짓는 것이 아니다. 우리는 마음으로도 실패하고 죄를 짓는다. 마음의 악이 행동으로 저지르는 악의 근원이다. 카인의 질투, 홍수 시대의 탐욕, 바벨탑 쌓던 사람들의 교만이 인류에 비극을 초래했다. "질투, 탐욕, 교만이 사람의 목숨을 파멸한다."[12] "야훼께서는 세상이 사람의 죄악으로 가득 차고 사람마다 못된 생각만 하는 것을 보셨다"(창세기 6:5). 참으로 이것이 인간 상황에 대한 진단이다.

"사람의 죄악"이란 범죄 행위를 일컫는 것이겠지만, 그러나 창세기 8장 21절에 반복되고 있는 인간 상황의 진단은 오히려 "마음의 악한 충동"을 말하고 있다. 십계명에서 유독 두 번 언급되었으면서 십계명을 마감하는 말은, 너희는 탐욕을 품지 말라는 것이다.

날마다 우리는 기도한다. "나의 하느님, 당신께서 제 속에 두신 영혼은 깨끗하옵니다." 우리는 그것을 깨끗하게 지키기 위해 무엇을 해야 하는

가? 능력, 성공, 돈이 최고 가치가 되어 버린 이 세상에서 자신의 순결함을 유지하려면 어떻게 해야 할 것인가? 어떻게 "질투, 탐욕, 교만을" 제어할 것인가? 이븐 가비롤(Ibn Gabirol)은 이렇게 외쳤다. "당신께서 저에게 거룩한 혼을 주셨건만 저는 그것을 행실로써 더럽혔습니다!"[13]

우리가 받은 혼은 깨끗한 것이나, 그러나 그 속에 악을 행하려는 힘이, "낯선 신"(a strange god)[14]이 잠재해 있는데 그 낯선 신은 "끊임없이 인간을 장악하여 죽이려고 하며, 만일 하느님이 도와주시지만 않으면, 인간은 그 힘에 항거할 수가 없다. 이른바, 사악한 자가 의로운 자를 노리고 그를 죽이려고 틈을 엿보는 것이다."[15] "사람들은 악한 목적을 이루고자 하는 강한 욕망에 사로잡혀 있는 동안 고상한 것을 추구하는 일에는 소홀할 수밖에 없다. 그들은 선을 찾는 일에는 뭉그적거리면서 천박한 쾌락을 좇는 일을 가지고 희롱한다. 탐욕이 환상으로 나타나서 그들을 부르면, 그들은 거짓을 꾸며대고는 그리로 향해 달려간다. 그들은 그 탐욕을 정당화하기 위해 온갖 이론을 만들어 아래를 괴고, 그 나약함을 강하게 하고 그 느슨함을 단단히 죄기 위해 온갖 주장을 다 펼친다. 그러나 홀연히 진리의 횃불이 그들 앞을 비칠 때면, 그들은 오히려 게으른 핑계를 대면서 그 횃불을 피하려고 한다. 그들은 거기에 대하여 반론(反論)을 내세우고, 그것이 그릇된 길로 빠진다고 하면서 그 주장을 반박한다. 그래서 그것이 모순을 지니고 있음을 밝히면서 그것을 좇지 않는 구실을 그럴듯하게 마련한다."[16]

"거룩하신 분께서, 그분께 축복을, 인간에게 말씀하신다. '내가 엿새 동안에 만든 모든 것이 다 너를 위한 것이었건만, 너는 나아가 죄를 범하는구나!'"[17] "보라, 나는 순결하다, 나의 자리[場所]도 순결하고 나의 일꾼들도 순결하고 내가 너에게 준 혼도 순결하다. 만일 네가 그것을, 처음 내가 너에게 주었던 그대로 되돌려 준다면 받겠거니와, 그렇지 않다면 내가 그것을 던져 버리리라."[18]

"한 발만 까딱해도"

미츠바에 대한 의식(意識)을 강조한다 해서 우리에게 언제나 그분을 배신할 가능성이 있다는 사실, 옳은 일을 하고 있는 가운데라도 죄에 노출되어 있다는 사실에 대하여 감각이 둔해져서는 안 된다. 힐렐(Hillel)은, "죽는 날까지 자기에 대해 장담하지 말라"고 했다.[19] 우리는, 인간이란 평생토록 거룩한 영을 몸에 모시고 살아갈 수 있도록 지음 받은 존재지만, 그러나 단 한 순간에 밑바닥 없는 구렁에 빠질 수도 있다고 배웠다. 한 발만 까딱해도 영락없이 죽을 몸이다(사무엘상 20:3).

인생은 영적인 전쟁 마당에서 살아가는 것, 사람은 마땅히 "악한 충동"과 더불어 끊임없이 싸워야 한다. "사람이란, 한 쪽은 하느님이 당기고 다른 쪽은 악마가 당기는 줄 위에 서 있는 존재와 같기" 때문이다. "오오, 나의 요처(*yotser*, 창조주)로 말미암은 슬픔이여! 나의 예처(*yester*, 악한 충동)로 말미암은 슬픔이여!" 이렇게 탈무드는 경귀(警句)로 탄식한다.[20] 만일 인간이 자신의 비천한 충동에 굴복한다면 그는 창조주에게 무슨 변명을 해야 할 것이요, 창조주에게 복종한다면 사악한 생각으로 시달림을 받을 것이다.

악(惡)의 문제

불길 속의 궁전

놀람의 순간, 기쁨의 순간에 궁극적인 질문을 감지(感知)하는 사람들이 있는가 하면, 공포의 순간, 절망의 순간에 궁극적인 질문을 감지하는 사람들도 있다. 사람으로 하여금 궁극적 질문을 감지하게 하는 것은 삶의 장엄함과 비참함이다. 실제로 인생의 비참함은 그의 장엄함 못지않게 크다.

아브라함은 어떻게, 이 세상을 관심하시는 하느님이 계심을 확신하기에 이르렀던가? 라삐 이사악(Rabbi Isaac)은, 아브라함은 "이리저리 유랑하다가 불길 속에 잠긴 궁전을 발견한 사람에 비유할 수 있다"고 말했다. "이런 궁전을 돌보는 이가 없다니, 가능한 일인가? 그는 의아하게 생각했다. 마침내 궁전의 주인이 나타나 그에게 말했다. '내가 궁전의 주인이다.' 이와 비슷하게 우리 조상 아브라함은 의아하게 생각했다. '이 세상에 안내자가 없다니, 가능한 일인가?' 거룩하신 분이, 그분께 축복을, 나타나 아브라함에게 이르셨다. '내가 세상의 주인이요 안내자다."[1]

세상이 불길에 휩싸여 있다. 악으로 소멸되고 있다. 그런데 이 세계를 돌보는 이가 아무도 없음이 가능한 일인가?

"악인의 손에"

성경의 사람은, 많은 신학자들이 끊임없이 강조한 것처럼, 인간의 무서운 잔혹성과 세계 역사의 가공스런 혼란을 과연 몰랐던가? 자세하게 연구하면 그런 주장은 불가능하다.[2] 창세기 제1장을 제외하면 성경의 남은 부분은 결코 이 세상의 슬픔, 죄, 악을 외면하지 않는다. 예언자들은 이 세상을 볼 때, "고통과 암흑, 답답한 어둠"(이사야 8:22)을 본다. 땅을 볼 때 그들은, "이스라엘의 거룩하신 분께 범한 죄가 거기에 가득 찬 것"(예레미야 51:5 사역)을 본다. "야훼여, 살려 달라고 울부짖는 이 소리, 언제 들어 주시렵니까? 호소하는 이 억울한 일, 언제 풀어 주시렵니까? 어인 일로 이렇듯이 애매한 일을 당하게 하시고 이 고생살이를 못 본 체하십니까? 보이느니 약탈과 억압뿐이요 터지느니 시비와 말다툼뿐입니다. 법은 땅에 떨어지고 정의는 끝내 무너졌습니다. 못된 자들이 착한 사람을 등쳐먹는 세상, 정의가 짓밟히는 세상이 되었습니다"(하바국 1:2-4). 이 세상은 "나쁜 자들이 만사에 성공하고 사기밖에 칠 줄 모르는 자들이 잘되기만" 하는(예레미야 12:1) 세상이요, 누군가가, "악을 행하는 자들이 오히려 하느님 눈에 드는 자들이요 그분은 그들을 기뻐하신다"고 주장할 만도 하고, "정의의 하느님이 어디 있느냐?"(말라기 2:17)고 치받을 만도 한 세상이다.

"하느님, 침묵을 깨소서, 잠잠하지도 쉬지도 마소서. 하느님, 당신의 적들이 소리 높이 떠들고 당신의 원수들이 머리를 치켜듭니다"(시편 83:12). 이렇게 기도한 시인의 가슴이 이 세상에 대하여 행복했을 리 없다. 시인을 엄습한 공포와 불안은 자연의 천재지변이 아니라 인간의 사악함과 역사의 죄악에서 오는 것이었다.

무서움과 공포가 온몸을 뒤덮어

사시나무 떨듯이 부들부들 떨립니다.
비둘기처럼 날개라도 있다면
안식처를 찾아 날아가련만,
멀리멀리 광야로 가서 숨어 있으련만(시편 55:5-6).

세월 따라 관통하는 유대인의 기분을 나타내 주는 한 마디 말이 있다. "땅은 악인의 손에 넘어 갔다"(욥기 9:24).

하느님 눈에 이 세상은 어떻게 보이는가? 하느님은 이 세상에 인간의 의(義)가 크다고 보셨는가? 그분은 땅에 인간을 지으신 것에 대하여 기뻐하셨는가? 처음 열 세대가 지난 뒤에 성경의 역사관이 나타난다. "야훼께서는 세상이 사람의 죄악으로 가득 차고 사람마다 못된 생각만 하는 것을 보시고 왜 사람을 만들었던가 싶으시어 마음이 아프셨다"(창세기 6:5-6, 참고 8:21). 성경을 관통하여 울리는 메아리가 있으니, 인간의 사악함이 땅에서 크다는 부르짖음이 그것이다.

너무나도 쉽게 그리고 끊임없이 저지르게 되는 악의 경험과 그 무서운 위험에 대한 깨달음은 삶의 모든 즐거움을 단숨에 날려 버린다. 그 위험에 대한 답은 절망이든가, 아니면, "하느님이여 당신 어디에 계십니까?" "정의로운 하느님은 어디 계십니까?" 하는 질문이다.[3]

인간의 이 본질적인 곤경은 우리 시대의 절대 절명한 비상사태를 오히려 당연한 것으로 만들어, 우리로 하여금 수백만 남녀와 어린아이를 착취하는 공장들이 우뚝하니 세워지는 문명권과 인간의 살점으로 비누를 만드는 현장에서 살아가게 한다. 우리는 그와 같은 범죄가 가능하게 하기 위해 무엇을 했는가? 그런 범죄가 일어나지 못하게 하기 위해 무엇을 할 것인가?

현대인은 파멸과 종국에 대하여 무감각한 존재로 성격 지울 수 있겠다. 강요된 잔인성의 희생자가 되어 그의 감수성은 차츰 무디어졌고 공포심은 시들고 있다. 옳고 그름의 분간이 흐려지고 있다. 우리에게 남은 것이라고는 두려움을 느끼는 감각의 상실에 대한 두려움뿐이다.

선과 악의 혼화(混和)

악이 강력하게 유혹하는 실재라는 사실보다 더욱 절망스러운 것은, 그것이 어찌나 고요하게 선(善)으로 위장을 하는지 성스러움의 생명에서 오히려 양분을 빨아먹고 있다는 사실이다. 이 세상에서는 거룩한 것과 더러운 것이 서로 떨어져서 있는 게 아니라 섞여 있고 얽혀 있는 듯이 보인다. 이 세상은, 우상이 아름답게 보이고 하느님 숭배가 오히려 사악한 듯이 보이는 그런 세상이다.

이스라엘의 예언자들이 비난한 것은 종교의 결핍이 아니라 타락이었다. "에브라임은 제단을 많이도 세웠으나 죄를 벗으려고 세운 그 제단들이 죄를 더해 주는 재단이 되었구나"(호세아 8:11). "사제라는 것들은 '야훼께서 어디 계시냐'고 찾지도 않았다. 법 전문가라는 것들은 나의 뜻은 알려고도 하지 않았다"(예레미야 2:8). 큰 사람일수록 더 많이 죄에 노출되어 있다.[4] 경건은 때로 변장한 악이요 권력을 잡기 위한 수단이기도 하다. "인류 역사의 비극과 잔인한 일들과 광신적인 사건들은 범죄자들이 아니라… 선량한 사람들… 인간의 모든 동기 속에 혼합되어 있는 이기심과 이상(理想)의 기묘한 혼화(混和, confusion)를 바로 이해하지 못한 이상주의자들에 의하여 저질러졌다" 가장 큰 싸움은 "하느님을 두려워하는 신자들과 옳지 못한 비신자들 사이에서" 벌어지는 것이 아니다. 성경의 종교는 "죄의 평등성(the equality of sin)과 똑같이 죄책감의 불평등성(the inequality of guilt)"을 강조했다. "특별히 부자와 권력자, 귀족과 세도가, 지혜로운 자와 의로운 자에게 엄격한 심판이 떨어진다."[5] 실제로, 가장 가공스런 악의 표출은 그것이 선으로 위장하여 활동할 때에 이루어진다. "종교는 인간으로 하여금 그와 같은 악마스런

행위를 하도록 강요할 수 있었다"(Lucretius).[6]

에제키엘은 환상으로, "북쪽에서 폭풍이 불어오는 광경"을 보았다. "큰 구름이 막 밀려오는데 번갯불이 번쩍이어 사방이 환해졌다. 그 한 가운데에는 불이 있고 그 속에서 놋쇠 같은 것이 빛났다"(1:4). 그는 먼저 성스럽지 못한 것의 힘을 보았다. 큰 구름은 "파괴하는 힘"을 나타낸다. "그것은 모든 빛의 근원을 막아 보이지 않게 함으로써 온 세상에 그늘을 드리우는 막강한 어둠이기에 크다는 말로 형용된다. 번쩍이는 번갯불은 그 구름에서 결코 분리되지 않는 무서운 심판의 불을 가리킨다. 사방이 환해졌다(nogah)…는 말은, 비록 불결하고 어두운 구름이지만 그 자체가 어떤 밝음에 감싸여 있다는… 그것이 성스러운 국면을 지니고 있는지라 경멸로써 상대할 것이 아니라 성스러움의 한 부분으로 용납되어야 한다는 말로 읽어야 한다."[7] 그런즉 악의 어두운 구석에도 하느님의 거룩한 불꽃이 있다. 만일 그 불꽃이 아니었더라면 악은 힘과 실재를 잃어버리고 무(無)로 돌아갔을 것이다. 악마까지도 극소량의 성스러움을 지니고 있다. 인간을 유혹하는 자로서 자신의 더러운 일을 할 때에 그의 의도는 "하늘을 위한" 것이다. 왜냐하면 그는 인간을 유혹하기 위해 창조되었기 때문이다.

지다초프의 위대한 성자, 라삐 히르쉬(Rabbi Hirsh of Zydatshov)는 그의 제자와 조카에게 이렇게 말했다. "나는 나이 사십('깨달음을 얻는 나이')이 된 다음에도 나의 삶이 선과 악(nogah)이 뒤섞인 진흙탕에 빠져 있는 건지 거기서 나와 있는 건지 확실히 알 수가 없었다… 나의 아들아, 살아가는 순간마다 나는 여전히 그 혼화(混和) 속에 묻혀 있는 게 아닌가 하여 두렵구나."[8]

이 무서운 혼화, 이 세상에는 선과 악이, 성스러운 것과 속된 것이, 은(銀)과 쇠똥이 서로 섞이지 않은 것이 없다는 사실, 이것이 유대 신비주의에 따르면 역사의 중심 문제이자 구원의 최후 문제다. 이 혼화는 창조의 과정 바로 거기까지 거슬러 올라간다.

"하느님이 세상을 창조하러 오시어 깊은 데서 감추어져 있던 것을 꺼내시고 어둠에서 빛을 드러내실 때, 그것들은 모두 서로 얽혀 있었다. 그래서 빛은 어둠에서 나왔으며 꿰뚫을 수 없는 것에서 깊은 바다가 나왔다. 또한 마찬가지로 선에서 악이 나왔고, 자비에서 심판이 솟아났으며, 모두 것이 서로 섞여 있었다. 선한 충동과 악한 충동이…"[9]

성(聖)을 속량함

우리의 전승에서는 선과 성(聖)의 영역에 악이 스며들어 있음에 대한 깨달음이 자주 표현되었다. 예루살렘 성전에서 해마다 이루어지는 큰 행사들 가운데 하나가 그것을 잘 드러내고 있는데, 속죄의 날 의식(儀式)에서 대제사장은 두 염소에 제비를 뽑아 하나는 하느님을 위한 염소로 삼고 다른 하나는 아자젤(Azazel)을 위한 염소로 삼는다. 염소를 아자젤에게 바치는 의식의 목적은 악한 자들을 속죄(贖罪)하는 것이었다. 대제사장은 그 염소의 머리에 손을 얹고 "이스라엘 백성의 모든 부정과 잘못과 죄악을 고백한다." 한편 하느님께 바쳐진 염소의 목적은 성(聖)을 속량하는(to atone for the holy) 것, "이스라엘 백성의 부정과 잘못과 죄악으로 말미암아 더러워진 성소(聖所)를 속량하는 것"이었다.[10] 일년 중 가장 성스러운 날에 이루어지는 최고의 일이 바로 성(聖)을 속량하는 것이었다. 그것이 죄를 속량하는 희생제사보다 우선하는 일이었다.

종교는 사치품이 아니다

환영(幻影)을 믿고 애쓰지는 말자. 지극히 개인적이며 동시에 우주적이고, 시급하며 영원한 문제들에 대한 쉬운 해답은 없다. 과학 기술의 발달은 문제를 풀기보다 더 많은 문제를 만들어 낸다. 능률 전문가나 사회 공학이 인류를 구원하지는 못할 것이다. 그들의 업적이야 크다 하겠지만, 그러나 그들은 문제의 핵심에 닿지 못한다. 그러므로 종교는, 종교의 명령과 비젼은 사치품이 아니라 생사(生死)가 걸린 문제다. 실제로, 종교의 메시지는 자주 탁상공론과 형식주의, 의식(儀式)주의, 미신 따위에 의하여 묽어지고 일그러졌다. 그러나 절박한 위기를 상기시키고 인간 실존의 계속되는 비상사태를 폭로하며, 영혼의 절실한 갈망을 일깨우고, 종교의 요구들이 그 응답이 되는 하느님의 영원한 목소리를 들리게 하는 것이 우리의 사명이다.

제일 먼저 할 분별

분별하여 나누는 작업은 지성이 하는 일차적인 일이다. 우리는 흑과 백, 아름다움과 추함, 유쾌함과 불쾌함, 득과 실, 선과 악, 옳고 그름을 가린다. 인류의 운명은 선과 악, 옳고 그름의 분별이 다른 어떤 분별보다도 우선적인 것임을 제대로 깨달아 아는 데 달려 있다. 그와 같은 깨달음이 결핍되는 한, 악과 동맹하여 얻는 유쾌함이 선과 동맹하여 얻는 불쾌함보다 우선의 자리를 차지할 것이다. 이 분별이 가장 중요하고 근본적인 것임을 인간에게 가르치는 것이 성경의 중심 메시지다.

하느님은 천지를 창조하신 다음, 당신이 만드신 것을 한 번 바라보셨다. 그때 무슨 말로 당신의 느낌을 나타내셨던가? 만일 어느 예술가에게 우주가 처음 있게 되던 그 새벽을 바라보는 하느님의 심정을 표현해 보라고 했다면, 장엄하다거나 아름답다는 말을 사용했으리라. 그러나 성경에 기록된 하느님의 말씀은 "좋다"(good, 선하다)다. 망원경으로 별들의 세계를 바라보면 우리의 입에서는 장엄하고 신비하고 놀랍다는 말이 저절로 나오게 마련이다. 그러나 이스라엘의 하느님은 그 장엄한 풍경에 감명 받는 게 아니라 그 좋음(goodness, 善)에 감명을 받으신다.

좋은 것과 나쁜 것[善과 惡]은 다른 여러 가치들 가운데 섞여 있는 가치가 아니다. 좋은 것[善]은 생명이고 나쁜 것[惡]은 죽음이다. "보아라, 오늘 나는 생명과 죽음, 선과 악을 너희 앞에 내놓는다… 생명을 택하라!"(신명기 30:15, 19). 선과 악은 다른 가치들과 나란히 있는 가치가 아니다. 선과 악의 분별은 생명과 죽음의 분별과 같은 것이다.

"정의(正義)는 언제나 의무로서 나타났다. 그러나 오랫동안 그것은 다른 의무들과 같은 의무였다. 다른 것들과 마찬가지로 정의는 사회적인 필요로서 등장했다. 정의를 의무로 만든 것은 개인에 대한 사회의 압력이었다. 이에 따라 불의(不義)는 다른 어느 법규 위반보다 인간에게 더 큰 충격을 주지도 않았고 더 작은 충격을 주지도 않았다. 노예에게는 상대적인, 거의 임의로 부여한, 정의말고는 정의가 없었다. 공공의 안전은, 아직도 남아 있는 바와 같이, 단순히 최고의 법일 뿐 아니라 나아가서 그것이 곧 최고의 법이라고 주장, 선포되었다. 그러나 오늘의 우리는 공공의 안전이라는 것이 불의를 정당화한다는 원리를, 심지어 그 원리로 말미암아 어떤 특별한 결과를 받아들인다 하더라도, 감히 주장할 수는 없는 일이다.

"이 문제를 좀더 생각하여, 다음의 유명한 질문을 자신에게 던져 보기로 하자. '공공의 이익을 위해, 인류의 존속을 위해, 어느 한 무고한 인간이 영원한 고통을 받아야 한다는 말을 들었을 때 우리는 어떻게 할 것인가?' 우리가 어떤 마술적인 약(藥)을 먹고 그것을 잊게 되고 두 번 다시 그런 이야기를 듣지 않게 되리라고 한다면 아마도 동의할 터이나, 그 사실을 알아야 하고 생각해야 하며 이 사람의 끔찍한 고통을 대가로 지불하여 우리의 목숨이 부지된다는 사실을 늘 염두에 두면서 살아야 한다면 동의할 수 없다. 수천 번이라도 동의할 수 없는 일이다!

그런 사실을 용납하느니 아예 아무것도 존재하지 않는 것이 더 낫다! 이 지구가 산산조각 깨어지는 것이 더 낫다.

"그런데 무엇이 일어났는가? 정의가 아무런 특권도 없이, 나아가서 어떤 절대적이며 초월적인 특권도 없이 함께 거하던 사회적 생활에서 어떻게 솟아나왔는가? 이스라엘 예언자들의 억양과 말투를 기억해 보자. 거대한 불의가 자행되고 묵과될 때 우리가 듣는 것은 그들의 음성이다. 시대의 깊은 바닥에서 그들은 항변의 목소리를 높였다. 그들은 정의가 본디 지니고 있는 강렬하여 회피할 수 없는 성격을 정의에 되돌려 주어, 정의를 무한히 확장시켜 주었다. 이것이 단순한 철학에 의하여 이루어질 수 있었을까? 철학자들이 어떻게 정의 주변을 맴돌면서 만져 보다가는 끝내 놓치고 말았는지를 살펴보는 것보다 더 우리에게 많은 가르침을 주는 것도 없다."[11]

그러나 어떻게 선악의 분별, 옳고 그름의 분별을 그처럼 우선시하는 것이 가능한가? 아름다움과 추함, 이득과 손실에 대한 우리의 감각이 선과 악에 대한 감각보다 더 예민하지 않는가?

선행과 악행

자아(ego)야말로 선의 강력한 경쟁자다. 선을 행함으로써 이득이 생기고 효과가 있을 경우, 선은 모든 것에 앞설 기회가 있다. 그러나 손실이 뒤따르고 아무런 보상도 없을 경우에는 쉽사리 무너진다. 선이란 그 보상을 생각하여 행하는 것이 아니라는 사실을 덕행의 본질로 받아들여야 한다면, 과연 선이 자아의 유익을 눌러 이길 승산은 어디에 있는 것일까? 누가 우리를 도와 악과 더불어 싸우게 하는가?

선(善)은 유혹자의 면전에서 그 힘을 잃어버리는 경향이 있지 않는가? 범죄, 악행, 죄악은 우리에게 보상을 주는 반면에 덕행은 자기 부정과 자기 억제를 요구한다. 죄는 우리를 흥분으로 전율케 한다. 덕행이 우리를 흥분시키는가? 덕행을 묘사하는 신비한 이야기들이 많이 있는가? 선행의 모험을 서술한 베스트셀러 소설이 많이 있는가?

토라는 해독제다

만일 우리에게 있는 것이 인간의 본성뿐이라면 전망은 흐릴 수밖에 없겠지만, 그러나 우리에게는 하느님의 도우심이 있으니 그분의 계명과 미츠바가 곧 그것이다. 성경의 중심 되는 사실은 시나이, 계약, 하느님의 말씀이다. 시나이는 아담의 실패 위에 덧입혀졌다. 그분의 뜻을 아는 지식이 우리에게 주어졌다는 사실은 악에 대처할 수 있는 능력이 주어졌다는 사실을 암시한다. 그 음성은 도전 이상이다. 그것은 영혼의 황폐함을 뒤흔들고 자아를 벌거벗기며 그분의 뜻을 불꽃처럼 번뜩이게 하기에 충분한 힘을 지니고 있다.

유대인에게는 시나이가 인간의 모든 행동에 관건이다. 그리고 가장 큰 문제는 선과 악이 아니라 하느님이요, 선을 사랑하고 악을 미워하라는 그 분의 계명이다. 인간의 죄악이 아니라 하느님의 계명이다.

"주님은 인간의 내부에 악으로 향하는 성품을 창조하셨고 그것을 조절하라고 토라를 만드셨다."[12] 인생이란 "침략자들이 저지른 무질서에 에워싸인 외로운 정착지"와 비교되었다. "왕은 무엇을 했던가? 그는 그 정착지를 지킬 사령관을 임명했다." 토라는 호위병이요 해독제다.[13]

우리는 악과 싸우는 일에 결코 외톨이가 아니다. 의무라는 개념과는 달리 미츠바는 익명도 아니고 비인격체도 아니다. 하나의 미츠바를 행하는 것은 그분의 뜻에 대답을 하는 것이요 그분이 우리에게 기대하시는 바에 응답하는 것이다. 마츠바를 행하기 전에 우리가 "당신을 기리나이다…" 하고 기도하는 까닭이 여기에 있다.

무엇이 미츠바인가? 행위라는 틀에 담은 기도다. 그리고 기도하는 것은 그분의 현존을 감각하는 것이다. "너의 모든 길에서 너는 그분을 보아 알리라." 기도는 우리가 걷는 모든 길의 부분이 되어야 한다. 기도는 언제나 우리의 입술에 머물러 있을 필요는 없다. 우리의 마음과 생각에는 언제나 기도가 담겨 있어야 한다.

성경의 빛으로 보면 선(善)은 하나의 가치 이상이다. 그것은 하느님의 길이요 하느님의 관심이다. 하느님은 한 분이신 고로 모든 행위가 그분께 연관되어 있다. 그분은 우리의 모든 행실 안에 임재하신다. "야훼는 모든 것을 인자하게 보살피시고 그 부드러운 사랑은 모든 피조물에 미친다"(시편 145:9). 인간을 공경하지 않으면서 하느님을 공경할 수는 없다. 인간을 사랑하는 것이 하느님을 사랑하는 길이다. 가난한 사람 하나에게 상처를 입히지 않도록 조심하기를 하느님 두려워하듯이 해야 한다. "가난한 사람을 억누름은 그를 지으신 이를 모욕함이요 없는 사람 동정함은 그를 지으신 이를 높임"(잠언 14:3)이기 때문이다.

선은 식객(食客)인가

우리가 도덕의 문제로 토론하고 있는 것은 실은 선과 악의 관계에 관한 더 큰 형이상학적 문제의 한 국면일 따름이다. 선과 악 이 둘 가운데 어떤 것이 자기를 스스로 충족하는 것인가? 선이란 궁극적으로 악의 몸에 기식(寄食)하는 식객에 불과한가? 혹은 그 반대로, 악이 선의 몸에 기식하는 것인가?

우리의 지적인 분위기로 봐서도 이 문제의 답은 하나뿐일 듯싶다. 우리 세대에는 이상(理想)의 사망률이 매우 높다. 현대의 사유는 무너진 이상들의 공동묘지처럼 보인다. 인간은 그의 도덕적 노력을 기울이지만 고작 공중누각을 지을 수 있을 뿐인 듯하다. 우리의 모든 규범이 위장된 욕망일 따름이다.

이 세상을 궁극적 실재로 받아들이는 사람은, 만일 그의 생각이 현실적이고 그의 가슴이 고통에 민감하다면, 선(善)이 과연 역사의 기원 또는 최후의 목적지인지를 의심하게 될 것이다. 유대인의 마음에는 악이 철벽(鐵壁)이 아니라 하나의 도구요, 유혹은 최후의 힘이 아니라 하나의 계기(契機)다.

"악을 떠나 선을 행하라"(시편 34:14, 사역)는 시인의 말에는 올바른 삶의 대요(大要)가 들어 있다. 그러나 유대의 전통은 악에서 떠나는 바른 길이 선을 행하는 데 있다고 믿는다. 그래서 위 문장의 후반부에 더 강조점을 둔다.

악은 최후의 문제가 아니다

악은 인간의 마지막 문제가 아니다. 인간의 마지막 문제는 그와 하느님의 관계다. 악은 사람이 하느님께 불순종한 결과로, 자신에게 주어진 유일한 미츠바(선악과를 먹지 말라는)를 상실한 결과로, 역사 속에 들어 왔다. 악에 대한 성경의 답(答)은 선이 아니라 성(聖)이다. 그것은 인간을 더 높은 실존의 차원으로 끌어올리는 것인데, 그 자리에 올라갈 때 인간은 악을 혼자서 상대하지 않게 되는 것이다. "하느님의 얼굴의 빛" 안에서 사는 삶은 인간에게 악의 힘을 이길 수 있게 사랑의 힘을 내려 준다. 악행의 유혹하는 힘보다 미츠바를 행하는 기쁨이 더 크다. "너희는 나를 섬기는 거룩한 백성이다"(출애굽기 22:30). 우리가 어떻게 그 자격을, 그 능력을 얻는가? "하느님은 이스라엘에 넘겨주시는 모든 새로운 미츠바와 함께 그들에게 성스러움을 보태 주신다."[14]

우리는 의무라는 추상적인 개념의 이름으로 악과 싸우지는 않는다. 우리가 선을 행하는 것은 그것이 무슨 가치가 있거나 편리해서가 아니라 하느님께 선을 빚지고 있기 때문이다. 하느님이 인간을 지으셨고, "그분의 눈에" 선한(good) 것은 인간에게 선한 것이다. 생명은 하느님의 것이면서 인간의 것이다. 인간은 사회에 가치 있는 존재일 뿐 아니라 하느님의 자녀다. 우리는 하느님 없이 사물을 탐색, 활용할 수 있을는지 모르나 그분 없이 가치를 결정할 수는 없다.

우리는 플라톤의 용어를 빌어, 가치를 천상에 쌓여 있는 절대 본질로는 파악하지 않는다. 가치란 영원한 관념이 아니다. 하느님과 인간에 관계없이 스스로 존재하는 이데아가 아니다. 하느님의 뜻이 없다면 선(善)이라는 것이 없겠고, 인간의 자유가 없다면 선은 역사의 바깥으로 밀려날 것이다. 그리스 철학은 가치에 관심하고, 유대의 사상은 미츠봇에 거한다.

하느님과 인간이 함께 할 일

악은 위협일 뿐 아니라 도전이기도 하다. 악의 위험에 대한 인식이나 하느님의 구원하시는 능력에 대한 신앙만으로는 넉넉히 이 세계의 비극적 곤경을 해결할 수가 없다. 우리는 성전 안으로 피신을 하거나 하느님의 참고 계시는 전능을 간절하게 탄원하는 것으로 악의 물결을 막을 수 없다.

미츠바, 하느님을 섬기는 겸손한 행동 하나가, 사람을 돕고, 자기를 순결하게 하는 행동 하나가, 그 문제를 다루는 우리의 방법이다. 우리는 악(evil)의 문제를 어떻게 풀어야 할는지 그 방법은 모르지만 그러나 일어나고 있는 악한 일들(evils)과 상대할 의무를 면제받은 것은 아니다. 악의 힘이 선의 실재를 무효로 만들지는 않는다. 유대의 전통은 선 안에 악이 있을 가능성을 인식하면서도, 선 안에 있는 더 많은 선을 강조한다. 벤 아짜이(Ben Azzai)는 이렇게 말했다. "작은 미츠바를 행하고 범죄에서 멀어지기를 힘쓰라. 한 미츠바가 다른 미츠바를 초래하고(다른 미츠바로 이끌어 가고) 한 범죄는 다른 범죄를 초래하며, 미츠바의 보상은 미츠바고, 범죄의 보상은 범죄기 때문이다."[15]

마지막 날에 악은 하느님에 의해 정복될 것이다. 역사가 계속되는 동안에는 악이 하나씩 하나씩 정복되어야 한다.[16]

유대의 전통은 인간 실존이 얼마나 위태롭고 함정에 빠지기 쉬운지 잘 알고 있으면서도, 선을 행할 수 있는 기회가 언제 어디에나 있음을 또한 끊임없이 상기시킨다. 우리는 이 세상에 사랑을 하고 성결하게 할 가능성이 늘 있고, 하느님을 섬길 여러 길이 우리 앞에 열려 있기 때문에 삶을 사랑하라고 배웠다. "그런즉 지상(地上)에서 보낸 한 시간, 회개와 선행으로 채운 한 시간이 장차 올 세상에서 누릴 평생보다 더욱 값지다."[17]

참으로 이 세상은 "장차 올 세상의 문간방"에 불과하다. 여기서 우리는 "잔치가 베풀어진 방"에 들어가기 전에 스스로 준비를 갖추어야만 한다.[18] 그러나 하느님의 눈에는, 노력과 준비가 성취와 완성보다 더 크다.

채울 수 있는 능력

유다이즘은 미츠바의 기본적인 중요성을 강조하면서 인간에게는 하느님이 요구하시는 바를, 적어도 어느 만큼은, 채워드릴 수 있는 능력을 받았다고 주장한다. 그분의 뜻을 이루어 드릴 수 있는 우리의 능력에 대한 믿음, 아마도 이것이 예언자들의 신앙의 주제일 것이다. "내가 오늘 너희에게 내리는 이 법(미츠바)은 너희로써 엄두도 내지 못할 일이거나 미치지 못할 일은 아니다… 그것은 너희와 아주 가까운 곳에 있다. 너희 입에 있고 너희 마음에 있어서 하려고만 하면 언제든지 할 수 있는 것이다"(신명기 30:11-14). 유대 전통은 인간이 선을 행하지 못하는 무능(無能)보다 선을 행하려다가 실패하는 것을 끊임없이 강조한다. 온갖 미완(未完)에도 불구하고 선행의 가치는 영원히 남는다.

유다이즘이 더불어 시작하는 관념은 악의 현실성 또는 인간의 죄악성이 아니라, 창조의 놀라움과 인간이 하느님의 뜻을 이룰 수 있는 능력이라는 관념이다. 미츠바를 행할 기회는 언제 어디에나 있고, 이렇게 언제 어디에서나 그분의 뜻을 행할 수 있기 때문에 인생은 값지다. 바로 이 때문에, 유대인의 신앙은 절망을 모르는 것이다.

거룩하라는 명령이 너무나도 엄청난 것이고, 우리의 끊임없는 실책과 범죄가 우리를 회오(悔悟)와 슬픔으로 채우는 것은 사실이다. 그러나 우리는 결코 미아(迷兒)가 아니다. 우리는 아브라함의 자손이다. 온갖 잘못, 실패, 죄악을 저질렀지만 그래도 우리는 여전히 계약의 부분으로 남아 있다. 그분의 동정이 그분의 정의보다 더 크시다. 우리의 온갖 과오와 나약함을 무릅쓰고 그분은 우리를 받아주실 것이다. "우리의 됨됨이[속의 충동, yetser]를 알고 계시며 우리가 한낱 티끌임을 아시기 때문이다"(시편 103:14).

유다이즘은 칸트의, "나는 해야만 한다. 그러므로 할 수 있다"는 명제를 거부하고 대신 이렇게 주장한다. "너는 명령을 받았다. 그러므로 할 수 있다." 유다이즘은, 앞에서 말했듯이, 인간에게 하느님이 명령하시는 바를 적어도 어느 만큼은 실천할 자원(資源)이 있다고 주장한다. 한편 우리는, 인간의 능력만을 의존하고 인간이 자력(自力)만으로 세계를 구원할 수 있다는 믿음을 지니는 일이 없도록 끊임없는 경고를 받는다. 선행만으로는 역사를 구원하지 못한다. 하느님께 대한 복종이 우리를 하느님에게 구원받을 만한 가치가 있는 존재로 만들어 줄 것이다. [19]

만일 유다이즘이 선행을 하고 하느님의 요구를 채워드리며 스스로 구원을 이룰 수 있는 인간의 능력만을 의존했다면 무엇 때문에 메시아의 구원 약속을 주장했겠는가? 실제로, 메시아니즘(messianism)은 인간의 그 어떤 탁월한 노력과 능력도 세계를 구원하지는 못한다는 믿음을 함축하고 있다. 그것은 역사가 그 모든 연관성에도 불구하고 스스로는 충분하지 못함을 암시한다.

구원받아야 할 세계

두 가지 문제가 있다. 특수한 범죄 행위, 율법을 범하는 행위가 그 하나요 인간 내부에 있는 "악한 충동"이라는 일반적이고 근본적인 문제가 다른 하나다. 율법은 전자를 다룬다. 율법에 대한 복종이 악행을 예방한다. 그러나 악한 충동은 계율 준수로 해결되지 않는다. 예언자들의 대답은 가히 종말론적이다. "내가 이스라엘 가문과 새 계약을 맺을 날이 온다. 이 새 계약은 그 백성의 조상들의 손을 잡아 에집트에서 데려 내오던 때에 맺은 것과는 같지 않다… 그날 내가 이스라엘 가문과 맺을 계약이란 그들의 가슴에 새겨 줄 내 법을 말한다"(예레미야 31:31-33). "새 마음을 넣어 주며 새 기운을 불어넣어 주리라. 너희 몸에서 돌처럼 굳은 마음을 도려내고 살처럼 부드러운 마음을 넣어 주리라. 나의 기운을 너희 속에 넣어 주리니 그리 되면 너희는 내가 세워 준 규정을 따라 살 수 있고 나에게서 받은 법도를 실천할 수 있게 되리라"(에제키엘 36:26-27).

"일정한 기간 동안 어둠이 세상을 지배하도록 정해졌다. 무엇이 이 사실을 입증하는가? 성경에 그분이 어둠을 끝장내고 두터운 암흑과 죽음의 그늘에서 돌을 찾아내시리라고(욥기 28:3) 기록되어 있다. 악한 충동이 세상에 존재하는 한 두터운 암흑과 죽음의 그늘은 세상에 존재할 것이며, 악한 충동이 뿌리뽑힐 때 두터운 암흑과 죽음의 그늘 또한 세상에서 걷힐 것이다."[20]

이 세계는 구원을 받아야 한다. 그러나 그 구원을, 어느 날 순전한 은총으로서 이루어지는 것으로 기대해서는 안 된다. 인간이 맡은 일이 있다. 세상을 구원받을 만한 가치가 있는 것으로 만드는 일이다. 인간의 신앙과 그의 일이 최후의 구원을 준비한다.

중립성(中立性)의 문제

도덕의 고립주의

도덕 철학의 여러 체계가 지닌 약점은 그 고립주의(isolationism), 선은 도덕적으로 중립적인(neutral) 행위와는 무관하다는 암묵적인 가설에 있다. 그러나 이론의 영역에서든 심미적 혹은 기술적 적용의 영역에서든, 인간의 다른 모든 행동과 도덕 사이는 밀접하게 연결되어 있으며, 도덕적인 사람은 그가 어떤 상황에서는 도덕적이다가 다른 상황에서는 중립을 지킬 수 있는 무슨 요술쟁이인 양 생각되어서는 안 된다.

결론적으로 말해, 이런 도덕의 문제는 도덕의 한 문제로서 풀리지는 않는다. 그것은 인간이 안고 있는 전체 문제의 부분으로서 다루어져야 한다. 가장 중요한 문제는 선과 악이 아니라 삶의 모든 것이다. 인간의 모든 것, 그의 실존과 행위와 의미의 본질을 다루지 않고서는 도덕의 문제를 따로 다룰 수가 없다.

사람은 세 영역에서 살아간다. 동물의 영역, 합리의 영역 그리고 영(靈)의 영역이 그것이다. 동물의 영역은 영적으로 중립적이다. 그리고 중립성은 위험을 낳는다. 중립적 상태의 삶에는 불순물도 있고 조잡하며 잔혹하며 어지러운 것들도 많이 섞여 있다. 열정이 마음을 사로잡을 때 누가 과연 우리 안의 그 수성(獸性)을 다스릴 것인가? 누가 우리에게,

선(善)은 자기 부정의 값을 치를 만큼 값진 것이라고 가르쳐 줄 것인가? 행복과 자비, 쾌락과 정의 사이는 간단한 논쟁 하나로 후자가 전자를 이기는 것이 아니다. 우리가 전 생애를 성스러움의 법에 굴복시키기 전에는 유혹을 극복한다는 것이 의심스러운 일이다.

중립성에 머무른다는 것은 환상이다. 인생의 마지막 날에 이르러 사람은 그가 결국 사제(a priest)였는지 아니면 약탈자(a pirate)였는지 판가름나게 마련이다. 우리가 세월을 따라 걸어온 길에는 성소(聖所)를 가리키는 이정표들 혹은 환상의 폐허를 가리키는 이정표들이 가득 차 있다. 하느님께서 바라보시는 것은 "사제들과 거룩한 백성의 나라"를 보는 것이다. 모든 가정이 성전(聖殿)일 수 있고, 모든 테이블이 제단이며, 모든 삶이 하느님에게 바치는 노래일 수 있다.

모든 행위--생각이나 동작--가 그 실존(實存) 전체의 예시(例示)다. 언젠가 한 순간에 반짝였던 영혼의 빛이 그의 모든 행동을 비추어, 거의 모든 행위가 고결한 헌신과 맞닿은 것이 될 수 있다. 동시에, 어느 한 순간에 굴복한 바 있는 잔혹함과 냉담함이 그가 자신을 바치는 광휘의 순간에도 터져 나올 수 있다.

어떻게 중립적인 것을 다룰 것인가

인생의 문제는 어떻게 악당들을 돌볼 것인가, 어떻게 범죄와 끔찍한 악행을 막을 것인가에서 시작되지 않는다. 인생의 문제는 우리 모두가 이웃 사람을 상대하는 일에 크게 실패하고 있다는 자각에서 비롯된다. 그 어느 법으로도 막을 수 없는, 소리 없는 잔혹 행위, 은밀한 부정행위(스캔들)가 도덕적 전염병의 진짜 근원이다. 실제로, 인생의 문제는 우리 자신과의 관계에서, 우리 감정을 조절하는 일과 질투, 탐욕, 교만심 등을 제어하는 우리의 방법에서 시작된다. 사람이 살아가는 데 맨 먼저 걸림돌이 되는 것은 죄와 잘못을 저지르는 일이 아니라 그의 내부에 있는 요구(needs)라고 하는 중립적 행위다. 우리의 소유가 열정 못지 않게 문제를 우리에게 안겨 준다. 그러므로 우리가 먼저 해야 할 일은 어떻게 악을 다룰 것인가가 아니라 어떻게 그 중립적인 것들을 다룰 것인가, 어떻게 우리의 요구들을 다룰 것인가 하는 문제다.

계속되는 위험에 대한 유일한 안전책은 계속하여 경계를 하고 계속하여 안내를 받는 것이다. 그와 같은 안내와 경계는 시나이의 빛으로 살아가는 사람에게 주어진다. 그의 달과 날과 시간은 케바(*keva*)와 카바나(*kavanah*)의 리듬에 맞추어 흐른다.

하루에 세 번 우리는 그분의 환한 얼굴 빛 아래에서 그분이 "인생의 토라와 친절한 사랑"을 주셨음을 상기한다. 하루 종일 우리는 그분의 얼굴 빛 아래에서 상황을 보는 법을 익혀야 한다.

"무슨 일을 하든지 야훼께 여쭈어라. 그가 네 앞길을 곧바로 열어 주시리라"(잠언 3:6). 이 말에 모든 것이 달려 있다.[1]

예배와 삶은 서로 동떨어진 영역이 아니다. 삶이 곧 예배의 한 형식이 아니라면 우리의 예배는 생명이 없는 것이다. 종교는 예약으로 남겨 둔 것이 아니다. 축제 기간에 치를 장엄한 의식(儀式)을 위해 보관해 둔 시간의 토막이 아니다. 영(靈)은 눈부시게 장식된 골방에 유폐될 때에 말라버리고 만다. 우리의 삶을 결정하는 문제는, 우리가 드문 순간에 도달한 절정(climax)이 아니라 그 드문 순간에 이룬 성취가 어떻게 전 생애의 분위기에 영향을 미치느냐다. 유대 율법의 목적은 삶의 문법이 되는 것, 그래서 모든 관계와 모든 일에 연관되어 작용하는 것이다. 그것이 중심 주제로 삼는 것은 제도가 아니라 인간이다.

종교는 이를테면 출생, 혼인, 사망 등 특수한 경우를 위해 만들어진 것이 아니다. 종교는 우리에게, 진부한 행위란 없으며 모든 순간이 특별한 기회라고 가르친다.

영성생활(靈性生活)의 절정은 반드시 무아경의 순간에 닿는 것이 아니다. 그 절정은 우리가 있는 모든 곳에 있고, 일상의 행위로도 도달할 수가 있다. 속죄의 날에 기도를 바치는 행위와 마찬가지로, 친구와 우정을 나누거나 매일 음식 규정(dietary laws)을 지키는 일 속에도 최상의 성스러움이 깃들어 있는 것이다.

우리의 성격을 결정하는 것은 드물게 경험하는 위대한 행동이 아니라 오히려 매일의 행동과, 냉담함을 극복하려는 끊임없는 노력이다. 우리를 거룩하게 만드는 것은 계속성이다. 유다이즘은 삶의 모든 것을 궁극적 의미의 영광 아래에 두고, 모든 개별적 행위를 하나이신 그분에게 연관시키려는 시도다. 끊임없이 이어지는 기도, 훈련, 회상, 기쁨의 리듬을 통하여 인간은 자신의 존엄성을 잃지 말 것을 배운다.

모든 기쁨이 하느님한테서 온다

위에서 말한 대로 우리가 안고 있는 문제들 가운데 하나는 덕행에 활력을 주는 것이다. 죄는 인간을 흥분시키고 전율하게 한다. 그러나 덕행이 인간을 흥분시키는가? 덕과 열정이 함께 가는가?

우리는 자아(ego)가 영(靈)의 친구로 변할 수 있다고 믿는다. "악한 충동"은 "선한 충동"의 조력자가 될 수 있다. 그러나 그와 같은 선회(旋回)는 절망하는 순간 또는 우리의 도덕적 파멸을 용인하는 순간에 이루어지는 것이 아니라, 하느님의 질문에 대답할 수 있는 우리의 능력을 현실화하는 과정을 통하여 이루어진다. 우리는 "선한 충동"에 더 큰 힘을 주고, 신성한 행실에 아름다움을 주는 방법을 익혀야만 한다. 악의 힘은 기쁨이라는 불꽃 속에서 소화(燒火)될 수 있다. 모든 기쁨이 하느님께로 인도하는 것은 아닐 수 있지만, 모든 기쁨이 하느님한테서 오는 것은 사실이다. 지극히 사소한 희열도 그 밑뿌리는 성(聖)에 있다.

선행의 표현 불가능한 기쁨을 느끼도록 가르치는 것, 아마도 이것이 유대 교육의 목적들 가운데 하나라고 하겠다. 어떤 행위를 기쁨으로 한다면, 그 기쁨이 행위 자체보다 더 값진 것이라는 말도 있다. 기쁨 없이 행하는 선(善)은 반쪽 선이다. 우리가 과연 사랑과 기쁨으로 선과 성(聖)을 행하느냐 여부가 우리의 영혼을 판단하는 기준이다. "당신의 법이 나의 기쁨이오니… 자나 깨나 나는 그 법을 사랑합니다"(시편 119:77, 97). "도덕은 불가피하게 아픔과 관련된다. 선(善) 안에는 지복(至福)이 없다. 선과 악의 너머에 지복이 있을 뿐이다."[2] 이에 반대하여 유대인의 경험은 "미츠바를 행하는 데서 얻는 기쁨"(*simhah shel mitsvah*)을 증언한다.[3] 모두가 고통에서 그분께로 가 닿는 길이 나 있음을 안다. 유다이즘은 기쁨이 하느님께로 가는 길임을 상기시킨다. 미츠바와 거룩한 영은 슬픔 또는 절망과 양립할 수 없다.

선을 행함으로써 얻는 지복(至福)의 경험은 유한한 인간이 맛보는 가장 위대한 순간이다. 간혹 선을 행하다가 겪게 되는 시련, 희생, 자기 부정 또는 고통은 그 기쁨을 손상하지 않는다. 그것들은 그 기쁨의 구성 요소들이다.

날마다 우리는 기도한다. "우리는 행복합니다! 우리의 운명은 선하고 우리의 분깃은 즐거우며 우리의 유산은 아름답습니다!" 유대인이 된 것, 이스라엘과 하느님에게 속한 것, 성스런 행위에서 하늘나라의 맛을 볼 수 있는 것 속에 기쁨이 있다. 영원에 연결된 것, 그분의 뜻을 이룰 능력이 있는 것 자체가 기쁨이다. 라삐들은 원칙상, "쾌락을 주기 위해 미츠봇이 부여된 것은 아님"을 강조한다.[4] 그러나 쾌락(pleasure)은 기쁨(joy)과 같은 것이 아니다.

"어떤 대상이 나의 이욕(利欲)을 채워 주거나 본능적인 욕구를 충족시켜 줄 경우 나는 쾌감을 느낀다. 그것이 나에게 쾌락을 주는 것은 나의 요구를 채워주기 때문이다. 그것은 나의 감성(感性) 또는 나의 행위와 연결된 쾌락이다. 그리고 우리는 느낌이나 행동이 주는 쾌락은 정확하게 말한다. 그러나 기쁨은 쾌락처럼 자기중심적이지 않다. 의심할 나위 없이 기쁨 안에도 쾌락이 있다. 모든 감정이 쾌락 아니면 고통으로 채색된 것이기 때문이다. 그러나 그런 쾌락은 기쁨에서 오는 쾌락일 뿐이다. 기쁨 안에는 또한 자기 확대도 있지만 그러나 그것이 기쁨의 본질은 아니다. 기쁨 그 자체는 주체(the subject)가 아니라 대상(the object)에 속한 것이다. 그리고 대상에서 기쁨을 얻는 것은 그 대상을 그 대상 자체로서 가치를 평가하는 것이다. 그런즉 기쁨은 적극적으로 사심(私心)없음이요, 그 속에 내재된 충동은 그 대상을 그대로 존속시키려는 것일 뿐 아니라 스스로 그 대상에 굴복하며 그 안에서, 본래적 가치와 약속을 지닌 어떤 것 안에서처럼, 자유롭게 안식하려는 것이다.

"어떤 대상에서 기쁨을 얻는 것은 그 대상의 개성을 존중하는 것이다. 그 대상 자체를 위해 그 대상을 기뻐한다는 관념 속에 이 사실이 암시되어 있다. 실재하는 어떤 것을 기뻐한다는 말은 그것의 진실에다가 개인의 견해를 전폭적으로 예속시킨다는 말이요, 아름다운 어떤 것을 기뻐한다는 말은 아름다움이 주는 영감을 신뢰하여, 꾸며낸 모습을 신뢰하지 않는다는 말이다. 대상에 대한 관심이 그의 모든 발걸음을 지배한다."[5]

38

순수성의 문제

사익(私益)

우리는 미츠바(*mitsvah*)가 악을 상대하는 데 쓰는 도구라고 말했다. 그러나 우리는 과연 그 도구를 바르게 쓰고 있는가? 만일 판단의 공정성이 학문적 탐구에 본디부터 갖추어진 것이듯이, 카바나(*kavanah*)가 하느님 섬기는 일에 본디부터 갖추어진 것이라면, 달리 말하여, 무엇을 행하느냐 뿐만 아니라 어떻게 해서 행하게 되었느냐 하는 동기도 본질적인 것이라면, 참된 하느님 숭배나 진정한 경건이라는 것이 과연 가능한 것인지 의심할 수도 있다.

심층심리학은 우리에게, 인간 행동의 분출이 복합 심리의 작용이며 잠재의식이 의식 활동을 지배 또는 적어도 영향을 끼치며 자아(ego)의 힘과 충동이 모든 태도와 결정 속에 뚫고 들어간다는 사실을 밝혀 주었다. 우리는 하느님을 사랑하노라고 스스로 확신하면서 실은 자신의 자아를 보살피고 있는 중일 수도 있다.

심리학에서 볼 때, 사람이 마음을 다 쏟아 하느님을 사랑하고 선을 행하되 보상이나 이득을 생각하지 않고, 오직 선 자체를 위해 행한다는 것은 불가능해 보인다. 우리는 자신의 표면상 동기(動機)들 바로 아래에 두텁게 깔려 있는 사익(私益)의 층을 탐색하기 위해 일부러 탐색용 막대기를 찔러 넣을 것까지는 없다. 자기를 검증할 수 있는 사람이라면 누구나, 자기 두뇌의 모든 세포 속에 자기에 대한 우려와 관심이 배어 있음을, 자기 이익이라는 뒤얽힌 망상 조직(網狀組織)에서 자신을 분리시키는 일이 참으로 어렵다는 사실을 알고 있다.

그런즉 우리의 악행뿐만 아니라 우리의 선행도 문제를 안고 있다. 우리의 선행이 잘 이루어진다 하자. 과연 그 동기도 선한 것인가? 우리는 그분을 섬길 때 그분 자신을 위해 섬기는가? 우리에게는 과연 그분을 순수하게 섬길 능력이 있는가?

낯선 생각들

나아가서, 사람이 노력하여 순수한 동기에서 선행을 시작할 수 있었다고 하자. 그는 선행을 하는 동안 한결같이 그 순수한 동기를 지켜 헛된 마음이 깃들지 못하도록 할 수 있는가?

의식은 자의식의 무리 속에 머물러 있다. 어떤 인식이나 지각에도 그것이 나의 소유라는 생각이 따라 붙는데, 이 생각이야말로 헛된 자만심과 위험할 만큼 가까운 것이다. 자아는 본디부터 신중함과 분별력이 결핍하여, 제가 없는 데서 유발된 행위까지도 억지로 간섭하기가 일쑤다. 그와 같은 간섭 또는 "낯선 생각들"--그 행동을 유발한 정신에 낯선--은 처음 동기 속에는 없던 것인 바, 스스로 문제를 만들어 낸다.

행위가 있기 전의 동기가 순수한가에 대하여도 자신이 없고, 행위가 이루어지는 동안에 역시 "낯선 생각들"의 방해를 받는데다가, 우리는 행위를 마친 뒤에도 안전하지 못하다. 유대의 전통은 우리가 자선을 베푸는 행위를 남들에게 감추라고 강권한다.[1] 그러나 우리는 그것을 우리 자신에게 감출 수 있는가? 우리는 스스로 하느님께 바친 것이라고 생각한 우리의 어떤 행위에서 우러나는 우월감, 자만심, 허영심, 교만

등의 위험을 극복할 수 있는가?

혼을 제어하는 것보다 육신을 단련하는 것이 더 쉽다. 경건한 사람은 자신의 내면생활이 함정 투성이라는 사실을 안다. 자아(ego), "악한 충동"이 끊임없이 그를 유혹한다. 유혹은 맹렬하지만 그러나 그의 저항도 단호하다. 그렇게 함으로써 그는 자신의 정신력을 입증하고 정복되지 않는 자세로 당당하게 선다. 그의 모습은 영광스럽게 보이지 않는가? 그러나 그 순간 "악한 충동"은 훨씬 더 강한 무기를 가지고 그에게 접근한다. 그는 축하와 칭찬의 말을 속삭인다. 자네야말로 경건한 신앙인일세! 이에 그는 마침내 스스로 자랑스럽게 생각하기 시작한다. 그래서 함정에 걸려드는 것이다.[2]

의심으로 도피함

우리의 도덕적 행동에만 순수성의 문제가 있는 것이 아니라 우리의 사유(思惟, thinking)에도 순수성은 문제가 된다. 우리로서는 인간이 선 자체를 위해 선을 행한다는 것도 생각하기 어렵지만, 때묻지 않고 조건 없는 선을 인간이 과연 이해할 수 있는지도 의심하지 않을 수 없다. 공정한 재판에 전제가 되어야 하는 것은 편견을 가지지 않는 것, 자기 자신을 헤아려 살피지 않는 것이다. 그러나 우리는, 자기를 무시하는 일이 도대체 인간이 할 수 없는 일이 아닌가, 의심하기 시작한다. 심리학(과 사회학)의 탐구는 우리의 행동 동기가 본능적 욕구에 얽혀 있을 뿐 아니라, 자아의 사익(私益)이 도덕적 동기는 물론 인식 행위 속에도 침투되어 있다는 사실을 밝혀냈다.

이 비참한 사실의 발견은 인간의 정신적 안정감에 치명타를 입혔다. 거기서 얻을 수 있는 교훈이 있다면, 인간의 본성을 이해하는 가장 짧은 지름길은 인간을 의심하는 것이라는 사실이다. 네 이웃을 네 몸처럼 의심하라. 아마도 이것이 황금률의 현대판인 듯싶다. 그런즉 현대인이 처한 궁지는 의심으로 도피하는 것이라고 하겠다. 어떤 가치가 객관적으로 확실하다거나 신성하다거나 또는 탁월하다는 관념은 금기(禁忌)가 되었다. 우리는 어느 결에, 모든 행위 아래에는 부도덕한 바탕이 깔려 있고, 엉뚱한 동기들이 모든 덕행의 부식토(腐植土) 구실을 하며, 의(義)라는 것은 악의 덮개(camouflage)라는 믿음을 지니게 되었다. 덕행에는 깊이가 없고 순수에는 실체가 없다. 우리가 할 수 있는 일이란, 이기심에 선의를 접목시키고, 진실을 실용적인 구실로서 사용하며, 모든 가치에 방종의 맛을 풍기는 것이 고작이다. 이런 세상에서는 거기에 가까이 가는 것이 복마전에 휩쓸리는 것과 같고, 정직은 희망 사항일 뿐이며, 순결은 둥그런 인간의 본성을 네모로 만드는 것과 같고, 어떤 가치가 객관적으로 확실하며 신성하고 우선한다는 생각은 사기(詐欺) 아니면 미신일 뿐이다.

의심이라는 신경발작 증세는 많은 사람을 사로잡고 있다. 그것은 다른 사람에 대한 우리의 이해에 영향을 미칠 뿐 아니라 우리 자신까지도 신뢰하지 못하게 만들고, 자신의 동경(憧憬)이나 확신조차 믿을 수 없게 만든다.

자기를 의심하는 사람은 빛을 피한다. 그는 느껴지는 대로 생각하기를 두려워하며, 믿는 것을 받아들이기를 두려워하고, 좋아하는 것을 사랑하기를 또한 두려워한다. 마침내 잘못된 길로 들어서서, 그는 자기 실수를 남의 탓으로 돌리고, 더욱 교활하게 핑계를 대며 부드럽게 혀를 굴려 거짓말을 한다. 온통 두려움에 사로잡혀 그는 복병(伏兵)처럼 숨어 사는 것이 모든 사람의 운명이라고 생각한다.

사람을 절망으로 몰고 가는 것은 악에 대한 새로운 인식이다. 악이 소름끼치는 이유는 악의 명백한 힘이라기보다는 악의 교묘한 위장술과 숨어서 모든 곳에 편재하는 능력이다.

의심보다는 자기 불신이 신앙에 대한 더 심각한 위험으로 부각되고 있으며, 오늘에는 신정론(神正論, theodicy) 곧 하느님에 대한 정당화 못지 않게 "인정론"(人正論, anthropodicy) 곧 인간에 대한 정당화가 어려운 문제가 되었다. 인간의 혼에, 이기심이 물들지 않은 순수한 어떤 것이 과연 있는가? 순수라는 것이 도대체 가능한 것인가? 우리는 우리 자신의 신앙을 신뢰할 수 있는가? 경건이라는 것이 과연 사리(私利)의 방편과 관계없는 것인가?

욥의 시련

자기 검사는 분석심리학에 의해 시작된 것이 아니다. 엄격한 자기 반성은 경건의 본질에 속한 것이고, 경건한 신앙인은 자신의 공경과 헌신이 이기적인 목적에 은밀히 연결되어 있지 않는지를 수시로 살핀다.

거듭하여 성경은 우리에게 그분을 "온 마음으로" 섬기라고 한다. "너는 내 앞에서 걷되 전심(專心)하라"(창세기 17:1, 사역). "너희는 한 마음으로 너희 하느님 야훼만 섬겨라"(신명기 18:13). "마음을 다 기울이고 정성을 다 바치고 힘을 다 쏟아 너의 하느님 야훼를 사랑하여라"(신명기 6:5). 그런데도 성경의 사람은, 인간이 과연 전심전력으로 하느님을 섬길 수 있는 존재냐 하는 문제에 있어 헛갈렸던 듯하다.

어찌 보면, 성경에 들어 있는 한 책이 이 문제에 매달렸다고도 하겠는데 「욥기」가 그 책이다. 이 세상의 관점으로 보면 욥기의 주제는 악의 존재 앞에서 하느님의 옳음을 변호하는 신정론(神正論)이다. 하늘의 관점으로 보면, 인간의 옳음을 변호하는 인정론(人正論)이 욥기의 주제다. 책의 서두에서 하느님과 사탄 사이에 벌어진 논쟁은 욥이 하느님을 "무서워서" 섬기느냐 아니면 "사랑해서" 섬기느냐다. 하느님이 사탄에게 말씀하신다. "그래, 너는 내 종 욥을 눈여겨보았느냐? 그만큼 온전하고 진실하며 하느님을 두려워하고 악한 일을 거들떠보지도 않는 사람은 땅 위에 다시없다." 그러자 사탄이 대답한다. "욥이 어찌 까닭 없이 하느님을 두려워하겠습니까? 당신께서 친히 그와 그의 집과 그의 소유를 울타리로 감싸주시지 않으셨습니까? 그가 손으로 하는 모든 일을 축복해 주셨고 그의 가축을 땅 위에 번성하게 해주시지 않으셨습니까? 이제 손을 들어 그의 모든 소유를 쳐보십시오. 그는 반드시 당신께 면전에서 욕을 할 것입니다"(욥기 1:8-11).

만일 그 저자가, 인간이 이기심 없이 경건할 수 있음을 입증하기 위해 욥이 그토록 무서운 온갖 고통을 당하는 것이 오히려 당연하다고 생각했다면, 그것은 이 문제가 성경의 사람에게 얼마나 심각하고 근본적인 문제였는지를 역으로 입증해 주는 것이라 하겠다.

예언자는, "저들은 진심으로 기도하지 않고 오히려 제단 곁의 곡식과 포도주를 달라고 발악을 한다"(호세아 7:14, 사역)고 비난했다. 잠언에 보면 "마음이 삐뚤어진 사람은 야훼께 미움을 산다"(11:20). 그러면서도 예언자는 사람이 뒤틀어지고 추잡해지지 않는 것이 얼마나 어려운 일인지를 잘 알았던 듯하다.

> 만물보다 거짓되고 심히 부패한 것이
> 인간의 마음이거늘
> 누가 능히 이를 알랴?(예레미야 17:9, 사역).

"쓰고 뽐낼 왕관"

유다 문학에는 자기한테서 초연할 것을 명령하는 구절도 많지만, 그것이 매우 힘든 일임을 탄식하는 구절도 그에 못지 않게 많이 있다. 바리사이파 전승이 그 이름뿐만 아니라 어록까지도 보존하고 있는 첫 번째 학자는 기원전 3세기 중엽에 살았던 소코의 안티고노스(Antigonos of Socho)다. 그가 남긴 경구는 이런 것이었다. "보상받기를 기대하며 주인을 섬기는 종처럼 되지 말고, 보상 같은 것은 생각도 하지 않고 주인을 섬기는 종처럼 되어라."[3] 토라에 몰두하는 것이 중요하고 값진 일이기는 하지만, 토라를 이기적인 목적으로 공부하고, 라삐라는 이름을 얻기 위해 공부하고, 이생이나 내생에서 무슨 상을 얻으려고 공부하고,[4] 토라를 "쓰고 뽐낼 왕관"으로, "땅을 파는 삽"으로 만드는 것은 오히려 해로운 일이다. 힐렐에 따르면, "자기의 이익을 위해 토라의 왕관을 사용하는 자는 망하리라. 토라에서 자신의 이익을 구하는 자는 제 생명을 없애는 것이다."[5]

라삐들은 계속하여 경고한다. "토라를 위해 토라를 연구하는 자에게는 그 공부가 영약(靈藥)이 되겠거니와… 토라를 위해 토라를 공부하지 않는 자에게는 [토라 연구에 사심이 있다는 뜻 - 역자], 그 공부가 사약(死藥)이 된다."[6] "만일 네가 토라의 말씀을 그 자체를 위해 지킨다면 그 말씀이 너에게 생명을 주겠거니와, 만일 네가 토라의 말씀을 그 자체를 위해 지키지 않는다면 그 말씀이 너를 죽일 것이다."[7]

라삐 문학에는 아브라함이 하느님을 "사랑에서 우러나" 섬겼다고 말할 수 있는 유일한 사람이다.[8] 이렇게 아브라함이 유일한 존재로 뽑혔다는 사실은[9] 다른 예언자들과 성자들의 영혼이 얼마나 불완전했는지를 보여준다.

위장된 다신교

인간은 모든 율법을 지키면서 여전히 위장된 다신교(多神敎)를 실천할 수 있다. 만일 종교 의식에 참여하면서도 자기가 무서워하는 어떤 사람을 기쁘게 하거나 그에게서 무슨 보상을 받고자 한다면, 그가 예배한 대상은 하느님이 아니라 인간이기 때문이다. "그런 자는 우상을 숭배하는 자보다 더 나쁘다… 우상숭배자는 별들에게 경의를 표함으로써 감히 하느님에게 필적할 수 없는 대상을 섬기지만, 그런 자들은 하느님에게 필적하는 존재를 섬기기 때문이다. 전자는 대상 하나를 숭배한다. 그러나 비뚤어진 신앙인이 섬길 수 있는 인간들의 수는 한정이 없다. 우상숭배자의 태도는 모든 사람에게 뚜렷이 드러난다. 그래서 누구나 그를 경계하여 멀리 할 수 있다. 그가 하느님을 부인하는 것은 공개된 사실이다. 그러나 위선자들의 하느님 부인은 쉽게 드러나지 않는다… 이것이 그를 모든 악 가운데 가장 나쁜 악으로 만든다."[10]

시인의 "너희는 다른 신을 너희 가운데 두지 말라"(시편 81:9, 사역)는 말을 두고 우리 스승들은 그것이 인간의 자아 속에 있는 다른 신(the strange god)을 말하는 것이라고 한 것처럼, 위장된 다신교는 하느님 숭배와 자기 이익에 대한 집착을 한 데 뒤섞는 자의 종교이기도 하다.[11]

마음의 실패

하느님은 마음을 요구하신다. 그런데 우리가 저지르는 가장 큰 실패는 마음에 있다. 카바나의 외투 자락 아래에 허영이 무너져 흐르고 있음을 알면서 누가 이른바 선한 의도(意圖)를 신뢰할 수 있으랴? 그 누가 순수한 마음으로 단 하나의 미츠바를 행하였노라 장담할 수 있으랴? 레젠스크의 라삐 엘리멜렉(Rabbi Elimelech of Lizhensk)은 그의 제자에게 말했다. "내 나이 60이다. 그런데 아직도 나는 하나의 미츠바를 완수하지 못했다."[12] 우리가 어린 시절에 공부한 토라와 할례를 제외하면… 우리가 완수한 미츠바는 하나도 없다.[13] 그 두 가지 행위는 "낯선 생각"이나 불순한 동기로 물들지 않은 것이기 때문이다.

"공평무사하게 정의가 이루어져야 할 세상에 불의가 판치는 것을 나는 보았다." 그래서 하느님은 사악한 자 뿐만 아니라 의로운 자도 심판하실 것이다(전도서 3:16-17). "좋은 일이든 나쁜 일이든, 심지어 남몰래 한 일까지도 사람이 한 모든 일을 하느님께서는 심판에 붙이신다는 사실을 명심하여라"(전도서 12:14). 라삐 유다(Rabbi Judah)는 여기서 말하는 "모든 일"이 "미츠봇과 선한 행실"을 가리킨다고 본다.[14]

"사람이 제아무리 착하다 할지라도 좋은 일만 하고 나쁜 일 하지 않는 사람은 이 세상에 없다"(전도서 7:20). 주석가들은 이 구절이, 의로운 자라도 때로 죄를 범하고 그의 삶이란 죄악이 섞여 짜인 완전한 행실의 모자이크라는 사실을 암시하는 구절로 해석한다. 그러나 바알 셈은 이 구절을 이렇게 읽는다. "이 땅에는 선을 행하는 의인이 없고 선(the good) 안에는 죄가 없다." "선이 죄와 자기 이익에서 벗어나 자유하는 일은 불가능하다."[15] 경험에 비추어 볼 때, 우리의 정신적 상황은 희망이 없어 보인다.

    우리는 모두 부정한 사람처럼 되었습니다.
    기껏 잘했다는 것도 개짐처럼 더럽습니다(이사야 64:5).

"우리의 선행조차도 우리를 유쾌하게 하지 않고 오히려 불쾌하게 한다. 자신을 키우고 뽐내며 이웃에게 무슨 감명을 주겠다는 속셈으로 그 짓을 하기 때문이다."[16]

인간의 마음은 결코 "낯선 생각"에 면역되어 있지 않다. 그리고 그것을 씻어내는 일 또한 결코 쉽지 않다. 어느 하시드 라삐는 임종을 맞아, 그가 죽은 후 누구를 스승으로 모셔야겠느냐는 제자들의 질문에 이렇게 대답했다. "누가 너희에게 낯선 생각을 소멸하는 비결을 가르쳐 주거든 그는 너희 스승이 될 수 없는 인물인 줄 알아라."

전설에 따르면, 바알 셈은 세상을 하직하면서 다음과 같은 말을 남겼다고 한다. "세계의 주인이시여, 이 몸을 교만과 딴 생각에서 건져 주소서." 또 그가, "교만의 발길이 나를 밟지 않게 하소서"라는 유언을 남겼다는 전설도 있다.

"목적지에 닿을 때까지는 무엇을 야훼께 드려 예배할지 모릅니다"(출애굽기 10:26). "우리는 이 세상에서 온갖 선행을 하고 하느님을 섬기지만, 그것들이 무슨 가치가 있는지, 그것들이 과연 순수하고 정직하게 하늘을 위해 행한 것인지를 모른다. 장차 올 세상에 도달하기까지는. 그곳에 이르러서야 우리는 비로소 이곳에서 우리가 한 일이 어떤 것이었는지를 알게 되리라."[17]

모세가 이스라엘을 향하여, "나는 야훼와 너희 사이에 서서…" 하고 말한 것(신명기 5:5)을 즐로초브의 라삐 미카엘(Rabbi Michael of Zlotshov)은, "나(the "I")"가 하느님과 인간 사이에 섰다는 말로 풀었다.[18]

자아(self)와 비자아(non-self)

욕망이 모든 것의 척도인가?

우리가 앞에서 질문한 것처럼, 우리의 믿음이 무의식 속에 잠재된 바람[望]을 만족시키려는 시도에 불과하다는 것이 사실인가? 우리의 도덕규범이 위장된 욕망(desire)일 따름인가? 욕망이 모든 것의 척도인가?

만일 우리의 행동을 인도하는 것이 규범이 아니라 이기적인 욕망이라면, 우리는 궁극적 행동 규범을 찾는 일을 포기하고 그 대신에 욕망의 심리학에 집중해야 할 것이다. 우리의 원리는, 욕망이 모든 가치의 아버지요, 욕망을 일으키는 것은 가치 있는 것이라는 원리일 것이다.

자신의 번영과 성공을 만들어 내는 것이 인간이 할 수 있는 일의 전부인가? 욕망의 심리학이 우리의 의도와 목적을 규정하며 아울러 행동의 모든 규범을 성문화할 수 있는가? 이런 견해가 사람을 유혹하는 맛이 있긴 하지만, 인생을 자세히 조사하며 살아가고 생각하는 사람은 이윽고 인간의 욕망에 대하여 염증과 절망을 느끼게 된다. 그러나 인간성을 하늘로 치솟는 탐욕의 악취로 보는 이 관념이 어째서 불쾌한가? 무엇보다도, 행운과 사리사욕으로 치장된 번뜩이는 문명이 어째서 구역질난단 말인가? 가치의 뿌리가 썩기 시작할 때 왜 인간의 심성이 타락하는가? 유혹과 자극의 밀림에 묻혀 사는 것이 뭐가 잘못되었단 말인가? 배 터지게 먹으면서 살아가는 것이 뭐가 잘못인가? 어째서 탐욕의 뒤끝이 환멸이어야 한단 말인가?

방종에 빠진 삶이 풍겨내는 악취인 절망과 환멸, 이것 역시 위장된 방종으로 설명해야 할 것인가? 이론상으로는 그와 같은 반작용(反作用)을 모호하고 논리적으로 무의미하며 변증법적으로 위장된 자기중심주의(egotism)라고 처리할 수 있을 것이다. 그러나 그런 이론들은 인간 의식(意識)의 의심할 나위 없이 분명한 경험적 사실을 무시하고 있다.

실제로 사람은, 자기라는 중심과 자아를 넘어서는 목적 사이에서 계속되는 긴장 상태를 살아간다. 동물은 무슨 목적 따위와 관계없이 본능에 따라서 살아간다. 인간의 수성(獸性)은 욕구를 채우는 일에 집중하고 인간의 영성(靈性)은 더 높은 목적을 섬기게끔 한다. 그래서 그 목적을 섬기는 가운데 자신의 욕구를 초월하게 한다. 자기중심의 이욕(利欲)에서 벗어나 자유하고자 하는 갈망 자체가 다른 이욕과 마찬가지로 이기적이라고 말하는 것은 언어의 혼동에 불과하다. 차이점은 행위의 의도 또는 방향에 있다. 이기적인 이욕은 구심적(centripetal)이고, 이기적인 이욕에서 자유하는 것은 원심적(centrifugal)이요 자기로부터 돌아서는 것이다. 인간의 본질, 인간의 인간됨은 자기를 넘어서는 힘, 자기의 욕구와 이기적 동기를 초월하는 힘에 있다. 그 긴장의 심각함을 모르고 살아가는 것은 바보의 천국에서 살아가는 것이요, 그것에 대한 무력감으로 절망하는 것은 빈정대는 자의 지옥으로 들어가는 것이다. 그렇다면 우리는 순수를 지키기 위한 전쟁을 어떻게 수행할 것인가?

욕구의 전향

살아 있는 신체 기관을 그것을 구성하고 있는 세포의 수로 정의할 수 없으며, 인격을 그의 욕구의 수로 규정할 수 없고, 삶을 욕구와 충족의 상호 관계로 생각할 수도 없다. 욕구란 인간의 본질이 아니라 어떤 대상에 대한 반응으로서 구체적인 상황에서 생겨나는 것이다. 살아가는 기술이란 욕구를 다루는 기술이며 인간의 성품은 그가 자신의 정열과 욕망을 처리하는 방법에서 형성되고 드러난다. 많은 사람이 심리적으로 모성 고착(母性固着)을 지니고 있지만, 어떤 사람은 시를 잘 짓고 어떤 사람은 사회적인 활동을 하고 또 어떤 사람은 범죄를 잘 저지르는 것은 기질 탓이다.

사람을 사람으로 구별지어 주는 것은 자신의 욕구를 전향하는 능력이다. 그는 자기의 욕구를 확대하고 충족시키는 방법을 알 뿐 아니라 그것을 수정하고 제한하는 법도 안다. 욕망과 쾌락을 맛보는 법뿐 아니라 거부하는 법도 안다. 그가 이루는 창조적인 성취는, 노골적이고 무자비한 억제가 아니라 의식적인 변경, 상충하는 목적들을 선택하고 서로 바꾸는 데서 온다.

생물학에서는 이형 발생(異形發生)을, 부모가 자기와는 모양이나 습성이 다른 자식을 낳았으나 한 세대 또는 두 세대 뒤에 부모를 닮은 자손이 태어나는 재생(再生)의 양태로 설명한다. 인간의 내면생활에도 같은 현상이 발생할 수 있다. 우리가 욕구의 확산을 저지하거나 열정을 억제할 수 없는 것은 사실이지만, 반면에 우리에게는 자신의 욕구를 전향하고 열정을 자신이 선택한 목적으로 향하게 할 능력도 주어졌다. 그러기에 이기적인 욕구가 보편적인 목적을 이루는 기회로 바뀔 수도 있는 것이다.

그러나, 이렇게 전환하는 기술이 이기심이라는 문제를 해결할 수 있는가? 자신의 욕구들을 전향시킴으로써 인간이 행동의 양태뿐 아니라 동기의 방향과 흐름까지 바꿀 수 있다고 주장하는 것이 옳은 일인가? 우리는 이기적인 욕구들을 바꾸기보다는 오히려 감추고 있지 않는가? 감추어진 악은 드러난 악보다 더 위험하고, 비뚤어진 사욕은 본디의 욕구보다 더 해로운 것이다. 욕구의 전향은 결과적으로 우리가 억제하고자 하는 동기에 안전한 피난처를 제공하고 마는 것이 아닌가? 도대체 이기적인 동기를 극복하는 일이 가능한 일인가?

자기 말소

욕망을 길들일 수 없음을 발견하게 됨으로써 사람은 아예 그것을 억압하려는 충동을 받는다. 그래서 우리에게는 자기 말소(自己抹消, self-effacement)야말로 자아(ego)의 노예가 되는 데서 구원받는 유일한 길인 듯이 생각된다. 그러나 그런 식의 자기 말소는 오히려 더 나쁜 파멸로 치달리게 하는 도피일 뿐이다. 자기를 제거하는 것은 그 자체가 덕목이 아니다. 도덕은 우리에게 생명 혹은 만족할 권리를 포기하라고 요구하지 않는다. 만일 자기 말소가 그 자체로서 덕스러운 것이라면, 자살이야말로 도덕적 삶의 절정이라고 하겠다. 생명을 희생 제물로 요구한 것은 몰록(Moloch)이라는 우상이고, 전쟁 마당에서 죽는 것을 높이 찬양하는 것은 군국주의다. 자기 몸에 대한 학대와 고행을 좋아한 것은 이스라엘의 예언자가 아니라 바알의 예언자들이었다.

실제로, 자신의 권리의 정당성을 진정 이해하는 자만이 남의 권리를 위해 그 정당성을 인정할 수 있다. 도덕적 훈련은 자기 자신의 권리와 욕구를 절실히 이해하는 것과 똑같은 방식으로 남의 권리와 욕구를 절실하게 이해하는 데 있다.

희생의 가치는, 그가 무엇을 내어 주느냐 뿐 아니라 무슨 목적으로 그것을 포기하느냐에 따라 결정된다. 희생한다는 히브리어 동사는 가까이 간다, 접근한다는 뜻이다. 우리가 해야 할 일은 삶을 단념하는 것이 아니라 그분께로 가까이 가져가는 것이다. 우리가 애쓰는 일은, 한 순간 자기를 부정하는 것이 아니라 다른 사람의 자아를 끊임없이 맨 정신으로 확인하는 일이요 이웃의 욕구와 문제를 느끼는 것이다. 우리는 그런 태도를 자기 말소 혹은 자기의 혼을 미워하는 것이라고 부를 수 없다. 없어져야 할 것은, 우리의 혼이 그토록 자주 혐오하여 없어지기를 바라는 공격성과 억압성이다.

만일 누가 비자아(non-self)에 대한 끊임없는 인식(認識)을 발전시켜 나갈 수만 있다면, 이웃의 존엄성과 걱정거리를 계속하여 인식할 수 있다면, 그의 자아는 그의 영(靈)의 친구로 변할 수 있을 것이다.

자기중심은 인간의 존엄과 실존을 비극적으로 오해한 것이다. 사람은 곧 사람됨과 동의어이기 때문이다. 사람이기 위해 사람은 사람 이상이어야 한다. 자아는 정신적으로 미숙하다. 그것은 비자아에 대한 관심 속에서 성숙해 간다. 이것이야말로 심오한 역설이요 인간 실존의 장점이다. 자아 속에는 자아에 대한 기쁨이 없다. 기쁨은 받는 데 있지 않고 주는 데 있으며, 얻는 데가 아니라 섬기는 데 있다.

우리는 모두 재능과 소질과 솜씨를 지니고 있다. 그러나 바쳐지지 않는 재능, 소용되지 않는 솜씨, 정신적인 존엄성을 수반하지 않는 소질은 결국 좌절과 낙담으로 끝나고 만다. 무엇이 정신적인 존엄성인가? 자아를 초월해 있는 목적에, 자아의 안이 아니라 너머에 있는 목적에 혼을 가까이 이끌어 가는 것이다.

실제로 이것이 심리학의 용어로는 분석되지 않는, 자아의 신비다. 표현 불가능한 것에 대한 우리의 감각이 언어를 넘어서듯이 자아 초월의 능력은 모든 사욕과 욕망을 넘어선다.

자기를 존중함

자아의 문제를 다룰 적에 우리는 그 어떤 과장도 삼가지 않으면 안 된다. 자기를 존중하는 것은 악이 아니다. 자아에 타당하지 않은 것을 부여할 때, 남을 희생시키면서 자기 이익을 추구할 때, 자아를 궁극적 목적으로 삼을 때, 그런 때에 악이 생겨나는 것이다. 그런즉 사람이 자기가 행하는 선(善)을 의식하고 그 행위에서 기쁨을 얻는다고 주장하는 것이 잘못일 수가 없다. 선행을 즐기는 것이 죄인가? 어떤 행위가 저절로 이루어지는 것이 아닌 한, 그것을 선행으로 인식해서는 안 되는가? 올바른 사람이란 자신의 뜻에 반하여 선을 행하는 사람이라기보다는 그에게 요구되는 것이 그가 욕망하는 것인 그런 사람이라고 말해서는 안 되는가? 자아와 선(善) 사이의 바른 관계는 긴장하는 관계가 아니라 내적인 동의(同意)와 조화를 이루는 관계다. 성경의 용어로 말하면, 자아와 행실, 심지어 보상을 얻는 것과의 연결은 오히려 바람직한 것이다.

사람이 "불의를 비난하는 것이 자신이 그 불의를 저지르지 않으려는 마음에서가 아니라 그 불의의 피해자가 되는 것을 두려워해서"[1]라는 사실, 우리가 무의식적으로 이기적인 마음에서 정의를 옹호한다는 사실은 정의의 고유하고 절대적 의미를 깎아내리지 않는다. 그것은 다만 정의가 우리 사회 속에 깊이 침투되어 있어서 우리에게 윤리나 종교의 명령으로서 뿐만 아니라 사회의 존속을 위한 필수 조건으로서, 발언을 한다는 사실을 보여 줄 따름이다. 물론 살인이 정당하게 여겨지는 그런 사회가 설 수도 있음을 생각할 수 있다. 그러나 그런 사회는 마침내 다른 사회의 적대감을 야기한다는 사실, 그래서 그 다른 사회들이 자신들의 안전을 지킨다는 명분으로 일어나 그 사회를 파멸시키고 만다는 사실, 인류 전체의 존속이 악과는 양립되지 않는다는 사실은, 정의가 반드시 요구된다는 것이 우리가 정의와 맺는 의식적인 관계보다 더욱 강하다는 사실을 보여주는 징표다.[2]

40

행위가 구원한다

속으로 노예임을 깨닫는 것

순수라는 관념은 덧없이 지나가고 마는 환상인가? "마음을 다 기울이고 정성을 다 바치고 힘을 다 쏟아 너의 하느님 야훼를 섬겨라"(신명기 6:5)는 모세의 말, "여러분은 이제 야훼를 경외하며 일편단심으로 그를 섬기시오"(여호수아 24:14)라는 여호수아의 말, "너희는 야훼를 두려워하며 거짓 없이 성심으로 그를 섬겨야 한다"(사무엘상 12:24)는 사무엘의 말을 유토피안의 말로 넘겨 버릴 수는 없는 일이다. 만일 그런 사랑이 도무지 가능하지 않은 것이라면 예언자들이 그분을 온 마음으로 사랑하라고 요구하지도 않았을 것이다.

우리는 자신을 순결하게 하려고 노력할 때 먼저, 우리가 '자아'(ego)에게 속으로 노예임을 깨달아 아는 일, 우리의 덕행에 묻어 있는 오점을 찾아내고, 하느님을 예배하는 가운데 스며들어 있는 우상숭배의 낌새를 닦아 내는 일에서부터 시작해야 한다.

우리 자신의 교활한 위선을 알고, 우리의 신앙에 절대적 신앙이 없음을 알아 부끄러움과 뉘우침의 감정을 품는 일은 그 자체로서 대단히 가치 있는 일이다. 부끄러움이라는 가시는 자아가 견딜 수 없는 유일한 아픔이며, 자아의 힘을 움츠러들게 하고 물러서게 만드는 유일한 강타

(强打)다. 뉘우침은 인간의 혼을 구원하는 모습이다. 자책이 희생 제사보다 더 높은 자리에 있다.

> 당신은 제물을 즐기지 아니하시며
> 번제를 드려도 받지 아니하십니다.
> 하느님, 내 제물은 찢어진 마음뿐,
> 찢어지고 터진 마음을 당신께서 얕보지 아니하시니(시편 51:16-17).

"주님, 우리는 지금 이처럼 얼굴을 들 수 없이 되었습니다만 주께는 잘못이 없습니다"(다니엘 9:7). "왜 이렇게 되었는가? 라삐 느헤미야(Rabbi Nehemiah)는 말했다. 그것은 비록 우리가 의(義)를 행할 때라도 우리의 행위를 살펴보면 부끄러워하지 않을 수 없기 때문이다."[1]

인간은 그의 모든 길을 조사해야 할 것이다. 아무도 그분의 눈에 의로운 자일 수 없기 때문이다. 그렇지만 우리가 받는 첫 번째 도움의 표시는, 우리가 속으로 자신의 노예임을 깨닫는 일이다.

순결의 순간들

우리가 스스로 '자아'(ego)라는 사슬에 묶여 있다는 사실에 대해 체념하기를 거부할수록, 궁극적 의미는 자신을 벗어나는 행위에서 발견된다는 사실을 더 깊이 이해할수록, 적어도 짧은 순간일지언정 그 사슬에서 벗어날 기회는 그만큼 커진다. 그리고 그 순간이야말로 가장 값진 순간이다.

우리 모두 우주의 실재가 뿜어내는 그 장엄함 앞에 문득 눈을 뜨는, 그 앞에서 자기중심적인 생각의 무상함과 보상의 덧없음, 허무한 것을 좇는 열심 따위가 우리를 부끄럽게 만드는, 그런 순간들이 있다. 숲에는 참으로 풍부한 지혜가 있고 흙에는 무한한 친절이 있으며 오만 무례함은 흔적도 없다. 우리는 이윽고 우리의 참상을 깨닫고, 책임과 도피 사이를 오락가락하는 자신의 위치와, 도망칠 길이 없으면 죽음조차도 출구(出口)가 아니라는 사실을 깨닫게 된다. 무거운 짐을 진 '자아'(ego)의 비참한 현실 앞에서 충격과 수치를 함께 받는 우리는 마침내 자아의 원둘레를 돌파해 나갈 길을 찾기에 이른다.

뉘우침

순수한 헌신의 순간에 대한 기대와 의존은 어느 정도 우리에게 위안이 되지만 불안은 여전히 남는다. 자신을 순결하게 하기 위한 온갖 시도와 노력을 다 기울인 다음에도 우리는 질투와 허영과 교만이 어둠 속에서 계속 배회하고 있음을 발견한다. 어디에서 도움을 받을 것인가? 황홀경에서 자신을 잊어버리는 순간은 빠르게 지나가고 만다. 그렇다면 이에 대한 답은 무엇인가?

그런즉 우리는 스스로 완전한 순수를 획득할 수 없으므로 절망할 것인가? 만일 완전함이 우리의 목적이라면 절망밖에 다른 대안이 없으리라. 그러나 우리에게는 단번에 완전해져야 한다는 의무가 있는 게 아니라, 다만 다시 또다시 일어서서 자아의 차원을 넘어가야 할 의무가 있는 것이다. 완전은 신의 것이다. 그러므로 완전함을 인간의 목적으로 삼는 것은 인간에게 신이 되라고 하는 것이다. 우리가 할 수 있는 일이란 뉘우침으로 우리의 마음을 깨끗하게 하고자 애쓰고 노력하는 것이 고작이다. 뉘우침은 우리가 스스로 자신에게서 놓여날 수 없음을 부끄러워하는 것으로 비롯된다. 자신의 실패를 뉘우치는 것은 완전함에서 만족하는 것보다 더 거룩하다.

하느님은 동정으로 가득 차신 분

유대인의 경건 세계에서는 두 가지 음성을 들을 수 있다. 하나는, 순수하지 못한 동기에서 이루어진 선행은 전적으로 부적당한 것이라는, 엄격하고도 타협을 모르는 음성이다.[2] 다른 하나는, 선행은 비록 그 동기가 순수하지 못해도 값진 것이라는, 부드러운 음성이다.[3]

무엇이 사실인가? 아무리 훌륭한 의도라도, 사방으로 자아의 침입에 개방되어 있는 마음의 모든 구석을 다 채울 수는 없다. 의도의 완벽한 순수성을 요구하는 엄격하고 타협을 모르는 기준으로 판단한다면 누가 견딜 수 있으랴? 실제로, 일반적으로 우세했던 것은 부드러운 음성이다. 그래서 우리는 "낯선 생각"이나 온당하지 못한 동기라 해도 신성한 행위의 가치를 무효로 만들지 않는다고 배운다.

우리의 혼은 여리다. 그러나 하느님은 우리 혼의 슬픔과 마음의 실패에 대해 함께 아파하는 동정으로 가득 차신 분이다. 탈무드에 이르기를, "세상에는 [남을 돕고자 하는] 열심은 있으나 그럴 수단이 없는 사람이 있는가 하면, 반면에 [남을 도와줄] 수단은 있으나 그럴 열심이 없는 사람이 있다"고 했다. 그런데 이 두 종류 사람이 모두 하느님의 눈에는 거룩하게 보인다는 것이다.[4]

목적이 동기를 순화한다

유다이즘은 행위를 강조하고 의도(意圖)에 희망을 건다. 아침마다 우리는 기도한다.

> 오, 우리 주 하느님이여, 당신의 토라가 우리 입에서 달게 하소서…
> 그래서 우리로 당신의 토라를, 토라 자체를 위해 배우게 하소서.

우리는, 한편으로 목적을 언제나 명심하면서, 비록 "하느님을 위해" 율법을 지킬 마음의 준비를 갖추지 못했을 때에라도 계속하여 율법을 준수해야 한다고 배운다. 왜냐하면 선(善)은 비록 선 자체를 위해 실행되지 못한다 해도, 결과적으로 우리에게 하느님을 위해 행동하는 방법을 가르쳐주기 때문이다. 비록 인간적인 이득에 호소할 수밖에 없다 해도 우리는 여전히 성결한 행위를 계속해야 한다. 동기의 순수성은 목표이며, 계속 지조를 지키는 행동은 그리로 가는 길이다. 밖에서 '자아'(ego)와 싸우는 것은 쓸데없는 짓이다. 상처 입은 히드라처럼 그것은 하나가 잘리면 둘이 나온다. 우리는 자신을 검사하는 일에 빠져버리면 안 된다. 자기중심성이라는 문제에 집착해서는 안 된다. 자신을 순수하게 하는 길은 자신에 머물러 있기를 피하고 주어진 일에 몰두하는 것이다.

행위가 구원한다

신앙과 동기의 순수성 같은 내면의 덕목을 가장 중요한 것으로 강조하는 종교 또는 윤리의 가르침은 마침내 불행한 결과를 낳고 만다. 만일 신앙이 유일한 기준이라면 인간의 노력은 결국 실패로 끝나고 말 것이다. 실제로, 인간의 마음이 얼마나 연약한 것인가에 대한 깨달음과 인간의 내면이라는 것이 얼마나 믿을 수 없는 것인가에 대한 깨달음이 유다이즘으로 하여금 내면의 열심보다 밖으로 나타나는 행위를 강조하게끔 한 여러 요인들 가운데 하나라고 하겠다. 사람은 비록 선을 위해 선을 행하지는 못한다 해도 그래도 항상 선을 행해야 한다는 라삐의 권고가 담고 있는 깊은 뜻이 여기에 있다. 우리에게 행위의 의미를 가르쳐 주는 것은 바로 그 행위다.

순수한 동기로 가는 길은 선행으로 포장되어 있다. 선(善)은 행위로써 이루어지는 것이며, 선행에서 '자아'(ego)의 압력을 물리치는 넉넉한 매력이 나온다. '자아'는 우리가 당면한 일에 몰두하여 흥미를 느끼고 거기에 전념함으로써 구원을 받는다. 우리를 실어 옮겨 주고, 우리의 혼을 기쁨으로 떨게 하고, 가장 아름다운 일은 자아에서 가장 먼 곳에서 일어난다는 사실을 우리에게 가르쳐 주는 것은, 우리의 행위다.

이상적인 목표 아래 이루어지는 행위, 조심성 없이 쉽게 이루어지는 게 아니라 그 목적을 위해 절실한 노력을 수반하여 이루어지는 행위는 제 멋대로 하는 행동이 주는 놀라움보다 더 강한 힘을 지닌다. 성스런 목표를 이루고자 하는 노력은 천박한 동기를 변화시킬 수 있다. 그런 행위는 사람을 외곬으로 몰기 때문이다. 행동을 하기 전의 동기가 어떠했든지 간에, 그 행위 자체는 분산되지 않는 집중을 요구한다. 그러기에 시를 짓고 있는 동안에 시인은 보상을 생각하지 않으며, 쾌락이나 이익을 추구하는 것이 종교 또는 도덕적 행위의 본질이 아닌 것이다.

연주가가 연주를 하는 동안에는 청중의 박수나 자신의 명성 또는 보수 따위가 염두에 있을 수 없다. 그의 모든 생각, 모든 존재가 오로지 음악에 함몰되어 있다. 만일 밖의 어떤 잡념이 그의 마음에 끼어 든다면, 집중은 흐트러지고 연주는 실패로 끝나고 말 것이다. 연주회를 계약할 때에는 보수 문제를 생각하겠지만, 일단 연주가 시작되면 그의 모든 것이 음악에 집중되지 않으면 안 된다.

사람이 종교 행위를 하는 것도 이와 비슷하다. 인간의 혼은 홀로 버려 두면 제멋대로일 수 있다. 그러나 행위 속에는 욕망을 순화하는 힘이 있다. 인간의 의지를 교육하는 것은 행위 자체, 삶 자체다. 선한 행실을 하는 동안에 선한 동기가 생겨난다.

만일 처음의 동기가 강하고 순수하다면, 행위 도중에 생겨나는 의도들이 오히려 처음의 동기를 더욱 강하게 할 터인즉, 이는 처음 동기가 중간에 생겨나는 의도의 활력을 자기 것으로 흡수하겠기 때문이다. 인간은 이기적인 동기에 사로잡혀 헤어나지 못할 수 있다. 그러나 행위와 하느님이 이기적인 동기들보다 더 강하다. 선행을 실천하는 데서 솟아나오는 구원의 능력이 인간의 심성을 순화(純化)시킨다. 행위가 마음보다 슬기롭다.

코츠크의 라삐 멘들(Rabbi Mendel of Kotsk)에게 한 제자가 자아에 대한 의식과 교만한 마음의 훼방을 받지 않고서는 하느님을 예배할 수 없음을 호소했다. "자아가 끼어들지 않는 가운데 하느님을 예배할 길이 있습니까?"

-혼자서 숲을 걷다가 늑대를 만난 적이 있느냐?

-예, 있습니다.

-그때 네 마음에 무엇이 떠올랐느냐?

-두려움뿐이었지요. 두려워서 도망칠 마음밖에 아무 생각도 없었습니다.

-바로 그것이다. 그 순간에 너는 네가 두려워한다는 생각조차 없이 그냥 두려워만 했지. 우리도 하느님을 그런 식으로 예배드릴 수 있으니.

비록 우리의 행위가 얼마나 불순하고 불완전한 것인지를 잘 알고 있지만, 우리가 행위를 한다는 사실은 여전히 우리에게 주어진 값진 특전으로, 기쁨의 근원으로, 삶에 궁극적 가치를 주는 것으로 알아 소중하게 여겨야 한다. 하느님과 사귀면서 살아가는 그 순간들, 하느님의 뜻을 본받고자 한 그 행위들은 결코 사라져 없어지지 않으리라는 것을, 선행의 가치는 그것이 불순함에도 불구하고 여전히 남는다는 것을 우리는 믿는다.

"기쁨으로 그분을 섬겨라"

전통적으로 유대인은 율법을 완전히 지키지 못하는 데 대하여 근심하기보다는 비록 완전하지는 못해도 율법을 지킬 수 있음을 기뻐하도록 배웠다. "기쁨으로 그분을 섬겨라. 노래 부르며 그분께 나아가라"(시편 100:2, 사역).

이스라엘은 율법을 지키는 데서 안심과 기쁨을 맛본다. 고용된 하인이라면 그것이 짐스럽고 귀찮기만 할 테지만 말이다. "아들은 아버지를 기쁨으로 섬기며 말하기를, 비록 내가 완벽하게 [그분의 명령을 준수하는 일을] 해드리지는 못한다 해도, 나를 사랑하시는 아버지는 그 때문에 나에게 화를 내시지 않으리라고 말한다. 반면에 고용된 하인은 언제나 무슨 잘못을 저지르지 않을까 겁을 낸다. 따라서 하느님을 불안한 마음으로 절절매며 섬긴다."5) 실제로, 이스라엘이 하느님한테 심판받을 일로 걱정할 때 천사들이 그들에게 말한다. "심판을 두려워하지 말아라…그분을 알지 않느냐? 그분은 너희와 한 핏줄이요 너희의 형님이시며 무엇보다도 너희의 아버지시다."6)

"우리는 망치고 그분은 고치고"

영원히 계속되는 명령은, 톱처럼, 마음의 무딤을 잘라 버리라는 것이다. 우리가 아무리 노력해도 무딘 마음은 여전히 남아 있다. 그렇다면 그 온갖 노력이 무슨 의미가 있는가? 라삐 타르폰(Rabbi Tarfon)은 말했다. "그 일을 끝장내라는 것은 아니다. 그러나 하지 않아도 좋다는 것 또한 아니다." 우리의 하는 일이란 부분의 성취일 뿐이요, 나머지는 하느님이 완수하신다.

우리 혼자 힘으로는 저속한 동기에서 우리 혼을 건져낼 수 없다. 그러나, 우리가 실패한 자리에서 하느님이 건지시리라는 것, 우리가 이루고자 한 일을 그분이 완성하시리라는 것이 우리의 희망이다. 자신의 능력 너머에 있는 일을 성취하기 위해 자신에게 주어진 능력을 총동원하여 모든 일을 시도하는 자들을 돕는 것이 바로 하느님의 은총이다.

코소브의 라삐 나흐만(Rabbi Nahman of Kossov)이 들려준 비유 한 토막. 황새 한 마리가 수렁에 빠졌는데 다리를 빼낼 수가 없었다. 마침내 그에게 좋은 생각이 떠올랐다. 나에게는 긴 부리가 있지 않은가? 그래서 그는 부리를 수렁에 넣고 그것을 의지하여 다리를 빼냈다. 그러나 무슨 소용이 있는가? 다리는 수렁에서 빠져 나왔지만 이번에는 부리가 박혀 있는데. 그러자 다른 생각이 떠올랐다. 그는 다리를 수렁에 박고 부리를 뽑아냈다. 그러나 무슨 소용이랴? 다리가 수렁에 박혀 꼼짝을 않는데…

인간의 상황이 이와 같다. 한 가지 일에 성공하면 다른 일에 실패한다. 우리는 망치고 하느님은 고치신다. 이 사실을 우리는 항상 기억할 일이다. 우리가 얼마나 추하게 일을 망치고 있는지! 그러나 그분은 얼마나 훌륭하고 아름답게 고치시는가!

깊은 데서 우리는 도와달라고 부르짖는다. 우리는 이기적인 동기를 극복할 수 있다고 생각하여, 만일 그렇지 못하면 아무런 선행도 사랑도 이룰 수 없다고 믿는다. 그러나 "마음의 순수를 얻으려면 하늘의 도움이 있어야 한다."[7] 그래서 우리는 이렇게 기도하는 것이다.

> 우리의 마음을 깨끗하게 하시어 당신을 정직하게 예배하도록 하소서 (안식일 기도문).

모든 것이 모자란다. 우리의 행위도 모자라고 행위를 삼가는 것도 그렇다. 우리는 우리의 헌신에 의존할 수 없다. 낯선 생각들과 속임수와 허영심으로 오염되었기 때문이다. 우리가 그분 앞에 있음을 깨달아 아는 데도 많은 노력이 필요하다. 왜냐하면 그런 깨달음은 단순히 마음에 생각이 떠오르는 것 정도가 아니기 때문이다. 그것은 우리의 마음과 생각과 몸과 혼을 다 쏟아서 얻는 앎이다. 그것을 아는 것은 자아를 포함하여 모든 것을 잊는 것이다. 기껏해야 우리는 그것을 아주 잠깐 얻을 수 있을 뿐이다.

이제 우리에게 남은 일이, 기도할 수 있게 해달라고 기도하는 것말고, 우리 자신이 그분과 함께 살아가고 있음을 모르는 데 대하여 애통하는 것말고 무엇이 있겠는가? 그런 기도에조차 우리의 허영심이 묻어 있다 하더라도, 그분은 자비심으로 우리의 기도를 용납하시고 우리의 보잘 것없는 노력을 구원해 주신다. 계속하여 기도를 하려고 애쓰는 일, 우리에게 부여된 기도의 의무를 좌절하지 않고 성실하게 수행하는 일이 우리의 취약한 예배에 힘을 준다. 그리고 예배를 드리는 우리의 개별적인 행위에 의미를 심어주는 것은 공동체의 성스러움이다. 우리 자신의 성실함, 이스라엘의 성스러움, 하느님의 자비--이것이 우리의 기도를 하느님께 떠받치는 세 기둥이다.

자유

자유의 문제

우리는 앞에서, 종교의 대전제가 인간이 자신을 넘어설 수 있다는 것이라고 말한 바 있다. 그런 능력이 자유의 본질이다. 헤겔에 따르면, 세계의 역사란 자유의식(自由意識)의 발전일 따름이다. 그렇다면 무엇이 우리에게, 자유가 외양만 있고 알속은 없는(specious) 개념이라는 확신을 주는가? 자유라는 말로써 우리가 뜻하는 바는, 인간의 의지가 심리적, 생리적 제반 주어진 조건에서 독립되어 있다는 것이다. 그러나 그 의지라는 것이 인간의 성격이라든가 그가 처한 환경에서 과연 독립된 적이 있는가? 모든 인간의 행동이 바로 그 전에 이루어진 제반 요인의 결과가 아닌가? 하나의 결단을 내리는 현재 순간이 이미 과거의 짐을 싣고 있지 않은가? 어떤 행위를 하려는 이유와 반대하는 이유를 비교해 보고 그 중의 어느 쪽을 다른 쪽에 반하여 선호하는 우리의 능력이, 분명하고 뚜렷이 의식되는 그 이유들의 영역을 넘어 나가지는 못한다. 그렇지만 그 이유는 다른 이유에서 생긴 것이며, 또 그 다른 이유 역시 또 다른 이유에서 생긴 것이므로 그 이유들은 무한히 이어진다. 본디의 이유가 어떻게 해서 생겨났던지 간에, 그 이유들의 파생 과정을 직시하는 것은 편견 없고 선입견 없이 할 수 없다. 우리는 과연 자신의 의지를 스스로 결정하노라고 장담할 수 있는가?

누구를 진정 자유인이라 할 것인가? 자기의 의지로써 행동을 결정하는 사람을 언제나 자유인이라고 부를 수는 없다. 왜냐하면 그의 의지 자체가 따로 떨어져 있는 궁극적 실체가 아니라, 오히려 그 동기에서, 이미 의지로는 좌우할 수 없는 제반 힘에 의하여 결정되어 버린 것이기 때문이다. 또한 자기가 되고 싶은 대로 되어 있는 사람을 자유인이라고 할 수도 없으니, 이는 그가 어떤 사람이 되고 싶어하는 것 그 자체가 이미 그의 밖에 있는 요인들에 의해 결정된 것이기 때문이다. 그러면 선을 위해 선을 행하는 사람을 자유인이라고 부를 것인가? 그러나 선을 위해 선을 행하는 일이 어떻게 가능한가?

그렇다면 인간의 자유라는 것은 어떻게 가능한가? 자유의 본성은 신비다.[1] 그리고 엄청나게 쌓여 있는, 결정론(determinism)의 증거들은 우리로 하여금 좀처럼 자유를 믿을 수 없게 한다. 그렇지만 그런 믿음이 없다면, 도덕적으로 살아가는 일에도 의미가 없다. 자유를 진지하게 다루지 않고서는 인간의 문제를 진지하게 다룰 길이 없다.

자연주의(naturalism) 관점으로 보면, 인간의 자유는 하나의 환상이다. 만일 이 우주와 따라서 인간의 역사에서 일어나는 모든 사실이 절대적으로 원인들에 달려 있고 결정되는 것이라면, 인간은 환경에 갇힌 수인(囚人)이다. 그의 삶에는 자유도 없고 창조적인 순간도 없다. 왜냐하면 그런 것은 시간의 공백이나 인과(因果)의 사슬의 단절을 전제로 해야 있을 수 있겠기 때문이다.

사람은 타고난 "성품"과 환경, 사회의 사슬에 묶여 살아간다. 그는 자신의 욕구와 사욕 그리고 이기적인 욕망 등에 예속되어 있다. 그러나 자유함이란 그 모든 성품, 환경, 사회, 욕구, 사욕, 욕망을 넘어서는 것이다. 그렇다면 어떻게 자유를 생각할 수 있을 것인가?

자유는 사건이다

자유라는 실체, 곧 심리적, 생리적 원인의 사슬을 넘어서 생각하고 뜻하고 결정하는 능력이라는 실체는, 우리가 인간의 삶이 과정과 사건 (process and event)을 함께 포용하고 있음을 전제할 때 비로소 생각해 볼 수 있는 것이다. 만일 인간의 삶을 하나의 과정(a process)으로 본다면(정기적으로 발생하는 일이라는 뜻이 강조되어 있음, 본서의 22장 참조할 것-역자), 만일 그의 장래에 일어나는 일들이 미리 계산할 수 있는 것들이라면, 자유란 있을 수가 없다. 자유란 사람이 삶의 자연적인 과정과 관련된 것을 넘어서 사건들 속에서 자기를 표현하는 능력을 지닌다는 뜻이다.

자유를 믿는 것은 사건들을 믿는 것이다. 이를테면, 사람이 스스로 속해 있는 과정의 사슬을 넘어, 주어진 요인들에 구애받지 않는 방식으로 행동할 수 있음을 주장하는 것이다. 자유는 자기를 벗어나는 상태, 본디의 뜻으로 말하는 영적인 무아경을 누리는 행위다.

그러면, 누가 자유인인가? 필연의 흐름에 휩쓸려 흐르지 않는 사람, 과정의 사슬에 묶이지 않는 사람, 상황의 노예가 되지 않는 창조적인 사람이다.

우리는 아주 드물게 자유롭다. 거의 모든 시간에 우리는 과정 속에 휩싸이고, 물려받은 성질의 힘에 사로잡히며 외부의 상황에 굴복한다. 자유는 인간에게 계속되는 상태가 아니다. "의식하는 주체의 영속적인 태도"[2]가 아니다. 그것은 존재하는 게 아니라 발생하는 것이다. 자유는 행위요 사건이다. 우리 모두 자유하게 될 잠재 능력을 지니고 있다. 그러나 실제로는 우리가 아주 드물게 있는 창조적인 순간에만 비로소 자유롭게 행동하는 것이다.

사람이 자기를 넘어설 수 있다는 사실, 모든 주어진 사슬과 끈을 끊고 위로 올라갈 수 있다는 사실은, 나아가서 모든 인간이 필연과 법이 다스리는 영역에서뿐만 아니라 창조적 가능성의 영역에서도 살아감을 전제한다. 그것은 인간이 자연, 사회, 자아보다 높은 차원에 속해 있음을 전제하고, 그 차원이 자연의 질서를 넘어선다는 현실을 용납한다. 자유란 우리가 제멋대로 살아갈 권리를 뜻하지 않는다. 그것은 영적으로 살아가는 힘, 실존의 더 높은 차원으로 올라가는 힘을 의미한다.

자유란, 흔히 주장되듯이, 불확실의 원리도 아니요 동기 없이 행동하는 능력도 아니다. 그런 견해는 자유를 혼돈과, 자유 의지를 동기도 없는 의지 작용의 변덕과, 비합리적인 행동과 혼동한 것이다.

또한 자유는 동기(動機)들 가운데 어느 것을 선택하는 능력과 같은 것도 아니다. 자유에는 선택하는 행위가 포함되어 있다. 그러나 자유의 뿌리는 자신이 주권자는 아니라는 사실에 대한 깨달음, 자아(ego)의 독재에 대한 불만에 박혀 있다. 사람이 자기를 초월하는 순간, 그래서 자신을 자신의 목적으로 여기는 습관에서 벗어나는 순간에 자유가 온다. 자유는 자신을 영(靈)에, 영적인 사건에 스스로 결속시키는 행위다.

자유와 창조

자유의 기본 문제는 어떻게 이른바 사건이 과정의 위장된 모습이 아니며, 그 창조하는 행위가, 우리가 알지도 못하는 자연의 발전에 따라 저절로 이루어지는 것이 아님을 확신할 수 있겠느냐다. 창조적인 가능성과 영적으로 살아가는 가능성이라는 관념은 창조라는 관념과 인간이 자연의 산물 이상(以上)이라는 관념에 의존한다.

그리스 철학의 궁극 개념은 우주, 질서라는 관념(이데아)이다. 성경이 제일 먼저 가르치는 것은 창조라는 관념이다. 우주(코스모스)를 영원한 원리로 번역하면 운명이 되고, 창조는 자유가 된다. 창조의 본디

의미는, 이 우주가 시간 속의 어느 특별한 순간에 창조되었다는 것이 아니다. 창조의 본디 의미는 마이모니데스가 말했듯이, 이 우주가 어떤 필연에 의하여 생겨난 것이 아니라 자유의 결과라는 뜻이다.

사람에게는 자유로 행동할 자유와 자유를 잃을 자유가 있다. 악을 선택하는 가운데 그는 영(靈)과 맺어진 결속을 포기하고 자유를 발생시킬 기회를 잃어버린다. 그런즉 우리는 자유를 행사하는 일이나 아니면 자유를 무시하는 일에는 자유롭지만, 자유를 누리는 일에는 자유롭지 않다. 선과 악 사이에서 하나를 선택하는 데는 자유롭지만, 선택을 해야만 하는 데는 자유롭지 못하다. 우리는 사실상 선택하도록 강제되어 있다. 그러기에 모든 자유가, 인간이 선택하기를 기다리는 하느님의 기다림이다.

하느님의 관심

예언자들의 메시지에 담겨 있는 가장 중요한 생각은 인간에게 나타나는 하느님의 현존이 아니라, 하느님께 향한 인간의 현존이다. 바로 여기에, 성경이 인간의 신학(man's theology)이 아니라 하느님의 인간학(God's anthropology)인 까닭이 있다. 예언자들은 하느님을 향한 인간의 관심을 말하기보다는 인간을 향한 하느님의 관심을 말한다. 처음에 있었던 것도 하느님의 관심(divine concern)이다. 인간이 그분에 대해 관심을 갖는 것, 그분을 찾을 수 있는 것도 먼저 그분이 인간에 대해 관심을 갖고 계시기 때문이다.

유대식으로 생각하면, 존재의 문제는 따로 떨어뜨려서는 다룰 수 없고 오직 하느님에게 연관시킬 때에만 다룰 수가 있다. 그런 존재론에서는 최고의 범주가 존재(being)와 생성(becoming)이 아니라, 법과 사랑(정의와 동정, 질서와 정념)이다. 존재는, 다른 모든 존재들과 마찬가지로 하느님의 정의(divine justice)와 하느님의 동정(divine compassion)이라는 양극(兩極) 사이에 선다.

대부분 사람들에게는 질서와 필연이라는 추상적이며 정적인 원리가 궁극 범주요, 존재라는 (혹은 우리의 존재 의식이라는) 개념 속에 처음부터 들어 있는 유산이다. 그러나 유대인에게는 질서와 필연이 궁극 범주가 아니라, 하느님의 심판이 지닌 역동적 속성의 측면이다. 나아가서 유대 사상은, 존재가 필연뿐 아니라 자유에 의해, 곧 존재에 대한 하느님의 자유롭고 인격적인 관심에 의해 이루어진다고 (창조된다고) 주장한다.

하느님의 관심(the divine concern)은 신학이 나중에 찾아낸 생각이 아니라 존재론의 근본 범주다. 실재는 어떤 필연의 법에 따라 이루어지는 듯이 보인다. 그러나 우리가, 왜 필연이 반드시 필요한가를 물을 때, 그 대답은 오직 하나, 하느님의 자유, 하느님의 관심일 뿐이다.

아마도 이렇게 질문해 볼 수 있으리라. 영원자가 하찮은 것에 관심한다는 것에 과연 말이 되는가? 차라리 우리는 인간이 너무나도 보잘것없는 존재인지라 그분의 관심의 대상이 될 수 없다고 말해야 하는 게 아닐까? 그러나 진실은 하찮은 것은 없다는 점이다. 우리 눈에는 한없이 작게 보이는 것이 무한한 하느님 눈에는 한없이 크다. 유한한 것은 동떨어질 수 없는 것인지라, 무한한 사건들의 흐름에 헤아릴 수 없는 방법으로 관련된다. 영적인 깨달음의 차원이 높으면 높을수록 남에 대한 관심과 감수성의 정도는 더 커진다.

우리는 끊임없이 물어야 한다. 인간이 무엇이기에 하느님이 그를 관심하시는가? 그리고 우리는 늘, 인간에 대한 하느님의 관심이 인간을 위대한 존재로 만든다는 사실을 기억해야 한다. 존재하는 것은 나타내는 것, 그리고 인간이 나타내는 것은 그분의 파트너가 된 엄청난 신비다. 하느님은 사람이 필요하시다.[3)]

42

유다이즘의 정신

정신의 의미

하느님이 사람(민족)들을 차별한다고 주장할 때, 참 성소(聖所)에는 벽이 없다는 사실을 잊기 시작할 때, 종교는 오히려 죄악이 된다. 종교는 언제나 그 자체를 목적으로 삼고 성(聖)을 고립시키고 편협해져서 자만과 자기 추구에 빠지려는 경향 때문에 고통을 겪는다. 마치 종교의 사명이 인간을 고상하게 만드는 데 있지 않고, 그 제도의 힘과 아름다움을 키우며 교리의 체계를 확대하는 데 있다는 듯이 말이다. 종교는 자주 진리와 씨름하기보다 편견을 규범화하고, 속(俗)을 성화하기보다 성(聖)을 돌처럼 굳게 만든다. 그러나 종교의 사명은 가치들을 고착시키는 데 대하여 도전하는 것이다.

우리 마음 저 아래에는 위압감을 주는 것을 숭배하려는 유혹, 우리에게 친근한 사물로 우상을 만들려는 끈질긴 유혹이 있다. 뚜렷이 빛나는 대단한 것을 숭배하는 일은 참 쉽다. 아름다운 모습을 칭찬하는 일은 쉽지만 겉치레 꾸밈의 속을 꿰뚫어 보기는 어렵다. 만일 어떤 시인이 북왕국의 수도인 사마리아에 왔었다면, 그는 아마도 그 도시의 웅장함과 아름다운 신전과 온갖 영광을 새겨 놓은 기념물들을 노래했을 것이다. 그러나 드고아의 아모스는 사마리아에 이르러 상아궁(象牙宮)의 화려함을 노래하지 않았다. 오히려 그것들에서 아모스는 도덕적인 혼돈과 억압을 보았다. 매료당하는 대신 그는 질겁을 했다. 하느님의 이름으로 그는 부르짖었다. "나는 야곱의 교만과 그의 궁궐을 미워하여 구역질이 난다!" 아모스는 아름다움에 무감각한 사람이었던가?

우리는 인간이 만든 그 어떤 제도나 물건 자체를 목적으로 여겨서는 안 된다. 인간이 이 세상에서 이룬 것이란 다만 시도일 뿐이며, 성전이 살아계신 하느님을 기억나게 해주는 것 이상을 의미하게 될 때 그것은 구역질나는 것일 뿐이다.

무엇이 우상인가? 지고(至高)한 것으로 여겨지는 사물, 힘, 인간, 단체, 제도 또는 이념이 모두 우상이다. 하느님만이 지고하시다.

예언자는 우상숭배를 미워하고 싫어한다. 그는 도구를 목적으로, 일시적인 것을 궁극적인 것으로 여기기를 거부한다. 우리는 인류도 자연도, 이념도 이상(理想)도 숭배해서는 안 된다. 심지어 악조차도 우상으로 삼을 수는 없다. 다만 도구가 될 수 있을 뿐이다. 악한 충동은 파멸을 초래하지 않는다. 오히려 하느님을 섬기는 일에 한 부분이 될 수 있다. 라삐 메이르(Rabbi Meir)는 "그리고 하느님께서는 그것이 매우 선함을, 악한 충동이 매우 선함을 아셨다"고 말할 수 있었다.

토라의 법조차도 절대적인 것이 아니다.[1] 힘도 지혜도, 영웅도 제도도, 그 무엇도 신격화(神格化)되지 않는다. 이런 것들에, 그것이 비록 고상하고 장엄하다 해도, 신의 격을 부여하는 것은 그것이 나타내는 관념과 더불어 그 위에 씌워준 신성(神性)이라는 개념까지도 왜곡하는 것이다.

이교도의 심연을 헤쳐 나오면서, 유대교는 도구적인 것을 궁극적인 것으로 둔갑시키려는 인간의 시도에 맞서 항거하는 끈질기고도 유일한 목소리로 구실했다. 우리는 그것이 자아든, 국가든 자연 또는 아름다움이든 하나의 가치가 모든 것을 다스리는 데 대하여 도전한다. 유다이즘은 가치들의 화석화(化石化)와 고립주의를 무찔러, 자연적인 것을 도덕적인 차원으로 끌어올리고, 성스러움에서 미학(美學)을 풀어내며, 신의 모습으로 인간을 형상화하고자 한다. 정의를 대가로 치르고 만들어진 아름다움을 미워하며, 도덕상 부패한 자들이 거행하는 종교 의식(儀式)을 거절한다. 종교와 예배까지도 절대적인 것으로는 생각하지 않는다. 이사야는 가난한 자를 착취하는 자들에게, "너희의 기도는 구역질난다"고 말했다. 윌나의 가온(Gaon of Wilna)은 집안 식구들에게, 질투심을 없애버리고 남들의 옷을 두고 얘깃거리로 삼는 짓을 그만 둘 수 없거든 회당에 가까이 가지도 말라고 했다.

아무것도 저 스스로 존재하지 못하며 스스로 가치를 지니지 못한다. 목적인 듯이 보이는 것도 길 위에 있는 한 정류장일 뿐이다. 모든 것이 성(聖)의 차원 안에 놓여 있다. 모든 것이 하느님을 담고 있다.

유대인이 된다는 것은 거짓 신들에게 충성하기를 거부하는 것, 모든 유한한 상황에 박혀 있는 하느님의 무한한 간섭을 예민하게 느끼는 것, 그분이 숨어 계실 때에 그분의 현존을 증언하는 것, 이 세계가 아직 구원받지 못했음을 기억하는 것이다. 우리는 그분의 질문에 대한 답이 되고자 태어났다. 우리의 길은 순례의 길이든지 아니면 도피의 길이다. 우리는 세상의 영화에 심취하지 않고 초연하기 위해, 속임수 영광에 휩쓸려 들지 않고 홀로 서기 위해, 유행에 둔감한 자가 될지언정 겉으로만 요란한 것에 굴복하지 않기 위해 선택받았다.

이것이 우리가 영적(靈的, spiritual)이라는 말로써 의미하는 바다. 그것은 우리 자신의 실존 안에 있는 초월자에 대한 언급이며, 여기에서 저 너머를 가리키는 것이다. 그것은 우리의 모든 목적을 뒤흔드는 황홀한 힘이며, 여러 가치가 스스로 목적이 되어 협소하게 되는 것을 미리 막는 힘이며, 우리를 늘 새로운 순례자로 출발하게 하는 힘이다. 그것은 모든 가치를 포함하면서 동시에 초월하는 흐름이며, 결코 끝나지 않는 과정이며 위로 올라가려는 존재의 운동이다. 영성(靈性)은 우리가 소유하는 어떤 것이 아니라 더불어 나누는 것이다. 우리는 그것을 소유하지 않고, 그것에 소유될 수는 있다. 우리가 그것을 인식할 때, 우리의 생각이 얼마 동안 영원한 흐름에 휩쓸리는 것과 같고, 그 흐름 속에서 우리의 관념은 그 자체를 넘어서는 지식으로 바뀐다.

영 자체를 포착하는 일은 불가능하다. 영은 방향(direction)이다. 모든 존재가 하느님에게 돌아서는 것, 즉 신향성(神向性, theotropism)이다. 그것은 언제나 우리가 알고 있는 것과 우리의 존재보다 더 위에 있다.

유다이즘의 정신

유다이즘의 정신(또는 영, spirit)을 보여주는 무슨 독특한 표현이 있는가? 유다이즘 특유의 본질을 담아 전하는 어떤 술어가 있는가?

유대의 가르침을 가장 잘 드러내는 십계명 본문을 살펴, 그런 술어가 있는지 찾아보도록 하자. 십계명은 모든 나라 말로 번역이 되어 그 용어는 모든 민족문학의 한 부분이 되었다. 그 유명한 본문의 그리스어역, 라틴어역, 영어역을 읽어보면 우리는 놀라운 사실과 만나게 된다. 히브리어 본문의 모든 단어들이 쉽게 영어의 동의어로 옮겨지는 바, '페셀'(pesel)은 우상으로, '샤마임'과 '에레츠'(shamayim and erets)는 하늘과 땅으로 옮겨져, 마치 처음부터 영어로 기록된 본문인 듯한 감마저 줄 정도로 전체가 충실하게 영어로 번역이 되었다. 그러나, 도무지 영어로 어떻게 옮겨야 할는지 알 수 없는 히브리 단어가 하나 있으니 '사밧'(Sabbath)이 바로 그것이다. 그리스어 번역인 「70인역」에는 '사바톤'(Sabbaton)으로 되어 있고, 라틴어 역본인 「불가타」에는 '사바툼'(Sabbatum), 아람어로는 '샤바다'(Shabbatha), 흠정역 성경(KJV)에는 '사밧'(Sabbath)으로 표기되어 있다.

아마도 사밧(우리말로는 '안식일'로 옮겨진다 - 역자)은 유다이즘이 지닌 가장 독특한 성격을 나타내는 단어인 것 같다.

무엇이 안식일(Sabbath)인가?[2] 모든 인간이 똑같이 존엄하다는 사실을 상기시켜 주는 것, 주인과 노예, 부자와 가난한 자, 성공한 자와 실패한 자의 차별을 지워 버리는 것, 이것이 곧 안식일이다. 안식일을 지키는 것은, 인간이 문명과 사회적 성취와 불안에서 궁극으로 벗어나는 독립을 경험하는 것이다. 안식일은 모든 인간이 평등하고 인간의 평등성이 곧 인간의 고귀함을 의미한다는 믿음을 구현하는 것이다. 인간의 가장 큰 죄는 자기가 왕자라는 사실을 잊는 것이다.

안식일은 영(靈)이 우주보다 크고 선(善) 너머에 성(聖)이 있음을 확신하는 것이다. 우주는 엿새 동안에 만들어졌다. 그러나 창조의 절정은 이렛날이었다. 엿새 동안에 만들어진 것들은 모두 "좋은"[善] 것이지만 이렛날은 성스럽다. 안식일은 시간 안에 있는 성스러움(holiness in time)이다.

무엇이 안식일인가? 영원의 현존, 위엄으로 충만한 순간, 기쁨의 광휘다. 그날에 인간의 혼은 높이 올라가고, 시간은 기쁨으로 충만하며 참된 영성을 보상으로 받는다. 그날을 더럽히는 것을 보면 의분이 솟구치고, 그날을 더럽히느니 차라리 스스로 죽는 길을 택하게 된다. 인간은 홀로 서 있는 게 아니다. 그는 그날의 현존 안에서 살아가고 있는 것이다.

문명을 넘어서는 기술

눈을 들어 보라. 누가 이것들을 처음 만들었는가? 한 주일의 엿새를 우리는 문명이라는 기술로 자연의 힘을 정복하는 데 보낸다. 이렛날은 창조를 기억하고 구원을 기억하는 데, 이스라엘을 에집트에서 해방하고 거대한 문명을 벗어나 광야로 탈출하여 하느님의 말씀을 받은 것을 기억하는 데 바쳐진 날이다. 엿새 동안 우리는 노동을 함으로써 역사의 작업에 참여한다. 이렛날을 성별함으로써 우리는 역사를 넘어서 역사를 구원하고 고귀하게 만드는 행위를 마음에 새긴다.

세계는 창조에 따르는 것이요, 역사의 가치는 세계의 구원에 달려 있다. 유대인이 되는 것은 세계에 노예가 되지 않으면서 세계를 긍정하는 것이요, 문명의 한 부분이 되면서 문명을 넘어서는 것이며, 공간을 정복하면서 시간을 성화(聖化)하는 것이다. 유다이즘은 문명을 넘어서는 기술이며, 시간을 성화하고 역사를 성화하는 것이다.

문명은 시련에 처해 있다. 그 장래는 안식일이 문명의 정신에 얼마나 많이 침투하느냐에 달려 있다고 하겠다.

안식일은, 현대인이 경험하는 바와 같이, 동떨어진 날로, 오염된 날들에 섞여 있는 이상하고 외로운 날로 존속될 수는 없다. 다른 날들과 어울릴 필요가 있다. 한 주간의 모든 날이 영적으로 이렛날과 일관되어 있어야 한다. 비록 우리의 삶 전체가 안식일인 이렛날로 가는 순례의 행진이 되는 그런 경지에까지는 이르지 못한다 하더라도, 그날이 우리에게 무엇을 가져다 줄 수 있는지에 대한 생각과 감사한 마음만은 언제나 간직하고 있어야 한다. 안식일은 생활의 대위법(the counterpoint of living)이요, 우리의 양심을 위협하는 모든 영고성쇠(榮枯盛衰)와 변화를 관통하여 흐르는 선율(the melody)이며, 하느님이 세상에 현존하심에 대한 우리의 깨달음이다. 안식일은 우리에게 영(靈)의 즐거움을 느끼고 선(善)의 기쁨을 맛보며, 영원자 앞에서 살아가는 삶의 장엄함을 누리는 길을 가르쳐 준다.

여러 날들 가운데 있는 안식일은 평범한 인간인 우리 가운데 성자(聖者, thalmid chacham)가 있는 것과도 같다. 성자는 시간을 성화할 줄 아는 사람이다. 공간의 요란스런 영화에 속지 않고 그는 삶이라는 수레바퀴에서 만나는 신과의 접선(接線, the divine tangent)을 놓치지 않는다.

안식일은 일주일의 이렛날을 가리키는 명칭 이상(以上)을 뜻한다. 안식일은 시간 속에 있는 영원, 역사의 영적인 밑바탕이다.

영원한 상(相) 아래에서(sub specie aeternitaits) 살아가는 삶을 유대의 언어로 표현하면, 안식일의 상(相) 아래에서(sub specie Sabbatis) 살아가는 삶이 된다. 금요일 밤마다 우리는 혼에 촛불을 밝히고, 자비심을 키우며 감수성을 더욱 예민하게 다듬어야 한다.

안식일은 하루밖에 없다. 안식일은 다른 모든 날에도 그 정신이 배어 있어야 한다. 안식일이야말로 유다이즘의 영성(靈性)이요 대강(大綱)이며 정신이다.

유다이즘의 큰 꿈은 사제들을 높이는 것이 아니라 사제들의 백성을 높이는 것이다. 몇몇 사람이 아니라 모든 사람을 성결하게 하는 것이다.

"그리고 왜 레위 지파는 이스라엘 땅에서 한 지역을 분깃으로 차지하지 못했는가?… 그것은 그 지파가 하느님을 섬기고 그분의 일을 하는 데 바쳐졌기 때문이다. 레위 지파에게 배당된 일은 대중에게 하느님의 바른 길과 그분의 공정한 판단을 가르치는 것이었다… 그러나 레위 지파만이 성별되지는 않았다. 이 땅에 태어난 자로서 주님을 섬기고 숭배하고 그분을 좀더 알고자 스스로 자기 몸을 주님께 바치는 자들, 하느님의 계획에 따라 행위하며 많은 사람이 좇는 사악한 길에서 스스로 돌이켜 벗어나는 자들은 모두 최고로 거룩하게 되었다."[3]

이스라엘 백성

유대식 실존의 의미

유대인으로 살자면 높은 대가(代價)를 지불해야 한다. 유대인으로서 자신의 생존에 대해 호의나 동정심이 없는 이 세상에서 평범하게 살기 위해, 그는 높여지지 않으면 안 된다. 우리들 가운데 어떤 이들은 희생당하고 애를 쓰는 데 진력이 나서 가끔 의아하게 생각한다. 유대인으로 산다는 것은 과연 그럴 만한 가치가 있는 일일까? 또 공포에 사로잡힌 사람들도 있다. 그들은 당황하고 어지러워 회복을 꿈꾸지도 못한다.

유대인으로 살아가는 것의 의미는 모든 유대 철학의 중심 주제로서 참으로 이해하기 어렵고 오히려 당황스러움을 안겨 준다. 그 의미를 어느 한 개인의 지적인 견해의 틀에 맞추어 넣거나 우리 시대의 유행하는 사조(思潮)에 맞추는 것은 그 의미를 왜곡하는 것일 뿐이다. 이스라엘의 부르짖음과 주장은, 그것을 해석하려 하기 전에 먼저 인식되어야 한다. 대양(大洋)이 우리가 대양에 대하여 알고 있는바 이상이듯이, 유다이즘은 유다이즘에 대한 모든 철학의 내용을 넘어선다. 그것은 우리가 발명한 것이 아니다. 우리는 그것을 받아들이거나 배척은 할 수 있지만, 그것을 왜곡해서는 안 된다.

유대인으로서 살아가는 실존의 의미를 알고자 하는 마음으로 설레이는 것은 물론 개인인 나다. 그러나 일단 이 문제를 생각하기 시작하면, 나의 주제는 한 유대인 개인의 문제가 아니라 모든 유대인의 문제가 된다. 그리고 깊이 파고들면 들수록 나는 더 강하게 이 문제의 폭을 깨닫게 된다. 즉 그것은 현재의 유대인뿐만 아니라 과거의 유대인과 미래의 유대인을 모두 포함하는, 모든 시대의 유대인의 실존이 지닌 의미를 묻는 문제다.

우리의 삶에 걸려 있는 것은 우리 한 세대만의 운명이 아니다. 이 순간에는 살아 있는 우리가 이스라엘이다. 족장들과 예언자들한테서 시작되어 헤아릴 수 없는 지난날의 유대인들에 의하여 전달된 사명이 지금 우리에게 넘어와 있는 것이다. 다른 어떤 무리도 그들의 위치를 대신 차지하지 못했다. 지금은 우리가 유대의 전통을 이어주는 유일한 통로로서, 유다이즘을 망각의 바다에 빠지지 않게 하고 모든 과거를 미래 세대에 전달해 주어야만 한다. 우리는 죽어가는 최후의 유대인이 되든지 아니면 우리 전통에 새로운 생명을 주는 자들이 되든지, 둘 가운데 하나다. 일찍이 한 세대에 이토록 무거운 짐이 지워진 때가 없었다. 우리는 전통을 더욱 풍요하게 하든지 아니면 잃어버리든지, 둘 중의 하나를 해야 할 운명에 처해 있다.

운명에 어울리는 사유

평안하게 앉아 이론들을 말[馬]삼아 장기를 두는 것으로는 결코 유다이즘을 이해할 수 없다. 비참한 처지에서 살아가는 사람들에게 의미가 있는 관념만이 안전하게 살아가는 사람에게 원리로서 받아들여질 수 있을 것이다. 유대인의 실존을 이해하려면 유대 철학자는 마땅히 시나이의 사람들과 동의할 뿐 아니라 아우슈비츠의 사람들과도 동의하는 길을 찾아야 한다.

우리야말로 태양 아래에서 가장 큰 도전을 받는 백성이다. 우리의 실존은 이 세계에서 남아도는 여분의 것이거나 아니면 필요 불가결한 것이거나 둘 중의 하나다. 유대인의 되는 것은 비극이거나 아니면 성스러움이다.

여기 있는 우리나 모든 유대인 선생들에게는, 우리의 젊은이들에게 오늘도 내일도 그리고 영원히 유대인이 되리라는 의지를 심어 줄 막중한 책임이 있다. 유대인 되는 것이 절대로 중대한 의미를 지니지 않는다면, 우리 민족이 오랜 역사를 지나면서 지불해야만 했던 그 많은 대가(代價)를 어떻게 합리화할 것인가? 유다이즘을 분명하고 멀리 내다보는 관점으로 평가하는 것은 그것을 우리가 당면할 수 있는 다른 어떤 것보다 우선적으로 선택해야 할 선(善)으로 확립하는 것이다.

오늘날 유대 철학이 안고 있는 사명은 유다이즘의 본질을 설명할 뿐 아니라 그 보편적인 타당성을 밝혀, 사람이 사람답게 남을 기회에 대해 유다이즘의 요구하는 바를 펼쳐 보이는 것이다. 유대 사상의 외로운 영광에 빛을 비추고, 매일의 삶에 배어 있는 영원의 맛을 전해 주는 일은, 오늘날 너무나도 깊이 타락하여 이 세상에서 일어나고 있는 일들에 대한 수치감조차 느끼지도 못하는 현대인에게 우리가 줄 수 있는 가장 큰 도움이다.

우리는 민족들의 대이동 틈바구니에서 우연히 빚어 나왔거나 어두운 원시의 과거에서 우연히 출현한 민족이 아니다. 이스라엘에 대한 하느님의 내다보심[비전]이 먼저 있었고 그 뒤에 이 땅에 나타난 것이 우리다. 우리는 어떤 목적 아래 뚜렷한 의도에 따라 이루어졌다. 우리의 혼은 잊을 수 없는 경험들의 메아리로 전율하고, 우리 자신의 응답에 대한 장엄한 기대로 떨린다. 유대인이 된다는 것은 위대한 생각의 경험에 가담하는 것이다. 유대 철학의 사명은 이 생각들을 체계화하는 것뿐만 아니라 생생하고 한결같은 사유로 이 헌신의 깊이를 서술하는 것이다. 유대 철학의 과제는 우리의 사유를 우리의 운명과 모순 없이 양립시키는 것이다.

　삶이란 삶보다 더 큰 거울에 비쳐 보지 않으면 그 모습이 암담하게 보인다. 그 어느 것도, 그것보다 더 가치 있는 것에 연관시켜 평가하지 않는 한, 가치 있는 것으로 여겨지지 않는다. 인간의 생존도, 생명에 값하는 어떤 것이 있다는 확신에 달려 있다. 인간의 생존은, 영원히 계속되는 어떤 지고한 것에 대한 의식에 달려 있다. 그런 의식은 잠깐 잠들 수 있으나 도전을 받으면 깨어난다. 어떤 사람에게는 그것이 어쩌다가 생겨나는 바람[望]일 수 있고 또 어떤 사람에게는 한결같은 관심일 수 있다.

　우리가 유대의 역사에서 배운 바는 만일 한 인간이 인간 이상이 아니면 그는 인간 이하라는 것이다. 유다이즘은 우리가 한 인간이기 위해 인간 이상이 되어야 한다는 사실, 한 백성이기 위해 백성 이상이 되어야 한다는 사실을 증명하고자 하는 시도다. 이스라엘은 "거룩한 백성"이기 위해 만들어진 백성이다. 이것이 이스라엘의 영광과 자랑거리의 알속이다. 유다이즘은 영원과 이어진 고리요 궁극적인 실재와 맺어진 친족 관계다.

　많은 사람이 참담한 비극으로 말미암아 자기에 대한 믿음과 의존심을 잃어버릴 때 궁극과 맺어진 관계에 대한 감각이 새벽처럼 살아난다. 유다이즘은 우리에게 날마다 그런 감각을 일깨워 주고자 한다. 유다이즘은 우리를 이끌어 불의(不義)를 형이상학적인 재난으로 보게 하고, 인간의 행복이 지닌 신성한 의미를 느끼며, 자아의 희미한 빛을 항상 눈 아래로 보게 하여, 일상적이고 일시적인 것 안에서 영원한 것을 지각할 수 있게 한다.

　우리는 시간과 시간의 그럴듯한 영광을 초월하는 역사 속에 스스로 가담되어 있다는 의식을 물려받았다. 일상의 사소한 것들이 장엄한 것과 얽혀 짜이는 삶의 그물코를 느끼도록 배웠다. 인생에 깃들인 하느님의 진지함과 영적인 장엄함에 대한 우리의 경험에는 끝이 없다. 우리가 피운 꽃은 짓밟혀 뭉개질 수 있지만, 그러나 우리는 뿌리의 핵심에서 솟아나는 신앙으로 다시 버티고 선다. 우리가 분명한 것에 속지 않는 것은 우리가 모든 쾌락이라는 것이 슬픔과 기쁨을 초월해 있는 것에 힘을 덧보태기 위한 구실에 불과하다는 사실을 알기 때문이다. 우리는 어떤 시간도 최후의 시간이 아니며, 이 세계가 이 세계 이상(以上)임을 안다.

이스라엘: 영적 사회

우리가 유대 백성에 속한 것이 어째서 성스런 연관인가? 이스라엘은 영적인 사회(a spiritual order)로서, 그 안에서 인간과 궁극자, 자연과 성(聖)이 영원한 계약을 체결한다. 거기에서 하느님과 맺어지는 인척 관계는 희망 사항이 아니라 운명지어진 현실이다. 우리들 유대인에게는, 이스라엘 민족과의 우의(友誼) 없이는 하느님과의 우의도 있을 수 없다. 이스라엘을 포기하면 우리는 하느님을 버리는 것이다.

유대인으로 살아가는 것은 특별한 계율과 교리를 좇는 것뿐만 아니라 그보다 먼저 유대 백성의 영적 질서 속에서 사는 것, 과거의 유대인 속에서(in) 현재의 유대인과 더불어(with) 살아가는 것이다. 그것은 개인의 살아가는 질(質)의 문제일 뿐 아니라 그보다 근본적으로 이스라엘 공동체의 실존에 관한 문제다. 그것은 경험도 아니요 신조도 아니며 육신의 훈련을 받는 것도 아니요 신학적 교리를 받아들이는 것도 아니다. 오히려 그것은 거룩한 차원 속에서, 영적인 질서를 좇아 살아가는 것이다. 유대 공동체 안에서 살아감으로써 우리는 성스러움을 더불어 나눈다. 우리가 개인으로서 하는 일은 참으로 사소한 토막 얘기일 따름이요,

이스라엘로서 우리가 이루는 일이 우리를 무한으로 성숙하게 한다.

역사의 의미는 그것이 시간 속의 성소(聖所)가 되는 데 있으며, 우리 모두가 각자 그 거창한 의식(儀式)의 한 부분을 차지하고 있다. 인간 행위의 궁극적 의미는 그 행위를 한 사람의 삶과 그 행위가 이루어진 특별한 순간에만 국한되지 않는다.

종교 생활은 개인의 사적인 관심사만은 아니다. 우리의 삶 자체가 이미 오랜 세대를 거쳐 이루어지는 교향악의 한 부분이다. 우리는 일인칭 복수태(the first person plural)로 살고 기도하도록 배웠다. 우리는 "모든 이스라엘의 이름으로" 미츠바를 실천한다. 우리는 개인으로서 또한 동시에 이스라엘 공동체로서 행동한다. 말하자면, 모든 순간마다에 모든 세대가 현존한다.

이스라엘은 나무요 우리는 그 잎이다. 우리는 그 줄기에 붙어 있음으로써 산다. 아마도 인간성에 대한 희망이 박살난 이 시대보다 더 유다이즘이 절실하게 요구된 때가 없었으리라. 우리는 3천 년 전 우리 조상이 그랬듯이 이 시대의 개척자가 되어야 한다. 인간의 미래는, 성(聖)에 대한 감각이 건강 못지 않게 생명을 좌우한다는 사실을 깨닫느냐 여부에 달려 있다. 유대의 생활방식을 좇음으로써 우리는 그 감각을 보존하고 인류의 내일을 내다보는 빛을 지켜 간직한다.

우리가 우리 자신 이상(以上)인 것을 위해 살아야 하는 것이 우리의 운명이다. 우리의 실존 자체가 그와 같은 간절한 열망을 보여주는 유례없는 상징이다. 우리 자신이 됨으로써, 그러니까 유대인이 됨으로써, 우리는 다른 어떤 방식으로 인류에 보탬이 되는 것보다 더 크게 인류에 봉사하는 것이다.

우리는 하느님을 믿는 신앙과 이스라엘을 믿는 신앙을 지니고 있다. 비록 그 자손 가운데는 곁길로 빠진 자들이 있다고 하지만 그래도 이스라엘은 여전히 하느님의 짝(mate)이다. 우리는 하느님이 사랑하시는 것을 미워할 수 없다. 위대한 라삐 아론(Rabbi Aaron the Great)은 이렇게 말하곤 했다. "나는 주님이 가장 큰 악당을 사랑하시듯이 가장 큰 성자를 사랑할 수 있었으면 한다."

이스라엘은 존재하기 위해 존재하지 않고 하느님의 비젼(the vision of God)을 소중히 간직하기 위해 존재한다. 우리의 신앙은 어긋날 수도 있겠으나 우리의 운명은 하느님에게 그 닻을 내리고 있다. 그 누가 우리 역사의 결과를 만들어 낼 수 있으랴? 우리는 놀라움에서 나왔다가 놀라움으로 돌아갈 따름이다.

이스라엘의 존엄

이스라엘에 속한다는 것은 그것 자체가 하나의 영적(靈的) 행위다. 유대인이 되는 것은 참으로 성가신 일이다. 우리 민족의 존속 자체가 하나의 '키두쉬 하솀'(*kiddush hashem*)이다. 우리는 절박한 위험을 무릅쓰고 산다. 정상(正常), 안전, 평온에 굴복하기를 거절하는 것이 곧 우리의 삶이다. 동화(同化)하는 데 이골이 난 민족이었다면, 유대인들은 근대 민족들의 이름이 알려지기 훨씬 전에 이미 지상에서 자취를 감추었을 것이다. 지금도 우리는 견디면서 우리의 본질을 영원히 남아 있게 하려는 소중한 뜻을 품고 있다.

우리는 사람이듯이 유대인이다. 유대인으로서 살지 못한다면 그것은 영적인 자살이요 역사의 지평에서 사라짐이다. 그것은 다른 무엇으로 바뀌는 것이 아니다. 유다이즘은 동지(ally)는 있지만 대리자(substitute)는 없다. 유대의 신앙을 이루는 것은 하느님께 예속됨, 토라에 예속됨, 이스라엘에 예속됨이다.

이스라엘 백성은 이스라엘 땅과 독특하게 연결되어 있다. 이스라엘이 민족을 이루기도 전에 이미 그 땅이 그들에게 약속되었다. 우리가 이 시대에 목격한 것은, 아브라함에게 주신 하느님의 약속의 신비한 힘이요, 이스라엘이 "예루살렘아, 내가 너를 잊는다면 내 오른손이 말라버릴 것이다"(시편 137:5)고 한 약속을 지킨 사실이다. 그 심중(心中)에 시온을 향한 사랑이 죽어버린 유대인은 만인의 구원에 대한 보증으로 아브라함에게 땅을 주신 하느님에 대한 신앙이 말라버린 사람이다.

이스라엘 백성은 낙담하여 투덜거렸다. 먹을 것이 쌓여 있는 에집트를 나와 광야로 이끌림을 받았던 것이다. 그들의 혼은 메말라 버렸고 아무것도 없었다. 먹을 고기도 없고 마실 물도 없었다. 그들에게 있는 것이라고는, 젖과 꿀이 흐르는 땅으로 인도하겠다는 약속뿐이었다. 그들은 금방이라도 모세를 돌로 칠 기세였다. "우리와 아이들과 가축을 모두 말려 죽이려고 에집트에서 끌어 내왔느냐?" 그러나 그들이 황금 송아지를 예배하고 났을 때, 곧 하느님이 더 이상 그들 가운데 머물지 않고 떠나시기로 결심하면서 한 천사에게 그들을 약속된 땅으로 이끌 사명을 주셨을 때, 모세는 하느님께 부르짖었다. "만일 당신께서 함께 가시지 않으시려거든, 우리도 여기를 떠나 올라가지 않게 하십시오!"(출애굽기 33:15). 그분에게 버림을 받느니 차라리 광야에 남으리라. 아마도, 이것이 우리 역사의 비결일 것이다.

이스라엘의 하느님 체험은 탐색하여 그 결과로 이루어진 것이 아니다. 이스라엘이 하느님을 발견한 게 아니라, 하느님이 이스라엘을 찾아내신 것이다. 유다이즘은 하느님이 인간을 찾으심(God's quest for man)이다. 성경은 하느님이 당신의 백성에게 다가가신 기록이다. 성경에서 우리는 이스라엘의 하느님 사랑보다 하느님의 이스라엘 사랑에 관한 기록을 더 많이 읽는다.

우리가 하느님을 택한 것이 아니라, 그분이 우리를 택하셨다. 선택된 하느님(a chosen God)이라는 개념은 없다. 다만 선택된 백성(a chosen people)이라는 관념이 있을 뿐이다. 선민(選民)이라는 관념이 여러 민족에서 하나를 차별 대우하여 특별히 우대한다는 뜻을 암시하지는 않는다. 우리는 우리가 뛰어난 민족이라고 말하지 않는다. "뽑힌 백성"이란 말은 하느님이 한 백성에게 다가오시어 선택하셨다는 뜻이다. 이 말의 뜻은 다른 민족들과의 관계가 아니라 하느님과의 관계에서 찾아야 한다. 이 말이 강조하는 것은 그 민족에게 무슨 장점이 있다는 게 아니라, 그 민족이 하느님과 맺은 관계다.

적대감과 학대에 시달리고 쫓겨다녔지만, 우리네 조상은 끊임없이 유대인이 된 것을 기뻐했다. "우리는 행복하다. 우리의 운명은 참으로 선하고 우리의 분깃은 참으로 즐겁고 우리의 유산은 참으로 아름답구나!" 무엇이 이런 느낌을 불러일으킨 원천이었는가?

영원불멸이란 모든 인간이 추구하는 바다. 대부분의 사람에게 가장 절실한 문제는 미래를 향한 것이다. 유대인은 마지막뿐 아니라 처음도 생각한다. 이스라엘의 일원이 된 우리는 대단히 드물고 값진 의식(意識), 즉 우리가 공허(void) 속에서 살고 있는 것이 아니라는 의식을 물려받아 지니고 있다. 우리는 텅 빈 시간 속을 떠돌아다니고 있다는 절실한 불안과 염려로 고통 받는 일이 결코 없다. 우리는 과거를 소유하고 있으며, 그러기에 무엇이 될 것인지를 두려워하지 않는다. 우리는 우리가 어디서 왔는지를 기억한다. 우리는 호출을 받았다. 그리고 그것을 잊을 수 없다. 지금 우리는 영원한 역사의 시계 태엽을 감는 중이다. 우리는 처음을 기억하기에 마지막을 믿는다. 시나이와 하느님 나라, 이 두 역사의 극(極) 사이에서 우리는 살아간다.

> 예루살렘아, 내가 너의 성 위에 보초들을 세운다.
> 밤이고 낮이고 가리지 아니하고
> 그들은 결코 잠잠해서는 안 된다.
> 야훼를 일깨워 드릴 너희가

입을 다물고 있어서야 되겠느냐?
하느님께서 가만히 못 계시게
예루살렘을 기어이 재건하시어
세상의 자랑거리로 만드시게 하여라(이사야 62:6-7).

저자의 註

제 1 부

제1장

1. 철학과 과학이 공유(共有)하는 특성은 모든 새 대답이 새 질문을 파생한다는 점이다. 차이점은 철학의 문제들이 영구적이며 그 어느 것도 논쟁의 상대가 되지 않을 수 없다는 점인 듯하다. 왜냐하면 각 대답이 옳은 대답이 되어야 하기 때문이다.
2. 자기이해는 여러 형태로 철학의 중심되는 관심사가 되었다(델피의 아폴로 신전 입구에 새겨진 경귀 셋 가운데 첫 번째 것이 "너 자신을 알라"였다). 소크라테스와 플라톤이 모두 자기이해의 중요성을 강조했다. *Charmides* 167b-172c; *Alcibiades* 133b; Xenophanes, *Memorabilia* IV,2,24; Aristotle, *Metaphysica* 1072b, 20을 보라. Dieterici가 번역한 Plotinus의 *Enneads*, IV, 4. 2; *Thologie des Aristotles* (Leipzig, 1893), p. 18을 비교하라. 모든 철학은 "정신적인 자기관찰"(J. F. Fries, *System der Metaphysik*, 1824, p. 110)이며, "내적 경험의 과학"(Th. Lipps, *Grundtatsachen des Seelenlebens*, p. 3), "인간 정신의 자기 인식"(Kuno Fisher, *Geschichte der Philosophie*, vol. I, ed, 5, p. 11)이다. Max Scheler의 *Die transzendentale und die psychologische Methode* (Leipzig, 1922), p. 179를 비교해 보라. 유대 문헌에서는 철학을 자기이해로 보는 정의(定義)가 Bahya Ibn Paquda의 *The Duties of the Heart, shaar habehinah*, ch. 5, ed. Haymson, Vol II, p. 14에 인용되어 있다. 비교, Joseph Ibn Saddik, *Haolam Haqaton*, ed. S. Horovitz (Breslau, 1903), 서문. Maimonides의 *The Guide of the Perplexed* I, 53을 보라. Hermann Cohen의 *Religion der Vernunft* (Frankfurt, 1929), p. 23에 보면, 인간의 자기인식이 종교의 가장 깊은 원천이다. 히브리 문헌에서 찾아볼 수 있는 자기이해에 관한 말들은 I. L. Zlotnik의 *Maamarim*

(Jerusalem, 1939), pp. 17-26에 수집되어 있다.
3. A. J. Heschel. *Man is not Alone* (New York, 1951), p. 55.
4. F. P. Ramsey, *The Foundations of Mathematics and Other Logical Essays*(New York, 1950), p. 269.
5. Kant, *Critique of Pure Reason*, 제1판 서문 (J. M. D. Meikeljohn 번역, New York, 1899), p. xl, 주(註).
6. *Shabbat* 51a.
7. Julius Guttmann, "*Religion und Wissenschaft im Mittelalterlichen und Modernen Denken*," *Festschrift zum 50 Jaebrigen Bestehen der Hochschule fuer die Wissenschaft des Judentums* (Berlin, 1922), p. 147f.를 보라.
8. A. J. Heschel, *Die Prophetie* (Cracow, 1936), p. 15를 보라. 성경의 사람이 하느님, 인간, 세계를 인식하는 범주는 대부분 서양 철학이 바탕 삼은 형이상학의 전제들과 판이하게 다르다. 그래서 성경은 의미 있는 것으로 보는 어떤 통찰이 그리스인한테는 무의미한 것처럼 보이기도 한다. 성경적 사유의 특수한 본질을 재구성하고 그것이 다른 모든 사유 방식과 어떻게 다른지를 밝혀 내는 일이야말로 가장 중요한 일이라고 하겠다. 그것은 도덕과 사회 그리고 종교의 문제들을 이해하는 데 새로운 관점을 제공하고 우리의 전체 사유를 풍요롭게 해줄 것이다. 성서적 사유는 우리의 철학적 세계관을 형성하는 데도 한 몫을 담당하리라.
9. A. J. Heschel, *The Sabbath* (New York, 1951), p.75.
10. Dewey, *A Common Faith* (New Haven, 1934).
11. A. J. Heschel, *Man's Quest for God* (New York, 1954), p. 104를 보라.
12. *Man is not Alone*, p. 163.
13. *Mishnah Sanhedrin*, VI, 5.

제2장

1. 동사 '타암'(*ta'am*)은 언제나 '지각하다' '맛보다'를 의미한다. 명사도 같은 의미로 사용된다. 이 구절에서 타르굼(Targum)은 '타아무'(*ta'amu*)를 "알다"로 옮겼고 70인역은 "맛보다"로 옮겼다. Seforno의 *Commentrary*를 비

교하라. "하느님의 어지심을 '맛보라'는 말은 곧 감각으로 느끼라는 뜻이고 '깨달으라'(see)는 말은 이성의 눈으로 보라는 뜻이다."
2. Rabbi Isaiah Horowitz, *Shne Luhot Haberith*, p. 40a를 보라. 또한, *Man is Not Alone*, p. 164의 주(註)와 비교하라.
3. *Megillah* 6b를 보라.
4. 잠언 2:3-4 참조.
5. *Berachot* 33b.
6. 몇 가지 보기: "답답할 때에 나 주님을 찾았고"(시편 77:2). "야훼 찾아 호소할 때 들어 주시고 몸서리쳐지는 곤경에서 건져 주셨다"(시편 34:4). 야훼를 찾는 것이 곧 그분께 청원하는 것 또는 그분의 법을 순종하는 것과 같은 것은 아니다. "복되어라, 맺은 언약 지키고 마음을 쏟아 그를 찾는 사람" "내가 마음을 다 쏟아 당신을 찾사오니 당신 명령을 떠나지 않게 하여 주소서"(시편 119:2, 10).
7. 출애굽기 19:9에 대한 *Mechilta*.
8. Ninah Salaman 번역, *Selected Poems of Jehudah Halev* (Philadelphia, 1928), pp. 115-166을 보라.
9. 사람은 "눈을 돌려 하늘을 올려다보시오. 높이 떠있는 저 구름을 쳐다보시오"(욥기 35:5)라는 말을 듣는다. 아모스 5:6, 8, 9를 보라. "야훼께서 이루신 일들을 묵상하라. 그리하면 말씀으로 이 세상을 있게 하신 그분을 알게되리라." A. Freimann 편집, *Responsa* (Jerusalem, 1934), p. 312에 마이모니데스가 라삐 메이르의 이름으로 인용한 말. 또한, 솔로몬의 지혜서 13:1ff;와 바룩 54:17f.를 보라. 오래된 전설에 따르면, 아브라함은 자연을 명상함으로써 참 신앙을 발견했다. Louis Ginzberg, *The Legends of the Jews*, vol. V, p. 210, 주 16을 보라. 또, 이 책의 10장 마지막 부분을 참조하라. Bahya에 따르면, "그분이 창조하신 세계의 놀라운 것들을 살펴보아 그것들로 하여금 그분을 우리에게 증언하도록 하는 것"이 우리의 의무다(Moses Haymson 편집, *The Duties of the Heart*, vol. I, p. 3).

제3장

1. Walter Schubart, *Russia and Western Man* (New York, 1950), p. 62f.

2. W. Rhys Roberts, *Longinus On Style* (Cambridge, 1899), p. 31.
3. Robert, loc. cit., p. 209. 장엄이라는 개념을 주제로 한 첫 논문이 아우구스투스 치세 때 로마에서 수사학을 가르치던 케실리우스에 의하여 작성되었음은 흥미 있는 사실이다. 케실리우스는 "믿음에서는 유대인"이라는 말을 들었다. W. R. Roberts, *American Journal of Philology*, XVIII, pp. 303 ff., 와 loc, cit., pp. 220-222를 보라. Mommsen은 모세와 호메로스를 함께 존경한 Longinus 자신이 유대인이었다고 했다. *Roemische Geschichte*, vol. VI, p. 494. Pauly-Wissowa의 vol. V, p. 1174 ff.에 보면 케실리우스는 그 신앙에서 유대인이었다.
4. Loginus, *On the Sublime*, ch. xxxv; 비교, Samuel H. Monk, *The Sublime, A Study of Critical Theories in XVIII-Century England* (New York, 1935), p. 17.
5. Longinus, Loc. cit., IX, 10.
6. *A Philosophical Inquiry into the Origin of our Ideas of the Sublime and the Beautiful*, II부, 1장, p. 8; III. 27에서.
7. "아름다움은 어떤 대상을 이해 관계 없이, 자연 그 자체까지도 사랑하게 한다. 장엄함은 어떤 대상을, 그것이 우리의 이해 관계에 거슬리는 것이라 해도 우러러 보게 한다." *Critique of Aesthetic Judgment*, p. 134.
8. *Man is Not Alone*, p. 4.

제4장

1. Charles S. Peirce, *Collected Papers* (Cambridge, 1935), vol. V. p. 65.
2. j. Arthur Thomson, *The System of Inanimate Nature*, p. 650.
3. A. N. Whitehead, *Adventures of Ideas* (New York, 1933), p. 185.
4. *Theaetetus*, 155d.
5. *Metaphysica*, 12, 982b,12.
6. "철학의 특질은 무엇보다 먼저, 인간이 일상의 평범함을 넘어 이상하게 생각할 수 있는 능력에서 나온다… 문제삼는 것이 없는 사람일수록 지성의 단계에서 그만큼 낮은 자리를 차지한다. 그에게는 존재하는 모든 것들이 당연지사일 뿐이다." Schopenhauer, *Supplement to the World as Will and*

Idea, ch. xvii. "놀라서 이상하여 여기는 감정은 [어린아이의] 지식욕을 자극하는 근원이요 고갈되지 않는 샘이다. 그것은 아이로 하여금 지치지 않고 신비를 풀어 보려고 도전하게 한다. 그러다가 인과율이라는 것을 알게 된다 해도 그는 열 번이고 백 번이고 똑같은 질문을 던져 신비를 벗기고 벗기는 쾌락을 맛보려고 한다… 어른이 되어 이상하게 생각하며 놀라는 일을 그만두는 것은 삶의 수수께끼를 모두 풀어 버렸기 때문이 아니라 그의 세계관을 지배하는 법에 길들여지도록 성장했기 때문이다. 그러나 왜 다른 어떤 법이 아니라 하필이면 이 법인가-라는 문제는 여전히 그에게 이상스러운 것으로 남아 있다. 이 상황을 이해하지 않는 사람은 그것이 지니는 깊은 의미를 모르는 사람이며, 더 이상 아무것도 이상스러워하지 않게 된 사람은 돌이켜 생각해 보는 기술을 스스로 잃었다는 사실을 나타내고 있는 것이다." Max Planck, *Scientific Autobiography* (New York, 1949), pp. 91-93.

7. *Mechanica*, 847a, 11.
8. *Man is Not Alone*, pp. 11, 13f.
9. 하느님은 "땅에 비를 내리시고 들에 물을 쏟으시는 분, 낮은 자를 높이시고 억눌린 자에게 해방의 기쁨을 주시는 분, 교활한 자의 꾀를 부수시고 아무것도 이루지 못하게 하시는 분, 슬기롭다는 자들을 그들의 계교로 잡아 그 간교한 꾀를 깨뜨리심으로써 그들을 대낮에도 어둠에 싸여 한낮을 밤중인 양 더듬거리게 하시는 분, 그들의 입에서 고아를 빼내시고 그 손아귀에서 가난한 자를 건져 주시어 천대받는 자가 다시 희망하게 되고 불의한 자는 스스로 입을 막지 않을 수 없게 하시는 분"이다(욥기 5:10-16 참조). "당신은 야훼, 나의 하느님. 내가 당신을 우러러 받드옵니다. 내가 당신의 이름을 기리옵니다. 당신은 예전에 정하신 놀라운 뜻을 이루셨습니다… 거만한 자들의 도시를 돌무더기로 만드셨습니다. 그 요새화된 도읍은 이제 터만 남았습니다. 그들의 성루는 도시라고 할 수도 없이 허물어져 영원히 재건되지 아니할 것입니다… 당신은 영세민에게 도움이 되어 주시고 고생하는 빈민에게 힘이 되어 주십니다"(이사야 25:1-4). 또한 시편 107:8, 15, 21, 31, 24, 이사야 40:26을 보라.
10. 출애굽기 3:20; 34:10; 여호수아 3:5; 예레미야 21:2; 미가 7:15; 시편 72:18; 86:10; 98:1; 106:22; 136:4; 욥기 9:10.

11. "하느님께서는 뇌성 벽력으로 신비한 일을 알려 주시지만 그 하시는 큰 일을 우리는 감히 알 수가 없소. 하느님께서, '눈아, 땅에 내려라. 장마비야, 억수로 쏟아져라.' 명령을 내리시고 사람 손을 모조리 묶으시고 당신께서 하시는 일을 알아보게 하실 때, 들짐승들은 숨을 곳을 찾아 저희들의 굴 속에 들어가 숨는다오. 남방 밀실에서 태풍이 밀려 오고 북풍은 추위를 몰고 오는데 하느님의 입김에 서릿발이 서고 넓은 바다마저 얼어 붙는다오. 검은 구름에서 우박이 쏟아질 때 그 구름에선 번갯불이 번쩍이며 그의 명령을 따라 빙글빙글 돌다가 사람 사는 땅 위 어디에서든지 그의 명령을 이루고 만다오. 하느님께서는 당신 눈에 거슬리는 일이 보이면 번개를 채찍삼아 휘두르기도 하시고 당신의 은총을 베푸시는 데 쓰기도 하신다오"(욥기 37:5-13).
12. "당신께서는 이 몸을 젖같이 쏟으시어 묵처럼 엉기게 하셨고 가죽과 살을 입히시고 뼈와 힘줄로 얽혀 주셨습니다. 나에게 목숨을 주시고 숨쉬는 것까지 보살펴 주셨습니다. 그러시면서도 속생각은 다른 데 있으셨군요. 그러실 줄 알고 있었습니다."(욥기 10:10-13).
13. 출애굽기 15:11에 대한 *Mechilta*.
14. 라삐 사무엘 바 나흐마니는 이렇게 말한다. "양식을 벌어들이는 일은 구원보다도 더 큰 놀라움이라고 할 수 있다. 구원은 천사를 통해서 이루어지지만 양식 벌어들이는 일을 오직 거룩하신 분을, 그분께 축복을, 통하여 가능하기 때문이다. 전자에 관하여 우리는, '온갖 어려움에서 나를 건져내 준 하느님의 천사'(창세기 48:16)라는 글을 읽는다. 한편 후자에 관하여는, '모든 눈들이 당신만 쳐다보고 기다립니다. 철을 따라 양식을 주실 분 당신밖에 없사옵니다'(시편 145:16)라는 그을 읽는다." 라삐 요수아 벤 레위는 이렇게 말한다. "빵을 벌어들이는 일은 홍해를 가르는 것보다 더 큰 놀라움이다." *Genesis Rabba*, ch. 20, 22. 또한 *Pesahim* 118a를 보라.
15. *Seder Eliyahu Rabba*, ch 2, 편집, Friedmann, p. 8(Nahum N. Glatzer의 *In time and Eternity*, p. 22f.에서). "거룩하신 분께서, 그분께 축복을, 이스라엘을 애굽에서 구원하고자 많은 기적을 베푸셨듯이 그분은 사람의 입에 들어가는 빵 한 조각을 관심하신다." M. Friedmann 편집, *Pesikta Rabbati*, ch. 33. p. 152a. "하나니야, 미사엘, 아자리야가 용광로에서 나왔을 때 일어난 기적보다 더 큰 기적이, 한 병자가 위급한 질병에서 살아 나올 때 일어난

다. 하나니야, 미사엘, 아자리야는 인간이 피운 불에서 살아 나왔으니 그 불은 누구든지 끌 수가 있거니와 병자는 하늘이 피운 불에서 살아 나왔으니 누가 그불을 끌 수 있겠는가?" *Nedarim*, 41a.
16. *Midrash Tehillim* 136, 4. "기적은 항상 일어난다. 그러나 그 기적이 우리에게 일어나는 이유가 우리에게 그럴 만한 자격이 있기 때문이 아니라 오직 그분의 자비와 은혜 덕분이므로 우리가 그것을 알아볼 수가 없는 것이다. 오직 온 마음을 다 쏟아 그분을 섬기는 세대만이 자기네에게 베풀어지는 기적을 알아볼 자격을 갖춘다." Rabbi Eliezer of Tarnegrod, *Amaroth Tehorot* (Warsaw, 1838), 시편 136:4에 관한 부분.
17. Nahmanides, *Commentary*, 출애굽기 13:16 부분.
18. Kant, *Critique of Practical Reason*(Abbott 번역, London, 1889), p. 260.

제5장

1. 여기서 난해한 단어는 '하울람'(*ha'olam*)이다. 이 단어를 70인역은 '영원'으로, 불가타역은 '세계'로, 그리고 다른 번역판에서는 '지식'으로 (아랍어원에 근거하여) 옮겼다. Rashi는 라삐들의 자료를 따라(*Kohelet Rabba* 3, 15; *Tanhuma*, Kedoshim, 8; *Midrash Tehillim* 9, 1), '감추임' 또는 신비로 해석한다.
2. Zohar, vol. III, p. 128a.
3. Abraham Flexner, *Universities* (New York, 1930), p. 17.
4. Gilbert N. Lewis, *The Anatomy of Science* (New Haven, 1926), p. 154.
5. 소크라테스의 말에 따르면, "신만이 지혜롭다." 그러므로 인간이 스스로 지혜를 가졌다고 주장하면 그는 신성 모독은 아니라 해도 오만 죄를 범한 것이다. 그는 자신을 일컬어, 지혜를 사랑하는 자라 했다. *Apology*, 20ff.
6. Oliver Goldsmith, *The Citizen of the World*, letter 37.
7. 이 어원론은 현대 학자들에 의하여 일반적으로 의심받고 있다. Brown-Driver-Briggs의 *A Hebrew and English Lexicon of the Old Testament* (Oxford, 1906), p. 761을 비교해 보라.
8. *Midrash Tehillim* 46, 1; *Yalkut Shimoni*, II, 751. 특히 *Midrash Tehillim* 45, 4에서는, 침묵 기도라는 관념 -"내 마음에서 우러나는 아리따운 노래"

(시편 45:1)-을 코라의 후손들한테서 얻어내고 있다. 그들은 땅이 입을 벌려 코라와 그의 동료들을 삼켰을 때 말없이 회개하였고 그래서 죽지 않았다. 한 전설에는, 그들이 산 채로 낙원에 들어갔다고 한다. Louis Ginsberg, *Legend of the Jews*, vol. VI, p. 104를 보라. 또한 *Genesis Rabba* 12, 1을 비교하라.
9. *Rosh Hashanah* 21b.
10. 출애굽기 12:2에 대한 *Mechilta*; *Yalkut Shimoni* I, 764.
11. *Sifre*, 민수기, p. 68.
12. *Midrash Tehillim*, 106, 2.
13. *Yalkut Shimoni* I, 173.
14. *Yalkut Reubeni*, 출애굽기 19, 2.
15. *Numbern Rabba*, 19, 5.
16. Zohar, vol. III. p. 159a.; vol. I, 104a의 "빛이 있어라"에 대한 언급을 비교하라.
17. *Ecclesiastes Rabba*, 12:9를 보라.

제6장

1. 70인역 성경에는 몇 마디 첨언으로 이 역설을 두드러지게 드러냈다. "그분은 하늘에 태양을 지으셨다. 야훼께서 말씀하시기를, 몸소 캄캄한 데 계시겠다고 하셨다."
2. Hegel, *The Philosophy of Religion*, vol. II, p. 122. 헤겔의 성격 부여는 별로 가치가 없다.
3. *Mishnah Hagigah*, 2, 2.
4. *Sirach* 3:21f. Jerushalmi Hagigah 77c; *Genesis Rabba* 8, 2를 보라. "이 세계의 가장 큰 신비는 하느님만이 아신다." 마이모니데스가 라삐 히스다이에게 보낸 편지의 한 구절(Lichtenberg 편집, *Kobets*, vol. II, p. 24d). 모세가 그의 생애에서 처음으로 들은 하느님의 말씀은, "모세야 모세야, 이리로 가까이 오지 말아라"였다. 모세는 불붙은 떨기를 보러 가다가 하느님의 음성을 듣고는 "하느님 뵙기가 무서워 얼굴을 가렸다"(출애굽기 3:3, 5f.). 라삐들은, 그가 스스로 얼굴을 가린 데 대한 보상으로 야훼께서는 "친구끼

리 말을 주고 받듯이 얼굴을 마주 대시고 모세와 말씀을 나누셨다"(출애굽기 33:11)고 했다. 그가 얼굴을 가리고 감히 하느님을 뵈려고 하지 않았기 때문에 "야훼의 모습까지" 볼 수가 있었다(민수기 12:8)는 것이다. 그러나 나답과 아비후는 얼굴을 가리지 않고 셰키나의 광채를 눈으로 보았기 때문에 결국 [사형이라는] 형벌을 받지 않았던가?(*Exodus Rabba*, 출애굽기 3,1).

5. 이렇게 말한 것은 지성소가 "거룹들 위에 앉아 있는 영광의 처소기 때문이다. 그리고 레위인들은 야훼를 눈으로 쳐다보는 일이 있어서는 안 되었기 때문이다. 그들은 사제들이 너울을 내릴 때까지 기다려야만 한다. 그런 다음에야 영광은 숨은 데로부터 힘을 나타내고 자기의 처소로 돌아갈 것이다." Nahmanides, 민수기 4:20에 대한 *Commentary*; Rabbi Eliezer of Mayence, *Yereyim*, 352를 보라.

6. *Shabbat* 31a. *Tosafot*의 이사야 36:6에 관련한 언급을 보라.
7. *Sefat Emet*, vol. III, p. 81a에 인용된 게르의 라삐 이사악 메이르 알터.
8. *Kiddushin* 71a.
9. K. Kohler, *Jewish Encyclopedia*, vol, I . pp. 202-203, 'Adonai' 항목; W. Bacher, ibid., vol. XII, P. 119-120, 'Tetragrammaton' 항목. 표현 불가능한 이름의 히브리어 동의어인 'Shem Hameforash'(혹은 'Shem Hameyuhad')의 의미는 명확하지 않다. Tetragrammaton(YHWH)의 대용어에 관하여는 Jacob Z. Lauterbach, *Proceedings of the American Academy for Jewish Research*, 1931, vol. II, pp. 39-67을 보라.
10. 한 바빌로니아 Amora는 출애굽기 3:15을 이렇게 풀어 썼다. "하느님께서 말씀하신다. '나는 기록된 대로 읽히지 않는다. 나는 YHWH로 기록되지만 읽히기는 아도나이로 읽힌다.'"
11. *Mishnah Sanhedrin* X, 1.
12. '두려움의 날'에 행하는 무사프(Musaf) 의식(儀式)에서.
13. *Jerushalmi Yoma* III, 7, 40d; *Bab. Yoma*, 39b; *Ecclesiastes Rabba* 3, 15.
14. *Otzar Hageonim*, *Kiddushin* 71a.
15. *Sefer Hasidim* (Wistinetzki 편집, Frankfurt, 1924), pp. 388, 1588.
16. 시편 9:1에서 위대한 맛소라는 알뭇(*al mut*)을, "감춤"을 뜻하는 한 단어로 읽는다. Rashi의 *Commentary*를 보라. *Midrash Tehillim*은 역시 똑같이 읽

어서 그 결과로, Red Heifer의 도끼가 마지막날, 선한 행실에 대한 보상으로 깨끗한 것은 더럽게 하고 더러운 것은 깨끗하게 하는 역설과 같은 "감추어진" 주제들을 몇 가지 열거한다. 그런즉 창세기 1장은 우리에게 우주가 어떻게 존재하게 되었는지를 설명하기 위해 기록된 것이 아니다. 그런 정보를 담아 전할 만한 인간의 언어가 없다. "창조의 신비를 표현할 수가 없기에 성경은 그것을 '한 처음에 하느님께서 하늘과 땅을 지으셨다'는 말 속에 감추었다." Wertheimer 편집, *Batei Midrashot* (Jerusalem, 1950), vol. I, p. 251; 마이모니데스, *The Guide of the Perplexed*, 서문; Nahmanides, *Commentary*; 창세기 1:1. 신성한 지식에 관하여 마이모니데스는 이렇게 말했다. "이것은 그 어떤 입술로도 발음할 수 없고 그 어떤 귀로도 들을 수 없으며 그 어떤 가슴으로도 의미를 잡을 수 없는, 그런 것이다." *Mishneh Torah, Yesode Hatorah*, 2, 10. "마지막 날"도 역시 사람이 측정할 수 없는 것이다. "어떤 사람이 너에게 구원이 어느 날에 이루어진다고 말하거든 그에게 주께서 '그것은 내 마음 속에 있다'고 말씀하셨음을 일러주어라." "만일 마음이 입에게 비밀을 일러주지 않았다면 내 입이 그것을 누구에게 일러 줄 수 있으랴!" *Ecclesiastes Rabba* 12:9; *Sanhedrin* 99a와 Maharsha의 해설을 비교할 것. 예언자들에게도 "올 세상"은 비밀 속에 숨어 있다. "그 누구도 귀로 듣거나 눈으로 보지 못했다." "그것은 창세 이래 포도알 속에 저장되어 있는 포도주다"(*Berachot* 34b와 이사야 64:4).

17. *Deuteronomy Rabba* 11, 8. 보통 오경의 새로운 문단(sedrah)은 앞의 문단과 9자(字) 간격으로 떨어져 있다. 그런데 창세기의 야곱의 임종이 기록되어 있는 문단은 "닫혀 있다." 그것은 앞의 문단과 1자 간격으로 겨우 떨어져 있다. 그 이유는, "야곱이 (메시아가 오실) 끝날을 계시하고자 했으나 금지되었기" 때문이라는 것이다(*Genesis Rabba*, 96, 1). 야곱이 황금 침대에 누워 있고 그 아들들이 침대를 둘러 서 있는 동안, 셰키나가 잠깐 야곱을 방문했다가 이내 떠났는데 그가 떠나는 것과 동시에 야곱의 마음 속에 있던 위대한 신비의 지식까지 떠나갔다. 야곱은 아들들에게 끝날을 일러 주고자 하여, "모두들 모여라. 훗날(끝날) 너희에게 일어날 일을 내가 일러 주리라"고 말했다. 그러나 하느님은 그에게 말씀하셨다. "일을 숨기는 것이 하느님의 영광이다"(잠언 25:2). 그것은 네가 할 일이 아니다. "입에 말을 달고 다니는 자들은 비밀을 드러내지만 믿음직한 사람은 일을 감춘다"(잠언 11:13,

사역). *Genesis Rabba*, ch. 96.

성경에는 '숨기다' 혹은 '숨겨지다'는 뜻을 담은 단어가 특별히 많이 있다. 이 현상은 그리스어와 비교할 때 더욱 두드러지게 나타난다. 성경을 그리스어로 번역한 사람들은 숱한 히브리어의 동의어들을 겨우 '칼립토'(*Kalypto*)라는 한 단어로 옮길 수 있었다. *Theologische Woerterbuch zum Neuen Testament*, vol. Ⅲ, p. 967.

18. "야훼는 지식의 하느님이시라"(사무엘상 2:3, 사역).
19. "거만하여 업신여기며 무죄한 사람을 거슬러 함부로 말하는 저 거짓말쟁이들의 입을 틀어 막으소서"(시편 31:18). 라삐들은 이 구절을 다음과 같이 푼다. "그들을 묶어라! 그들을 벙어리로 만들어라! 그들로 침묵하게 하라. 온 세상의 생명이신 의로우신 분(의 뜻)을 거역하여, 그분이 피조물한테서 제거하신 일들에 관하여 교만하게 자랑하면서 내가 그 창조(의 비밀)를 안다고 떠들어대는, 거짓된 입술을 막아라." *Genesis Rabba*, 1, 5.
20. Sophocles, *Antigone*, 951, 133ff.
21. *Man is Not Alone*, p. 241ff.
22. Plotinus, *Enneads*, Ⅲ, 8, 4.
23. 안식일의 무사프(Musaf) 예식에서.
24. 이사야 63:15; 시편 89:50을 보라. *Yoma* 69a.
25. 마이모니데스, *The Guide of the Perplexed*, vol. Ⅱ, ch. 25.
26. *Menahot*, 29b.

제7장

1. 시편 111:10; 잠언 9:10; 참조, 잠언 1:7; 15:33; 전도서 12:13; 시락 25:12, 13, *The Sayings of the Fathers*, Ⅲ, 21의 "지혜 없는 곳에 경외 없고 경외 없는 곳에 지혜 없다."
2. 욥기 28:28.
3. *Man is Not Alone*, p. 286.
4. *Zohar*, vol. Ⅰ, 11b. 법전(法典)인 *Shulchan Aruch*의 첫 머리 부분에는, "야훼여, 언제나 내 앞에 모시오니"(시편 16:8)라는 구절을 "토라의 기본원리"라고 (라삐 모세 이셀레스의 견해를 좇아) 설명한다. 경건한 유대인은 언

제나 그분의 현존을 알고 있어야 한다. 그와 같은 기억의 도움을 받아 그는 마음의 눈으로 항상 표현 불가능한 이름의 넉자를 보게 된다는 것이다. 시편 32:2를 풀어 쓰면서, 한 순간이라도 하느님을 생각하지 않는 것을 죄로 여기는 자에게 축복이 임한다고 말한 학자도 있다.

5. Maimonides, *The Guide of the Perplexed*, vol. Ⅲ, ch. 52. Ch. Rabin 번역, London, 1952.
6. '이이라'는 하느님에게 관련될 경우 우선 경외의 뜻으로 사용되고 있다. Gsenius-Driver-Briggs의 *Hebrew and English Lexicon of the Old Testament* (Oxford, 1906), p. 431을 보라. 십계명의 "네 부모를 공경하라" (출애굽기 20:12)는 말과 일치되는 레위기 19:3의, "너희는 각자 자기의 부모를 경외해야 한다"를 비교하라. 호세아 3:5를 보라. 또한, *Eretz Israel*, vol. Ⅲ, p. 59f.에 수록된 Robert H. Pfieffer의 '하느님에 대한 두려움'을 보라. '이이라'가 죄의 결과로 내리는 하느님의 형벌에 대한 공포를 의미하는 곳도 있다. Abraham Ibn Daud, *Emunah Ramah* (Frankfurt, 1852), p. 100과 Joseph Albo, *Ikkarim* (Husik 편집, Philadelphia, 1930), vol. Ⅲ, ch. 34를 보라.

Louis Finkelstein, *Mabo Le-Massektot Abot ve-Abot d'Rabbi Natan* (New York, 1950), p. 33f.에 보면, 샴마이 학파에서는 두려움과 경외의 관계에 대하여 반대되는 견해를 주장했다.

7. 솔로몬의 지혜 17:12.
8. Albo, *Ikkarim* (Husik 편집, Philadelphia, 1930), vol. Ⅲ, ch, 32.
9. 신명기 10:12; 시편 2:11을 보라. 비교, *Seder Eliahu Rabba*, ch. 3, "나는 기쁨으로 두려워하며 두려움으로 기뻐한다. 그리고 모든 것을 나는 사랑으로 덮는다."
10. 시편 23:1, 4; 102:26-29; 112:7을 보라.
11. *Zohar*, vol. I, p. 11b. *Shabbat* 31b. 비교, *Man is Not Alone*, p. 146.
12. *Wisdom* 6:10

제8장

1. 출애굽기 16:6, 7, 10; 24:16f.

2. I. Abrahams, *The Glory of God* (Oxford, 1925), p. 17. 이에 대한 A. von Gall의 반박이 *Die Herrlichkeit Gottes* (Gissen, 1900)에 실려 있다.
3. I. Abrahams, op. cit., p. 24f.
4. 히브리어 '카봇'(*Kavod*)의 어근은 "무겁다"로서 무거운 것, 그러므로 풍요하고 힘있고 영예롭고 유명하고 위엄 있고 값진 것을 의미한다. 그러나 또한 시편 30:13; 16:9; 57:9; 7:6; 창세기 49:6에서처럼 '좀더 높은 영혼'(the higher soul)을 뜻하기도 한다. 그래서 시인은 "마음을 정했습니다. 내가 나의 영광으로 노래하고 찬양하리이다"(시편 108:1, 사역)고 했던 것이다. 비교, *Sefer ha-sherashim* (Berlin, 1847), p. 311; I. Abraham, *The Glory of God*, p. 18; Pedersen, *Israel*, I-II, index under *Kabhodh*. 이 책에서는 '카봇'을 하느님에게만 적용하기로 한다. 스랍들이 "거룩, 거룩, 거룩하시다. 온 세상이 야훼의 명성으로 가득 차 있다"고 선포했다고 주장하는 것은 무의미한 일이다.
5. 이사야 59:19; 60:1-3; 66:18; 시편 97:1, 4-6 참조.
6. *Man is Not Alone*, p. 63f.
7. *Likkute Maharan*, I, 133. "라삐 헬보는 말했다. '페루기타(포도주로 유명한 북이스라엘의 한 지방 이름)의 포도주와 다음싯의 물은 이스라엘에서 열 지파를 잘라 버렸다'(그들이 너무나도 쾌락을 즐겨 배움을 잊고 신앙을 잃어 마침내 포로가 되어 사라졌다는 뜻)." "라삐 엘르아잘 벤 아락이 그곳을 방문하여 [그곳 주민들과 그들의 사치스런 삶에] 빠져 들어갔고 [그 결과] 그의 학문은 사라졌다. [고향에] 돌아왔을 때 그는 일어나서 [토라의] 두루마리를 들고 읽었는데, '하호데쉬 하제호 라켐'(이 달을 한 해의 첫 달로 삼으라)으로 읽어야 할 것을(출애굽기 12:2) '하하레쉬 하야호 리밤'(그들의 마음은 굳어져 있었다 또는 잠잠했다)으로 읽었다. 단어마다 한 글자씩 틀리게 읽은 것이다." *Shabbat* 147a.
8. *Niddah*, 31a.
9. Ibn Gabirol, *A Choice of Pearls* (Ascher 편집, London, 1859), p. 82.
10. *Hagigah*, 12b 사악한 자들에게는 육신의 눈에 가리워진 영적 빛이 어둠과 분간되지 않는다. 이것은 그들의 눈이 멀었기 때문이다. "조금이라도 셈이 슬기로왔더라면 알아차렸을 터인데 저희들이 장차 어찌 될는지 깨달았을 터인데!"(신명기 32:29). 그러나 그들은 알지도 못하고 깨닫지도 못한 채 어

둠 속으로 들어갔다. 그들은 자기네가 어둠 속으로 걸어가고 있는 것조차 모른다. 그들은 "어둠 속에서 더듬거리는 맹인처럼" 한낮에 더듬거리는 자와 같다. 그것은 이중(二重) 어둠이다. 그들은 맹인이면서 스스로 맹인인 것을 모르고 있다. Rabbi Phinehas Horowitz, *Hamakneh*, 서문.

제9장

1. Sophocles, *Oedipus Tyrannus*, 1424-1429; *Electra*, 86-95.
2. *Hippolitus*, Act IV, 1116.
3. *King Lear*, Act I, Scene 2, 1-2.
4. *Cymbeline*, Act III, Scene 3, 2-7.
5. 에제키엘 8:16, 비교, 열왕기하 17:16; 21:3.
6. G. Soutar, *Nature in Greek Poetry* (London, 1939), pp. 178-191.
7. *The Works of Francis Thompson*, vol. III, pp. 80-81. Will Herberg, *Judaism and Modern Man*(New York, 1951), p. 34를 보라.
8. Diels, *Die Fragmente der Vorsokratiker*, Heracleitus, fr. 30.
9. *Timaeus*, 끝장.
10. Marcus Aurelius, *Meditations*, IV, 23.
11. 땅을 "모든 살아 있는 것의 어머니"라고 한 시락 40:1이 간혹 땅을 인간의 어머니로 본 것이라고 오해되곤 했다. 내가 보기에는 그 진정한 의미가, 땅은 모든 생물이 죽어서 쉬는 곳이라는 데 있는 듯하다. 에제키엘 26:20; 32:32; 욥기 1:21; 시편 116:9를 비교하라. 시편 139:15에 언급된 것은 땅이 아니라 땅의 쉼터다. 하느님은 인간의 꼴을 지으신 분이요 땅의 쉼터는 그 인간의 꼴이 자리잡은 곳이다. 제4에즈라 5:28 비교할 것.
12. 자연에서 발생하는 모든 것이 하느님의 섭리로 인한 행위다. 이사야 40:26, 욥기 27:4-6을 참조하라;
13. Abravanel, *Mifalot Elohim*, VII, 3. Saadia를 따라 Abravanel도 라삐의 문헌에서 우주 파멸의 이론을 추출해 낸다. Maimonides, *The Guide of the Perplexed*, II, ch. 27과 29; Gersonides, *Milhamot Hashem*, VI, 1. 16. 그리고 현대에 이르러서는 Hermann Cohen, *Ethik des reinen Willens*, p. 387ff. 등이 우주의 파멸 이론을 주장한다.

14. *Adventures of Ideas*, p. 154.
15. J. G. Frazer, *The Dying God*, p. 5.
16. Louis Ginsberg, *The Legend of the Jews*, vol. I, p. 44와 vol. V, p. 60, 주 194를 보라.

제10장

1. Plato, *Epistles*, VII, 341.
2. Bacon, *Apothegms*, 64.
3. 28장, '행위의 신성(神性)' 항목 참조.
4. *Man is Not Alone,* p. 28ff. .
5. C.A, Coulson, "Science and Religion: A Changing Relationship"(소책자, Cambridge, 1954).
6. Rober Tennant, *Philosophical Theology*, Cambridge, 1929-30, vol. II, pp. 78ff.에서 목적론적 이론의 강력한 재천명을 읽어 볼 수 있다. 또한, Frederick J. E. Woodbridge, *Nature and Mind* (New York, 1937), pp. 29-36을 비교하라.
7. '돌레켓'(*doleket*)이란 단어의 뜻은 모호하다. "조명된" "빛으로 가득 찬" 또는 "불꽃 속의"라는 의미로 통할 수 있다. Rashi의 주석에서는 첫 번째 뜻으로 읽혔고 *Yede Moshe*와 Rabbi David Luria, Rabbi Zer Einhorn의 주석에서는 두 번째 뜻으로 읽혔다. 아무렇게 읽어도 비유의 뜻은 마찬가지다. 이 책의 36장 첫 머리 부분을 참조할 것.
8. *Genesis Rabba*, ch. 39.
9. *Man is Not Alone*, p. 69.

제11장

1. "인간이 대상과 더불어 사는 것은 무엇보다도… 언어가 그것들을 그에게 선물함에 따라서다"라고 한 W. von Humboldt의 주장은 (Ernst Cassirer, *Language and Myth*, New York, 1946, p. 9를 보라), 창조적 사유에는 적용되지 않는다. 직관과 표현은 동일시되어서는 안 된다. 사상은 언어로 표현될 수 없는 요소를 지니고 있으며 언어의 차원을 넘어선다. 무릇 예술이란

실재와의 개념화 이전, 상징화 이전의 만남을 전달하고자 하는 시도라고 할 수 있으리라. Philip Wheelwright, *The Burning Fountain*(Bloomington, 1954), p. 18f.를 비교하라. 종교와 신학에서의 상징주의에 대한 분석과 비평은 A. J. Heschel의 *Man's Quest for God*, pp. 117-144를 보라.
2. George P. Adams, "The Range of Mind." *The Nature of Mind* (Berkeley, 1936), p. 149. J. Loewenberg, "The Discernment of Mind." ibid., p. 90f. 참조.
3. Rabbi Loew of Prague, *Netivot Olam*, netiv Haavodah, ch. 2.
4. *Man is Not Alone*, p. 84f.
5. *The Guide of the Perplexed*, vol, I, p. 50.
6. Ibid., p. 57.
7. Ibid., p. 59.
8. Ibid., vol. II. p. 5.
9. Ibid., vol. I, p. 58. 눈을 들어 보라. 누가 이것들을 지으셨는지. "이 말은 인간이 눈을 높이 들면 알 수도 없고 볼 수도 없게 되어 있는 것을 알고 볼 수 있다는 뜻으로 읽을 것인가? 그렇지 않다. 이 말의 참 뜻은, 누구든지 거룩하신 분의 하신 일을 알고자 원하는 자는 눈을 들어 하늘의 뭇 별들을 서로 다르고 서로 강하고 약한 별들을 보라는 것이다. 그러면 그는 그것들을 보면서 누가(*mi*) 이것들을 만들었는지 묻게 되리라. '누가 이것들을 만들었는가?' 이 말은 결국 창조된 모든 것이 영원한 '누구?'로 남은 어떤 분 한테서 나온다는 말이 된다." *Zohar*, vol. II, 231b.

제12장

1. "궁전은 버림받고 혼잡하던 도시에서는 인기척이 사라지리라. 그리하여 도시가 섰던 언덕과 망대가 섰던 자리에 동굴만이 남아 들노새들이 뛰놀고 양떼가 풀이나 뜯게 되리라. 드디어 하늘의 영기가 우리 위에 쏟아져 내려 사막은 과수원이 되고 과수원은 수풀이 되리라"(이사야 32:14-15).
2. 하갈 이야기에서 우리는 "하느님께서 하갈의 눈을 열어 주시니 그의 눈에 샘이 보였다"(창세기 21:19)는 구절을 읽는다. "하느님께서 눈을 열어 주시기까지는 모든 사람이 맹인이다"(*Genesis Rabba* 53. 13). 하갈은 아이를

데리고 브엘세바 광야에서 헤매다가 물을 찾지 못하게 되자 아이를 덤불 아래에 던지고는 "자식이 죽는 꼴을 보지 않게 해달라"고 말했다. 그녀는 "하느님께서 눈을 열어 주시어 바로 앞에 있는 샘물을 보게 되기까지" 아무 것도 보지 못했다. 발람은 이스라엘을 저주하기 위해 모압으로 갈 때에 그의 노새가 본 것을 보지 못했다. 이윽고 "야훼께서 발람의 눈을 열어 주시자 야훼의 천사가 길을 막고 서 있는 모습을" 보게 되었다(민수기 22:31). "그가 보기를 하느님께서 원하시지 않는 한, 인간은 자기 능력으로 많은 것들을 보지 못한다"(민수기 22:31에 대한 *Lekah Tov*). 이것은 개인에게나 민족에게나 마찬가지다. "이렇게 모두들 지각이 없고 철이 없는 것들, 눈은 닫혀 아무것도 보지 못하고 마음은 어두워 아무것도 깨닫지 못하는 것들"(이사야 44:18). "나를 알아보는 마음을 주어 이런 일을 하는 것이 나 야훼인 줄 알게 하겠다"(예레미야 24:7). "나는 그를 내 앞에 나서게 하겠다. 아무도 목숨을 걸고 내 앞에 나설 수 없지만 그만은 내 앞에 나서게 되리라"(예레미야 30:21). 이것이 시인(詩人)이 "복되어라, 당신께 뽑혀 한 식구 된 사람"(65:4)이라고 노래한 까닭이다. 하느님은 창조주일 뿐 아니라 스승이시오 생명을 주시는 분일 뿐 아니라 지혜를 주시는 분이다. "나 야훼가 너의 하느님이다. 네게 잘 되도록 가르치는 너의 스승이요 네가 걸어야 할 길로 인도하는 너의 길잡이다"(이사야 48:17). 우리는 있는 힘을 다하여 진리를 찾아야 한다. 또한 그분께 우리의 진리 추구를 인도해 주십사고 기도해야 한다. "심장이 멎을 듯 멎을 듯 다급하지만 이 땅 끝에서 내가 당신을 부릅니다. 나의 힘으로는 오를 수 없는 바위, 저 높은 바위에 나를 올려 세워 주소서"(시편 61:2). "나 스스로는 오를 수 없는 곳에 있게 하소서"(Rabbi David Kimchi). 우리는 우리의 노력이 좌절되었다 해서 낙심해서는 안 된다. "너의 지혜가 끝나는 곳에 야훼께서 게시고 너의 말을 지키시리라"(*Jerushalmi Peah* 1. 1에 따른 잠언 3:26). "나이가 많다고 지혜로와지는 것도 아니고 연로했다고 해서 바른 판단을 내리는 것도 아니다"(욥기 32:9). "토라를 배우는 자마다 지혜로와지는 것은 아니다. 하느님이 그에게 영을 주시지 않으면 그는 알고 있다고 생각하나 실은 모른다"(Buber 편집, *Tanhuma*, I, p. 193). "토라 안에서 수고하는 자는 토라가 그를 위해 수고한다"(*Sanhedrin* 99b).

3. *Berachot* 33b.

4. *Shabbat* 104a.
5. *Yoma* 39a. 개인의 삶에는, "비어 있는 공간이 아니라 어떤 실체가 있어야 지만 위에서 축복이 내린다"는 원리가 적용된다. "이 몸은 임의 것, 임께서 나를 그토록 그리시니"(아가 7:11). 이 구절은 하느님과 인간의 관계를 나타내는 것으로 읽혀왔다. 먼저 내가 그분의 것이 되어야 하고 그 다음에 결과로 그분의 그리움이 나에게 쏟아진다. 먼저 내가 그분을 위한 자리를 마련하면 그분의 그리움이 나를 향한다. "인간이 자신을 성경케 하고 하느님께 가까이 가고자 노력할 때에만 셰키나(Shechinah)가 그에게 머무르신다"(*Zohar*, vol. I, p. 88a-b). "아래의 충동에 대한 응답으로 위에서 동요하고, 위의 동요는 아래의 간절한 그리움에 따르는 것"이기 때문이다(*Zohar*, vol. I, 86b; III, 132b). "거룩하신 분께서 기뻐하시고 그 위에 머무르시는 그런 사람을 어떻게 알아볼 것인가? 어떤 사람이 마음과 혼과 뜻을 다하여 즐거이 거룩하신 분을 섬기고자 애쓴다면, 틀림없이 셰키나께서 그에게 머물러 계신 것이다"(*Zohar*, vol. II, 128b). "우리가 감각으로 아는 사물들조차도 당신이 주시는 사랑스런 친절함을 통과하지 않고는 알 수가 없나이다. 왜냐하면 우리는 빛 자체를 볼 수가 없고 그 빛은 오히려 우리의 눈을 멀게 하기 때문입니다. 우리로 하여금 빛을 부분으로만 볼 수 있게 하시고 그래서 우리의 눈이 가능성에서 현실로 옮겨갈 수 있게 하신 것은 하느님의 빛이십니다… 다른 것들보다 당신을 먼저 아는 자들에게 무엇을 이해하는 은총이 더욱 풍성하게 내리나이다"(Albo, *Ikkarim*, II, ch. 15, Husik 편집, p. 97f.).
6. 종교적 이해에서 시간이 맡은 역할에 관한 표현이 유대 문헌에는 자주 나온다. 이사야 55:6의 "만날 만할 때에 야훼를 찾으라"(사역)는 구절을 주석하면서 라삐들은 언제가 그분을 만날 만한 때인지를 궁구했다. 그들이 찾아낸 대답은, 속죄일로부터 새해 첫날까지 '희귀의 열흘'(the ten days of return)이었다 (*Rosh Hashanah* 18a. Maimonides, *Mishneh Torah*, teshuvah 2, 6).

이사야는 "만날 만할 때에 야훼를 찾아라. 가까이 계실 때에 그를 부르라"(55:6, 사역)고 했다. 다윗은, "야훼와 그분의 힘을 찾아라. 그분의 곁에 계심을 끊임없이 찾아라"(역대기상 16:10, 사역)고 했다. 왜 다윗은 우리에게 그분의 곁에 계심을 끊임없이 찾으라고 했던가? 이는 우리에게, 하느님은 어떤 때는 보이고 어떤 때는 보이지 않고 어떤 때는 듣고 어떤 때는 듣지 않고, 어떤 때는 도움이 되고 어떤 때는 아무 도움도 되지 않고, 어떤 때는 발견되고 어떤 때는 발견되지 않고, 어떤 때는 가깝고 어떤 때는 가깝지 않다는 사실을 가르쳐 주기 위함이다. 그분은 "야훼께서는 얼굴을 마주 대시고 모세와 말씀을 나누셨다"(출애굽기 33:11)는 기록도 있거니와 눈에 보이시다가도 모세가 "당신의 존엄하신 모습을 보여 주십시오"라고 간청했다는(출애굽기 33:18) 기록이 암시하듯이 눈에 보이지 않으셨다. 그분은 시나이에서도, "그들은 거기에서 이스라엘의 하느님을 뵈었다"(출애굽기 24: 10)거나 "야훼의 영광이 마치 그 산봉우리를 태우는 불처럼 보였다"(출애굽기 24:17)는 기록처럼 사람들 눈에 보였는가 하면, "야훼께서 호렙의 불길 속에서 너희에게 말씀하시던 날 너희는 아무 모습도 보지 못했다"(신명기 4:15)거나 "너희는 말씀하시는 소리만 들었지 아무런 모습도 보지 못했다"(신명기 4 :12)는 기록처럼 사람들 눈에 보이지 않았다. 이스라엘이 에집트에 있을 때에는 "하느님께서 그들의 신음소리를 들으셨다"(출애굽기 2:24)고 했는데 이스라엘이 죄를 짓자 "야훼께서는 너희의 소리를 들어 주시기는커녕 본 체도 하지 않으셨다"(신명기 1:45). 그분은, "사무엘⋯ 이스라엘을 구해 달라고 야훼께 부르짖자 야훼께서 그의 기도를 들어 주셨다"(사무엘상 7:9)고 기록되었듯이 미스바에서 사무엘의 호소를 들어 주셨다. 그러나 "너는 내가 사울을 파면시켰다 해서 언제까지 이렇게 슬퍼만 하고 있을 셈이냐?"(사무엘상 16:1)는 기록이 암시하듯이 그분은 사무엘의 기도를 들어 주지 않으셨다. 또 다윗에게도 "야훼 찾아 호소할 때 들어 주시고"(시편 34:4)라고 했듯이 호소를 들어 주셨는가 하면 아들을 살려 달라는 금식 기도를 거절하시기도 했다(사무엘하 12:16-17). 이스라엘이 회개할 때면, "애타고 목마르게 찾기만 하면 그를 만날 것이다"(신명기 4:29)라고 했듯이 만나 주시지만 이스라엘이 회개하지 않을 때에는 "양떼 소떼를 몰고 야훼를 찾아 나선다 해도 이미 떠난 그분을 만나지는 못하리라"(호세아 5:6)고 했듯이 만나 주지 않으신다. 그분은 때로 "진정으로 부르는 자에게 가까이 가신다"(시편 145:18)고 했듯이 가까이 계시는가 하면, "야훼께서는 나쁜 사람을 멀리 하신다"(잠언 15:29)고 했듯이 멀리 계시는 때도 있다. Burber 편집, *Pesicta de Rav Kahana* (Lyck, 1868), XXIV, p. 156a. 또한 *Jerushalmi Makkot*, 2, 31d를 보라.

"하느님께서 기도하는 자에게 호의를 베푸시어 축복을 내리시는 때가 있고 호의를 거두시어 세상에 심판을 내리시는 때가 있다. 일년의 계절 가운데는 은혜가 승하는 철이 있고 심판이 승하는 철이 있으며 심판이 일시 정지되는 철도 있다. 달과 날과 날의 시간도 마찬가지다. '무엇이나 다 정한 때가 있다'(전도서 3:1). 그리고 또한, '야훼여, 당신께서 반기시는 이때에 나는 당신께 기도드립니다'(시편 69:13)고 했듯이 그분이 기도를 반기시는 때가 있다. 그래서 여기에서 '그로 하여금 아무 때나 성소에 오지 못하게 하라'고 말하는 것이다. 라삐 시므온은 이렇게 말했다. '"시간"이라는 단어에 대한 이 해석은 정확하다. 그리고 여기서 하느님은 아론에게 그의 자식들처럼 같은 실책을 범하여 왕과 함께 잘못된 "때"에 가담하지 말라고 경고하셨던 것이다. 비록 그가 세상을 다스릴 통치권이 잠시 다른 사람의 수중으로 넘어가리라는 것을 알고 그것을 통일시켜 성소에 가까이 가져 올 능력을 가지고 있었지만'"(*Zohar*, vol. III, 58a).

7. 이것은 분명히 이해되어야 한다. 즉, 깊은 통찰을 얻게 된 어떤 사람이 "자기가 파악한 신비를 말이나 글로 전달하고자 할 경우, 기성의 교육 방법이 세워져 있는 다른 학문상의 깨달음을 전달할 때처럼 자기가 이해하는 바를 명백하고 체계 있게 전달할 수는 없다. 그가 남을 가르치려고 할 경우에도 자기가 배울 때 겪었던 것과 같은 곤란을 경험해야 한다. 말하자면 어느 한 순간에는 분명하던 것이 그 뒤에 모호해 지는 것이다. 신비를 전달한다는 것이 다 이러하다, 사람이 그것을 많이 겪든 적게 겪든 간에. 이 까닭에 어떤 진리를 파악한 신학자나 형이상학자가 자신의 학문을 남에게 나눠주고자 할 때에는 직유(直喩)나 수수께끼말고는 그 일을 할 수가 없으리라. 이 주제를 다룬 저술가들은 여러 가지 다른 직유들을 사용했는데, 그것들은 자세한 부분에서 뿐만 아니라 기본 성격에서도 다양했다." Maimonides, *The Guide of the Perplexed* (J. Ibn Shmuel 편집), 서문, p. 7.

8. *Man's Quest for God* (New York, 1954), p. 74; *Man is Not Alone*, p. 165.

제13장

1. 속죄일의 예식문에서.
2. "라삐 요세는 말했다. 유다는 '야훼께서 시나이에서 오신다'(신명기 33:2)는

구절을 이렇게 설명했다. 그렇게 읽지 말고 '야훼께서 시나이에 오셨다'로 읽어라. 그러나 나는 이 해석을 받아들이지 않는다. 야훼께서는 신랑이 신부를 맞으러 오듯이 시나이에서 오셨다." *Mechilta, Bahodesh* to 19:17. 하느님이 이스라엘과 계약을 맺으신 것은 은총을 베푸신 것이었다. "그분이 우리를 에집트에서 이끌어 내신 것은 우리로 그의 백성이 되고 그분이 우리의 왕이 되시고자 함이었다." *Kuzari* II,50. "만일 그분이 먼저 말을 건네시고 상과 벌을 내리시지 않았다면… 첫 사람은 하느님을 알지 못했을 것이다. 그분이 먼저 말을 건네심으로써, 그는 그분이 세계를 창조하신 분임을 확실히 알 수가 있었고 나아가서 그분을 야훼라 부르게도 되었던 것이다. 만일 이런 경험이 없었다면 그는 그냥 하느님이라는 이름으로 만족했을 것이고 하느님이 한 분인지 또는 여럿인지, 개인을 알아주시는지 또는 모르시는지, 알 수가 없었으리라." *Kuzari*, IV, 3.

3. N.Salamon 번역, *Selected Poems of Jehudah Halevi* (Philadelphia, 1928), pp. 134-5.
4. *Man is Not Alone*, p. 87f.
5. Onkelos와 Jonathan ben Uzziel의 아람어 번역에 따른 신명기 5:19. 그리고 *Sanhedrin* 17b의 해석; Sotah 10b와 Rashi의 첫 번째 해석.
6. J. Ibn Shmuel 편집, *More Nebuchim*, 서문 (Jerusalem, 1947), pp. 6-7. *The Guide of the Perplexed* (Ch. Rabin 번역, London, 1952), p. 43f. 우리는 *Zohar*에서도 비슷한 문맥을 발견한다. 토라는 제 생각을 "잠깐 사이에 내보이고는 곧장 다른 옷을 입는다. 그래서 몸을 숨기고 자신을 내보이지 않는다. 지혜가 온몸을 눈으로 만든 현자는 그 옷 찢고는 속에 감추어져 있는 말씀의 핵심을 본다. 그래서 말씀은 그 순간 슬기로운 자의 눈에 나타나 보이지만 곧 다시 숨는다." *Zohar*, vol. II, p. 98b. 또한 Plato의 *Epistles*, VII, 341을 보라.
7. Ostrog의 Rabbi Yaakov Yosef, *Rav Yevi* 1808, p. 43b.
8. *Tanhuma*, Yitzo, I. 라삐들에 따르면, 말씀은 이스라엘뿐만 아니라 지상의 모든 거민에게 들렸다. 하느님의 음성은 "70 방언"으로 들렸기 때문에 모두가 알아들을 수 있었다. *Exodus Rabba*, 5, 9.
9. *Berachot*, 17a.
10. Rabbi Jonathan에 따르면, "3년 반 동안 셰키나는 올리브산에 거하시면서

이스라엘이 돌아오기를 바라셨다. 그 동안 하늘에서는 끊임없이, '돌아와, 불성실한 이스라엘아'라는 음성이 들렸다. 그러나 그들은 끝내 돌아오지 않았다." *Lamentations Rabba*, 머리말, 25.
11. M. Higger 편집, *Masechet Kellah*, ch. 5 (New York, 1936), p. 283에 보면, 이 구절들은 영구히 계속되는 음성을 말하고 있다.
12. "이 하느님의 부르심은, 토라를 자기 길의 등불로 삼은 자, 지적 성숙과 명료한 인식의 능력을 갖추고 전능하신 분의 사랑을 간절히 바라는 자, 성인(聖人)들의 영적 높이에까지 오르고자 힘쓰고 세상의 근심과 걱정에서 마음을 돌이킨 자에게 온다." Bahya, *The Duties of the Heart, Avodat Elohim*, ch. 5 (vol. II, p. 55).
13. Rabbi Mordecai Azulai, *Or Hachamah* (Przemysl, 1897), vol. III, p. 42b.

제14장

1. *Siddur Saadia*, p. 379. 「지혜서」에 보면(7:25, 27), 하느님께서 지혜로 세상을 지으셨는데 그 지혜는 "하느님의 떨치시는 힘으로 바람[風]이며 전능하신 분께로부터 나오는 영광의 티 없는 빛이다. 그러므로 티끌 만한 점 하나라도 지혜를 더럽힐 수 없다… 지혜는… 모든 세대를 통하여 거룩한 사람들의 마음속에 들어가서 그들을 하느님의 벗이 되게 하고 예언자가 되게 한다." "하느님께서 '빛이 생겨라' 하시자 빛이 생겨났다"(창세기 1:3). 고대 유대인들은 만일 그 빛이 그대로 세상에 남아 있었다면 사람이 세계의 이쪽 끝에서 저쪽 끝까지 한꺼번에 볼 수 있을 것이라고 생각했다. 그러나 홍수 때와 바벨탑 때의 사악한 인간들은 그 빛의 축복을 즐길 자격이 없었기에 하느님께서 그 빛을 감추셨다는 것이다. 그런데 장차 올 세상에서 그 빛은 다시 경건한 자들에게 나타나리라(*Hagigah*, 12a). 그러나, 만일 그 빛이 온전히 감추어졌다면 세상은 "한 순간도 존재할 수 없을 것이다. 그러나 그 빛은 다만 씨앗처럼, 다른 씨앗과 열매들을 생겨나게 하는 씨앗처럼, 숨어 있고 세계는 그것에 의하여 지탱한다. 하루도 무엇인가가 그 빛에서 발산되어 나와 모든 사물을 지탱시켜 주지 않는 날이 없으니, 이는 거룩하신 분께서 그로써 세상을 존속시키시기 때문"이라고 생각하는 견해도 있다. *Zohar*, vol. II, p. 149a; vol. II, pp. 166b-167a 이 문제 전반에 관하여는

나의 논문, '마이모니데스는 예언을 영감 받고자 애썼던가?,' *Louis Ginzberg Jubilee Volume,* New York, 1945, pp. 159-188; '중세기의 영감,' *Alexander marx Jubilee Volume*, New York, 1950, pp. 175-208을 보라.
2. *Abot* 6, 2.
3. *Zohar*, vol. Ⅲ, pp. 126a, 52b, 58a; vol. Ⅰ, pp. 78a, 90a, 124a, 193a; vol. Ⅱ, pp. 5a. 또한 *Hagigah* 15b와 *Pirke de Rabbi Eliezer*, ch. 51를 보라.
4. 시편 19:3을 따라서.
5. *Hagigah*, 5b.
6. *Toldot Yaakov Yosef* (Lemberg, 1863), p. 172a; 또한 *Sefer Baal Shem Tov*, vol. Ⅱ, p. 167과 Rabbi Eliezer Azkari, *Haredim* (Venice, 1601), p. 81a에 열거된 자료를 보라.
7. Berditsher의 Rabbi Levi Yitzhak. *Kedushat Levi* (Lublin, 1927), p. 186b; p. 28a를 보라. 비교, *Lekkute Yekarim* (Mesyrov, 1797), p. 2d.
8. *Zohar*, vol. Ⅰ, p. 90a.
9. *Midrash Rabba*, 아가 5:2; *Zohar*, vol. Ⅲ, p. 95a.
10. *Numbers Rabba* 14, 7에 따르면 욥기 41:3의, "누가 그와 맞서서 무사하겠느냐? 하늘 아래 그럴 사람이 없다"에서 "그"는 스스로 하느님의 존재를 깨달아 안 아브라함을 가리킨다. "아무도 그에게 거룩하신 분을, 그분께 축복을, 아는 지식을 어떻게 얻을 것인지 가르쳐 주지 않았다." 그는 하느님을 생이지지(生而知之)한 네 사람 가운데 하나였다. 다른 셋은 욥, 히즈키야 그리고 메시아다. 그러나 이 구절이 의도한 것은 그가 다른 인간의 도움을 받지 않았음을 강조하는 것이다. 하느님의 도우심을 말하는 것은 아니다.
11. *Yoma*, 38b.
12. *Zohar*, vol. Ⅰ, p. 88b.
13. *Zohar*, vol. Ⅰ, p. 51a.
14. *Zohar*, vol. Ⅰ, p. 77b.
15. "너는 형(形) 없는 질(質)을 볼 수 없으며 질 없는 형을 볼 수 없다… 질(質) 없는 형(形)은 육신의 눈으로는 보이지 않고 오직 마음의 눈에만 보인다. 같은 방식으로 우리는 육신의 눈 없이 우주의 주인을 안다."(*Mishne Torah, Yesode Hatorah*, Ⅳ, 7). 또한 *The Duties of the Heart*, vol. Ⅱ, p. 55를 보라. 선택된 자는 "사물의 참 모습을 보는 내면의 눈"을 부여받는

다(*Kuzari* IV, 3); Ibn Ezra의 출애굽기 7:89에 대한 주석을 보라. 이 용어는 Gazzali도 쓰고 있다. David Kaufmann, *Geschichte der Attributenlebre* (Gotha, 1877), p. 202, n. 180과 J. Obermann, *Der philosophische und religioese Subjekivismus Ghazalis.*(Wien, 1921), p. 27을 보라. 비교, Aristotle, *De Mundo*, 391, "영혼의 신성한 눈으로 신성한 사물들을 이해하고 그것들을 인류에게 설명해 주는…"

16. 통찰의 개념은 탈무드의 *oventa deliba*라는 표현 속에 함축되어 있는 듯하다. 그것은 '메르카바'(Merkaba)의 신비를 알아보는 행위를 말한다. *Megillah* 24a와 *Tosafot*, *Avoda Zara*, 28b를 보라.
17. *The Duties of the Heart, heshbon hanefesh*, Ch. 3, par. 10. Bahya는 "내면의 학문"을 가리켜 마음의 빛, 영혼의 광채라고 한다. 이 학문을 두고 성경은 "당신은 마음 속의 진실을 기뻐하시니 지혜의 심오함을 나에게 가르쳐 주소서"(시편 51:6)라고 했다. *The Duties of the Heart*, vol. I, p. 7.
18. Heinrich Brody 편집, Solomon Solis-Cohen 번역, *Selected Poems of Moshes Ibn Ezra* (Philadelphia, 1945), p. 124. 이 표현은 Bahya, ibidem., *Avodat Elohim* ch. 5에도 나온다.
19. *Kusari*, IV, 3.
20. *Shirim Nivharim* (Shirman 편집), 4편 22행.
21. Shirman, ibid., 2편, 5행.
22. *Selected Poems of Jehudah Halevi* (Philadelphia, 1928), p. 94.
23. *Diwan des…Jehudah ha-Levi* (h. Brody 편집, Berlin, 1911), p. 159.
24. *Zohar*, vol. I , p. 103a-b; vol. II, p. 116b. R. Jehuda G. Barsilai aus Barchelon 편집, *Commentar zum Sepher Jezira* (Berlin, 1885), p. 32에 인용된 Rabbenu Hananel의 견해를 보라. *Zohar*은 '성문에서'라는 말인 *bishe'arim*을 '평가하다'는 동사, *Lesha'er*에 관련시킨다. 잠언 23:7과 *Sotah* 38b의 Rashi를 보라.

제15장

1. 너의 눈을 높이 들어라. "그렇게 함으로써 너는 이것들을 창조하신 분이, 탐색될 수는 있지만 발견되지는 않는 그 신비스런 옛 분(Ancient One)임을

알리라… 그분은 신비하고 드러나지 않는 분이지만, 항상 탐색된다… 그러나 탐구와 사색으로 지식의 정점에 마침내 도달한 인간은… 갑자기 서서, 네가 무엇을 찾아냈느냐? -하고 묻는다." *Zohar*, vol. I, p. 1b.
2. *Man is Not Alone*, p. 92.
3. *Mishnah Torah, teshuvah*, x, 6.
4. 물건을 도둑질하러 남의 집에 들어간 도둑도 하느님께 도움을 청한다고 Rabbi Shneur Zalman of Ladi는 말한다. *Berachot*, 63a.
5. *Jerushalmi Sanhedrin*, x, 2, 28b.
6. *Mechilta*, 출애굽기 15:11. *Gittin* 56b에 수록된 전설에 의하면 Titus는 불경스럽게도, "벙어리 같은 자도 가끔 말을 하는데 당신은 영원히 침묵하십니다"고 말했다 한다. *Arugat Habosem*, vol. I, p. 26을 보라.
7. *Genesis Rabba*, 30, 10.

제16장

1. *Man is Not Alone*, p. 74.
2. *Jerushalmi Berachot*, 9, 1.
3. 상세한 분석은 *Man is Not Alone*, pp. 102-123을 보라.

제2부

제18장

1. "모세가 입을 열었다. '너희는 이제 일어나는 일을 보고 내가 여지껏 한 모든 일이 내가 멋대로 한 일이 아니라 야훼께 보내심을 받아 한 일임을 알게되리라'"(민수기 16:28).
2. 예언자들은 그들의 언어를 인간의 이해 능력에다 맞춘다. 출애굽기 19:18에 대한 *Mechilta*를 보라. 비교, Enelow 편집, *The Mishnah of Rabbi Eliezer* (New York, 1933), p. 25.

제19장

1. Maimonides, *The Guide of the Perplexed*, II권, 33장.
2. 그의 *Commentary of Mishnah Sanhedrin*, ch. X, Principle 8.
3. Maimonides, *The Guide of the Perplexed*, I, 65.
4. *Ibid.*, I, 41.
5. Rabbi Shlomo ibn Adret, *Maamar Al Ishmael*. J. Perles, R. *Salomob. Abraham b. Aderath* (Breslau, 1863), p. 12에서.
6. Rabbi Loew of Prague, *Tiferet Israel*, ch. 43.

제20장

예언자들의 의식(意識)에 반영된 바 예언 행위에 대한 현상적인 분석과, 성경의 예언과 다른 종교의 비슷한 현상들의 비교에 관해서는 나의 책 『예언자들』을 참조하라.

1. 열왕기상 8:12; 시편 18:10; 사무엘하 22:10.
2. 성경은 두 차례나, "그들은 멀리 서 있었다"고 말한다. 출애굽기 20:18, 21.
3. Rabbi Yehudah of Zakilkov, *Lekute Maharil* (Lublin, 1899), p. 47a.
4. 이사야 40:17; 다니엘 4:32.

제21장

1. A. J. Heschel, *The Sabbath* (New York, 1951), p. 7f.
2. *Pesahim*, 68b.
3. *The Sabbath*, p. 96.
4. Aldous Huxley, *The Perennial Philosophy* (New York, 1945), p. 51에 인용된 Ananda K. Coomaraswamy. 비교, p. 53; "대승 불교의 학자들이 말하는 부처와 보살의 방대한 수효는 그들의 우주론의 방대함에 비례하는 것이다. 그들에게 시간이란 시작이 없는 것이고 온갖 종류의 지각이 있는 존재들을 지탱시켜 주는 헤아릴 수 없이 많은 우주들이 태어나고 자라고 쇠락하고 죽어가는데 같은 원을 되풀이하여 돌고 돌뿐이다. 마침내 모든 존재가 윤회를 벗어나 영원한 불성(佛性)에 들어갈 때까지."

5. Huxley, *Ibid.*, p. 189에서 인용.

제22장

1. G. B. Smith, *Religious Thought in the Last Quarter-Century* (Chicago, 1927), p. 103f.
2. H. McLachlan, *The religious Opinions of Milton, Locke, and Newton* (Manchester, 1941), p. 98에서 인용.

제23장

1. "이런 형편으로"(*rebus sic stantibus*)라는 구절은 합의를 할 경우 상호간에 이해된 제한을 의미한다. 피차의 의무가 지켜지려면 상황이 여전히 동일해야만 한다.
2. *Tanhuma*, Buber 편집, II, 76; 신명기 11:13에 대한 *Sifre*; *Berachot*, 63b; Rashi의 출애굽기 19:1; 신명기 11:13; 26:16에 대한 주석.
3. *Kiddushin* 22b.
4. *Jerushalmi Sanhedrin*, IV, 21b.
5. "만일 누가 안식일 하루를 완전히 지킨다면 그가 천지 창조 때부터 죽은 자가 부활할 때까지의 모든 안식일을 잘 지킨 것으로 인정되어야 한다." 출애굽기 31:16에 대한 *Mechilta*.

제24장

1. A. J. Heschel, *Die Prophetie* (Cracow, 1936), pp. 8-40.
2. *Wille zur Macht*, 811.
3. 아모스 7:2-9; 8:1, 2; 미가 7:1-10; 18-20; 이사야 6:5-12; 16:9-11; 21: 2-10; 22:4-14; 25:1-5; 26:8-19; 29:11-12; 40:6; 49:3-6; 50:4-9; 64:6-12; 예레미야 1:6-14; 4:10, 19-21; 5:3-6; 10:19-25; 12:1-6; 14:7-9, 13-14, 18-22; 15:10-21; 17:15-18; 18:18-23; 20:7-18; 32:16-25.
4. Lichtenberg 편집, *Kobets Teshubot Haramban Weiggerotav* (Leipzig, 1859), II, pp. 23a-23b에 수록된, Rabbi Hisdai에게 보낸 Maimonides의 편지에서.

5. *Man is Not Alone*, p. 83.

제25장

1. 성경을 문학으로 보는 이론은, 사실인즉, 에제키엘 당시에 이미 있었다. "야훼께서 나에게 이런 말씀을 내리셨다. '너 사람아, 오른쪽으로 얼굴을 돌려라. 남쪽에 대고 말을 전해 주어라… 남쪽에서 북쪽까지 사람의 얼굴이 다 불에 델 것이다. 그 꺼지지 않는 불을 놓은 것이 나 야훼임을 온 세상이 알리라.' 내가, '아! 주 예수여. 그러지 않아도 사람들은 저를 보고 비꼬는 말밖에 할 줄 모르는 (비유밖에는 할 줄 모르는) 놈이라고 합니다' 하고 외치니…"(에제키엘 21:1-5).
"오호라, 사람들이 토라를 단순한 이야기책이나 일상 생활의 기록으로 보는구나! 토라가 그런 책이라면 우리도 일상 생활 이야기와 오히려 더 훌륭한 이야기들로 토라를 만들 수 있으리라. 그렇다, 이 세상의 왕족들한테는 그런 토라의 모델이 될 만한 책들이 얼마든지 있다." *Zohar*, III, 152a. 그러나 한편 우리는 Moses Ibn Ezra의 *Shirat Israel*에서 성경의 문학적 가치에 대한 높은 평가를 찾아볼 수 있다.
2. Tor Andrae, *Die Person Muhammeds* (Stockholm, 1918), p. 97과 Gustave E. von Grunebaum, *Medieval Islam* (Chicago, 1946), p. 94ff.를 보라. Mutazilite의 단서에 대하여는, I. Goldizher, *Vorlesungen ueber den Islam* (Heidelberg, 1910), p. 102를 보라.
3. A. J. Heschel, *Man's Quest for God*, p. 25.
4. A. Jeremias, *Juedische Froemmigkeit*, p. 57.

제26장

1. "하나의 단순한 미츠바라도 참 신앙으로 받아들이는 자는 그에게 거룩하신 영이 머물러 계실 만한 가치가 있는 자다." Lauterbach 편집, *Mechilta*, to 14:31, I, p. 252.
2. *Degel Mahneh Ephraim*, Yitro.
3. *Yosippon* (D. Guenzburg 편집, Berditshev, 1913), p. 22.
4. *Zohar*, vol. III, 99a; vol, III, 58a.
5. M. Friedmann 편집, *Seder Eliahu Rabba*, IX (Wien, 1902), p. 48.

6. Hillel은 말했다. "이스라엘을 홀로 두라. 거룩하신 영이 그 위에 머물으신다. 비록 예언자들은 아니라 해도 그들은 예언자의 제자들이다." *Tosefta Pesahim* 4, 8.
7. 이사야 59:21. "예언이 너희를 결코 떠나지 않겠기 때문이다." Rabbi David Kimchi, *Commentary*, ad locum.
8. 시편 51:11. 이 본문에 대한 Targum과 Rashi를 보라. 이 기도문은 참회 절기의 예배시에 드리는 기도에 들어 있다.

제27장

1. Rabbi Abraham Azulai의 *Or Hachama* (Przemsyl, 1897), vol. II, p. 145d-146a에 인용된 Rabbi Moshe Cordovero의 주장과 비교할 것.
2. 마이모니데스는 Mishnah에 대한 그의 *Commentary*에서는 둘째 부분을 논하고 한편 *The Guide of the Perplexed*에서는 첫째 부분을 논한다.
3. "시나이산에서 계시를 받던 날 안개와 구름이 자욱하고 비가 뿌렸다는 전설이 우리에게 전해져 내려오고 있다." 마이모니데스, *The Guide of the Perplexed*, III, ch. 9. Rabbi Isaac Caro(15세기 말과 16세기 초에 활약한 성경 주석가이자 탈무드 학자. 스페인 사람. Rabbi Joseph Caro의 숙부)의 *Toldot Yizhak* (Amsterdam, 1708), p. 65a를 비교할 것.
4. *Exodus Rabba*, 5, 9.
5. *Jerushalmi Makkot*, II, 31d.
6. *Genesis Rabba*, 17, 5.
7. 그것은, "야훼께서 만물을 지으시려던 한 처음에 모든 것에 앞서 나를 지으셨다"고 하는(잠언 8:22) 지혜와 동일하다. *Sirach* 1:4, *Wisdom of Solomon* 9:9을 보라. Louis Ginzberg의 *The Legends of the Jews*, vol. V, pp. 4, 132f.를 비교하라.
8. *Shevuot*, 5a.
9. Rabbi Yehuda Loew ben Bezalel(Maharal), *Derech Hayim* (Warsaw, 1833), p. 8d.
10. Buber 편집, *Pesikta de Rabbi Kahana*, 4, p. 39a와 *Sanhedrin* 21b를 비교하라.
11. Rashi의 아가서 1:2에 대한 주석. *Tanhuma*, Balak, 14; *Numbers Rabba*,

20, 20을 보라.
12. Rabbi Moshe Cordovero, *Pardes Rimonim*, XXI, 6; (Korets, 1786), p. 165a.
13. Rabbi Isaiah Horowitz, *Shne Luhot Haberit*, p. 59a.
14. Rabbi Abraham Azulai, *Hesed Leavraham*, *mayan* 2, *nahar* 12. 신명기 20:10-14의 법에 관련하여 탈무드는 "토라는 정념이라는 사실을 생각했다"고 한다. *Kiddushin* 21b.

마이모니데스에 따르며, 희생 제사가 그 법에 포함된 이유는 그 당시의 사람들이, 당시의 모든 민족이 거행하던 희생 제사를 통한 예배 방식을 피할 수가 없었기 때문이었다. *The Guide of the Perplexed*, III, 32, 46. 이 동기(動機)는 레위기 17:7에 암시되었고, *Leviticus Rabba* 22, 5에는 분명히 표현되었다. *Zohar*, vol. III. 224a를 보라. 희생 제사는 십계명에는 언급되어 있지 않다. 그것이 소개된 것은 이스라엘이 금송아지를 숭배한 다음이었다. Abravanel의 예레미야 7:22에 대한 주석과 Seforno의 레위기 주석 서문을 보라. Zev Yaavets, *Toldot Israel*, vol. I, (Berlin, 1925), pp. 154-160을 보라.

15. *Leshem Shevo Veahlamah* (Pietrkov, 1911), vol. II, p. 305b.
16. *Hullin* 60b.
17. *Toameha Hayim Zahu* (Jerusalem, 1924), vol. III, p. 40.
18. *Ecclesiastes Rabba*, ad locum.
19. *Temunah* (Koretz, 1784), pp. 27a, 30a-31a; Rabbi Moshe ben Josephdi Trani(1505-1585), *Bet Elohim* (Venice, 1576), p. 58b; Rabbi Abraham Azulai, *Hesed Leavraham*, *mayan* 2, *nahar* 11; Rabbi Gedaliah of Luninec, *Teshuot Hen*, 바알 셈의 이름으로 출판됨.
20. *Sanhedrin*, 89a. 시그논(*signon*)이라는 단어는 관념과 표현 둘을 동시에 의미한다. Albo의 *Ikkarim*, III, p. 84에 대한 Husik의 언급을 보라.
21. Rabbi Samuel Edels, *Commentary to Sanhedrin* 89b.
22. 십계명을 오경에서 두 개의 판(版)으로 (출애굽기 20:2-17; 신명기 5:6-18) 주어졌는데 그것들은 여러 면에서 서로 다르다. 라삐들은 이 두 판(版)이 같은 신적 기원을 지니고 있으며 동일한 때에 기적적으로 다르게 표현되었다고 설명했다(*Mechilta* to 20:8). 그러나 Ibn Ezra는 성경의 여러 다른 점

들이, 모세에게는 말보다 계시된 내용의 의미가 더 중요했다는 사실에서 기인되었다고 주장한다. "말은 몸과 같고 의미는 혼과 같다. 몸은 혼을 담는 그릇이다. 이것이 바로, 학자들이… 의미에 신중을 기하고, 동일한 의미를 담고 있을 경우에는 언어가 다르거나 바뀌는 데 신경을 쓰지 않는 까닭이다." —출애굽기 20장에 대한 주석의 십계명 부분. 또한 신명기 5:5에 대한 그의 주석을 보라. Ibn Adret, *Responsa*, 1, 12; Nahmanides, *Commentary* (민수기 2:4; 창세기 1:4 부분); Ibn Zimra, *Responsa*, III, 149; Shem Tov, *Commentary on The Guide of the Perplexed*, II, 29; Rabbi Shneur Zalman of Ladi, *Tanya*, ch. 21을 보라.

23. Rabbi Yaakov Yosef of Ostrog, 시편 18에 대한 *Rav Yevi*. 이 생각은 Rabbi Moshe Alshech가 레위기 9:2에 대한 주석에서 개진하고 있다. 라삐들에 의하면, 모든 예언자들이 흐릿한 검경(檢鏡)으로 하느님의 모습을 보았는데 모세는 맑은 검경으로 하느님의 모습을 보았다. 라쉬에 따르면 그 차이인즉, 다른 예언자들이 하느님을 보았다고 믿었지만 사실은 보지 못한 것에 반하여 모세는 맑은 검경으로 들여다 보았으면서 그로써 자기가 그분을 보지 못했다는 사실을 알았다는 데 있다! *Yebamot*, 45b. Joseph Albo, *Ikkarim*, 3부, 9.

24. *Zohar*, vol. III, p. 52a.
25. *Midrash Tehillim*, 119, 9(Buber편집, p 493).
26. *Zohar*, vol. III, p. 152a.
27. *Shabbat* 97a; *Song of Songs Rabba* 1, 39; *Shabbat* 89b; *Yebamot* 49b; *Baba Kamma* 38a; *Sanhedrin* 111b; *Midrash Tehillim* 7, 1, 3.
28. *Tosefta Berachot* 3, 7.
29. M. Friedmann 편집, *Seder Eliahu Rabba* (Vienna, 1902), ch. 4, p. 17.
30. *Ecclesiastes Rabba*, 5, 4.
31. *Leshem Shevo Veahlemah*, vol. II, p. 305b. 위의 주 15를 보라.
32. Rabbi Mendel of Kotsk.
33. *Midrash Tehillim* 3, 1.
34. *Midrash Tehillim* of 119:19.
35. I. Reicher, *Torat Harishonim*(Warsaw, 1926); S. Gandz, *The Dawn of Literature* (Osiris, 1939), vol. VII, p. 438f.를 보라.

36. Friedmann 편집, *Seder Eliahu Zuta*, ch. 2, p. 172.
37. *Temurah*, 14b.
38. *Jerushalmi Shabbat*, XVI, 1.
39. *Temurah*, 14b; *Gittin*, 60a.

제3부

제28장

1. *Shabbat* 88a. *Man is Not Alone*, p. 93에 인용된 *Midrash Hazita*를 보라.
2. *Kiddushin* 40b.
3. *Leviticus Rabba* 31, 4.
4. "하느님의 길은 인간의 길과 다르다. 인간은 남들에게 어떻게 하라고 시키면서 자신은 하지 않는다. 하느님만이 이스라엘에게 어떻게 하라고 하시면서 당신 몸소 하시는 것을 보라고 하신다." *Exodus Rabba* 30, 9. *Jerushalmi Rosh Hashanah* 1, 3, 7a를 보라.
5. 창세기 46:28에 대한 *Tanhuma*.

제29장

1. *Sanhedrin* 106b.
2. Ignaz Goldziher, *Vorlesinger ueber den Islam* (Heidelberg, 1910), pp. 167ff.; D. S. Margoliouth, "The Devil's Delusion of Ibn Al-Jauzi," *Islamic Culture*, x, (1936), p. 348. 13세기에 형성되었던 '자유로운 영의 형제들'은 하느님을 영의 자유로움으로써 가장 잘 섬길 수 있으며 교회의 성사와 의식(儀式)은 필요하지 않다고 가르쳤다. "인간은 그 본질이 성스럽고 또 명상과 감각되는 사물들로부터 스스로 격리됨을 통하여 자신이 하느님과 일치되어 있음을 알 수 있기 때문에 자신의 자유로 하느님이 하시는 일을 하며 하느님이 자기 안에서 행동하시는 듯 행동할 수가 있다. 따라서 자유한 인간에게는 덕행도 없고 악행도 없다. 하느님은 모든 것이며 모든 것이 하느님이요 모든 것이 그분의 것이다." "그것은 사랑과 자비에서 나오는 덕행이므로 그들의 하는 어떤 행위도 죄일 수가 없다… 사랑을 품으라. 그리고

무엇이든지 내키는 대로 하라." J. Herkless, *Encyclopedia of Religion and Ethics*, vol. II, pp. 842f.; H. Ch. Lea, *A History of the Inquisition* (New York, 1909), vol. II, p. 321.
3. 로마서 3:28. "사람은 율법을 지키는 것과는 관계 없이 믿음을 통해서 하느님과 올바른 관계를 맺는다고 우리는 확신합니다." 이 문제 전반에 관한 신학적 토론에 대해서는 Z. La B. Cherbonnier, *Hardness of Heart* (New York, 1955), ch. XI를 보라.
4. Rabbi Eleazar ben Azariah는 이렇게 말했다.. "성경에는, '밭에서 곡식을 거둘 때에 이삭을 밭에 남긴 채 잊고 왔거든 그 이삭을 집으러 되돌아 가지 말라. 그것은 떠돌이나 고아나 과부에게 돌아갈 몫이다'(신명기 24:19)라고 하셨다. 그리고 이 말씀에 이어서 '그래야 너희 하느님 야훼께서 너희가 손수하는 모든 일에 복을 내려 주실 것이다'라고 하셨다. 성경은 따라서, 비록 자기가 무슨 짓을 했는지 모른다 해도(이삭을 밭에 두고 온 것을 잊었음) 결국 선행을 한(나그네를 먹임) 사람에게 하느님의 복이 내린다는 사실을 확인해 준 셈이다. 그대들은 마땅히 어떤 사람이 동전을 길에 떨어뜨려 한 가난뱅이가 그 동전을 주웠을 경우, 거룩하신 분께서, 그분께 축복을, 그 동전 잃은 자를 축복해 주신다는 사실을 인정해야 한다." *Sifra* to 5:17 (Weiss 편집), p. 27a.
5. Halevi, *Kuzari* 1, III.
6. Maimonides, *The Guide of the Perplexed*, III, 17; 그러나, *Mishnah Torah*, Melachim 8, 11을 보라.
7. *Abot* 5, 20.
8. A. J. Heschel, *The Sabbath*, p. 15.
9. A. J. Heschel, *Man's Quest for God*, ch. 4.
10. *Exodus Rabba* 41, 6. 라삐 시메온 벤 라키쉬는 유대의 모든 전승의 내용이 시나이에서 모세에게 주어졌다고 주장했다. *Berachot* 5a. 그러나 마이모니데스는 구전법에 대한 토론에서, 처음으로 모세가 받은 것은 *sukkah, lulav, shofar, tsitsit* 등 성경의 법을 보는 일반적인 형식이었지, 라삐 문헌에서 헤아릴 수 없이 많이 제기된 사소한 내용들은 아니었다고 주장했다.
11. M. Friedmann 편집, *Pesikta Rabbati* (Wien, 1880), p. 64b; *Numbers Rabba*, 19. 중세기의 한 학자는 토라를 위해 애를 쓴 사람은 누구든지 "시

나이에서 모세에게 계시되지 않은" 법과 의미를 발견할 것이라고 했다. *Louis Ginzberg Jubilee Volume* (New York, 1945), p. 360에 실린 Alfred Freimann, Yehiel의 '토라에 관한 연구'에서.
12. *Pirke de Rabbi Eliezer*, ch. 21.
13. Rabbi Yom Tov Lipmann Heller, *Tosefot Yom Tov*, 머리말.
14. Rabbi Isaiah Horovitz, *Shne Luhot Haberit*, p. 25b. Rabbi Moshe Cordovero, *Pardes Rimonim*, 23, sub humra.
15. *Genesis Rabba* 19, 3.
16. *Jerushalmi Sanhedrin* IV, 22a. 또한 *Pne Moshe*, ad locum; *Midrash Tehillim*, ch. 12를 보라.
17. Rabbi Moshe Cordovero, *Shiur Komah* (Warsaw, 1885), p. 45f.

제30장

1. Bahya Ibn Paquda, *The Duties of the Heart*, Haymson 편집, (New York, 1925), vol. I, p. 4.
2. Hachayim, ms. Munich, *Ostar Hasafrut*, vol. III, p. 66에서.
3. 신명기 11:13에 대한 *Sifre*.
4. Paquda, *The Duties of the Heart*, Haymson 편집, vol. I, p. 7을 보라.
5. *Moed Katan*에 따르면, 솔로몬 성전이 낙성되던 해에는 속죄일을 지키지 않았다. 백성이 모두 성전 완공이라는 기쁜 축제에 참여하고 있었기 때문이다. 뒤늦게 그 성일을 지키지 않은 것을 알고 백성이 두려워하게 되자 하늘에서 음성이 들려 왔다. "너희 모두 장차 오는 세상에서 생명을 얻으리라."
6. *Mishnah Kiddushin* 4:14.
7. *Berachot* 17a. 야브네는 70년, 성전이 무너진 뒤 라빤 요하난 벤 자카이가 세운 유명한 탈무드 연구원이 서 있던 곳이다.
8. 탈무드는 "내가 이룰 수 있는 나의 책임은 무엇인가?"를 묻는 바리사이를 비난한다. *Sotah* 22b. "하느님은 단순히 명령에 복종하는 마음에서 하는 행위로는 만족하지 않으신다. 그는 마음이 깨끗하고 참 예배를 드리려는 진심이 있기를 바라신다. 마음은 왕이요 몸의 기관들을 안내하는 자다. 그런즉 만일 마음 자체가 빠져 버린다면 다른 몸의 기관으로 하느님을 예배하는 일이 의미가 없다. 그래서 '내 아들아, 네 마음을 나에게 바치라'(잠언 23:26)

고 한 것이다." M. H. Luzzatto, *Mesillat Yesharim*, M. M. Kaplan 편집, p. 140.
9. *Exodus Rabba* 36, 3.
10. "신성한 토라가 인간의 본질이 되어야 한다. 그래서 그가 토라 없는 인간으로, 생명이 없는 인간으로 더 이상 인식되는 일이 없어야 한다." Rabbi Moshe Almosnino, *Tefillah Lemoshe*, p. 11a.
11. A. J Heschel, *The Sabbath*, p. 100.
12. "셰키나가 곧 미츠바다." *Tikkune Zohar*, VI; *Zohar*, vol. I, p. 21a를 보라.

제31장
1. *Mishnah Berachot* 1, 5.
2. Buber 편집, *Tanhuma*, ad locum; *Jerushalmi Shekalim* Ⅰ, 46b.
3. 유대의 율법을 연구하는 학자들 사이에, 카바나의--인간의 임무를 수행하고자 하는 옳은 의도의--현존의 모든 종교 행위의 실천에 절대적으로 요구되느냐 아니냐에 대한 오래된 논쟁이 있다. 예컨대, 성경의 명령(민수기 29:1)을 생각하지 않고 티스리의 첫날(새해 설날)에 소파르(Shofar)의 소리를 들은 자는 법을 지킨 자로 간주되어야 하느냐 아니냐는 질문이 제기되었다.

성전 의식(儀式)에서 한 고전적인 전례를 찾아볼 수 있다. 법에 따르면, 희생 제사를 집전하는 사제는 마땅한 의도를 품고 그 일을 해야 한다. 말하자면, 자기가 하느님을 위해 제사를 집전하고 있다는 사실을 알고 있어야 하며 제물을 바친 제주의 이름을 알고 있어야 하는 것이다. *Mishnah Zebahim* 4, 6을 보라. 만일 집전하는 사제가 마땅하지 못한 의도를 품고 (예컨대, 제주가 아닌 다른 사람을 위해 제물을 바치는 등) 제사를 드리면 그 제사는 제주의 책임을 벗겨 주지 못하며 따라서 제주는 새로 제물을 바쳐야 한다. *Mishnah Zebahim* 1, 1을 보라 (비록 첫 번째 제물이 그 성결함을 유지하고 있으며 뒷마무리 제의가 다 처려졌다 해도 마찬가지다). 만일 그 제사가 마땅하지 못한 의도를--예컨대 사제가 제물을 정하지 않은 때에 불태우거나 먹으려는 뜻을 품는 등--제사를 드리면 그 제물은 더러운 것 또는 죄악된 것으로 간주되었다. *Mishnah Zebahim* 3, b를 보라. 한편, 사제의 마음 속에 아무런 의도 없었다면 (제사 드리는 목적에 대하여 아무런 마음씀 없이 집전을 했다면) 제물은 제주의 책임을 벗겨 준다. 무의도는 마땅한 의도로 간주된다는 원칙에 따른 것이다(*Zebahim* 2b). 객관적인 상황은 행위의 목적을 가리킨다. 의도는 내재되어 있다.

요약하면, 마땅한 의도를 품는 일이 모든 행위에 요구된다. 마땅하지 못한 의도는 행위를 무가치하게 만든다. 의도의 부재(不在)는, 마땅한 의도이든 마땅하지 못한 의도이든, 바람직한 것은 아니로되 행위를 무가치하게 만들지는 않는다.

다른 전례가 있다. 이혼 증서는 처음부터 그것을 받아들일 여자를 위한 것으로 작성되어야 한다는 규례가 있다. 따라서 그 이혼 증서가 여자의 이름이 없이 작성되었거나 여자의 이름이 나중에 기입되었을 경우에는 효력을 발생하지 못한다. 증서의 기록이 마땅한 의도로써 이루어져야 한다는, 즉 이혼 당하는 여자를 위한 것으로서 기록되어야 한다는 원칙에 따른 것이다. 여기서는 제사의 경우와 달리, 무의도가 행위의 효력을 없애 버린다. 그 까닭인즉, 여자의 이름이 기입되지 않은 이혼 증서는 그 어떤 여자와도 아무 상관이 있을 수 없는 종이에 불과한 데 반하여 제사는 이미 하느님의 뜻에 깊이 연관되어 있는 것으로서 비록 사제가 아무 생각 없이 집전을 한다 해도 제주에게 효력이 있는 행위이기 때문이다.

다른 모든 종교 행위를 제사와 비슷한 것으로 보아야 하느냐 아니면 이혼증서 작성과 비슷한 것으로 보아야 하느냐는 질문이 제기될 수 있다.

이 질문에 대한 라삐들의 견해는 둘로 나뉘었다. 어떤 이들은 계명을 준수하는 데는 마땅한 의도가 반드시 필요하다고 주장한다. 만일 그런 의도가 없이 치러진 종교 행위라면 마땅히 다시 해야만 한다. 뒤에, 어떤 종교적 행위를 하고자 하는 사람이 "나는… 신성한 명령을 수행할 준비가 되어 있습니다"를 말하는 습관이 생긴 것이 바로 이런 견해 때문이다. 그런가 하면, 마땅한 의도가 있어서 바람직한 것이기는 하지만, 종교 행위가 반드시 그것을 이루려는 의도의 유무에 따라 효력이 있고 없음이 결정되는 것은 아니라고 주장하는 이들도 있다. 계명을 지키는 일이 말(言語)로써 하는 것일 경우에만 마땅한 의도가 필수적이다. 그것이 겉으로 나타나는 일일 경우에는 마땅한 의도가 내재되어 있지 않아도 그 행위가 정당한 것으로 평가된다. Rabbenu Yonah, *Berachot* 12a를 보라.

제32장
1. *Tractatus Theologia-Politicus*, III, IV, XIII.
2. 칸트는 유다이즘에 관한 지식을, 일부는 스피노자의 *Tractatus*에서, 그리고 일부는 멘델소온의 *Jerusalem*에서 빌어 왔다. Hermann Cohen의 "Spinoza uber Staat und Religion, Judentum und Christentum," *Juedische Schriften* (Berlin, 1924), vol. III, pp. 290-372와 vol. I, p. 284f.를 보라. 헤겔도 마찬가지다. Hegel, *Early Theological Writings* (Chicago, 1948), p. 195f.를 보라.
3. Julius Guttmann은 *Mendelssohn's Jerusalem und Spinozas Theologisch Pulitischer Traktat* (Berlin, 1931)에서, 스피노자의 *Tractatus*가 여러모로 멘델소온의 *Jerusalem*에 영향을 미쳤다는 사실을 밝혔다. Guttmann, *Die Philosophie des Judentums* (Munich, 1933), p. 312f.를 보라. 비판적인 견해에 대하여는 Isaac Heinemann의 *Metsudah* (1954), p. 205ff.에 실린 멘델소온 철학에 대한 연구를 참조하라.
4. *Jerusalem*, ch. 2. Hermann Cohen, *Die Religion der Vernunft*, p. 415ff.를 보라.
5. Joseph Albo, *Ikkarim*, 3부, ch. 25.
6. Rabbi Samuel Hanagid, *Mevo Hatalmud*.
7. *Genesis Rabba* 44, 8에 근거하여, 아가다라는 말이 본디부터 오경을 포함한 성경의 이야기 부분에 적용되었음을 알 수 있다. M. Guttmann, *Clavis Talmudis*, I, 453을 보라.
8. 비교, *Genesis Rabba* 85, 2.
9. *Genesis Rabba* 60, 8.
10. 신명기 11:22에 대한 *Sifre*, 49.
11. *Yalkut Shimoni*, 시편, 672.
12. *Midrash Tehillim* 28, 5. 마이모니데스의 *Commentary on Abot*에 의하면, 카디쉬(*kaddish*)는 언제나 아가다(*agada*) 뒤에 기술된다. *Mishneh Torah*, *Ahavah*의 끝부분과 *Magen Avrahan*, 54, 3을 보라.
13. *Jerushalmi Shekalim*, V, 첫 부분. 아가다는 마라에서 이스라엘에 약속된 보물들 가운데 하나였다(*Mechilta* to 15:26). 그리고 그것을 모세가 하늘에서 40일을 보낼 때에 받았다. *Exodus Rabba* 47:1; Ibn Zimra, *Responsa*,

IV, 232를 보라. 첫 번째 십계명의 석판과 달리 두 번째 석판에는 아가다가 포함되어 있었다(*Exodus Rabba* 46:1). 아가다의 신성한 기원에 관하여는, *Leviticus Rabba* 22:1, *Jerushalmi Megillah* 4, 1을 보라.

14. *Sifre*, 신명기, 48; *Kiddushin* 30a.
15. *Midrash Mishle*, to 10:3.
16. Rabbi Shneur Zalman of Ladi, *Shulchan Aruch*, Talmud Torah, ch.2, par. 1-2.
17. 마이모니데스, *Commentary on the Mishnah, Sanhedrin* X, 서론을 보라. Michael Sachs, *Die Religiose Poesie der Juden in Spanien* (Berlin, 1845), p. 160.
18. Elijah Morpurgo, in Asaf, *Mekorot Letoldot Hachinuch Beisrael*, vol. II, p. 231.
19. Eduard Lehmann, Die Perser, in "Chantepie de la Saussaye," *Lehrbuch der Religionsgeschichte* (Alfred Bertholet와 Eduard Lehmann 편집, Tiebingen, 1925), vol. II, p. 246.
20. *Shabbat* 31a-b.
21. "Rabbi Joshua ben Karha는 말했다. '어째서 우리의 예배 의식에서는 "오, 이스라엘아 들어라"가 "너희가 경청하면 그 일이 일어나리라"보다 먼저 있는가? 그렇게 함으로써 하늘의 왕이 내리시는 멍에를 먼저 메고 뒤에 계명이라는 멍에를 스스로 메도록 되어 있는 것이다.'" *Mishneh Berachot*, II, 2.
22. *Mechilta* to 20:3. *Mechilta de Rabbi Simon ben Jochai* (Frankfurt a. M., 1905), p. 103에 따르면, "나는 너희 하느님 야훼다"는 모든 법조문의 한 부분이다. 하느님의 실재에 대한 신앙 없이는 계명이 있을 수 없기 때문이다. David Hoffmann의 코멘트를 보라.
23. *Yebamot* 6a-6b
24. A. J. Heschel, *The Sabbath*, p. 17.
25. Nahmanides, 레위기 19:2에 대한 주석.
26. *Baba Metsia* 30b.
27. *Kiddushin* 32b.
28. *Nedarim* 81a. 여기 인용문은 예레미야 9:11f.를 약간 풀어 쓴 것이다.

29. R. Nisim to *Nedarim* 81a.
30. *Midrash Tehillim* 119:113.
31. 예컨대, *Sotah* 40a를 보라. 여러 세기에 걸쳐 유대인들이 공부해야 했던 중요한 교과목인 탈무드를 연구하는데 아가다의 부분은 제외된 경우가 자주 있었다. 할라카의 근원에 대한 고대의 지식이 오늘까지 남아 있는 것은 할라카 연구가 중단되지 않은 데 그 원인이 있다. 그런데 아가다의 경우 그와 같은 전통이 지켜지지 않은 연고로 아가다의 근원에 대하여 많은 것을 우리는 모르고 있다. 어떤 교사들은 아가다 부분을 아예 빼버리기도 했다. Bahya는 "마음의 책임이 모든 계율의 원천을 이루고 있음에도 불구하고" 부정된 사실을 한탄했다. Bahya, *The Duties of the Heart*, vol, II, p. 49; vol. I, p. 14. 또한 Rabbi Isaac Aboab, *Menorat Hamoar*, 서문; Rabbenu Yonah, *Shaare Teshuvah*, 3, 10; 마이모니데스의 아들, Rabbi Abraham, *Milhamot Hashem* (Jerusalem, 1953), p. 49; Rabbi Joseph Ibn Kaspi, in I. Abrahams, *Hebrew Ethical Wills*, II, p. 153f.; Luzatto, *Mesillat Yesharim*, 머리말; Rabbi Chayim of Volozhin, *Nefesh Hachayim*, 4, 1.
32. 마이모니데스, *The Guide of the Perplexed*, III, p. 43을 보라. 자신이 탁월한 아가다주의자였던 Rabbi Zeira가 아가다를 날카롭게 반대한 것은 아가다 일반에 대한 것이 아니라 그 남용과 악용에 대한 것이었다(*Jerushalmi Maaserot*, III, 51a). Marmorstein의 *The Old Rabbinic Doctrine of God* (London, 1937), pp. 137ff.를 보라. 이에 연관하여, Rabbi Zeira가 바벨론 학파의 변증법적 교육 방법을 잊기 위해 백일간 단식을 한 사실을 기억해 둘 만하다. *Baba Metsia* 85a를 보라.
33. Nahmanides는 그의 주석에서 이 견해를 의심한다. "그것은 창세 이야기부터 시작되지 않으면 안 된다. 창세는 가장 근본이 되는 믿음이다. 이를 부인하는 자는 무신론자(*kofer ba-ikkar*)요 무신론자는 토라를 더불어 나눌 자격이 없다." 그러나 Nahmanides는 창세 이야기가 창세기에 기록되어 있긴 하지만 여전히 신비로 남아 있다고 함으로써 위의 견해를 어느 정도 정당화한다. 그 신비에 대한 각자의 이해는 오로지 전통으로 물려받은 것이다. 따라서 보통 사람들에게는 십계명에 포함되어 있는 창조에 대한 언급만으로도 충분하다.

34. *Mishnah Berachot* 9, 5.
35. S. Schechter, *Studies in Judaism*, I, p. 151.
36. *Jerushalmi Peah* 16a. 가장 혐오스런 자가 누구냐는 한 철학자의 질문에 어느 랍삐는 이렇게 대답했다. "자기를 지으신 창조주를 부인하는 자요." *Tosefta Shevuot* 3, 6을 보라.
37. 출애굽기 14:31에 대한 *Mechilta*.
38. *Mishnah Sanhedrin* 10, 1.
39. *Lamentations Rabba*, 2, 서문. S. Abramson의 *Leshonenu*, xiv, p. 122-125에 보면, 본디에는 *meor*이 아니라 "본질"을 뜻하는 *seor*로 읽혔다.
40. Buber 편집, *Pesikta de Rabbi Kahana* (Lyck, 1868)와 *Jerushalmi Hagigah*, 1, 7, 76c를 보라. *Pesikta*에는 그 구절 뒤에, 사람은 비록 토라를 위한 것이 아니라 해도 토라를 연구해야 한다는 주장이 첨부되어 있다. 왜냐하면 배우는 중에 토라를 위해 토라를 연구하는 방법을 터득하게 되기 때문이라는 것이다.
41. Maimonides, Halevi, Nahmanides 등에 의하면 십계명의 첫 마디 속에 하느님의 실존을 믿으라는 명령이 들어 있다.
42. 신조와 신앙의 관계에 대하여는, *Man is Not Alone*, p. 167f.
43. *Berachot* 8a.
44. Maimonides는 *Introduction to the Mishnah*에서, 이 구절의 할라카는 다른 어디에서보다도 넓은 의미로 사용되었다고 말한다. 사실 이 구절은 Maimonides를 크게 당황시켰다. "만일 이 말은 문자 그대로 받아들인다면 그것은 진실과 너무 거리가 멀다. 왜냐하면 그렇게 읽을 때 우리가 얻을 수 있는 지식의 전부가 4 큐빗의 할라카에 불과하고 다른 모든 종류의 지혜와 학문이 부정되어야 하기 때문이다. 그렇다면 (아브라함 이전 시대인) 셈과 에베르의 시대에는 할라카가 알려져 있지 않았으니 하느님이 이 세상 어디에도 아니 계셨다는 말인가?"
45. *Shabbat* 31b.
46. *Mishnah Torah*, *Yesode Hatorah*, vi, 8.
47. *Hullin* 132b와 Rashi의 주석. 만일 그가 희생 제사를 믿는다면 비록 그가 법규에 통달하지 못했다 하더라도 그는 사제들에게 배당된 선물을 나눠 받을 자격이 있다.

48. Louis Finkelstein, *The Pharisees* (Philadelphia, 1938), p. 145.
49. Julius Guttmann, *Die Philosophie des Judentums*, (Muenchen, 1935), p. 206f.; Joseph Sarachek, *Faith and Reason* (Williamsport, 1935)를 보라.
50. D. Z. Hilman, *Iggrot Baal Hatanya* (Jerusalem, 1953), p. 97; M. Teitel-baum, *Harav Meladi* (Warsaw, 1914), vol. II, p. 87ff.를 보라.

제33장

1. *Genesis Rabba* 27:28.
2. *Kad Hakemach*, Shavuot.
3. Bahya Ibn Paquda, *Duties of the Heart* (Haymson 편집), v. IV, p. 91.
4. Rabbi Ibn Paquda는 두 가지 다른 주석을 구성했다. 하나는 법에 관련된 것이고 다른 하나는 탈무드의 아가드에 관련된 것이다. 그러나 서문에서 그는 이 둘을 분리한 데 대하여 유감을 표시했다. 왜냐하면 이 둘은 한 토라의 모습들이기 때문이다.
5. *Sotah* 21b.
6. *Sanhedrin* 98b.
7. *Sukkah* 28a
8. 이것은 Maimonides가 *Mishneh Torah, Yesode Hatorah*, iv, 3에서 이해한 바에 따른 그 구절의 의미다. Maimonides의 *The Guide of the Perplexed*. III, ch. 51; A. J. Heschel, *Maimonides* (Berlin, 1935), ch. IX; Ibn Adret, in *'En Jacob* (Wilna 1883), on *Sukkah* 28a와 *Responsa*, I, 93을 보라.
9. *Commentary on the Mishnah, Berachot*, 9, 5.
10. "하느님은 또한 하나를 다른 것에 맞서게 하신다. 선을 악에 대하여, 악을 선에 대하여, 선에서 선을 그리고 악에서 악을, 선은 악을 드러내고 악은 선을 드러내고, 선은 선한 자에게 돌아가고 악은 악한 자에게 돌아가고." *Yetsirah*, vi, 6. "하느님께서 이것과 저것을 만드셨다"는 전도서 7장 16절(사역)은 한 중세기 유대 저술가에게, 갈등과 대치가 실존의 필수 조건임을 입증하고자 하는 논문('*Temurah*)을 쓰게끔 부추겼다. "모든 사물이 순수와 비순수로 나뉜다. 비순수를 통과하지 않고는 순수가 있을 수 없다. 이 신비가 '부정한 것에서 정한 것이'(욥기 14:4, 사역)라는 구절 속에 표현되어 있

다. 뇌는 두개(頭蓋) 속에 들어 있다. 이 두개는 죽음이 다시 살아날 때까지는 깨어지지 않는다. 그때가 되면 두개는 깨어지고 뇌에서 빛이 나와 세상을 비추리라. 더 이상 아무것도 그 빛을 덮지 못하겠기에." *Zohar*, vol. II, p. 69b. 하느님만 빼놓고 모든 것 속에 양극성이 있다. 모든 긴장이 하느님 안에서 끝난다. 그분은 모든 이분법을 초월하신다.

11. Rabbi Mordecai Joseph of Isbitsa, *Me Hashiloah* (Vienna, 1860), pp. 14d-15a.
12. *Sifre*, ad locum.
13. A. J. Heschel, *Man's Quest for God*, p. 107.
14. Rabbi Aaron Halevi of Barcelona, *Sefer Hachinuch*, 미츠바 20.
15. Albo, *Ikkarim* III, 27.

제34장

1. *Man is Not Alone*, pp. 232ff.
2. *Abot* 2, 14.
3. *Exodus Rabba* 12, 3; 출애굽기 9:22에 대한 *Tanhuma*.
4. Friedrich Leopold von Stollberg, Franz Rosenzweig가 *Jehuda Halevi*, p. 153에서 인용.
5. Isaac Heinemann, *Ta'ame Hamisvot Besafrut Israel* (Jerusalem, 1942).
6. *Megillah* 32a.
7. *Sahedrin* 99b에 대한 Rabbi Akiba의 언급을 비교하라.
8. *Abot* 1, 3.
9. Rabbi Nahum of Tschernobil, *Meor 'Ainayim*.
10. *Abot* 4, 2.
11. *Genesis Rabba*, 44.
12. Bahya, vol, IV, pp. 91.
13. Bahya, vol. VI, pp. 91-92.
14. Albo, *Ikkarim*, III, 28.
15. *Mekilta* to 22; 30; *Sifre* to 민수기 15:40.
16. *Yoma* 39a.
17. *Leviticus Rabba* 24, 4.

제35장

1. *Devar mitsvah*는 *devar reshut*와 대조를 이룬다. *Shabbat* 25b: "의무도 아니고 미츠바도 아닌 종교적 중립 행위."
2. Rabbi Nahman of Braslav, *Likkute Maharan*, Ⅱ, 5, 10.
3. *Sanhedrin* 17a.
4. *Sanhedrin* 37a.
5. *Shabbat* 133b.
6. *Pirke de Rabbi Eliezer*, ch. 34.
7. *Avoda Zara* 2a.
8. *Genesis Rabba* 3, 7.
9. *Genesis Rabba* 19, 17.
10. "미츠봇으로 풍만하라"는 말이 이 특성을 잘 드러낸다. 위의 주(註) 4를 보라.
11. *Niddah* 30b.
12. *Abot* 4. 28.
13. *Selected Religious Poems*, p. 113.
14. *Shabbat* 105b.
15. *Sukkah* 52b.
16. Bahya Ibn Paguda, *The Duties of the Heart*, vol. Ⅰ, p. 14.
17. *Leviticus Rabba*, 4, 2.
18. *Leviticus Rabba*, 18:1; *Niddah* 30b; *Baba Metsia* 107a.
19. *Abot* 2, 5.
20. *Berachot* 61a; Rashi의 *Erubin* 18a를 보라.

제36장

1. *Genesis Rabba*, ch. 39. 이 책 10장, 주 7을 보라.
2. 성경이 악의 문제에 관심하지 않는다는 견해를 대중화한 것은 쇼펜하우어였다. *Die Welt Als Wille und Vorstelling*. Ⅱ, ch. 48; *Parerga und Paralipomena*, Gusbach 편집, Ⅱ, p. 397; *Samtliche Werke*, Frauenstadt 편집, Ⅲ, p. 712f.를 보라. 쇼펜하우어의 성경에 대한 혐오감에 관하여는 Isak Unna의 Die Stellung Schopenhauers zum Judentum, in *Juedische*

Schriften (Berlin, 1928), p. 103f.를 보라.
3. 인간의 상황을 라삐들이 어떻게 생각했는지를 다음의 주석에서 볼 수 있겠다. 하박국 1장 14절에, "어찌하여 사람을 바다 고기로 만드시고 왕초 없는 벌레로 만드십니까?"는 구절이 있다. "여기서 왜 인간이 고기로 비유되어 있는가? 바다의 고기들이 큰 놈이 작은 놈을 삼키듯이, 사람도, 정부가 없다면, 서로 집어삼킬 것이기 때문이다. 라삐 하니나는 말했다. 정부가 튼튼하기를 기도하라. 사람들이 정부를 두려워하지 않으면 서로 산 채로 삼킬 것이기 때문이다. 바로 이것이 우리가 배운 바다." *Avodah Zarah* 3b-4a, Abot 3, 2.

"장차 오는 그날에 거룩하신 분께서, 그분께 축복을, 악한 충동(the *yetser hara*)을 불러내어 악인과 의인 앞에서 죽이실 것이다. 의인에게는 그 악한 예처(*yetser*)가 마치 산처럼 크게 보일 것이요 악인에게는 머리카락 한 올처럼 작게 보일 터인즉, 의인과 악인이 함께 울리라. 의인은 자기가 그토록 큰 힘을 이긴 사실에 감격하여 울 것이요 악인은 그토록 작은 힘에 굴복한 사실에 놀라서 울 것이다. 그래서 성경에, '그날이 오면 이런 일이 살아 남은 이 백성의 눈에도 신기하겠지만 내 눈에도 신기하리라'(즈가리야 8:6)고 기록되었듯이 거룩하신 분께서도, 그분께 축복을, 그들과 함께 놀라시리라." *Sukkah* 52a.
4. *Sukkah* 52a. *Baba Metsia* 32b의, 이사야 64:5에 대한 해석을 보라.
5. Reinhold Niebuhr, *The Nature and Destiny of Man*, vol. Ⅰ, p. 222f.
6. 사람이 우상을 섬기게 되는 것은 그것이 성스러운 티를 내기 때문이다. 「조할」에 보면 우상을 뜻하는 히브리어 페셀(*pesel*)이 "쓰레기"를 뜻하는 페솔렛(*pesolet*)과 연관되어 있다. 우상은 성스러움의 쓰레기(폐물)다. *Zohar*, vol, Ⅱ, p. 91a를 보라.
7. *Zohar*, vol, Ⅱ, pp. 203a-203b; pp. 69a-69b. 켈리폿(*kelipot*) 또는 불결한 힘은 인간 쪽에서 보면 깨끗하지 못하고 해로운 것이다. 그러나 성스러움의 쪽에서 보면 그것들은 창조주의 뜻에 따라 또 그를 위해 존재한다. 성스러움의 불꽃이 그것들 안에 있어 그것들을 지탱한다. Rabbi Abraham Azulai, *Or Hahmah* (Przemishl, 1897), vol. Ⅱ. p. 218a.
8. *Zohar Hai* (Lemberg, 1875), vol. Ⅰ. p. 218a.
9. *Zohar*, vol. Ⅲ, p. 80b.

10. 레위기 16:6f.; *Sifra, Aahare*, ch. 4, Weiss 편집, p. 81c를 보라. 에제키엘 45:18-20에 보면 성전을 깨끗하게 하는 의식은 일년에 두 번 이루어졌다.
11. Henri Bergson, *The Two Sources of Morality and Religion* (New York, 1935), p. 67f.
12. *Sifre,* 신명기, 45; *Kiddushin* 30b.
13. *Leviticus Rabba*, 35, 5.
14. *Mechilta*, ad locum.
15. *Abot* 4, 2.
16. "이스라엘은 거룩하신 분께, 그분께 축복을, 말씀드렸다. '우주의 주인이시여! 당신께서는 악한 충동이 얼마나 강한지 아십니다.' 거룩하신 분이, 그분께 축복을, 그들에게 말씀하셨다. '너희가 그것을 이 세상에서 조금만 이동시켜라. 내가 장차 그것을 너한테서 치워주리라… 장차 올 세상에서 내가 그것을 뿌리뽑아 주리라.'" *Numbers Rabba* 15, 16.
17. *Abot* 4, 17.
18. *Abot* 4, 16.
19. Reinhold Niebuhr, *An Interpretation of Christian Ethics*, p. 65 참조.
20. *Genesis Rabba*, 89, 1. 악한 충동은 가끔 "돌"로 불린다. Theodor, ad locum.

제37장

1. *Berachot* 63a.
2. N. Berdyaev, *The Destiny of Man*, p. 30.
3. *Shabbat* 30b. *Midrash Tehillim,* 112, 1. Maimonides, *Mishne Torah*, *Lulav,* 8, 15.
4. *Mitsvot lav lehanot nitnu, Erubin* 31a; *Rosh Hashanah* 28a; Rashi, "그러나 하나의 멍에로서."
5. W. R. Boyce Gibson, *Encyclopaedia of Religion and Ethics*, vol. VIII, p. 152a.

제38장

1. 팔레스틴의 모든 성읍 마다에 "침묵의 방"이라는 장소가 마련되어 있어서

사람들이 그곳에 자선 물품을 몰래 넣어두면 역시 명문가의 가난한 사람이 남몰래 그것을 가져갔다고 한다. *Mishnah Shekalim*, 5, 6; *Tosefta Shekalim*, 2, 16.
2. Rabbi Raphael of Bersht.
3. *Abot* 1:5. Louis Ginzberg, *Jewish Encyclopedia*, 1, 629를 보라. 시편 112:1의 "복되어라. 야훼를 경외하며 그의 계명을 좋아하는 사람"을 주석하면서 Rabbi Eliezer은 이렇게 말했다. "그의 계명이 주는 보상이 아니라 계명을 좋아하는 사람이다." *Abodah Zarah* 19a.
4. *Sifre*, 신명기, 41(11:13).
5. *Abot* IV, 7.
6. *Taanit* 7a.
7. *Sifre*, 신명기, 306. *Yoma* 72b에 있는 Rabbi Joshua ben Levi와 Rabbi Jonathan의 견해, 그리고 *Shabbat* 88b에 있는 Rabba의 견해를 비교하라.
8. "사랑에서 우러나" 행동한다는 말은 토라를 "그 자체를 위해" 연구하고 지킨다는 말이다(*Sifre*, 신명기, 48; *Nedarim* 62a). 또한 그것은 "하늘을 위해서"라는 뜻이기도 하다(*Abot*, II, 17; *Sifre*, 신명기, 41을 참조).
9. Rabban Yohanan ben Zakkai에 따르면, Rabbi Joshua ben Hyrcanus는 이어서 욥도 그런 인물이라고 주장했다. *Mishnah Sotah* V, 5를 보라.
10. Bahya, *The Duties of the Heart*, yihud hamasseh, ch. 4.
11. Bahya, ibid. Shaar hayihud, ch. 10. Schechter, *Some Aspects of Rabbinic theology*, p. 69를 보라.
12. Rabbi Yaakob Aaron of Zalshin, *Bet Yaakov* (Pietrkov, 1899) p. 144.
13. *Midrash Tehillim*, 6, 1. 몇몇 랍뻬들의 주장에 따르면, 우리의 조상들이 시나이에 서서 "야훼께서 말씀하신 대로 다 따르겠습니다"(출애굽기 24:7) 하고 소리지를 때, 그 순간이야말로 이스라엘이 인간이 닿을 수 있는 가장 높은 정신의 차원에 이른 때였건만(*Shabbat* 88a), 그들은 자기네가 무슨 말을 하는지 모르고 있었다. "입으로는 하느님께 아첨을 하고 혀로는 하느님을 속일 뿐이었으니 그들의 마음은 하느님께 충실하지 않았으며 세워 주신 계약을 믿지 않았다"(시편 78:36, 37). Rabbi Meir는 그 순간에 그들의 마음이 우상숭배에 쏠려 있었다고 말한다. *Mechilta, mishpatim* 13; *Tosefta, Baba Kamma* 7, 9; *Tanhuma*, Buber 편집, 1, 77; *Exodus Rabba* 42, 6;

    Leviticus Rabba 6, 1; *Deuteronomy Rabba* 7, 10.
14. *Ecclesiastes Rabba* 11, 끝.
15. *Toldot Yaakov Yosef* (Lemberg, 1863), p. 150d. "이 세상에는 완전한 카바나가 있을 수 없다." Rabbi Zadok, *Resyse Laylah* (Warsaw, 1902), 서두.
16. David Kimhi, *Commentary on Isaiah*, ad locum. S. D. Luzatto도 그의 주석에서 비슷하게 해석했다. Rabbi N. J. Berlin의 *Sheeltoth*에 대한 주석, p. 420을 보라. 또한 Rashi, *Baba Batra* 9b와 Eliezer ben Jehuda, *Thesaurus*, vol. IX, p. 4328을 비교할 것.
17. Rabbi Isaac Meir of Ger.
18. Rabbi Kalonymus Kalman Epstein, *Maor Vashamesh* (Lemberg, 1859), p. 29b에서 인용.

제39장

1. Plato, *Republic*, 344c.
2. *Man is Not Alone*, p. 224f.

제40장

1. *Exodus Rabba* 41:1. Will Herberg, *Judaism and Modern Man* (New York, 1951), p. 149f.를 보라.
2. 한 특별한 경우, 랍비들은 타당한 동기 없이 계명을 실천한 사람을 범죄자라고 부른다(*Nazir* 23a. Albo, *Ikkarim* III, ch. 28을 보라). 어느 랍비는, "토라를 그 본디의 목적을 위해 실천하지 않는 자는 차라리 태어나지 않는 것이 더 나을 뻔한 자"라고 주장했다. *Berachot* 17b. 대부분 유대 신학자들은 이 극단의 견해를 받아들이지 않았지만 어느 정도 이 견해를 떠받든 사람들도 있다. Bahya는 이렇게 말한다. "하느님을 위해 이루어진 모든 일들은 그 뿌리를 반드시 마음의 순수함과 생각의 단순함에 내리고 있다. 동기가 오염된 곳에서는 선행이, 아무리 많이 또 계속하여 이루어진다 해도, 용납되지 않는다." *The Duties of the Heart*, 머리말.
3. *Hullin* 7a; *Tosefot*, ad locum. 하느님은 모든 피조물에게 보상을 하신다. 악인들도 선행을 한 데 대한 보상을 받는다. 단정한 한 마디 말에도 그분은 보상을 하신다. *Pesahim* 118a; *Nazir* 23b. 안식일을 공경해서가 아니라 게

울러서 안식일에 일을 하지 않은 것도 공적으로 간주된다.
4. *Hullin* 7b.
5. *Tanhuma*, 노아, 19.
6. *Midrash Tehillim*, 118, 10. Schechter, *Some Aspects of Rabbinic Theology*, p, 55f.를 보라.
7. Rabbenu Yonah, Alfasi에 대한 주석 *Berachot*, 5, 1. 시편 51:10의 "하느님, 깨끗한 마음을 새로 지어 주시고 꿋꿋한 뜻을 새로 세워 주소서"와 예레미야 32:40의 "나를 공경할 마음이 생기게 하리라"를 비교해 보라. 이 책의 12장, 주(註), 2를 볼 것.

제41장
1. W. James, *The Will to Believe*를 보라. "윤리적 논쟁의 바탕에서 보면 인간의 자유는 도덕적 존재의 필수적인 구성 분자로 인식되어 마땅하다… 수반되는 질문은 인간의 자유가 가능하냐, 아니냐가 아니라 훨씬 더 어려운 질문 즉, 어떻게 그것이 가능하냐-다… 의지의 자유란, 그 존재론적인 측면에서 볼 때 좁은 뜻의 '증명'이 불가능하다. 무엇보다도 자유의 실제 가능성은 가설적인 확실함이라는 한계 안에서만 주장될 수 있다. 여전히 시행될 것으로 남아 있는 것은 사실상 일의 가장 중요한 부분이다. 그러나 오늘 우리는 그 일을 할 수 있는 처지에서 거리가 멀다. 우리는 다만 문제를 없애는 일에 한 두 발을 내디딜 수 있을 뿐이다. 인간의 자유의 본성과 현실성은 인간 이성(理性)의 한계를 벗어난다." N. Hartmann, *Ethics*, vol. III, p. 205f., 독일판, p. 69bf.
2. W. James, *Personal Idealism*.
3. *Man is Not Alone*, p. 25, p. 241f.

제42장
1. 이 책의 32장을 보라.
2. A. J. Heschel, *The Sabbath* 참조.
3. Maimonides, *Mishneh Torah*, Shemitah ve-Yobel, 13, 12-13.